U0136981

「第一代現代新儒家」馬一浮的「義理學」：

在傳統與轉型之間 —— 一個學術史的分析

李智平 著

臺灣 學生書局 印行

馬一浮的「義理學」序

逢甲大學中國文學系李威熊特約講座教授

馬一浮（1883-1967）、梁漱溟（1893-1988）、熊十力（1885-1968）三位儒學大師，有些學者把他們稱為民國以來的儒家三聖。梁漱溟的新孔學，熊十力的新唯識，馮友蘭（1895-1990）新理學等，都致力於儒學與現代學術社會相結合，而馬一浮倡導的儒學，志在還原儒家的「義理」本色，最具儒學的原滋原味。這種思想的產生雖然與當時的時空背景息息相關，不過在西潮洶湧澎湃的環境下，並沒得到重視，直到當代新儒學興起，這位被梁漱溟稱為「千年國粹，一代儒宗」的馬一浮，才有人注意他，進而研究他的儒學思想。馬一浮學術思想的特色，才逐漸被人所認識。

李智平博士的大作《「第一代現代新儒家」馬一浮的「義理學」：在傳統與轉型之間──一個學術史的分析》，採用學術史的角度，分析馬一浮在傳統與轉型之際的義理學，是一本較為完整具有立體感研究馬一浮儒學的論著。本書要處理的問題十分明確。在宏觀方面有三項：一是觀察中國近代知識傳播與轉型下，傳統經學分化到現代中國哲學之進程；二是用「現代新儒家」的學術研究資源；三是觀察傳統讀書人過渡到現代知識分子的困境、去取與猶疑。在微觀方面，是要探討馬一浮儒學思想有別於胡適（1891-1962）、馮友蘭、熊十力……等諸多學者直接接受西學的不同所在，及馬一浮如何憑藉自身厚實的傳統根柢，面對當時過度西化而蔑視傳統的學者，提出諍言，並展現自己的學術立場。從宏觀到微觀，對了解民國初年的學風氣和馬一浮的學術特色，大有助益。

馬一浮一生以闡發儒學的精義為己任，他認為儒學的精義便是儒家的

「義理之學」。在民國 27 年（1938）日寇侵華，浙江大學先搬遷江西泰和，再徙廣西宜山，馬一浮應邀講學，時間不長，講稿名為《宜山會語》，該《會語》第一篇為〈說忠信篤敬〉，馬一浮說：「一切學術，皆統於六藝，六藝之本，即是吾人自心所具之義理。義理雖為人心所同具，不致思則不能得。故曰學源于思，要引入思維，先須辨析明相。」所以「六藝論」便成為他儒學思想的主要核心。國學即六藝之學，可以賅攝一切學術（包括西學），他在〈說忠信篤敬〉強調：「天下萬事萬物，不能外于六藝。六藝之道，不能外于自心。黃梨洲有一句話說得最好，曰：『盈天地間，皆心也。』……不知反求自心之義理，終無入頭處。」在《會語》書中一直在強調他的「義理名相」說，智平博士即從馬一浮「義理學」切入，很精準的掌握馬一浮儒學思想重心。在本書的第三章提到：光從哲學角度，無法涵蓋其思想全貌；同時，一般哲學研究者亦無法透過哲學概念，釋讀馬一浮的「六藝論」，導致許多研究者對他的學術有籠統、守舊之譏評。這是持平之論。智平博士又指出：馬一浮學術根柢不只有哲學，他另有一條「學術史」的學術根柢，採用章學誠「辨章學術，考鏡源流」，但不同意章氏的「六經皆史」之說。「六藝論」是馬氏學術史觀的主軸，把經學（經術）、哲學（義理學）、學術史三門傳統學問，鎔鑄成一個整體，稱它為「義理式的學術史觀」。這種體悟是智平博士的創見。在四章、五章、六章深入析論「六藝論」的內容，證成「仁」為核心的義理主軸，也討論他如何用「義理名相」去統攝傳統和西方學術的原則方法，以及如何會通儒佛，以佛證儒的方式，析理清晰的輪廓。在此輪廓下，我們看到了民國以來「中國近代知識傳播與轉型的多元現象，以及馬一浮『義理學術史觀』的特殊意義。」

馬一浮的儒學思想在當時學術界並未受到重視，但並不代表他的學術沒有影響，或在學術發展史上的地位並不重要。智平博士別有慧眼，以馬一浮「義理學」作為研究主題，由名學術史學者中央研究院張壽安教授的指導，完成本篇論文，在量與質上都相當可觀。個人很榮幸應邀擔任他的博士口考委員，覺得這是一篇很紮實又有水準的學術論文。個人在退休之前，擔任中國經學課程，特別重視以「六藝」耕心的經學教化精神。退休後學作老農，

用雙手耕耘田園，看到一片蓬勃欣欣向榮的花草樹木蔬果，體會到天地之大德曰生的道理，馬一浮「六藝統攝於一心」，此心便是孔子所說「仁心」，就是大地的「生生之德」，人與天地萬物一體。馬氏認為性外無道，心性一體，心統性情，性又是理之存，情是氣之發，他站在人與人、萬物的整體看人生，這是馬一浮義理精華；更可貴的是他不只是純談學術的學者，他研究儒學，是真正想做一位儒者，他強調性修不二，知行要合一，是儒家道德修養說的實踐者，這是馬氏的可貴處，也是與當時許多學者不同的地方。這些觀點在智平論文中不時的可以發現。他想把論文正式出版，讓關心現代新儒學發展的學者，方便參考，他要我寫篇序，今就以好書推薦給大家讀的用心，並將自己對「六經耕心，雙手耕地」的體悟，寫成序文，也慶賀一位年輕充滿活力的學者，能藉此著作向學界同好請教。

承傳經學，一代醇儒，
典範常存，光大道統：
建立義理式學術史觀的馬一浮

輔仁大學中國文學系趙中偉教授

「為天地立心，為生民立道，為去聖繼絕學，為萬世開太平」。[1]

　　這是每一位研究儒學者奉行不渝的使命與目標，馬一浮更是「人之事在行，不行則無誠」。[2]念茲在茲，永矢弗諼。

　　他是一位博古通今，學識淵博的現代國學大師[3]，又是理學家、佛學家；並與梁漱溟、熊十力齊名，合稱為「新儒家三聖」。

　　面對的是一個中國動盪不安，遭受巨變的時代。一則有外國強權的入侵，國家主權遇到嚴重的存亡危機；一則西學的大量輸入，專業分科的觀念傳入。傳統學術的意義與價值，面臨前所未有的排斥與挑戰。

　　在當時，特別是「經學」，遭到徹底的解構。[4]

1　參見北宋・張載（1020-1077）：《張載集・拾遺・近思錄拾遺》（新北市：漢京文化事業有限公司，1983 年 9 月），頁 376。

2　參見張載：《張載集・張子語錄》，頁 325。

3　馬浮，幼名福田，更名浮，字一浮，又字一佛，號湛翁、被褐，晚號蠲叟、蠲戲老人，浙江紹興上虞（今浙江省紹興市）人。馬氏以字行。

4　蔡元培（1868-1940）指出：「舊學自應保全。惟經學不另立為一科，如《詩經》應歸入文科，《尚書》、《左傳》應歸入史科。……經科分入文科之哲學、史學、文學

　　儘管如此，馬氏仍然堅守其理想，造次必於是，顛沛必於是，將傳統文化建立了「義理式學術史觀」，使其生生不息，弦歌不絕。

　　我們要問：馬氏為何特別重視經學？為何重視學術史而不是哲學史或思想史？其「義理式學術史觀」內容為何？

一、經學為主，六藝統之，恆久之至道，不刊之鴻教

　　馬一浮思想的底子是經學，主要在於「六藝」。他說：

> 天下之道，統於六藝而已。六藝之教，終於《易》而已。[5]

「六藝」，乃遠承西漢・劉向（77B.C.-6B.C.）、劉歆（50B.C.-23A.D.）父子「序六藝為九種」[6]的學術史理念而來。此九種包括：《易》、《詩》、《書》、《禮》、《樂》、《春秋》、《論語》、《孝經》及小學。

　　在馬一浮心目中，天下之道在「六藝」，而「六藝」之教，最終皆包羅在《周易》之中。然而，馬氏的「六藝」之教，即是傳統所言的經學。為何經學在其心目中如此重要？

　　經學，指訓釋經書的一套學問。

　　國學大師章太炎（1869-1936）也指出：「于今讀經，有千利無一弊

三門。」參見氏著：〈在北京任教育總長與記者談話〉、〈我一：臨時教育會議日記〉，《蔡元培文集——卷二・教育（上）》（臺北：錦繡出版社，1995 年 5 月），頁 90-91、640。作者李智平（1978-）老師亦指出：「西方專業分科傳入中國，迫使傳統學問主幹的經學，被割裂、寄居、轉型於現代學科的哲學、文學、史學之中。」參見氏著：《「第一代現代新儒家」馬一浮的「義理學」：在傳統與轉型之間——一個學術史的分析》，第 1 章（新北市：輔仁大學中國文學系博士論文，2015 年 7月），頁 2。

5　參見馬一浮：《復性書院講錄・觀象卮言序說》，2 冊，卷 6（臺北：夏學社出版事業有限公司，1981 年 3 月），下:1。

6　參見東漢・班固（32-92）：《漢書・藝文志》，5 冊，卷 30（臺北：弘道文化事業有限公司，1974 年 3 月），2:1723。

也。」[7]其利為何，他接著指出：「所謂經學之利者，何也？曰：不外修己，持人，而經籍所載，無非修己持人之事。……要之，讀經有利有二：一，修己，二，持人，治人之道，雖有取捨，而保接國性實為最要！」[8]充分指出，讀經之利，在於修己持人；而修己持人為「保接國性」是最重要者。斯言之中肯，可見一斑！

「經」的價值[9]，具體而言，王師靜芝（1916-2002）有清楚的說明，他提出 6 項價值：[10]

(一)基本價值：就是經書具有承先啟後的基本價值。析言之，中華民族由最初到經書的成書期間，一切生活狀況、社會形態、思想路線、文化進展、一切事實的存在和表現，皆可由經書求得。亦即經書中有古代哲理、天文、歷史、文學，以及制度風俗等，可由其中尋得古代學術思想的源泉，以瞭解中國文化最重要的部分。因此，我們要瞭解中華民族有文字以前的情形，就要從經書中去尋找；而我們要瞭解中華民族有了文字以後的演變，也就要從經書裡去找。經書也可以說是中華文化的關鍵，這是經書的基本價值。

(二)歷史價值：《易》原是卜筮之書，其中有歷史的資料；《書》就是古史；《詩》是古代詩歌總集，保存許多史料；《禮》記載古代的禮節，是歷史資料；《春秋》是魯史，本身就是史書。經書內容並包括聖賢的德行、豪傑的成功和英雄的血淚等歷史殷鑑。此外，經書也是今日所能見到的最早歷史，經書的歷史價值之高，可以想見了。

(三)文字價值：就文字研究言，經書是最早的書籍，為後世文字之師，

7　章太炎：《國學概論・論讀經有利無弊》，附錄 1（臺北：五洲出版社，1969 年 4 月），頁 135。

8　章太炎：《國學概論・論讀經有利無弊》，附錄 1，頁 135-137。

9　價值，與功利實際聯繫在一起，是指帶給人們的某種實際功效或利益稱之。參見馮契（1915-1995）主編：《哲學大辭典》，「價值」條（上海：上海辭書出版社，1992 年 10 月），頁 581。

10　參見氏著：《經學通論》，第 1 篇第 7 章，2 冊（臺北：環球書局，1982 年 2 月），上：101-7。

習文字之本。就聲韻研究言，經書為最早之書，也是研究聲韻的最早資料，例如《詩》為韻文之祖，據此可探討聲韻的源流變化。另就文學研究言，經書也是文學史上最早的文學，也就是文學的根本。像《易》、《書》是古代散文之祖；《詩》是古代詩歌之源等。

(四)政治價值：經書的政治價值很高，《尚書》記載堯（約 2377B.C.-2259B.C.）舜（約 2287B.C.-約 2267B.C.）以下至秦的史事，其實也就是政治情況；《周禮》本就是古代理想的政治制度；〈中庸〉就記載魯哀公（508B.C.-468B.C.）問政的事；《春秋》更是政治之書。此外，《周易》的哲學，又何嘗不與政治相關。而古代的政治家，多數都是治經的學者，歷代帝王好經術者甚多，而明經取士，任以治世之官。經書所談及的政治哲學，大都是原則性的；並是歷久不衰，放諸四海而皆準的，例如「為政在人，取人以身，修身以道，修道以仁。」[11]這千古不磨的政治原則，可使用於現代。

(五)教育價值：「孔子以詩書禮樂教弟子，蓋三千焉，身通六藝者七十有二人。」[12]經書在孔子（551B.C.-479B.C.）是作為教學的課本，課本自然是有教育功能的書。「不學詩，無以言」、「不學禮，無以立」、「興於詩，立於禮，成於樂。」[13]孔子教授弟子德行、言語、政事、文學，都在經書中；並包括修身、齊家、治國、平天下的道理。同時，正名、倫理、知人、知天的學問也都在其中。因此，經書裡面，可以教人修身，可以使人化性，教化生民，孝悌忠信，趨於仁愛祥和，止於至善，這些都是經書的教育功能。

(六)哲學價值：就是經書具有探討生命意義和價值的功能。析論之，經

---

[11] 參見〈中庸·第 20 章〉，參見南宋·朱熹（1130-1200）《四書章句集注·中庸章句》（臺北：大安出版社，1996 年 11 月），頁 37。

[12] 參見司馬遷（145B.C.-？）：《史記·孔子世家》，卷 47，6 冊（臺北：樂天出版社，1974 年 2 月），4:1938。

[13] 參見《論語》之〈季氏〉、〈泰伯〉，引見朱熹《四書章句集注·論語集注》，卷 8 及 4，頁 243、141。

書探求的是內聖外王之道。[14]即是從個人的道德修身，推及到天下的一套治平學說，格外強調和重視的是，個人生命的自覺體悟及道德的實踐。從內到外，由體成用。並由道德的修持完美，以達到天人合一，臻於至聖的境界。換言之，經學研究的是生命哲學，注重生命的價值和意義。

職此之故，班固就說：「經，常也，有五常之道。」[15]南朝梁・劉勰（約 465-520）深入解釋說：「經也者，恆久之至道，不刊（指改變）之鴻教也。」[16]經學的理論，是永遠不可改變的法則。「經」的作者是聖人，傳述者是賢人，我們必須遵照其思想原則，升華於至善至真至美至聖之境。

因此，馬氏重視經學的意義及價值，是其來有自的。

二、前理解不同，強調學術史，而不重視哲學史

其次，馬一浮為何獨鍾學術史而不是哲學史或思想史？可從兩方面說明，即是定義內涵及詮釋特色說明。就定義內涵言：

「學術史」，是重在「辨章學術，考鏡源流」。清・章學誠（1738-1801）《校讎通義・序卷一》。[17]此是說考辨歷代學術，甄別其源頭而進行考察。即是瞭解其學術發展脈絡與學術走向，通過評判高下，辨別良莠，敘述師承，剖析潮流。即是重在「知人論世」，強調哲人的生平事蹟及時代學術流變為主。

14　莊子（約 369B.C.-286B.C.）說：「（一曲之士）判天地之美，析萬物之理，察古人之全，寡能備於天地之美，稱神明之容。是故內聖外王之道，暗而不明，鬱而不發，天下之人各為其所欲焉以自為方。」引見清・郭慶藩（1844-1896）：《莊子集釋・天下》，卷 10 下（臺北：河洛圖書出版社，1974 年 3 月），頁 1069。儒家借用「內聖外王」，以總括其學說。

15　參見氏著：《白虎通・五經》，引見清・陳立（1809-1869）：《白虎通疏證》，卷 9，2 冊（臺北：廣文書局有限公司，1987 年 5 月），下:531。

16　參見氏著：《文心雕龍・宗經第三》，卷 1（臺北：明倫出版社，1970 年 9 月），頁 21。

17　參見氏著：《校讎通義校注》，卷 1，收入氏著、葉瑛校注：《文史通義校注　校讎通義校注》（臺北：頂淵文化事業有限公司，2002 年 9 月），頁 945。

潘德榮（1951-）在《詮釋學導論》指出：「在理解過程中，不僅要把語詞置於語句中、把語句置於本文整體中、把本文置於語言系統中，還必須結合其它的相關材料，比如歷史背景、作者傳記等等，從整體上把握作者的精神世界，特別是要弄清楚作者的創作動機，以期進入與作者同樣的心理角色，才能揭示本文中的語言所隱含的內在的豐富意義。」[18]

即是說明我們要瞭解其人思想，亦必須掌握其人歷史背景、作者傳記，以清楚的弄明白作者的創作動機，進而滲入作者的心靈世界。

詮釋學的開宗大師德・施萊馬赫（Friedrich Daniel Ernst Schleiermacher, 1768-1834）就主張，「所理解的文本必須置於它賴以形成的那個歷史語境中。」[19]

「思想史」，就是瞭解重要思想家的心靈或觀念活動。此中涉及思想家的具體生活、際遇、意識活動以及其如何面對種種困境等，甚至連他們的喜悅和悲傷都能親切感受到。即是思想史，重在哲人的背景及思想概念兩者綜合論述。

然而，「思想史」研究有其侷限，此研究法著重思想與環境之間的關係，會將哲人之思想視為是對外在環境的反應，而拘限了哲人的自主性，也就是忽略哲人超越時代限制而創發的新觀點。其次，因為重視思想與環境的關係，則會認為有思想價值的，是在其歷史時代上具有重大影響作用，但卻對於某些思想內容豐富卻未具重大影響地位的思想家無意間給略失了。[20]

此即是說明，「思想史」研究，優點是能兼具明瞭作者的生平與思想，不致掛一漏萬。而其缺點亦在此，研究方向可能有所偏失，較重視作者的背景歷史，而輕忽了其思想內涵與價值的主軸。

「哲學史」，則是人類對宇宙及人生歷程貫穿性的見解。即是描述人類

---

18 參見氏著：《詮釋學導論》，第 2 章（臺北：五南圖書出版有限公司，1999 年 8 月），頁 47。

19 參見氏著：《詮釋學導論》，第 2 章，頁 44。

20 參見陳芝豪：《周易經傳與孔孟荀「命」觀念思想及改命方法》，第 1 章（高雄：高雄師範大學國文系博士論文，2015 年 7 月），頁 52。

智慧的整體發展；而內在的心靈世界和外在的文化成果，亦包含在此。其發展的因素包括邏輯實用因素、文化因素、個性因素等。換言之，以邏輯看，一部哲學史實際上是一部概念（或觀念）演變發展史，是一條由概念或範疇組成的鏈條，每一個時代的哲學，只不過是這條鏈條的一個環節。任何一個環節，既是開始，又是終結，那最終的哲學是最初哲學進步的開展。即是「哲學則是通過純粹概念去把握絕對精神，或者說絕對精神是通過概念體現在絕對知識或哲學裡。」[21]

就詮釋特色言，挑選「學術史」作為自身思想體系主軸，這是馬氏經由其「前理解」[22]，再結合「效果歷史」[23]，所形成的「視域融合」。[24]

為何會產生「視域融合」？

所謂「視域融合」意義就是：當讀者帶著自己的歷史「視域」去理解某種歷史作品時，兩種不同的歷史「視域」，必然會產生一種「張力」（tension）。讀者必須擺脫由作品自身歷史存在所產生的「成見」，但又不能以自己的「成見」任意曲解其理解的對象。只有在解釋者的「成見」和被解釋者的「內容」融合在一起，並產生出意義時，才會出現真正的「理解」。這種過程，Gadamer 稱之為「視域融合」（fusion of horizons）。[25]

21　參見洪漢鼎（1938-）：《當代哲學詮釋學導論》，第 6 章（臺北：五南圖書出版股份有限公司，2014 年 3 月），頁 251。

22　前理解，由德國哲學家伽達默爾（Hans-Georg Gadamer, 1900-2002）提出。此指解釋的理解活動之前存在的理解因素。它們構成解釋者與歷史存在之間的關係。

23　效果歷史，亦由伽達默爾提出。指歷史通過制約我們的歷史理解力而產生效果。即是「詮釋者需要自覺理論與生活的連結關係，梳理舊時義理與當代情境的呼應之處，活化舊時理論於當代之用」。參見林慈涵：《莊子・內篇生命的反思與超越——內在理路下的詮釋向度》（臺北：國立政治大學中國文學研究所碩士論文，2017 年 6 月），頁 8。

24　視域融合，亦由伽達默爾提出。指由解釋者的主體理解視野和被解釋對象（如歷史文本、文學作品、文化傳統等）的歷史視野之間的相互作用，所產生的一種融合狀態，是理解活動的最高境界。

25　參見「高達美的詮釋學」網頁，http://www.nhu.edu.tw/~sts/class/class_03_3.htm，2017 年 8 月 10 日。另亦見德・伽達默爾著、洪漢鼎譯：《詮釋學：真理與方法》（北京：

這就是說，馬氏「視域融合」在抉擇「學術史」的時候，是以自己的「視域」，即是以「儒學傳統」之經學為本；再結合他人的「視域」，就是吸納、融合、會通西學，共同形成一個嶄新的「視域」，這就是其主張「學術史」的原因，以及形成的「視域融合」。

三、義理式的學術史觀，結合心性哲學，
會通西學知周萬物，道濟天下

本文作者李智平老師，以創新的思維，替馬一浮的思想，建立了「義理式學術史觀」，是「超以象外，得其環中」的。[26]

「義理式學術史觀」，兼具了「學術史」及義理性。此義理性，即是「哲學思想」。

就「學術史」來說，即是以「儒學傳統」──六藝之學為理論框架，統攝天下諸學，包括理學、氣學、心學等；且化解儒、佛間的對立，強調三教會通。同時，並吸納、融合、會通西學。藉以「知周乎萬物，而道濟天下。」[27]

即是學習及汲取先聖先賢的智慧，涵蓋萬物之理；由體成用，將其義理之精華，匡濟天下，永保安康。

從義理性來說，即是重視思想的哲學內涵，包括形上學、知識論及倫理學。然而，馬氏的義理性，除了知識論未論證外，在形上學及倫理學方面，皆有精闢深刻的申述。

「學術史」，最大的優點，在於辨章、考鏡學術源流，針對歷代學派的來源及發展，由源而流，從根而末，都有詳贍的論述；而其缺點，即是對各

商務印書館，2007 年），頁 395-399。

[26] 參見唐・司空圖（837-908）：《二十四詩品・雄渾》，引見祖保泉（1921-2013）：《司空圖詩文研究》，第 6 章（合肥：安徽教育出版社，1998 年 12 月），頁 112。

[27] 參見〈繫辭上傳・第 4 章〉，引見唐・孔穎達（574-648）：《周易正義》，卷第 71，收入李學勤（1933-2019）主編：《十三經注疏》第 21 冊（北京：北京大學出版社，1999 年 12 月），1:267。

家的思想，未有深入的剖析及解析，特別是哲學概念的分析，僅是略述而非深論。

徐復觀（1904-1982）說：「先哲的思想，是由他使用的重要的抽象名詞表徵出來的。因此，思想史的研究，也可以說是有關的重要抽象名詞的研究。但過去研究思想史的人，常常忽略了同一抽象名詞的內涵，不僅隨時代之演變而演變；即使在同一時代中，也因各人思想的不同而其內涵亦因之不同。」[28]

徐氏所謂「抽象名詞」，即指概念或觀念，思想家即是藉由其思想概念或觀念，以表述其思想內容及思想特色。

德國知名學家漢斯‧麥克‧包姆嘉特納（Hans Michael Baumgartner, 1933- ）就一言以蔽之說：「理性知識，始終且根據概念所產生。」[29]良有以也。

根據張岱年（1909-2004）對我國哲學概念分類統計，共有 126 個。[30]張立文（1935-）後又歸納為 37 個。[31]並濃縮我國哲學重要概念共有 10 個：天、心、性、理、氣、道、仁、知、變、神。[32]

「哲學史」，其優點在於對思想的概念，皆能細緻精深的解析與說明，將其深意挖掘出來，展現其思想核心的意義與價值。而其缺失，則是「見樹

---

[28] 參見徐復觀：《中國人性論史（先秦篇）‧再版序》（臺北：臺灣商務印書館，1969年 1 月），頁 2。

[29] 參見德‧漢斯‧麥克‧包姆嘉特納（Hans Michael Baumgartner）著，李明輝譯：《康德純粹理性批判導讀‧導論》（臺北：聯經出版事業股份有限公司，2003 年 5 月），頁 2。

[30] 參見氏著：《中國古典哲學概念範疇要論‧緒論》（北京：中國社會科學出版社，2000 年 3 月），頁 12-3。

[31] 參見氏著：《中國哲學範疇發展史》（人道篇）（北京：中國人民大學出版社，1989年 3 月），以及《中國哲學範疇發展史‧前言》（天道篇）（北京：中國人民大學出版社，1989 年 3 月及 1995 年 8 月），頁 2。

[32] 張立文指出：「從中國傳統哲學的眾多範疇中，篩選出最常見、最有代表性的天、道、理、氣、心、性、仁、知、變、神等。」參見氏主編：《道‧獻給讀者》（北京：中國人民大學出版社，1989 年 3 月），頁 II。

不見林」。即是其思想的來源與發展，未能作系統周密的說明。

因之，「學術史」重在宏觀，能見其大；而「哲學史」特別強調微觀，能見其細。各有所長，相得益彰。馬氏的「義理式學術史觀」，則兼具「學術史」與「哲學史」之長，這是其最大的成就之一。

四、為馬一浮建立「義理式的學術史觀」觀瀾索源，鉤深致遠，創造意義，光大道統，是一本用心之作

本博士論文，是李智平老師專心致志，殫精竭慮之作；其成果是有口皆碑，實值稱許的。

本文內容的精闢，剖析的細膩，架構的嚴縝，資料的豐碩，文筆的流暢，自不在話下。而最主要的成就，即是理解與解釋的詮釋之創造性。

創造詮釋：即是將意義創新與變更。即是在理解與解釋的過程中，不囿於原有概念的本義，產生創發性的思維與意義，針對其論證概念的原有本義，予以意義的創新與變化，以達到詮釋的創新稱之。

潘德榮在《詮釋學導論》就明白指陳：「理解的本質是什麼？如果是指向『原意』的，那麼這個『原意』終將會因時間的流逝而磨損，最終化為無；如果理解是『生產』意義的，那麼一切語言、文字流傳物將會在這個『生產』過程中變得越來越豐富、充足。」[33]

如果沒有生產及創造的意義，「那麼這個『原意』終將會因時間的流逝而磨損，最終化為無」；反之，如果意義不停的生產與創造，「那麼一切語言、文字流傳物將會在這個『生產』過程中變得越來越豐富、充足」。

馬一浮是傳統國學家，宗法儒家六藝，奠基其思想根本。假如根據其思想脈絡，而不予以生產及創造，則其思想將易於消逝而磨損，無法開新成長，豐富充足，賡續其深遠的意義與價值。

潘德榮再指出：我們希望在詮釋時，能夠以絕對客觀之空白主體進入文本，以理解文本。事實上，純粹的客觀性是做不到的，一定有個人的主觀意

---

[33] 參見氏著：《詮釋學導論》，第 7 章，頁 192。

識在其中。即是「從他自己的觀點出發而進入被理解的他者」。這種主觀的個人理解，即是一種創造性的意義。「由於理解者的主觀性參與了理解過程，『本文』的意義就不再是一個靜止和凝固的東西。它本身展現為歷史，永遠不會被窮盡。」[34]

　　理解者的理解與解釋的主觀性，是意義創造化的主要因素。李智平老師體證出創造詮釋的意義與價值，將馬氏思想重新翻轉與解構，建立創新的思想體系，這就是「義理式學術史觀」。

　　德·海德格（Martin Heidegger, 1889-1976）喜歡「擦拭」詞語，直到它們原來的光澤又閃亮如前，並處於說出和未來說出的東西之核心。然而，它遠非單純地回到過去，而是揭示的新事件。因此，每一種詮釋都須對原典中的明確闡述加諸暴力。[35]

　　李老師「擦拭」了馬氏原有思想體系，為其建立了嶄新的系統，對其學說的彰顯與發揚，助益是極大的。

---

[34] 參見氏著：《詮釋學導論》，第 2 章，頁 49。

[35] 參見美·帕瑪（Richard E. Palmer, 1933- ）著，嚴平譯：《詮釋學》第 10 章（臺北：桂冠圖書股份有限公司，1997 年 9 月），頁 170。

自　序

　　本書是根據我的博士論文修訂而成。而我的研究是在「近代中國知識轉型與知識傳播」的大議題下，關注從「傳統經學」分化到「現代哲學」過程中，一條以「學術史」之「辨章學術，考鏡源流」詮釋中國哲學史脈絡的途徑，並以「第一代現代新儒家」的馬一浮為研究對象。

　　馬一浮學術思想的特點是奠基傳統學術，重整六藝經術，納西學於學術史的框架內，建立中國式的義理學，與同時代其他現代新儒家大方接受西學，配合西分專業分科轉化傳統學術不同。因此，其學術特點是將「學術史」、「經學」、「義理學」鎔鑄為一，寓道統於學統之上，使學術史兼具義理學的特性；其作法與一般學術史家有別，亦不同於當時主流的中國哲學史研究方法，故我定名為「義理式的學術史觀」。在此預設下，本研究企圖探索出以下三個目標：一，觀察中國近代知識傳播與轉型下，傳統經學分化到現代中國哲學之過程。二，開拓「現代新儒家」在中國哲學以外的學術研究新資源。三，洞悉晚清民初，傳統讀書人過渡到現代知識分子面臨到的困境、猶疑、去取、抉擇。

　　然而，回憶起這段研究過往，一開始總是磕磕碰碰的。

　　首先，是我必須先證明馬一浮有學術史觀。但馬一浮開宗明義便反對章學誠「六經皆史」的學術史觀，又直斥學術史不過是「籩豆之事」。若連馬一浮本人都不認可這種學術歸向，又該如何接續這樣的研究？附以我最初便是研究中國哲學概念，很容易深陷於馬一浮的學術思想究竟是程朱學或陸王學的辯論，故研究之初一度難以為繼。

　　其次，當時傳統讀書人的學思廣博，並不能完全按照現代學術分科類分其學術。這點在馬一浮身上尤為明顯，他深厚的學養橫跨諸多領域，若是按

單一的現代專業分科，譬如：經學、哲學、理學……研究他的學術思想，易顧此失彼，難一覽全貌。因此，我只能努力修補各種功課，盼能更全面理解其人其學。

復次，當我確立馬一浮的確有一條別具創見的「義理式的學術史觀」，最重要的關鍵轉折，在於我重新對他著作中的每一個、每一組重要關鍵辭意義的界定、釐清。譬如：經學／經術、六藝／六經、六經／十三經、六經皆史／學術史、周孔／孔孟、通儒／專家（門）／技藝、子學／子部、義理／哲學、經序排列……這些詞彙代表的概念都不一樣，不能混淆。當我梳理出這些關鍵概念後，許多原本糾結的問題終於豁然開朗，像是他確實不贊同六經皆史的學術史觀，但目的是要重塑學術史「辨章學術，考鏡源流」的內涵，而非一味的反對、排斥。

再次，當有無學術史的問題解決後，便是要觀察馬一浮如何「質變」學術史的內涵，以及他如何與當時學術圈的對話。他將所有學術鎔鑄為一，與當時走向學術分科與知識專業化不同，這可從以下三點看出差別。其一，若以純學術史來審視馬一浮辨章與考鏡學術之法，他不講究鉅細靡遺的質分學術分類，而追求學術之統，統在心性。其二，他闡述義理的方式與 20 世紀 20、30 年代，開始接受西方哲學範式下的中國哲學史方法、平列諸子不同；他是揉合六藝經術談義理學，將諸子重新繫於六藝之下。其三，他未曾對某一經傳進行完整的「經學史」，或「經學思想」，或「經學文獻學」式的爬梳。綜合以上三點，造成馬一浮的六藝論理念無論單放在哪一個領域中，都難完全契合。而他的學術思想也經常在學術分科下被邊緣化：或認為其現代性不足，或方法論掌握不夠精純，或根本不被視為是某學術領域下之一員。唯有將學術史、經學、義理學鎔鑄整合後，方可發現他確實是在學術史基礎上，重塑以六藝為核心的道統精神，以道統貫通學統，這就是其「義理式的學術史觀」的特點。

又次，透過對馬一浮的研究，我們更可以看到晚清民初，這西學東漸的時期，傳統學術自身的變化，以及面對西方學術的衝擊與挑戰下，如何過渡到現代學術的過程。有的學者大方接受西學，有的學者固守傳統，也有的學

者在去取之間不斷徘徊猶疑，試圖以體用或源出等各種方式調和、安頓中西方的學問、知識。因此，這個時期的學術是十分駁雜且充滿各種新奇的嘗試與挑戰的，誠如梁啟超（1873-1929）在《清代學術概論》指出「啟蒙期」學術思潮的特點：「如史家所謂『開國規模』者然；雖然，其條理未確立，其研究方法正在間錯試驗中，棄取未定；故此期之著作，恆駁而不純；但在清亂粗糙之中，自有一種元氣淋漓之象。」這正是研究晚清民初學術思想有趣之處，充滿各種知識、研究方法的交會與嘗試，我在研讀各方資料的過程中，無形間也擴大了自己的視野。本研究提及到與馬一浮有關的背景資料，如：「國學／國故學／國學院／國學書目」、「現代／當代新儒家」、「讀經運動」、「中學／西學」……等等，每一個背景既可以獨立討論，卻又相互交織在一塊兒，若缺乏任何一個背景資料的認知，便無法完整形塑出當時學者們所面臨到的學術議題與思考。

最終，能完成這本 40 萬字的研究，首先要感謝我的指導教授張壽安先生，老師銳利的學術眼光，總能最直接提出針砭。當我一開始從中國哲學轉向學術史研究的過程中，思慮時常凝滯在方法論上裹足不前，老師總不厭其煩的再三提點；尤其是「不憤不啟，不悱不發，舉一隅不以三隅反，則不復也」的指導原則，時時刻刻督促著我不能懈怠，不能存有僥倖。老師常說：「學問不是在課堂中講出來的，而是在課後問學過程中聊出來的。」很感恩當初在中研院時，能經常跟著老師繞著中研院一圈又一圈的散步，有很多親炙學習、請益的機會。

再要感謝論文口試時，李威熊先生、趙中偉先生、劉又銘先生、林麗真先生的誨正指點與鼓勵。逢甲大學中文系講座教授李威熊老師口試時給予極大的肯定，而後慨然應允為本書作序；而畢業後這些年，老師總對我的近況關懷倍至，予以極大的溫暖。我與輔仁大學中文系的趙中偉老師相識較早，直到最後落腳輔大攻讀博士學位畢業至今，無論在哪裡讀書、工作，趙老師總是關切我人生規劃，而老師在贈序中所提及的哲學詮釋學，更深刻影響了我研究中國哲學的方法論。政治大學中文系的劉又銘老師，是兩岸學術界最早以馬一浮為學位論文的研究者，在得知我以馬一浮為博士論文主題，老師

總不吝分享最新的研究成果，時刻關心我的研究進度，並提出許多寶貴的見解與指正。老師於 2021 年退休後，更是將珍藏的馬一浮研究資料轉贈於我。臺灣大學中文系的林麗真老師，深入肯綮的指出我在構思與行文過程中的問題，使我醍醐灌頂，往後無論是修改論文或寫作撰著時，能更細緻的思索行文表述之法。還有政治大學中文系的周志煌先生，在我完成論文後，連續發表過幾篇研究馬一浮的單篇論文，有幸兩度接受周老師講評，老師不僅細讀拙著，更惠予許多嶄新的思考方向，在此一併至上無限謝意。

而金門大學華語文系的宋惠如副教授、靜宜大學中文系的邱培超副教授，是當年一同讀書、學習的學長姐，我們在「近代中國知識轉型與知識傳播」大議題下，以學術史為方法論，分別研究章太炎、阮元學圈、馬一浮，並各自鑽研從經學到史學，從經學到文學，從經學到哲學之傳統學術過渡到現代學術的研究。輔大中文系的孫永忠先生、許朝陽先生；東吳大學中文系的羅麗容先生、蘇淑芬先生；東海大學哲學系的魏元珪先生、中文系的呂珍玉先生；臺灣師範大學國文學系的鍾宗憲先生等諸位師長；還有郭士綸、吳淑慧、邱白麗等學姊，多年來常給予我人情世故上的提點，工作上的提攜，生活上的關懷。而同師門的吳浩宇具有極敏銳與廣博的學術觸覺，總在第一時刻傳遞給我最新的學術訊息。再有畢業於臺灣師範大學國文學系的沈信甫博士、北京師範大學的魏榮、侯文華、丁玲諸位博士，都曾不辭辛勞替我查找、複印稀有資料。武漢大學國學院的劉樂恒教授，中央大學中文所的林鳳婷學友都曾惠賜馬一浮研究的相關成果。香港有位熱愛馬一浮的前輩趙汝明先生，某次看到我的研究，這些年來經常來信，敦促我一定要將馬一浮的研究付梓。一路走來，這些師友的愛護之情我都常存於心，非常感恩。

同時，我要感謝中央研究院近代史研究所，與張壽安先生主持的「近代中國知識轉型與知識傳播，1600-1949（Constructing Modren Knowledge in China, 1600-1949）」為期三年的院內大型主題計畫團隊。我在近史所前後待了七年，期間曾擔任過研究助理、主題計畫博士培育員，近史所提供了一個安靜的研究環境，讓我得以運用院內各圖書館豐富的館藏，並能隨時接收到學術界最嶄新的研究方向、議題。而我的同事黃笠寧女士，總在我百般忙

碌時，援以行政協助，特此致謝。

　　在完成博士論文後，我的研究曾榮獲臺灣中文學會第四屆的「四賢博士論文獎」，對我來說，是莫大的殊榮，也證明這條研究確切可行，感謝該學會的認可，以及兩位匿名評審教授的肯定與指正。

　　我在 2015 年畢業，原本預計在半年到一年內出版本書，也早早與臺灣學生書局簽訂出版合約。但彼時我剛進入臺灣警察專科學校通識教育中心服務，工作需求下，我投注大量心力主編了 42 萬字的《警專國文選》；而後又陸續於 2021 年接連出版《【大學寫作課】精進能力書寫1──遣詞用句掌握文氣篇》、《【大學寫作課】精進能力書寫 2──遣詞用句掌握文氣篇》二書，總計達 25 萬字；更早於 2013 年編著的《國家考試作文──得分技巧與寫作要領》也在這段期間完成了四個版次的修訂；同時，也完成升等副教授的大事。如此龐大的工作量，不得不暫時擱置了原來的出版計畫。但也緣於這些語文教學與研究的經歷，當我重新檢視論文時，便能更深刻的自我檢視表達與詮釋的問題，並游刃有餘的更正與修訂。這段期間，警專的長官、同事們無論是在研究、教學上，都給予我莫大的發揮空間；而警專、輔大年輕學子們的青春活力，讓我在這條寂寞的研究路上，時不時充滿歡聲笑語，特此致上謝意。

　　最要感恩的，是我的父母與家人。就讀博士班期間，我一邊讀書，一邊工作，無形間拖累了畢業時程；等我畢業，擁有專職工作後，依然是教學工作、學術研究並進，生活型態經常日夜顛倒，但他們總默默支持我走在這條學術研究的道路上。因此，我若在研究或教學上有得到一些榮耀，全要歸功於我的父母與家人的支持。

　　最後，晚清民初的學術界，在傳統學術與西學傳入交融下，各種觀點、理論應運而生，呈現出多元活潑且複雜的樣貌，而我的研究只是聚焦在傳統學術史如何與經學、中國哲學交涉的某一種型態，本書仍有許多不足與疏漏錯誤之處，尚祈 前輩方家賜正指點。

李智平

謹識於臺灣警察專科學校萬芳樓 110 室

2022 年 09 月 10 日

「第一代現代新儒家」馬一浮的「義理學」：
在傳統與轉型之間——一個學術史的分析

目　次

第一章　緒　論

　　當前臺灣學術界定義的「當代新儒家」或「狹義新儒家」多指 1950 年代以後，以牟宗三（1909-1995）為核心發展出的中國哲學體系。但回顧 20 世紀初期傳統知識風起雲湧轉型的年代，專主於中國哲學的研究並非唯一的選擇，涵括性更廣泛的「現代新儒家」或「廣義新儒家」，當中第一代代表人物的馬一浮與熊十力便致力於晚近經學過度到現代中國哲學的方法，為傳統經學開創一條具有哲學意義的新途。其中，馬一浮在傳統學術史的基礎上來重整六藝，將中西學術統攝於六藝之下，企圖建立出中國式的義理學。熊十力則視「經學即哲學」，用「經學是德慧的學問，何謂非哲學乎？」之判語[1]，為往後新儒家擺落經學，走向純哲學，開啟了方便法門。二人縱使皆本於經學，卻開創出不同的學術發展方向。

　　目前學術界研究馬一浮學術思想者甚多，但多集中在其經學、哲學的研究。但當我仔細研讀馬一浮所有著作，並親認體驗到其學術心態時，我發現馬一浮確實存有一條學術史的線索，而且很可能是他真正的學術定位，這能讓我們重新認識現代新儒家萌芽期的學術真貌，豐富當今學術界對現代新儒家的認識。

　　然而，當後來「當代新儒家」重新定義中國哲學的路向，並梳理出中國哲學的發展譜系後，馬一浮便逐漸被邊緣化。而且無論是「現代新儒家」或「當代新儒家」學術研究的主要興趣仍在馬一浮的哲學、學人圈範圍，尚未真正、全面反思其學術內涵，希望我的研究能讓學術界重新了解「現代新儒

---

[1]　熊十力：《讀經示要》，收入《熊十力全集》第 3 卷（武漢：湖北教育出版社，2001年 8 月），頁 733。

家」在源頭階段學術內涵的豐富性、多面性。

　　因此，本研究將以學術史為方法論，重新探索馬一浮的學術思想，進而梳理「中國哲學史」這門學科在草創啟蒙時期的發展史實，以下分成「研究說明」、「馬一浮的學術定位」、「研究方法與回顧」、「章節布局」四節詳述本研究之目的與相關研究背景。

第一節　研究說明

　　「近代中國知識轉型與知識傳播，1600-1949」（Constructing Modren Knowledge in China, 1600-1949）是近來中西學術界非常關注的學術議題。自晚明到 1950 年代近四百年的跨度，近代中國受西方文化與學術刺激、衝擊的影響，傳統學術隨之轉變。這種從「傳統學問」到「現代知識」的轉型廣布在各個學門間，包括人文科學、社會科學、自然科學。[2]

---

[2]　面對知識的轉型，張壽安先生提出三點思考：一是科學式知識的建立；二是傳統學術的分化；三是傳統的學問觀念如何被近代的知識觀念所取代，也就是傳統德行兼備的「士人」形象如何轉變為「專業人士」，亦即傳統道、學合一的學術理念如何脫失與可否脫失等等的問題。

張先生定位此為歷史性的研究，但也須與其他專門學科相互切磋。當中有三個主要議題：一是西方學科與中國傳統相類似的知識交接時，其進退取捨的複雜事實為何；二是傳統中國學術是否有知識體系；三是當近代科學式知識不斷移植中國，對儒學文化的學術理念造成的割裂。而我們是否能反思此一割裂，重整這「儒學式的學問體系」，進而與西方對話。而這些議題至少可從兩大面向來探討：一是中國傳統學術自身系統的變化；二是尋繹近代科學知識在中國的建構過程。研究性質分成制度面（institutional）、思想面（intellectual）、專門學科（specialized）等三面相，向度十分廣泛。

回顧近四百年知識轉型，可分作三個階段：一是 17 世紀耶穌會士傳入西學；二是 19 世紀中期以降，東、西洋學大量譯入；三是 20 世紀初科舉廢除，新式學制的建立。而當中每一段過程也都可以見到中、西文化的交流對話。

以上觀念源自張壽安先生論「近代中國知識轉型與知識傳播，1600-1949」的諸篇文章，包括：氏著：〈導言〉、〈打破道統・重建學統——清代學術思想史的一個新觀察〉，《中央研究院近代史研究所集刊》第 52 期，2006 年 6 月，頁 9-17、53-60。氏

　　本研究關注的時間斷代是 20 世紀初期。此時正值西方專業分科傳入中國，迫使傳統學問主幹的「經學」被割裂、寄居、轉型於現代學科的哲學、文學、史學之中。因此，在現代學科創建過程中，傳統學問如何從接納、吸收經學的資源，到後來與經學脫勾，走向獨立，足堪玩味。這偌大議題羣俱待整理、研究，我的研究則聚焦在現代中國哲學、中國哲學史成立的經過。至於目前學術界對西方哲學如何影響中國哲學、中國哲學史的建構，已有許多深刻的研究，但卻甚少關注傳統經學如何分化、過渡到現代中國哲學的過程。

　　若欲討論這個轉型的過程，以下幾個概念都不是能被輕易拆解、分疏的，包括：傳統的「經學」、「學術史」、「義理學」，以及新興的「國學」、「中國哲學」等。這些概念在當時多方識士的激盪之下愈益交融，為近代中國學術思想的發展提供豐富研究空間，其中又以徘徊、重整於傳統與現代間的馬一浮頗具代表。

　　馬一浮對上述諸概念有獨到的定義，可分成以下四點說明。其一，他楷定當時流行語彙「國學」為六藝之學，並以六藝作為天下一切學術之源，西來學術也包括在其中。其二，他將「經」分作經學、經術二類。他定位「經學」是專門注疏之學，唯有「經術」才是施政之本。其三，欲通貫經術的方法端賴「義理學」，義理學中又以「心性之學」為正統。且馬一浮認為「哲學」是西來的名詞，為愛智之學，無法真正涵括中國義理學的精蘊，故他不用哲學而用義理學。其四，六藝不等於六經，而是指學術分類。總其六藝論乃遠承劉向、歆父子「序六藝為九種」的學術史理念而來。

　　只是馬一浮的學術史研究鮮為人知，一般人只以為他否定了章學誠六經

著：〈龔自珍論乾嘉學術：「說經」、「專門」、與「通儒之學」──鉤沉一條傳統學術分化的線索〉，收入何佑森先生紀念論文集編輯委員會主編：《中國學術思想論叢──何佑森先生紀念論文集》（臺北：大安出版社，2009 年 3 月），頁 275-277。

氏著：〈龔自珍「六經」與「六藝」：學術源流與知識分化的第一步〉，收入史學與史識：王爾敏教授八秩嵩壽榮慶學術論文集編輯委員會主編：《史學與史識：王爾敏教授八秩嵩壽榮慶學術論文集》（臺北：廣文書局，2009 年 7 月），頁 19-22。

皆史的學術史觀，卻不知馬一浮是在學術史基礎上另闢他途，以心性本體融合六藝立為學術本源，這使得上述相關概念喝成一氣。可惜在重視專業分科的時代發展下，這種兼容性的學術理念往往被邊陲化，成為學術遺珠。

再回到「近代中國知識轉型與知識傳播」主議題時，馬一浮的學術史觀實是呼應了三個與當時代相連結的子議題：一是經史關係。馬一浮以六藝為學術根源，判別經、史界域，與當時尊史風氣不同。二是經子關係。縱使馬一浮認為諸子「思想自由」，但他們的學術係源出於儒家六藝，而不能與儒家平起平坐，此與晚清諸子學興起，平視儒家與諸子的風氣不同。三是以六藝該攝西來學術，此亦與當時著重西方學術分科之理念不同。換言之，馬一浮的六藝論是在經學史料化、中國哲學與哲學史平列諸子、大量引進西方學術下，以學術史理念為核心，結合心性之學，匯流六藝經術、義理，創發出的新觀點。

再自學科分類觀之，馬一浮的學術史觀已非「經學史」、「經學思想史」、「哲學史」任一學術分科所能遍該，更廣泛涉及了經學與其他學術間的獨立與否、升降關係，計有：經與史、經與子、經與文、經與西方學術、經與專門、技藝之學。所以，今日學術界對他諸如：傳統、守舊、不夠創新之種種形容，都是立於現代學術分科興起下的回應，未足以詮解其學術史觀的時代意義。

其中最明顯對照是馬一浮的學友熊十力。熊氏努力將經學轉化成中國哲學，他鼓勵吸收西學以現代化傳統的學術，並認為中國自古備有一切民主、科學知識，只因封建帝制阻礙了發展，落後於西方；到了民主時代，可透過西學找回中學曾經的學術體用。通體說來，熊氏似有以學術史辨章、考鏡之意圖，但他缺乏學術史根柢，主要觀點仍是經學思想，而非純粹的學術史。綜觀馬、熊二人都倡言經學、經術，也都感受到西方學術的撞擊，但由於學術思考去取不一，成就方向也就大不相同。

所以，本研究欲經由馬一浮觀察一條晚近傳統經學過渡到中國哲學的轉型形態，這不僅是研究馬一浮個人的治學方法、學術選擇，更是開啟學術史的新研究場域。內含兩條並進而行的研究脈絡：一是以義理學為進路的學術

史觀。即指馬一浮的義理學係透過學術史而呈現，不能單獨討論，此亦不同其他哲學家、哲學史家專主於哲學概念。二是後人稱馬一浮為「第一代現代新儒家」之一員，多是認可其宋明理學、經學的研究，但本文提出的「義理式的學術史觀」確實存在，故本研究非欲替馬一浮創建出新的詮釋方法，而是欲還原此學術面向。

　　因此，我將具體提出五層大綱式提問，作為整體研究的思考脈絡，也是後面各章要逐一證明者。依序是：一、馬一浮如何質變章學誠的六經皆史，建立新的「義理式的學術史觀」？二、如何證明其六藝為本的「義理式的學術史觀」自有發展脈絡，而不必混同在經學史、哲學史中來討論？三、馬一浮如何「寓道統於學統」之上，以六藝論梳理經、史、子、集、佛學、西方學術的關係？四、馬一浮如何從學術史的「辨章學術，考鏡源流」，梳理出義理學的發展？五、如何對比馬、熊二氏的學術理念，證明學術史、經學思想是不同進路？最終欲證成 20 世紀初，確有此轉型途徑，並反思此知識體系的特點，以及 21 世紀的今日從中找尋新的學術資源的可能。

　　最後，在晚清民初複雜的學術思潮背景下，馬一浮主要回應的學術議題計有經學、國學、義理學／中國哲學等三大領域，以下分別從「晚清民初的經學界」、「國學運動與馬一浮的國學論述」、「馬一浮論經術：是義理學，還是哲學？」三點學潮背景的發展說明，作為後續討論的基礎。

一、晚清民初的經學界

　　自晚清以降，傳統經學的獨尊地位遭受嚴峻的挑戰。晚清的經學至少面臨了「政治」、「學制改革」，「學術發展，如：經史、經子地位升降等現實問題」、「佛學思潮的興起」等諸多挑戰。到了民國初年，在政治上，經學成為維護政權的手段；學術上，又因「整理國故」的盛行，經學被裁化為史料之一。而馬一浮、熊十力等人在如此複雜的背景下，開始重新省視經學的價值。縱使學術路向不一，但他們尊經抑史、子，看重佛學，重視義理學／哲學的相態度一致。以下將分成晚清、民初兩時期經學地位的升降，回顧這段歷史發展。

（一）晚清經學

經學作為中國傳統學問主脈，在 20 世紀初期，其發展與消亡牽連許多因素，約有三個主要方向：一是「政治外交」，經學是傳統封建與帝制時代的施政依據，也是舉才標準。二是「教育轉型」，科舉廢除後，創辦新式學堂、現代學術分科，造成傳統經學在晚清產生裂變、轉化。三是「學術發展」，指經學與其他傳統學術的轉化關係，如：今古文之爭、諸子學地位的升降、佛學的興起，這都迫使著傳統經學必須轉變，以應對時代巨變。

首先，從「政治外交」、「教育轉型」以觀。1840 年鴉片戰敗，滿清興起了「師夷之技以制夷」、「中學為體，西學為用」的洋務運動，實行西式的教育，但當時只是為了軍事目的，徒具形式，並未成功。到了 1895 年甲午戰敗，才澈底讓清廷萌生危機感。[3] 當時在政治上，有康有為（1858-1927）主導的戊戌變法。在教育制度上，則開辦新式學堂，如：1898 年成立的京師大學堂。到了 1901 年，清廷諭令各省廣開大學堂，先後訂立學制章程。先有 1902 年張百熙（1847-1907）的《欽定學堂章程》，即「壬寅學制」；後有 1903 年慈禧（1835-1908）另命榮慶（1859-1917）、張之洞（1837-1909）的《奏定學堂章程》，為「癸卯學制」，成為進入民國以前，學堂教育的主要依據。

在張百熙《欽定學堂章程》內的《欽定京師大學堂章程》中，未專設經學科，而是將經學、史學、理學、諸子學、掌故學、詞章學、外國語言文字學統歸「文學科」。[4] 重視經學教育的張之洞在之後的《奏定學堂章程》特

3　如莊吉發云：「鴉片戰爭，中國因不知敵之強而敗；甲午戰爭（1894），中國則因不知敵之所以強而敗。同光年間，中國知識分子對於新政認識不足。中西接觸既以兵戎相見，主持洋務者，僅知西器可用，西技當師，以『堅船力礮』為西人富強之由，而不知政教制度才是西人富強的基礎。甲午戰爭，堂堂天朝，竟敗於蕞爾小島的日本。洋務運動既受了挫折，為洋務運動作支柱的『中體西用』的思想基礎其意義亦隨之轉變。」相關背景可詳參氏著：《京師大學堂》（臺北：國立臺灣大學文學院，1970 年 8 月），頁 1-3。

4　參見光緒 28 年 7 月 12 日（1902 年 8 月 15 日）：《欽定京師大學堂章程》，收入璩鑫圭、唐良炎編：《中國近代教育史資料匯編——學制演變》（上海：上海教育出版

別彰舉經學為中國學術之本，獨立設置「經學科」，與文學科並立為二。[5]
可是，新式學堂的教育模式與傳統科舉掄才衝突[6]，到了 1905 年，長達 1300
多年的科舉制度正式被廢除，此舉更加速了經學在學科定位下的沒落，與不
得不轉變以存續。

再者，「學術發展」可分今古文之爭、清代諸子學、佛學的興起等三小
點說明。

先論「今古文之爭」。梁啟超直指此係清代學術分裂的導火線，有兩大
理由：一是源於乾嘉考證方法已達極致，走向拘迂，形成「漢學專制」局
面；另一則是經世致用的理念再興。[7]

乾嘉年間，以莊存與（1719-1788）、劉逢祿（1776-1829）為首的「常
州學派」崛起，他們闡發春秋公羊學的「微言大義」，以求致用。而後龔自
珍（1792-1841）承公羊思想議論政事，倡言變法，同一時期的魏源（1794-
1857）則更重視邊疆地理。之後康有為著《新學偽經考》，認為六經未經秦
火焚，古文經均為劉歆偽作；又著《孔子改制考》，以經典是孔子為改制所
作，不僅孔子，周秦諸子無不託古改制，此說法反使孔子與諸子並列，降低
了經學的神聖性。[8]

5　左玉河：〈現代學科體系觀照下之經學定位〉，《江海學刊》，2007 年 3 月，頁 136-
　139。

6　參見光緒 29 年 2 月（1903 年 3 月）袁世凱、張之洞：〈奏請遞減科舉折〉、光緒 29
　年 11 月 26 日（1904 年 1 月 13 日）張百熙、榮慶、張之洞：〈奏請遞減科舉注重學
　堂片〉，收入璩鑫圭、唐良炎編：《中國近代教育史資料匯編──學制演變》，頁
　530-531。

7　梁啟超：《清代學術概論》卷 20（臺北：臺灣商務印書館，1994 年 1 月），頁 114-
　118。

8　如梁啟超云該書對於當時思想界的影響有四：一是教人讀古書，不當求諸章句訓詁名
　物制度之末，當求於創法立制之精神。二是藉孔子建設新學派，鼓舞人創作精神。三
　是既然《新學偽經考》多為劉歆偽造，而《孔子改制考》為孔子託古之作，故原本神
　聖的經典，「根本發生問題，引起學者懷疑批評的態度。」四是孔子創學派與諸子同
　一動機、目的、手段，「則已夷孔子於諸子之列。所謂『別黑白定於一尊』之觀念，

　　同一時間，古文學派有以章太炎、劉師培（1884-1919），及鄧實（1877-1951）等人為首的「國粹學派」，其人「既是激烈的排滿革命派，又是熱衷於重悉整理和研究傳統學術、推動其近代化著名的國學大家。」[9] 在政治上，他們反對以康有為為首的君主立憲派，而倡言革命。學術上，則倡古文經學，與今文學派針鋒相對。在西學影響下，古文學脈的學者不排斥歐化[10]，並以「歷史進化論」作為學術源起，將一切學術源頭歸之於史。[11] 如：章太炎轉化章學誠的六經皆史，以「經」之名義非六經所獨專，秦、漢典籍多用「經」為書名，故反對章學誠「經出於官作」、「庶人不當僭擬」、「史不當私作」等觀點。其次，「六藝」、「六經」名義也不同，孔子刪述界定較廣的六藝為六經，且諸子也引用六藝，故儒家與其他諸家無別，同為諸子之一。又次，因為六藝的內容關乎社會進化，當列為史類；至於儒家六經備受重視，肇因於漢代尊崇儒術，成為中國文化與學術之本，但

全然解放。」詳參氏著：《清代學術概論》卷 23，頁 131-132。

[9]　鄭師渠：《晚清國粹學派——文化思想研究》（北京：北京師範大學出版社，1993 年 5 月），頁 8。

[10]　許守微云：「要而言之，國粹者，精神之學也；歐化者，形質之學也。【歐化亦有精神之學，此就其大端言耳】無形質則精神何以存？無精神則形質何以立？世有被締繡於芻靈者，似人而不得謂之人也。無精神故也，棄國粹而用歐化者，悉以異是？……國粹者，道德之源泉，功業之歸墟，文章之靈奧也。一言以蔽之，國粹者也。助歐化而愈彰，非敵歐化以自防，實為愛國者須臾不可離也云爾。是故國粹以精神而存服左衽之服，無害其國粹也。歐化以物質而昌行曾史之行，無害其歐化也。」詳見氏著：〈論國粹無阻於歐化〉，收入王雲五主編：《景印國粹學報舊刊全集》（臺北：臺灣商務印書館，1974 年），頁 751-758。原刊於《國粹學報》第 1 年第 7 號，1905 年 7 月。

[11]　鄧實云：「神州學術，其起原在乎鬼神術數而已。鬼神術數之學，其職掌在乎史官而已。……夫春秋以前，天下之學歸於鬼神術數，春秋以降，天下之學歸於史官，是故鬼神術數者，神州學術之原也。史官者，神州學術之微也。……是成周一代之學術、藝文、典章制度，其寄於文字典籍者，莫不掌之於史官，不特鬼神術數之學之掌於史也，夫史為古今天下學術一大總歸。」詳見氏著：〈國學微論〉，收入王雲五主編：《景印國粹學報舊刊全集》第 1 冊，頁 135-146。原刊於《國粹學報》第 1 年第 2 號，1905 年 2 月。

追溯源流，六經非孔子創作，乃是「周代政典之遺」，當屬史類，故經史無別，經史同源。[12]

　　再如：劉師培認為古代學術皆出於史官：一是六藝出於史，即「六藝之學掌於史官，宣尼刪定六經，實周史保存之力也。」二是九流出於史，即「後世子與史分，古代子與史合。」三是術數方技之學出於史也，即「〈班志〉有言，古代術數，皆明堂、羲和、史卜所職。」總的來說，也就是「周代之學術，即史官之學也，亦即官守師儒合一之學也。」[13]

　　總言之，此時今古文學派政治、學術理念各有堅持，一致處是他們的學說皆貶低了經學的地位，而抬升了史學、諸子的地位。

　　其次，論「清代諸子學」。由於清儒以考據方法治經，重視實事求是，常以相同或相近時代之書證成經典內容。又諸子之書時有引述六經之語，故清儒便有「以子證經」，連帶亦有「以子證史」的治學方法。由於證經、證史之要，使得子書本身的真偽必須接受檢驗，更興起了整理與校勘子書之風。[14]

　　晚清以降，諸子學「復活」[15]，不分今古文經學派，皆以諸子作為思想依據。除了延續乾嘉治學精神，對子書作進一步的整理，更希望以子學經世、會通中西。如：魏源撰《孫子集注》、《墨子章句》、《老子本義》，皆有救世意圖；嚴復（1854-1921）、劉師培等人以《老》、《莊》作為自由民主之根源；劉師培的〈周末學術史序〉將諸子與西方各類學術相比

---

[12] 宋惠如：《晚清民初經學思想的轉變——以章太炎「春秋左傳學」為中心》（臺北：輔仁大學中國文學研究所博士論文，2009 年 6 月），頁 170-182。

[13] 劉師培：〈古學出於史官論〉，收入錢鍾書主編：《劉師培辛亥前文選》（北京：生活‧讀書‧新知 三聯書店，1998 年 6 月），頁 204-210。原屬名劉光漢，題為〈論古學出於史觀〉，載於《國粹學報》第 1 期，1905 年 2 月 23 日。

[14] 相關成就可見梁啟超：〈清代學者整理舊學之總成績（2）〉，《中國近三百年學術史》（臺北：華正書局，1994 年 8 月），頁 248-273。

[15] 語出梁啟超，原文是「晚清『先秦諸子學』之復活，實為思想解放一大關鍵。」見氏著：《中國近三百年學術史》，頁 273。

附；[16]鄧實則以諸子與希臘七賢相媲美。[17]此外，他們也都吸收與批評諸子的學說，如：戊戌變法期間，夏曾佑（1863-1924）、譚嗣同（1865-1898）、梁啟超提倡排荀，認為以往社會受到禮教束縛，相反地，章太炎則主張尊荀等。[18]

最後，論「佛學的興起」。梁啟超稱佛學為晚清思想界的「伏流」，有三個興起理由：一是佛典的刊印流通；二是西洋哲學輸入後，興起對印度哲學的研究；三是社會壞亂而生厭世思想，欲逃遁於佛。[19]當時佛學研究者有兩類：一是俗世佛學研究者，指當時今古文學派的學者，他們多兼治佛學；二是居士佛學的興起，以楊文會（1837-1911）、歐陽竟無（1871-1943）為代表。以後者對現代新儒家尤為重要，如：楊文會畢生倡導佛學，其於同治5年（1866）在南京創立「金陵刻書處」，專事刊印佛典，並曾赴日、歐蒐集失傳的佛教佚典，逝世後，由歐陽竟無繼續主持。[20]民國肇建，歐陽竟無

16　劉師培於〈序〉言：「予束髮受書，喜讀周秦典籍，於學派源流，反覆論次；擬著一書，言曰《周秦學術史》，採集諸家之言，依類排列，較前儒學案之例，稍有別矣。」共談及：〈心理學史序〉、〈倫理學史序〉、〈論理學史序〉、〈社會學史序〉、〈宗教學史序〉、〈政法學史序〉、〈計學史序〉、〈兵學史序〉、〈教育學史序〉、〈理科學史序〉、〈哲理學史序〉、〈術數學史序〉、〈文字學史序〉、〈工藝學史序〉、〈法律學史序〉、〈文章學史序〉等序，皆以諸子學相比附。參見氏著：〈周末學術史序〉，收入錢鍾書主編：《劉師培辛亥前文選》，頁211-288。原載《國粹學報》第1至5期，1905年2月23日到6月23日。

17　鄧實曰：「十五世紀為歐洲古學復興之世，而二十世紀則為亞洲古學復興之世。夫周秦諸子則猶之希臘七賢也。……吾國當周秦之際，實為學術極盛之時代，百家諸子爭以其術自鳴……夫周秦諸子之出世，適當希臘學派興盛之時，繩繩星球，一東一西，後先相映，如銅山崩而落鐘應，斯亦奇矣。」見氏著：〈古學復興論〉，收入王雲五主編：《景印國粹學報舊刊全集》，頁1007-1014。原刊於《國粹學報》第1年第9號，1905年9月。

18　以上對子書作進一步的整理、子學經世、會通中西、吸收與批評諸子的學說等四點，詳參劉仲華：《清代諸子學研究》（北京：中國人民大學出版社，2004年8月），頁292-337。

19　梁啟超：《清代學術概論》卷30，頁164-168。

20　如陸寶千云：「竟無先生具有真性情，於佛教信心堅固，而願力宏大，熱忱感人，故

籌建「支那內學院」，受學者很多，包括：梁漱溟、熊十力、呂澂（1896-1989）、湯用彤（1893-1964）、蒙文通（1894-1968）等人。而歐陽竟無晚年因悟佛孔思想相通，轉而力倡以佛學會通孔學。[21]相應於此，現代新儒家如：馬一浮、熊十力等人由佛歸儒，自有另一番不同的領會。

　　歸言之，傳統學問主脈的經學在晚清受到極大衝擊，無論現實環境或學術內部的調整梳理，皆突顯出傳統學術走向現代分科、獨立的特性，但近代知識轉型並未因清廷滅亡宣告終結，議題發展更延伸到民國以後。

（二）民初（1912-1949）經學

　　進入民國以後，經學發展是一波三折，依次有三個事件影響重大：一是廢經與讀經聲浪，二是整理國故，三是日本侵華，民族思想的提昇，政壇與民間力量的推動。以下依次說明。

　　其一，廢經與讀經聲浪。民國元年（1912），蔡元培時任教育總長，進行了學制改革，他主張廢經[22]，但民間始終有尊孔思想與組織[23]，與之抗

能傾動一世。其欲儒家再能振衰起敝，挽救世運，蓋亦出之實心，非為書生業也。然其所見者，非儒家之真也。彼以心為本體，以寂、智二義明心。此猶以心為池，池靜不波，則沙沉水清，水清則可以鑒物。不波、寂也；鑒物、智也。此乃佛教之心，而非儒家之心也。……故曰其所見者，非儒家之真也。」參見氏著：〈歐陽漸之新儒學〉，收入《近代中國歷史人物論文集》（臺北：中央研究院近代史研究所，1993年6月），頁617-639。

[21] 蕭平：〈歐陽竟無的孔學論觀——以佛解儒的一個例證〉，《普門學報》第18期，2003年11月，頁33-45。

[22] 蔡元培主張廢經，他初任教育總長時，與記者有一段對話：「……記者又問：『執事對於吾國經、史舊學，主張保全歟？』蔡君曰：『舊學自應保全。惟經學不另立為一科，如《詩經》應歸入文科，《尚書》、《左傳》應歸入史科也。』」又說中國之弊在自大，因敵不過外力強權，由自大轉向自卑，故要破除自大，便在於廢經，故言：「普通教育廢止讀經，大學校廢經科，而以經科分入文科之哲學、史學、文學三門，是破除自大舊習之一端。」
以上分別參見氏著：〈在北京任教育總長與記者談話〉、〈我一：臨時教育會議日記〉，《蔡元培文集》卷2，「教育上」（臺北：錦繡出版社，1995年5月），頁90-91、640。
隨後，在民國元年實際教育施行項目中，普通教育、師範教育設有修身、國文等似與

衡。隔年（1913），袁世凱（1859-1916）繼任大總統，展開一連串尊孔讀經的政策，欲拉攏復辟者之心，試圖恢復帝制。同一時間，還有一批接續清末保教的學者，如：陳煥章（1880-1933）、康有為等，他們於 1912 年成立「孔教會」，提倡尊孔，並擁護帝制及擁袁稱帝。[24]

　　1916 年，儘管袁世凱的洪憲帝制失敗，但政界、學界依舊存在著該讀經或廢經的爭議。支持讀經者有上述的孔教會成員，如：康有為要求立孔教為國教，並在各省發起相關活動，成立許多分支機構。又各地軍閥也多贊成尊孔讀經，企圖保存舊有秩序，壓低改變與反對聲音，他們紛紛上書國會請定孔教為國教，卻被其他宗教要求平等而遭致反彈。

　　到了 1919 年，五四新文化運動興起，陳獨秀（1879-1942）、吳虞（1872-1949）、易白沙（1886-1921）等人反孔聲浪繼起，國會表決立教宣

經學可相擬的科目，但修身講道德要旨，非取自經學；國文則講文字之讀法、書法、作法、文法，更深入有文學史等，也獨立於經學之外。

在大學方面設有文、理、法、商、醫、農、工等七科。文科有哲學門、文學門、歷史學門、地理學門等四門。多數經書列於哲學門之「中國哲學類」的「中國哲學」課程中。但「中國哲學」不純講經學，也包括《論語》、《孟子》、周秦諸子、宋理學。至於《爾雅》、《說文》等詁訓之學則列入文學門之「國文學類」之中。另外，《公羊傳》、《穀梁傳》列入哲學門，但《尚書》、《左傳》則列入歷史學門之「中國史及東洋史學類」中的「中國史」課程中。

可見民國元年的教育體系中，經學成為專門學問的研究，被割裂入哲學、文學、史學門中，既與修身，也與政治無關，而列於法科下的政治學門根本不論經學，這說明了經學在現代學術分科下的轉向。

以上參見：1912 年 12 月 2 日部令第 28 號〈教育部公布中學校令施行規則〉、12 月 10 日部令第 34 號〈教育部公布師範學校規程〉、12 月〈教育部訂定小學校教則及課程表〉、1913 年 1 月 12 日部令第 1 號〈教育部公布大學規程〉，收入璩鑫圭、唐良炎編：《中國近代教育史資料匯編──學制演變》，頁 679-680、689、702、709-711。

23　韓華：《民初孔教會與國教運動研究》（北京：北京圖書館出版社，2007 年 12 月），頁 72-74。

24　韓華：《民初孔教會與國教運動研究》，頁 70-81、255-272。

告失敗。[25]但問題仍未被解決，經學在教育、政治、文化保存的存廢上，還是各有所持。

其二，整理國故。1919 年，胡適（1981-1962）發表〈新思潮的意義〉，針對國故整理提出系統性見解。[26]他在 1921 年發表〈研究國故的方法〉一文，歸整出四條研究方法：一是歷史的觀念，胡適引用章學誠的觀念，進一步說「一切舊書——古書——都是史也。」二是疑古的態度，即「寧可疑而錯，不可信而錯。」三是系統的研究，認為一切學術要從歷史著手，尋其脈絡。四是整理，也就是標點、分段、注解後，使人易懂。[27]

對胡適等人而言，國學等於國故學。胡適回顧過去三百年治學成績，說道：「一切古學都只是經學的丫頭……他們脫不了『儒書一尊』的成見，故用全力治經學，而只用餘力去治他書。」所以，要擴充國學領域，「包括上下三四千年的過去文化，打破一切的門戶成見：拿歷史的眼光來整統一切……過去種種，上自思想學術之大，下自一個字，一隻山歌之細，都是歷史，都屬於國學研究的範圍。」[28]當中有二個重點：一是界定範圍，將經學視作歷史一部分，平視所有學術研究；二是確立治學態度與方法，以科學的、疑古的方式整理與治學，使經書成為歷史考辨對象。之後有顧頡剛（1893-1980）為首的古史辨學派，以辨偽精神以治經。他從 1926 年開始，至 1941 年為止，陸續出版七冊的《古史辨》廣蒐時人的研究成果。而上述夷經為史之態度，皆導致經學失卻了獨尊、神聖地位。

三是日本侵華，民族思想的提昇，政壇與民間力量的推動。自 1931 年

---

[25] 林麗容：《民初讀經問題初探》（臺北：國立臺灣師範大學歷史研究所碩士論文，1986 年 6 月），頁 69-78、韓華：《民初孔教會與國教運動研究》，頁 104-116。

[26] 胡適：〈新思潮的意義〉，收入嚴雲受編：《胡適學術代表作》下卷（合肥：安徽教育出版社，2007 年 1 月），頁 308-314。原刊於 1919 年 12 月 1 日《新青年》第 7 卷第 1 號。

[27] 胡適：〈研究國故的方法〉，收入嚴雲受編：《胡適學術代表作》下卷，頁 71-73。原刊於 1921 年 8 月 4 日上海《時事新報》之〈覺悟副刊〉。

[28] 胡適：〈國學季刊發刊宣言〉，收入嚴雲受編：《胡適學術代表作》下卷，頁 96-108。原刊於 1923 年 1 月《國學季刊》第 1 卷第 1 號。

發生九一八事變，隔年（1932）的一二八事變，再到 1937 年至 1945 年對日抗戰，日本一連串侵華舉動，愈益激發民族團結，時人轉趨正視傳統文化的內在價值。

如：一二八事件後，上海各大學校長以復興中國教育，紛紛提出尊孔讀經的議案，但遭否決；時隔兩年（1934），湖南、廣東兩地有何鍵（1887-1956）、陳濟棠（1890-1954）、宋哲元（1885-1940）等地方政治領袖倡導讀經。[29]

到了 1934 年，國民政府提出新生活運動與恢復祀孔，民間便有中國本位文化運動相呼應，如：王新命（？）、何炳松（1890-1946）等十位教授發表〈中國本位的文化建設宣言〉，以「不守舊；不盲從；根據中國本位，採取批評態度，應用科學方法來：檢討過去，把握現在，創造將來。」[30]作為應對文化的基本態度，都是復興中華文化與民族精神為前提的號召。

相關議題討論之盛，當時的《教育雜誌》便於 1935 年 5 月以專號方式，號召七十多位學者撰文討論。他們向學者提出兩個重要的疑問：一、究竟經是古代舊書還是先哲的文化心傳？是否作為專門研究或讓中小學生都讀經？二、當時思想混亂與國難當頭，讀經能否挽救國運與糾正思想？[31]無論學者贊同與否，經的「實用性」或「專門專家性」都成為第一考量。儘管各彈各調，爭議未泯[32]，但此番論辯的重要性是從教育制度、文化層面，反思經學

---

[29] 以上三點參見林麗容：《民初讀經問題初探》，頁 94-116。

[30] 王新命、何炳松等：〈中國本位的文化建設宣言〉，收入蔡尚思主編、朱維錚等編：《中國現代思想史資料簡編》（杭州：浙江人民出版社，1982 年 1 月），頁 763-767。原刊於《文化建設》第 1 卷第 4 期，1935 年 1 月。

[31] 何炳松：〈全國專家對於讀經問題的意見〉，《教育雜誌》第 25 卷第 5 號（上海：商務印書館，1937 年 5 月 10 日），頁 1-4。相關討論可參見林麗容：《民初讀經問題初探》，頁 120-232。

[32] 如胡適於 1937 年撰〈讀經平議〉一文，仍是針對讀經爭議而有議論，文章開頭便記敘當時倡導讀經之現況，有云：「前幾年陳濟棠先生在廣東，何鍵先生在湖南，都提倡讀經。去年陳濟棠先生下野之後，現在提倡讀經的領袖，南方仍是何鍵先生，北方有宋哲元先生……冀察兩省也有提倡小學中學讀經的辦法。」參見氏著：〈讀經平議〉，收入嚴雲受編：《胡適學術代表作》下卷，頁 391-394。原刊於 1937 年 4 月 18

價值的意見平臺。

綜上所述，民國以後經學爭議焦點在經學的「價值性」，而其價值性又關涉到政治、文化保存、教育與學科定位等問題。這些議題多承繼自晚清，不論是政治力量介入的存廢爭議，又或者是經學該以何種面貌呈現，如：或為國故整理，或為作為專業研究，或是文化傳承，又或是如何分屬到文、史、哲各學門等，但無論如何，大時代紛亂觸發的多元並立，也使得經學不可能再恢復到原有的獨尊地位。

活躍於上個世紀 30、40 年代學術圈的馬一浮、熊十力，他們推崇經學的價值，他們吸取經學養分，不斷思索經學的內涵、定位，如：經學與傳統、西學關係為何？且各自梳理出一套學術思想架構。在去取擇別的同時，他們或有意往學術史的辨章與考鏡，或有意向哲學史的方向靠攏，這究竟是推尊了經學價值？抑或是侷限了經學範圍？還是深化了經學內涵？抑或是夷經為子？這正是本文將探究的議題核心。

二、國學運動與馬一浮的國學論述

當馬一浮於 1939 年在復性書院暢談「國學」時，這已是累積近二十年議題的反思，馬一浮的「舊瓶裝新酒」如何為國學注入新意？他的對話對象是誰？又如何以新觀點，接續並開啟新的國學內涵？值得注意。

但何謂「國學」？此詞彙包容性極強，上世紀 30 年代，曹聚仁（1900-1972）回顧當時國學發展，便已提到國學與國故學的關係密切，而謂：「『國故』，『國學』，『中學』，『古學』，『國粹』，『國故學』等歧異名詞，在頃學術界已成為一異文互訓之慣例。」[33]

一如於前一點提及胡適「整理國故」的宣言係源於 1919 年 11 月〈新思潮的意義〉一文，縱使文中未確切界定國故的範疇，但很明確要以「評判的態度」為新思潮共同精神，以研究問題、輸入學理為方法；同時，須恪守三

日天津《大公報》之〈星期論文〉。

[33] 曹聚仁：〈國故學之意義與價值〉，收入許嘯天編：《國故學討論集》（上海：上海書店，1991 年 12 月），頁 60。

個態度：「反對盲從」、「反對調和」、「主張整理國故」。並針對末點的整理國故，提出四個研究步驟：一是條理系統的整理。二是尋出每種學術思想發生之因由與影響。三是用科學的方法，作精確的考證，把古人的意義弄得明白清楚。四是立於前三步的研究，還其本來面目與價值。[34]由此可知，胡適眼中「國故」的價值必須被整理方能體現，但他也不排斥可借助外來的學術方法進行整理、研究。其觀點深深影響 20 年代以降，對「何謂國學」討論的發展路向。

所以，當馬一浮於 30 年代末到 40 年代初界定國學為六藝之學，又立定必讀圖書之類目云云，正是對當時莫衷一是的「國學」概念下的批判與思考。以下將分三點闡述馬一浮論國學相關的背景介紹：一是「成立國學院」，二是「開立國學書目」，三是「辨明國學與國故學」。

（一）成立國學院

「國學院」可謂是體制化的國學。最早成立的國學院，是在 1912 年由吳之英（1857-1918）、廖平（1852-1932）等人成立，前身為存古學堂的「四川國學院」，以培養國學人才。待 1919 年以後，「整理國故」成了另一波國學院興起的理由。

此時各大學紛紛以整理國故為名，成立國學院，除了唐文治（1865-1954）在 1920 年成立的「無錫國學專修館」發展方向偏於理學傳統[35]，其他

---

[34] 胡適：〈新思潮的意義〉，《胡適文選》（臺北：遠流出版事業公司，1986 年 3 月），頁 41-50。

[35] 唐氏治學先從遊理學名家王紫翔，後入江陰南菁書院，受業於經學大師黃以周、王先謙，思想有濃濃理學氣息。所以，專修館不離理學脈絡，如：講經學「不尚考據瑣碎之末，惟在覽其宏綱，抉其大義，以為修己治人之務。」明理學則說：「吾輩今日惟有以提倡理學，尊崇人範，為救世之標準。」論政治學則以《大學》、《孟子・梁惠王》、〈離婁〉為根本。然時正當科學整理國學的方興未艾，不免被譏為「冬烘先生之『國學』也。」「它們全是『國學』其名，而『國文』其實。」
以上依次參見唐文治：〈無錫國學專修館學規〉，收入王桐蓀、胡邦彥等選注：《唐文治文選》（上海：上海交通大學出版社，2005 年 4 月），頁 180-184、曹聚仁：〈春雷初動中之國故學〉，收入許嘯天編：《國故學討論集》，頁 85、蔡尚思：《中國學術大綱》（上海：啟智書局，1932 年），頁 17。

皆打著整理國故口號。其中，引領發展先驅者，有北京大學、東南大學、清華大學、廈門大學等校的國學院。

1922年1月，北京大學成立國學門，是最早實踐「整理國故」的學術機構，由章太炎弟子沈兼士（1887-1947）任國學門主任。1923年，專屬刊物《國學季刊》出版，胡適在〈發刊宣言〉強調研究古學有三個重點：一是能夠擴大研究範圍，二是注意系統的整理，三是博採參考比較的資料。[36]並界定「國故」、「國故學」，有謂：「中國的一切過去的文化歷史，都是我們的『國故』；研究這一切過去的歷史文化的學問，就是『國故學』，省稱為國學。」[37]又言：「國學的使命是要使大家懂得中國的過去的文化史；國學的方法是要用歷史的眼光來整理一切過去文化的歷史。」[38]如此一來，國學不只聚焦於經學，更泛指一切文化，中國傳統文化皆可以是國學的研究史料。[39]此後國學門縱歷經多變，但初旨如一。[40]

接踵而後，1923年東南大學國學院提出「兩觀三支」方法論；[41] 1925

---

[36] 胡適：〈國學季刊發刊宣言〉，《胡適文選》，頁235-245。

[37] 胡適：〈國學季刊發刊宣言〉，《胡適文選》，頁235。

[38] 胡適：〈國學季刊發刊宣言〉，《胡適文選》，頁240-241。

[39] 北大創立國學門到結束，共創辦了四份期刊以總結相關研究成果，除《國學季刊》外，另有《歌謠》（1922年）、《國學門週刊》（1925年）、《國學門月刊》（1926年）。以《國學季刊》為例，內容遍及語言文字、國學門紀事／報告／啟事、學術思想、考古／金石／器物、書目、中外交通、歷史、文學等，其他刊物多不離此分類，另還包括民俗等。詳可參陳以愛：《中國現代學術研究機構的興起——以北大研究所國學門為中心的探討》（南昌：江西教育出版社，2002年10月），頁186-223。

[40] 如1928年，北大國學門改為「北大國學研究館」，葉恭綽便強調治學精神有三：第一便是採科學之精神發揚國故；其次是治學須由博返約；第三是重分類研究之精神。可詳參葉恭綽：〈北京大學國學研究館開學演詞〉，收入桑兵、張凱等編：《國學的歷史》（北京：國家圖書館出版社，2010年4月），頁393-395。

[41] 1923年，東南大學開設國學院整理國故，提出「兩觀三支」方法論，分別是：「客觀：以科學理董國故——科學部」、「客觀：以國故理董國故——典籍部」、「主觀：客觀之主觀——詩文部」。其分類法雖有疏漏，為人詬病，校內對該院成立也有雜音，但接納科學方法與北大無二致。

年清華大學國學院聘請吳宓（1894-1978）擔任主任，聘請王國維（1877-1927）、梁啟超、趙元任（1892-1982）、陳寅恪（1890-1969）等「四大導師」，與講師李濟（1896-1979）等人為班底，他們的研究方法、範圍與北大、東南大學大致相同[42]，但更重視對比西方學術、輸入新研究方法[43]，尤其在語言學家趙元任加入後，該院的語言學遂成特色課程。1926年底，廈門大學成立國學院，其國學非以儒學為主，而是延伸到文化整體，欲以分科

詳可參見顧實：〈國立東南大學國學院整理國學計劃書〉、天均：〈評東南大學國學院整理國學計劃書〉，以上皆收入桑兵、張凱等編：《國學的歷史》，頁313-325。
羅志田：〈難以區分的新舊：民初國學派別的異與同〉，《四川大學學報（哲學社會科學版）》2001年第6期，頁99-107。許小青：〈從『國學研究會』到『國學院』——東南大學與20年代早期南北學術的地緣與派分〉，《江蘇社會科學》2006年第2期，頁185-190。

[42] 此處的相同係就科學方法整理國學的大方向而論。但在設立宗旨與培育學生的方法上，則各有特色。如：桑兵、關曉紅便認為以胡適為中心的北大，與清華國學院在文化理念上，前者重視疑古，後者著重在中西文化會通與民族本位；學術研究方法上，則清華學者多受過歐美學科的專業訓練，北大較缺乏。又如：胡逢祥說：清華是純粹致力於培養人才的機構；北大雖也培養學生，但較著眼學術研究本身。詳參桑兵、關曉紅主編：《先因後創與不破不立——近代中國學術流派研究》（北京：生活・讀書・新知 三聯書店，2007年5月），448-449、胡逢祥：〈從北大國學門到清華國學研究院——對現代高校機構體制與功能的一項考察〉，《中國圖書評論》2006年第10期，2006年10月，頁32-35。

[43] 誠如戴夢松於「研究院章程」指出：「良以中國經籍，自漢迄今，注釋略具；然因材料之未備，與方法之未密，不能不有待於後人之補正。又近世所出古代史料，至為夥頤，亦尚待會通細密之研究。其他人事方面，如歷代生活之情狀，言語之變遷，風俗之沿革，道德，政治，宗教，學藝，之盛衰；自然方面，如川河之遷徙；動植物名實之繁賾；前人雖有紀錄，無不需專門分類之研究。至於歐洲學術，新自西來，凡哲理文史諸學，非有精深比較之攻究，不足以把其菁華而定其取舍。」又吳宓開學演說時云：「惟茲所謂國學者，乃指中國學術文化之全體而言，而研究之道，尤注重正確精密之方法，（即時人所謂科學方法）並取材於歐美學者研究東方語言及中國文化之成績，此又本校研究院之異於國內之研究國學者也。」
參見戴夢松：〈清華校史〉，《清華周刊》第11次增刊，1925年6月18日，頁8、吳宓〈清華開辦研究院之旨趣及經過〉，《清華周刊》第24卷第2號（總351期），1925年9月18日，頁1。

研究整理所有中國文化領域的專門知識。[44]但實際運作後並不如預期，只能以北大國學門為樣本，限縮在語言文字、史學及考古、哲學、文學、美術音樂等五組。

其後，還有中山大學語言歷史研究所（1928-1931）、燕京大學國學研究所（1928-1932）、齊魯大學國學研究所（1930）、金陵大學中國文化研究所（1931）、中央研究院的歷史語言研究所（1928）[45]、國立北平研究院（1929）等，莫不參考北大國學門的體制而創立。[46]

歸結來看，上世紀 20 年代國學熱潮盛行於各大學院校，以科學方法整理國故成為主流。緣此之故，學制建構下的國學、國故被劃上等號，更成為包羅一切傳統文化史研究的總名，舉凡人文學、社會科學、自然科學、工藝美術，皆可囊括其中。故從當時的學科建置論「國學」，有三項特點：一是定義寬泛[47]；二是將傳統人文與科學並提，分科不精細；三是摒除經學，匯

---

44 誠如賀昌盛有云：「這種逐步趨於精細化的『知識設計』並不是為了以擴大『國學』外延的方式來回避『國學』在學科定位問題上的矛盾與尷尬，而恰恰是為了通過『知識』的分流從整體上徹底瓦解傳統學術的知識系統，進而在新的知識體系結構中，為傳統的知識資源找到盡可能合理的學術定位與知識生長點。」參見氏著：〈國學院體制與現中國學術的知識構成──現代學術的知識範型研究之一〉，《廈門大學學報（哲學社會科學版）》第 2006 年第 5 期，頁 25-26。

45 有關中央研究院歷史語言研究所的創建，李顯裕認為與創辦人傅斯年畢業於北大背景外，也與清華國學院有密不可分的關係，清華國學院的陳寅恪、趙元任、李濟等人都接聘為史學組、語言組、考古組的主任。詳參氏著：〈清華國學院（1925-1929）與中研院歷史語言研究所學術傳統建立之關係〉，收入胡春惠、薛化元主編：《中國知識分子與近代社會變遷》（臺北、香港：國立政治大學歷史系、香港珠海學院亞洲研究中心，2005 年 6 月），頁 559-574。

46 賀昌盛：〈國學院體制與現中國學術的知識構成──現代學術的知識範型研究之一〉，頁 25。

47 如蔡尚思在當時就觀察到「國學」一詞在學術體制內的含混。並對「國學系」的名稱提出商榷。國學系原本是中國文學系的簡稱，但「國學」的內涵卻不限於文學，還包括了史學、哲學、文字學等。可是，史地系與哲學系又瓜分了其中的兩部分，以至於國學系之系名與實質內涵不符。詳參蔡尚思：〈國學系一個名稱之商榷〉，《中國學術大綱》（上海：啟智書局，1932 年），頁 65-67。

流國學與史學，使國學等同於中國文化史的研究。[48]這正是科學方法引入傳統學術，過渡至現代學術過程的展現。

（二）開立國學書目

編列國學書目也有助於認知國學的內涵，然而，各人的學養、理念不一，書單也大異其趣。

近代開啟編列「國學書目」可溯自 1847 年龍啟瑞（1814-1858）的《經籍舉要》，後有張之洞《書目答問》，共舉出七部主要的國學導讀書目。然而，編纂不離時代需求，晚清在傳統學術、西學東漸碰撞下，附以科舉需求，編列書目之風大開。[49]

至於 20 年代所編列國學書目，則始於胡適 1923 年為清華留學生撰擬〈一個最低限度的國學書目〉。他強調：「只為普通青年人想得一點系統的

---

[48] 如顧頡剛說：「國學是什麼？是中國的歷史，是歷史科學中的中國的一部分。研究國學，就是研究歷史科學中的中國的一部分，也就是用了科學方法去研究中國歷史的材料。所以國學是科學中的一部分（如其是用了科學方法而作研究），而不是可與科學對立的東西。」參見氏著：〈一九二六年始刊詞〉，收入桑兵等編：《國學的歷史》，頁 345。（原刊載於《北京大學研究所國學門周刊》第 2 卷第 13 期，1926 年 1月）

　　劉龍心則說：「這種以中國文化史為國學系統的看法，其實是以現代學科意義的『歷史』來演繹國學，……『中國史』與『國學』同涉一義的這條線索時就會發現：專史的出現，不但反映了當時整體學術發展的趨勢，同時也標示了史學由傳統邁向現代過程中，在研究範圍與學科特質上的一種轉化。……」另，她也舉清華學校曾為了「國學院」究竟是培養通才碩學，還是學術分科間矛盾的爭議為例，而說：「以培養碩學通才自許的教學目標，一語道盡了國學在概念上所無法擺脫的傳統格局；追求不為學科體系所分化的專題研究形態，也透露了通人之學與專家之業間無可避免地矛盾與衝突。」詳參氏著：《學術與制度：學科體制與現代中國史學的建立》（臺北：國立政治大學歷史研究所博士論文，2000 年 11 月），頁 124-141。

[49] 參見李立民：〈晚清國學導讀目錄的初興及其社會文化功用〉，《唐山師範學院學報》第 32 卷第 1 期，2010 年 1 月，頁 51-52。七本書目除上述外，另有 1869 年楊希閔的《讀書舉要》、1888 年裕德的《經籍要略》、1894 年康有為的《桂學答問》（附梁啟超的《學要十五則》）、1902 年王大章的《學教錄商要》、1903 年張承燮的《蒙養函書三編總目》。

國學知識的人設想。」說此書目是「歷史的國學研究法」，取代過往治音韻訓詁的方法。於是將書目分成工具、思想史、文學史三大部，總計 188 本。[50]未料此書目一開旋即遭受質疑。

如《清華周刊》的記者一是認為書單範圍狹隘，不若胡適在《國學季刊・發刊宣言》的意圖，以「國學的方法是要用歷史的眼光來整理一切過去文化的歷史。國學的目的是要做成中國文化史。」[51]故企盼應立於廣義國學內涵開立書單。二是認為「書目太多，時間太少。」[52]

梁啟超也批評胡適不夠客觀，認為這份書單不過是胡適為自己的研究所下的註腳，也混淆了應讀、應備書目。不僅如此，梁啟超還認為該書目缺乏史部書籍，亦少了循序漸進的閱讀次序，最終總評道：「嫌他卦漏太多」、「嫌他博而寡要」。於是，梁啟超另立書目，分作五類，分別是：「修養應用及思想史關係書類」、「政治史及其他文獻學書類」、「韻文書類」、「小學書及文法書類」、「隨意涉覽書類」。並於各類之中附有「小序」與「讀法」。[53]

上述兩種指標書單分類，主要是文學、史學、哲學、小學，但著重點不同，胡適回應清華記者，解釋道：「我暫認思想與文學兩部為國學最低限度；其於民族史經濟史等等，此時更無從下手，連這樣一個門徑書目都無法可擬。」[54]至於梁啟超評論胡適說：「我認定史部書為國學最為主要的部分……有了這種常識之人不自滿足，想進一步做專門學者時，你若想做哲學

---

[50] 胡適：〈一個最低限度的國學書目〉，收入歐陽哲生編：《胡適文集 3——胡適文存二集》（北京：北京大學出版社，1998 年 11 月），頁 87-97。（原刊載於《東方雜誌》第 20 卷第 4 號，1923 年 2 月 25 日、《讀書雜誌》第 7 期，1923 年 3 月 4 日）

[51] 胡適：〈國學季刊發刊宣言〉，《胡適文選》，頁 241。

[52] 清華周刊記者：〈附錄一清華周刊記者來書〉，收入歐陽哲生編：《胡適文集 3・胡適文存二集》，頁 97-98。

[53] 梁啟超：〈國學入門書要目及其讀法〉，收入歐陽哲生編：《胡適文集 3・胡適文存二集》，頁 100-116。

[54] 胡適：〈附錄二・答書〉，收入歐陽哲生編：《胡適文集3・胡適文存二集》，頁 98-99。

史家、文學史家，你就請教胡君這張書目。你若想做別一項專門家，還有許多門我也可以勉強這胡君樣子替你另開一張書目哩。」[55]易言之，胡適以思想、文學作為國學基本的「最低限度」，梁啟超則以史學為核心，強調基礎方法論，開啟其他專門史的研究。

　　他們開出的書單在 20-30 年代造成極廣大迴響[56]，1925 年，《京報副刊》主編孫伏園（1894-1966）發起「青年必讀書十部」的討論，從 2 月 11 日到 4 月 9 日，共 78 位學者提出書單，內容廣及中西。[57]直到 30 年代，蔡尚思（1905-2008）仍在胡、梁基礎上，以哲學、史學、文學、小學、工具書之分類，羅列書單。[58]

　　綜觀上述，以書目對比國學院，書目凝聚了國學內涵，回歸人文學科領域的基礎認知；國學院則在中西文化對比下，用科學方法整理、研究國故，擴大國學範疇，成為專門文化史的研究。唯於「整理國故」大纛下，二者皆重傳統考證學、現代科學方法論。

（三）辨明國學與國故學

　　與上述同時間，也有學者開始反思、檢視「國學」、「國故學」的定義，思索此一總論式知識體系，能否、如何列入「西方學術分科」內，茲列舉以下數種觀點。

---

[55] 梁啟超：〈評胡適之的一個最低限度的國學書目〉，收入歐陽哲生編：《胡適文集 3・胡適文存二集》，頁 122。

[56] 如有李笠的《國學用書撰要》、支偉成的《國學用書類述》、陳伯英的《國學書目舉要》、曹功濟的《國學用書舉要》、上海國學書局的《國學書目提要》、楊濟滄的《治國學門徑書》、陳鐘凡的《治國學書目》、呂思勉的《經史解題》、錢基博的《四書講解及其讀法》等。參見季維龍、宋路霞：〈胡適與中國近代目錄學〉，收入耿雲志、聞黎明編：《現代學術史上的胡適》（北京：生活・讀書・新知 三聯書店，1993 年 5 月）頁 319。

[57] 具王存奎的統計，總體書目以國學、中國文學與歷史為多，但西方政治學與社會科學類的書籍也佔有相當大的比重。參見氏著：〈整理國故運動中的國學必讀書目之爭〉，《廣西師範大學學報：哲學社會科學版》第 46 卷第 1 期，2010 年 2 月，頁 122-123。

[58] 蔡尚思：《中國學術大綱》，頁 25-36。

如：許嘯天（1886-1946）批評「國故學」一詞缺乏科學精神。他認為要透過科學方法，從國故中抽撥出現代學術的特性，使「囫圇的國故學」能夠「一樣一樣的整理出來，再一樣一樣的歸併在全世界的學術裡。」最終「把這虛無縹緲學術界上大恥辱的國故學名詞取消。」[59]

曹聚仁認為「國故」是中華民族以文字表達的思想結晶，「國故學」係以國故為研究對象，透過科學方法，使能成一科學為目的，因此，國故、國故學不過是一切傳統學術的總名，是進入專科之學的過渡。[60]但他不贊成花太多心思在國故，畢竟只是整理歷史[61]，因為「國故修明，世未必治；國故凌雜，世未必亂。」[62]最後，他提出要「轟國學」，因為國學本身的內容不明，導致含糊、武斷，更違反科學研究方法。[63]

吳文祺（1901-1991）直指國故學不當簡稱為國學。國故是材料，國故學是科學，「用分析綜合比較種種方法，去整理中國的國故的學問，叫做國故學。」又國故學方法論也是總名，內轄四種研究基礎──考訂學、文字學、校勘學、訓詁學。所以，國故學整理出的學問，不等於國故學，應回歸各學科領域，如謂：「我們假使所整理的是哲學，那末當然歸入哲學的範圍；文學，文學的範圍；政治學，政治學的範圍；經濟學，經濟學的範圍。」[64]

何炳松、鄭振鐸（1898-1958）皆以西學輸入立場否定研究國學的迫切性，並強調「國學」等於西方人眼中的「支那學」、「中國學」，是總合性

59　許嘯天：〈國故學討論集新序〉，收入氏編：《國故學討論集》，頁8。

60　曹聚仁：〈國故學之意義與價值〉，收入許嘯天編：《國故學討論集》，頁50-82。

61　故說：「中華民族思想衰老之過程，由國故學可得其年輪；中華民族精神上之病態，由國故學可明其表裡。故國故學非國糟，亦非國粹，一東亞病夫之診斷書，以備用藥時之參證也。」曹聚仁：〈國故學之意義與價值〉，收入許嘯天編：《國故學討論集》，頁82。

62　曹聚仁：〈國故學之意義與價值〉，收入許嘯天編：《國故學討論集》，頁86。

63　曹聚仁：〈春雷初動中之國故學·上〉，收入許嘯天編：《國故學討論集》，頁88-93。

64　吳文祺：〈重新估定國學之價值〉，收入許嘯天編：《國故學討論集》，頁42-44。

學問，今日竟成為專家之學。

　　直到陳鐘凡（1888-1992）於 1935 年回顧十五年來的國故整理，特別提到：「故近人每嫌國學一名之涵渾，爰析為哲學、文學、史學三者述之。文字音訓，前人所稱為『小學』者，為治國故之工具，亦附及焉。」[65]可見經學已被稀釋到其他專科，不被獨立討論。

　　儘管上述論點不盡相同，但他們共同的思考在於「國學」或「國故學」能否進入現代學術分科體系，但最終認定「國學」一詞因名義過於廣泛、籠統，而難與西方的學術分類銜接。[66]不光如此，30 年代後，國學院陸續失敗，除了經費，問題同樣反映在「國學院」的學科內容與其他現代學科之間的重疊矛盾。

　　30 年代，日本侵華，民族自尊心驅使下，國學議題的新趨勢是從整理國故轉向以國學、經學修己治人的可能。如：章太炎 1933 年在無錫國學專門學校，談國學統宗歸於六經，有言：「今欲改良社會，不宜單講理學……周、孔之道，不外修己治人，其要歸於六經。六經散漫，必以約持之道，為之統宗。」又說：「余以為今日而講國學，《孝經》、《大學》、〈儒行〉、〈喪服〉，實萬流之匯歸也。不但坐而言，要在起而行矣。」[67]由此可知章太炎對的態度已從五四時期欲商定孔子的歷史定位，轉而根基於民族主義談國學的溯源。[68]

---

[65] 陳鐘凡：〈十五年來我國之國故整理〉，收入桑兵、張凱等編：《國學的歷史》，頁510。（原出自《私立無錫國學專修學校十五年紀念冊》，1935 年）

[66] 羅志田有相關研究，可參看氏著：〈民國趨新學者區分國學與國故學的努力〉，《社會科學研究》2001 年第 4 期，頁 117-122、〈西方學術分類與民初國學的學科定位〉，《四川大學學報（哲學社會科學版）》2001 年第 5 期，頁 75-82、〈國學不是學：西方學術分類與民初國學定位的困惑〉，《社會科學研究》2002 年第 1 期，頁 117-121。

[67] 章太炎：〈國學之統宗〉，收入桑兵、張凱等編：《國學的歷史》，頁 557-562。

[68] 章太炎的思想在五四之後有很大的轉變，尤其是他曾提及孔子的兩重貢獻中：一是商訂歷史的孔子，一是從事教育的孔子。早年的章太炎著重於前者的研究，到了晚年，則深耕後者，從「人事治化的角度重新評價孔學儒術及其與經學的關係。」尤其在1932 年之後，他陸續著重於六經中的修身致用之學。詳參宋惠如：《晚清民初經學

　　綜觀前述 20 年代初到 30 年代中的「國學」整體發展，「整理國故」實為主體。等到 30 年代末，馬一浮評議此時期國學發展歷史，他認為重視國故、史料不等於通達經義，直指「何鍵提議讀經，三中全會付之束閣。實則縱使行之學校，亦祇是為史料，如所謂『追念過去光榮』云云，與經義固了不相干。」[69]當他堅持創辦學術體制外的復性書院，編列相應必讀書目時[70]，便著重在道德品性的修養。所以，馬一浮認為治國學需辨明四大點：

　　　1. 此學不是零碎片段的知識，是有體系的，不可當成雜貨。
　　　2. 此學不是陳舊呆板的物事，是活鱍鱍的，不可目為古董。
　　　3. 此學不是勉強安排出來的道理，是自然流出的，不可同於機械。
　　　4. 此學不是憑藉外緣的產物，是自心本具的，不可視為分外。[71]

所謂「雜貨」、「古董」是評價廣義國學，也是批評將國學當史料；至於「自然流出」、「自心本具」，則是將國學、心性義理併談。直到 1945 年底，熊十力出版《讀經示要》等經學思想著作，也說道：「六經究萬有之原，而言天道。天道真常，在人為性，在物為命。性命之理明，而人生不陷於虛妄矣！」[72]莫非是在 20 年代以降「後國學時代」的反響。

三、馬一浮論經術：是義理學，還是哲學？

　　馬一浮面對當時人已慣用「哲學」來詮釋中國傳統義理時，他既反對這

思想的轉變——以章太炎「春秋左傳學」為中心》，頁 211-215。

69　王培德、劉錫嘏記錄，烏以風、丁敬涵編次：「史學篇」：〈馬一浮先生語錄類編〉，收入《馬一浮集》第 3 冊，頁 978。

70　有關編列書目與其目的，詳參本書第六章第三節「以『統』攝『類』的客觀限制」。

71　馬一浮：〈論治國學先須辨明四點〉，《泰和宜山會語》，收入《馬一浮集》第 1冊，頁 4。

72　又云：「……然是時胡適之等提倡科學方法，亦不無功。獨惜胡氏不專注此，而隨便之議論太多耳。自茲以後，學子視六經，殆如古代之器物。」參見氏著：《讀經示要》，收入《熊十力全集》第 3 冊，頁 554、568-569。

「以西釋中」的方法論，也質疑「哲學」名義、範疇的合理性。然而，馬一浮的問題意識不在於「中國哲學」這門學科的發源問題[73]，而是該如何去表述中國傳統的義理學。這包括兩個層面的思考意識：一是如何論述、正視中國哲學「史」的本源，此兼及「經與子」，「源與流」的關係；二是提出詮釋的方法。如馬一浮堅持使用「義理」一詞，而不用取道東洋翻譯之「哲學」，區分義理是身心修養之學，哲學則是現代學術分科，不能混淆。

故以下先從成為後世治中國哲學史具典範意義的胡適、馮友蘭《中國哲學史》之著，反思馬一浮歸本經術六藝之「義理式的學術史觀」的特點。

自 20 年代到 30 年代，胡適、馮友蘭分別透過「以西釋中」的方法撰著《中國哲學史》，成為後來治中國哲學史者的典範，但也引發是否合於史實的評議。如：金岳霖（1895-1984）審查馮友蘭《中國哲學史》評論有道：「所謂中國哲學史是中國哲學的史呢？還是在中國的哲學史呢？」[74]又說：

> 這根本的態度至少有兩個：一個態度是把中國哲學當作中國國學之一種特別學問，與普遍哲學不必發生異同的程度問題；另一態度是把中國哲學當作發現於中國的哲學。[75]

另一審查者陳寅恪持相同觀點說：「今日之談中國古代哲學者，大抵即談其今日自身之哲學者也，所著之《中國哲學史》者，即其今日自身之哲學史者也。其言論愈有條理統系，則去古人學說之真相愈遠。」[76]暗批先前胡適《中國哲學史大綱》的方法論。

然而，論及「中國哲學的史」最終仍得回到中國有無哲學，與有沒有哲

---

[73] 談「中國哲學」的發源，可參見桑兵：〈近代「中國哲學」發源〉，《學術研究》2010 年第 11 期，頁 1-11。

[74] 金岳霖：〈審查報告二〉，收入馮友蘭：《中國哲學史》下冊（臺北：臺灣商務印書館，1996 年 11 月），頁 1201。

[75] 金岳霖：〈審查報告二〉，收入馮友蘭：《中國哲學史》下冊，頁 1201。

[76] 陳寅恪：〈審查報告一〉，收入馮友蘭：《中國哲學史》下冊，頁 1194。

學的史之根本命題；而「在中國的哲學史」可析辨出中國哲學應包涵的對象、內容，與如何詮釋之綜合性提問。前者須建構在有中國哲學的前提上，才能來談「中國哲學史」；後者則需要詮釋的方法論。

關於有無中國哲學的命題可暫下休止符，但「在中國的哲學史」從中國哲學之界定、內容範疇、如何詮釋的種種疑問，從上世紀初延續至今，仍眾說紛紜。

溯及 1949 年前，萌芽期的「中國哲學史」諸作，因前無古人，更能百家爭鳴，約有：「以中釋中」、「以西釋中」、「以馬釋中」三條路向。[77]至於如何溯中國哲學之源，尋其「合法性」，訂定與其他學科的分際，架構出方法論，成為最重要的前議題。胡、馮雖為典範，但其他如謝无量（1884-1964）、陳黻宸（1859-1917）、鍾泰（1888-1979）、張岱年……等人的治學途徑，後來雖被時代刊落，卻能看出「中國哲學史」成型過程的多元性，在不斷脫失、匯聚過程中，不符合典範標準的編纂原則逐漸被擺落、淘汰，而終成今日以哲學概念為主的詮釋樣態。

而當「中國哲學史」成為現代學術分科之一，該如何溯及中國哲學的源頭？至關重要。中國哲學史家普遍以春秋晚期孔、老為首，再到戰國諸子齊鳴，才是有意義哲學的興起，對三代以前未成體系的哲學，僅呼之「思想」或「文化之源」，這顯然是有意識排除經學影響，或預設為未成體系的「前哲學時期」。同樣的，經學亦不必與「愛智之學」掛勾，而可依附於制度、歷史、社會……，展開「經學思想」的闡釋。二者分道揚鑣，形成何者是最具代表性、實質意義下「中國思想」源頭之辨。

但「以西釋中」概念史式的「中國哲學史」取得詮釋優勢後，胡、馮二人以老孔，或孔老為首「平列諸子」的敘述模式，強化「流衍」，淡化經學作為源頭的意義，反而成為西學模式下，「在中國的哲學史」的主要敘寫模式。如對應馬一浮以「六藝論」為學術本源，在學術史意義下，發掘經、子

---

77 柴文華：〈論中國哲學史學科的創立及詮釋框架〉，《哲學研究》2008 年第 1 期，頁 39-46。

的義理性，欲還原、架構、詮釋出「在中國的義理學」，與胡、馮二氏更是大相逕庭。

綜言之，馬一浮在上世紀 30 年代末，已關注到「國學」、「經學」、「義理學」（即哲學）間的複雜關係，欲以六藝統攝一切學術解決此紛呈現象，這使得他的學術思想在現代學術分科中，兼有「經學史」、「學術史」、「哲學史」等多重性質，而非單一學科所能涵括，主要可鎔鑄成以下二類：一是「學術史的六藝」，他質變了章學誠、龔自珍一脈而下的學術史觀，將學術根源從形下之器，上溯至形上本體。二是「義理學的六藝」，馬一浮提出一條以六藝義理為學術本源的方法，他不依傍西方哲學概念，也不平列諸子，而融會出嶄新的「義理式的學術史觀」，這都是本書所要證明者。

第二節　馬一浮的學術定位

無論是臺灣常使用的「當代新儒家」，與大陸常使用的「現代新儒家」，當代、現代有何差別？「新儒家／新儒學」指稱對象為何？學界各有不同論調，而非整齊劃一的專有名詞。

其中，又以馬一浮是否該列名其中？無論是在當代或現代新儒家，他的地位都備受爭議。因為，能身為當代、現代新儒家的主要條件之一，是在接受西學前提下，以現代學術概念轉化傳統學術。但部分學者認為馬一浮接納西學程度不明，現代性不足，故其位分始終受到質疑。

隨時代遞衍，上世紀 90 年代初，馬一浮逐漸被接受，在 21 世紀初「國學熱」牽動下，馬一浮更站穩成為其中一員，這是很重要的轉變。說明現、當代新儒家及其研究者們在進入 21 世紀後，面對新的學術資源衝擊，不僅是要跟西方哲學、應用哲學、現代學科、東亞儒學來對話，還要返本於中國學術傳統的根源，再釐定儒學價值，開發更多的學術資源。

所以，本節將分兩大點回顧這段歷史：一是界定「何謂當代新儒家？何謂現代新儒家？」二是「反思馬一浮的學術定位」，並肯定他是廣義「現代

新儒家」之一。

一、何謂當代新儒家？何謂現代新儒家？

以下從三層次作定義：一是界定新儒學、新儒家；二是界定當代新儒家、現代新儒家、現代新儒學；三是選人標準。

首先，何謂「新儒學、新儒家」，成中英說：

> 新儒學是指當代學者對儒家學說的學術研究並在此一研究基礎上作出力圖公平而恰當的評價以為個人理解、行為或公共政策改革的參考；新儒家卻是當代哲學思考下的一家之言，在已經確認或堅信的價值基礎上發展和創立一套價值的體系或思想的命題，倡議其普遍真理和必要性，前者以歷史觀察與理性分析為方法，後者則往往訴之於個人體驗、憬悟與直覺。前者是跳出固定的儒家傳統講，後者則接著一個儒家的傳統講。[78]

成中英認為「新儒學」、「新儒家」各有畛域。定義上，「新儒學」是知識性、歷史性、理性分析方法的知識之學；「新儒家」是當代哲學思考下的一家之言，理論基礎建立在主觀體驗上。二者有知識或價值優先的不同取向。再從範圍來看，只要當代學者研究儒家學說，便可稱為「新儒學」，範圍甚廣；「新儒家」有固定對象與論學宗旨，指民國以來以哲學為學術理路的新儒家學派。[79]這樣的界定或許與新儒家自身劃分未必一致，但已明確指出新

---

[78] 成中英：〈當代新儒學與新儒家的自我超越：一個致廣大與盡精微的追求〉，收入氏著：《合外內之道——儒家哲學論》（北京：中國社會科學出版社，2001 年 10 月），頁 398-399。

[79] 據成中英觀點，新儒學與新儒家是兩種不同的範疇，各有優缺，須結合二者才能真正的圓融，故說：「新儒學與新儒家的不同是：前者以批判的理性為方法去裁決真實性與現實性，而後者則以內在體驗為真實性與現實性的方法。前者力求在客體性的基礎上建立知識，而後者則力求在主體體驗的基礎上印證價值；前者力求在知識研討的基礎上作出價值判斷，也以知識為條件重建或邏輯價值，後者則僅在先行肯定價值，是

儒家的學術特質與路向。

劉述先（1934-2016）考探「新儒學」一詞的背景，認為 20 世紀初「新儒學」是一個寬泛且普通的用語，後來才變成專有名詞，專指宋明理學。且先在西方流行，之後為中國使用，其論據是 1948 年馮友蘭之作 "A Short History of Chinese Philosophy"，以 'Neo-Confucianism' 與「道學」為同義詞，到後來馮友蘭寫《中國哲學史》時，仍沿用道學一詞，而此時的新儒學並未成為專有名詞。[80]又何謂「新儒家」？據馮氏觀點，即宋明道學家。[81]至於並論「新儒學」、「新儒家」，或將新儒學當作民國以來新儒家學派的學問，已是後來之事。

其次，用「當代」或「現代」稱呼新儒家者，名稱、學術意涵皆不同。「當代新儒家」或「狹義新儒家」係指由熊十力所開出，以陸王心性之學為主體的中國現代哲學學派。林安梧解釋「當代」有云：「『當代』這個詞指謂的是『當下周遭』（here and now），它是一個極富歷史意識（historical consciousness）的詞語……」[82]劉述先則當代新儒家譯作 'Contemporary Neo-Confucianism'。

否再尋求知識的手段或工具以實現價值理想或目標則因人而異。如就兩者的弱點來說，顯然前者有可能使人追求知識不能確信價值或不能掌握價值；後者則有可能形成價值的獨斷與偏見與傲慢，因缺乏知識而造成與現實的不相關。」又說：「因之我們可以一方面要求新儒家必須以新儒學研究為基礎來張揚價值世界，另方面也要求儒學肯認價值建設或理想價值世界建設的重大意義。只有掌握世界與知識世界動態及有機的結合在一起時，我們才能開拓出一個真正能滿足人心與人生需要的生活世界。」參見氏著：〈當代新儒學與新儒家的自我超越：一個致廣大與盡精微的追求〉，《合外內之道——儒家哲學論》，頁 403、409。

80 劉述先：〈現代新儒學研究之省察〉，《現代新儒學之省察論集》（臺北：中央研究院中國文哲研究所，2005 年 12 月），頁 128-131。

81 馮友蘭云：「唐代佛學稱盛，而宋明道學家，即近所謂新儒之學，亦即萌芽於此時。」參見氏著：〈道學之初興及道學中「二氏之成分」〉，《中國哲學史》下冊，頁 800。

82 林安梧：〈當代新儒家述評〉，收入氏著：《當代新儒家哲學史論》（臺北：明文書局，1996 年 1 月），頁 1。

　　最後，誰能入列當代新儒家？張灝（1937-2022）認為由唐君毅（1909-1978）、張君勱（1887-1969）、牟宗三、徐復觀四人共同發表的〈為中國文化敬告世界人士宣言〉可為代表，還可上溯至唐、牟、徐的老師熊十力、梁漱溟[83]，林安梧抱持相同觀點。[84]劉述先亦以此〈宣言〉為基準，由唐、牟、徐溯及熊十力，下開港臺海外的新儒家，皆屬狹義新儒家。[85]至於李瑞全在上個世紀末，以當代新儒學立場對大陸稱呼「現代儒學」提出見解，而說：

> 大陸上以「現代儒學」一名泛指熊先生及其弟子和梁漱溟、馬一浮、馮友蘭以至賀麟（1902-1992）、方東美（1899-1977）等，既無簡別，亦且暗含貶意，即以儒學為已屬過去時代之產物，並非當前尚生長發展或在當代社會仍具有真實意義與影響力的學術流派，其所意謂當代的學術思想只有馬列主義。「當代新儒學」一名乃針對此意而立，以表明第三期儒學並非已過去了的思想，而是在當前仍在生長發展和在海外具有重要影響力的思潮，也是中國當代最有活力的一個思潮。[86]

李瑞全顯然排除了「當代新儒學」以外的其他學術路向，而以當代新儒學等，專指熊十力與後學之「哲學工作者」。[87]他認為當代新儒學的學術工作

---

[83] 張灝著，林鎮國譯：〈新儒家與當代中國的思想危機〉，收入周陽山、楊肅獻主編：《近代中國思想人物論──保守主義》（臺北：時報文化出版企業公司，1980 年 6 月），頁 368-369。

[84] 林安梧：〈當代新儒家述評〉，收入氏著：《當代新儒家哲學史論》，頁 3。

[85] 劉述先：〈現代新儒學研究之省察〉，《現代新儒學之省察論集》，頁 131-132。

[86] 李瑞全：〈當代新儒學的危機與開展總導言〉，收入陳德和主編：《當代新儒學的關懷與超越》（臺北：文津出版社，1997 年 12 月），頁 2-3。

[87] 李瑞全說：「當代新儒學一名不但標示一位哲學工作者乃歸宗於儒學，即繼承孔孟及宋明儒學之以仁心善性、上通天道、下開人文為其思想核心，而且以此基本義理回應西方文化之挑戰，完成儒學之現代化。」此處明確標示著當代新儒學是屬於哲學性質

有二：一是重新闡釋儒學的基本義理，一是吸收與消融西方哲學與文化思想。特別是對於西方哲學的掌握，故言：「而且能運用現代、尤其是西方哲學與語言概念來闡述與重建。……而且已對西方哲學有深入的掌握，否則無以為儒學作出對現代世界有意義的論述，和真正作出回應西方文化挑戰的當代儒學的重建。」[88]在在顯見西方哲學對當代新儒家學術體系建構的重要性。據以批判以馬克思主義為原則下的現代新儒家研究。

大陸學者顏炳罡亦使用「當代新儒家」一詞。他認為「當代」是彈性概念，不限於 1949 年之後。1915 年新文化運動以降，都可稱為當代，甚至可上溯到 1840 年的鴉片戰爭，因為當時文化問題延續至今。但要如何區分「當代」、「近代」、「現代」？他說：「把當代稱為現代可，稱為近代也無不可。因為當代是一個動態的概念，同時它又是一個時代總特徵的標誌。」故「當代」可隨歷史變動，非固定稱謂。接著，他細分「當代儒者」、「當代儒家」、「當代新儒家」三者之別。「當代新儒家」別異於前二者，因能遙契古聖往賢的哲學慧命，以儒家義理為主，吸收、消化、融合西方學術，乃至於一切文化，終將儒學開出新型態者，以此分別僅以德統行，與研究註解或闡釋儒家義理者。所以，堪為「新」者，須具備六條件。兩個外在條件：一是具備自我批判意識；二是區隔學術儒學、制度儒學。四個內在條件：一是本著儒學內聖之學開出新外王之學，以面對西方文化挑戰；二是以中國文化為主位，西方文化為客位，吸收西學為目的，使儒學更進一步發展；三是以往兩期儒家都只言心性之學，未明言道德的形上學；四是主張開出「見聞之知」的獨立型態，及知性的獨立型態。依於上述，能入列者除了熊、梁、張、唐、徐、牟，還包括方東美。總其所述，顏炳罡不僅談當代新儒家，也是對大陸「現代新儒家」譜系的反思。據上述標準，他認為有三人不應列入當代新儒家，其人與理由分別是：馬一浮「是活在二十世

<hr>

的研究。氏著：〈當代新儒學的危機與開展總導言〉，收入陳德和主編：《當代新儒學的關懷與超越》，頁 3。

[88] 李瑞全：〈當代新儒學的危機與開展總導言〉，收入陳德和主編：《當代新儒學的關懷與超越》，頁 3-4。

紀的宋明人物」；賀麟主要貢獻不在儒學，而是西學的翻譯和介紹；馮友蘭則是「主觀上的新儒家，客觀上依然止於程朱門前」。[89]

總歸來說，「當代新儒家」有三個特點：一是以陸王心性之學為本的後出轉進之學，熊十力是宗主。二是以儒學為宗，具有批判意識，並「接著」前期儒學而講。三是致力建構中國哲學，並吸收西方哲學、文化為推進動力，藉此與西方或世界文化接軌。

以下，論「現代新儒家」一詞。

1986 年，方克立（1938-2020）、李錦全主持「現代新儒家思潮研究主題計畫」，方克立界定「現代新儒家」說：

> 現代新儒家是產生於本世紀 20 年代，至今仍有一定生命力的，以接續儒家「道統」、復興儒學為己任，以服膺宋明理學（特別是儒家心性之學）為主要特徵，力圖以儒家學說為主體為本位，來吸納、融合、會通西學，以尋求中國現代化道路的一個學術思想流派，也可以說是一種文化思潮。[90]

他基本態度與臺、港學者「當代新儒家」相似，但有兩點可留意：一是對西學態度。相較於當代新儒家直指西方哲學，這裡未點出吸納、融合、會通方式，較為寬泛的包容現代新儒家與西學的接觸面向。二是定位上，不侷限陸王，而是全幅宋明理學，亦不拘於哲學，更擴延到文化思潮。方克立解釋道：

> 現代新儒家是現代中國的一個重要的學術流派，是一種廣泛的文化思潮，而不僅僅是一種哲學思潮。有的學者認為錢穆是史學家，徐復觀

---

[89] 顏炳罡：〈當代新儒家之定性與定位——論當代新儒家「儒」的特徵與「新」的意義〉，收入陳德和主編：《當代新儒學的關懷與超越》，頁285-315。

[90] 方克立：〈關於現代新儒家研究的幾個問題〉，《現代新儒學與中國現代化》（長春：長春出版社，2008 年 1 月），頁11。

是思想史家，張君勱是政治家，都不能算是現代新儒家的代表人物。這是把現代新儒家僅僅看作是一種哲學思潮，甚至以是否重視終極關懷，安身立命問題為主要選擇標準。[91]

至於李宗桂更開展至社會思潮的解讀，也就是在當時社會氛圍為基礎下的羣體意識。[92]若此一來，哲學僅是研究選項之一，他們既擴大了研究內涵，亦關注現代新儒家不同的學術成就。[93]至於現在常混用的「現代新儒家」或「現代新儒學」指向相同，現代新儒學是一種學術與文化的思潮，該思潮的代表就稱為現代新儒家。[94]

綜言之，在研究態度、方法上，使用「當代」或「現代」的意義大不同。「當代新儒家」自成一學派，有理論基礎與代代相承的研究，並在此基礎上研究中國哲學，尤其是儒學與宋明理學的研究，進而拓展到與東亞，甚

---

[91] 方克立：〈關於現代新儒家研究的幾個問題〉，《現代新儒學與中國現代化》，頁13。

[92] 李宗桂：〈「現代新儒家思潮的研究」的由來和宣州會議的爭鳴〉，收入方克立、李錦全主編：《現代新儒學研究論集（一）》（北京：中國社會科學出版社，1989年4月），頁332。

[93] 需要說明的是，大陸對「現代新儒家」的整體界定，是討論出來的「共識」，每位研究者的界定與現代新儒家的人選，仍各有不同，相關細節，可參見李宗桂：〈「現代新儒家思潮的研究」的由來和宣州會議的爭鳴〉、韓強：〈現代新儒學研究（1986-1987）綜述〉，收入方克立、李錦全主編：《現代新儒學研究論集（一）》，頁332-340、341-353。

[94] 現代新儒家、現代新儒學並不是一固定的範疇，此處主要是方克立等人的界定。參見方克立：〈現代新儒學的產生、發展及其基本特徵〉，《現代新儒學與中國現代化》，頁22。
另如陳鵬認為現代新儒學特徵在「現代的」、「新的」、「儒學系統」，且不要求創建者要以儒家價值，或以儒家文化本位，或以儒家文化道統論為立場。至於現代新儒家是其中一部分，尤其重視儒家道統的傳承，以儒家價值為終極依歸等。真正有此條件者，僅熊十力、唐君毅、牟宗三等人，故他以現代新儒學為論述基調，不採現代新儒家。參見氏著：《現代新儒學研究》（福州：福建人民出版社，2006年6月），頁1-3。

至接軌世界哲學。「現代新儒家」則是以旁觀姿態來詮解，而早期研究更多以馬克思主義為指導原則。

最後，是選人標準。特別是現代新儒家的研究者們如何從無到有，將馬一浮納入現代新儒家一員的過程。

在 1987 年於安徽宣州首次召開大規模的現代新儒家思潮學術討論會，首次羅列出 10 位現代新儒家，但不包括馬一浮。隔年（1988）臺灣學者蔡仁厚（1930-2019）參加「新加坡儒學會議」，便直接詢問為何馬一浮未被列入說到：「我對十位人選有意見，也問過為什麼沒有馬一浮，他們說這是經過討論而決定的，馬一浮被視為傳統儒家，所以未予選列云。」[95] 不過，等到明年（1989）方克立撰寫〈現代新儒學的發展歷程〉，後作為《現代新儒家學案》的代序時，已略言及馬一浮、復性書院之事。[96] 又 90 年代初，《現代新儒學輯要叢書》選出 15 位學者，已然將馬一浮列入，再加入了杜維明、劉述先、成中英、余英時（1930-2021）等人。方克立在〈總序〉提到：

> 我們是採取了廣義理解的「現代新儒學」和「現代新儒家」概念，即超越了新儒家學者之間的師承、門戶之見，把在現代條件下重新肯定儒家的價值系統，力圖恢復儒家傳統的本體和主導地位，並以此為基礎來吸納、融合、會通西學，以謀求中國文化和中國社會的現實出路的那些學者都看作是現代的新儒家……他們中的馬一浮、方東美、余英時、成中英等人，能否歸屬於現代新儒家的範疇，學術界一直有不同看法。這裡提供了一批反映其新儒學思想傾向的資料，特別是集中反映其現代新儒學的文化觀和哲學思想，希望有助於對他們的思想特

---

[95] 蔡仁厚：〈「新加坡儒學會議」誌感〉，《鵝湖》第 14 卷第 3 期，1988 年 9 月，頁 1。

[96] 方克立：〈要重視對現代新儒家的研究〉、〈關於現代新儒家研究的幾個問題〉，收入氏著：《現代新儒學與中國現代化》，頁 1-9、10-20。

質和精神方向作出符合實際的定性判斷。[97]

他撇開思想內容傳統性與否的問題，而是以「儒學傳統」為本，以能「吸納、融合、會通西學」為基本條件，而不究論其學術本質，為馬一浮解了套。到了 1995 年，由方克立等人主編的《現代新儒家學案》正式出版，該書收有 11 位學者，依序是：梁漱溟、張君勱、熊十力、馬一浮、馮友蘭、賀麟、錢穆（1895-1990）、唐君毅、牟宗三、徐復觀、方東美。分三期的發展階段：第一期是 1920 年到 1949 年，有梁、張、熊、馬、馮、賀、錢等人；第二期是 1950 到 1979 年，有唐、牟、徐、方等的港臺新儒家。第三期是 1980 年以後，尚在發展中，難有固定人物，但活躍、影響海外甚大的劉述先、杜維明是確立的代表。[98]

同一時期先後，鄭家棟提出四代說，略有不同，排列如下：

第一代：梁漱溟、張君勱、熊十力
第二代：馮友蘭、賀麟、錢穆
第三代：牟宗三、唐君毅、徐復觀
第四代：杜維明、劉述先、蔡仁厚

他排除馬一浮，因為他「無疑是一位儒者，但他的思想無論在內容還是形式上都顯得過於傳統。」也沒有方東美，因為「他的致思傾向和理論歸趣似乎要更複雜些。」[99]

---

[97] 方克立：〈總序〉，收入滕復編：《默然不說聲如雷──馬一浮新儒學論著輯要》（北京：中國廣播電視出版社，1995 年 8 月），頁 3-4。該叢書從 1992 到 1995 年陸續出版，〈總序〉完成於 1990 年 11 月。

[98] 方克立：〈代序 現代新儒學的發展歷程〉，收入方克立、李錦全主編：《現代新儒家學案》（北京：中國社會科學出版社，1995 年 9 月），頁 3-52。按：作者自述該文完成時間是 1989 年 10 到 12 月訪問於新加坡期間，而非晚自 1995 年。

[99] 鄭家棟：《現代新儒家概論》（南寧：廣西人民出版社，1990 年 4 月），頁 13-16。有關方東美應不應該列入現代新儒家之一員，身為方、牟兩人學生的劉述先有完整的

最後，劉述先綜合上述提出「三代四輩」架構，認為無論廣義、狹義新儒家皆可並立不悖。架構如下：

第一代第一輩：梁漱溟、熊十力、馬一浮、張君勱
　　第二輩：馮友蘭、賀麟、錢穆、方東美
第二代第三輩：唐君毅、牟宗三、徐復觀
第三代第四輩：余英時、劉述先、成中英、杜維明

其中，第一代兩輩活躍時代不同，第一輩是 20 世紀 20 年代，第二輩則是活躍 40 年代，但因學者年齡相仿，不以「代」分隔[100]，成為今日廣為採納的說法。

以上從大方向敘明當代、現代新儒家成為一學派的經過。除了歸本儒學，接受西學的程度是重要的考量之一，表述方法能否符合西方的學術形態，則是另一考量。因此，對馬一浮能否列名「現代新儒家」，有各種不同的微觀思考。

二、反思馬一浮的學術定位

至於研究馬一浮的學者又如何替馬一浮，同時也是替自己的學術定位？以下將從幾位主要研究者的不同觀點，觀察他們如何歸列馬一浮所屬的學術輩體，以及能否被列入「當代／現代新儒家」的標準、原因，最後提出本研究視馬一浮為「現代新儒家」的三點理由。

說明，參見氏著：〈方東美哲學與當代新儒家思想互動可能性之探究〉，《現代新儒學之省察論集》，頁 239-258。

[100] 劉述先：〈現代新儒學研究之省察〉，《現代新儒學之省察論集》，頁 136-142。再有陳鵬延續「三代六輩」，提出「四代六輩」說，接續的第三代第五輩是指出生 30 年代，思想成熟於 80 到 90 年代的大陸儒學輩體，如張岱年、張立文、李澤厚。第四代則是 50 年代出生的儒家學者，思想仍發展中，如：蔡仁厚、王邦雄、李瑞全、李明輝、林安梧等人。參見氏著：《現代新儒學研究》，頁 4-25。

　　首先，早在賀麟於上個世紀 40 年代撰寫《當代中國哲學》時，便述及梁漱溟、熊十力、馬一浮等人；[101] 60 年代，徐復觀加上張君勱，號為「中國當代四大儒者」，但當時尚未有新儒家之稱號。

　　70 年代曾昭旭撰寫「六十年來之理學」，以馬一浮為首，梁、熊為次，後有牟宗三、唐君毅、錢穆等人，排序理由是：

> 其以馬一浮先生為首者，取其為傳統之儒之最後典型也。次以梁漱溟先生者，取其為新儒（新儒意指承受西方之衝擊，而有新之應酬路向者）之第一位開拓者也。次以熊十力先生者，以其與梁先生同時，而晚成於梁，且為新儒之最重要人物也。……復綜觀之。熊先生與馬、梁二先生嘗為講友，唐、牟二先生為其弟子，錢先生則與唐、牟二先生交誼甚厚，是亦可謂本文所述，直隱然以某一線索為主，獨以處此學新開創之時代，此線索尚未能凝成一流派耳。……然大體而言，於宋明儒多近陽明，於西方則多取康德（1724-1804）等之唯心論耳。[102]

上述有四個重點：一、以馬一浮為首，因為他是「傳統之儒的最後典型」，之後梁、熊各有創新，連帶影響後學。二、此一現代理學傳承以熊十力為中心，橫向、縱向列出譜系。三、「此學新開創之時代」似可說明廣義現代新儒家的成型，馬一浮列於其中。四、以陽明學與康德唯心論，評價這個隱然成型之學派的哲學路向。

　　80 年代初，由曾昭旭指導，劉又銘撰寫的碩士論文《馬浮研究》進一步地總結道：

> 他對於當代儒學的新發展，雖無直接的開創，但毋寧說，他的用力所

---

[101] 賀麟：《當代中國哲學》（臺北：宗青圖書出版公司，1978 年 12 月），頁 1-19。
[102] 程發軔主編：《六十年來之國學·子學之部》（臺北：正中書局，1977 年 11 月），頁 561。

在，在以當代精神，融會傳統學術，作為此後開創的資藉。換句話
說，他是寓「開新」於「繼絕」中，而即繼絕，即開新的。因此，純
就思想而言，馬浮固然可稱為當代大儒，但應也可以稱為「當代」的
新儒家大師。雖然他與目前所稱的「當代新儒家」一派，在思想性格
上略有不同，但這正是他可以豐富、甚至平衡「當代新儒家」，而不
應為「當代新儒家」所忽略的地方。[103]

更確指馬一浮學術特質是「寓創新於傳統」之中，也反思港臺「當代新儒
家」的內涵。

　　與劉又銘同時稍晚，林安梧則不將馬一浮視作「當代新儒家」的一員，
理由是：

　　　　因為馬一浮的學術思想不管在表達方式及思想內涵及其面對的問題和
　　　　進路都是極為傳統的。他雖一再的宣稱他治學是「不分今古，不分漢
　　　　宋，不分朱陸」，但我們若通讀馬氏之書，則將發現馬氏於經學上雖
　　　　不分今文古文，但就學術思想之發展來講，他仍有傳統儒者托古改
　　　　制、以古證今、以古諷今的習慣。而他實又以宋學來綜賅漢學，又以
　　　　朱子學調適上遂的來批駁陸王之學。這樣子說來，馬一浮這裡所謂的
　　　　不分，事實上衹是表示其學術有一調和融會的用心，而不能說他的學
　　　　術真能超邁前賢，而集其大成。[104]

「傳統」幾乎是對馬一浮學術思想的註腳，有否開新或開新程度，取決是否

---

[103] 劉又銘：《馬浮研究》（臺北：國立政治大學中國文學研究所碩士論文，1984 年 5
　　月），頁 128。
[104] 林安梧：〈馬一浮心性論初探〉，《鵝湖》第 10 卷第 8 期，1985 年 2 月，頁 38。後
　　收入氏著：《當代新儒家哲學史論》，並更名為〈馬一浮心性論的義理結構——從
　　「理氣不一不二」到「心統性情」的核心性理解〉，頁 127-149。

為現代新儒家的主因，顏炳罡也有類似觀點。[105]

進入 21 世紀後，劉述先的「三代四羣說」雖然已是主流觀點，馬一浮在「現代新儒家」定位也漸形明朗，但仍有異議，如：黃克劍、陳鵬各自撰寫的《現代新儒家史》中，仍不論馬一浮。又如李山等人將馬一浮附在熊十力傳中略論。[106]另如鄧新文[107]、劉樂恒[108]，也都因馬一浮有否接納西學、接納程度不足，不視作其中一員。

再有劉又銘在二十餘年後重新界定「新」的涵義，認為儒家特質即是與時俱進，不須刻意強調哪些人、學術羣體才是「新儒家」，進而認定晚近代的儒學研究者皆可稱為「『當代』儒家」，可分三系：孔學──朱學、孟學──陽明學、荀學──戴震學等，並以馬一浮為「孔學──朱學」一系的當代儒家之一員。[109]

---

[105] 顏炳罡認為馬一浮對西學不夠「精透圓融」，雖弘揚六藝有功，卻批判無力，不若當代新儒家欲能革新，故評曰：「名士氣太重而客觀悲願不足」、「傳統色彩特顯，而開新不足」，因此「與其說是當代新儒家，不如說他是中國當代儒家。」參見氏著：《當代新儒學引論》（北京：北京圖書館出版社，1998 年 1 月），頁 58-62。

[106] 參見黃克劍：《百年新儒林──當代新儒學八大家論略》（北京：中國青年出版社，2000 年 5 月），共 417 頁。陳鵬：《現代新儒學研究》，共 312 頁。李山、張重崗等：《現代新儒家傳》（濟南：山東人民出版社，2002 年 1 月），序頁 7。

[107] 鄧新文認為「新」者，是建構在運用西學理論與言說方式，與置於科學與哲學研究方法之上。參見氏著：〈馬一浮之學及其定位問題〉，《學術界（雙月刊）》總第 119 期，2006 年 7 月，頁 247-252。

[108] 劉樂恒則提出提倡儒學第三期發展、對傳統學術進行哲學化之建構、突出東西文化之對立、具有現代大學之背景等四點是為現代新儒家的特徵。但馬一浮皆未有之。參見氏著：〈馬一浮與現代新儒家〉，《浙江社會科學》2006 年第 3 期，2006 年 3 月，頁 152-157。

[109] 劉又銘於 1984 年撰寫碩論時，認為馬一浮可稱為「當代新儒家」，但後來他重新思索何謂「當代」、「新」，認為今日所論的當代新儒家，是「尊孟抑荀」價值觀下的產物，並非普遍價值觀。若改以「孟荀並重」的立場，歷史上各代儒家皆有創新，且與時俱進、隨時革新亦為儒家本然的精神，則皆可謂之新儒家。如此一來，大可不必專主於「當代」、「新」二詞，而現在稱「當代儒家」，也不過是一權宜的稱呼。參見氏著：《馬浮研究》，頁 128。氏著：〈馬浮的哲學典範及其定位〉，收入吳光主編：《馬一浮思想新探──紀念馬一浮先生誕辰 125 周年暨國際學術研討會論文集》

至於肯定馬一浮為現、當代新儒家一員者亦多有之。

樓達人從他與梁漱溟、熊十力的關係、學術觀念的相同作定奪，認為三人交誼深厚，也同為「五四」之後極力提倡儒學復興者。不僅如此，還更先於梁漱溟作為新儒家的先驅。[110]

高迎剛、高霞不否認馬一浮與其他現代新儒家之間的差異，但讚許馬一浮以儒學統攝天下諸學，六藝之學為理論框架的學問，比當今不斷向西學靠攏的發展方向，提供一條更可行的方向。[111]

鄭大華以兩點：一是對儒家義理之學的闡發，一是以儒學會通釋道，說明馬一浮在新儒學思想上的歷史定位。[112]作為《現代新儒家學案‧馬浮學案》撰稿人的滕復，以現代新儒學特點是用儒學會通一切學術思想，從中國文化的本位出發，返本開新，只是各自主張與程度有別，而馬一浮自不能被跳過。[113]

宋志明從《復性書院講錄》內容，認為馬一浮立於時代而會通理學、氣學、心學，化解儒、佛間的對立，雖有異於其他現代新儒家以西方哲學的思辨推動儒學現代化，但不能以西化作為唯一標準。[114]

柴文華視馬一浮為「非典型意義上的現代新儒學」，典型是指立足傳統儒學，承認儒學的負面因素和西學的合理性，致力儒學現代化者，如梁漱溟、熊十力、馮友蘭、賀麟。「非典」分三型，馬一浮屬於時間意義上的現代新儒學，係指產生在現代背景下的傳統儒學或經學，特徵是排斥西學，走

（上海：上海古籍出版社，2010 年 6 月），頁 130-132。

[110] 樓達人：〈馬一浮是儒家還是新儒家〉，《中國文化月刊》第 237 期，1999 年 12 月，頁 31-37。

[111] 高迎剛、高霞：〈馬一浮與「現代新儒學」的思想危機〉，《上海大學學報（社會科學版）》第 12 卷第 4 期，2005 年 7 月，頁 14-18。

[112] 鄭大華：〈馬一浮新儒學思想研探〉，《中國文化研究》2006 年冬之卷，2006 年 11 月，頁 37-51。

[113] 滕復：〈馬浮的新儒學評述〉，《社會科學輯刊》1991 年第 4 期，頁 5-10。

[114] 宋志明：〈復性書院講錄述要〉，收入吳光主編：《馬一浮研究》（上海：上海古籍出版社，2008 年 7 月），頁 90-101。

回傳統儒學。[115]

綜觀上述，本研究將馬一浮列入廣義的「現代新儒家」有三點理由：第一，狹義「當代新儒家」路線明確，即熊十力以降，經唐、徐、牟三學者，與後學們開展出的哲學研究傳統，不須更易。第二，在現代新儒家界定下，馬一浮學術理念、思想與其他人有共通處，特別是熊十力，雙方對經術、經學皆有獨到見解，且馬一浮更開出新的學術史領域。第三，馬一浮學術最大爭議在有否接納西學。從狹義專指哲學視之，他顯然有缺；若廣義指西方學術，不能說沒有，但與其他人正面承接不同。他試圖以六藝論定位西學，是轉型與過渡、傳統與現代之一型，非純然復古保守，不接觸任何西學。

第三節　研究方法與回顧

本節將著重在界定「學術史」研究方法，以及對馬一浮研究發展的回顧與類分，分作「學術史研究方法，兼與經學史、經學思想的比較」、「研究回顧」兩大點作說明。

一、學術史研究方法，兼與經學史、經學思想的比較

「學術史」、「經學史」、「經學思想」各有不同的研究方法，以下分別說明，以彰顯馬一浮學術史研究的特點。

其一，「學術史」旨在「辨章學術，考鏡源流」，此出自章學誠語云：

> 敘曰：校讐之義，蓋自劉向父子部次條別，將以辨章學術，考鏡源流；非深明於道術精微、羣言得失之故者，不足與此。後世部次甲乙，紀錄經史者，代有其人；而求能推闡大義，條別學術異同，使人

---

[115] 柴文華：《現代新儒家文化觀研究》（北京：生活・讀書・新知 三聯書店，2004 年12 月），頁 44-45、153-154。

由委溯源，以想見於墳籍之初者，千百之中，不十一焉。[116]

張壽安先生進一步界定道：

> 梳理三代以上、周秦、秦漢以降的學術流變，對各種學問之間的源流
> 分衍，提出分辨，劃出畛域。學界有名之為「校讎學」者，有名之為
> 「流略之學」者，有名之為「學術史」者。[117]

> 那就是劉師培提示的「校讎古籍出於章學誠」，也就是章學誠提出的
> 校讎學理論「辨章學術，考鏡源流」，在相當程度上必須與目錄部次
> 作結合觀察，主要目標在：梳理三代以上、周秦、秦漢以降的學術流
> 變，對各種學問之間的源流分衍，提出分辨，劃出畛域。[118]

「學術史」是結合目錄部次，分辨各種學問源流的方法論，在清代與「專門
漢學」的研究齊頭並進。而清儒是在「古學鉤沉」過程中，對所有學術展開
溯源，學術史意識因而逐漸被開啟。張先生指出：

> 考證工夫背後的「學術史意識」亦逐漸形成，學術論辯的議題、性質
> 和層次也一步步提升。從爭朱陸──理學內部的正統之辨，到爭漢宋
> ──儒學內部的正統之辨，到建立孔曾學脈、孔荀學脈──打破孔孟
> 道統唯一之說，到六經皆史──經史地位之爭，再到孔墨學派相垺

---

[116] 清・章學誠《校讎通義校注》卷 1，收入氏著、葉瑛校注：《文史通義校注　校讎通
義校注》（臺北：頂淵文化事業公司，2002 年 9 月），頁 945。

[117] 張壽安先生：〈龔自珍論「六經」與「六藝」：學術源流與知識分化的第一步〉，收
入史學與史識：王爾敏教授八秩嵩壽榮慶學術論文集編輯委員會：《史學與史識：王
爾敏教授八秩嵩壽榮慶學術論文集》，頁 19。

[118] 張壽安先生：〈六經皆史？且聽經學家怎麼說──龔自珍、章學誠「論學術流辨」之
異同〉，收入田浩編：《文化與歷史的追索──余英時教授八秩壽慶論文集》（臺
北：聯經出版事業公司，2009 年 12 月），頁 280。

──孔子乃諸子之一，再到六經皆文──文學地位的提升，紛紛紜紜，波瀾壯闊，終至上探千古學術之原，對「秦漢學術」、進而「先秦學術」作出全面大反思。令經、史、子、文、技、藝之學的地位和價值都起了革命性的變化，千古學術也面臨重新統系。[119]

隨著時代、議題層層翻轉，從理學到儒學，再到經史之爭，文學地位的提昇等，學術史議題已非侷限某一學術，而是經由目錄部次將學術歸類劃分，不再固守既往道統觀，而更在乎「學統重建」，為各種學術作定位。張先生又說：

事實上，學統重建，已不再圍於儒學的範疇。學統重建，是對先秦、秦漢乃至兩漢以降之學術，作統脈式的探源述流。此一全面性反思，立基於清儒的學術鑿治成果，包括鉤沉古學、分梳舊學、創發新學，因此絕非理學、儒學、或孔學這些特定性質的學術範疇所能涵蓋。初步觀察，它展現在：經／史、經／子、經／文、文／史、史／子、文／子的學科劃分，並史學、子學、文學、技、藝之學的獨立與地位提升。[120]

以上指出三個特點：一是清儒輯佚、校勘、訓詁、考證過程中，敞啟學術史的視域，從「鉤沉古學」，再到「分疏舊學」、「創發新學」。二是學術史統脈式的探源述流，主要探討學科與學科間的關係劃分，非定於某一範疇，如：理學、儒學、孔學。三是學術史範域可立基在各傳統學科，探討其發展

---

[119] 張壽安先生：〈龔自珍論「六經」與「六藝」：學術源流與知識分化的第一步〉，收入史學與史識：王爾敏教授八秩嵩壽榮慶學術論文集編輯委員會：《史學與史識：王爾敏教授八秩嵩壽榮慶學術論文集》，頁20。

[120] 張壽安先生：〈龔自珍論「六經」與「六藝」：學術源流與知識分化的第一步〉，收入史學與史識：王爾敏教授八秩嵩壽榮慶學術論文集編輯委員會：《史學與史識：王爾敏教授八秩嵩壽榮慶學術論文集》，頁21。

源流與脈絡，以及不同學術地位的升降。

　　總其所述，清儒從「說經」開啟一系列「技藝性知識」的研究，並在理論化、實踐化後，使得這些技藝性的知識紛紛獨立於經學之外，成為專門／專家之學，此即「學統重建」。換言之，每一門專門知識背後都有學術史意義。經學作為中國文化知識寶庫，專門知識如何從經學獨立而出？其源流之流衍，與其他學術關係升降，皆可列入學術史的研究範疇。

　　另如張立文界定「中國學術史」也說：

> 中國學術史面對的不是人對宇宙、社會、人生之道的道的體貼和名字體系或人對宇宙、社會、人生的事件、生活、行為所思所想的解釋體系，而是直面已有（已存在）的哲學家、思想家、學問家、科學家、宗教家、文學家、史學家、經學家等的已有的學說和方法系統，並藉其文本和成果，通過考鏡源流、分源別派，歷史地呈現其學術延續的血脈和趨勢。這便是中國學術史。[121]

要之，中國學術史與哲學史、意義更廣泛的思想史不同，其課題非著力於某人與本體宇宙、道德理則與實踐間的對話，而是追本溯源某一專門知識的學說與方法系統，以「辨章學術，考鏡源流」。

　　其二，何謂「經學史」？「經學史」是對經學發展的歷史敘述。林慶彰提出四種類型的經學史研究法，分別是：「研究經學與外在環境的關係」、「研究經學家的個別著作」、「將經學家的著作作比較研究」、「應將經學史的演變作合理的解釋」。[122]著重經學整體或個別著作在中國經學發展過程之傳承、對比、演變的歷程。李威熊提出方法論的重要性，有言：「如以詮釋法將經學回歸各個時期的真實面，再配合發生研究法，詳盡真實的掌握

---

[121] 張立文：〈總序〉，收入陳其泰、李廷勇：《中國學術通史・清代卷》（北京：人民出版社，2004年12月），總序頁5-6。

[122] 林慶彰：〈經學史研究的基本認識〉，收入氏編：《中國經學史論文選集》上冊（臺北：文史哲出版社，1993年3月），頁6-8。

各種可靠的資料。並透過系統研究法，理清各個事件的來龍去脈。至於經學上一些特別的問題，也可應用比較法以彰顯其特色，然後再用科際整合法，歸納、分析經學發展上的普遍和特殊現象。」[123]即將經學發展還原到原來發生的時空場景，掌握文獻蒐集與整理，反映出不同時代的特點。

其三，論及「經學史」、「經學思想」的關係，徐復觀說：

> 經學奠定中國文化的基型，因而也成為中國文化發展的基線。中國文化的反省，應當追溯到中國經學的反省，第一步，便須有一部可資憑信的經學史。經學史應由兩部分構成：一是經學的傳承，一是經學在各不同時代中所發現、所承認的意義。已有的經學史著作，有傳承而無思想，等於有形骸而無血肉，已不足以窺見經學在歷史中的意義。

> 發見常因人因時代不同，所以經學意義的本身，即是一種進動地歷史產物，對它必須作「史地把握」，才可接觸到它在歷史脈搏中的真生命。中國過去涉及經學史時，只言人的傳承，而不言傳承者對經學所把握的意義，這便隨經學的空洞化而經學史亦因之空洞化，更由經學史的空洞化，又使經學成為缺乏生命的化石，……為了經學史自身的完整性，也必須把時代各人物所了解的經學的意義，作鄭重的申述。這裡把它稱為「經學思想」。[124]

經學思想實為經學史研究的一部分，此無庸置疑。經學既是中國文化的基型，研究目的是反省中國文化，此既為「意義」的把握，也是研究其「歷史」目的所在，更是「真生命」。但當經學史已被定型傳承演變時，經學思想就被抽剝成一個專門研究。姜廣輝基於此論點，再提出解釋：

---

[123] 程元敏、宋鼎宗等人主講，蔣秋華、楊晉龍等人整理：〈現行經學史及其相關問題〉，《中國文哲研究通訊》第 1 卷第 3 期，1991 年 9 月，頁 141-142。

[124] 徐復觀：《中國經學史的基礎》，收入氏著：《徐復觀論經學史二種》（上海：上海書店出版社，2006 年 7 月），頁 3、163。

更重要的問題是，經學所賴以產生的歷史條件和社會需要是什麼？推動經學發展的持續的歷史動力是什麼？它所反映的僅僅是統治階級的權力意志，抑或也是社會共同體價值規範的反映？……而是通過經典詮釋來透視其時代的精神和靈魂；不只是對經學演變的歷史軌迹做跟蹤式的記敘，而是對經學演變的歷史原因做出解釋……而是把它當作中國古代價值理想的思想脈動來理解。[125]

姜廣輝贊成徐復觀對過往經學有史無思想的批評[126]，認為經學思想強調「解釋」，經學史是作「演變軌跡」與「跟蹤式的記述」。而解釋免不了主觀，目的是透視其時代意蘊，也就是上述的「價值」、徐復觀提及的「意義」；至於經學史則重還原、避免主觀。

　　綜言之，經由上述的名義界定，再反觀馬一浮提出的「六藝該攝一切學術」、「西來學術亦統於六藝」，莫非是對舊學與當時代思潮的鉤沉、分疏、創發，由此更可以肯定其學術思想的確是有學術史脈絡的。

　　然而，研究馬一浮學術史最大的困難，是他非就學術史的本身論學術史，而是使六藝統攝於一心，既連接經學（馬一浮稱為經術），又接榫義理學，多重的學術樣態已超出各科原本的論域。這透顯出三個意蘊：一是「第一代現代新儒家」的確有一條結合經學、義理學的學術史的研究途徑，但後來已無傳承。二是相較於清儒的「打破道統，重建學統」，省思宋明以來過度重視道統之弊，欲使學統林立[127]，馬一浮則要恢復、接續宋明理學的道統精神，如何使傳統、現代學術被安頓在道統之下，成為他關懷的重要學術議題。這關涉經學存廢，也影響後來的學術發展，從經學到哲學的過渡即是如此。三是論學、論治必上溯「道統」，以揚發道統精神為最終目的。

---

[125] 姜廣輝主編：《中國經學思想史・第一卷》（北京：中國社會科學出版社，2003 年 9 月），頁 1-2。

[126] 姜廣輝主編：《中國經學思想史・第一卷》，頁 4。

[127] 張壽安先生：〈打破道統・重建學統──清代學術思想史的一個新觀察〉，《中央研究院近代史研究所集刊》第 52 期，頁 53-111。

　　所以，本研究不是以哲學概念，而是以學術史為研究方法，故我將不討論、解決馬一浮如何闡釋心性理氣，或其學為程朱學或陸王學之後等等的議題，而是以學術史的方法論討論其以六藝論為內涵的「義理式的學術史觀」；且學術史視域廣闊，涵蓋經、史、子、集、西學等所有知識面向，此多樣性知識形態造成的學術整體現象，已非哲學史能涵括。二種研究方法、角度殊途，必須辨明。

　　以學術史討論馬一浮的學術史觀，是目前學界未曾開發的處女地，更可橫向聯繫當時其他以學術史詮釋中國哲學史的發展的學者，以揭櫫這段被歷史刊落的學術史實。

二、研究回顧

　　以下分成「研究史略與議題發展」，與針對本研究相關聯之「直接相關研究」、「間接相關研究」等大三點進行說明。

（一）研究史略與議題發展

1.研究史略

　　馬一浮的相關研究比同為「新儒家三聖」的熊十力、梁漱溟遲得多。以學位論文形式的開啟研究端緒者，可溯至上世紀 80 年代初，劉又銘的碩士論文《馬浮研究》。當時，他雖無法得見馬一浮著作全貌，但其參考資料已彙集了當時臺、港相關單篇的研究成果。[128] 之後臺灣學界迭有重要單篇著述，但無較大規模的認識與研究。大陸在 80 年代中後期，開啟「現代新儒學思潮」研究的課題，本無馬一浮，後則加入。[129]

　　1990 年，杭州師範大學創辦「馬一浮思想研究室」。[130] 1992 年成立「馬一浮研究所」，開啟一系列的研究，同年底，畢養賽主編的《中國當代

---

[128] 劉又銘：《馬浮研究》，共 133 頁，「參考資料」在頁 129-133。

[129] 方克立：〈現代新儒學研究在中國〉，《現代新儒學與中國現代化》，頁 148-150。說明可參見本章第二節第一大點「何謂當代新儒家？何謂現代新儒家？」

[130] 參見陳銳：《馬一浮與現代中國》（北京：中國社會科學出版社，2007 年 8 月），頁 11。

理學大師馬一浮》一書是最早的研究彙編，內容集結了原著選例、學術思想評述、回憶紀念、傳略、年表、著作繫年、資料索引[131]，而實際論及學術思想者，僅有一篇。[132]僅管早在 60 年代初到 80 年代初，臺灣已相繼出版馬一浮《爾雅臺答問》、《復性書院講錄》、《泰和宜山會語合編》[133]，90年代初出版遺稿殘篇[134]，但此時大陸尚未全面性刊印流傳，研究尚在醞釀中。[135]

　　1993 年，適逢馬一浮誕辰 110 周年紀念，1 月《杭州師範學院學報》刊載馬一浮專題研究，共發表 6 篇文章。[136] 3 月，該校連同浙江社科院召開「首屆馬一浮國際學術研討會」，國際與兩岸三地學者遞交數十篇論文，是第一次大規模從哲學、佛學、文學、書法藝術諸領域廣泛討論。同年，馬鏡泉、趙士華合著《馬一浮評傳》，更完整介紹其生平與學術思想。[137] 1995

---

[131] 畢養賽主編：《中國當代理學大師馬一浮》（上海：上海人民出版社，1992 年 12月），共 276 頁。

[132] 王鳳賢、滕復：〈現代新儒學的典範——評馬一浮的學術地位與學術思想〉，收入畢養賽主編：《中國當代理學大師馬一浮》，頁 36-50。

[133] 馬浮：《復性書院講錄》（臺北：廣文書局，1964 年 1 月）。氏著：《爾雅臺答問附續篇》（臺北：廣文書局，1963 年）。氏著：《泰和宜山會語合刻》（臺北：廣文書局，1980 年 12 月）。

[134] 馬一浮著，陸寶千整理：《馬一浮先生遺稿初編》（臺北：廣文書局，1992年12月）。

[135] 當時大陸報刊對於馬一浮已多有介紹，有數十篇之譜，多是生平學術略論、書法藝術，真正牽涉學術思想者較少，關於此前的相關研究，可參考馬恩東：〈馬浮研究資料部分目錄索引〉，收入畢養賽主編：《中國當代理學大師馬一浮》，頁 271-274。另夏宗禹編：《馬一浮遺墨》（北京：華夏出版社，1991 年 6 月），共 239 頁。該版次除書法作品外，亦收有友人、學生、研究者對馬一浮生平的認識與建構，內有豐富的參考資料。

[136] 內容包括束際成、應大白、金榮昌：〈馬一浮倫理思想述要〉，頁 1-11。馬鏡泉：〈馬一浮理學思想淺析〉，頁 12-19。成大榮：〈獨尊六藝，縮經學與心性之學為一途〉，頁 20-25。陳銳：〈馬一浮與復性書院〉，頁 26-31。潘慧惠：〈儒學大師的心迹——蠲戲齋詩前集和避寇集印象〉，頁 33-39。李立心：〈讀馬一浮抗戰時期的詩歌〉，頁 40-45。以上均收入《杭州師範學院學報》1993 年第 1 期。

[137] 馬鏡泉、趙士華：《馬一浮評傳》（南昌：百花洲文藝出版社，1993 年 8 月），共172 頁。

年畢養賽、馬鏡泉主編的《馬一浮學術研究》，集結 93 年會議、馬一浮研究所「馬一浮及其儒學思想研究」的計畫課題，收錄兩岸共 18 篇文章，是第一本研究論文集。[138] 1996 年，陳星亦著《隱士儒宗‧馬一浮》一書，講述馬一浮的生平。[139]

1996 年，耗時多年點校的《馬一浮集》出版，公開未曾刊佈的重要著作，有學術著作、文集、日記、詩歌韻文。[140]此後數年，臺灣廣文書局《遺稿》又有補充，彌補蒐羅之缺[141]，至此著作廣布，兩岸都有相關的學位論文、專著與單篇論文。

2000 年後，「國學熱」也使得馬一浮的研究加溫。2007 年吳光主編《馬一浮研究》，蒐集單篇論文 18 篇，除了前輩學者，亦有年輕學者的著作，頗具傳承性。[142]延續而下是 2008 年於杭州、上虞兩地的「紀念馬一浮先生誕辰 125 周年暨國際學術研討會」，後編纂成論文集，收入 44 篇文章。[143]

2013 年初，吳光主編《馬一浮全集》，是在原《馬一浮集》基礎上，蒐錄軼文、生平憶述、近來思想研究彙編[144]，共 10 冊，同年舉辦「紀念馬

---

[138] 畢養賽、馬鏡泉主編：《馬一浮學術研究》（杭州：杭州師範學院馬一浮研究所，1995 年 10 月），頁 260。

[139] 陳星：《隱士儒宗‧馬一浮》（濟南：山東畫報出版社，1996 年 10 月），共 124 頁。

[140] 虞萬里點校：《馬一浮集》第 1 冊（杭州：浙江古籍出版社、浙江教育出版社，1996 年 10 月），共 961 頁。丁敬涵、馬鏡泉等人點校：《馬一浮集》第 2、3 冊（杭州：浙江古籍出版社、浙江教育出版社，1996 年 12 月），共 1291 頁、共 1208 頁。

[141] 馬一浮著，陸寶千編：《馬一浮先生遺稿續編》（臺北：廣文書局，1998 年 2 月），共 386 頁。丁敬涵編：《馬一浮先生遺稿三編》（臺北：廣文書局，2002 年 2 月），共 375 頁。

[142] 吳光主編：《馬一浮研究》，共 357 頁。根據其作〈序〉時間在 2007 年，故暫訂當年所著。

[143] 吳光主編：《馬一浮思想新探──紀念馬一浮先生誕辰 125 周年暨國際學術研討會論文集》，共 555 頁。

[144] 吳光主編：《馬一浮全集》（杭州：浙江古籍出版社，2013 年 1 月）。然本論文寫作

一浮先生誕辰 130 周年紀念大會暨國學研討會」，年底編纂成論文集，收入 32 篇文章。[145]

　　這段研究史略可看出整體議題發展方向，尤其三次紀念大會總結兩岸三地、國際研究成果，開拓新議題，以下對比各次議題的轉進。

　　首先，1993 年會議主要有七個議題：

　　　　1. 現代儒家，還是現代新儒學？
　　　　2. 宗陸王，還是宗程朱？
　　　　3. 關於馬一浮的六藝論。
　　　　4. 關於馬一浮的理氣體用論。
　　　　5. 關於馬一浮比較儒佛道。
　　　　6. 關於馬一浮的詩詞、書法及其他。[146]
　　　　7. 馬一浮研究中的方法問題。（※）[147]

以上著重馬一浮學術定位、六藝論、哲學，架構出 90 年代主要的研究路向。最末點的方法問題，是指研究六藝論、經學、歷史脈絡的方法。

　　2008 年會議除延續十五年前議題外，迭有新創，共有七大議題：

　　　　1. 馬一浮學術思想的定位：新經學說、新朱學說、新王學說、文化哲
　　　　　 學說、傳統儒家說、理學家說、新宋學說、文化專制主義說。

的時間橫跨了《馬一浮集》、《馬一浮全集》之間，為求統一，將以三冊本的《馬一浮集》為主要文本，特此說明。

[145] 吳光、徐立望主編：《海納江河　樹我邦國——馬一浮先生誕辰 130 周年紀念大會暨國學研討會論文集》（杭州：浙江大學出版社，2013 年 12 月），共 336 頁。

[146] 參見張家成：〈千年國粹　一代儒宗——杭州首屆馬一浮國際學術研討會綜述〉，《鵝湖月刊》第 19 卷第 4 期，1993 年 10 月，頁 52-55。

[147] 陳銳也曾提出討論會綜述，內容大體相同，而另增加一點「馬一浮研究中的方法問題」。文見氏著：〈馬一浮國際學術討論會綜述〉，《哲學動態月刊》1993 年第 6 期，1993 年 6 月，頁 10-11。

2. 馬一浮的儒佛關係論。

3. 馬一浮的國學觀及其教育實踐。

4. 馬一浮六藝論及其現代價值。

5. 馬一浮與現代學術大師的比較研究。

6. 馬一浮生平與交游活動史料考辨。

7. 關於馬一浮研究的方法論。[148]

在延續持續深化、廣化上期相關議題之餘，本次會議另有五項特點：一是學術思想定位。除了是否為現代新儒家之外，又多出八種觀點。大多認為是理學系統、文化保守主義下的分支，而吳光、許寧提出以理學講經學的「新經學說」倍受關注。二、新興的國學觀。由於國學熱興起，馬一浮以「國學為六藝之學」成為主軸，並與教育實踐合觀。三、新闢六藝論研究方向。既往是對「六藝論」主體的研究，此時更強調六藝論的現代性、應用性。四、生平、與其他學者的比較性研究。運用更多生平史料、採訪後人、學友書信往來，輻射狀逐步拼湊生平、學術原貌。五、研究方法論。這是承繼上世紀一直關注的方向，除仍是找尋、定位研究方法，同時也多元接受「異中求同」、「同中求異」的研究態度。

2013 年會議以「國學」為主軸，同樣總結七大議題：

1. 馬一浮國學的現代價值。

2. 馬一浮與國學的現代轉型。

---

[148] 張弘敏：〈馬一浮學術思想研究成果的最新展示——「紀念馬一浮先生誕辰 125 周年暨國際學術研討會」綜述〉，收入吳光主編：《馬一浮思想新探——紀念馬一浮先生誕辰 125 周年暨國際學術研討會論文集》，頁 547-555。

另有兩篇會議報導可供參考：李峻岭：〈深入研究國學大師馬一浮的新儒學思想——「紀念馬一浮先生誕辰 125 周年暨國際學術研討會」會議綜述〉，《杭州師範大學學報（社會科學版）》2008 年第 6 期，2008 年 11 月，頁 114。陳衛平：〈春到花枝滿斐然已成章——紀念馬一浮先生誕辰 125 周年暨國際學術研討會」會綜述〉，《中共寧波市委黨校學報》2009 年第 2 期，2009 年 3 月，頁 105-108。

3. 馬一浮的思想特徵。

4. 馬一浮之詩學。

5. 馬一浮的《易》教、孝道。

6. 馬一浮的教育理念和實踐。

7. 馬一浮的書法世界。[149]

相比五年前，蓄積十餘年的「國學」躍居討論重點，又非在「國學為六藝之學」打轉，著重轉型為現代化的意義。其次，已不多論馬一浮的學術定位，更關注在六藝論內容，如：易教、詩教、孝與《孝經》、道家與道教……等議題的發展。

　　大抵而論，近三十年來，從認識到開啟多元研究，界定馬一浮不僅是思想家、哲學家，也是書法家、藝術家、文人等多重身分，最後深入專經，與強調其人、其學的現代價值，以接軌現代，欲能用更寬廣視域詮釋馬一浮。但總體而論，有兩條主線貫穿，即：經學、哲學。

2.議題發展

　　1990 年杭州師範大學創辦「馬一浮思想研究室」是研究分水嶺，此前研究無多，進入 21 世紀前後，可分二個階段，特別是千禧年後，專著、學位論文、單篇論文倍增，研究範疇更寬廣。以下就 1989 年以前，1990-1999、2000 年以後，分三階段，說明兩岸三地主要研究的沿革。

　　(1)研究開端期：（-1989）

　　臺、港已逐步開展對馬一浮生平與學術思想的研究，但以介紹性質者為多。最重要的是劉又銘、林安梧對馬一浮理學思想判分的研究，前者以馬一浮承接陸王心學[150]，後者是承接程朱理學[151]，此二系判分對後來研究影響

---

[149] 徐立望、李杭春：〈馬一浮與國學研究的新拓展——馬一浮誕辰 130 周年紀念大會暨國學研討會綜述〉，收入吳光、徐立望主編：《海納江河　樹我邦國——馬一浮先生誕辰 130 周年紀念大會暨國學研討論文集》，頁 331-336。

[150] 劉又銘：《馬浮研究》，頁 85-103。

[151] 林安梧：〈馬一浮心性論初探〉，《鵝湖》第 10 卷第 8 期，頁 38-45。

甚深遠，另如胡楚生亦關心馬一浮的生平、經學、哲學等相關議題的研究，自此時期到 2000 年前後，發表過數篇單篇論文。[152]

大陸礙於馬一浮著作未普遍，多半是介紹生平、文藝美學的文章，非學術論文，也寡及學術思想。

(2)建構議題期：（1990-1999）

90 年代後，臺灣僅少數學者研究馬一浮，大陸明顯暴增。臺灣主要著重哲學、經學的研究，大陸繼續拼湊馬一浮生平交遊，除哲學、經學，另關懷文藝思想、美學、教育思想，許多核心議題被開展，有奠基作用。

首先，臺灣的陳凱文撰寫《馬浮經學思想研究》，是第一本初步分析馬一浮諸經思想的碩士論文。[153]而後，大陸學者鄭大華在臺灣出版綜述馬一浮生平與學術思想的專著分篇。[154]

僅管數量有限，卻有許多質量俱佳的單篇論文，包括：楊儒賓提出六藝論是心學變形；[155]蔣年豐以詮釋學與《詩》之「興」的觀點，解釋馬一浮經學思想，除經學整體，另論述其《春秋》教、《詩》教。[156]再有自 90 年

---

[152] 先後發表，依序是：一、〈當代大儒馬湛翁〉，《孔孟月刊》第 18 卷第 4 期，1979 年 12 月，頁 48-49。二、〈老子「三寶」釋義：兼論馬一浮對老子思想的批評〉，《中國文化月刊》第 139 期，1991 年 5 月，頁 44-53。三、〈讀馬湛翁先生「泰和宜山會語合刻」〉，《古籍探義》（臺北：華正書局，1993 年 1 月）。四、〈「經學即心學」——試析王陽明對馬一浮六經之觀點〉，《中國文化月刊》第 265 期，2002 年 4 月，頁 14-28。五、〈馬一浮論春秋要旨〉，收入淡江大學中文系、漢語文化暨文獻資源研究所主編：《昌彼德教授八秩晉五壽慶論文集》（臺北：臺灣學生書局，2005 年 2 月），頁 307-324。

[153] 陳凱文：《馬浮經學思想研究》（臺北：國立政治大學中國文學研究所碩士論文，1998 年 6 月），共 98 頁。

[154] 中國文化復興運動總會、王壽南主編，張玉法、麻天祥等著：《章炳麟・歐陽竟無・梁啟超・馬一浮》（臺北：臺灣商務印書館，1999 年 10 月），頁 213-322。

[155] 楊儒賓：〈馬浮「六藝統於一心」思想析論〉，《鵝湖學誌》第 12 期，1994 年 6 月，頁 21-55。

[156] 發表先後，依序是：一、〈從「興」的精神現象論春秋經傳的解釋學基礎〉，《清華學報》新 22 卷第 1 期，1990 年 12 月，頁 301-325。二、〈馬浮經學思想的解釋學基礎〉，《東海學報》第 33 卷，1992 年 6 月，頁 155-166。三、〈孟學思想「興的精神

初，延續到下時期十餘年間，陸寶千接續提出精闢觀察，共發表 5 篇論文，著力在馬一浮的經學，有：六藝論、《春秋》學、《易》學；馬一浮的哲學，有：工夫論、以佛釋儒等[157]；同時也整理出馬一浮的《遺稿》。其特點在綴集、歸整、解釋馬一浮著作中的片段性文字，合理鋪排成一整體，是相當重要的基礎研究。另有杭州人士樓達人，相識於馬一浮晚年[158]，因佩服馬氏為人、學問，屢於臺灣學術刊物撰文介紹。

　　其次，大陸杭州師範大學、浙江省社科院相繼培養出一羣研究學者，各關懷不同領域，成果豐碩，咸是不可或缺的參考資料。主要有：杭州師範大學的馬鏡泉，是馬一浮姪兒，研究生平與學術思想；陳銳的生平研究；陳星的生平、佛學思想、與佛學之士交流的研究；朱曉鵬的教育思想研究。浙江社科院有滕復的生平與學術思想全面性研究，陳永革的佛學思想。另有浙江大學李明友的哲學思想研究。

　　其他有陳來融合程朱陸王的哲學思想。丁敬涵整理生平、詩學資料[159]，以及點校《馬一浮集》的學者們，有虞萬里、馬仲嗣，與上述馬鏡泉、樓達人。再如：劉夢溪曾自言對馬一浮學術的偏好，極力推薦將其著作

現象學」之下的解釋學側面——從馬浮論詩教談起〉，收入李明輝主編：《孟子思想的哲學探討》（臺北：中央研究院中國文哲研究所籌備處，1995 年 5 月），頁 259-281。

[157] 發表先後，依序是：一、〈馬浮之六藝論〉，《中央研究院近代史研究所集刊》第 22 期下冊，1993 年 6 月，頁 337-353。二、〈述馬浮之以佛釋儒〉，《中央研究院近代史研究所集刊》第 23 期，1994 年 6 月，頁 97-132。三、〈馬浮之易學——儒學新體系之基礎〉，《中央研究院近代史研究所集刊》第 24 期上冊，1995 年 6 月，頁 1-80。四、〈馬浮之春秋學〉，收入郝延平、魏秀梅主編：《近世中國之傳統與蛻變——劉廣京院士七十五歲祝壽論文集》上冊（臺北：中央研究院近代史研究所特刊 5，1998 年 5 月），頁 493-513。五、〈馬一浮之功夫論〉，收入李國祁主編：《郭廷以先生百歲冥誕紀念史學論文集》（臺北：臺灣商務印書館，2005 年 1 月），頁 355-375。

[158] 關於他與馬一浮的交往經過，可參見氏著：〈和馬一浮交往的前因后緣〉，《西湖》，2005 年 7 月，頁 40-42。

[159] 丁敬涵編著：《馬一浮詩話》（上海：學林出版社，1999 年 7 月），共 177 頁。

列入《中國現代學術經典叢書》[160]，研究成果則要等到下一個時期，他的焦點多放在生平與學術思想、經學。

(3)多元發展期：（2000-）

2000 年後，臺灣多是上兩個時期的研究者，議題多是立於原有基礎的深化。大陸受「國學熱」影響，數量暴增，多方涉獵不同議題，誠如上述2008、2013 年兩場會議，已朝向多元發展。

臺灣有兩本碩士論文，一本博士論文，依次是黃莘瑜的《馬一浮詩論研究》[161]、林鳳婷的《儒骨佛心──馬浮儒佛會通思想研究》[162]、鄭淑娟的《馬一浮經學思想及其學儒觀》等。[163]另外，楊一鳴的碩士論文《民國時期書院研究》[164]，多有論及馬一浮的復性書院。2012 年中，王汝華出版《現代新儒家三聖（上）──梁漱溟、熊十力、馬一浮的交誼紀實》、《現代新儒家三聖（下）──梁漱溟、熊十力、馬一浮論宋明儒學》，廣泛蒐集三人間的對話語錄、書信，與分論三家宋明儒學之研究。[165]直到 2014 年中，劉又銘將上世紀 80 年代的碩士論文出版，附加早期難以見到的生平史料，更豐富了原本的研究面貌。[166]

---

[160] 中國文化研究所紀錄：〈中國現代學術要略座談紀要〉，收入劉夢溪：《中國現代學術要略》（北京：生活・讀書・新知 三聯書店，2008 年 1 月），頁 199-217。

[161] 黃莘瑜：《馬一浮詩論研究》（臺北：國立臺灣大學中國文學研究所碩士論文，2000年 1 月），共 207 頁。

[162] 林鳳婷：《儒骨佛心──馬浮儒佛會通思想研究》（臺北：華梵大學東方人文思想研究所碩士論文，2011 年 6 月），共 173 頁。

[163] 鄭淑娟：《馬一浮經學思想及其學儒觀》（臺中：逢甲大學中國文學系博士論文，2010 年 5 月），共 403 頁。

[164] 楊一鳴：《走入民國的書院──書院復興與近代學術傳承》（臺北：東吳大學歷史系研究所碩士論文，2006 年 4 月），共 198 頁。

[165] 王汝華：《現代新儒家三聖（上）──梁漱溟、熊十力、馬一浮的交誼紀實》、《現代新儒家三聖（下）──梁漱溟、熊十力、馬一浮論宋明儒學》（臺北：新銳文創，2012 年 8 月），共 342 頁、366 頁。

[166] 劉又銘：《馬浮研究》，收入林慶彰主編：《中國學術思想研究集刊》第 18 編（臺北：花木蘭文化出版社，2014 年 3 月），共 148 頁。本論文微引該文處，以其 1984

　　另有一些單篇論文，主要有陸寶千、胡楚生延續上時期的研究主軸，另有如蔣義斌從身體思維看六藝[167]、楊淑瓊論易學[168]、李新霖論復性書院教育[169]……等單篇論文，其他多刊載大陸吳光等人主編有關馬一浮研究的三本論文集內。[170]更多的是大陸馬一浮研究者在臺灣學術刊物發表研究，如：樓達人、陳星、陳永革、劉煒……等人。

　　其次，時至今日，統計至 2022 年中，大陸研究者發表以馬一浮為主題的各類單篇論文超過三百餘篇。前兩個時期累積多年研究成果逐一展現，有十餘本專著，數十本學位論文，以下分三類，略作說明。

　　一是承接上兩期，總結研究成果者，如：滕復[171]、陳銳[172]集結多年研

年的碩論版本為主。

[167] 蔣義斌：〈六藝身體思維的意旨〉，《宗教哲學》第 29 期，2003 年 9 月，頁 68-97。

[168] 楊淑瓊：〈馬一浮易學觀略論──以觀象厄言為核心之探討〉，《興大中文學報》第 22 期，2007 年 12 月，頁 231-243。

[169] 李新霖：〈對馬一浮復性書院儒學經典教育之省思〉，《哲學與文化》第 35 卷第 9 期，2008 年 9 月，頁 65-86。

[170] 發表於 2007 年會議者，計有五篇，分別是：一、戴璉璋：〈馬一浮六藝論的人文思想〉。二、龔鵬程：〈馬一浮國學觀及其特色〉。三、林安梧：〈馬浮經學的本體詮釋學探源〉。四、劉又銘：〈馬浮的哲學典範及其定位〉。五、詹海雲：〈從馬一浮的志向與修養功夫談馬氏學術與生命的特異處〉。收入吳光主編：《馬一浮思想新探──紀念馬一浮先生誕辰 125 周年暨國際學術研討會論文集》，頁 69-88、89-105、106-129、130-144、145-151。

刊載於《馬一浮研究》論文集者有兩篇，龔鵬程：〈章馬合論──馬一浮、章太炎兩先生所論國學之比較〉、詹海雲：〈從馬一浮的名、字與號談思想研究的一個新角度〉，收入吳光主編：《馬一浮研究》，頁 1-30、306-313。

發表於 2013 年會議者，計有三篇主題報告，分別是一、杜維明：〈馬一浮學術的當代意義〉。二、戴璉璋：〈興於詩終於易的成德之教〉。三、龔鵬程：〈馬一浮易學管窺〉。一篇研討論文，楊儒賓：〈詩禮樂的「性與天道」論〉。收入吳光、徐立望主編：《海納江河 樹我邦國──馬一浮先生誕辰 130 周年紀念大會暨國學研討會論文集》，頁 13-14、15-26、35-47、63-87。

[171] 滕復：《馬一浮思想研究》（北京：中華書局，2001 年 10 月），共 257 頁、《一代儒宗──馬一浮傳》（杭州：杭州出版社，2005 年 1 月），共 332 頁。

[172] 陳銳：《馬一浮與現代中國》（北京：中國社會科學出版社，2007 年 8 月），共 328

究成果，出版為專著，或如馬鏡泉、陳永革……等人進行更深入的研究與推廣。

　　二是新興研究者，多半以馬一浮為學位論文，並接續相關議題的研究，包括：許寧[173]、鄧新文[174]、高迎剛[175]、劉煒[176]、李國紅[177]等人，皆把博士論文付梓為專書，且各有專精，在既有基礎上或總結，或開創新議題。以許寧最多元，發表超過十篇以上單篇論文，焦點在文化哲學、經學、理學思想、佛學思想；鄧新文偏重哲學、馬一浮與熊十力經學思想的對比；高迎剛重詩學思想；劉煒重六藝論、詩學、哲學；李國紅則談六藝論與三教會通。其他以馬一浮研究為碩士論文者，超過十本，多是前人議題下的再整理、探究。

　　三是續關注相關議題，且大力推廣相關研究者，此類研究者眾多，具代表性的幾位學者，以朱維錚（1936-2012）、劉夢溪、吳光為代表。朱維錚多以缺乏現代性的對立面思考馬一浮的學術價值[178]，後二人極力推揚馬一浮學術，如：劉夢溪力主馬一浮的現代價值，爭取其學術地位[179]，吳光則主編多本會議論文集、《馬一浮全集》，並與于文博合撰大眾儒學系列之

　　頁、陳銳：《馬一浮儒學思想研究》（上海：上海古籍出版社，2010 年 6 月），共241 頁。

[173] 許寧：《六藝圓融——馬一浮文化哲學研究》（北京：中國社會科學出版社，2008年 3 月），共 278 頁。

[174] 鄧新文：《馬一浮六藝一心論研究》（上海：上海古籍出版社，2008 年 12 月），共307 頁。

[175] 高迎剛：《馬一浮詩學思想研究》（濟南：齊魯書社，2006 年 6 月），共 300 頁。

[176] 劉煒：《六藝與詩——馬一浮思想論衡》（北京：中國社會科學出版社，2010 年 10月），共 263 頁。

[177] 李國紅：《馬一浮思想研究——以性命與六藝為中心》（北京：中國社會科學出版社，2012 年 8 月），共 196 頁。

[178] 朱維錚的觀點與討論，詳參本書第二章第五節「小結」。

[179] 劉夢溪的觀點與討論，詳參本書第二章第五節「小結」。另劉夢溪曾著有《馬一浮與國學》一書，推揚馬一浮的學術思想。可詳參氏著：《馬一浮與國學》（增訂版）（北京：生活・讀書・新知 三聯書店，2018 年 7 月），共 389 頁。

《六藝該攝一切學術：馬一浮說儒》一書。[180]其他如朱曉鵬、韓煥忠……等學者尚有多篇關於馬一浮的研究論文。

　　至於其他單篇研究不及論載，具有開創性、影響性的論文，多在兩次會議論文集，與《馬一浮研究》一書中。

　　復次，海外與港澳研究，以旅美學者成中英[181]、杜維明最重視相關研究，尤其杜維明與其他研究者於 2013 年合力創辦「國際馬一浮人文研究中心」。[182]又劉樂恒於 2010 年發表的《馬一浮六藝論析論》博士論文，是香港第一本研究馬一浮的學位論文，用現象學的「意義機制」、「見性的現象學」詮釋六藝論，是以西方哲學詮釋的創新之作，而後增補成《馬一浮六藝論新詮》一書，2015 年於大陸出版。[183]

（二）直接相關研究

　　本研究以學術史為研究方法，一如前引張立文的學術史定義，此非窮究天人、人人間的中國哲學史、中國思想史式的研究，而是針對某一學者既有學說、方法系統，透過著作，以辨章、考鏡學術源流方式，呈現如何面對歷史脈絡下的學理。又如張壽安先生所述，學術史所治者，非理學、儒學、孔學等特定學術範疇，而是學術之間的地位升降或獨立。

　　有兩篇單篇論文初步分隔判教、分科，與本研究直接相連，也是六藝論判分學術體系最根本的概念。一是胡曉明、劉煒〈判教與分科：馬一浮的六

---

[180] 于文博、吳光：《六藝該攝一切學術：馬一浮說儒》（貴陽：孔學堂書局，2018 年 7 月），共 290 頁。

[181] 成中英：〈馬一浮的「六藝心統說」與儒家經學的哲學意涵〉，收入吳光主編：《馬一浮思想新探——紀念馬一浮先生誕辰 125 周年暨國際學術研討會論文集》，頁 57-68。

[182] 杜維明：〈馬一浮先生誕辰 130 周年紀念大會開幕式致辭〉，收入吳光、徐立望主編：《海納江河　樹我邦國——馬一浮先生誕辰 130 周年紀念大會暨國學研討會論文集》，頁 8-10。

[183] 劉樂恒：《馬一浮六藝論析論》（香港：香港科技大學人文學部博士論文，2010 年 8 月），共 517 頁、《馬一浮六藝論新詮》（上海：上海古籍出版社，2015 年 12 月），共 349 頁。

藝論與近代中國的學術分科〉，點明六藝判教基礎不在治學、研究、純學術、純知識，而是在中國傳統學術博通基礎下的「教化」，故六藝是六類學術、六種教化，從六種經書中，抽撥出其文化知識、道德價值。[184]二是陳銳〈馬一浮的「六藝之教」在文獻學上的意義〉，他在漢代通用六經、六藝二詞的基礎上，論述馬一浮兼用二詞的歷史意義，指出其六藝之教有學術、圖書分類兩種意蘊。[185]

確如上述，馬一浮六藝論不能被看作六本經書，而是教化功能下的道德判教。《復性書院講錄》直接了當辨別判教、分科，並申明自己主張判教，非分科，因此，其統攝傳統、西方學術似是分科舉動，實是為了「判教」。如此一來，馬一浮必須解釋幾個問題：一是什麼能被六藝統攝；二是學術與非學術之分；三是只論「統」而不論「分」的侷限性。這在他羅列各種書目分類的「類目」最是明顯。[186]

其他另有馬一浮、熊十力的對比，多從三方面討論：一是友誼，二是教育理念與學術異同，三是性格。

一是「友誼」。馬鏡泉撰述的傳記，強調兩人雖學術觀點不同，私交始終不渝；[187]劉夢溪觀點大致相同，且以「義氣」、「義理」之爭，形容復性書院的爭執後，往來較少，仍關係密切。[188]

二是「教育理念與學術異同」。吳銘能從教育理念、用人差異，以致熊十力離開復性書院，視問題成因與熊十力性格有關。[189]陳銳追溯成因，認

---

[184] 胡曉明、劉煒：〈判教與分科：馬一浮的六藝論與近代中國的學術分科〉，《江西社會科學》2006 年第 4 期，頁 65-72。

[185] 陳銳：〈馬一浮的「六藝之教」在文獻學上的意義〉，收入吳光、徐立望主編：《海納江河 樹我邦國──馬一浮先生誕辰 130 周年紀念大會暨國學研討會論文集》，頁 125-137。

[186] 詳參本書第六章第三節「以『統』攝『類』的客觀限制」。

[187] 馬鏡泉、趙士華：《馬一浮評傳》，頁 92-96。

[188] 劉夢溪：〈熊十力與馬一浮〉，《浙江學刊》2004 年第 3 期，2004 年 5 月，頁 138-146。

[189] 吳銘能：〈君子和而不同──記熊十力與馬一浮的一次衝突〉，《中國文哲研究通

為不同人生體驗，造就出不同特質，三聖們雖在儒學復興有著共同信念，只是較親近世俗現實，或追求內在超越的差異。[190]劉海濱則清楚地劃分出兩人對儒學與傳統文化的不同取向與進路。從與傳統的關係而言，馬重視傳統；熊的現代成分較多。在側重方面上，馬承繼宋明理學的途徑，看重修身為本的成德之教；熊開拓了理論的現代化，看重儒家的思想，即心性之學。也就是馬側重了儒家的教、宗教性；熊偏於學、學術性。可是學、教不能分開，故兩人是合則兩美，分則兩傷。[191]鄧新文本於「六經」，提出五點相同、七點相異，對熊十力語多批評。[192]

另，陳來在體用論上，以思維視角差異，馬一浮全理是氣、全氣是理之「攝用歸體」的立場未超越理學範疇；熊十力提出的「攝體歸用」，達到「全體之大用」更具突破性。但在心物論上，二者態度是一致。[193]李清良、許揚男考察馬一浮對熊十力哲學體系建立的影響。熊十力從 1926 到 1927 年著《唯識論》到 1932 年《新唯識論》之間，受馬一浮影響，思想發生重大轉變。過度期的著作是 1930 年出版《尊聞錄》。該書付梓後，熊曾派人送給馬一浮，信件往返可見得兩人哲學觀點的歧異。如：馬一浮論本體反對創性，重本體圓滿的成性說。於體用關係重即體言體，非即用言體。言工夫論重「減」，而非「創」。縱使皆重立志，但以涵養、修持言志，不重創的立志等。[194]此影響在後出的《新唯識論》，特別是接受馬一浮意見後

訊》第 8 卷第 1 期，1998 年 3 月，頁 119-126。

[190] 陳銳：〈馬一浮與熊十力在復性書院〉，收入吳光主編：《馬一浮研究》，頁 201-215。

[191] 劉海濱：〈熊十力與馬一浮——試論現代儒家的兩種取向〉，收入吳光主編：《馬一浮研究》，頁 237-254。

[192] 鄧新文：〈馬一浮與熊十力的六藝論之異同〉，收入吳光主編：《馬一浮研究》，頁 216-236。

[193] 陳來：《哲學與傳統——現代儒家哲學與現代中國文化》（臺北：允晨文化實業公司，1994 年 3 月），頁 74、96-107。

[194] 李清良、許揚男：〈馬一浮對熊十力尊聞錄之異議及其影響〉，《北京大學學報（哲學社會科學版）》第 46 卷第 2 期，2009 年 3 月，頁 93-98。

完成的〈明心篇〉，得到明證。最主要的是熊十力放棄「以變易為體」，轉向馬一浮「變中見常」思路。[195]

再有鄭雪花以馬一浮重「性德」，熊十力重「性智」，明二者學術路向之別。[196]陳美朱同樣據性德、性智脈絡，闡明二人評價《孝經》的不同立場。[197]

三是「性格」。陳銳認為兩人都受陸王心學影響，但熊十力卻重視思辨，著作充滿各種鮮明情感；馬一浮受心學影響之餘，更多的是接近莊子、佛教，類於傳統隱士，顯見和諧、淡泊、寧靜與超脫精神。[198]

（三）間接相關研究

馬一浮的「義理式的學術史觀」著重六藝如何定位中西學術的義理精神。唯學術史意義下，為避免歧出論述主線，本文將不去區分其學本於程朱或陸王，又一心論是否為認知心云云，此乃哲學史的討論議題。而其他相關研究甚眾，以下僅列舉與本研究相關者，餘則省略。依次從馬一浮的國學觀、經學、六藝論、哲學等四點略述。

其一，馬一浮曾提出「國學即六藝之學」，目前相關研究主要有兩類：一是以六藝為核心，論國學內涵；二是揚發國學的現代價值，這在 2013 年紀念會成為主要焦點。

其二，六藝論是馬一浮思想核心，大抵分成三類：一是介紹六藝論，二是哲學取向，三是現代性與未來性之分項研究。尤其是哲學，有以六藝論結合文化哲學、宋明理學、諸子學、四部之學者；另有以六藝論結合西方哲學者。

其三，經學研究。可分成「經學整體」、「單經研究」兩類。「經學整

---

[195] 李清良：〈馬一浮對熊十力新唯識論中明心章之影響〉，《湖南大學學報（社會科學版）》第 23 卷第 5 期，2009 年 9 月，頁 21-25。

[196] 鄭雪花：〈馬浮性德說與熊十力性智說之別異〉，《華醫學報》第 7 期，1997 年 7 月，頁 339-350。

[197] 陳美朱：〈論熊十力與馬一浮對孝經的評價〉，《雲漢學刊》第 4 期，頁 1-11。

[198] 陳銳：〈二十世紀中國的隱士──馬一浮〉，《中國文化月刊》第 141 期，1991 年 7 月，頁 42-53。

體」多從經學思想、哲角度釋入。前者有陳凱文[199]，後者有蔣年豐、林安梧等人。[200]許寧更以「現代新經學」奠定馬一浮在現代新儒家的定位，與可發展的新研究面向。[201]「單經研究」主要有以下四小類。一是「易教」，著重在易學思想、馬一浮〈觀象卮言〉研究。二是「詩教」，這既是哲學，也是文藝美學的研究。三是「春秋教」。四是《論語》、《孝經》。此類研究甚多，從略。

　　其四，哲學研究，可分成五小類：一是「理學分類」；二是「文化學」；三是「諸子學」；四是「佛學」；五是「三教會通」。

　　首先，論其「理學」者，因賀麟曾說馬一浮是「一本程、朱，而其返本心性，祛習復性接近陸、王之守約。」[202]徐復觀說：「按馬先生宏博似朱子；而朱子用心危若，馬先生則意境圓融。至其學問歸宿，則近陽明而不近朱子。」並引戴君仁（1901-1978）語謂：「中國歷史上大學者陽明之後當推馬先生……謂之現代之朱子可也。」[203]這些簡短判語對之後理解他的理學思想，產生莫衷一是的疑問。基本可分成三類：有承接「陸王學」者，

---

[199] 陳凱文：《馬浮經學思想研究》，共 98 頁。

[200] 蔣年豐：〈馬浮經學思想的解釋學基礎〉，《東海學報》第 33 卷，1992 年 6 月，頁 155-166。林安梧：〈馬浮經學的本體詮釋學探源〉，收入吳光主編：《馬一浮思想新探——紀念馬一浮先生誕辰 125 周年暨國際學術研討會論文集》，頁 106-129。

[201] 許寧：〈馬一浮與現代新經學——兼及鄧新文、劉樂恒先生商榷〉，收入吳光主編：《馬一浮研究》，頁 255-269。許寧：〈再論馬一浮與現代新經學——從國學的視角看〉，收入吳光主編：《馬一浮思想新探——紀念馬一浮先生誕辰 125 周年暨國際學術研討會論文集》，頁 228-245。

[202] 賀麟：《當代中國哲學》，頁 16。

[203] 徐復觀：〈如何讀馬浮先生的書代序〉，《爾雅臺答問附續編》，頁 3。此係由徐復觀轉述，但戴君仁的論文集之〈自序〉，略提及與馬一浮問學經過，並撰文〈涵養與察識〉誌念馬氏之觀點。文末有謂：「不過在用功先後上，應是涵養居先，一則悟由養來，二則涵養可以斷伏習氣。……而要斷伏習氣，更非積久涵養不能生效。……由此看來，朱子之所以由察識而轉變到先涵養，確有重大的意義的。」或可作為戴氏觀點之旁證。戴君仁：《梅園論學集》（臺北：開明書店，1970 年 9 月），頁 1-2、頁 194-212。

如：劉又銘、楊儒賓……等人。[204]有承接「程朱學」者，如：林安梧、劉又銘（後期觀點轉向）、陸寶千……等人。[205]有「融合論」者，如：陳來、鄭大華、滕復……等人。[206]

其次，論其「文化學」者，又可細分出「文化哲學」、「文化保守主義」兩類。此係詮釋方法，詮釋對象仍是六藝論。最早有賀麟定位馬一浮學術為「文化哲學」，續有唐君毅，直至今日，如：許寧、夏煥雲……等人，皆以文化哲學分析六藝論。[207]至於「文化保守主義」一詞，多用史華慈（B. Schwartz, 1916-1999）[208]、張灝[209]、艾愷之界定[210]，指以中國傳統文化為本

---

[204] 主要可參見劉又銘：《馬浮研究》，頁 65-82。楊儒賓：〈馬浮「六藝統於一心」思想析論〉，頁 42。

[205] 主要可參見林安梧：〈馬一浮心性論的義理結構──從「理氣不一不二」到「心統性情」的核心性理解〉，《當代新儒家哲學史論》，頁 127-149。劉又銘：〈馬浮哲學典範及其定位〉，收入吳光主編：《馬一浮思想新探──紀念馬一浮先生誕辰 125 周年暨國際學術研討會論文集》，頁 130-144。陸寶千：〈馬一浮之功夫論〉，收入李國祁主編：《郭廷以先生百歲冥誕紀念史學論文集》（臺北：臺灣商務印書館，2005 年 1 月），頁 355-376。

[206] 主要可參見陳來：〈馬一浮哲學的體用論〉、〈馬一浮哲學的心物論〉，收入氏著：《哲學與傳統──現代儒家哲學與現代中國文化》，頁 57-75、77-107。鄭大華：〈馬一浮新儒學思想研探〉，《中國文化研究》2006 年冬之卷，頁 37-51。滕復：《一代儒宗──馬一浮傳》，頁 324。

[207] 相關文章可參見夏煥雲：《六藝與儒學之復興──馬一浮文化哲學初探》（天津：南開大學碩士論文，2003 年 5 月），共 32 頁。許寧：《六藝圓融──馬一浮文化哲學研究》，共 278 頁。許寧相關單篇著述尚有三篇，氏著：〈馬一浮與文化判教論〉，《中國哲學史》2004 年第 4 期，頁 116-120。氏著：〈文化抉擇的儒學省思──馬一浮文化哲學導論〉，《青島科技大學學報（社會科學版）》第 20 卷第 4 期，2004 年 12 月，頁 27-32。氏著：〈文化自判教出──馬一浮文化判教論的再闡釋〉，《徐州師範大學學報（哲學社會科學版）》第 33 卷第 5 期，2007 年 9 月，頁 24-28。

[208] 美‧史華慈（B. Schwartz）著，林鎮國譯：〈論保守主義〉，收入周陽山、楊肅獻主編：《近代中國思想人物論──保守主義》，頁 19-37。

[209] 張灝著、林鎮國譯：〈新儒家與當代中國的思想危機〉，收入周陽山、楊肅獻主編：《近代中國思想人物論──保守主義》，頁 367-407。

[210] 美‧艾愷：《世界範圍內的反現代化思潮──論文化守成主義》（貴陽：貴州人民出

位，加強民族尊嚴者。文化雖傾向傳統，但政治觀不守舊，有些人在政治上
更是積極改革者。以此作為詮釋者，主要有李淑敏、柴文華等人。[211]

　　復次，論「諸子學」研究，主要是在道家。言道家思想者，多以馬一浮
《老子注》為研究主體，探索其論道家之本體論、人性論、工夫論，進而反
思儒、佛、道三家關係。[212]另有劉樂恒、張宏敏論馬一浮的道家、道教思
想，總的來說，前後期馬一浮論《老子》思想不同，《莊子》則始終影響其
生命觀，道教則出於神仙家，並認為馬一浮雖秉持儒學立場，但也欣賞道教
修練養生之術。[213]

　　又次，論「佛學」研究。馬一浮佛學研究有二大方向：一是「詮釋方
法」。研究最深者有陸寶千，從形式的比擬、義學方法的擇取、判教的運
用，先理解其「以佛釋儒」的詮釋方法；再分類指出馬一浮如何吸收佛教各
家思想。[214]許寧提出馬一浮的「佛學解釋學」，緣於儒、佛皆重視「見
性」，自有會通可能，最後歸整出八種詮釋方法：語詞格義、六離合釋、句

版社，1991 年 1 月），頁 133-177。

[211] 相關文章可參見李淑敏：《馬一浮與中國近現代文化保守主義思潮研究》（北京：首
都師範大學馬克思主義哲學專業碩士論文，2006 年 4 月），63 頁。李淑敏、程恭讓：
〈論馬一浮文化保守主義的個性特徵〉，《哲學動態》2009 年第 5 期，頁 53-58。柴
文華：《現代新儒家文化觀研究》，頁 33-57。

[212] 相關文章可參見李明友：〈以佛解老　佛老融通——論馬一浮的老子注〉，《中華文
化論壇》，1995 年 2 月，頁 92-97。許寧：〈論馬一浮老子注中的「以佛解老」思
想〉，《安徽大學學報（哲學社會科學版）》第 27 卷第 2 期，2003 年 3 月，頁 34-
38。孔令宏：〈現代新儒家與新道家〉，《杭州師範學院學報（社會科學版）》2007
年第 6 期，2007 年 11 月，頁 24-29。李智平：〈援佛入老，以佛解老：試析馬一浮老
子注義理體系的建構〉，《諸子學刊》第 4 輯（上海：上海古籍出版社，2010 年 12
月），頁 437-458。

[213] 劉樂恒：〈馬一浮論老子與道教〉，《當代儒學研究》第 5 期，2009 年 1 月，頁 103-
138。張宏敏：〈馬一浮論道家、道教〉，收入吳光、徐立望主編：《海納江河　樹我
邦國——馬一浮先生誕辰 130 周年紀念大會暨國學研討會論文集》，頁 202-220。

[214] 陸寶千：〈述馬浮之以佛釋儒〉，《中央研究院近代史研究所集刊》第 23 期，2004
年 6 月，頁 97-132。

型解析、釋經程序、邏輯同值、框架融和、文本轉換、思惟擬議。[215]二是「會通方法」。有主張佛學本位的「以佛釋儒」[216]，儒學本位的「以儒攝佛」等兩種方向。[217]

最後是儒、佛、道之「三教會通」，認為圓融會通就是馬一浮學術的特點，如：李明友認為此承理學系統而來。[218]又陳銳、李國紅從人格、生命、人性等角度談會通。即凡能見性，則三教通之；未得見性，則不同。[219]

第四節　章節布局

本研究從學術史的角度，研究馬一浮的六藝論「義理式的學術史觀」，依發展脈絡，提出四大面向：一是學術史理念的建構歷程、對話對象；二是

---

[215] 許寧：〈馬一浮佛學解釋學芻議〉，《普門學報》第 37 期，2007 年 1 月，頁 151-165。

[216] 相關文章可參見李國紅：〈淺析馬一浮以禪釋儒〉，《蘭州學刊》2007 年第 2 期，2007 年 2 月，頁 61-63。陳永革：〈馬一浮的般若會及其「知性佛學」取向〉，《杭州師範學院學報（社會科學版）》2007 年第 2 期，2007 年 3 月，頁 59-65。陳永革：〈馬一浮對佛教心法的知性詮釋：以華嚴禪為例〉，收入吳光主編：《馬一浮思想新探——紀念馬一浮先生誕辰 125 周年暨國際學術研討會論文集》，頁 291-307。陳永革：〈儒佛交涉的現代展開與人間佛教思潮——以太虛大師對現代新儒家的回應為中心〉，《玄奘佛學研究》第 4 期，2006 年 1 月，頁 35-54。林鳳婷：《儒骨佛心——馬浮儒佛會通思想研究》，共 173 頁。

[217] 相關文章可參見丁敬涵、顧天德：〈試探馬一浮先生儒佛觀的形成及發展〉，收入吳光主編：《馬一浮思想新探——紀念馬一浮先生誕辰 125 周年暨國際學術研討會論文集》，頁 308-322。滕復：〈馬一浮以儒融佛與調停朱陸之說評析〉，《杭州師範學院學報（社會科學版）》2007 年第 1 期，2007 年 1 月，頁 12-17。李明友：〈馬一浮的儒佛會通觀〉，《孔子研究》1995 年第 3 期，頁 92-97。

[218] 李明友：〈馬一浮的「三教」圓融觀〉，《大陸雜誌》第 88 卷第 2 期，1994 年 2 月，頁 1-8。

[219] 陳銳：〈道術江湖並己忘 歸雲飛鳥各殊方——論馬一浮會通各家的思想特色〉，《鵝湖月刊》第 20 卷第 3 期，1994 年 9 月，頁 34-39。李國紅：〈略論馬一浮以禪宗自性觀念會通三教〉，《社科縱橫》第 22 卷第 3 期，2007 年 3 月，頁 134-135、138。

從學術史、義理學兩層次分析六藝論內涵；三是論六藝統攝一切學術的該攝原則、方法，確立儒家六藝獨尊的地位；四是對比熊十力的經學思想，彰顯馬一浮的「學術史觀」的特殊性。除第一章的「緒論」，以下逐一介紹各章節布局。

第二章「馬一浮學術思想分期」，以「學術史」理念到成熟後的「六藝論」為主線，論述馬一浮學術思想分期，共分五節。前四節各為一期，自 20 世紀初期逐步有學術史理念；而後整整三十年的思考蓄積；由儒佛歸於儒，直到第三期於浙江大學、復性書院講學時，正式提出六藝論之「義理式的學術史觀」；後於 1949 年後學術生命趨於平淡。最後一節的小結，在學者以傳統、現代等兩面化論辨、評價馬一浮其人其學下，另以「學術史」說明馬一浮學術的現代性。

第三章「新闢『義理式的學術史觀』與界定史學價值」，係馬一浮本於推尊經術立場，以界定經史關係。第一節先反思章誠尊史的「六經皆史」的「學術史觀」，並提出馬一浮新闢了推尊本於六藝的「義理式的學術史觀」。第二節根據前述的經史論述，評定經史關係，又可繫分成兩個層次。首先，分析馬一浮如何看待兼具經、史雙重特性的《春秋》，從釐定《春秋》定位，確立為經而不為史，持續追索馬一浮如何鉤沉出「春秋學」源流。其次，歸整出馬一浮的「歷史觀」，分成三點：一是界定「歷史」意義；二是檢視歷史發展規律；三是說明馬一浮如何評議當時流行的新史學，以及如何建立自己的歷史觀。

第四、五章為一整體概念的分論，依次從「學術史」、「義理學」分述馬一浮本於六藝的「義理式的學術史觀」。第四章「奠基『學術史』的六藝論」依次從解釋基本概念，到彰明學術史態度，再到遵循劉向、歆父子「序六藝為九種」的學術史理念三個層次，架構出馬一浮的學術史規模。第五章「歸本『義理學』的六藝論」是馬一浮很重要的創見。此非奠基宋明理學分系下的義理論述，而是鎔鑄經術六藝、義理學、學術史等三種學術下的「六藝一心論」。將分兩層次論述，先論「一心論」的內涵，其次是六藝各經藝能會通的義理基礎。

　　第六、七章亦為同一整體的分論。前面兩章完整說明「義理式的學術史觀」後，這兩章將論述馬一浮「義理式的學術史觀」如何統攝傳統與現代的學術。第六章先由「以『義理式的學術史觀』統攝中西學術」總論學術統攝、判教。第七章的「以『義理式的學術史觀』定位佛、道義理」，則透過學術史、義理學，雙重檢視馬一浮對佛學、道家與道教的定位，最終確立出儒家、六藝不可取代的特性。

　　第八章是「馬一浮的『義理式的學術史觀』對比熊十力的『經學思想』」。第一節先論及馬、熊二人因創辦復性書院而言語交鋒的背後，已然體現出兩條學術路徑：前者是「義理式的學術史觀」，後者是「經學思想」。這在兩人分別定義、詮釋相關名詞中，可見端倪。第二節總論熊十力以「經學思想」統攝中西、傳統與現代學術的方法。他以晚近的「四科之學」——義理、詞章、考據、經濟為分科標準，向上本於六經經傳，向下統攝一切傳統學術，向外對應現代學術分科，自成一套分科統攝的體系。第三節則論述熊十力以「義理之科」檢視傳統諸子、百家，即今日所謂的「哲學」、「科學」，如何上溯於六經經傳，以及如何匯流，使能體用不二。熊十力雖未遵行學術史原則，卻也用六經經傳含攝晚近四科之學、現代學術，以說明中學自有體用，欲為經學的現代化尋謀出路。最後，以一小結，說明馬、熊二人學術內涵、路向之別。

　　第九章是「結論」，先評議馬一浮「義理式的學術史觀」趨於沒落的現實理由，以及對後人的啟發。再由此議題回溯主議題「近代中國知識轉型與知識傳播」，提出從傳統經學到哲學過程中，有哪些值得開發的新議題，為全書作結。

第二章　馬一浮學術思想分期

　　目前學術界關於馬一浮生平介紹與評述者甚多，但如何定位馬一浮學術思想分期，學者們見解各異[1]，本章將以馬一浮的「學術史」治學理念敘明

---

[1] 區隔馬一浮學術思想的觀點甚是多元，茲引述較為重要者如下：劉又銘分成幼年與青少年時期（1883-1905）、杭州治學時期（1906-1937）、講學刻書時期（1937-1948）、晚年時期（1949-1967），共四期。

馬鏡泉夫婦分成早期（1883年6月-1912年9月）、中期（1912年10月-1949年4月）、晚期（1949年5月-1967年5月），共三期。其以1912年、1949年為界定，既以年紀，也按時代為區隔。

黃莘瑜分成自覺投入國學研究前（1883-1905）、轉向國學研究初期（1906-1926）、六藝論的形成與發表（1927-1938）、書院講學及寥落暮年（1939-1967），共四期。

滕復有兩本專著：《馬一浮思想研究》主要區分為返歸儒學之路、應聘至浙江大學與復性書院等前後兩大期。前期又可分成童年夢想（1883-1898）、求學西方（1898-1905）、回歸傳統（1905-1912）、契心儒學（1912-1937）等四期。後期則以至浙江大學（1937-1939）、主持復性書院（1939-1949）為分。略言及晚年，但著墨甚少。之後著《一代儒宗——馬一浮傳》分六期：從留學西方，到歸國為第一時期（1883-1906）、隱居佛寺，讀文瀾閣《四庫全書》為第二期（1906-1912）、隱迹西湖，鑽研六藝為第三期（1912-1937）、應聘至浙江大學教書為第四期（1937-1939）、主持復性書院為第五期（1939-1949）、晚年為第六期（1949-1967）。

陳銳以早年（1883-1898）、求學西方與向傳統的回歸（1899-1920）、20年代隱士生活、30年代的講學、40年代的復性書院、1949的晚年沉浮（1949-1967），共六期。

許寧以治學時期（1883-1938）、講學時期（1938-1949）、隱居時期（1949-1967）為主要劃分。其中治學時期嘗歷經三變：初治考據（1883-1898）、專攻西學（1899-1905）、出入三教（1906-1926）、歸於六經（1927-1938）。

以上依序參見劉又銘：《馬浮研究》，頁6-21。馬鏡泉、趙士華：《馬一浮評傳》，目錄頁1-3。黃莘瑜：《馬一浮詩論研究》，頁176-196。滕復：《馬一浮思想研究》，頁1-58。滕復：《一代儒宗——馬一浮傳》，頁3-115。陳銳：《馬一浮與現代中國》，目錄頁1-3。許寧：《六藝圓融——馬一浮文化哲學研究》，頁19-33。

其學術思想分期。

然而，研究馬一浮的學術思想有兩個困難：一是他雖遺留下不少著作，但澈底展現其學術思想已進入學術的成熟期，在此之前留下的著作不多。二是在 1949 年前後，馬一浮已不再撰寫學術專著。因此，想要了解其思想淵源、轉化，必須從書信日記、詩歌、序跋書啟應酬之作，逐步還原、建構，觀察他與當時各界的關係與學術聯結。

據於上述觀點，以下劃分出馬一浮學術思想的四個分期階段：一、「初立學術史觀的治學構思（1883-1912）」，以 29 歲以前為界。二、「潛藏醞釀，摸索六藝論的方向（1912-1937）」，29 歲到 54 歲。三、「完備六藝論學術史觀的治學規模（1937-1949）」，從 54 歲到 66 歲。四、「淡然學術，寄情佛、道思想（1949-1967）」，從 66 歲到 84 歲。三個重要時間分段，分別是 1912 年，滿清滅亡，創建中華民國；1937 年，七七事變爆發；1949 年，大陸易幟，政權兩立。最後作一「小結」總結本章。

第一節　初立學術史觀的治學構思（1883-1912）

馬一浮早期學術影響受其家學、岳父湯壽潛（1856-1917）影響甚深，而後曾於 1903 年赴美工作，此時的他頗仰慕西方的學術、政治，對時政頗有批判；但在 1904 年返回中國後，轉而關懷學術史的研究，冀能彰明儒學、文學之學術本源。以下分成「根柢文史、政經的治學基礎」、「興趣轉向學術史」二階段說明。

一、根柢文史、政經的治學基礎

馬一浮一生的行為、思想受家庭影響甚鉅。此時期實際啟發馬一浮學術思想者，是他的父親馬廷培（？）與岳父湯壽潛。兩人既為馬一浮的傳統文史基礎紮根，又都能留心政治、經濟一類的學問，同時接軌西學，拓展了馬一浮的學術眼光。

首先，馬一浮論及祖上、父親對他的學術影響，有說：

世世以儒學著。明亡，三世不應舉，至清乾、嘉時始預鄉會試。……道光元年（1821），先曾祖伯諱步蟾（？），官御史，特疏請以先儒劉宗周（1578-1645）從祀文廟。明儒得從祀者始此……先本生祖厚山公諱尚坤（？），並居敬慎獨，服膺劉子。厚山公以經術教授鄉里，早卒。……浮雖不肖，篤志經術，實秉庭訓，其稍解詩旨，則孩提受之母氏，獨不逮事祖母。[2]

究心經濟學，凡法制條例、刑名、錢穀、掌故、民物、吏事之要，罔不撢索，洞見窕奧。……由是府君名藉甚，先後佐順慶府、緜州、直隸州、灌、遂寧縣治。詳慎庶獄，於水利、農田、賦稅、鹽政、驛務諸端，剔窳改良，多所匡益，民以隱顯。……賓接庶士，餉以張南皮（名之洞，1837-1909）《輶軒語》及他有用書，士多厲於古學。……府君自言，平生之學實師法明呂坤（1536-1618）《呻吟語》。四川老儒戴次高（?）為宋五子學，府君與言，往往窮日夜。府君以風俗由薦紳出，居鄉尤敦崇禮法。……教弟子修飭行誼，一本孝弟。戒福田勿為章句學，使讀史。曰：「不讀史無以見事變之幾、立身之鵠也。」[3]

第一條引文馬一浮先歷數家學淵源，再點出自己的學術乃稟承家學淵源，主要關注在儒學精神的淵源與傳承。從遠祖於明清鼎革之際，不侍異族的風骨；到道光年間，曾祖輩服膺理學，力主劉蕺山從祀文廟等舉動；再到祖輩承接劉宗周居敬慎獨之學，又以「經術」教導鄉里；最終影響馬一浮對「經術」之學的傳承。

第二條引文是馬一浮形容其父馬廷培之行舉。據馬一浮的侄子馬鏡泉形容馬廷培「是一個忠孝兩全的人物，儒學正統的一個典型。」[4]其以理學自持，嘗手輯繫於身心之益的《格言纂》。而身為地方父母官，馬廷培尤重民

2　馬一浮：〈會稽馬氏皋亭山先塋記〉，收入《馬一浮集》第 2 冊，頁 199-200。

3　馬一浮：〈先考馬公行狀〉，收入《馬一浮集》第 2 冊，頁 202-208。

4　馬鏡泉、趙士華：《馬一浮評傳》，頁 2。

生經濟之學。如他送人張之洞的《輶軒語》，這本似是應付科舉考試的參考
用書，其實廣涵了讀書人應具備的品性德行。又如馬廷培自言師法晚明呂坤
《呻吟語》，該書首重身心之學，馬廷培更以此勉勵馬一浮修身宜不苟，主
敬窮理。[5]此書還蘊有深厚的民本思想、為官吏治之道，關心民瘼與經濟的
精神，這都對馬一浮早年的學術思想造成一定的影響。

　　除了身心修養之學，馬廷培也要馬一浮多讀史，由歷史觀得失。然而，
在馬一浮往後的學術思想中，史學反未佔據重要的位置，誠如陳銳所述：
「在馬一浮以後的思想發展中，確實擺脫了章句之學，致力於探索人生的真
諦，但對『見事變之幾』的史學卻始終沒多少興趣。」[6]倒是馬一浮如何從
文史之學轉向六藝經術，則有脈絡可循。

　　再者，另一影響馬一浮甚深的是其岳父，浙江仕紳湯壽潛。馬一浮 16
歲時（1899），參加紹興縣城縣試，奪得榜首；同年，湯壽潛將女兒湯儀
（？-1902）許配馬一浮為妻，而馬一浮也與湯氏弟子謝无量結交為一生的
摯友。[7]馬一浮後來總結湯氏學術精神有道：

5　馬一浮：〈格言纂跋〉，收入《馬一浮集》第 2 冊，頁 65。

6　陳銳：《馬一浮儒學思想研究》，頁 15。

7　謝无量，字仲清，又名沉。因湯壽潛撰《危言》，主張廢除科舉，學習西方，故拜他
　　為師。湯氏熟習時務，研究經世之學，謝无量受其影響，也崇尚「實學」、自由之精
　　神。此時他與馬一浮相識，之後兩人赴上海，共同創辦了《二十世紀翻譯世界》。他
　　也曾參與反清革命。1940 年代初，馬一浮也邀請他到復性書院講學。雙方友誼不僅
　　於學術，更是一輩子的好友。馬一浮從早年開始，便留有許多與謝无量唱和之詩作。
　　其學術涉獵廣博，舉凡文學、經學、史學、哲學皆有建樹，曾著有《中國婦女文學
　　史》、《中國大文學史》、《中國哲學史》……等三十多種著作，共約二千萬餘字。
　　1964 年因肺炎引發心臟病過世，馬一浮引《莊子‧徐無鬼》中的郢人與匠石，作詩
　　云：「冥智遺身得返真，郢人從此絕風斤。日中視影猶羈我，雪夜迴舟一夢君。」以
　　喻兩人間的情誼。
　　參自陳雪湄：〈馬湛翁與謝无量〉，收入夏宗禹編：《馬一浮遺墨》，頁 218-219。
　　馬一浮：〈魯庵遷化誌感〉，收入《馬一浮集》第 3 冊，頁 727。劉長榮、何興明：
　　〈謝无量年譜〉，《百家春秋》，2001 年 3 月，頁 5-23。金景芳：〈謝无量先生傳
　　略〉，收入陳恩林、舒大剛等主編：《金景芳學案》（北京：線裝書局，2003 年 12
　　月），頁 436-444。

秉心塞淵，植儀勁固，漸濡經術，綜括典章。用能疏通知遠，達於政事，目之者以為匪特荒年之嘉穀，亦豐歲之瑾瑜也。歷聘省院，周覽得失，思以革易時敝，匡民理國。嘗撰次所論，號曰《危言》。損益略舉，張弛惟審，後之隱於辯說者，非其倫已。……其銘曰：惟儒與墨，或步或驟。先生以之，匪觳伊厚……[8]

這篇墓誌銘撰於 1920 年。而湯壽潛的《危言》則寫在甲午之戰（1895）與戊戌變法（1898）之前的 1890 年，共五十卷，分五十項建言，內容遍及政治、軍事、教育、經濟民生等相關議題。[9]湯氏關懷的學術領域與馬廷培異曲同工，咸重視經術、政經社會一類的學問。

　　然而，何謂經術？馬一浮以此稱讚馬廷培與湯壽潛的學術內涵。可是在馬一浮六藝論的學術體系建構完成後，他對「何謂經術」另有特殊且完整的界定，與這時的觀點不同，此容後再說。[10]

　　1898 年戊戌變法後，馬一浮順隨時流，研究西學，並於 1901 年底到上海學習外文。[11]這是湯壽潛的意思，希望馬一浮、謝无量二人赴北京、上海等地開拓視野。[12]隔年（1902）馬一浮與馬君武（1881-1940）、謝无量等

8　馬一浮：〈紹興湯先生墓誌銘〉，收入《馬一浮集》第 2 冊，頁 241-243。

9　湯壽潛：《危言》，光緒 21 年（1895）本，共 34 頁，收藏於臺北中央研究院近代史研究所郭廷以圖書館。

10　詳參本書第四章第一節，第一大點「論經、經學、經術」。

11　赴上海的理由，馬鏡泉有云：「自 1901 年清政府迫於形勢，正是明令變通科舉章程後，中國出現了一個不同於舊式文人或封建士大夫的新式知識分子羣。他們接觸了西方資產階級的社會政治學說和自然科學，受著民族危難的刺激和羣眾鬥爭的影響，紛紛走向清皇朝的對立面，成為清皇朝統治者無法控制的一股力量。」又說：「這時，我國自戊戌變法後，科舉已廢，西潮湧到，西學譯著漸多，這頗引起知識界的震驚和重視。先生為能直接閱讀西方進來的原著，便和謝无量一起到上海學習英文、法文、拉丁文，對以後翻譯作品與出國留學奠定了基礎。」參見氏著：《馬一浮評傳》，頁 14、157。

12　興明云：「年青時湯壽潛為謝和馬介紹龔自珍和康有為的維新思想和著作，並勸他們去上海、北京開闊視界，了解社會形勢。」參見氏著：〈文以治世　教以育人——記

人創辦《二十世紀翻譯世界》雜誌，該雜誌一共出刊過六期，後因馬一浮赴美而停刊。據目前能見到的一至四期篇目中，刊物多翻譯自日本與少數歐洲的文章，包括：哲學、社會學、宗教、政治、法律、經濟、教育、雜錄、小說等內容。[13]可知無論是馬廷培、湯壽潛、馬一浮，著重經濟民生的大方向基本一致。

　　同一時間，馬一浮正當新婚燕爾，卻好景不常，自 1900 年起，短短不到兩年間，馬一浮的二姊、父親、妻子接連過世。[14]他為妻子湯儀撰寫的〈銘〉，述及了自己的抱負與理想，說道：

> 浮之為志，不在促促數千年、數十國之間。以為全世界人類生存之道，皆基於悲之一觀念所發佈，漸次而有家族、社會、國際之事，汔於今日，其組織規則，尚未有完全者。不改革全世界迷信宗教、黑闇政治之毒，則人類之苦無量期，而國種優劣存亡之故，尚為人類歷史事實之小者。浮之言曰：吾欲唱個人自治、家族自治，影響於社會，以被乎全球。破一切帝王聖哲私名小智，求人羣最適之公安，而使個人永永享有道德法律上之幸福。[15]

言下之意，人類生存之端繫於「悲」，而「苦」乃是人為自造的苦痛。苦之生發，源自宗教迷信、政治黑暗，所以，馬一浮推崇自治的精神，欲自治必先「破一切帝王聖哲私名小智」。然而，「破帝王」是政體問題，尤可理解；但聖哲是傳統完美道德典型，何以能破？馬一浮認為法律是道德的底線，也是成文法條，欲破除人生、社會不公不義，脫離悲苦，得靠他律、建立新制度，突破一切傳統社會的束縛。此時，他的學術關懷似未觸及心性本

文壇與教壇上的謝无量〉，《百家春秋》，2001 年 3 月，頁 30-31。

[13] 參見上海圖書館編：《中國近代期刊篇目彙編》（上海：上海人民出版社，1979 年 10 月），頁 697-698。

[14] 1900 年 8 月，二姊過世。1901 年春，其父馬廷培過世。1902 年 7 月，湯儀亦病逝。

[15] 馬一浮：〈故馬浮妻孝愍湯君權葬壙銘〉，收入《馬一浮集》第 2 冊，頁 217。

體。[16]

　　1903 年，馬一浮對西方世界的渴望有了新契機，他原本想東渡日本而非美國，惜東行未成，反而在 1903 年 6 月以清政府留學生監督公署的中文秘書身分，到了美國密蘇里州的聖路易；又輾轉於 1904 年 5 月離美赴日，短暫停留數月後，返回中國。

　　赴美近一年時間裡，馬一浮將每天生活寫成《一佛北米居留記》，[17]內文可見他大量吸收西方學術的熱情與批判時政時人的態度。期間他曾購買、閱讀的書約有八十種，多集中於政治與歷史、哲學與社會學、文學與藝術等三大類型。他也陸續讀了近十種報紙，並從事零星的翻譯工作。[18]雖然很難真正得知他對於西學的認知程度有多深，但興趣所在甚明。[19]他曾說：

16　這種依於他律的觀念，到他開始關注心性本體後，很自然就被否決了，他說：「西洋人有所謂國家學者，其言國家成立之元素有三，曰土地、人民、統治權也。在今日當更益以經濟力量及軍事力量。無論民主國家、極權國家，其汲汲皇皇，與接為搆，日以心鬥，皆有儳焉不可終日之勢。有強權而無公理，有陰謀而無正義，國際間只有利害，無復道德可言。社會觀感無形中受此影響，於是人與人之間亦只有利害之結合，苟為求生，無所不至。其所謂對於國家、社會之道德行為者，依於法律，出於利害，絕無禮樂之意行乎其間，以此無本可推也。」其間，最低道德限度的法律是取決於國家、社會間的利害關係，而非「本」，此本即是心性本體。參見馬一浮：〈希言〉，《蠲戲齋雜著》，收入《馬一浮集》第 1 冊，頁 843。

17　他抵達美國到離開，共計 309 天，而日記記載了 303 天，獨後面 6 天未記。參見林桂榛：〈萬里來尋獨立碑——馬一浮北美游學述略〉，收入吳光主編：《馬一浮思想新探——紀念馬一浮先生誕辰 125 周年暨國際學術研討會論文集》，頁 503。

18　參見林桂榛：〈萬里來尋獨立碑——馬一浮北美游學述略〉，收入吳光主編：《馬一浮思想新探——紀念馬一浮先生誕辰 125 周年暨國際學術研討會論文集》，頁 505-509。

19　關於馬一浮研究西學的深刻度難以真正知曉，因為他回國後，學術重點轉往傳統學術，對西學甚少提及，亦無專著。早期研究者對他的西學造詣、語言程度多有過譽的評價，但都缺乏實際證據。直到近期研究者較能客觀地審視他的西學造詣，並認為他的語言，尤其是英文，還是相當有限。參見陳銳：《馬一浮與現代中國》，頁 81-85。另可參見王聰：〈馬一浮與西學〉，《孔子研究》2022 年第 2 期，頁 44-53。

> 自去國後，神氣時復清明，時復昏眊，往往有種種不規則之理想。念
> 益須以科學的智識，徐當整齊之，使成一書，以為中國之新民約論，
> 作社會上之大喊聲，次第其條理以為致筆之張本，不知何日始得就
> 也。[20]

馬一浮先肯定專門知識的重要性，既有身為知識分子對滿清之憤慨，也認為釐清思緒的紛亂得靠「科學」解決問題。此科學不盡然是自然科學，更傾向的是社會科學，如他提出想要撰成《新民約論》一書。而《民約論》係由法國盧梭（1712-1778）所撰，旨在強調「天賦人權」。盧梭認為人有兩種意志：一是「全體意志」（Will of All），一是「公共意志」（General Will）。前者是人民追求自我私利的意志，後者是追求社會國家的意志，後者比前者更為重要。馬一浮以此對照當時中國的政治情態，有感而發的痛陳道：「嗟乎，中國自二千年來無一人知政治之原理、國家之定義。獨夫民賊相繼，坐此且亡國，猶漠然不知悟，豈不哀哉？夫政府有特權，用以媚外飽衣食，不復知有人民土地，人民亦竟任棄之若無事。」[21]

此時馬一浮吸收與學習最多的，當屬社會學、政治學的知識，但凡見到其他民族團結的相關報導，他總是慷慨激昂。[22]臨別美國前，更直指：「中國經數千年來，被君權與儒教之軛，於是天賦高尚純美勇猛之性，都消失無餘，遂成奴隸種性，豈不哀哉！」[23]他反對君權可以理解，至於反對儒教，當非儒家本身的反彈，而是依附君權下僵化制度的反省。

大抵而論，此時馬一浮大量吸收與體認中西方在政治與社會民情的差

---

[20] 馬一浮：〈一佛之北米居留記〉，收入丁敬涵編：《馬一浮先生遺稿三編》，頁 68-69。

[21] 馬一浮：〈一佛之北米居留記〉，收入丁敬涵編：《馬一浮先生遺稿三編》，頁 68。

[22] 馬一浮：〈一佛之北米居留記〉，收入丁敬涵編：《馬一浮先生遺稿三編》，頁 92-93、99-100，以及馬一浮：〈一佛之北米居留記〉二，收入《馬一浮集》第 2 冊，頁 276、281。

[23] 馬一浮：〈一浮之北米居留記〉二，收入《馬一浮集》第 2 冊，頁 317。

異，對中國政治社會的腐敗提出諸多批評。

二、興趣轉向學術史

　　值得注意的是，1904 年 11 月，馬一浮歸國後，竟已不再崇拜西方文化，短短時間之內，態度丕變。他將興趣轉向學術史，如在〈政誠序〉與呈給舅父何稚逸（？）書信中，均直言自己好尚學術史，不過，他此時的學術態度還是傾向於「援西輔中」。

　　在 1907 年的〈政誠序〉一文中，馬一浮直斥西方政治是：「厚封殖，盛軍備，蘊然有殺伐之心」，他也批判當時人一味的西化，「而徒盛慕歐制，以為隆軌極則，抑知彼之賢哲，固怒焉憂惶，欲乎其猶病也。」因此，若論為政之道而進行改革，便該「必克去其欲，納之仁義。……可以語理欲之辨、政治之本矣。」馬一浮不再提改革制度，轉而著眼於義理的理欲之辨，談的是為政治之本，而非實際解決問題的方法，顯見其學術興致逐漸從政治現象移轉至抽象且形而上的道德本體。馬一浮批評傳統政治有云：「國人之語政，莫善於道家，而莫近於儒家。道家之說既放曠難行，而儒之繆種乃飾以經術媚人主。」[24]這段話講的是道家、儒家之「繆種」，假儒家經術為治理天下的偽詐之徒，而不是否定儒家、經術本有的價值。當然，這並非指他不再關注革命與時政[25]，而是相形之下，他更寄情於中國傳統學術。[26]

24　以上引文皆參見馬一浮：〈政誠序〉，收入《馬一浮集》第 2 冊，頁 2-4。

25　如陳銳有言：「馬一浮的詩歌中大量地表現了這種隱居的心境和對萬物一體的感悟，但與歷史上的那些隱逸詩人仍然有很大的不同。他的詩詞中很難找到陶淵明那樣的『采菊東籬下』的和諧寧靜，即使是寄情於山水，也時時滲透著一種緊張、悲愴和力量。他畢竟是生活在 20 世紀的中國，生活在清政府崩潰的前夕，因此回國後雖然尋求隱居，但依然多少保留那種留學異域時的熱情、憤激和蒼涼。」參見氏著：《馬一浮與現代中國》，頁 91。

又，馬一浮留有一些歌詠革命精神與烈士的詩作，如：〈悲秋四十韻〉、〈鑑湖女俠行〉、〈閨詞〉、〈戊申八月感事〉、〈願歌〉，參見《馬一浮集》第 3 冊，頁 766-768、770、772-776。

26　據于文博整理馬一浮遺稿，認為馬一浮 1903 年赴美期間，已開始關注法國布樂德魯易（Lcnis Pload）寫的《政治罪惡論》，並陸續翻譯，於 1907 年作序，即〈政誠

　　同年（1907），馬一浮寫信給舅父何稚逸申言己志。他先說自己是：「闇於當代之故，未嫻人間之節。」又說：「非有魯連（約 305B.C.-245B.C.）存趙之術，徒懷鮑焦（？）抱木之操。材否異受，飛潛殊限。」更提道：「斯非常之烈、魁桀之事，非介夫素士所能預。」所以，自己選擇了「惟當繕命巖谷，韜影丘園，橡栭自充，猨鶴為羣」的生活。[27] 這段話是說魯仲連、鮑焦二人皆有不願在朝為官的性格，差別在於魯仲連願意在秦圍困趙國邯鄲時為說客，助其解圍；鮑焦在政治汙濁時，不食君土，活活餓死，以守其廉。馬一浮言下之意是自己將不取實際治術，而更重道德操守，並將不同取向歸於各人才性不一所致。於是，他對第一線革命志業敬而遠之，自此開啟了長達三十多年的隱居生涯。

　　當他向何稚逸談起學術抱負道：

> 甥生稟義方，夙嗜文史。弱歲孤露，淪泊江湖，性慕幽遁，肆志玄覽，不名一藝。……若乃貫綴前典，整齊百家，蒐訪文物，思弘道藝，次獻哲之舊聞，竢來者之足徵，則中材菲學，可勉而至也。……今禮斁俗窳，邦獻驟闕。士行回辟，賤義漓真。睢盱噂競，周克繇道。甥雖不敏，竊有志於二宗。欲為儒宗，著秦漢以來學術之流派；【李二曲（名顒 1627-1705）欲作《儒鑑》未就，不詳所□；萬季野（名斯同，1638-1702）撰《儒林宗派》，但舉名號；黃梨洲（名宗羲，1610-1695）纂《宋元明學案》，全謝山（名祖望，1705-1755）修補二代，斷自宋人，偏崇門戶，濫收著籍，甥嘗病之。念兩漢迄唐，通儒大師千載相壇，闕而未錄，豈非學者之憾。因欲纂漢以來汔於近代諸儒學術，考其師承，別其流派，以補黃、全之闕。幸而成書，亦儒林之典要也。】為文宗，紀義畫以降文藝之盛衰。【文章之道，歷世遞變，至於今日而敝極矣。期直治道升降之所繫，非細故也。甥嘗歷

序〉，又於 1911 年作〈序言二〉，說明翻譯動機，並於 1912 年在《民立報》連載中譯版的《政治罪惡論》。參見于文博整理、法‧布樂德魯易著、馬一浮譯：《政治罪惡論》，《中國文化》第 41 期，2015 年春季號，頁 276-297。

27　以上引文皆參見馬一浮：〈何稚逸〉第 1 封，收入《馬一浮集》第 2 冊，頁 348。

覽前文，旁徵異國，而知文字之運與時消息。因為七序、八史、五表、六論，發揮指趣，著其得失，以待後之君子擇焉。別寫第目一通附覽，伏乞是正。】將以匯納眾流，昭蘇羣惑。懸藝海之北辰，示儒術之總龜，振斯道於陵夷，繼危言於將絕。[28]

以上可從個性、學術志趣分別論說。就個性而論，「義方」是行事應有的規矩與準則；「慕幽遁」是個性好清幽隱逸。而在學術志趣上，馬一浮的重心在文史之學，所謂「肆志玄覽，不名一藝」，是自言研究學術的態度是深、廣且多方吸收。「肆志玄覽」點出馬一浮自己不從事革命而轉向學術研究的因由；「不名一藝」指出其學術目標是整理典籍文物，以「思弘道藝」，並保存賢智之士的舊聞，以待來者的徵考。

　　當論及為何欲成「儒宗」、「文宗」時，馬一浮先自認無法與孔子綜六藝、老子（約 571B.C.-471B.C.）撰五千言、司馬遷著《史記》、揚雄（53B.C.-18）著《太玄》、董仲舒（179B.C.-104B.C.）的天人之學、張衡（78-139）著《靈憲》等人相比；亦與范仲淹（989-1052）、邵雍（1011-1077）、司馬光（1019-1086）、周敦頤（1017-1073）、二程（程顥，1032-1085；程頤，1033-1077）不能相若。[29]但至少還有一批學者可作為自己的效法對象，即「若中壘《別錄》，昭明（蕭統，501-531）《總集》，班蔡（蔡邕，133-192）通故考文，符（王符，約 85-163）充（王充，27-約 97）抒論正俗，鄭樵（1104-1162）博洽，端臨（馬端臨，1254-1323）多識，辨物比類，述者為賢。雖非至道之契，抑亦著作之林也。」[30]簡單來說，以義理、史學名世者，非常人能及；至於劉向、蕭統等一類綜括歷代典籍，善

28　馬一浮：〈何稚逸〉第 1 封，收入《馬一浮集》第 2 冊，頁 348-349。

29　馬一浮云：「夫仲尼周流，晚綜六藝；伯陽將隱，遂草五千。子長發憤於《史記》，揚雄默守於《太玄》；董生精思於天人，平子推象於靈憲；仲淹崛起於河汾，堯夫高步於百源；司馬萃力於涑水，濂洛紹統於尼山。此皆名世之業，甥何敢望焉。」參見氏著：〈何稚逸〉第 1 封，收入《馬一浮集》第 2 冊，頁 348。

30　馬一浮：〈何稚逸〉第 1 封，收入《馬一浮集》第 2 冊，頁 348。

「辨物比類」，辨別事物門類、種類，是自己「可勉而至」的。所以，馬一浮想撰寫「儒宗」、「文宗」，不是當作「名世之業」，而是希望能成為「儒林要典」，冀能「懸藝海之北辰，示儒術之總龜，振斯道於陵夷，繼危言於將絕。」以辨章、考鏡儒學之源流。

然所謂「儒宗」，是對儒家學術譜系的界定。馬一浮指出宋明理學僅是儒家學術的一個斷代，而能為通儒者大有人在，從兩漢到唐，再到近代，皆有通儒，惜未受重視。因此，馬一浮作「儒宗」的目的，乃欲歸整出儒學師承、流派的譜系。

至於「文宗」，是馬一浮對文學的態度。這是馬一浮早期談到文與六藝、道之間的關連脈絡，但這裡的文學所指非純文藝學。其〈文宗第目〉有道：「六藝崩磔，百家為蕪，往匠代興，必有攸宗。宗蔑文賊，至道乃息。故立宗尚焉。」「文章出於六藝，……」「文之時義大矣，國非道不治，道非文不立。將以考王迹、觀民志，莫善乎文章。道涝文梏，學斲治猥，敝之又敝，乃至無文。文宗之作也，其有憂患乎。論文敝。」「道一而已，文則百焉。道不可以終散，故文之。統乎道者，其文長存，不足於理者，其文廢滅。」[31]總上述諸言，馬一浮主張以六藝為文宗，後來的文經過不斷流衍而與六藝漸行漸遠，由盛轉衰，故需返古以歸於六藝之道，而成一道統性質的文學觀。

第二封給何稚逸的回信，馬一浮補陳了兩件事：一是他還想要編《西方學林》，另一是《西方藝文志》。這兩本書與前述欲編「儒宗」、「文宗」有異曲同工之妙，其言：

> 嘗欲西游柏林……畢志文藝，思有所比傅，以適於道，未有獲也。見當世為西學者，獵其麤粕，矜尺寸之藝，大抵工師之事，商販所習，而謂之學。……甥所收彼土論著百餘家，略識其流別。大概推本人生之詣，陳上治之要。玄思幽邈，出入道家，其平實者，亦與儒家為

---

[31] 馬一浮：〈文宗第目〉，收入《馬一浮集》第 2 冊，頁 1144-1147。

近。文草高者儗於周末諸子，下不失《呂覽》、《淮南》之列。凡此皆國人所棄不道，甥獨好之，以為符於聖人之術。知非當世所亟，未敢輒放論，取不知者疑怪。欲綜會諸家國別、代次，導源竟委，為《西方學林》，輔吾儒宗，以竢來者。又欲草《西方藝文志》，著其類略，貧不能多得書，病撢繹未廣，汔未可就。……甥以為詩流蕩為劇曲，《春秋》窮為章回，中土之文至元而盡矣。元以後文章，其在歐洲乎。希臘古詩歌，灑然有《風》《騷》之遺，英法諸家篇什所祖。德最晚起，制作斐然，爾雅深厚，乃在先唐之上。嘗欲纂《歐洲文學小史》《詩人傳》，皆未竟。[32]

首先，此時馬一浮對西學本質無高下評斷，他批判的是當時人引進西學的內容，以及「而盈國方馳騖以干要路、營世利」的態度[33]，竟未能見到西學的精華在於學術，而非工藝。這段話是特意告訴何稚逸，西學猶有精彩可尋，也正是自己將從事的研究工作。

　　據於上述，馬一浮在中西學並比前提上，提出三點會通基礎：一、思想上，西學可與儒、道相擬。二、文學上，西學可和周末諸子、《呂覽》、《淮南》相若。三、內涵上，所蒐羅之書，可以「推本人生之詣，陳上治之要」。總的來說，馬一浮係以「符於聖人之術」作為學術對治的理論基礎。因此，「學林」即指學術之總歸，而《西方學林》與「儒宗」是一類，《西方藝文志》則與「文宗」為一類。

　　再者，身處清季，馬一浮對政治、文學的關係體會格外深刻，他強調「夫樂律聲詩之變，何在而非世運升降之機乎。」[34]一旦到了衰世，多哀音，如：中土有元曲，西方有悲劇。他以馬致遠（1250-1321）與莎士比亞（1564-1616）、歌德（1749-1832）相提並論，而云：「彼為悲劇者，大抵悼人生之多艱，明嗜慾之不可極，思蟬蛻淬濁，浮游塵埃之外，其志良足悲

32　馬一浮：〈何稚逸〉第2封，收入《馬一浮集》第2冊，頁349-350。

33　馬一浮：〈何稚逸〉第2封，收入《馬一浮集》第2冊，頁350。

34　馬一浮：〈曲苑珠英序〉，收入《馬一浮集》第2冊，頁6。

矣。謝師壁、葛黐（Shakespeare、Gethe）之倫，由此其選也。予覽元曲而哀馬致遠之志，以為雖謝師壁、葛黐無以過。」[35]不過，當馬一浮學術體系成熟後，其西學立場明顯與早年有很大的歧異，如其學生烏以風（1902-1989）記載師言：「考西方文藝，除讚頌歌詩而外，不是怨怒，即為哀思。即以讚頌詩而論，又多稱頌一人之作，並不足當治世安樂之音。」[36]早年西學能與儒道、聖人並比的基礎已不復見，與之前「灑然有《風》《騷》之遺」也大不相同。

要言之，馬一浮給何稚逸的兩封信代表他回國後學術、思想的轉變，也是學術史研究興趣的開端。

值得注意的是「宗」既有宗主、歸宗，亦有宗派流衍之意，故其論「文宗」之宗，上承「六藝」；又言「儒宗」欲考漢以來的學術流派。縱使馬一浮此時已提到「六藝」一詞，但他如何闡釋六藝的內涵？卻未多著墨。倒是十年後（1917），馬一浮去信謝无量時，說自己仍在體會涵泳六藝而未多言；[37]同一時間，他給葉左文（1886-1966）的信則提到：「知欲考其文章流別洎乎學術之變，非多蓄書而歷年久殆而不可得。且若不以經術為柢，則心無權衡、流於非僻者有之。」[38]由此可知，1907 年前後的馬一浮雖有志於六藝，也是初步構想，尚未成論；十年後構想仍在醞釀，但已確立欲以六藝經術論學的精神，也為往後他的六藝論奠定了基礎。

綜言之，此一時期的馬一浮從一開始對經濟民生之學的興趣，到遠赴上海、美日，他雖然大量吸收了社會科學知識，但回國後反是慨歎政治罪惡，轉而致力於學術史，欲彰明儒學、文學的學術本源。而在一封湯壽潛寫給繆荃孫（1844-1919）的信中，湯壽潛贊許馬一浮是：「勤學有熹，是汪容甫

---

[35] 馬一浮：〈曲苑珠英序〉，收入《馬一浮集》第 2 冊，頁 6。又謝師壁即「莎士比亞」，葛黐即「歌德」。

[36] 烏以風：〈問學私記〉，收入《馬一浮集》第 3 冊，頁 1133。

[37] 詳參本章第二節，第二大點「並治儒佛到歸宗六藝義理」。

[38] 馬一浮：〈葉左文〉第 2 封，收入《馬一浮集》第 2 冊，頁 428。

（名中，1745-1794）、章實齋一流……」[39]汪、章二氏以學術史聞名，清楚證明了當時馬一浮對學術史的興趣所在。

第二節　潛藏醞釀，摸索六藝論的方向（1912-1937）

民國肇建後，各種新的教育理念與體制代興，正當新文化運動風起雲湧，各界對於界定「國學」名義、經學存廢等議題有不同見解時，馬一浮從未參加任何論戰，也不加入任何學術陣營，這時的他正處於學術的轉型階段，其學術態度可從「堅守書院講習式的教育理念」、「並治儒佛到歸宗六藝義理」兩階段說明。

一、堅守書院講習式的教育理念

馬一浮在當時學界頗負盛名，先有蔡元培請他擔任教育部秘書長、北京大學文科學長，後有北大校長陳大齊（1886-1983）、浙江大學校長竺可楨（1890-1974）欲聘為研究所教授，但全因教育理念不合被馬一浮婉拒。

最初在民國元年（1912），蔡元培任教育總長，欲請馬一浮出任秘書長，而馬一浮任職僅三周後請去。二十多年後馬一浮憶起這件往事而說：

> 南京臨時政府收羅人望，……以蔡子民長教育。蔡君邀余作秘書長，余至而廢止讀經、男女同學之部令已下，不能收回，與語亦不省。又勸設通儒院，以培國本。聚三十歲以下粗明經術小學，兼通先秦各派學術源流者一二百人，甄選寧缺勿濫，優給廩餼，供給中外圖籍，延聘老師宿儒及外國學者若干人，分別指導。假以歲月，使於西洋文字精通一國，能為各體文詞，兼通希臘、拉丁文，庶幾中土學者可與世界相見。國本初張，與民更始，一新耳目。十年、廿年之後，必有人

---

[39] 顧廷龍校閱：《藝風堂友朋書札》上冊（上海：上海古籍出版社，1980 年 10 月），頁 500。

材蔚然興起，此非一國之幸，亦世界文化溝通之先聲也。蔡君河漢吾
言，但云時間尚早，遂成擱置，而余亦去。時方議定學制，欲盡用日
本規制為藍本，……使通儒院之議見用，於今二十六年，中國豈復至
此？[40]

蔡元培以時機不對，搪塞了馬一浮建議繼續讀經、設通儒院。而此一時間點
出了什麼問題？導致彼此在經學教育理念產生歧見，耐人尋味。

　　主要是進入民國後，蔡元培推行新式教育，他將教育類型劃分為五類：
有隸屬於政治的「軍國民主義」、「實利主義」、「德育主義」；以及超軼
政治的「世界觀」與「美育主義」。這五者是依序排列的：軍國民、實利主
義是當務之急，為首要；富國強兵後不能無德，要強化德育主義的公民教
育；世界觀與美育主義則是超越上述三者的現象世界之後的實體世界[41]，而
中國古代教育亦可包括於上述五類之中。以此對照馬一浮提出保留經學、設
通儒院的建議，從蔡元培觀點來看，真可謂之「不急之務」。

　　同年（1912），馬一浮與湯壽潛前往新加坡考察，對當地福建華人興建
學堂大加讚許，他意有所指的點出當時中國教育體制絀儒術、廢六藝將可能
造成「不務隆禮而以知徇物，則學以為禽犢。物誘於前，志滑於中，日以賊
其秉彝。億兆之心，交騖於利，天下紛紜，所由多爭攘之禍也。」之弊。[42]
馬一浮在乎以儒術六藝進乎道德修養之效，故他提到「五常之德根於性，古
之教者，在循而復之，非能有加焉。」又說：「伊川之學，謹于禮者也。龜

---

40 王培德、劉錫嘏記錄；烏以風、丁敬涵編次：「師友篇」，〈馬一浮先生語錄類
　　編〉，收入《馬一浮集》第3冊，頁1084。

41 蔡元培說：「以現世幸福為鵠的者，政治家也；教育家則否。蓋世界有二方面，如一
　　紙之有表裡：一為現象，一為實體。現象世界之事為政治，故以造成現世幸福為鵠
　　的；實體世界之事為宗教，故以擺脫現世幸福為作用。而教育者，則立於現象世界，
　　而有事於實體世界者也。故以實體世界之觀念為其究竟之大目的，而以現象世界之幸
　　福為其達於實體觀念之作用。」參見氏著：〈對於新教育之意見〉，收入《蔡元培文
　　集》卷2，「教育上」，頁80-81。

42 馬一浮：〈新嘉坡道南學堂記〉，收入《馬一浮集》第2冊，頁195。

山（楊時，1053-1135）得之，歸教於閩，而閩學弘於天下。」[43]頗有並論六藝、理學、禮學之意。

到了 1916 年，蔡元培任北大校長，隔年（1917）蔡氏仍想聘請馬一浮擔任文科學長，但馬一浮旋以「今學官所立，昭在令甲。師儒之守，當務適時，不貴遺世之德、虛玄之辯。……研悅方始，統類猶乏，以云博喻，實病未能。若使敷席而講，則不及終篇而詬諍至矣。」回絕[44]，並推薦謝无量代之。1917 年，馬一浮給沈上道（？）的信中還特別提到：「竊謂學以窮理盡性為歸，務在反躬自得，然後前聖立教之旨可以默契，不必以喻人為急，尤不可以相絀為高。」[45]

1930 年，北大校長陳大齊聘他出任研究所導師，馬一浮又以「方今學子務求多聞，則義理非所尚。急於用世，則心性非所先」婉謝，推薦熊十力替代。[46]他也將拒絕陳大齊一事轉告馬敘倫（1885-1970），而說：「夫學有諸己，豈不欲轉喻諸人。然義在應機，亦非一概。故道逢尹喜（？），始出五千；退老西河，乃傳六藝。感然後應，信然後從。是知教化所由興，不必盡在明堂辟雍也。」[47]由上述可知，馬一浮所論之「學」不是指客觀知識，而是窮理以盡性的修養，這些都不可能透過體制內的學習獲得，而必須是求諸於主體心性下的涵養、反省。馬一浮自始自終都很堅持此一理念，這對他後來成立復性書院，到書院不得不面對現實而有所轉型，有極大關聯。

1936 年，知名的地理學兼氣象學家竺可楨接掌浙江大學，邀請馬一浮開設國學課程，經過幾番會晤交談，仍舊告吹。竺可楨在日記中，屢提到此事：

---

[43] 以上兩條引文參見馬一浮：〈新嘉坡道南學堂記〉，收入《馬一浮集》第 2 冊，頁 195。

[44] 馬一浮：〈蔡元培〉，收入《馬一浮集》第 2 冊，頁 453。

[45] 馬一浮：〈沈上道〉，收入《馬一浮集》第 2 冊，頁 454。

[46] 馬一浮：〈陳大齊〉第 1 封，收入《馬一浮集》第 2 冊，頁 516。

[47] 馬一浮：〈馬敘倫〉第 3 封，收入《馬一浮集》第 2 冊，頁 455-456。

5 月 6 日：渠（趙華煦，？）介紹馬一浮與邵裴子（1884-1968），此二人杭州視為瑰寶。馬本名馬福田，與大哥同榜為案首；湯壽潛選為東床，未幾至美國。近三十年潛研哲學，但始終未至大學教書。

5 月 24 日：馬乃長塘人，與大哥同榜進學，馬第一名，而大哥為第五名。余詢以大哥名，渠已不記憶。馬美髯鬚，而人頗矮，余等均勸其為學生授課，甚至學生至渠寓所聽講亦行。

7 月 20 日：任葆泉（？）來，談及馬一浮事，謂據張聖微（？）云，馬或疑余請邀之心非真誠，無非欲假借渠之名義，似有疑余之真心，故囑余即作一覆與子餘（？）。

8 月 1 日：……據張云，一浮提出一方案，謂其所授課不能在普通學程以內，此點余可允許，當為外國一種 Seminar。但一浮並欲學校稱其為國學大師，而其學程為國學研究會，則在座者均不贊同，余亦以為不可。大師之名有類佛號，名曰會，則必呈請黨部，有種種麻煩。余允再與面洽。

8 月 7 日：接章子梅（？）函，知馬一浮事國學研究會之會字不肯取消故，事又不成。余對請馬一浮可謂仁至義盡，子梅謂其學問固優，世故欠通，信然。[48]

雙方自一開始的認知便有差異。首先，竺可楨以為馬一浮研究的是「哲學」，但馬一浮從未標舉或自認自己的學術是哲學；其次，兩人對上課形式、授課目的也各有歧見。竺可楨準備依循一般禮聘教授的模式聘請馬一浮

---

[48] 竺可楨：《竺可楨日記》，收入《竺可楨全集》第 6 卷（上海：上海科技教育出版社，2005 年 12 月），頁 68、80、114、121、124。

任教，縱使馬一浮堅持學生應該來家學習，而非他到校授課，竺可楨也能大度的接受。但竺氏終究對馬一浮的學術底細認知未明，故對馬一浮欲人稱其「大師」，又課程必須以「會」為名，始終摸不著頭緒。尤其竺可楨以為馬一浮想開設 "Seminar"──「研究班課程」，也就是現今研究所教育常見的「專題討論」、「研討會」等上課模式，這與馬一浮想要開設的「講習會」，名義看起來無甚差異，但細究其旨則截然不同，以下分三點做區隔。

其一，佛教中的「大師」有以道訓人之意[49]，馬一浮借此表明自己欲傳遞修身之學，而非知識之學。

其二，「講習」原出自《周易・兌卦象辭》之「象曰：麗澤兌。君子以朋友講習。」而孔穎達《疏》云：「……同門曰朋，同志曰友，朋友聚居，講習道義，相說之盛，莫過於此也。」[50]目的是友朋之間道德義理的相互砥礪。

其三，「會」有集會之意，馬一浮曾有意創辦一民間的佛學講習組織，名為「般若會」，在 1924 年撰寫的〈般若會約〉中，曾云：「本會不立會長，但由會眾公推知見真正、行履純潔、足為人天師範者敬禮為善知識，不定人數。會眾得以時諮請，開示法要，亦得勸請為眾開演經論，但須得善知識之許諾。」[51]當中「善知識」類似大師、講師，般若會的講學亦非知識之學，而是闡明佛法精神，其理念與一般研究所不同。

關於這點，還可以由馬一浮寫給王子餘的兩封信件得到證明。第一封寫於同年（1936）8 月初，有道：

> 昨竺君復枉過面談，申述一切，欲改來學為往教。為體恤學生計，此

---

[49] 丁福保：《佛學大辭典》（北京：文物出版社，2002 年 9 月），頁 203。

[50] 魏・王弼、韓康伯注，唐・孔穎達疏：《周易正義》，收入李學勤主編：《十三經注疏》（北京：北京大學出版社，2004 年 6 月），頁 235。

[51] 馬一浮：〈般若會約〉，收入《馬一浮集》第 1 冊，頁 864。

> 層尚可通融。但竺君所望於弟者，謂但期指導學生，使略知國學門
> 徑。弟謂欲明學術流別，須導之以義理，始有繩墨可循，然後乃可求
> 通天下之志。否則無星之秤，詎有不差忒者。羣言淆亂而無所折衷，
> 實今日學子之大患也。若祇汎言國學，譬之萬寶全書、百貨商店，雖
> 多亦奚以為？且非弟之所能及也。[52]

指導學生是研究所授學的一部分，也是竺可楨認知下的「研究班課程」，但
馬一浮認為修習國學不能光靠研究，他以「萬寶全書、百貨商店」形容時人
對國學的認知，既暗指對國學的範疇界定不明，也間接表現他對國學內涵的
掌握，即：修習國學重在知學術流變，而學術流變又需導入義理，以此作為
貞定國學內涵的基礎，而非泛泛地視國學為一切固有學術的總和，當成知識
來學習。

9月初，馬一浮給王子餘的第二封信，態度更加堅定，說道：

> 蓋博士之業，【漢之博士，即今之大學教授】非弟所知。當世不乏名教
> 授，且竺君所延納已盡一時之選，弟固無能為役。必欲相求，須在學
> 校中所有科目之外，純粹以講學意味出之，使知有脩己之學，不關干
> 祿之具，然後乃可進而語之以道。[53]

馬一浮直接點明自己無意成為大學教授，而制式的學術體系也無法滿足講修
己之學的要求。同文末，他代擬一份〈□□大學特設國學講習會之旨趣及辦

---

52 馬一浮：〈王子餘〉第 1 封，收入《馬一浮集》第 2 冊，頁 517-518。按：《馬一浮
集》中收錄三封馬一浮給王子餘的信件，且著明日期為 1930 年，馬一浮亦自署為庚
午年（1930）所撰。然而，是年竺可楨時任中央研究院氣象研究所所長，而非浙大校
長。且前列《竺可楨日記》1936 年 7 月 20 日亦有竺氏聘請馬一浮一事將覆信給王子
餘。此與馬一浮於 8 月、9 月二次去信給王子餘說明婉拒竺可楨邀請的時間點正好吻
合，故署為庚午年（1930）應為誤植。

53 馬一浮：〈王子餘〉第 2 封，收入《馬一浮集》第 2 冊，頁 519。

法〉，清楚說出教學理念，摘錄相關內容於下：

> 一、本校為引導學生對於吾國固有學術之認識，兼欲啟示學生使知注
> 重內心之脩養，特設國學講習會。
> 一、國學講習會純粹為養成國學基本知識，使學生離校後可進而為深
> 切之研究，發揮本具之知能，闡揚固有之文化，故超然立於本校
> 所有各院、各系科目範圍之外。不列學分，不規定畢業期限。[54]

不離前述，「固有學術之認識」、「國學基本知識」都是以修養為核心，非綜兼一切知識的討論。在此分歧下，雙方理念差距甚大，所以竺氏視馬一浮「學問固優，世故欠通」，馬一浮亦言「既於學校無益而有妨，何為多此一舉？」[55]難有交集。

二、並治儒佛到歸宗六藝義理

佛學是馬一浮思想重要一環，這個時期也正是他從並治儒佛，到歸宗儒家六藝的階段，時間點約在 1924-1927 年，此一轉變對他往後建構六藝論，極具關鍵。

早在 1907 年左右，馬一浮已閱讀過佛經中的「三藏十二部」，奠定了厚實的佛學基底[56]，再到 1917 年他開始深入研究佛典，至 1927 年由佛歸儒[57]，馬一浮自言治學歷程的轉變，有道：

> 一日，先生告學子曰：余初治考據，繼專攻西學，用力既久，然後知
> 其弊，又轉治佛典，最後始歸於六經。今雖信得及，然亦不過略知綱

---

54 馬一浮：〈王子餘〉第 2 封，收入《馬一浮集》第 2 冊，頁 520。
55 馬一浮：〈王子餘〉第 2 封，收入《馬一浮集》第 2 冊，頁 520。
56 馬鏡泉、趙士華：《馬一浮評傳》，頁 31-32。
57 馬鏡泉、趙士華：《馬一浮評傳》，頁 38。

要耳。[58]

> 先生治學初期，亦嘗致力於俗學，欲從訓詁考據求安心立身之地。繼
> 而大悟其非，臨知即使訓詁嚴密，考據精確，於自己身心及民風政教
> 了無干涉，可以成專家而不可為通儒。繼又深入窮研九流百家之說，
> 佛老二氏之學，知其中有精有粗，有得有失，皆不足備義理之大全，
> 盡心性之大用。於是始折而返求儒學，深研六經。[59]

這兩段話清楚說明馬一浮學術思想的轉變。馬一浮始終在追尋成為「通儒」
安心立身的方法，從早年順隨清儒訓詁考據作為治學精神，到後來研究西
學，以及深入諸子百家、佛老之學，但這些學術或可成為專家之學，或有學
理精粗不一者，但咸未能達成他想安頓心性的目標，所以他最終轉而直接歸
本儒學，並深研六經精蘊。

　　此處尚有一些需明辨的細節。即自前一時期馬一浮欲撰儒宗、文宗的心
志是否與其深研佛學並進？若為是，他如何從並治儒、佛回歸到六經六藝之
學？轉折的時間點為何？皆需考究。以下逐次說明。

　　回到 1916 年，當時謝无量出版《中國哲學史》，是為中國最早出版
「中國哲學史」的專著之一，馬一浮嘗於 1917 年去信有言：

> 昨荷惠書寄示英譯《康德論衡》，甚厚甚厚！平居雖多暇日，而艱於
> 涉覽，深恐負此佳書，未知何日乃能卒窺其旨也。……向見所出《中
> 國哲學史》及《佛學大綱》，理無不融，事無不攝。劉氏之敘九流，
> 魏生（北齊魏收，506-572）之志釋老，方之為陋。並世言學者，莫
> 之能先也。……雖嘗有志於六藝，而疏於講習，不敢幸其所乍獲，而
> 忽其所未聞。方將深之以玩索，通之以博喻，恆苦心智薄劣。義理無

---

[58]　烏以風輯錄：〈問學私記〉，收入《馬一浮集》第 3 冊，頁 1191。

[59]　烏以風：〈馬一浮先生學贊〉，收入夏宗禹編：《馬一浮遺墨》（北京：華夏出版
　　　社，1991 年 6 月），頁 214。

窮，俟之者艾或能略得其統類，故當就問君子，以釋所疑，今猶未敢
言耳。[60]

此時的馬一浮學術傾向已轉向傳統學術，對西方哲學無甚興致。他對謝无量
以西方哲學方式撰寫《中國哲學史》[61]，持保留態度，既未批評，也未全面
肯定。儘管當時的馬一浮尚未建構出六藝體系，但已能見得有志於此。若再
對照馬一浮將謝无量推薦給時任北大校長蔡元培的時間點，是相一致的。其
時，馬一浮云：「研悅方始，統類猶乏」，繼之贊美謝无量是「淹貫眾學，
理無不融。」[62]在自謙之餘，也道出自己正處於學術建構的過渡時期。

　　若回溯到 1907 年馬一浮談文宗時，他實已提出「羲黃造規，孔父甄
集，準為六藝，放為百家，厎為四部」[63]，主張以六藝為準的，即六藝以道
為宗，道因文舉而興，文必統乎道，此既能歸宗，且能常存的觀點[64]，但當
時他未能清楚指出「道」的內涵。而此時（1917）去信給謝无量，馬一浮談
的是「義理統類」，而非哲學統類。而「哲學」、「義理」在馬一浮的界定
中，分屬二類：「哲學」是現代學術分科之一，是客觀的知識，不可上見本
體，唯有「義理」，才是兼顧中國學術思想本末的專有名詞。但謝无量的

---

60 馬一浮：〈謝无量〉第 7 封，收入《馬一浮集》第 2 冊，頁 355-356。

61 謝无量云：「……道術即哲學也，方術即科學也。古之君子，盡力於道術，得其全
　　者，是名曰儒。……在古之世，道術恆為士君子之學，稱學而道在其中。及官失學
　　散，乃謂之曰『儒學』，謂之曰『道學』，謂之曰『理學』；佛氏則謂之曰『義
　　學』，西方則謂之『哲學』，其實一也。地雖有中外之殊，時雖有古今之異，而所學
　　之事，所究之理，固無不同者矣。」參見氏著：《中國哲學史》（臺北：臺灣中華書
　　局，1967 年 4 月），頁 1。

62 馬一浮：〈蔡元培〉，收入《馬一浮集》第 2 冊，頁 453。

63 馬一浮：〈文宗第目〉，收入《馬一浮集》第 2 冊，頁 1144。

64 馬一浮言道者，有云：「六藝崩碟，百家為蕪，往匠代興，必有攸宗。宗蔑文賊，至
　　道乃息。故立宗尚焉。」「文所以為道也，斥隅術，崇至學，文舉而道興矣。」「道
　　一而已，文則百焉。道不可以終散，故文之。統乎道者，其文長存，不足於理者，其
　　文廢滅。道在，則文尊而信。」參見氏著：〈文宗第目〉，收入《馬一浮集》第 2
　　冊，頁 1144、1146-1147。

《中國哲學史》重中西哲學的並比，所以，馬一浮猶疑而欲「俟之耆艾」，表現出謹慎的態度。

1918 年，馬一浮與蔣再唐（？）論佛學，便將儒佛並立，有言：

> 故六藝之文顯於土，三藏之奧演自彼天。法界一如，心源無二。推其宗極，豈不冥符。果情執已亡，則儒佛俱泯。……前賢以異端屏釋，古德以外道判儒，遂若體物有遺，廣大不備，其猶考之未盡密耶。……今欲觀其會通，要在求其統類。若定以儒攝佛，亦聽以佛攝儒。須以本迹二門辨其同異。蓋迹異故緣起有殊，本同故歸致是一。就迹則不奪二宗，依本則不害一味。若迹同者，二俱不成。若本異者，一亦不立。今雙立儒佛，正以同本異迹。故存迹以明非即，舉末以明非離，則不失於二，不違於一。是以儒佛得並成也。[65]

這封信係起因於蔣再唐想撰寫《華嚴劄記》以儒學證比佛學，馬一浮認為他理有未及，而該信也呈現出馬一浮歸宗儒學之前，對儒佛異同的態度，他還特意抄錄一封給謝无量，算是對先前無能以對的交代。[66]

此信有幾個重點。首先，馬一浮認為六藝與佛教經、律、論三藏的本體相同，可相互冥符，最能會通儒佛之處，在於儒學、佛學各自存在「統類」，「統」歸於形上本體，是一致的，唯「類」各自有別。其次，馬一浮用「本迹關係」論儒、佛，得出「以儒攝佛，亦聽以佛攝儒」的統攝觀。復次，馬一浮關注的是學術之「本」、「統」、「通」，而非學術之分類、流衍。

同文後段，馬一浮稍稍流露出其六藝論的觀點，他先以六藝分本迹而云：「六藝俱得攝彼。但《詩》《書》《春秋》多表事，為迹異；《易》《禮》《樂》多顯理，為本同。舉本而言，該理則盡。」[67]又以《大學》配

---

65 馬一浮：〈蔣再唐〉，收入《馬一浮集》第 2 冊，頁 502。
66 馬一浮：〈謝无量〉第 9 封，收入《馬一浮集》第 2 冊，頁 357-358。
67 馬一浮：〈蔣再唐〉，收入《馬一浮集》第 2 冊，頁 503。

禮教，《中庸》配樂教而分終、頓而歸於圓教，而後再以儒學並比佛學作討論等，其意在「竊謂欲融攝二宗，須令教相歷然，義無挹濫……」[68]他開始闡述六藝的內涵，既梳理出往後討論六藝論的原型，也表現等觀儒佛的觀點。

同年（1918）6 月，馬一浮給葉左文的信，態度一致，有說：

> 舊於釋氏書不廢涉覽，以為此亦窮理之事。程子所謂大亂真者，庶由此可求而得之。及尋繹稍廣，乃知先儒所闢，或有似乎一往之談，蓋實有考之未晰者。彼其論心性之要，微妙玄通，校之濂洛諸師，所持未始有異。所不同者，化儀之迹耳。莊、列之書，特其近似者，未可比而齊之。要其本原，則《易》與禮樂之流裔也。此義堙鬱，欲粗為敷陳，非一時可盡。……其義之流衍於性道、冥符於六藝者，日接於心，又惡得而實諸。……至於禮經名數，誠概乎未究，異日若得相從，必當退就北面，請受其義。[69]

葉左文為馬一浮的學友[70]，志於三《禮》，恪守程朱而不讀釋家書，與當時浸淫佛學的馬一浮適反。馬一浮言明研讀佛書目的是博覽窮理，證明「大亂真」闢佛之真意。[71]但考之愈久，竟發現儒學、佛學形上本體體證沒有不

68　馬一浮：〈蔣再唐〉，收入《馬一浮集》第 2 冊，頁 505。

69　馬一浮：〈葉左文〉第 3 封，收入《馬一浮集》第 2 冊，頁 429。

70　葉左文，又名渭清，號埃庵，史學家，以研究宋史聞名。曾師事清末史學家兼經學家陳漢章，而陳氏乃師事俞樾，與章太炎為同學。馬、葉常學術路向不同，雙方時有學術議題的論辯。馬一浮嘗論其生平，可參見王培德、劉錫嘏記錄；烏以風、丁敬涵編次：「師友篇」：〈馬一浮先生語錄類編〉，收入《馬一浮集》第 3 冊，頁 1085。

71　馬一浮以「大亂真」出自程子，朱熹則更確切的說：「則吾道之所寄不越乎言語文字之間，而異端之說日新月盛，以至於老佛之徒出，則彌近理而大亂真矣。然而尚幸此書之不泯，故程夫子兄弟者出，得有所考，以續夫千載不傳之緒；得有所據，以斥夫二家似是之非。」參見南宋・朱熹註：〈中庸章句序〉，收入氏註：《四書章句集注》（臺北：鵝湖出版社，2000 年 9 月），頁 15。

同，不同的是形下渡化儀節與方法。

　　兩年後（1920）的夏天，馬一浮撰《老子注》，旨更在佛道融合，有云：

> 以《老子》義印合般若、方等，於禪則與洞山為近，觸言玄會，亦似通途寥廓，無有塞礙。……維老氏之旨未必如斯，理既冥符，言象可略。如遇玄解之士，亦可相與解頤耳。[72]

其中有三要點：一是本體論相通，馬一浮以《老子》義理印合佛理之般若智，入形上本體之境。二是闡述工夫修養論，藉禪的修養為達到本體的進路。三是異中求同，即以「理既冥符，言象可略」清楚揭示佛老學術與義理之可會通性。這篇文字以佛理印合《老子》的注解，形成馬一浮佛道間的會通基礎。[73]

　　但是，到了 1924 年前後，馬一浮思想開始轉變，他寫信給畫家金蓉鏡（1855-1929）論「禪」有說：

> 浮雖嘗遊意斯宗，實不敢冒作家居士之目。若云有禪可會，真乃雜毒入心，無繩自縛。先生玄鑑邁俗，自性宗通，豈復尚有餘遺，頻勞商搉。今之曲示，蓋是隱其極則而顯其對治者耳。竊以儒佛禪教等是閒名，古聖為人，唯有指歸自己一路是真血脈。雖其門庭施設，各應機宜，達者知歸，元無多子。人法已盡，取捨自忘。不假分疏，自然冥契，……濂洛諸儒澈骨勘透，知自性元無欠少。非但佛祖西來，不能增得些子，即堯舜禹（？）湯（？-1587B.C.）不生中土，亦不曾減得毫髮。[74]

---

[72] 馬一浮：〈老子注〉，收入《馬一浮集》第 1 冊，頁 769。

[73] 李智平：〈援佛入老 以佛解老——試析馬一浮《老子注》義理體系的建構〉，收入方勇主編：《諸子學刊》第四輯，頁 438-457。

[74] 馬一浮：〈金蓉鏡〉第 3 封，收入《馬一浮集》第 2 冊，頁 491。

雙方到底因何事而討論禪病，未可得知，文中又言：「從來達道者，皆由真實行履久久精純，一旦廓落，習惑都盡。故能坐斷千差，於法自在。此與守文字、滯見聞固了無干涉；尤非鼓動業識、作弄精魂，祇成野狐見解所能依託。」[75]略可知討論內容在修養工夫。

　　其中有三點可注意，包括：態度轉變、儒佛禪關係、誰才能勘透心性本體。先論第一點，相較於先前熱衷研究禪學，此時馬一浮反而對此頗有微辭。但此非首論，早於 1920 年前後，馬一浮與劉大心（？）便因佛學路向問題而生歧見，他偏淨土宗，劉氏立於禪宗。馬一浮還被劉大心批為「破壞佛法之罪魁」。[76]馬一浮給印光法師（1862-1940）的序文也略及此事：

　　　　諸三昧中，功高易進，念佛為先。……今時賢哲，亦盛談義，然濁智流轉，玄言悉禪。自非冥懷凝寂，豈能廓彼重昏。……故謂從心現境，境即是心；攝所歸能，佗即是自。欲求方便趣入之道，捨淨土何由栽。[77]

馬一浮與劉大心之間的歧見結果已不得其詳，但從末流高談義學而非求本體，這點馬一浮不能認同。他認為佛學不是說野狐禪，而是能否通於心性本體，這裡雖未指名道姓的點出禪宗之弊，但他卻大大稱讚淨土宗的印光法師。

　　這就延伸到第二點，儒、佛、禪三者的關係。馬一浮論佛、禪有嚴格區分，不能並論。就迹而論，各有施教，故有不同；其本皆歸於心性，如此一來，儒、佛、禪三者就都是閒名。馬一浮說：

　　　　大抵立教之初，言皆簡要樸實。法久弊生，後來旋添得如許閒絡

75　馬一浮：〈金蓉鏡〉第 3 封，收入《馬一浮集》第 2 冊，頁 491。

76　參見釋印光〈復唐大圓居士書二〉，收入氏著，張育英校注：《印光法詩文鈔》中冊（北京：宗教文化出版社，2000 年 3 月），頁 998-999。

77　馬一浮：〈印光法師文鈔序〉，收入《馬一浮集》第 2 冊，頁 21。

索。……故執悟者成迷，好高者見下，說禪者是俗，真見道者一切平常，不驚不怖。……杜撰禪和，妄逞機鋒，胡喝亂棒者，如稻麻竹葦，願且倚閣，不足多留神慮也。[78]

這段話即針對禪教，尤其重視立教精神與言語的關係，馬一浮既否定「說禪」即能見道，而認為愈說反是愈牽扯不清。但他不是針對禪學的本身，而是禪學末流，此須特別注意。

如是又可牽起第三點，誰才能夠勘透心性本體？他點出宋明理學家。以「佛祖西來」、「堯舜禹湯」類比是有意義的，前者說明此一本體不假於佛，中土自有；後者推至本體歸於自己，不求他人。故回到給金蓉鏡的信，他說：「其貶剝禪教，皆是教人求己，不從他得，非是以矛陷盾，有一毫勝心存乎其間也。」[79]這看似「濂洛諸儒」對禪教的立場，其實是他個人立場。

到了 1926 年，馬一浮一連給洪巢林（？）的數封信中，再度直指禪教末流之非，與歸宗心性、經術的態度，有謂「濂洛諸賢莫不參悟，歸而求之六經，其闢禪闢佛，乃是大機大用。……公情見未忘，儒佛皆成過患，禪教并是瘡疣。」[80]是也。

1927 年，馬一浮再去信給金蓉鏡，抨擊禪教後學不知廣習經論，獨好逞機鋒之弊：

竺土靈文，有同詞賦，剖析名理，語並華贍，故常失於奢，未若中土聖人言皆簡實。洛閩諸儒所以遊意既久，終乃求之六經。若達磨一宗，跡同高士。……《易》有象，《詩》有比，彼其機語雖有小大險易雅俗萬殊，以吾觀之，則亦象耳、比耳，皆《詩》、《易》之支與

---

[78] 馬一浮：〈金蓉鏡〉第 3 封，收入《馬一浮集》第 2 冊，頁 492。

[79] 馬一浮：〈金蓉鏡〉第 3 封，收入《馬一浮集》第 2 冊，頁 491。

[80] 馬一浮：〈洪巢林〉第 7 封，收入《馬一浮集》第 2 冊，頁 422。相關思想可見於第 5、6 封信，頁 418-421。

流裔。禮失求野，亦猶披沙簡金，往往見寶。秘為獨得，其陋可嗤。
必屏諸四夷，亦似未廣。浮年來於此事已不絓脣吻，其書亦久束閣。
尚欲以有生之年，專研六藝，拾先聖之墜緒，答師友之深期。[81]

　　考其言論，禪學不如理學化之儒學、經學的理由有二點：一是語詞過於華麗
而失於奢，二是內容雖豐富，但離不過《易》之象、《詩》之比的範疇，那
又何必捨近求遠？於是他將這些「竺土靈文」束之高閣，欲畢生鑽研六藝之
學，此封信確切地證明了馬一浮轉型到歸宗儒學的迹證。

　　從並治儒佛，佛又可通道，居間又區隔佛、禪之別，再到歸宗儒學，不
難發現馬一浮聚焦的學術關懷的一貫特性──「學術統類」、「心性義
理」。相擬於前一時期學術史尚未充分展現義理思想，此時馬一浮以心性本
體為學術思想核心，儒學六藝為學術根柢的態度更趨堅定。

第三節　完備六藝論學術史觀的治學規模（1937-1949）

　　1937 年，七七盧溝橋事件，引爆對日抗戰，在顛沛流離中，馬一浮先
受聘浙江大學，後受國民政府邀請，成立復性書院。30 年代末，馬一浮學
術路向已然成熟，並開始透過撰著、講學，宣講自己的學術理念，以下分成
「宣講『六藝論』於江西泰和、廣西宜山」，與後轉赴四川創辦書院的「實
踐理念與現實困境：復性書院」兩階段說明。

一、宣講「六藝論」於江西泰和、廣西宜山

　　對日抗戰伊始，政局紛亂，曾拒絕竺可楨的馬一浮，也不得不妥協現
實，受聘於浙江大學展開了短暫十個月的講學，並完成《泰和宜山會語》與
其六藝論的架構。[82]此一時期，在與友人葉左文論辨六藝論精神，以及與竺

---

[81] 馬一浮：〈金蓉鏡〉第 6 封，收入《馬一浮集》第 2 冊，頁 494。

[82] 有關馬一浮與浙江大學的關係，另可參見李杭春：〈講學與傳道：馬一浮與國立浙江大
　　學〉，《浙江大學學報（人文社會科學版）》第 48 卷第 2 期，2018 年 3 月，頁 151-163。

可楨對浙大校訓「求是」的不同詮釋下，呈現其「義理式的學術史觀」特點，與其觀點何以難為時人接受之端倪。

1938 年 2 月中旬，馬一浮去信竺可楨[83]，期盼投靠當時遷往江西泰和的浙江大學。竺可楨徵詢梅光迪（1890-1945）等人意見，決計聘他為「國學講座」，馬一浮旋於 4 月初抵達江西泰和，10 月底，隨浙大撤退廣西宜山，1939 年 2 月 8 日離開浙大，前往四川開辦復性書院。[84]

竺可楨聘任馬一浮的名義非正職教授，而是非正規體制的「講座」。此與先前馬一浮堅持的講習、講學異曲同工，既符合馬一浮預想的教學模式，亦足見竺可楨的大度。然而，在馬一浮給其妻舅湯孝佶（？）信中，提到：

> 左文亦頗以弟為不智，謂今日豈復尚有講學之事。弟以為鈞是人也，吾非斯人之徒與而誰與？其見接也猶若以禮，是可與也；若逆計其不可與而遂絕之，非所以待人之道。其詞曰：可以避地，可以講學。吾方行乎患難，是二者固其所由之道也。非以徇人而求食，樂則行之，憂則違之，不居學職，則去住在我；不列諸科，則講論自由。羈旅之費取足而止，義可受也。[85]

馬一浮甫到泰和，講學活動正方興未艾，而這段文字可分成兩個重點：一是聘請條件；二是講學實踐的可能。首先，「國學講座」本不在於制式學科內，亦不限講述內容，能充分給予講學自由，所以馬一浮對這羣浙大的朋友以「故待之以客禮，略如象山白鹿洞故事」形容。[86]何謂也？原來當初朱、陸鵝湖之會後，兩人雖學理不同調，但淳熙 8 年（1181），朱熹仍不計學術路向之別，邀陸象山到白鹿洞書院講學。所以，馬一浮以此事比喻與竺可楨

---

[83] 馬一浮：〈竺可楨〉第 1 封，收入《馬一浮集》第 2 冊，頁 578-579。

[84] 馬一浮到、離浙江大學的經過，可參見虞萬里：〈馬一浮與竺可楨〉，《中國文化》第 25、26 期，2007 年 7 月，頁 165-168。

[85] 馬一浮：〈湯孝佶〉第 2 封，收入《馬一浮集》第 2 冊，頁 557。

[86] 馬一浮：〈湯孝佶〉第 2 封，收入《馬一浮集》第 2 冊，頁 557。

的相知相惜。其次，他與葉左文因「講學」而生歧見，考其所述，葉左文反對的是「講學」是否合乎時宜。

在泰和前兩個月，馬一浮將載明六藝論體系的《泰和會語》寄給葉左文，雙方對六藝論有很大的認知歧見。馬一浮兩度覆信以明己志，第一次說：

> 蓋浮所持以為正理者，自吾子視之則邪也；浮所見以為實理者，自吾子視之則妄也。夫人苟非甚不肖，必不肯自安於邪妄。平生所學在體認天理，消其妄心，乃不知其竟墮於邪妄也。若夫致樂以治心，致禮以治身，亦固嘗用力焉而未能有進，不自知其不免於鄙詐慢易之入有如是也。舊時曾學禪，未嘗自諱。謂吾今日所言有不期而入於禪者，浮自承之。其言之流於慢易，初不自覺，因吾子之言而方省其果不能免於慢易也。若鄙詐之心則自反而求其起處，實不可得。……其引用佛書旁及俗學，誠不免龐雜。然兼聽並觀，欲以見道體之大，非為夸也。罕譬曲喻，欲以解流俗之蔽，非為戲也。……浮今以六藝判羣籍，實受義學影響，同於彼之判教，先儒之所未言。……然判教實是義學家長處，世儒治經實不及其縝密。今雖用其判教之法，所言義理未敢悖於六藝。[87]

以時間點來推算，馬一浮將《會語》寄給葉左文應是5月，而葉氏回信已是6月初。馬一浮每周六講學一次，從4月9日到6月26日為止，除5月7日因大雨暫停，共講學11次[88]，以此推估，葉左文見到的內容應已過半。而葉氏覆信給馬一浮，既評其書文「辭氣抑揚太過」，又說馬一浮欲「就其言之病而推其心之失，謂入於鄙詐慢易而有邪心。」[89]是相當嚴苛且近乎人身攻擊，馬一浮定得有所辯駁。

87　馬一浮：〈葉左文〉第10封，收入《馬一浮集》第2冊，頁438-442。
88　虞萬里：〈馬一浮與竺可楨〉，《中國文化》第25、26期，頁167。
89　馬一浮：〈葉左文〉第10封，收入《馬一浮集》第2冊，頁438。

　　所以，上述信件主要圍繞在《會語》內文、本心是否相符，更牽涉馬一浮學術底蘊與治學方法。被批評「慢易鄙詐」實是兩回事：「慢易」是怠忽、輕慢，是針對其文；「鄙詐」是貪鄙、詐偽，指其內心。言、文乃一心之呈現，故內心鄙詐流露而外的，便是語辭怠忽輕慢。其中關鍵是援引佛學、俗學解釋六藝的端正性與否，換言之，本心不純正，連帶影響發言為文、學術的偏悖。

　　對此，馬一浮先強調平生所學在體認「天理」，以除妄心；其次是說明儒佛之間乃是「理一而分殊」，證明言非慢易。一當他說到天理，則可確認其治經的基礎在宋明理學；而馬一浮也不否認過去由外在禮樂治身心而有未得，與曾受習禪學的事實，但強調這些都不能構成所謂的「慢易鄙詐」，原因有二：其一，這是談話紀錄，不是著述，引用佛學、俗學是為求通俗，龐雜雖不能免，卻無礙於體道。[90]其二，以判教講六藝確實是受佛學影響，也是個人創見，目的是以佛學縝密的分析方法「解釋」儒學，非更易、違背六藝義理。

　　但葉左文仍不認同，雙方旋展開二次辯駁，馬一浮回信道：

> 來書云，吾亦言其固有之學術已耳，何必比短絜長與人較量。謂是將近眾速咎，不保其身。此見兄之慮遠思深，益懲吾多言之失。然所貴乎講論者，在以明是非，別同異，非求勝乎人也。殊方異譯，正今日學子所揭竿以求者。原其得失之由，欲使同歸於義理之正，非將援儒入墨也。……夫辨章學術，非有出位之思；誘導羣蒙，脫彼冥行之惑。……兄窮年勤於考據史實，而以治史之法治經。此心之虛靈不免有時而窒，故其說義理，滯在聞見，未能出自胸襟，不見親切。依兄之說，恐扶聖教不起，亦救聖人不得。凡朋友講習，貴在互通其志。……目錄之學，乃是籩豆之事。仍其舊貫，無關閎旨。兄謂其變

---

[90] 文中又云：「吾雖力求通俗，尚苦未能喻之。在吾子視之，則信乎鄙倍矣。然此非著述，乃是談話。納約自牖，亦姑就其所能喻者因而導之。若著述則自須簡去此等言語。」參見馬一浮：〈葉左文〉第10封，收入《馬一浮集》第2冊，頁439。

亂舊章，何事紛擾。是由習熟於目錄之故而未欲深探六藝之原也。浮愚，亦甚為兄惜之。浮實從義學、禪學中轉身來，歸而求之六經，此不須掩諱。故考據之疏，吾不以自病。[91]

內文始終圍繞在未竟的「言、意」之辨。首先，葉左文想「盡去人我，唯論其理」，馬一浮認為「夫脩辭立誠，擇言篤志，言是志發，誠以辭宣，體用明矣。」言、意未能二分，故不可能會「大體無非而詞邪妄。」[92]

其次，談及論學問題。兩人治學方法不同，對傳統學術各有詮釋。葉左文以史為本，凡事講求證據、考據，不深推於形上本體，所以馬一浮稱他「滯在聞見，未能出自胸襟。」反之，馬一浮展現理學家的氣息，論心性本體之善，重講習以「互通其志」，相互砥礪以增進修養內涵。

最後，彼此的學術差異更表現在六藝的解釋上。葉左文以史學談六藝，馬一浮是將六藝宗旨歸本於形上本體，形成「義理式的學術史觀」，故他批評史學家、章學誠「六經皆史」將六經視為先王政典，未真能見「道」。[93]

此外，在浙大十個月授課過程中，馬一浮經常感嘆自己是對牛彈琴，他曾跟熊十力抱怨道：

> 弟在此大似生公（竺道生，355-434）聚石頭說法，……弟每赴講，學生來聽者不過十餘人，諸教授來聽者數亦相等，察其在座時，亦頗凝神諦聽，然講過便了，無機會勘辨其領會深淺如何，以云興趣，殊無可言。其間或竟無一箇半箇，吾講亦自若。今人以散亂心求知識，并心外營，不知自己心性為何事。忽有人教伊向內體究，真似風馬牛

---

[91] 馬一浮：〈葉左文〉第 11 封，收入《馬一浮集》第 2 冊，頁 444-445。

[92] 馬一浮：〈葉左文〉第 11 封，收入《馬一浮集》第 2 冊，頁 442-443。

[93] 馬一浮：〈論六藝該攝一切學術〉，《泰和宜山會語》，收入《馬一浮集》第 1 冊，頁 13-14。另有關馬一浮對於章學誠六經皆史的評議，詳參本書第三章第一節「反省『尊史的六經皆史』學術史觀」。

　　不相及。[94]

馬一浮也寫信給豐子愷（1898-1970），自嘆：「古調獨彈，實少賞音。此學將來恐成廣陵散。」[95]這非無病呻吟，而正是對當時只願接受新式教育，重科學精神，卻不知如何反躬體認心性本體的知識分子的感嘆。此處有一個極富代表性的例證──也就是對「求是」的解釋。

　　1938 年 11 月，浙江大學通過決議，邀請馬一浮撰寫校歌。[96]該校校訓「求是」係根源於浙大前身──「求是書院」講求實事求是的精神而來，據郭洽周（1900-1987）的解說，這係取自清代漢學家的精神；[97]而後，竺可楨用英文界定為 "Faith of Truth"，譯為「真理的信仰」，並解說這也正是美國哈佛大學校訓。[98]竺氏是科學家，馬一浮本於宋明理學，兩人對求是、真理有何不同解讀，實堪玩味。

　　在馬一浮為浙大填寫出的三段歌詞中，由於用辭典雅，一般人難懂，他附上解釋，於「昔言求是，實啟爾求真」二句時，他解釋有云：

> 　　今人人皆知科學所以求真理，其實先儒所謂事物當然之則，即是真理。【事物是現象，真理即本體。理散在萬事萬物，無乎不寓。所謂是者，是指分殊；所謂真者，即理一也。】凡物有個是當處，乃是天地自然之序。物物皆是當，交相為用，不相陵奪，即是天地自然之和……故謂求是

94　馬一浮：〈熊十力〉第 8 封，收入《馬一浮集》第 2 冊，頁 529。

95　馬一浮：〈豐子愷〉第 7 封，收入《馬一浮集》第 2 冊，頁 566。相關說法亦可見於同頁的第 6 封信。

96　竺可楨：〈日記〉11 月 19 日，收入《竺可楨全集》第 6 卷（上海：上海科技教育出版社，2005 年 2 月），頁 615。

97　錄自劉操南：〈浙江大學校歌釋疏〉，收入畢養賽主編：《中國當代理學大師馬一浮》，頁 82-83。

98　竺可楨：〈求是精神與犧牲精神〉，收入《竺可楨全集》第 2 卷，頁 461。

乃為求真之啟示，當於理之謂是，理即是真，無別有真。[99]

什麼是「求是」？馬一浮認為「真理」非謂科學驗證出的理則，這只停留現象表面，而真正的真理是事物背後的原則，但這個觀念是否與竺可楨所論相同？其實大有不同。

竺可楨學綜中西，頗喜好宋明理學，他初就職浙江大學即主張德、知並重，而說：「……所謂書院，亦以薰陶人的品格為首要，……我們只要看《朱子全書》、《王陽明語錄》，就可以曉得宋明兩代的大師，諄諄勉人以做人道理。至於研究天然現象，只占教育中極小一部分。」[100]但竺可楨並不喜好探究形上本體、概念，而是將理學結合科學精神，尤其關注知行、道德實踐。譬如：他以格物致知類比科學方法中的歸納與演繹法，告知學生應具備科學精神；[101]表彰王陽明（1472-1529）將知行合一於科學上的實踐，也將致良知的內省精神落實在倫理教育，還有堅苦卓絕的精神與功忠報國的事功等。[102]並認為公民義務是先知後先、辨公私、明是非，這些都是求是精神的展現。[103]

直到十年之後（1948），竺可楨對浙大學生的新生訓話，尚以哥白尼（1473-1543）、伽利略（1564-1642）、勃利諾（白努利，1700-1782）的科學求是精神，對比王陽明「我心以為是，雖千萬人非之而不改，我心以為

---

[99] 馬一浮：〈擬浙江大學校歌 附說明〉，《泰和宜山會語》，收入《馬一浮集》第 1 冊，頁 99。

[100] 竺可楨：〈在就任浙江大學校長候補行宣誓典禮上的答詞〉，收入《竺可楨全集》第 2 卷，頁 350。

[101] 竺可楨：〈大學畢業生應有的認識與努力〉，收入《竺可楨全集》第 2 卷，頁 447-448。

[102] 竺可楨：〈王陽明先生與大學生的典範〉，收入《竺可楨全集》第 2 卷，頁 451-456。

[103] 竺可楨：〈畢業生對國家應盡之義務〉，收入《竺可楨全集》第 2 卷，頁 626。

非，即孔孟是知而不易」作為勸勉。[104]不過此時，他對待以中國哲學聞名的熊十力、鍾泰等人的態度，已不若當年對待馬一浮般尊重了。[105]

那麼，竺可楨如何解釋達到求是的路徑，他說：

> 求是的路徑，《中庸》說得最好，就是「博學之，審問之，慎思之，明辨之，篤行之。」單是博學審問還不夠，必須審思熟慮，自出心裁，獨著只眼，來研辨是非得失。既能把是非得失了然於心，然後盡吾力以行之，諸葛武侯（名亮，181-234）所謂「鞠躬盡瘁，死而後已。」成敗利鈍，非所逆睹。[106]

此處借用《中庸》來說明求是的進路，目的是探求客觀知識的是非，而非道德的是非，這與馬一浮重視事物背後原則的差異昭然可見。又竺可楨在1938年底曾評論馬一浮，說道：

> 閱《新民族》二卷十九、二十期中張昌圻（？）著〈國難的病源〉，文中批評儒教，謂其缺點為兩，一則專重視復古，二則以家族為中心。前者使人不進步，沒出息；後者使人趨於自私自利一途……馬一浮講學問固然淵博，但其復古精神太過，謂「古之學者為己，今之學

---

[104] 竺可楨主講，田孝桐紀錄：〈對1948年應屆新生的訓話〉，收入《竺可楨全集》第2卷，頁690。

[105] 1948年，浙大哲學系禮聘熊十力，國文系欲聘鍾泰兩位以哲學聞名的學者，但竺可楨卻頗不以為然，在日記中說到：「哲學系近聘熊十力到校。熊已六十餘歲，雖對於國學、哲學造詣甚深，但對於學校能有多少貢獻大是問題。要發展一個大學，最要的是能物色有前途有望的青年。網羅龍鍾不堪之過去人物，直是養老院而已。」又說：「余數次此輩老先生之來，以為徒事裝飾品，不能於學校有點滴之利益。因目前學生對於舊文學等敝展視之，哲學系尤應向新途徑走，不能徒慕虛名也。」參見竺可楨：〈日記〉，收入《竺可楨全集》第十一卷，頁38、125。1948年2月14日、6月1日條。

[106] 竺可楨：〈求是精神與犧牲精神〉，收入《竺可楨全集》第2卷，頁461。

者為人」，以為人為非，而為己為是，則謬矣。[107]

張昌沂談的復古係評論儒家是述而不作，與行為上的「厭惡新異」，他評論儒、道二家將眼光局限在過去，導致社會產生後退、消極、悲觀、因循、守舊……等等的落後，還不如歐美放眼在將來。[108]竺可楨取其意，亦可窺得他關懷行為是否合於德、知精神，非欲上探天理、心性，相比於馬一浮論學，有本質上的差異。

歸綜言之，現代大學制度追求科學精神，馬一浮不契合時風，感嘆是理所當然，他而後受蔣中正（1887-1978）、陳立夫（1900-2001）企重，邀請創辦復性書院，馬一浮便順理成章地離開浙江大學，前往四川樂山。

二、實踐理念與現實困境：復性書院

馬一浮創辦「復性書院」欲實踐其六藝論，但他的理念與現實有極大差距。不僅整個創辦過程風雨飄搖，從堅持學制外，仿佛教叢林書院規制；堅持教授內容是道德而非專業知識；與其他創議者理念不合；聘任講師困難，又過於理想的挑選學生；再到無法真正獨立的體制等五大困難，皆導致書院數度難以為繼，也透顯出馬一浮面臨的傳統學問精神過渡到現代學術分科的困境。

而關於近代書院的改革可分成三個階段。[109]處於第三階段的馬一浮於

---

[107] 竺可楨：《竺可楨日記》第 1 冊（1938 年 12 月 8 日），頁 283。

[108] 張昌沂：〈國難的病源二〉，《新民族》第 2 卷第 20 期，收入徐麗華、李德龍主編：《中國少數民族舊期刊集成》第 95 冊（北京：中華書局，2006 年 8 月），頁 566-570。

[109] 第一階段是源於 1895 年的甲午戰爭的失敗。因富國強兵的需求下，使得傳統書院面臨改制的需求，與新學堂的設立。而此時傳統書院、新學堂相同處是課程的變化：兼採中、西學，透過分科授學的方式，以專門之學取代以往的博通之學。
第二階段在 1920 年代，第一次世界大戰後，西方興起反科學主義思潮，也影響當時的中國教育，產生「回歸傳統」的風潮，傳統書院再次被正視。除重建書院，更要藉著書院精神改造現代大學。實質意涵有二：一是強調德性的修養，反對新式教育重專

1939 年初，在四川樂山的烏尤寺創辦復性書院。[110]他在書院長達十年，但實際講學僅短短的一年八個月，從 1939 年 9 月到 1941 年 5 月[111]，共四個學期。之後雖偶有學者來短暫講習，但書院不再收學生，轉型刊刻典籍。

馬一浮曾對比古代書院與現代學校之別，有說：

業知識而輕人格的態度；二是知識分子的意義追求，即面對當時國際政治、文化衝擊下，欲從傳統文化找到自我價值。

第三階段則是在 1930 年後，日本侵華，攸關著國家存亡，中國書院又進入新一波轉型。當時知識分子興起民族主義的精神，附以國民政府對中國本位文化的支持，與受西方科學治學，將學術獨立於道德之外的專門客觀研究的反思，於是復古以救國、國學熱大起。而復古的精神可表現在「復古」、「讀經」、「存文」、「恢復故有道德」等聲浪之上，以及各地皆有「國學館」的創辦，馬一浮與復性書院正源起於此時。不僅此，隸屬於現代新儒家第一、二代陣營的張君勱，相繼在廣州創辦學海書院（1935）、雲南大理洱海的民族文化書院（1939）；梁漱溟於四川璧山來鳳驛、北碚創立勉仁書院、勉仁中學（1939）；以及錢穆、唐君毅等人在香港創辦的新亞書院（1949）。四大書院皆以提倡中國歷史文化與民族精神為宗。

詳參楊一鳴：《走入民國的書院——書院復興與近代學術傳承》，頁 27-35、88-94、95-144。

[110] 相關創立復性書院的時程，可參見劉繼青：《復性書院考論》（北京：北京師範大學教育學博士論文，2007 年 4 月），頁 59-63、文天行：〈叢林儒院之始與末——馬一浮與樂山復性書院〉，《國學》第 7 集，2019 年 5 月，頁 119-141。

[111] 關於停講的日期有兩說，一說是 5 月 25 日，包括馬鏡泉、滕復等人所主張；一是 6 月 25 日，為陳銳所主張。實則馬一浮於 5 月 25 日〈告書院學人書〉中，表明：「方今年開講之初，以欲告諸君以當輟講，今遂及此日。」〈復性書院日記〉該日也說：「本學期第九次講會，說〈觀象卮言——釋器大、道大〉。繼以輟講贅言，語極警策。」而此講也正是《復性書院講錄》的最終章。故以此斷為停講日並無誤。至於陳銳所言，乃是根據〈復性書院日記〉6 月 25 日所言：「主講公布結束講事，頒發獎金……」此乃學期結束日。在停講後的一個月，改由書院聘請自由講座講學，期間有張真如、黃離明等人。

以上依序可參見馬鏡泉、趙士華：《馬一浮評傳》，頁 91。滕復：《一代儒宗——馬一浮傳》，頁 112。陳銳：《馬一浮與現代中國》，頁 262。馬一浮：〈告書院學人書〉，《爾雅臺答問續編》，收入《馬一浮集》第 1 冊，頁 703。馬一浮：〈復性書院日記〉，收入氏著，陸寶千等編：《馬一浮先生遺稿續編》，頁 166、173。

古之為教者，不盡出學官。其在學官所守，學有定制，教有常程，求
其器能足備世用而止。昔之貢舉，今之士宦者，取徑焉。諸不在學校
之科者，無以待之。其有明道之儒，逸在布衣，窮居講習，或為之置
學田、立精舍。士之不務進取者亦趨之，志在淑其身以善天下，學以
至於聖賢，此書院所由起。其事本不攝於有司，後乃有官立之書院，
專重課試，寖失初恉，然博洽者猶出於是。自晚清改學制，書院久
廢。民國肇興，教育制度數有更定。大抵取法歐美，斠若畫一，亦既
慮之至詳，行之甚力，無所事於書院矣。……將欲濟蹇持危，開物成
務，贊復興之大業，體先聖之微言，必賴深明經術，精研義理，養成
知類通達之才，以為振民育德之助。[112]

從目的來看，學校培育專才；書院培養通儒，以經術、義理為本。從隸屬來
看，學校歸屬於政府機構；書院獨立於體制外，須自謀經濟。馬一浮自己頗
嚴守這個原則，連續幾封給蔣中正、孔祥熙（1880-1967）、陳立夫、陳布
雷（1890-1948）……等人的信[113]，一再申明個人的立場，如云：

約有三義，須先陳明：一、書院本現行學制所無，不當有所隸屬，願
政府視為例外，始終以賓禮處之。二、確立六經為一切學術之原，
【〈漢志〉以《易》為六藝之原，今謂六藝亦為一切學術之原。】泯舊日理學
門戶之見，亦不用近人依似之說，冀造成通儒醇儒。三、願政府提倡
此事，如舊時佛寺叢林之有護法、檀越，使得自比方外而不繩之以世
法。[114]

---

[112] 馬一浮：〈復性書院緣起序〉，收入《馬一浮集》第 2 冊，頁 1171。

[113] 相關信件，可參見馬一浮：〈致蔣公書〉、〈致陳布雷〉、〈致陳部長〉、〈致屈文
六〉、〈致孔院長〉、〈致劉百閔〉，《濠上雜著二集》，收入《馬一浮集》第 1
冊，頁 754-760。

[114] 馬一浮：〈致陳部長〉，《濠上雜著二集》，收入《馬一浮集》第 1 冊，頁 757。

除卻第一點已論，第二點是確立書院宗旨，也彰顯馬一浮認知下的醇儒、通儒形象——必宗於六藝的學術史觀。

第三點是以佛教叢林為師法對象，另有提及：「如舊時佛教之有叢林，國王大臣長者居士為護法，同為檀越，然後可期規模宏遠，令法久住，燈燈無盡。儒者舊有之精舍、書院往往不能久長，此之佛氏，實有遜色，因其乏於世財，資糧不具也。」[115]「叢林」是佛教僧侶聚眾的場所；「護法」乃護持佛法者；「檀越」為佛教施主的梵音。馬一浮將書院精神比作叢林，認為政府只是支持者，而非主持主治者，所以書院的經濟必得獨立，也必得超然於政治之外。此二者一體兩面，因為以往儒家書院不能久長，往往係論政賈禍，要不就是為官方所納。[116]

至於書院教授內容是什麼？馬一浮提到：

> 竊惟國之根本，繫於人心，人心之存亡，繫於義理之明晦，義理之明晦，繫於學術之盛衰。中土聖賢道要，盡在六經。唯六經可統攝一切學術，一切學術莫能外之。故必確立六經為道本，而後中土學術之統類可得而明，文化之原流可數而得，即近世異域新知，亦可範圍不過。若舍己而徇物，逐末而遺本，是今日學者之大患也。六經者，聖人之權度。將以明倫察物，彰往知來。別是非，辨義利，正人心，厚風俗，其必由斯。……夫人心之歧、學術之弊，皆由溺於所習而失之，復其性則同然矣。……教之為道，在復其性而已矣。[117]

---

[115] 馬一浮：〈致屈文六〉，《濠上雜著二集》，收入《馬一浮集》第 1 冊，頁 758。

[116] 馬一浮云：「宗教家置身政治之外，故叢林會堂能不隨朝代之轉易為興亡。……儒家則每以達官致仕，主講院中，或名士論政，足以左右輿論，遭忌賈禍，書院遂不能久。其為當道所延攬者，又不免望風承旨，同於博士之陋，是以皆不足以治學。此文之作，超然政制之外，經濟亦屬之社會而不仰給於政府。」參見王培德、劉錫嘏記錄；烏以風、丁敬涵編次：「政事篇」，〈馬一浮語錄類編〉，收入《馬一浮集》第 3 冊，頁 1075。

[117] 馬一浮：〈復性書院緣起序〉，收入《馬一浮集》第 2 冊，頁 1171-1172。

這既是書院走向，也是馬一浮的學術職志，更點出用六藝統攝學術的源由。馬一浮認為國本不該繫於客觀知識，而是主體道德的「人心」。人心要明，便得繫於義理，義理是否能明，則待學術。此學術不求於外學，而在傳統文化，核心價值以「六經」為體道根本。換言之，經書是體道修德的文字載體，內蘊精神是精神價值根源，故能統攝中外一切學術。這不是指六經能廣涵、統括一切專門知識，而是透過固有文化精神的含攝，將客觀收束到本體，所以說：「教之為道，在復其性而已矣。」

　　基於上述理念，馬一浮定出書院的名稱、旨趣、簡要共十六條，茲引數條與學術性質有關者如下：

　　一、書院古唯以地名，如鵝湖、白鹿洞之類是也。近世始有以義名者，如詁經、尊經之類是也。以地名，雖得名勝之地如青城、峨眉，似含有地方性，不如以義名，使人一望而知其宗旨，觀聽所係，較為明白廣大。今若取義，鄙意可名為「復性書院」。學術人心所以紛歧，皆由溺於所習而失之。……今所以為教者，皆囿於習而不知有性，故今揭明復性之義以為宗趣。

　　一、宗趣既定，則知講明性道當依六藝為教。而治六藝之學，必以義理為主。六藝該攝一切學術，不分立諸科，但可分通治、別治二門。通治明羣經大義，別治可專主一經。凡諸子、史部、文學之研究，皆以諸經統之。

　　一、書院分設玄學、義學、禪學三講坐，由主講延聘精於三學大師，敷揚經論旨要，以明性道。……

　　一、外國語文、現代科學之研究，自有大學、研究院之屬主之，不在書院所治。書院之設，為專明吾國學術本原，使學者得自由研究，養成通儒，以深造自得為歸。譬之佛家之有教外別傳，應超然立於學制

系統之外，不受任何限制。

一、書院須廣蓄故書，且多貯副本，以備學生研討。亦須置備外國文主要書籍，使學生得兼明外學，通知外事。

一、關於書院一切物質上之設置，由倡議人合議行之，但地點之選擇及講舍規制，須經主講同意。[118]

綜觀上述，馬一浮認為現代學術分科只能明知識，而缺乏道德的體認，故以復其本性為宗趣，達到「通儒」為目的，學以「自得」為依歸。實踐方法是以六藝、義理為教。復性非僅坐觀心性，而是要從六藝為教，修習六藝，則以義理學為進路，唯有透過義理，才能了解心性真諦。

而書院課程除了六藝，還設有三個講座──玄學、義學、禪學。至於西來學術，包括語文、科學等現代學科則不列講學之列。在規制上，舉凡物質雜項一類可由眾人合議；但講學地點，尤其「講社規制」必須由主講，也就是馬一浮本人同意而後施行。這麼一來，馬一浮便能主導書院的發展，也成為他與其他創議者不合的爭議點之一。

事實上，復性書院從倡議到成立一直不順利，主要有四點理由：一是書院發展方向，馬一浮與賀昌羣（1903-1973）、熊十力等人意見不同。二是講師來源難覓，許多人都婉拒邀約或只作短暫講學。三是選才標準高，學生來源、程度皆不足。四是未能與政府明確切割，與當初構想不同。

葉聖陶（1894-1988）看出了馬一浮的困境，而說：

至其為教，則以六藝。重體驗，崇踐履，記誦知解雖非不重要，但視為手段而非目的。此意甚是，大家無不贊同。然謂六藝可以統攝一切

---

[118] 馬一浮：〈書院之名稱旨趣及簡要辦法〉，收入《馬一浮集》第 2 冊，頁 1168-1170。又可參見氏著：〈復劉百閔〉、〈復性書院簡章〉，《濠上雜著》，收入《馬一浮集》第 1 冊，頁 748-751、761-766。

學術，乃至異域新知與尚未發現之學術亦可包羅無遺，則殊難令人置信。馬先生之言曰：「我不講經學，而在於講明經術」，然則意在養成「儒家」可知。今日之世是否需要「儒家」，大是疑問。故弟以此種書院固不妨設立一所，以備一格。而欲以易天下，恐難成也。……[119]

弟極贊其不偏重知解而特重體驗，不偏重談說而特重踐履；然所憑藉之教材為古籍，為心性之玄理，則所體驗所踐履者，至少有一半不當於今之世矣。好在學生決不會多，有一二十青年趨此一途，未嘗不可為一種靜修事業，像有些人信佛信耶穌一般，此所以弟前信有「以備一格未嘗不可」之說也。大約理學家講學，將以馬先生為收場角色，此後不會再有矣。[120]

葉聖陶是經由賀昌羣的介紹而認識馬一浮。而賀昌羣則是馬一浮在浙大的同事，後來捨棄浙大教職參與書院的籌備。[121]很明顯地，葉聖陶不理解六藝不單純只是一般性質學科分類，但他的質疑也正是時人對馬一浮、復性書院創辦精神的質疑，即過度重視傳統典籍下的體驗、踐履，忽視重知識的現代學術。因此，賀昌羣[122]、熊十力等人所擔憂者，卻是馬一浮的堅持，但馬

---

[119] 葉聖陶：「摘自 1939 年 4 月 5 日至滬上諸友信」，〈與馬一浮先生交往瑣記〉，收入夏宗禹編：《馬一浮遺墨》（北京：華夏出版社，1991 年 6 月），頁 211。

[120] 葉聖陶：「摘自 1939 年 5 月 9 日至王伯祥先生信」，〈與馬一浮先生交往瑣記〉，收入夏宗禹編：《馬一浮遺墨》，頁 212。

[121] 關於賀昌羣為何會捨浙大教職，其女賀齡華編纂的〈年譜〉提到：「賀昌羣苦於家眷不能同往宜山，遂應馬一浮之邀，將至樂山佐理書院事務，與家人團聚。」又提到「鄭振鐸、葉聖陶、徐調孚諸友，均不贊成其離浙大而來此，以為此舉係開倒車。他們並不知道賀昌羣此舉實苦於生計而不得已。……」但他到職才兩個月，便因與馬一浮意見相左，而生辭意。七月即離開書院，不再管事。參見賀昌羣：《賀昌羣文集》第 3 卷（北京：商務印書館，2003 年 12 月），頁 658-659。

[122] 葉聖陶錄記此事有云：「復性書院尚未籌備完畢，而賀昌羣兄以有厭倦之意，原因是意識到底與馬不一致。昌羣兄贊同熊十力之意見，以為書院中不妨眾說並陳，由學者擇善而從，多方吸收，並謂宜為學者謀出路，令習用世之術。而馬翁不以為然，謂書

一浮的堅持也將使得傳統學術過渡到現代學術，面臨更多轉型的困境。因此，葉聖陶看出了書院的特性是類似信仰而非客觀知識，也看準了馬一浮之理學家式的傳統講學已進入末端，未來難再復。

再者，因為戰爭阻隔交通與馬一浮的主導，真正到復性書院講學者是少之又少。復性書院分有主講、自由講座、都講三種類別，主講是常駐講學者，自由講座是短期講學[123]，都講是協助講學者。當時，馬一浮擬聘謝无量講玄學，熊十力講義學，肇安法師（？）講禪學，馬一浮自己講理學。又欲請趙熙（1867-1948）為《詩經》講座，葉左文為三《禮》講座。熊十力開院後不久便離去，謝无量、趙熙僅擔任過自由講座。

開院之前，賀昌羣曾建議聘擅西洋哲學的張真如（名頤，1887-1969），熊十力欲召賀麟講西洋哲學，周淦卿（？）講英文，牟宗三為都講，但因為書院不欲研究西學，咸被馬一浮否決。而書院開講後，僅剩馬一浮為主講，之後才陸續聘請趙熙、謝无量、黃離明（？）、張真如、錢穆為短期自由講座[124]，但實質影響有限。

院所修習為本體之學，體深則用自至，外此以求，皆小道也。近來他們二位談話已不如在泰和、宜山時之融洽。……弟固早言馬先生於其他皆通達，惟于『此學』則拘執（理學家本質上是拘執的），今果然見於事實矣。」

另，賀昌羣於 1941 年的一篇文章中，談到自己對理學態度的轉變。他強調「二三年來，我曾因心衡慮於此，學而復思，思而復學，深觀其末流之弊……」，也說：「今世何世，今日西洋學術已代替昔日的印度思想，……而我們今日還有人一味的墨守心性的本體，蔑棄一切學問，以宗教的方法，教人要以槁木死灰……我生平亦好清淡，敬重理學，但我不喜歡理學家重本輕末的態度。」此文並無確切的指涉，亦非含沙射影，但確實可見身為史學家的賀昌羣的理學態度，與馬一浮是截然不同。

以上依次參見葉聖陶著：〈與馬一浮先生交往瑣記〉，收入夏宗禹編：《馬一浮遺墨》，頁 213、賀昌羣著：〈論王霸義利之辨〉，《賀昌羣文集》第 2 冊，頁 23-26。

[123] 馬一浮：〈復性書院延聘自由講座關約〉，收入《馬一浮集》第 2 冊，頁 1191-1192。

[124] 劉繼青：《復性書院考論》，頁 79-82。

　　馬一浮不僅對師資資格有諸多限制，也嚴格考核想要入學的學生。[125]
在《爾雅臺答問》、往來書信中，記錄了很多來信請入學而被馬一浮勸退
者，理由多半是：學術路向之別，或不知書院宗旨，或能力不足，以至於最
後錄取的肄業生近三十人，加上非正式的參學者還未及四十人。[126]縱使入
學後，學生程度參差不齊也讓他大嘆無奈，時欲罷講。[127]據馬一浮自述，
1941 年的決意罷講乃因學生反對刊刻《爾雅臺答問》所致。[128]之後書院便
改以刻書為主。[129]

　　又，書院教育未能符合預期的獨立制度，包括：教材須受教育部審定，
是他最早萌生辭念的理由[130]，之後又被要求等同公務機關編列預算。他曾
上書蔣中正：「若奉行者必以不符法令為嫌，則請逕將撥供復性書院食米停

---

[125] 根據馬一浮的說法，對於資格審定與否的擬定，非出自其手，而是猶賀昌羣代定，言
　　曰：「又徵選肄業生細則，係賀昌羣兄代定。弟意初不欲限資格，但憑知友介紹。賀
　　君以為太廣，雖不必重視大學畢業，亦須加以攝受，故設為四項。」詳參馬一浮：
　　〈熊十力〉第 13 封，收入《馬一浮集》第 2 冊，頁 538、馬一浮：〈復性書院徵選肄
　　業生細則〉，收入《馬一浮集》第 2 冊，頁 1174-1175。

[126] 馬鏡泉、趙士華：《馬一浮評傳》，頁 83。

[127] 馬一浮：〈告書院學人書〉第 7、8 書，收入《馬一浮集》第 1 冊，頁 703-706。

[128] 馬一浮：〈張立民〉第 19 封，收入《馬一浮集》第 2 冊，頁 837-838。

[129] 馬一浮有言：「自始，主講馬一浮先生即有講學與刻書並重之議，後因學人難得，乃
　　徑寓講習於刻書，……」氏著：〈為董事會代擬書院募集刻書基金啟〉，收入《馬一
　　浮集》第 2 冊，頁 181。
　　而藏書、刻書也是中國書院的主要活動之一。藏書可以提供研究學問與培育人材之
　　用，同時也為刻書創造了條件。而書院之刻書，外起源於雕版印刷的發明與發展；內
　　則主要刊刻學術之作，可作為書院內的學習、研究自用。其類型有四：一是書院的成
　　果；二是書院內教學用的名家讀本與注釋；三是刊刻歷史上的重要書籍；四是先儒大
　　師、本院山長等名作，將這些學術性著作流傳於世。而復性書院正滿足這樣的條件，
　　除欲擬刻經、史、子、集、政典之典籍，亦刻有馬一浮之著述，以及學生之作《吹萬
　　集》等作品。
　　有關書院藏書與刻書，參考張麥青：〈略論我國書院藏書與刻書〉，《鄂州大學學
　　報》第 11 卷第 2 期，2004 年 4 月，頁 90-92。

[130] 馬一浮：〈張立民〉第 19 封，收入《馬一浮集》第 1 冊，頁 837。

罷，亦於公之德意無損。」[131]以明己志。

到了 1944 年，馬一浮堅決「更不問事，亦不再受一粟一幣。所有書院一切措置，應由監院負責行之。」[132]但復性書院董事會僅應允他休息一年[133]，僅管馬一浮屢去函表達辭意，甚至建議廢置書院，都未獲得正面回應。[134]抗戰勝利後，1946 年，馬一浮將書院東遷回故鄉杭州。[135]但書院早已名不副實。直到 1947 年，財源經費拮据，講習與刻書皆未能接續，書院實已名存實亡，馬一浮慨然嘆曰：

> 然以言講習，則齋舍不具，資糧不充，既無以容接學人，亦不能延致講友，即欲稍蓄故書，藉抄底本，亦苦徵求無力，繕寫無人。既不藉於師資，亦何事於編纂。故規復講習，徒為虛語。……二事既虛，書院精神已無所寄，安用此空名為。……人不悅學，雖強聒不受，救死不贍，奚暇禮義。雖有嘉餚，不食不知其美。束書不觀，唯取覆瓿。視經籍若弁髦，棄聖言如土梗。縱使充棟，亦等面牆。博而寡要，則何有焉；勞而少功，信其然矣。[136]

直到 1948 年底，馬一浮建議將書院改為圖書館[137]，終獲同意。於是，在 1949年4月，書院改組為「儒林圖書館」，取名儒林，理由有二：一是通中之別，收書重故書雅記，非兼收各類書籍；二是革中之因，悉能續刻未成之

---

[131] 馬一浮：〈為董事會代擬上蔣主席書〉，收入《馬一浮集》第 2 冊，頁 1067。

[132] 馬一浮：〈答董事會〉第 18 封，收入《馬一浮集》第 2 冊，頁 1098。

[133] 馬一浮：〈答董事會〉第 22 封，收入《馬一浮集》第 2 冊，頁 1100。

[134] 詳可參見馬一浮：〈廢置復性書院議〉、〈答董事會〉第 23 封到 28 封，收入《馬一浮集》第 2 冊，頁 188-190、1101-1110。

[135] 馬一浮：〈廢置復性書院議〉有言：「自遷杭以來，已逾一載。」該議則寫於 1947 年年底。收入《馬一浮集》第 2 冊，頁 189。

[136] 馬一浮：〈廢置復性書院議〉，收入《馬一浮集》第 2 冊，頁 189。

[137] 馬一浮：〈答董事會〉第 29 封，收入《馬一浮集》第 2 冊，頁 1110-1111。

《羣經統類》、《儒林典要》。此皆為儒林之事，故以名之[138]，俟後他也不再擔任圖書館的職務。[139]殆及 1950 年政權鼎革之際，又更名為「智林圖書館」，由儒林轉為智林，誠如馬一浮自謂：「不滯一偏一曲之知，期通天下萬物之志，故以『智林』為目。亦擬蒐集新書，開闢閱覽室，附設研究部，研究世界文化，適應時代所宜。」[140]終究更易了以儒學為宗的理念，而成立「研究部」也說明書院從講明義理，本想超然學制外，最終又歸入體制之內，怕也是馬一浮所始料未及的。

第四節　淡然學術，寄情佛、道思想（1949-1967）

1949 年後，馬一浮不再講述六藝之學，但他沒有「封筆」，而是寄情於詩歌、佛道。

相較於其他留在大陸的第一代新儒家們接受馬列思想，鄭大華認為馬一浮、熊十力等人當時因為受到政治保護，以及非思想重點改造對象，故未曾放棄他們的學術思想。這不是說他們不接受新政體，他們也歌詠新政治，而是學術思想仍能保有一定程度的自主。[141]這段期間，馬一浮頗受共黨領袖尊重與重視[142]，但 1957-1958 年左右，他的思想轉折卻甚少被後人留意。

---

[138] 馬一浮：〈壽毅成〉第 21 封，收入《馬一浮集》第 2 冊，頁 920。

[139] 馬一浮代擬：〈復性書院董事會、基金管理委員會聯合啟事〉，收入《馬一浮集》第 2 冊，頁 190-191。

[140] 馬一浮：〈復性書院改設智林圖書館編纂處啟事〉，收入《馬一浮集》第 2 冊，頁 191。

[141] 鄭大華對比 1949 年後第一代現代新儒家的處境，其中，馮友蘭、賀麟在 1949 年後接受了馬克思主義的觀點，這主要與他們參加土改、思想改造有關。其次是梁漱溟，他早年反對馬克思主義，而後對於此路線仍是一知半解，而他跟馬克思關係，最主要則是「吸取、利用與儒化。」再者便是馬一浮與熊十力一類。參見鄭大華：〈1949 年後留在大陸的現代新儒家與馬克思主義之關係初探〉，《當代中國史研究》第 15 卷第 6 期，2008 年 11 月，頁 57-66。

[142] 1949 年 6 月，周恩來請馬一浮以無黨派身分參加第一屆中國人民政協協商會議。1953 年，時任上海市市長的陳毅來訪，請馬一浮擔任上海文物保管委員會委員。1954 年 3

1958 年之前，馬一浮將心境歸諸佛道。1949 年政權動盪之際，他的詩作頗流露出哀民流離顛沛之情[143]，但此後談儒學、其他諸子，他多淡然以對，有云：「〈儒效〉從君說，羲琴已罷談。幽居過客少，老病報書難。」[144]又說：「八儒三墨枉爭鳴，捭闔縱横一世傾。那識同坑無異土，從來凡聖等空名。」[145]話雖如此，馬一浮仍肯定儒學的價值，如云：「一代蒼生誤富強，時人數典必西方。獨標門律存經訓，始信丹山有鳳皇。」[146]強調傳統經學價值性高於西方。並勸嚴復侄孫嚴羣（1907-1985）既知哲學之弊，應求二程之道以踐行盡性。又認為儒術既絀的當下，「或窮而思返，求有以知性命之本、神化之源，必自躬行孝弟、明乎禮樂始，舍是末由也」。[147]另給熊十力的詩也云：「《原儒》定有膏肓藥，爭奈時人未肯看。」[148]到了 1957 年，給沈尹默（1883-1971）的信說：

> 儒術方為世所絀，微仁者不聞是言。蓋經世之音，各有所適。儒者務在修己，今乃急於治人。科學極恉，謂能盡物之性，而不知盡己之性。故不與格物，難與誠身。若夫本末兼賅、物我無間，而後可臻于大同，蓋猶有竢。仁言雖未必取信於一時，其必有饒益於來者，可知

月，任浙江省文史館館長。1955 年，任全國政協特邀委員。1957 年周恩來帶蘇聯元首伏羅希洛夫親自拜訪，1963 年作詩向雷鋒學習，1964 年參加全國政協，受毛澤東、周恩來等人的款待。參見馬鏡泉、趙士華：《馬一浮評傳》，頁 138-143。

[143] 如：1949 年的〈舊曆歲朝作〉、〈感事〉，《蠲戲齋詩編年集》，收入《馬一浮集》第 3 冊，頁 496-497。又如〈擬采薇〉、〈擬葛藟〉，《蠲戲齋詩輯軼》，收入陸寶千等編：《馬一浮先生遺稿續編》，頁 3-4。

[144] 馬一浮：〈答鄭孟特見贈〉，《蠲戲齋詩編年集》，收入《馬一浮集》第 3 冊，頁 540。

[145] 馬一浮：〈簷曝雜興〉，《蠲戲齋詩編年集》，收入《馬一浮集》第 3 冊，頁 588。

[146] 馬一浮：〈題嚴幾道先生誡子詩〉，《蠲戲齋詩編年集》，收入《馬一浮集》第 3 冊，頁 537。

[147] 馬一浮：〈為不黨書「淳齋」齋額說〉，收入《馬一浮集》第 2 冊，頁 121。

[148] 馬一浮：〈代簡寄熊逸翁〉，《蠲戲齋詩編年集》，收入《馬一浮集》第 3 冊，頁 577。

也。[149]

文中雖提到科學能盡物性，似也能經世，卻不如人能體證自我本性來得根本與久長，故對儒學價值與復興是肯定其功用的。是年（1957）10 月，蘇俄發射世界第一顆人造衛星，馬一浮詠贊之餘，亦且有說：「頗聞征邑國，何事重錢刀。喜怒猶為用，蚊蝱亦已勞。伊誰知險阻，消隙到秋豪。」[150]指出發明衛星若是為和平猶有可贊，倘為征伐他國則不以為然。

而他的這般感嘆延伸到政治，有說：

> ……絃歌雖已隱，俎豆猶未絕。……小儒窮擬議，頡頑從鈞弋。將聖示無知，至神良不測。六藝垂空文，百王何損益。幾深謝辭贊，伐樹令心惻。遊鶴尚巢松，潛魚無聽瑟。踽踽念周行，悖悖仍適越。徘徊不能去，詠歎於此畢。無道猶醢雞，願言齊語默。[151]

此詩是 1957 年馬一浮去孔子故里所頌，嘆孔子之學未能為天下所重，依然堅持著如禹般周行天下之志。然而，末兩句又感慨後世儒術不行，猶如醢雞小蟲，終隱世沉默以對。另又嘆曰：

> 長亂由來是屢盟，至今遊士務縱橫。風霆霜露無非教，蠕動蝡飛各有生。祇為鷦鷯甘腐鼠，每看螻蟻困長鯨。《春秋》經世先王志，不救當年晉楚爭。[152]

這是觀察世事而得到的感懷。世之亂象是源於政治結盟，縱橫之士黨同伐異而致，而天地生萬物，小至蠕動蝡飛，都能承天地之德而有所生、教，人卻

---

149 馬一浮：〈沈尹默〉第 5 封，收入《馬一浮集》第 2 冊，頁 762。

150 馬一浮：〈奇器〉，《蠲戲齋詩編年集》，收入《馬一浮集》第 3 冊，頁 602。

151 馬一浮：〈闕里行謠〉，《蠲戲齋詩編年集》，收入《馬一浮集》第 3 冊，頁 600。

152 馬一浮：〈感物〉，《蠲戲齋詩編年集》，收入《馬一浮集》第 3 冊，頁 603。

往往識見狹小，類如鴟鴞好食腐鼠，還恐鵷鶵奪所好，卻不知鵷鶵對非所好者不飲不食，更何況是腐鼠？

凡此種種，足見馬一浮在 1957 年以前，仍相當肯定儒學的價值，但他不是大鳴大放的提倡，而是與摯友間的箋語。此時，他對政治現況淡漠疏離，議論也總委婉勸嘆，他認同儒家精神，又在佛、道間徘徊，儒學感染力落在筆墨間愈漸隱晦，浮上檯面的盡是沉浸在佛、道的出塵超絕。

1958 年，毛澤東（1893-1976）開啟「三面紅旗」羣眾運動，「超英趕美」口號下，馬一浮受此感染，其儒家精神似愈形邊緣化，如說：

> 今時措之宜，乃在工業化，所需者莫先於科學技術，若為之稱道儒術，不重知識而貴德性，則聞者掩耳矣。管（管仲，719B.C.-645B.C.）商（商鞅，約 395B.C.-338B.C.）進而孔墨（墨翟，476 或 480B.C.-390 或 420B.C.）退，尚力與尚德，不可同日而語。開物成務為亟，斯窮理盡性為迂。故可語顯，難與入微，此亦物之情也。竊謂馬（馬克思，1818-1883）列（列寧，1870-1924）之最終目的，在國家消亡論。其言甚美，《禮運》無以過之。儒者所祈嚮，在使萬物各得其所，其致一也。果使共產主義社會實現，則齊變至魯，魯變至道，儒術亦何所用之？或與希臘哲學同科，不廢專家研討，然非今日之事明矣。若夫河清可以力致，此機械之效，固非理論可期。儒者用舍行藏，無所加損，其不為某一階級服務至明。道者天下所共，非由一家所得而私。儒術雖廢，亦何所憾。「天下有道，丘不與易。」使今之持世者，用是道感人心而天下和平，決非虛語，又比河清為可喜矣。[153]

以往科學優先尚不如儒學「若夫本末兼賅，物我無間，而後可臻於大同」，之前尚論儒學高過於科學僅能盡物性[154]，現在馬列的「國家消亡論」竟能

---

[153] 馬一浮：〈沈尹默〉第 6 封，收入《馬一浮集》第 2 冊，頁 763。
[154] 馬一浮：〈沈尹默〉第 5 封，收入《馬一浮集》第 2 冊，頁 762。

與《禮運》相擬。但與其說是馬一浮消弭了儒學在其思想中的生命力，莫不如說他如何以儒學揉合馬列思想，延續儒學新生命，這篇文章無疑是一表徵。

馬一浮一向推崇尚德，此處改由目的反前推溯，若結果美好，尚力也可接受，甚至儒術亦可廢。「廢」不是否定，而是得魚忘荃，他仍推崇儒者「用之則行，舍之則藏」[155]，也期許「持世者」能擁有「是道」，亦即孔子與子路（542B.C.-480B.C.）語：「天下有道，丘不與易也」[156]，不敢忘天下的襟懷。

可是，他真能忘卻儒學嗎？同一時間先後數日，給龍榆生（1902-1966）的信提到：

> 儒術方見絀於世，而賢者猶留意及此，誠今日所希有。時人唯徇生逐物，往而不反，安知有盡性窮理之事。使先儒復生，唯有括囊杜口，盡其在己而已。[157]

這與 1957 年給沈尹默的信內容一致，推崇儒術才是心底話。同年，〈絕意篇〉批評時人常受意根所惑，自私自利尚權謀，導致世間政治常交相爭亂，「故本《論語》絕四之旨，傅會禪義，明前五識無過咎，獨此意根，必當決去。」[158]一直以來，他始終抱持著儒佛可會通的精神，此非特例。1961 年的〈諷知了〉，更以諷刺時人多好知，不曉「二氏去知……禪家至以知為眾禍之門」，徒爭紛擾，諷曰：「世之自矜其辯智者，乃真知了之類也。」[159]

嚮往方外，是馬一浮此時的主要創作精神。僅管孺慕儒學，但更多的是將儒學會通佛、道，與現實政治。好比他思訪廬山白鹿洞遺址，美鵝湖之會

---

[155] 南宋・朱熹註：〈述而〉，《論語集注》，收入氏註：《四書章句集註》，頁 95。
[156] 南宋・朱熹註：〈微子〉，《論語集注》，收入氏註：《四書章句集註》，頁 184。
[157] 馬一浮：〈龍榆生〉，收入《馬一浮集》第 2 冊，頁 775-776。
[158] 馬一浮：〈絕意篇〉，《蠲戲齋詩編年集》，收入《馬一浮集》第 3 冊，頁 619。
[159] 馬一浮：〈諷知了〉，《蠲戲齋詩編年集》，收入《馬一浮集》第 3 冊，頁 668。

而曰：「正言斥功利，六經斯羽翼。子靜翩然臻，講習亦有析。」但也說：「儒行非世珍，絃歌或石壁。」[160]詠農事，先舉《洪範》八政之重要，強調「斯義無古今，是日共作息。」也附比於時政而說：「今也公社興，經營異私實。」[161]又世傳道教仙人周顛（？）因佐明太祖（1328-1398）成就霸業，後立有碑，便諷曰：「膻行物所慕，禮樂誰能攻？儒墨徒攘臂，崛起唯工農。咄哉歐美人，蠻觸猶洶洶。」[162]縱使仍重禮樂精神，但推行者非儒墨，反轉向工、農之類。此一批判儒墨之舉未必出自本衷，可能是應酬之作，類如他同一年（1960）應政協之邀北上，給國務院副總理陳毅（1901-1972）的信中，大贊時政是「方今化行之速，力用軼於風霆；鼓舞之神，蕃變逮乎草木：然後知儒、墨之拙，管、晏（晏嬰，578B.C.-500B.C.）之卑也。」[163]

最後，或許還是得回到 1958 年馬一浮為自己作的墓辭，最能代表他的心境：

> 孰宴息此山陬兮，昔有人曰馬浮。老而安其悍獨兮，知分定以忘憂。
> 學未足以名家兮，或儒墨之同流。道不可為苟悅兮，生不可以幸求。
> 從吾好以遠俗兮，思窮玄以極幽。雖篤志而寡聞兮，固沒齒而無怨
> 尤。惟適性以盡年兮，若久客之歸休。委形而去兮，乘化而游。蟬蛻
> 於茲壤兮，依先人之故丘。身與名其俱泯兮，曾何有夫去留。[164]

---

[160] 馬一浮：〈廬山新謠〉第 10 首：《蠲戲齋詩編年集》，收入《馬一浮集》第 3 冊，頁 643。

[161] 馬一浮：〈廬山新謠〉第 11 首：《蠲戲齋詩編年集》，收入《馬一浮集》第 3 冊，頁 643。

[162] 馬一浮：〈續廬山新謠〉第 7 首：《蠲戲齋詩編年集》，收入《馬一浮集》第 3 冊，頁 646。

[163] 馬一浮：〈陳毅〉第 2 封，收入《馬一浮集》第 2 冊，頁 781。

[164] 馬一浮：〈豫製自題墓辭〉，收入《馬一浮集》第 2 冊，頁 264。此辭先後有三個版本，最早寫於 1947 年，1958 年亦有改訂前後的兩個版本，此為定版。後二者差別不大，1947 年的版本則未言「學未足以名家兮，或儒墨之同流。」其他主要內容多近似。相關說明可參見劉煒：〈一代儒宗的輓歌：馬一浮自題墓辭說解〉，《鵝湖月刊》第 35 卷第 8 期，2010 年 2 月，頁 53-54。

這墓辭有兩個重點：一是為定位畢生學術——與儒、墨同流。其次是對生死的態度。墨學只是諸子之一，他論學亦不喜墨學[165]，又談六藝統攝諸子時，曾強調墨學雖統於《禮》，但吸收六藝精神卻是「得少失多」[166]，但何以晚年視儒墨為同道？

這宜把「墨學」、「墨行」分開來看，馬一浮認為墨學不及儒學純正，但墨者奔走天下，則應該受到推崇。他早年曾以「惟儒與墨，或步或驟」形容岳父湯壽潛；[167]又揚讚梁漱溟是「仁者勞形天下，比於禹、墨，頃又身歷兵間，悲智之興，必有更深且大者」；[168] 1946 年作〈仁漿行〉，以「摩頂放踵墨者志，頭目腦髓作布施」讚美輸血救人之舉；[169] 1961 年作〈別墨〉，終以「氂牛愛尾真成癖，百鳥銜花亦自驕。料得同坑無異土，眼前萬法等鴻毛」為結[170]，又〈寒林〉則謂：「顏生（顏淵，521B.C.-481B.C.）力竭觀吳練，鉅子名高誦《墨經》。萬物盈虛成變化，無心天地本清寧。」[171]莫不為墨者執著理想奔走天下，未能為世所重而感悵然。

但馬一浮談儒、墨之志，實指歸於儒，欲畢生追求儒術且無憾，他自和的題墓辭更補述道：「孔墨道不行，堯舜骨已朽。……出入慎風波，蹜迤遍郊藪。當前本無法，在斯亦云某。……何須撫陳跡，不如味玄酒。」[172]自此可見，他的學術歸趨是明朗的，當世道不行，便藉詩句以明志，從而將「道學術」轉向「道生死」，生命寄於世外，「委形而去兮，乘化而游」，一切順隨自然。

1966 年文化大革命開始，馬一浮被趕出居住的蔣莊，隔年（1967）過

---

[165] 馬一浮：〈曹赤霞〉第 11 封，收入《馬一浮集》第 2 冊，頁 466。

[166] 馬一浮：〈論六藝該攝一切學術〉，收入《馬一浮集》第 1 冊，頁 14。

[167] 馬一浮：〈紹興湯先生墓誌銘〉，收入《馬一浮集》第 2 冊，頁 243。

[168] 馬一浮：〈梁漱溟〉，收入《馬一浮集》第 2 冊，頁 703。

[169] 馬一浮：〈仁漿行〉，《蠲戲齋詩編年集》，收入《馬一浮集》第 2 冊，頁 423。

[170] 馬一浮：〈別墨〉，《蠲戲齋詩編年集》，收入《馬一浮集》第 3 冊，頁 672。

[171] 馬一浮：〈寒林〉，《蠲戲齋詩編年集》，收入《馬一浮集》第 3 冊，頁 672。

[172] 馬一浮：〈以題墓辭附詩寄蕢庵未見答，因自和一首〉，《蠲戲齋詩編年集》，收入《馬一浮集》第 3 冊，頁 615。

世，他臨終前的訣別詩正充滿佛家、道家之復返於宇宙自然的精神，而說道：

> 乘化吾安適？虛空任所之。形神隨聚散，視聽總希夷。漚滅全歸海，花開正滿枝。臨崖揮手罷，落日下崦嵫。[173]

第五節　小　結

馬一浮學術思想歷經四期變化。從家學淵源到 1904 年回國後，當時，他學術史研究傾向相當明顯，此為一期。進入民國後，新文化運動興起，馬一浮優游於典籍、佛學義理之間。莫約 1924 年前後，他從佛學翻轉以求心性，奠立以儒學六藝為宗的學術志向，此為二期。1938 年開始講學於浙江大學，之後又主辦復性書院，才真正將他的「六藝論」完完整整呈現出來，此為三期。1949 年後，他不再公開講述儒學，也感嘆儒學非世所用，遂將精神託於佛道，此為四期。

這四期已充分展現出他學思歷程的轉變，但後人又是如何評議馬一浮學術的價值？

當中最激烈的，莫過於劉夢溪、李慎之（1923-2003）、朱維錚間的論爭。此事緣起於上世紀 90 年代劉夢溪替《中國現代學術經典叢書》作〈序〉說起，該文原是書序，最後洋洋灑灑六萬長言獨立成書。當中論及何謂現代，何謂學術，如何才能稱為經典，具備怎樣條件者方可列入該《叢書》等種種論辨。[174]李慎之認為必須融入西方「民主」、「科學」精神者，才能列為現代學術，而國學必須經過科學化的整理，才能列名其中。因此，他印象中的馬一浮：「他全然是一個冬烘。這只是因為其中了無一毫新

---

[173] 馬一浮：〈擬告別諸親友〉，《蠲戲齋詩編年集》，收入《馬一浮集》第 3 冊，頁 758。

[174] 中國文化研究所紀錄：〈中國現代學術要略座談紀要〉，收入劉夢溪：《中國現代學術要略》，頁 199-217。

意，全不脫程朱陸王巢臼……因此，稱先生為宋明道學家之殿軍，吾無間言；稱先生之學為『現代學術經典』，則斷斷不可。」[175]之後，鄧小軍對李慎之有所反駁。[176]

　　而朱維錚兩度點名劉夢溪贊美馬一浮言過其實，甚以「一位生前自居『大師』而在近年突然得到某些學人炒作的人物」論此現象。他認為復性書院是蔣中正授意成立的官帑學堂，正與「新生活運動」合拍而設的文化點綴。[177]之後以其師周予同（1898-1981）與葉聖陶的評價，並以葉氏日記為底本，評論復性書院成立前後的馬一浮，而謂：「以為其人古怪，生於此世仍志在復古，而且尊朱勝過尊孔，追步王陽明卻宣稱直接孔孟，分明『援禪入儒』卻宣稱排斥夷狄之學等，都屬於清末之倭仁（1804-1871），徐桐（1819-1900）等八旗大吏謬說的民國版。」[178]由政治觀點切入，且對「尊孔讀經」頗有微詞下的馬一浮，成了個不具現代性格的「文化專制主義者」。[179]

　　或許誠如蔣國保在 2008 年「紀念馬一浮先生誕辰 125 周年暨國際學術研討會」後的觀察，他以魔化、神化、聖化、人化四者畫分不同研究態度，「魔化」並非朱維錚的代稱，只是過激反主流意識的「人化」態度。[180]陳銳也說：「對馬一浮評價的差異也可以幫助我們更全面地了解儒學在當代社

[175] 李慎之：〈什麼是中國現代學術經典〉，《風雨蒼黃五十年——李慎之文選》（香港：明報出版社，2004 年 2 月），頁 186-210。劉夢溪對此事有所回憶，可見氏著：〈我的一次學術歷險〉，《讀書》2007 年第 6 期，2007 年 6 月，頁 45-55。

[176] 鄧小軍：〈怎樣評價現代學術——與李慎之先生商榷〉，收入劉夢溪：《中國現代學術要略》，頁 243-250。

[177] 朱維錚：〈關於馬一浮的「國學」——答「大師」編導王韌先生〉，收入氏著：《走出中世紀二集》（上海：復旦大學出版社，2008 年 5 月），頁 304-317。

[178] 朱維錚：〈馬一浮在一九三九——葉聖陶所見復性書院創業史〉，《書城》2009 年 4 月號，2009 年 4 月，頁 21-35。

[179] 朱維錚：〈熊十力和馬一浮：新儒家與文化專制主義者〉，《東方早報》，2008 年 10 月 26 日。

[180] 蔣國保：〈魔化‧神化‧聖化‧人化〉，未實體刊行，收入其「蔣國保的 blog」，2008 年 11 月 9 日，http://blog.sina.com.cn/jiangguobao。

會的演變及其必然性。」[181]如此一來，馬一浮學術的現代性更加明晰。

　　然講述哲學之餘，更不能忽略他在學術史的代表性。馬一浮的六藝論結合學術史、心性之學，自成體系，他開啟傳統經學轉向現代哲學的契機與過渡，展現出另一種「現代性」，正是以下各章將證明的。

[181] 陳銳：《馬一浮與現代中國》，頁 308-312。

第三章 新闢「義理式的學術史觀」 與界定史學價值

　　本章將對比馬一浮、最早建構學術史理論的章學誠的「六經皆史」的學術史觀，二者最大差別在於對經、史地位升降觀念的異同。其次，再從馬一浮定位兼具經、史性質的《春秋》是經而非史，進一步溯源歷史學在馬一浮學術思想的定位，完成馬一浮對經史關係的討論。

　　述及近代中國史學的興起，以章學誠的「六經皆史」的學術史觀影響甚鉅。其「六經皆史」認為「六經皆先王政典」[1]，也就是六經不過是上古時期先王施政的典籍，此一說法打破了經學獨尊的地位，並提升、彰顯了史學的獨立性，致使經、史同科同層；而後出的龔自珍更延續了六經皆史的理念。到了民初，流行以治史方法來治經，加上五四以降重考證、延入西方科學方法，愈加使得經學淪為史學附庸，終從「六經皆史」轉變成「六經皆史料」，成為當時研究經學的主流觀點。

　　至於馬一浮既不滿「六經皆史」之說，又斥學術史為「籩豆之事」[2]，但他的六藝論竟是要「辨章學術，考鏡源流」，豈不矛盾？因此，馬一浮的論旨為何？若六經不是歷史、政典，更非史料，那史學又該呈現出何種面貌？又該如何評定經史關係、史學價值？

　　本章分成三節闡明其旨：第一節是「反省『尊史的六經皆史』學術史觀」，旨在討論馬一浮如何在評議「六經皆史」基礎上，新闢推尊經術的

---

[1] 清・章學誠著，葉瑛校注：〈易教上〉，《文史通義校注》，頁1。

[2] 馬一浮：〈葉左文〉第11封，收入《馬一浮集》第2冊，頁445。

「義理式的學術史觀」，這是他的創見。第二節是「評定經史關係」，在六經非史命題下，馬一浮勢必得重整經史關係，兼具經、史性質的《春秋》經傳，成為「反史為經」的辯證前提，最後，歸結出推尊經術，史學不能獨立的論述基調。藉此基礎，他批評民初新史學追求史學獨立之風，界定出現代史學的定位、價值。第三節引一「小結」，以反思現代新儒家對「何謂歷史」的詮釋共向。

第一節　反省「尊史的六經皆史」學術史觀

馬一浮嘗以未能臻及「身心性命之學」，批判章學誠「六經皆史」的學術史觀，因此，一般易受此影響，直接判定馬一浮厭棄了學術史的研究途徑，實則非也。在馬一浮眼中，「六經皆史」、「學術史」本為二事，他反對六經皆史，而是想透過「身心性命之學」重塑學術史的內涵。以下將分兩點說明：先闡述「章學誠的『六經皆史』」，再說明馬一浮如何「重新界定學術史的內涵」。

一、章學誠的「六經皆史」

馬一浮嘗論章學誠的「六經皆史」與後來之流衍有云：

> 微論一般人，章太炎之尊經，即以經為史，而其原本實出於章實齋「六經皆史」之論，真可謂流毒天下，誤盡蒼生。此其人未嘗知有身心性命之理，故有此說。[3]

何謂「六經皆史」？馬一浮批駁立場是什麼？他又如何建構自己的學術史觀？本點將先梳理章學誠六經皆史的學術史觀的特點與理論架構的缺陷，並

---

[3]　王培德、劉錫嘏紀錄，烏以風、丁靜涵編次：「史學篇」，〈馬一浮先生語錄類編〉，收入《馬一浮集》第3冊，頁978。

分成「學備於官，古無私學的『六經皆史』」、「『六經皆史』的架構缺陷」二小點說明。

（一）學備於官，古無私學的「六經皆史」

「六經皆史」即以六經為史，視六經為古代先王施政的典籍，而非把經別立出一特殊的學術地位，如章學誠云：「六經皆史也。古人不著書，古人未嘗離事而言理，六經皆先王之政典也。」[4]不僅如此，凡天下所有著述，包括子、集各家之說也都源出於史，章學誠有言：

> 愚之所見，以為盈天地之間，凡涉著作之林，皆是史學。六經特聖人取此六種之史，以垂訓者耳。子集諸家，其源皆出於史。末流忘自所出，自生分別。[5]

章學誠以六經為聖人特取的六種史類，作為垂訓後世之則。但經數何以為六，不為其他數目？首先，此數目是出自於官守，古代官師合一，沒有私人著述，故此六者為《周官》舊典之目，章氏有云：

> 後世文字，必溯源於六藝。六藝非孔氏之書，乃《周官》之舊典也。《易》掌太卜，《書》藏外史，《禮》在宗伯，《樂》隸司樂，《詩》領於太師，《春秋》存乎國史。[6]

> 故經之有六，著於《禮記》，標於《莊子》，損為五而不可，增為七而不能，所以為常道也。[7]

4　清・章學誠著，葉瑛校注：〈易教上〉，《文史通義校注》，頁1。

5　清・章學誠：〈報孫淵如書〉，《章學誠遺書》（北京：文物出版社，1985 年 8 月），頁86。

6　清・章學誠著，葉瑛校注：〈原道第一〉，《校讎通義校注》，頁951。

7　清・章學誠著，葉瑛校注：〈漢志六藝第十三〉右十三之一，《校讎通義校注》，頁1022。

上述有幾個關鍵：一、何謂「道」；二、六藝與六經之別；三、周（周公，？）孔、六藝的關係。

首先，何謂「道」？章學誠云：

> 天地之前，則吾不得而知也。天地生人，斯有道矣，而未形也。三人居室，而道形矣，猶未著也。人有什伍而至百千，一室所不能容，部別班分，而道著矣。仁義忠孝之名，刑政禮樂之制，皆其不得已而後起者。……故道者，非聖人智力之所能為，皆其事勢自然，漸形漸著，不得已而出之，故曰天也。……道者，萬事萬物之所以然，而非萬事萬物之當然也。人可得而見者，則其當然而已矣。……後聖法前聖，非法前聖也，法其道之漸形而漸著者也。[8]

章學誠認為「道」不是天理、心性，也非先於萬物的存有，而是後天人為建立的原則、制度，因事而生，隨時代發展而演變。故得道的聖人不是與生俱來便有超乎常人的道德本質，而是「學於眾人，斯為聖人。」[9]即道存於人倫日用間。因此周公能制禮作樂建立典章制度，正為時運所致，如言：「而適當積古留傳，道法大備之時，是以經綸制作，集千古之大成，則亦時會使然，非周公之聖智使之然也。」[10]饒是如此。相對應何謂天人性命之學，章學誠則說：

> 天人性命之學，不可以空言講也。……三代學術，知有史而不知有經，切人事也。後人貴經術，以其即三代之史耳。近儒談經，似於人事之外，別有所謂義理矣。[11]

---

[8] 清・章學誠著，葉瑛校注：〈原道上〉，《文史通義校注》，頁 119-120。

[9] 清・章學誠著，葉瑛校注：〈原道上〉，《文史通義校注》，頁 120。

[10] 清・章學誠著，葉瑛校注：〈原道上〉，《文史通義校注》，頁 120-121。

[11] 清・章學誠：〈浙東學術〉，《章學誠遺書》，頁 15。

天人性命之理，經傳備矣。……其理著於事物，而不託於空言也。[12]

他不贊成宋明儒者空論心性，而義理必須透過「博學以實之，文章以達之」[13]，故他贊許朱熹（1130-1200）本末兼該的學術是「蓋性命、事功、學問、文章，合而為一」的結果。[14]由此可知，章學誠並未藉由道、天人性命開展出形而上學。

　　其次，作為載道的六藝、六經有何差別？章學誠指出，周初周公據史制六藝作為政典，學守於王官之中，使治教合一。殆及東周，治教分離，諸子各自立說，私家著述興盛，此時獨剩儒家尊奉六藝，並尊為「經」，以區別弟子所述之「傳」，所以章學誠說：「六經之名，起於孔門弟子亦明矣。」[15]但「經」一名在治教分離、官師二分後，舉凡諸子百家、國家制度、術數諸家、技藝之書也都可以「經」來命名。[16]唯章學誠雖已清楚定位六藝不等於六經，但他自己卻常混用六經、六藝，還有六典等三個詞彙，此需特別留意。[17]

　　而章學誠又進一步解釋「道、器」關係有言：

夫子述六經以訓後世，亦謂先聖先王之道不可見，六經即器之可見者也。後人不見先王，當據可守之器而思不可見之道。故表章先王政教，與夫官司典守以示人，而不自著為說，以致離器言道也。……則典章政教，人倫日用之外，更無別出著述之道，亦已明矣。[18]

---

[12] 清‧章學誠著，葉瑛校注：〈朱陸〉，《文史通義校注》，頁262。

[13] 清‧章學誠著，葉瑛校注：〈原道下〉，《文史通義校注》，頁140。

[14] 清‧章學誠著，葉瑛校注：〈朱陸〉，《文史通義校注》，頁263。

[15] 清‧章學誠著，葉瑛校注：〈經解上〉，《文史通義校注》，頁94。

[16] 清‧章學誠著，葉瑛校注：〈經解中〉，《文史通義校注》，頁102-103。

[17] 張壽安先生：〈六經皆史？且聽經學家怎麼說──龔自珍、章學誠「論學術流辨」之異同〉，收入《文化與歷史的追索──余英時教授八秩壽慶論文集》，頁291。

[18] 清‧章學誠著，葉瑛校注：〈原道中〉，《文史通義校注》，頁132。

故夫子述而不作，而表章六藝，以存周公舊典也，不敢舍器而言道
也。[19]

夫子曰：「下學而上達。」蓋言學於形下之器，而自達於形上之道
也。[20]

章學誠不以形上、形下區分道、器，而以典章政教為道之所存；他又以六經
為載道之器，且古人學於官師而無私學，由此連綴出學於六經，目的以明道
的關係脈絡。要之，即道不在先天，而在人倫日用間，周公將道纂諸於文
字，而成為六藝、六經。至於六經皆史者，不是今日瞭解到的歷史、史料，
而是「政典」，是先王的「政治實踐之紀錄。」[21]

復次，章學誠論「周、孔」關係有說：

三代之衰，治教既分，夫子生於東周，有德無位，懼先聖王法積道
備，至於成周，無以續且繼者而至於淪失也，於是取周公之典章，所
以體天人之撰而存治化之迹者，獨與其徒，相與申而明之。此六藝之
所以雖失官守，而猶賴有師教也。[22]

蓋君師分而治教不能合於一，氣數之出於天者也。周公集治統之成，
而孔子明立教之極，皆事理之不得不然。[23]

非夫子推尊先王，意存謙牧而不自作也，夫子本無可作也。有德無

---

19 清・章學誠著，葉瑛校注：〈原道中〉，《文史通義校注》，頁133。

20 清・章學誠著，葉瑛校注：〈原學上〉，《文史通義校注》，頁147。

21 張壽安先生：〈六經皆史？且聽經學家怎麼說──龔自珍、章學誠「論學術流辨」之
異同〉，收入《文化與歷史的追索──余英時教授八秩壽慶論文集》，頁282。

22 清・章學誠著，葉瑛校注：〈經解上〉，《文史通義校注》，頁93。

23 清・章學誠著，葉瑛校注：〈原道上〉，《文史通義校注》，頁122。

位，即無制作之權。空言不可以教人，所謂無徵不信也。[24]

章學誠認為東周以後，治教分離，官學失守，形成諸子百家的學說，唯孔子取六藝之教流傳於後。在治教分離前，周公有德有位，可集治統而纂六藝；孔子卻是有德而無位，只能述，不能作。所以，章學誠定義「師」乃是「守官典法之人。」[25]又界定「儒」為「賢士不遇明良之盛，不得位而大行，於是守先王之道。」[26]如此一來，孔子只是立教之極而不能作，成為一未得意於政治，只得固守先王之道的師儒。同理可知，諸子同樣不具備政治實踐經驗，其文字更被斥為「諸子空言」。[27]

　　綜言之，在「六經皆史」觀念下，章學誠清楚表示：學備於官，以吏為師，古代沒有私學，形成了一種德、位合一的「權威主義」觀念。[28]

(二)「六經皆史」的架構缺陷

　　當官學失守，裂分成諸子、文章之學後，使「六經皆史」的理論框架面臨挑戰，即學可不出於官，章學誠也不得不承認其「六經皆史」的確有架構上的缺陷，最終不得不被四部分類所取代。會造成如此的結果，有以下三個理由：一是治學合一到官學失守；二是綜合類的文集、類書之興起；三是史學本身的擴張。

　　其一，章學誠認為早期的王官了掌握天下學術、知識源流，使治學合一，他說：

　　官守學業皆出於一，而天下以同文為治，故私門無著述文字。私門無

---

[24]　清・章學誠著，葉瑛校注：〈原道中〉，《文史通義校注》，頁131。

[25]　清・章學誠著，葉瑛校注：〈原道中〉，《文史通義校注》，頁131。

[26]　清・章學誠著，葉瑛校注：〈原道中〉，《文史通義校注》，頁131。

[27]　張壽安先生：〈六經皆史？且聽經學家怎麼說——龔自珍、章學誠「論學術流辨」之異同〉，收入《文化與歷史的追索——余英時教授八秩壽慶論文集》，頁287-290。

[28]　余英時：〈章學誠的「六經皆史」說與「朱、陸異同論」〉，《論戴震與章學誠——清代中期學術思想史研究》（臺北：東大圖書有限公司，1996年11月），頁61。

　　著述文字，則官守之分職，即羣書之部次，不復別有著錄之法也。[29]

在治學合一條件下，官司執掌、羣書部次相同。而六經也正是古代學術、知識集結在王官中的溯源與分流，如說：「《禮》、《樂》、《詩》、《書》，與刑、政、教、令，人事也。」又說：「夫《春秋》乃周公之舊典，謂周禮在魯可也，《易》象亦稱周禮，其為政教典章，切於民用而非一己空言。」[30]即可說明一切。

　　但當官學失守，諸子興起，導致學術跟著散逸，章學誠以學術「源」、「流」說明此一轉變的過程：

　　曰：道體無所不該，六藝足以盡之。諸子之為書，其持之有故而言之成理者，必有得於道體之一端，而後乃能恣肆其說，以成一家之言也。所謂一端者，無非六藝之所該，故推之而皆得其所本；非謂諸子果能服六藝之教，而出辭必衷於是也。[31]

　　其敘六藝而後，次及諸子百家，必云某家者流，蓋出古者某官之掌，其流而為某氏之學，失而為某氏之弊。[32]

他認為舉凡諸子之學、文能言之有故、言之成理者，都是源出於六藝道體的一部分。但諸子又各自立說，最後只能得道之一端以成一家之言，故說諸子之學是源於六藝，卻恣為流失。又諸子四處倡言自己的理念，但卻未能真正落實於政治實踐，終究淪為空言，即章學誠所說：「自諸子之紛紛言道，而為道病焉」，而以「道病」來形容此狀。[33]

29　清・章學誠著，葉瑛校注：〈原道中〉，《校讎通義校注》，頁951。

30　上二條引文見清・章學誠著，葉瑛校注：〈易教上〉，《文史通義校注》，頁2。

31　清・章學誠著，葉瑛校注：〈詩教上〉，《文史通義校注》，頁60。

32　清・章學誠著，葉瑛校注：〈原道中〉，《校讎通義校注》，頁952。

33　清・章學誠著，葉瑛校注：〈原道下〉，《文史通義校注》，頁138。

其二，文集源自六藝，實為諸子猥濫而興起，章學誠說：「子史衰而文集之體盛；著作衰而辭章之學興。」[34]他認為古代王官為文是合為事而著，但後世撰文著述卻什麼內容皆能列入；另有類書之興，匯集所有典故於一，無法溯其源流。以上二者都破壞了其學術史「辨章學術，考鏡源流」的原則，導致學術源流、圖書分類一分為二，他概歎道：

> 夫治學分而諸子出，公私之交也。言行殊而文集興，誠偽之判也。勢屢變則屢卑，文愈繁則愈亂。……惜手循流者忘源，而溺名者喪實……[35]

> 鳴呼！著作衰而有文集，典故窮而有類書。……而文集類書之學起，一編之中，先自不勝其龐雜；後之興者，何從而窺古人之大體哉？[36]

可知自從官學失守，諸子著述興盛，再從著述而衍生為文辭，甚至專好尚文辭，以致於歧出六藝，這都使得後世無法再一窺學術源流，因此，章學誠總結說到：「六典亡而為《七略》，是官失其守也。《七略》亡而為四部，是師失其傳也。」[37]誠是如此。

其三，不僅諸子、文集，史學本身的不斷擴張，最終也難附錄於《春秋》之內，如談儀注者，屬《儀禮》之支流；談職官者，為《周官》之屬；另如：譜牒、記傳可通於曆數、小說者，反而偏向子學。[38]

綜觀上述三者，當後世以四部取代《七略》，把學術源流、學術分類一分為二，已經是現實情勢所迫，故章學誠判說：

---

[34] 清·章學誠著，葉瑛校注：〈詩教上〉，《文史通義校注》，頁 61。

[35] 清·章學誠著，葉瑛校注：〈文集〉，《文史通義校注》，頁 297。

[36] 清·章學誠著，葉瑛校注：〈文集〉，《文史通義校注》，頁 297-298。

[37] 清·章學誠著，葉瑛校注：〈和州志藝文書序例〉，《文史通義校注》，頁 650。

[38] 清·章學誠著，葉瑛校注：〈宗劉第二——右二之二〉，《校讎通義校注》，頁 956。

> 史部日繁，不能悉隸以《春秋》家學，四部之不能返《七略》者一。
> 名墨諸家，後世不復有其支別，四部之不能返《七略》者二。文集熾
> 盛，不能定百家九流之名目，四部之不能返《七略》者三。鈔輯之
> 體，既非叢書，又非類書，四部之不能返《七略》者四。評點詩文，
> 亦有別集而實非別集，似總集而又非總集者，四部之不能返《七略》
> 者五。凡一切古無今有、古有今無之書，其勢判如霄壤，又安得執
> 《七略》之成法，以部次近日之文章乎？[39]

至此，誠可梳理出章學誠從六經皆史，併及辨章、考鏡理念開啟的學術史
觀。他認為經史同源，經為政典，一切學術皆出於王官。但此說卻導致一些
如：缺乏源流、兼具總會性質的圖書無法被涵括在既定架構下，成為其學術
史概念的限制與矛盾。但會導致這樣的結果，主要是章學誠未能正視學術獨
立的可能性，當有新型態學術出現，超出他設定的政典範圍時，便無法溯及
學術的源流，那麼，學出於王官的觀點就不攻自破了。這個問題直到龔自珍
論「子學獨立」才有了轉進。[40]

　　其次，章學誠把學術源流停留在形而下的事理層，這是他學術史的特
點，誠如張壽安先生說：「章學誠並未據此發展出一套宇宙觀、知識論、或
人生論，而是很矜慎地把它掛搭到『古今學術』之本源的反思下。」[41]當馬

---

[39]　清‧章學誠著，葉瑛校注：〈宗劉第二〉，《校讎通義校注》，頁956。

[40]　龔自珍的「史」，並非政典，是泛指一切語言文字的紀錄，皆可稱為史，擴大了史的
範疇。在「史材」的意義下，他肯定「諸子皆史」，且其地位不亞於六經，因此，張
壽安先生說：「史料的不斷擴大，上推至三皇五帝，所謂舉凡一切語言文字、鐘鼎彝
銘都是史。這種近乎文化考古的觀點，意在指出古史非典制所能圍，古史之源，只能
訴諸無盡無止的『鈎沉』。故欲明三代之治道，諸子之學與技藝之學皆為其階，重要
性不遜於六經。」詳參氏著：〈六經皆史？且聽經學家怎麼說──龔自珍、章學誠
「論學術流辨」之異同〉，收入《文化與歷史的追索──余英時教授八秩壽慶論文
集》，頁303-307。

[41]　張壽安先生：〈六經皆史？且聽經學家怎麼說──龔自珍、章學誠「論學術流辨」之
異同〉，收入《文化與歷史的追索──余英時教授八秩壽慶論文集》，頁283。

一浮提出「六藝歸於一心」，以超越性的道德原則為本源時，則已經質變了學術史原來純史學的性質。

綜觀章學誠學術史觀影響甚遠，直至晚清，先有龔自珍祖述，後劉師培[42]、章太炎[43]、劉咸炘（1896-1932）[44]……等人承繼，馬一浮縱別有新進，卻已進入學術史研究的殿軍。

二、重新界定學術史的內涵

馬一浮如何重新界定學術史的內涵，以下分別從他如何「評議『六經皆史』」、「推尊本於六藝的『義理式的學術史觀』」兩點說明。

(一) 評議「六經皆史」

馬一浮反駁了章學誠對「道」、「孔子」、「諸子」的定位，而將學術史結合心性本體，質變了學術史的內涵。以下長文最能表現出章、馬二氏學術史理念的差異：

> 吾鄉章實齋作《文史通義》，創為「六經皆史」之說，以六經皆先王政典，守在王官，古無私家著述之例，遂以孔子之業並屬周公，不知孔子「祖述堯、舜，憲章文（1152B.C.-1056B.C.）、武（？-1043B.C.）」，乃以其道言之。若政典，則三王不同禮，五帝不同樂，且孔子稱《韶》《武》，則明有抑揚，論十世，則知其損益，並不專主從「從周」也。信如章氏之說，則孔子未嘗為太卜，不得繫《易》；未嘗為魯史，亦不得修《春秋》矣。《十翼》之文，廣大悉備，太卜專掌卜

---

[42] 可參見劉師培：〈古學出於史官論〉、〈周末學術史序〉，收入錢鍾書主編：《劉師培辛亥前文選》，頁204-288。

[43] 相關研究可參見宋惠如：〈重新詮釋「六經皆史」說〉，《晚清民初經學思想的轉變——以章太炎「春秋左傳學」為中心》，頁170-190。

[44] 可參見劉咸炘：《中書》，收入黃曙輝編校：《劉咸炘學術論集·哲學編（上）》（桂林：廣西師範大學出版社，2010年6月），頁3-54。又可見於劉咸炘：〈通古今〉，《續校讎通義》，收入黃曙輝編校：《劉咸炘學術論集·校讎學編》（桂林：廣西師範大學出版社，2010年6月），頁3-9。

筮，豈足以知之；筆削之旨，游、夏莫贊，亦斷非魯史所能與也。「以吏為師」，秦之弊法，章氏必為迴護，以為三代之遺，是誠何心！今人言思想自由，猶為合理。秦法「以古非今者族」，乃是極端遏制自由思想，極為無道，亦是至愚。經濟可以統制，思想云何由汝統制？曾謂三王之治世而有統制思想之事邪？惟《莊子・天下篇》則云：「古之道術有在於是者，（某某）〔墨翟、禽滑釐〕聞其風而說之。」乃是思想自由自然之果。所言「道德不一，天下多得一察焉以自好」，「各為其所欲〔焉〕以自為方」，「道術將為天下裂」，乃以「不該不遍」為病，故莊立道術、方術二名。（非如後世言方術當方伎也。）是以道術為該遍之稱，而方術則為一家之學。謂方術出於道術，勝於九流出於王官之說多矣。與其信劉歆，不如信莊子。實齋之論卑而專固，亦與公羊家孔子改制之說同一謬誤。且〈漢志〉出於王官之說，但指九家，其敘六藝，本無此言，實齋乃以六藝亦為王官所守，並非劉歆之意也。略為辨正於此，學者當知。[45]

上文有三要點：一是孔子之定位；二是諸子思想自由；三是道術、方術之別。首先，馬一浮批判章學誠的「六經皆政典」、「周孔並論」。他從孔子嘗徵引古史，刪述六經後的價值，批評章氏抹煞了孔子地位，又云：「總之，六經皆因事顯義，治經當以義為主，求其當於義而已，不必硜硜於今古文之別。」[46]認為經過刪述的六經已改變了原先作為政典的歷史性質，而更深入到了經義。

　　其次，馬一浮用「思想自由」批判章學誠把學術思想一概繫於王官之學的不可信，馬一浮究極章學誠之語云：

　　　　三代盛時，天下之學，無不以吏為師。……東周以還，君師政教不合

---

[45] 馬一浮：〈論六藝該攝一切學術〉，《泰和宜山會語》，收入《馬一浮集》第 1 冊，頁 13-14。

[46] 馬一浮：〈答池君〉，《爾雅臺答問》卷 1，收入《馬一浮集》第 1 冊，頁 512。

於一，於是人之學術，不盡出於官司之典守。秦人以吏為師，始復古制。[47]

馬一浮認為章學誠在治教合一理念下，未能正視諸子的價值，才會讚美秦人以吏為師的精神，故馬一浮以人的思想無法箝制為由，據以駁之。

復次，雖然諸子思想自由，但仍有一共通源起，馬一浮用「道術」、「方術」作劃分，以道術為總，方術為別。但此「道術」為孔子的六藝，非王官學的六藝，所以，所謂諸子皆出自六藝是「今既祖述孔子，則諸子自以出於六藝為是。」[48]馬一浮又更進一步論及經史關係：

> 尊經之說，微論何鍵，即如章太炎非不尊經，而原本章實齋「六經皆史」之論，實乃尊史。《春秋》不可作史讀，作史讀則真「斷爛朝報」矣。《尚書》雖亦當時詔令，而《蔡傳》序文所謂「史外傳心」者，是最中肯之語。……讀經須知非是向外求知識，乃能有益。[49]

> 先生曰：章實齋倡六經皆史之說，近人多附和之，此□論也。六經有本有迹。如《春秋》，孔子自言「其事則齊桓（？-643B.C.）、晉文（671B.C.-628B.C.），其文則史，其義則某竊取之」，明其非史也。《書》則道二帝、三王之事，豈與本紀同科。《詩》《易》尤不得謂之史。蓋六經自經聖人刪述之後，各有其義，豈得概以史迹目之。或謂六經自秦火以後多有亡佚，今後恐不能盡存。不知六經之旨皆人心固有之義理，人心一日不亡，六經便一日存在。即使古代經典盡為灰

---

[47] 清・章學誠著，葉瑛校注：〈史釋〉，《文史通義校注》，頁232。

[48] 王培德、劉錫嘏記錄，烏以風、丁敬涵編次：「史學篇」，〈馬一浮先生語錄類編〉，收入《馬一浮集》第3冊，頁978。

[49] 王培德、劉錫嘏紀錄，烏以風、丁靜涵編次：「史學篇」，〈馬一浮先生語錄類編〉，收入《馬一浮集》第3冊，頁978-979。

爐，中文字全部消滅，而義自在人心，……[50]

以上引文揭櫫了《春秋》是經而非史，也提及讀六經、讀史的態度與目的，居中關鍵在於孔子刪述後的大義，使《春秋》從史提升為經。對比章學誠以道存於日用人倫，須廣學人事以明道[51]，馬一浮更重視人心內在的義理，即「史外傳心」，而不能求知於歷史文獻的本身。所以，馬一浮論六藝本質說：「有六經之迹，有六經之本。六經之本是心性，六經之迹是文字，然六經文字亦全是心性的流露，不是臆造出來。」[52]總的來說，原本的歷史紀錄經過孔子刪述，成為不可易的經典，這是承自於天生心性之必然結果，非個人臆造或出自私心。

然而，章學誠理念影響後世甚鉅，馬一浮亦言：

> 晚近學術影響之大，莫如章實齋「六經皆史」之論。章太炎、胡適之皆其支流。然而太炎之後，一變而為疑古學派，此則太炎所不及料者也。[53]

這一小段話簡述、辨明了晚近直至五四前後「六經皆史」說的流衍與發展，即從「六經皆史」轉向「六經皆史料」，從信古到疑古、考古的歷程，其中有二個重要轉折。其一，章太炎深受章學誠的啟發，只不過章學誠主張六經為政典，古無私家著述；章太炎更還原六經不過是古史之一，而云：「孰與斷之人道，夷六藝于古史，徒料簡事類。」[54]這使得六經成為歷史的材料，

---

[50] 烏以風輯錄：〈問學私記〉，收入《馬一浮集》第 3 冊，頁 1169。

[51] 清・章學誠著，葉瑛校注：〈原學上、中、下〉，《文史通義校注》，頁 147-156。

[52] 烏以風輯錄：〈問學私記〉，收入《馬一浮集》第 3 冊，頁 1158。

[53] 王培德、劉錫嘏紀錄，烏以風、丁靜涵編次：「史學篇」，〈馬一浮先生語錄類編〉，收入《馬一浮集》第 3 冊，頁 976。

[54] 章太炎：〈清儒〉，《檢論》卷 4，收入《章太炎全集》第 3 冊（上海：上海人民出版社，1984 年 7 月），頁 476。

而治經目的「其用在考迹異同，而不在尋求義理。」進而說到：「故孔子刪定六經，與太史公、班孟堅輩，初無高下，其書既為記事之書，其學惟為客觀之學。」[55]如此一來，章太炎既消解了經的神聖性，也將孔子形塑成一個述史的史學家，使得六經「歷史文獻化」[56]，而不重視當中的義理。但二章至少是站在「信史」的立場，另如胡適、梁啟超等人都在「六經皆史料」上有所發揮。[57]其二，五四之後，古史辨學派興，六經反被質疑是否能成為確切史料，須「考而後信」[58]，從信轉向疑，愈發降低六經之為史的地位。[59]

　　在馬一浮眼中，無論是章學誠或章太炎，他們既無法看清中國學術源頭出自孔子的六藝與心性本體，也不能正視諸子取於道術一端，成一家之學的

---

[55] 以上兩條參見章太炎：〈諸子學略說〉，《諸子學略說》（桂林：廣西師範大學出版社，2010年10月），頁2。

[56] 王汎森：《章太炎的思想（1868-1919）及其對儒學傳統思想的衝擊》（臺北：時報文化出版企業公司，1985年5月），頁190-191。

[57] 胡適云：「……其實先生的本意只是說『一切著作，都是史料。』如此說法，便不難懂得了。先生的主張以為六經皆先王的政典；因為是政典，故皆有史料的價值。……則先生所說『六經皆史也』，其實只是說經部中有許多史料。」
又梁啟超云：「章實齋說『六經皆史』，這句話我原不敢贊成；但從歷史家的立腳點看，說『六經皆史料』，那便通了。既如此說，則何只六經皆史，也可以說諸子皆史，詩文集皆史，小說皆史。因為裡頭一字一句都藏有極可寶貴的史料，和史部書同一價值。」
以上分別參見胡適著、姚名達訂補：《清章實齋先生學誠年譜》（臺北：臺灣商務印書館，1987年8月），頁137-138。梁啟超著：〈治國學的兩條大路〉，收入許嘯天輯：《國故學討論集》，頁3。

[58] 如錢玄同說：「……因此聯想到現在治古史的人仍舊不脫二千年來『考信於六藝』的傳統見解。他們認經是最可信的史料，我以為不然。……但我們即使完全讓步，承認二章之說，我們又應該知道，這幾部歷史之信實的價值遠在《史記》、《新唐書》之下，因為孔丘所得的史料遠不及司馬遷，宋祁，歐陽修諸人，……」參見氏著：〈研究國學應該首先知道的事〉，收入顧頡剛編著：《古史辨》第1冊（香港：太平書局，1962年11月），頁104-105。

[59] 朱發建：〈「六經皆史料」：「六經皆史」論的近代詮釋及其意義〉，收入陳勇、謝維揚主編：《中國傳統學術的近代轉型》（上海：上海人民出版社，2011年4月），頁128-135。

特性。從經史關係來看，馬一浮認為經史等觀實已損及了經的地位，也貶損了史的價值，所以必須以心性作為經史的核心，方能恢復經的獨尊地位。而馬一浮的觀點形成三個特點：一是將廣大的經學悉統攝於心性之內，二是「史義」超越客觀「史實」、「史料」，三是提升心性之學為詮釋經典的基礎。

（二）推尊本於六藝的「義理式的學術史觀」

馬一浮既批判「六經皆史」，也批評「學術史」，似是想全面否定學術史，實則是想另闢蹊徑，將「辨章學術，考鏡源流」收束在六藝內，以心性義理為內涵，獨創出「義理式的學術史觀」。以下將依序說明馬一浮對純學術史之批判，與如何轉進提出本於六藝的學術史觀。

首先，馬一浮批評「學術史」道：

> 先生曰：某幼時嘗依張文襄《輶軒語》求治經門徑，及用力既久，方知此只是目錄學，與身心了不相干也。[60]

> 守目錄校讎之學而以通博自炫者，不可以語於蓄德也。[61]

以上兩段話很容易被錯解為馬一浮棄守學術史，轉向他學，可是馬一浮創辦復性書院開宗明義申說「書院之設，為專明吾國學術本源，使學者得自由研究，養成通儒，以深造自得為歸。」[62]這豈不矛盾？仔細探究這段文義，批判的是未體證身心性命，純粹部次的目錄學，並不是學術史本身，這意謂養成通儒的學術本源在學術史外，另有其他條件。馬一浮又云：

> 自阮芸臺刻《學海堂經解》，而治經學者思想為之錮蔽；自魏默深編《經世文編》，而言政治者盡蹈富強巢臼。張南皮督學四川，刻《書

---

60 烏以風輯錄：〈問學私記〉，收入《馬一浮集》第 3 冊，頁 1191。
61 馬一浮：〈讀書法〉，《復性書院講錄》，收入《馬一浮集》第 1 冊，頁 129。
62 馬一浮：〈書院之名稱旨趣及簡要辦法〉，收入《馬一浮集》第 2 冊，頁 1169。

目答問》《輶軒語》，當時學者家有其書。吾二十歲前亦常奉為圭臬，久而無所得，乃知其所舉入門各書，多於學者無益。《皇清經解》不足資以通經，《經義考》亦祇是目錄之學，書賈能為之。而講論義理如《通志堂經解》者，反為所黜。又如《四庫提要》，張氏以為治羣書之門徑，吾嘗卒讀之，而知其立說之偏。當時戴東原（名震，1724-1777）多任編纂之事，對宋儒每加以指責，程朱雖功令所尊，亦有微詞。又如《宋學淵源記》，張氏以為治宋學之門徑，而不知江藩（1761-1831）之於義理固無所解也。[63]

上述透顯馬一浮的治學態度，他先指出清人編纂出的五類圖書未能深明於義理，難通經旨，分別是：一是講「典章制度」的《學海堂經解》（又名《皇清經解》），該書雖匯集了乾嘉時期各家對儒家經典的考訂訓釋，但卻未明義理，不足以通經；二是用於「政治實踐」的《經世文編》，僅教為政者富強之道；三是「編次書目」的《書目答問》、《輶軒語》，只為目錄之學；四是「彙集古今圖書目錄」的《四庫提要》，該書因立說有偏，對宋儒加以指責；五是「評論清代宋學傳承」的《宋學淵源記》，因江藩本人未解宋學之義理。[64]故馬一浮認為上述諸人既未得經旨，而他們著述中的專門知識也不足以通經。

馬一浮獨獨稱許清初納蘭性德（1655-1685）等人編纂的《通志堂經解》能講論義理，該書原〈序〉云：

> 至宋，二程、朱子出，始刊落羣言，覃心闡發，皆聖人之微言奧旨。……逮宋末元初，學者尤知尊朱子，理義愈明，講貫愈熟，其終身研求於是者，各隨所得以立言，要其歸趨，無非發明先儒之精蘊，

---

[63] 王培德、劉錫嘏紀錄，烏以風、丁靜涵編次：「史學篇」，〈馬一浮先生語錄類編〉，收入《馬一浮集》第 3 冊，頁 977。

[64] 有關《宋學淵源記》的批判，可參考朱維錚：〈導言〉，收入江藩、方東樹著，徐洪興編校：《漢學師承記（外二種）》（香港：三聯書店，1998 年 7 月），頁 15-18。

以羽衛聖經，斯固後世學者之所宜取衷也。昔乎其書流傳日久，十不存一二。[65]

由於明永樂（1403-1424）年間，官方編纂《四書大全》、《五經大全》成為科舉考試的教材，導致個別注疏亡佚甚多，所以，納蘭性德等人始蒐羅宋元經說，計有一百四十餘家[66]，由此以明「通經」與「宋明義理」實密不可分，探學術本源亦由此發。

　　那麼，要如何「辨章學術，考鏡源流」？馬一浮跟葉左文說：

　　但為學者示流別、舉宗趣，吾無間然；若欲以藝文，其難踰章氏。吾之為是說者，將以明六藝之道要，非欲改〈七略〉之舊文。目錄之學，乃是籩豆之事。仍其舊貫，無關閎旨。[67]

上述顯見馬一浮認定下的「何謂學術史及其內涵」。[68]他認為從章學誠上溯至劉向、歆父子已定下原本目錄學的方向大可不必更易，而自己只是取其辨章、考鏡之法作出新的轉進，即「明六藝之道要」、「深探六藝之原」[69]，所以此「道」、「原」自非先王政典、史實或其他可能，而是更上一層的心性義理。

　　因此，馬一浮申明六藝絕非「六經皆史」，而說：

　　禮有本有文。【仁義乃是禮之本。禮者，所以行仁義也。】舉本而言，禮

---

[65] 納蘭成德：〈經解總序〉，收入林慶彰、蔣秋華主編：《通志堂經解研究論集》上冊（臺北：中央研究院中國文哲研究所，2005 年 8 月），頁 263-264。

[66] 林慶彰：〈通志堂經解之編纂及其學術價值〉，收入林慶彰、蔣秋華主編：《通志堂經解研究論集》上冊，頁 234-236。

[67] 馬一浮：〈葉左文〉第 11 封，收入《馬一浮集》第 2 冊，頁 445。

[68] 詳參本書第二章第三節，第一大點「宣講『六藝論』於江西泰和、廣西宜山」。

[69] 馬一浮：〈葉左文〉第 11 封，收入《馬一浮集》第 2 冊，頁 445。

實性德，不可單以用言。若曰禮書，則是文也。六藝皆禮書，與六藝
皆政典何異？明其本，則禮書可，政典亦可，否則皆陳迹耳。[70]

周禮在魯，《春秋》既是禮經【杜預（222-285）說】，孔子何須更作？
今曰禮書，仍不出實齋窠臼也。[71]

以六經為政典是著重「書」、「文」的史學價值，但馬一浮認為學術根源必
須直入經典文字所透顯的心性義理。所以，什麼是《禮》？什麼是《春
秋》？不是在故字堆中打轉，而必須參透心性本體，方能由統宗得其條理。

　　由此可證得馬一浮反對的學術史是不跟隨章學誠六經皆史下溯源、辨章
的架構與體系，而他新創的學術史理念則是本於《禮記・經解》、《莊子・
天下》的六藝統類，其云：

六藝者，即是《詩》《書》《禮》《樂》《易》《春秋》也。此是孔
子之教，吾國二千餘年來普遍承認一切學術之原皆出於此，其餘都是
六藝之支流。故六藝可以該攝諸學，諸學不能該攝六藝。[72]

同時，馬一浮據身心性命之理作為學術史源頭，即「六藝本是吾人性分內所
具的事，不是聖人旋安排出來的。」[73]他將古今學術本源抬與心性同層，發
展成一套本體、宇宙觀的新學術史理念，凡未能以此為目的者，他概斥為炫
耀學識，不足稱道。這扭轉了原先學術史的純史學性質，轉趨與義理學相

---

[70] 馬一浮：〈示張伯衡〉，《爾雅臺答問續編》卷 2，收入《馬一浮集》第 1 冊，頁
589。

[71] 馬一浮：〈示張伯衡〉，《爾雅臺答問續編》卷 2，收入《馬一浮集》第 1 冊，頁
589。

[72] 馬一浮：〈楷定國學名義〉，《泰和宜山會語》，收入《馬一浮集》第 1 冊，頁 10。

[73] 馬一浮：〈論六藝統攝於一心〉，《泰和宜山會語》，收入《馬一浮集》第 1 冊，頁
18。

衡，開創出「義理式的學術史觀」，這是馬一浮眼光獨到之處，惜往往被他「抑學術史、目錄而尊義理」之正言若反的言語，讓人以為馬一浮的學術思想只在經學、哲學，尤其是宋明理學。換個角度來說，倘若馬一浮論心性之學便足以涵括學術的本源，徑言心性即可，又何必大費周章提出六藝論？顯然徒以經學、哲學進路檢視馬一浮的六藝論並不能真正透見其學旨。

再者，目錄學家姚名達（1905-1942）談分類時，曾云：「分類之應用，始於事物，中於學術，終於圖書。」[74]而馬一浮的〈復性書院擬先刻諸書簡目序〉[75]、〈通治羣經必讀諸書舉要〉等文[76]，在簡別、舉列、類分書目之餘，都附帶提出辨章、考鏡原則，此亦為一證。[77]但須注意，他切切留心的是總會、統攝這些書目、學術的義理根源，闡發心性，故匯流「學術史」與「義理學」於一途，實是提醒二者不可分論的理由，即六藝必藉心性以彰顯，心性必以六藝為根源。

由此看來，馬一浮確實走了一條迥異於前人學術史的路，唯有通曉其學術史義蘊，方能全面掌握他的學術精神。但不可諱言的是，當馬一浮將「學術史」往「義理學」趨近時，本質上便已改變了章、龔一脈而下的學術史理念，他的對話對象也不再是純粹的學術史與學術史家，而是義理學與義理學家或哲學家。

最後，在學術分科嚴明的時代，馬一浮「義理式的學術史觀」將不可避免遇到兩個困境：一是學術史家不當此為學術史，而以為其學旨在義理；二是哲學史研究者未必懂得他的學術史底蘊。這說明了這樣的質變雖極具創見，卻會遇到難與之對話的窘境。

---

[74] 姚名達：〈事物之類分〉，《中國目錄學史》（上海：上海古籍出版社，2002 年 6 月），頁 49。

[75] 馬一浮：〈復性書院擬先刻諸書簡目序〉，收入《馬一浮集》第 2 冊，頁 1208-1213。

[76] 馬一浮：〈通治羣經必讀諸書舉要〉，《復性書院講錄》第 1 卷，收入《馬一浮集》第 1 冊，頁 136-147。

[77] 詳參本書第六章第三節，第一大點「〈因社印書議〉與〈復性書院擬先刻書目〉」、第二大點「〈復性書院通治羣經必讀諸書舉要〉」。

第二節　評定經史關係

有關於馬一浮如何評定「經」、「史」的關係，可從他對於《春秋》的定位，與他對於現代史學的態度等可知，以下分成「《春秋》是經而非史」、「界定現代史學的價值」二點說明。

一、《春秋》是經而非史

馬一浮論《春秋》主要在《復性書院講錄》，繫屬於〈論語大義〉的〈春秋教〉上中下三篇。他強調：「六藝之旨，散在《論語》而總在《孝經》。」[78]又解釋「微言大義」、《論語》關係，有云：

> 《漢書・藝文志序》曰：「仲尼沒而微言絕，七十子喪而大義乖。」此本通六藝而言，後儒乃專以屬之《春秋》，非也。微言者，微隱之言，亦云深密，學者聞之，未能盡喻，故謂微隱。其實聖人之言，豈分微顯？契理為微，契機為顯，無顯非微，亦無微非顯。故曰：「知微之顯可與入德。」……大義者，圓融周遍之義，對小為言。聖人之言，亦無有小大，但賢者識其大者，不賢者識其小者。……後學見小，故大義乖失也。今欲通治羣經，須先明「微言大義」。求之《論語》，若不能得旨，並是微言；得其旨者，知為大義。[79]

其中的「微言」是深密之言，「大義」是圓融周遍的義理。微言必轉化為大義，由隱而顯，才能真正通曉羣經義理。又《論語》是通治、詮釋羣經的基礎，所以將「春秋教」繫於《論語》。不僅如此，六藝咸繫於《論語》求其大義，這顯然與「微言大義」只在公羊家不同。

按前所述，馬一浮明孔子著述之功，《春秋》由「六經皆史」意義下的

78　馬一浮：《泰和宜山會語》，收入《馬一浮集》第 1 冊，頁 15。

79　馬一浮：《復性書院講錄》第 2 卷，收入《馬一浮集》第 1 冊，頁 158。

史還原為經，重心性以闡發六藝。又他如何透過《春秋》判分經、史關係？
「微言大義」指的是什麼，該如何展現？居中關涉三個重點：一、《春秋》
經旨在「義」而非「史例」；二、「義」在「心性」，以述春秋學源流；
三、本於心性，闡述《春秋》「微言大義」。

（一）《春秋》經旨在「義」而非「史例」

　　馬一浮認為《春秋》是經而非史；經旨在「義」，而非「史例」。若以
經、權來看，「義」在天理、心性，而為「經」；「例」會隨時、隨人詮釋
而有不同，而為「權」。故經可掌握，但權不可掌握，讀《春秋》要重經
義，而非史例。若欲通讀《春秋》微言大義，關鍵在《易經》、《論語》、
《孟子》。以下從馬一浮嚴分《春秋》經史關係，到如何掌握《春秋》大
義，再到對董仲舒「王心」的詮釋敘說分明。

　　首先，馬一浮嚴分《春秋》是經而非史，有云：

> 《春秋》有義而無例，例是三《傳》之說，何休（129-182）、杜預
> 又從而益之，是解傳，非解經也。【清人又只為何、杜之學。】[80]

> 所擬分期作為表譜之法，仍是以史例求之也。[81]

> 日月時當是魯史舊例，此史官常識，何待聖人？[82]

一來，馬一浮認為歷史錄記為史官之責，與聖人述作經典，申明大義截然不
同。後人以例、表譜來解經，不過是用以解傳或注疏，不可與解經視為同一

---

[80] 馬一浮：〈示金曉邨〉，《爾雅臺答問續編》卷 3，收入《馬一浮集》第 1 冊，頁
630。

[81] 馬一浮：〈示金曉邨〉，《爾雅臺答問續編》卷 3，收入《馬一浮集》第 1 冊，頁
630。

[82] 馬一浮：〈示金曉邨〉，《爾雅臺答問續編》卷 3，收入《馬一浮集》第 1 冊，頁
635。

事。二來，馬一浮以《春秋》當解其「義」而非例，有說道：「義是活潑潑的，例則死板板的。孔子作《春秋》，何嘗有例？以例求之，治史之法也。」[83]此說既分隔了治經、治史之別，又明三《傳》不過各得《春秋》一端，未能得見全貌。續云：

> 求其義而不得，乃為之例。董生所以勝於何休者，說義而不說例耳。然義實未易知，非真有以得聖人之用心，焉能盡當。先儒各就其所求者言之，自然互有得失。《春秋》，禮義之大宗，禮以義起，不僅在明禮制，須達乎禮之原，斯為精於禮，然後深於《春秋》，此實精義入神之學。聖人之屬辭比事，不同後世之整齊故事也。賢有志於此，且宜用力體究，義理愈明，自然抉擇愈審。[84]

> 物之輕重長短無定，而權度有定。聖人之心，天理也。天理即權度也。因物付物，物之變雖無窮，權度之用亦不可盡。斯實有準，非無準也。屬辭比事而不亂，是深於《春秋》者也。為凡例之說者不一，是反亂之矣。[85]

馬一浮何以用義不用例？他先從禮、《春秋》的關係說起。欲探究禮的精髓不是透過禮制，而是禮之所以為禮的「義」；同理，《春秋》正體現了禮義，故言：「義即禮也，故曰禮義大宗。禮有本有文，明禮之本，乃可以明《春秋》之義。以文說禮，猶以例說《春秋》，安能得聖人之用心乎？」[86]

---

[83] 王培德、劉錫嘏記錄，烏以風、丁敬涵編次：「六藝篇」，〈馬一浮先生語錄類編〉，收入《馬一浮集》第3冊，頁947。

[84] 馬一浮：〈示金曉邨〉，《爾雅臺答問續編》卷3，收入《馬一浮集》第1冊，頁630。

[85] 馬一浮：〈示金曉邨〉，《爾雅臺答問續編》卷3，收入《馬一浮集》第1冊，頁630。

[86] 馬一浮：〈示金曉邨〉，《爾雅臺答問續編》卷3，收入《馬一浮集》第1冊，頁631。

即禮、《春秋》之本，皆在精義，而非文、例。

馬一浮又特別申明不可「以例求義」，而說：「治《春秋》可撮舉事類，分別列表而究其義，不可但以例求。蓋有文同而義異者，非例所能推也，此最難明。」[87]即《春秋》是依義而分屬事類，由本以求末，斷不得本末倒置，「以例求義」。此之「本」者，即聖人之天理權衡，為形而上的理則，凡通經之辭，排比史事，一之以理而非例，故說：「例者，史之事耳。明《春秋》之不為史，則知求例之小矣。」[88]所以，經是天理彰著，史是條文記載，則經、史之別明矣。

其次，如何掌握《春秋》大義？馬一浮認為有三者為要，包括《易》、《論語》、《孟子》。其一，馬一浮以《春秋》之旨在《易》、《論語》，而說：

> 董生云：不明乎《易》，不能明春秋。《易》本隱以之顯，《春秋》推見至隱；《易》以天道下濟人事，《春秋》以人事反之天道：實則隱顯不二，天人一理。故《易》與《春秋》者，聖人之全體大用也。用處難知，只為體上不了，故非義精仁熟不容輕說《春秋》。若以私意窺測聖人，決無是處，賢如游、夏，猶莫能贊一辭，故先儒說經，於《春秋》特為矜慎。今謂《春秋》大義當求之《論語》。《論語》無一章顯說《春秋》，而聖人作《春秋》之旨全在其中。[89]

《易》以知本，《春秋》以人事反證天理，二者是一體本末的體用關係。又，《論語》以仁為本，《春秋》亦若是，馬一浮說：「《春秋》仁以愛

---

87 王培德、劉錫嘏記錄，烏以風、丁敬涵編次：「六藝篇」，〈馬一浮先生語錄類編〉，收入《馬一浮集》第 3 冊，頁 948。

88 馬一浮：〈重印宋本春秋胡氏傳序〉，收入《馬一浮集》第 2 冊，頁 40。

89 馬一浮：〈春秋教上〉，《復性書院講錄》第 2 卷，收入《馬一浮集》第 1 冊，頁 190。

人，義以正己，詳己而略人，大其國以容天下，在辨始察微而已。」[90]故言《春秋》旨在《論語》。

其二，明《春秋》必先明《孟子》，馬一浮說：「學者須先明《孟子》之言，然後可以求《春秋》之義，於《論語》、於《易》皆可觸類而引申之。」[91]這是因為孟子能通曉孔子作《春秋》之旨在「繼諸聖」的緣故[92]，誠如孟子云：「孔子懼，作《春秋》。《春秋》，天子之事也；是故孔子曰：『知我者其惟《春秋》乎？罪我者其惟《春秋》乎？』」[93]正是如此。

其三，又《孟子》與《論語》、《易》義理一同，馬一浮說：

> 《孟子》引孔子曰：「道二，仁與不仁而已矣。」仁是君子之道，不仁是小人之道。凡聖之辨，義利之辨，夷夏之辨，治亂之辨，王霸之辨，人禽之辨，皆於是乎分途。此即《易》之所謂吉凶得失也。……《春秋》天子之事，即聖人之事。撥亂反正，用夏變夷，皆用是道而已。上無天子，下無方伯，四夷交侵，災害並至，此危亡之道也。《公羊》家謂《春秋》借事明義，此語得之，猶釋氏所謂託事表法也。董生謂之因行事加王心。王心者，即義也，理也。……學者知此，則知凡言君子小人、義利、王霸、夷夏、人禽、聖凡、迷悟之辨

90　馬一浮：〈春秋教下〉，《復性書院講錄》第 2 卷，收入《馬一浮集》第 1 冊，頁209。

91　馬一浮：〈春秋教上〉，《復性書院講錄》第 2 卷，收入《馬一浮集》第 1 冊，頁191。

92　馬一浮云：「孟子言：『天下之生久矣，一治一亂。』從禹抑洪水，周公兼夷狄，驅猛獸，說道孔子作《春秋》，以《春秋》為天子之事；又從『人之所以異於禽獸者幾希，庶民去之，君子存之』，因言舜『明於庶物，察於人倫』，歷敘禹、湯、文、武、周公之德，說到《詩》亡而後《春秋》作。所謂『其義則丘竊取之』者，意以孔子作《春秋》乃所以繼諸聖，《春秋》之義，即諸聖之道也。其言之鄭重分明如此，非孟子孰能及之？」參見馬一浮：〈春秋教上〉，《復性書院講錄》第 2 卷，收入《馬一浮集》第 1 冊，頁191。

93　南宋‧朱熹註：〈雍也〉，《孟子集註》，收入氏註：《四書章句集註》，頁272。

　　者，莫非《易》與《春秋》之旨也。[94]

《春秋》旨在「仁心」，而《孟子》中一系列的仁與非仁的論辨，皆本於孔子、《易》。又馬一浮釋吉凶有云：「實定於一心之陰陽動靜耳」，又說：「動而得其理，則陰陽、剛柔皆吉；失其理，則陰陽、剛柔皆凶。」因此，易教乃是要「在隨時變易以從道。」[95]所以，《易》、《論語》、《孟子》理一於仁。

　　最後，董仲舒〈俞序〉兩度提到「王心」，明孔子因世道衰微，不得不作《春秋》，以端正人倫教化的用心。董氏解釋道：「霸王之道，皆本於仁。仁，天心，故次以天心。」又說：「孔子明得失，見成敗，疾時世之不仁，失王道之體，故緣人情，赦小過。」[96]證明以仁為本之旨，也明孔子作《春秋》的正當性。於是，馬一浮藉著「王心」表明《春秋》的精義在於歷史背後的義理裁斷，此義理源乎仁心、天心。又董仲舒在「王心」之後云：「以為見之空言，不如行事博深切明。」[97]這兩句話亦給章學誠很大的啟發，章氏言：

　　　儒者欲尊德性，而空言義理以為功，此宋學之所以見譏於大雅也。……故善言天人性命，未有不切於人事者。……浙東之學，言性命者必究於史，此其所以卓也。……知史學之本於《春秋》，知《春秋》之將以經世，則知性命無可空言，而講學者必有事事……[98]

---

[94] 馬一浮：〈春秋教上〉，《復性書院講錄》第 2 卷，收入《馬一浮集》第 1 冊，頁 191-192。

[95] 以上三條參見馬一浮：〈觀象巵言〉，《復性書院講錄》第 6 卷，收入《馬一浮集》第 1 冊，頁 432-434。

[96] 西漢・董仲舒：〈俞序〉，蘇輿註：《春秋繁露義證》（北京：中華書局，2007 年 10 月），頁 161、163。

[97] 西漢・董仲舒：〈俞序〉，蘇輿註：《春秋繁露義證》，頁 159。

[98] 清・章學誠著，葉瑛校注：〈浙東學術〉，《文史通義校注》，頁 523-524。

章學誠認為性命之學得從人事現象中來體會，故《春秋》為史，六經皆史，唯有歷史能為經世根據。不過，馬一浮直云：「然無聖人之義以裁之，則不得為《春秋》，此經、史之別也。」[99]又說：「後之治史者，核於事而絀於義，不明《春秋》之過也。」[100]一以《春秋》為史，一立為經，態度立判。

綜言之，馬一浮透過推尊《春秋》為經，嚴判經、史之別。他認為欲闡發《春秋》大義必須本於《易》、《論》、《孟》，因為此三者的內涵皆歸本天道、心性。所以，解《春秋》不可只靠「例」，例只能闡釋史事、史文，未能上探心性本體。

（二）「義」在「心性」，以述春秋學源流

繼《孟子》的心性之學，馬一浮指出春秋學經義之傳承流衍，他說：

> 至顯說者莫如孟子（372B.C.-289B.C.），孟子之後則董生、司馬遷（135B.C.-90B.C.）能言其大。三《傳》自以《公羊》為主，《穀梁》次之，《左氏》述事，同於《國語》而已。自杜預獨尊《左氏》而《春秋》之義益晦。至啖（啖助，724-770）、趙（趙匡，？）始非杜氏，兼用三《傳》，得伊川、胡文定（安國，1074-1138）而後復明。[101]

上述說明春秋學流衍過程有二個重點：一是重《春秋》之義，先有董仲舒、司馬遷；後有程頤、胡安國復明，以義理解經；二是《春秋三傳》是史而不可為經，其位階等同於《國語》。以下就馬一浮論《春秋》之義，分馬一浮「論董仲舒、公羊學之發展」、「推崇程頤、胡安國的『春秋學』」等二小

---

[99] 馬一浮：〈重印宋本春秋胡氏傳序〉，收入《馬一浮集》第 2 冊，頁 41。

[100] 馬一浮：〈復性書院簡章〉，《濠上雜著》二集，收入《馬一浮集》第 1 冊，頁 763。

[101] 馬一浮：〈春秋教上〉，《復性書院講錄》第 2 卷，收入《馬一浮集》第 1 冊，頁 190。

點闡明。

1.論董仲舒、公羊學之發展

馬一浮直言董仲舒《春秋繁露》善解《春秋》，主要是稱許董氏春秋學旨在「正心」，能借《公羊》述明「正名即是正心」的精神，故能上承孔孟，下啟宋代胡安國的春秋學；但馬一浮卻不認同公羊學重義例、重政治義、重歷史遞衍與進化的觀點。他在重一心的原則下，批評經的今古文之爭不過是經生淺見，未見其本。

但馬一浮對於與董仲舒同時代稍晚擅長以例解經的何休評價不高，主要是馬一浮重義不重例，而更看重董仲舒的「《繁露》今存者幾於無一篇不引《論語》。」[102]另外，司馬遷在〈太史公自序〉言明孔子作《春秋》補弊起廢，有撥亂反正之功，馬一浮亦評曰：「試究其義之所從出，莫不從《易》與《論語》得來。」[103]因此，他稱許董氏、司馬氏的「春秋學」深得《易》、《論語》，還有《孟子》大義。

然而，這是否意味著馬一浮便欲透過《公羊》解《春秋》？不然。前輩學者對此也語多保留，如陸寶千說：「馬浮早年，正值維新人士盛倡公羊。就吾人所知，馬浮曾被公羊之風，而未見受康梁之影響。」[104]胡楚生則說：「除以《孟子》所論為其基礎之外，也多取《公羊傳》、《春秋繁露》之言，以闡釋《春秋》之義蘊。」[105]可確定馬一浮有受到《公羊》影響，但他接受與不接受哪些觀點？或提出哪些新的觀點？以下逐一說明。

自漢興以來，董仲舒據政治需要撰著《春秋繁露》，是一部影響當時、後世甚巨的公羊學之作。該書提出三個理論：「以《春秋》當新王」、

---

[102] 馬一浮：〈春秋教中〉，《復性書院講錄》第 2 卷，收入《馬一浮集》第 1 冊，頁195。

[103] 馬一浮：〈春秋教上〉，《復性書院講錄》第 2 卷，收入《馬一浮集》第 1 冊，頁194。

[104] 陸寶千：〈馬浮之春秋學〉，收入郝延平、魏秀梅主編：《近世中國之傳統與蛻變劉廣京院士七十五歲祝壽論文集》，頁 513。

[105] 胡楚生：〈馬一浮論春秋要旨〉，收入淡江大學中文系、漢語文化暨文獻資源研究所主編：《昌彼得教授八秩晉五壽慶論文集》，頁 323。

「《春秋》分十二世以為三等」、「《春秋》變周之制」；並論及四個大義：「仁」、「奉天法古」、「大一統」、「貴元」。[106]到了何休集公羊學之大成，更條理化《春秋》義例，以「五始」、「三科九旨——通三統、張三世、異外內」，與「七等」、「六輔」、「二類」為提綱。[107]

凡此種種對馬一浮的影響、啟發約有數端，總其旨要在「正名」二字。又正名就是正心，故馬一浮說：「正名者，正其心也，心正則致太平矣。」以正心作為形下事理、外王之根本。他以此作為解釋《春秋》之要義，而說道：「『必也正名』一語，實《春秋》之要義。」[108]而透過馬一浮對這些義例的述評，便可得知其對公羊學的態度。以下分兩部分言明：一是馬一浮如何闡釋《公羊》義例，又細分成「五始、元、奉天法古」，「元到大一統、奉天法古」，以及其他義例，包括：「屬辭比事」、「三世、三統說」、「七等」、「新王、改制」等諸點。二是說明馬一浮何以未受康、梁影響，以及對今古文之爭的評議。

首先，馬一浮解釋「五始」、「元」、「奉天法古」有說：

> 五始者，元年一、春二、王三、正月四、公即位五也。今略引董生與胡文定之說以明之。董生曰：「謂一元者，大始也。《春秋》變一謂之元，元猶原也。其義以隨天地終始也。故元者為萬物之本，而人之元在焉。安在乎？乃在乎天地之前。天地之元奚為？於此惡施於人？繼天地之所為而終之也。」又曰：「《春秋》何貴乎元（而言之）？

---

[106] 趙伯雄：《春秋學史》（濟南：山東教育出版社，2004年4月），頁130-143。

[107] 問曰：「《文謚例》云：『此《春秋》五始、三科、九旨、七等、六輔、二類之義，以矯枉撥亂，為受命品道之端，正德之紀也』……」答曰：「案《文謚例》下文云：『五始者，元年、春、王、正月、公即位是也。七等者，州、國、氏、人、名、字、子是也。六輔者，公輔天子，卿輔公，大夫輔卿，士輔大夫，京師輔君，諸夏輔京師是也。二類者，人事與災異是也。』」參見東漢・何休：〈隱公第一〉，收入李學勤主編：《春秋公羊傳注疏》（北京：北京大學出版社，1999年12月），頁5。

[108] 以上兩條，同見於馬一浮：〈春秋教上〉，《復性書院講錄》第2卷，收入《馬一浮集》第1冊，頁196。

元者，始也。言本正也。道，王道也。王者，人之始也。」按人元之說，乃自董生發之。《易》曰：「大哉乾『元』，萬物資始，乃統天。」「至哉坤『元』，萬物資生，乃順承天。」又曰：「乾知大始，坤作成物。」「先天而天弗為，後天而奉天時。」此董生所本，故又有奉天法古之義。又曰：「《春秋》之道，以元之深，正天之端；以天之端，正王之政；以王之正，正諸侯之即位，以諸侯之即位，正竟內之治。五者俱正而化大行。」又《對策》曰：「……故為人君者，正心以正朝廷，正朝廷以正百官，正百官以正萬民，正萬民以正四方，四方正，遠近莫不一於正。」此言亦本《孟子》。胡文定曰：「元即仁也。仁，人心也。」此釋董生人元之義，亦本於《易》《孟子》。五始之義大矣哉！[109]

「始」、「正」、「仁」，皆可與「元」相通，元在宇宙本體意義上，是萬物之源；落實於人道就是「人元」、「王道」，而人必須依循元而行事，尊奉天時，故有「奉天法古」之義。因此，「五始」要從人君正心開始，而正心就是展現仁心、人心，即子帥以正，天下從之，便是「五始」。故無論「五始」、「元」、「奉天法古」者，目的都是在「正心」。至於董仲舒的「奉天法古」則本為政治義[110]，目的是明《春秋》論世事係奉於天時，以法先王。

其次，再從「元」到「大一統」、「奉天法古」，馬一浮說：

《春秋》始元終麟，猶《易》之首〈乾〉〈坤〉而終〈既〉〈未〉也。……王道備則鳥獸亦歸其仁；人事乖則麟鳳徒見其異，與端應之

---

[109] 馬一浮：〈春秋教中〉，《復性書院講錄》第 2 卷，收入《馬一浮集》第 1 冊，頁 196-197。

[110] 董仲舒解釋有說：「故聖者法天，賢者法聖，此其大數也。得大數而治，失大數而亂，此治亂之分也。」詳參氏著：〈楚莊王第一〉，收入蘇輿註：《春秋繁露義證》，頁 14。

說無關。程子謂麟不至，《春秋》亦須作，是矣。……麟，獸之仁者
也。春秋之世，仁人不得位，仁獸之至不以時，而仁之道不可絕也。
……故始元者，仁之施於人也；終麟者，仁之被於物也。「仁遠乎
哉？我欲仁，斯仁至矣」，言近也。「斯民也，三代之所以直道而行
也」，「人之生也，直；罔之生也，幸而免」，皆《春秋》之義也。
……《易》曰：「正大，而天地之情可見矣。」《春秋》之所大者，
大一統，大居正，於《論語》歎堯之德見之，故曰：「大哉堯之為君
也！唯天為大，唯堯則之。」此亦稽古同天、奉天法古之義。[111]

　　《春秋》時段下線止於西狩獲麟（481B.C.），麟為仁獸，《公羊》云：
「何以書？記異也。何異耳？非中國之獸也。然則孰狩之？」何休解釋道：
「興者謂之瑞，亡者謂之異，然則何吉凶不并，瑞災不兼之有乎？」[112]但
馬一浮認為這與瑞應之說無關，他以《易》來解釋此象。他說《易》卦始於
「乾元」，終於「未既」；始於仁，也終於仁；而終不是停止，更是要永無
休止，故言「未既」。同樣的，《春秋》止於西狩獲麟也不是亡者之象，而
是仁道廣澤不盡，凡世間有道無道，都無礙於仁的施行。

　　至於「大一統」原是《公羊》的主張。蓋《公羊》本為政治而制作，
「元」的本體、宇宙、根源義是指無論是宇宙萬物、人類歷史的政治活動、
政治制度，皆有一個純正的開端，也唯有純正，才具備意義與價值，故
「元」為大一統奠定出形上意涵。落實到形下，便是「尊王」，重政治上的
統一。[113]而漢代的大一統為既定之事實，董仲舒亦藉著尊王來維繫王權，
因此，尊王的前提是貶諸侯，方能照見其旨。[114]然而，馬一浮解經本非為

---

[111] 馬一浮：〈春秋教中〉，《復性書院講錄》第 2 卷，收入《馬一浮集》第 1 冊，頁
　　197-199。

[112] 東漢・何休：〈哀公 14 年〉，收入李學勤主編：《春秋公羊傳注疏》，頁 618。

[113] 有關大一統的觀念，酌參蔣慶：《公羊學引論》（瀋陽：遼寧教育出版社，1995 年 6
　　月），頁 270-295。

[114] 趙伯雄：《春秋學史》，頁 140-141。

論說王權，所以上述提到的「大一統」、「奉天法古」，又或是從《易・大壯象辭》所說的「正大」，又或是用《論語・泰伯》讚美堯之德可擬於天等語，其旨皆在異名而同實的仁、正名、正心。

復次，不僅言大一統如此，馬一浮論其他義例也一樣，茲分別論述。其一，言「屬辭比事」，有言「心正則天地萬物莫不各得其正。」[115]

其二，評「三世、三統說」，則說：「皆西漢經師之說，須善看，不可泥。」[116]馬一浮未對三統說多作解釋。但針對「三世說」則云：

> 是以顏淵問為邦，答以四代禮樂，又云「齊一變，至於魯，魯一變，至於道」，與三世之說相當。據亂之世用霸，而齊為五霸之首；升平之世用王，魯存周之禮樂，可以表王；太平之世用帝，則變而至於道矣。〈禮運〉所謂「大道之行也」云云，謂用帝時也。[117]

> 邪說暴行，弒父弒君，此何事耶？孔子無位而託二百四十年南面之權，一以義理裁之而已。二百四十年如此，二千四百年亦如此。子張問「十世可知」，孔子答以「雖百世可知」。用《春秋》之義則治，不用《春秋》之義則亂。〈遯〉之象曰：「君子以遠小人，不惡而嚴。」此《春秋》所以作也。[118]

> 世愈亂而《春秋》之文愈治者，託變易之事，顯不易之理而成簡易之用也。事則據亂而文致太平，非謂定（556B.C.-495B.C.）、哀之世為

---

[115] 馬一浮：〈春秋教中〉，《復性書院講錄》第 2 卷，收入《馬一浮集》第 1 冊，頁 196。

[116] 馬一浮：〈春秋教中〉，《復性書院講錄》第 2 卷，收入《馬一浮集》第 1 冊，頁 196。

[117] 王培德、劉錫嘏記錄，烏以風、丁敬涵編次：「六藝篇」，〈馬一浮先生語錄類編〉，收入《馬一浮集》第 3 冊，頁 947。

[118] 馬一浮：〈春秋教上〉，《復性書院講錄》第 2 卷，收入《馬一浮集》第 1 冊，頁 192。

太平也。[119]

最初《公羊》的張三世是董仲舒將《春秋》所載的魯國十二世二百四十二年的歷史，按時代先後遠近，分成：有傳聞、有聞、有見三世。[120]何休進一步發揮則有：以有傳聞世搭配據亂世、以有聞世搭配升平世、以有見世搭配太平世[121]，以表明時代愈後，愈是文明太平，兼代表政治理想、也表明道德與歷史的並進。

回到上述第一條引文，馬一浮先揉合了《論語》，提出新的三世說。首先，他以顏淵問為邦之道，孔子回答夏、商、周初、到孔子所處的周衰等四代禮樂之盛衰。[122]其次，馬一浮又根據孔子所見當時齊、魯兩國風俗厚薄，比之三世說。然此二者對時代的劃分，對照原本《公羊》三世說的時代劃分，截然不同。考馬一浮的三世完全打破時間先後、歷史進化的觀念，而以道德提升的順序分為三世：以霸道為據亂世；王道為升平世；帝道，也就是〈禮運〉之大同為太平世。

第二條引文，馬一浮述及孔子作《春秋》的因由。孔子透過二百四十二年的歷史欲彰顯原則性的「義理」，而非史事，故義理無論是十世、百世，都不會更易。文中特別述明「一以義理裁之而已」，則明顯打破了張三世區分時代先進與否的論述。

第三條引文，馬一浮以《易》之「三易」對比三世，更清楚補充前面二說。他引佛家概念解釋三易而道：「三易之義，亦即體、相、用三大：不易是體大，變易是相大，簡易是用大也。」又說：「學者當知佛氏言生滅即變

---

[119] 馬一浮：〈春秋教中〉，《復性書院講錄》第 2 卷，收入《馬一浮集》第 1 冊，頁 196。

[120] 董仲舒：〈楚莊王〉，蘇輿註：《春秋繁露義證》，頁 9-10。

[121] 東漢·何休：〈隱公元年〉，收入李學勤主編：《春秋公羊傳注疏》，頁 26。

[122] 《論語·衛靈公》：「顏淵問為邦。子曰：『行夏之時，乘殷之輅，服周之冕，樂則韶舞。放鄭聲，遠佞人。鄭聲淫，佞人殆。』」南宋·朱熹註：《論語集註》，收入氏註：《四書章句集註》，頁 163-164。

易義，言『不生不滅』者，即不易義；若『不變隨緣，隨緣不變』，即簡易義也。」[123]大凡世愈亂而《春秋》文愈治，便是要藉著現象之事，以彰顯形上理則，冀能達到太平之世。由此亦可知，馬一浮是以道德提升作為衡定歷史進化的標準，故不可定指末二世之定公、哀公即為太平世，他接著說：「心正則致太平矣。」[124]正是如此。

其三，言「七等」，此係評價人物褒貶的書法，馬一浮用此言夷夏進退，並以有無禮義，作為七等進退的原則。[125]

其四，談制度意義的「新王」、「改制」，此取之董仲舒強調「新王必改制者，非改其道，非變其理也。」所以，「殷因於夏，周因於殷」的義理精神與文化傳承是不易之道；改制是隨時變易之道，革命與否，必是順天應人。[126]

根據上述，可知何以馬一浮即使談公羊學，卻不受到康、梁影響。最初董仲舒《繁露》有為漢制作的時代性；到了晚清的龔自珍、魏源則將今文經學作經濟、地理談，故梁啟超說：「故後之治今文學者，喜以經術作政論，則龔魏之遺風也。」[127]其風影響廖平、康有為等人。而馬一浮雖披《公羊》之風，但在重義不重例原則下，他亟欲抽撥義例、制度，而以通則性的大義貫穿古今，故不受其影響甚明。

接著，既然義無古今，馬一浮便直接批評了漢代重家法傳承、分際嚴明

[123] 馬一浮：〈易教中〉，《復性書院講錄》第 2 卷，收入《馬一浮集》第 1 冊，頁 188-189。

[124] 馬一浮：〈春秋教中〉，《復性書院講錄》第 2 卷，收入《馬一浮集》第 1 冊，頁 196。

[125] 有云：「……以有禮義與無禮義為斷，而非以種族國土為別明矣。《公羊》立七等進退之義，準此可知。【七等進退者，州不若國，國不若氏，氏不若人，人不若名，名不若字，字不若子。】」參見氏著：〈春秋教中〉，《復性書院講錄》第 2 卷，收入《馬一浮集》第 1 冊，頁 199。

[126] 馬一浮：〈春秋教上〉，《復性書院講錄》第 2 卷，收入《馬一浮集》第 1 冊，頁 192-193。

[127] 梁啟超：《清代學術概論》卷 22，頁 126。

的今古文經學。他在經傳二分、信經的基礎上，以今古文「乃是說經家異義，於本經無與。」而云：「然今文家亦有精處，古文家亦有駁處，當觀其通，不可偏執。」[128]

從漢代再到晚清的今古文之爭，馬一浮評說：

> 清代經學家今古文各立門戶，多不免以勝心私見出之，著述雖多，往往乖於義理。廖君最後出，善言制度，然以六經為侯後之書，幾同預言，則經文與讖緯何別？無乃為公羊家「為漢制作」一語所誤乎？若章實齋以六經為先王政典，則孔子刪述之業為侵官，其蔽一也。[129]

晚清的廖平頗受進化論影響，他以尊六經為前提，認為上古民智未開，提出孔子為萬世垂法的觀點；而時代稍早的章學誠更直以周公制作六經為政典，孔子僅是刪述的師儒。無論是廖平的過度推揚，或章學誠的過度之抑，馬一浮認為二者論述核心皆未觸及根本大義。那麼，該從何處取得大義？馬一浮說：

> 清儒特好《公羊》，以傳會改制之說。治《左氏》者益不知經史之辨，故令《春秋》之義不明於天下，夷狄之禍復熾於今日。然則《胡傳》之晦而復明，誠今日治經者所不可一日緩也。[130]

馬一浮欲以「義理」統攝各家家法的多元性，突出義理精神的「通」，所以他認為家法可不存，而可歸於形上本體。因此，大義必等程頤、胡安國而後明。

綜觀馬一浮所論可歸納出四個特點：一是不恪守義例。秉持仁、正名、正心的基礎，上考之《易》、《論語》、《孟子》，下徵董仲舒、胡安國，

---

[128] 馬一浮：〈答池君〉，《爾雅臺答問》卷1，收入《馬一浮集》第1冊，頁511。
[129] 馬一浮：〈答池君〉，《爾雅臺答問》卷1，收入《馬一浮集》第1冊，頁512。
[130] 馬一浮：〈重印宋本春秋胡氏傳序〉，收入《馬一浮集》第2冊，頁42。

繫成一脈相承的學術源流。二是不主政治義。馬一浮稀釋了《公羊》強烈的政治性格，不同於晚清公羊學家欲創建新制度，提出具體改革。三是不專主歷史遞衍。原本的三科九旨在政治義之餘，另傳達出了歷史遞衍的史觀，在晚清時常與西方的歷史進化論相提並論。馬一浮雖然承認歷史文明是前進的[131]，但歷史首重傳心，故他不贊同三科九旨之例，斥為「經生之見」。[132]四是批評今古文之爭乃偏隅私見，以恢復《春秋》之大義為要。

2.推崇程頤、胡安國的「春秋學」

暨董仲舒之後，馬一浮推崇程頤、胡安國的春秋學，理由是二人與董仲舒一樣注重於義，以心性解《春秋》。

馬一浮言程、胡二氏論《春秋》特點是：

> 伊川〈春秋傳序〉曰：夫子「作《春秋》，為百王不易之大法。」「斯道也，惟顏子嘗聞之。『行夏之時，乘殷之輅，服周之冕，樂則韶舞』，此其準的也。後世以史視《春秋》，謂褒善貶惡而已，至於經世之大法，則不知也。《春秋》大義【數十。其義雖大，】炳如日星，乃易見也。唯其微辭隱義、時措（咸）【從】宜者為難知也。或抑或縱，或予或奪，或進或退，或微或顯，而得乎義理之安，文質之中，寬猛之宜，是非之公，乃制事之權衡，揆道之模範也。」程子此言，三《傳》所不能到，惜其書未成。再傳而有胡文定之學，雖不盡出於伊川，然其大旨，固伊川有以啟之。其序曰：《春秋》者，「史外傳心之要典也」，「仲尼天理之所在」，故以天自處。「苟得其所同然」，則「《春秋》之權度在我」，此庶幾能見聖人之大用者。學

---

[131] 馬一浮說：「人類歷史過程皆由野而進於文，由亂而趨於治，其間盛衰興廢、分合存亡之跡，蕃變錯綜。」氏著：〈論西來學術亦統於六藝〉，《泰和宜山會語》，收入《馬一浮集》第 1 冊，頁 21。

[132] 馬一浮：〈春秋教上〉，《復性書院講錄》第 2 卷，收入《馬一浮集》第 1 冊，頁 195。

者觀於此，而後知三科九旨之說，猶為經生之見矣。[133]

馬一浮以從程頤再到胡安國一脈而下，首重《春秋》的「經世大法」，欲能得此大法先要有「義理之安」，至於從何而得？在「史外傳心」、「天理」、得其理而能「權度在我」。三者同為一事，從歷史記載，透顯出亙古不變的心性原則，至於公羊家談三科九旨，馬一浮認為只是攙和在制度內，過於淺陋。

　　然而馬一浮與程頤的觀點略有異同。相同處是皆對三《傳》持懷疑態度，遇經傳相歧，信經而不信傳。不同處是程頤重《左傳》，馬一浮重《公羊》。程《傳》內容不多，但解經原則是「必優游涵泳，默識心通，然後能造其微也」，而非「於一事一義而欲窺聖人之用心。」[134]以心性解釋《春秋》，將「義」敷以理、天理、人理等理學概念表達[135]，馬一浮則又與之相若，而程子云：「學者不必他求，學《春秋》可以盡道矣。然以通《語》、《孟》為先。」[136]馬一浮亦若是。

　　且先觀胡安國談《春秋》經孔子刪述後的價值有云：

> 《春秋》魯史爾，仲尼就加筆削，乃史外傳心之要典也，而孟氏發明宗旨，目為天子之事者。周道衰微，乾綱解紐，亂臣賊子接跡當世，人欲肆而天理滅矣。仲尼天理之所在，不以為己任而誰可？[137]

胡安國以《春秋》本質是史書，經過孔子以天理、仁道之義理經世，提升為

---

[133] 馬一浮：〈春秋教上〉，《復性書院講錄》第 2 卷，收入《馬一浮集》第 1 冊，頁 194-195。

[134] 北宋·程頤：〈春秋傳序〉，收入北宋·程顥、程頤：《二程集》（臺北：漢京文化事業公司，1983 年 9 月），頁 1125。

[135] 有關二程春秋學，參見趙伯雄：《春秋學史》，頁 468-483。

[136] 北宋·程顥、程頤：《二程集》，頁 1200。

[137] 北宋·胡安國：〈春秋傳序〉，《春秋胡氏傳》（杭州：浙江古籍出版社，2010 年 4 月），頁 1。

經，欲知《春秋》精神必在此心。同理而論，讀經若此，讀史亦該隨此一道統精神，歷史價值、意義不只是鋪陳客觀史料與陳述史實，必深守傳心原則，簡別史料以述史。

在傳心原則下，《春秋》義例、書法自不可硜硜於文詞，而要窮究其大義，如胡安國謂：

> 《春秋》之文，有事同則詞同者，後人因謂之例。然有事同而詞異，則其例變矣。是故正例非聖人莫能立，變例非聖人莫能裁；正例天地之常經，變例古今之通誼。惟窮理精義，於例中見法、例外通類者，斯得之矣。[138]

胡安國認為要窮透理之精義，方能從變中見常，通古今之常變。而馬一浮正是從人心能否立於心性，由本而末，從而推崇胡《傳》能揚讚《春秋》精義，以映見其對政治的影響。[139]且胡、馬二人皆曾遇到「夷狄之禍」，前有北方外族，後有日本侵華。馬一浮說：

> 若夫說經者因後世之事，以《春秋》之義推之，明其失政之所由、亂亡之萌漸，使聞之者足以懼，雖未必盡得聖人之用心，要其能睹跡以知本，見始以知終，而謹於禮失之漸，抉其微隱，使昭襮於言外，其亦可以撥亂世反之正。若是者，《胡傳》有焉。當宋之南遷，夷狄之禍亟矣。其君臣溺於宴安而不知奮，忘君父之讎，北面而事之，其何能國？文定受高宗（1107-1187）詔撰進是書，冀以經術漬於朝野之人心，庶幾免於夷狄；正王安石黜《春秋》、不立學官之非，而告高宗以專讀《左傳》之無益。……其說雖不顯於當世，及宋之亡，仗節死義者踵相接。元祚既仆，明興，乃益重此書，科舉試《春秋》義專

---

[138] 北宋・胡安國：〈明類例〉，《春秋胡氏傳》，頁 11。

[139] 胡安國如何「以史鑑今」，可參見汪嘉玲：《胡安國春秋傳研究》，頁 76-88。

用胡氏，著為令。明亡而死義之士相隨屬。中國之終不淪於夷狄，賴有《春秋》，《春秋》之不至夷為史書，賴有《胡傳》，其效亦可覩矣。[140]

朝代可亡，心不可亡，天下禍端多起於人心，讀《春秋》重胡《傳》，甚至《春秋》得以復名為經，不為史，彰顯出心性精蘊，也端賴胡安國的闡發。[141]

即便如此，馬一浮認為胡安國的解經也非全然可行，胡氏偶有依義不依文、依文不依義之處，馬一浮則視之為偏曲而說道：

> 以經證經在依文，依文亦有得有失，得在比傳，失在穿鑿，自何、范以至劉、廖皆是也。以義理為主，則有時可略文而求義，依義而不依文，此亦有得有失，得在玄解，失在近專，【如《胡傳》以《春秋》為用夏正之類。】自啖、趙及宋初諸儒以至胡文定是也。不獨《春秋》，凡治羣經皆然。朱子詩云：「須知三絕韋編者，不是尋行數墨人。」是知真能得其會通者又別有事在。若韓退之〈贈盧仝〉詩所謂「《春秋》三傳束高閣，獨抱遺經究終始」者，則又不可為訓也。[142]

馬一浮評胡《傳》之處，是指其「以夏時冠周月」之說，這屬於曆法問題，此不贅言。[143]倘若依文、依義皆有過度詮釋之憂，又該如何正確解讀？馬

---

[140] 馬一浮：〈重印宋本春秋胡氏傳序〉，收入《馬一浮集》第 2 冊，頁 41-42。

[141] 四庫提要記載有云：「……明初定科舉之制，大略承元舊式，宗法程朱。而程子《春秋傳》僅成二卷，闕略太甚。朱子亦無成書，以安國之學出程氏，張洽之學出於朱氏，故《春秋》定用二家，蓋重其淵源，不必定其書也。後洽《傳》漸不行用，遂獨用安國書，漸乃棄經不讀，惟以安國之傳為主。當時所謂經義者，實安國之傳義而已。」清‧永瑢等撰：《四庫全書總目》（北京：中華書局，1995 年 4 月），頁 219。

[142] 馬一浮：〈示金曉邨〉，《爾雅臺答問續編》卷 3，收入《馬一浮集》第 1 冊，頁 631。

[143] 詳可參見趙伯雄：《春秋學史》，頁 513-520。

一浮續道：

> 以義理為主而不以私意參之，斯可矣。舊說有失之者，為其不免於鑿
> 也。苟於義理有當，固不得而遺之，此所以不可專主一家。然必於義
> 理見得端的方能抉擇。[144]

從詮釋法則來看，詮釋如何能不參私意？如何權衡孰是孰非？馬一浮認為義
理不外乎正名、正心、仁等一貫之理，並非不可得。而「不可專主一家」則
是詮釋應有的態度，破除家法門戶、時空先後的障蔽，悉以義理、心性為依
歸。

總之，無論經史、詮釋方法，必是義理先行，家法門戶之見可破，故馬
一浮總示讀《春秋》之法云：「學者且宜熟玩《公》、《穀》、《胡傳》，
須使義精仁熟，乃有以得聖人之用心。」[145]其義在此。

（三）本於心性，闡述《春秋》「微言大義」

該如何透過《公羊》闡述《春秋》「微言大義」？馬一浮以夷夏進退、
文質損益、刑德貴賤、經權予奪，證成《春秋》旨在「正名」，亦是「正
心」。[146]

因此，馬一浮強調「正名」先要「正名倫」而云：

> 董生曰：「《春秋》慎辭，謹於名倫等物者也。」孟子曰：「舜（察
> 於人倫）明於庶物，【察於人倫】。」是知深察名號為名倫，因事立

---

[144] 馬一浮：〈示金曉邨〉，《爾雅臺答問續編》卷 3，收入《馬一浮集》第 1 冊，頁
631。

[145] 馬一浮：〈通治羣經必讀諸書舉要〉，《復性書院講錄》卷 1，收入《馬一浮集》第
1 冊，頁 142。

[146] 馬一浮云：「《春秋》之大用在於夷夏進退、文質損益、刑德貴賤、經權予奪，而其
要則正名而已矣。」參見氏著：〈春秋教中〉，《復性書院講錄》第 2 卷，收入《馬
一浮集》第 1 冊，頁 196。

義為等物，名倫即屬辭，等物即比事也。名倫等物，得其理則治，失其理則亂。故曰：「《春秋》長於治人」、「《春秋》之失亂」、「撥亂世反之正，莫近於《春秋》也。」人事浹，王道備，在得正而已矣！[147]

「屬辭比事」指連綴文辭，排比史事。蘇輿（1874-1914）註「名倫等物」而曰：「因倫之貴賤而名之，因物之大小而等之。」[148]至於「深察名號」者，董仲舒說：「治天下之端，在審辨大。辨大之端，在深察名號。……是非之正，取之逆順，逆順之正，取之名號，名號之正，取之天地，天地為名號之大義也。」[149]綜言之，名倫、端正名號必深源於形上理則，而後方能等物，排比史事，故董氏說：「《春秋》大元，故謹於正名。」[150]馬一浮取其意，合正名、正心為一，明心正則萬事莫不正，此即《春秋》之旨，故說：「名倫等物為正名之事。」[151]上述四大義，前輩學者多有說明[152]，今略舉各點證成「正名」之意。

1.論夷夏進退

馬一浮言「夷夏進退」有二要點：一以禮義正夷夏，二正君名。有言：

是中國與夷狄，只是有禮與無禮之分，有禮是中國，無禮是夷狄。故

---

[147] 馬一浮：〈春秋教中〉，《復性書院講錄》第 2 卷，收入《馬一浮集》第 1 冊，頁 196。

[148] 董仲舒：〈精華〉，蘇輿註：《春秋繁露義證》，頁 85。

[149] 董仲舒：〈深察名號〉，蘇輿註：《春秋繁露義證》，頁 284-285。

[150] 董仲舒：〈深察名號〉，蘇輿註：《春秋繁露義證》，頁 305。

[151] 馬一浮：〈春秋教中〉，《復性書院講錄》第 2 卷，收入《馬一浮集》第 1 冊，頁 196。

[152] 可參見陸寶千：〈馬浮之春秋學〉，收入郝延平、魏秀梅主編：《近世中國之傳統與蛻變：劉廣京院士七十五歲祝壽論文集》上冊，頁 493-513、胡楚生：〈馬一浮論春秋要旨〉，收入淡江大學中文系、漢語文化暨文獻資源研究所主編：《昌彼得教授八秩晉五壽慶論文集》，頁 307-324。

中國乃仁義之總稱，夷狄即殘暴之別號。孔子曰：「道二，仁與不仁而已矣。」仁是中國，不仁便是夷狄。今人不知此義，恆以地域種族分中國、夷狄，謬矣！[153]

今略明夷夏、進退義。《論語》曰：「夷狄之有君，不如諸夏之無也。」此在正名，大義有二科：一正夷夏之名，一正君之名。《春秋》不予夷狄為禮，是以無禮無夷狄也。「《春秋》尊禮而重信，信重於地，禮尊於身。」【《繁露‧楚莊王篇》。】……以有禮義與無禮義為斷，而非以種族國土為別明矣。……「君者，不失其羣者也。」【《繁露‧滅國篇》。又《荀子‧王制篇》：「君者，善羣也。」《白虎通》：「君，羣也，羣下之所歸心也。」】孟子曰：「得乎丘民而為天子。」《爾雅》曰：「林蒸天帝皇王后辟，君也。」林、烝皆眾義；皇、王皆大義；天是至上義，至遍義；帝是審諦義；后是繼述義；辟是執法義：總此諸義，故知君為德稱。故夷狄之君，《春秋》所不君也。……察此二科，則於聖人進退予奪之權，亦可喻其少分矣。[154]

馬一浮認為分辨何為中國、夷夏的關鍵在「仁心」，有仁心稱為中國，無之為夷狄，而非以地域、種族作區分。至如古代稱君、皇、王、天、帝、后、辟者，皆重道德義，夷狄則為無禮的代稱，凡德有失即為夷狄[155]，當中決斷條件是「正心」，故說《春秋》之辭：「從變從義而一以奉天，故言『君子居之，何陋之有』，是夷夏可齊也。」[156]

---

[153] 烏以風輯錄：〈問學私記〉，收入《馬一浮集》第 3 冊，頁 1184。

[154] 馬一浮：〈春秋教中〉，《復性書院講錄》第 2 卷，收入《馬一浮集》第 1 冊，頁 199-200。

[155] 詳例可參見馬一浮：〈春秋教中〉，《復性書院講錄》第 2 卷，收入《馬一浮集》第 1 冊，頁 199-200。

[156] 馬一浮：〈春秋教中〉，《復性書院講錄》第 2 卷，收入《馬一浮集》第 1 冊，頁 200。

2.論文質損益

　　「文質損益」有二要義：一為文質相兼，二是重心志。馬一浮不贊同《公羊》以「親親尊尊」、「天法三光，地法五行」的歷史遞嬗觀點解釋文質，而說：「此乃有近於今世唯物史觀所推歷史演變階段，其誤由於不識文質並用之旨而來。」[157]他以文質相兼否定循環的文質觀，也否定機械式的歷史循環理論，有說：

> 此義在《論語》甚顯，而後儒說《春秋》者多為曲說。……棘子成（？）曰：「君子質而已矣，何以文為？」子貢（520B.C.-446B.C.）非之曰：「文猶質也，質猶文也。虎豹之鞟猶犬羊之鞟。」子曰：「質勝文則野，文勝質則史。文質彬彬，然後君子。」此可證也。「周兼於二代，郁郁乎文哉！吾從周。」復曰：「先進於禮樂，野人也；後進於禮樂，君子也。如用之，則吾從先進。」從周則疑於棄質，從先進又疑於棄文。聖人損益之宜，亦是難見。如曰：「麻冕，禮也；今也純，儉。吾從眾。拜下，禮也；今拜乎上，泰也。雖違眾，吾從下。」從儉是質，從下是文。以此求之，略可知也。[158]

由此可知馬一浮重視文質的文化義[159]，而非歷史義，他兩度援引董仲舒語云：

> 董生曰：「《春秋》之論事莫重於志，三年之喪畢，猶宜未平於心。今全無悼遠之志，是《春秋》之所甚疾也。」惡其不戚也。是知答林

---

[157] 馬一浮：〈春秋教下〉，《復性書院講錄》第 2 卷，收入《馬一浮集》第 1 冊，頁 201。

[158] 馬一浮：〈春秋教下〉，《復性書院講錄》第 2 卷，收入《馬一浮集》第 1 冊，頁 201-202。

[159] 陸寶千：〈馬浮之春秋學〉，收入郝延平、魏秀梅主編：《近世中國之傳統與蛻變：劉廣京院士七十五歲祝壽論文集》上冊，頁 510。

放（？）之問，亦《春秋》之旨也。儉與戚是質，奢與易是文，此損文以就質，猶棄麻冕而用純也。拜下近文，拜上近質。惡其泰而漸至於僭也，則又損質以就文。於此可見損益之微旨。董生曰：「禮之所重者在其志，志敬而節具，則君子予之知禮；志和而音雅，則君子予之知樂；志哀而居約，則君子予之知喪。志為質，物為文，文著於質，質文兩備，然後其禮成，文質偏行，不得有我爾之名。不能俱備而偏行之，寧有質而無文，雖弗（能）予【能】禮，尚少善之，介葛盧（？）來是也。有文無質，非直不予，乃少惡之，謂州公寔（？）來是也。然則《春秋》之為道也，先質而後文，右志而左物。故曰：『禮云禮云，玉帛云乎哉？』推而前之，亦宜曰：朝云朝云，辭令云乎哉？『樂云樂云，鐘鼓云乎哉？』引而後之，亦宜曰：喪云喪云，衣服云乎哉？」董生此言最得其旨。《樂記》曰：「窮本知變，樂之情也；著誠去偽，禮之經也。」《春秋》，禮義之大宗，故今謂之文質，乃是並用而非遞嬗。學者以是推之，於聖人損益之道，亦可略窺其微意矣！[160]

要之，禮、樂是文，心志是質，文以質為本，本透過文而為用，這才是文質兼備。若不能兼得，必以質為先，但仍尚「質文兩備，然後其禮成」。這裡由志、禮，即心、物對比，著重原則義、文化義，而非制度義的發揮。禮樂得根源於心，故《春秋》記事以反質為要。

馬一浮再以文質觀詮釋「義理」、「言行」：

又如後世玄言家或至任誕去禮，質勝則野；義學家每務知解辯說，文勝則史也。二氏之流失如此，亦以老子之惡文太甚，佛氏之言義過奢有以致之。今人行好脫略，言好攻難，學不逮古人而病則過之，學

---

[160] 馬一浮：〈春秋教下〉，《復性書院講錄》第 2 卷，收入《馬一浮集》第 1 冊，頁203-204。

《禮》與《春秋》是其藥也。[161]

此處同樣重視文質彬彬，並對比玄學與義學、老子與佛氏的義理言行，過於放誕去禮或繁文縟節皆過猶不及，而況今人尚不如古人，必以《禮》、《春秋》端正之。馬一浮又用文質詮釋歷史：

> 語曰：「文勝質則史。」故知史家主文，遠於情實。事必有義，然後文之。若其事信美，於文何咎。苟乖於義，則事不足稱，雖有良史，難乎為文。匪特傳聞異辭，不為典要，過文則誣，漂杵乃施於至仁，近信則野，孝慈無救於幽厲。見禮知政，聞樂知德，明事之本在心也。故《尚書》為傳心之典，《春秋》非比事之書。《通鑑》但齊於實錄，而《綱目》可坿於《春秋》。為其因事顯義，推見至隱，見者其事，隱者其心。……明乎失得之故，廢興所由，斯可以立舉措之規模，見施行之次第。上之可紹於麟經，下之亦同於三《傳》。……此即考訂稍疏，未足為病。[162]

史家記錄史事，不免有渲染與否的爭議，朱熹云：「史，掌文書，多聞習事，而誠或不足也。」[163]馬一浮以史家裁化史料，落筆成文的取捨，便要準之以「義」。合乎義，但書無妨，文質相等；乖於義，不足稱而書，便是文過於質，因此，文是否過於情實依循準的在「正心」。經史之文重在事理背後的本心，從《尚書》、《春秋》重傳心，再到具有實錄意義的《資治通鑑》，搭配朱熹《通鑑綱目》以明聖人本心，在在言明記載歷史貴在史實背

---

[161] 馬一浮：〈春秋教下〉，《復性書院講錄》第 2 卷，收入《馬一浮集》第 1 冊，頁204。

[162] 馬一浮：〈葉左文〉第 9 封，收入《馬一浮集》第 2 冊，頁 436-437。

[163] 南宋・朱熹註：〈雍也〉，《論語集註》，收入氏註：《四書章句集註》，頁 89。

後的道德史觀。[164]

至於朱熹的《通鑑綱目》折衷了《資治通鑑》、胡安國《通鑑舉要補遺》，別為義例，而以「蓋表歲以首年，而因年以著統，大書以提要，而分注以備言。」為體例[165]，欲能「使夫年之久近，國統之離合，事辭之詳略，議論之異同，通曉析如指諸掌。」其旨在「雖然歲周於上而天道明矣，統正於下而人道定矣！」[166]故馬一浮稱許其編年且能兼明《春秋》義理，明繫政治之正統，實為貫串道統。其意不在詳載史實，而是辨明大義。綜言之，儘管史料考訂略疏，只要無礙揚發道德精神，便可文質彬彬。

3.刑德貴賤

「刑德貴賤」有二個旨意：一是惡刑而去兵；二是春秋無義戰。馬一浮云：

> 次略明刑德貴賤義。「陽為德，陰為刑」，《大戴禮》引孔子言。董生對策本此。略曰：「刑主殺而德主生。陽常居大夏，而以生育長養為事；陰常居大冬，而積於空虛不用之處：以此見天之任德不任刑。刑之不可任以成世，猶陰之不可以成歲也。為政而任刑謂之逆天，非王道也。」【亦見《繁露‧陽尊陰卑篇》】此其義出於「為政以德」及「道之以政」二章。《論語》申此義者，隨處可見。如曰：「善人為邦百年，亦可以勝殘去殺矣。」對季康子（？-468B.C.）曰：「子為政，焉用殺？」……征者，正也，以義正之。戰則為敵對之辭。《公羊傳》曰「王者無敵」，故言征不言戰也。禮樂是德，征伐是刑。禮樂之失而為僭差，征伐之失而為攻戰。《春秋》為是而作，故孟子

---

[164] 本文乃是馬一浮回覆其友葉左文的信件，文旨在談史，文章起首便指明：「前書謂兄偏重史實，末流不能無弊。」以述明立場。馬一浮：〈葉左文〉第9封，收入《馬一浮集》第2冊，頁436。

[165] 即以天干地支編年，次繫以帝王年號別正統，再以大字名提要，小字分注作說明。

[166] 以上三引文參見朱熹：〈朱子序例〉，收入《景印文淵閣四庫全書‧史部‧史評類》第689冊（臺北：臺灣商務印書館，1986年3月），頁3。

曰：「五伯【者】，三王之罪人也。」董生曰：「《春秋》之辭有賤
者，有賤乎賤者。夫有賤乎賤者，則亦有貴乎貴者矣。」推「任德不
任刑」之旨，而後聖人之所貴賤可知也。[167]

此表明德刑、征戰之別。「德」是禮樂，可上溯至陰陽二化，主生養，為
陽；「刑」是征伐，主殺伐，為冬。人世為政應以禮樂為主，此乃順天之王
道；若任刑不任德，則是逆天；又禮之不行，以義正之，則可征伐，然征、
戰之別亦在於此。「征」是征伐；「戰」為敵對，征伐不合乎義，便成攻
戰，故引《孟子》「春秋無義戰」、董仲舒「《春秋》之所惡者，不任德而
任力」等[168]，皆以正德刑之名，旨在任德不任刑。

4.經權予奪，兼論義利、王霸

　　論「經權予奪」有二個重點：一是經權不二；二是「一於禮，一於
仁」。先言前者，馬一浮引董仲舒語云：

董生曰：「《春秋》有經禮，有變禮。明乎經變之事，然後知輕重之
分，可與適權矣。」【《繁露・玉英篇》】經禮，禮也。變禮，亦禮
也。是知達於禮者，乃可與適權。其有達於常而不達於變，達於變而
不達於常者，必於禮有未達也。[169]

在《公羊傳・桓公11年》有言：「權者何？權者反於經，然後有善者也。」
[170]此處的權指不循常規。但馬一浮論予奪、經權最重要條件是：予奪以知

---

[167] 馬一浮：〈春秋教下〉，《復性書院講錄》第 2 卷，收入《馬一浮集》第 1 冊，頁
204-206。

[168] 馬一浮：〈春秋教下〉，《復性書院講錄》第 2 卷，收入《馬一浮集》第 1 冊，頁
205。

[169] 馬一浮：〈春秋教下〉，《復性書院講錄》第 2 卷，收入《馬一浮集》第 1 冊，頁
206。

[170] 東漢・何休：〈春秋公羊傳注疏序〉，收入李學勤主編：《春秋公羊傳注疏》，頁
98。

禮為先，方能予其權；經為常道，權亦不可叛經為權，先通達於禮，權便能循此而行。馬一浮是延續二程、朱熹經權不二的觀點，故「反」為「復反」，而非「背反」，故馬一浮解釋道：「反言復也。《公羊》家說反經為權。或釋為背反之反，非。」[171]誠是如此。

至於予奪標準則在「禮」、「仁」，馬一浮有說：

> 其予者奈何？曰：一於禮，一於仁而已矣。禮重於身者，經也；仁貴於讓者，權也。……程子曰：「何物為權？義也。古今多錯用『權』字，纔說權，便墮變詐或權術，不知權只是經所不及者，權量輕重使之合義，纔合義，便是經也。」程子此言尤約而盡。【胡文定曰：「變而不失其正之謂權，常而不過於中之謂正。」義亦精審。】學者當知經權不二，然後可以明《春秋》予奪之旨。所以決嫌疑，明是非，非精於禮者未易窺其微意也……[172]

此處以《公羊》桓公（約 731B.C.-694B.C.）11 年（701B.C.），鄭國的祭仲（？-682B.C.）、成公 2 年（589B.C.）齊國逢丑父（？）兩相對照，二者均為保全國君而反道為權，但為何讚許前者而貶後者？係因祭仲為保全國君性命，避免兄弟相殘，暫使舊君退位，迎立新君，以待時機而反；但逢丑父卻與齊頃公（？-572B.C.）於戰役中，與國君對調身分，助其逃亡，反使國君蒙受奔逃羞辱。所以，董仲舒議論道：「故凡人之有為也，前枉而後義者，謂之中權，雖不能成，《春秋》善之，魯隱公（？-712B.C.）、鄭祭仲是也。前正而後有枉者，謂之邪道，雖能成之，《春秋》不愛，齊頃公、逢丑父是也。」[173]又說：「天之為人性命，使行仁義而羞可恥，非若鳥獸然，

---

[171] 馬一浮：〈春秋教下〉，《復性書院講錄》第 2 卷，收入《馬一浮集》第 1 冊，頁 207。

[172] 馬一浮：〈春秋教下〉，《復性書院講錄》第 2 卷，收入《馬一浮集》第 1 冊，頁 207-208。

[173] 西漢・董仲舒：〈竹林〉，蘇輿註：《春秋繁露義證》，頁 60-61。

苟為生、苟為利而已。」[174]馬一浮悉採董氏論點，並推衍出權必依仁義而行，能合乎仁義，也就符合經道，故經權不二。而逢丑父與國君對調身分之舉，名不正言不順，因而貶之。

馬一浮又藉管仲的事蹟帶出義利、王霸之辨，他先從經權予奪論管仲：

> 謂管仲「豈若匹夫匹婦之為諒」，是言權也。……「微管仲，吾其被髮左衽矣」，以功則予之。「管仲之器小哉」，「管氏而知禮，孰不知禮。」以禮則奪之。《春秋》之予奪，以此推之可也。[175]

從事功看，管仲不死小義小節，後有功於天下，合乎「前枉而後義」的權道，故予其功。但為人臣者，他成就齊桓公的霸道，卻未能上至王道，且行為奢豪踰越人臣之禮，乃是「前正而後有枉者」，故奪其禮。馬一浮又說：

> 《論語》，孔子稱管仲之器小。然管仲相桓公，九合諸侯，一匡天下，致齊於富強，論事功亦大有可觀。何以孔子小之？朱子注「器小」是「局量褊淺，規模狹隘」，此乃指心量說，非指事功言。管仲之器小，只是心量小了，故仲尼之徒無道桓文之事者。堯舜事業如一點浮雲過太虛，何況事業不及堯舜。大抵事由緣成，理乃本具。聖人惟恐理有未盡，故心常虛；霸者矜其功業，故心常驕。此王霸之別，即義利之辨，學者不可不知。[176]

朱熹《註》云：「器小，言其不知聖賢大學之道，故局量褊淺，規模卑狹，不能正身修德以致主於王道。」[177]故馬一浮將管仲器度狹小歸咎心量不夠

---

[174] 西漢・董仲舒：〈竹林〉，蘇輿註：《春秋繁露義證》，頁61。

[175] 馬一浮：〈春秋教下〉，《復性書院講錄》第2卷，收入《馬一浮集》第1冊，頁206。

[176] 烏以風輯錄：〈問學私記〉，收入《馬一浮集》第3冊，頁1184。

[177] 南宋・朱熹註：〈八佾〉，《論語集註》，收入氏註：《四書章句集註》，頁67。

寬闊，不懂虛心應萬物，他處更明言：「功以事言，器指性說。管仲之功，誠不可沒，但終非王佐之器，故孔子小之。」[178]即必須正心方能辨別王霸、義利，由此亦可辨別出「予功」、「予禮」的差異。予功是合乎現實政治的考量；予禮必要上溯到正心、正名，以合乎仁的道德評價。

5.總大義之要

根據上述四條《春秋》大義，馬一浮總結其精神在「正一」，而云：

> 董生曰：「《春秋》之為學，遵往而明來者也。其辭體天之微，故難知也……故為《春秋》者，得一端而多連之，見一空而博貫之，則天下盡矣。……故天下雖大，古今雖久，以是定矣。自內出者，無匹不行；自外至者，無主不止：言感應也。」匹者何？貳也。「慎辨物方居方」，「吉凶存亡」，皆其自致也。主者何？一也，一謂正也。一於禮，一於義，一正一切正，故曰：「正一而萬物備也。」又復當知文不能離質，權不能離經。此謂非匹不行，用之通變者，應理而得其中，從體起用，謂之自內出。夷必變於夏，刑必終於德。此謂非主不止，用之差忒者，雖動而貞夫一，會相歸性，謂之自外至。「一致而百慮」，非匹不行也；「殊塗而同歸」，非主不止也。……《春秋》仁以愛人，義以正己，詳己而略人，大其國以容天下，在辨始察微而已。[179]

《春秋》重在「辨始察微」。始者，即是「主」、「一」、「正」、「體」、「性」之道德原則，以禮義為準的，外在一切咸歸向於此，唯辨始察微方能「一正一切正」、「正一而萬物備也」，凡夷變夏，德主刑輔，以此為先。除了本體，由內延伸至外，由一生貳是匹，匹必以一為本體，即：「文不能離質」、「權不能離經」。

---

[178] 烏以風輯錄：〈問學私記〉，收入《馬一浮集》第 3 冊，頁 1181。

[179] 馬一浮：〈春秋教下〉，《復性書院講錄》第 2 卷，收入《馬一浮集》第 1 冊，頁 209。

　　故「正一」是上述四組《春秋》大義之要義，馬一浮引《易》曰：「知進退存亡而不失其正者，其唯聖人乎」，而說「心正則天地萬物莫不各得其正。倫物者，此心之倫物也。」[180]所以，《春秋》大義以辨始察微作開端，「一」之於仁義，「匹」之於由己而廣於人，再到天下萬物，這就是《春秋》仁道精神，也是正名、正心。

　　總的來說，馬一浮從孔子刪述六藝，到孟子傳承，接著三《傳》、董仲舒，再到伊川、胡安國注疏，強化心性之學的道統觀，因此，其論《春秋》藉《公羊》申明微言大義，實是上承了孔孟，下接理學家的心性之學。

　　馬一浮又以《易》、《論語》、《孟子》為基礎，尊《春秋》的「義理」，重義而輕史實，挑戰既往章學誠的六經皆史，乃至於當時代遍地皆史、皆史料的觀點，他似是多方追求義理真諦，且兼采眾家之長，實際只是追求純一的道統。所以，他不欲區分今古文、別家法，而是在道統唯一的是非判斷下，否定史學詮釋的多元性、獨立性，所以史學必繫於六藝。

二、界定現代史學的價值

　　從馬一浮對《春秋》的定位，只能由一個端點勾描經學視域投射出的經史定位，而無法全幅展現他論史學的方法與價值，欲能清楚馬一浮的史學觀，及其與經學、義理學之間的關聯，得由根源性的「什麼是歷史」著眼，這還包括時代氛圍與對話對象，即當時史學界主流的「新史學」。

　　馬一浮曾批評「新史學」道：「新史學多害義理，往往以今人侵伐掠奪之心理擬之聖賢。舉世風靡，義理祇可不談，恐聖哲血脈從此遂絕。」[181]又說：「蓋取徑於歷史社會之客觀研究，與經術義理之學，塗轍迥殊。」[182]他認為取徑於歷史社會的客觀研究、新史學，與聖賢的經術義理殊途二

---

[180] 馬一浮：〈春秋教中〉，《復性書院講錄》第 2 卷，收入《馬一浮集》第 1 冊，頁 196。

[181] 王培德、劉錫嘏記錄，烏以風、丁敬涵編次：「史學篇」，〈馬一浮先生語錄類編〉，收入《馬一浮集》第 3 冊，頁 974。

[182] 馬一浮：〈高矜細〉，收入《馬一浮集》第 2 冊，頁 992。

路。欲知經術義理、史學真義，必先正「歷史」之名才能界定史學價值。故以下將分三點說明馬一浮的歷史觀：一、論「歷史」的意義；二、論歷史的發展規律；三、評議新史學與重史義的史觀。

（一）論「歷史」的意義

「何謂歷史？」在舉《春秋》重正心、正名旨意下，馬一浮界定現代史學的價值要重史義以「變中見常」即可，非必事事錄記，而與一般歷史學家欲完整史實的態度不同，進而追求一種「文化義下的歷史觀」。

馬一浮解釋「何謂歷史」，有說：

> 有客來談，歷史祇是戰爭，將來如無戰爭，人類恐亦將歸於漸滅。答云：「自有載籍以來不過五千年，此在無始無終期間，所占時期本屬甚暫。本此經驗以斷定人類之將來，恐不必然。經驗即自習氣中來。」[183]

馬一浮以「經驗」與「習氣」回應某客提及歷史不過是戰爭，擴言之，形下經驗界的歷史不足依憑，掌握歷史不能只顧及史實、史料等文獻證據，而要上推到道德理則的形上先驗層。再者，馬一浮又辨證史實、史料、史義的關聯說道：

> 太史公云：「諸家言黃帝，其文不雅馴，薦紳先生難言之。」古史多存神怪，或紀瀆亂之事，不可以示後，故刪《書》斷自唐虞。《論語》「子不語怪力亂神」，殆指古史之事實也，如伏羲人首蛇身，夸父追日，羿射九日之類。《楚辭·天問》一篇猶可見古史之彷彿。今《詩》《書》唯〈生民〉〈玄鳥〉〈金縢〉夢帝與諸事為刪而未盡者，於義無害則存之。然緯候所述即依此傅會，聖人亦不能豫禁之

---

[183] 王培德、劉錫嘏記錄，烏以風、丁敬涵編次：「史學篇」，〈馬一浮先生語錄類編〉，收入《馬一浮集》第3冊，頁974。

也。「其父攘羊，而子證之」，「吾黨之直（躬）者異於是。父為子
隱，子為父隱，直在其中矣」，此亦《春秋》文致太平之義，見聖人
之微意，故史必有義，取其可監於後而止，不必盡著其事實也。「周
監於二代，郁郁乎文哉」，言史家貴文，因事立義，若其事不足以為
法戒者，去之可也。進退褒貶，乃主於義，故曰「其義則某竊取
之。」學者治史，當先明聖人因事立義之旨，方不為史文所惑。後之
作史者不明《春秋》之義，不足以為法也。[184]

馬一浮用載史未明的上古為例。當時混雜許多似是而非的神怪傳說，而孔子
的「子不語怪力亂神」實為一治史標準；但仍有部分神話傳說遺留在
《詩》、《書》之中，馬一浮以存有「史義」可資後人憑藉作解釋。換言
之，此乃古人載史衡準，什麼該記，什麼該刪，馬一浮咸以有無「史義」作
為考量，《春秋》微言大義即是明證。而《春秋》的進退褒貶如上點所述，
重視正心、正名，學者治史宜知此義，以此延伸出史家應具備的基本條件
「史識」與「史德」——能「因事立義」。

　　馬一浮再藉「子不語」詮釋如何讀經，間接可看出他別異於章學誠「六
經皆史」經史同源的概念，有說：

今以書為一切文籍記載之總名，其實古之名書，皆以載道。《左氏
傳》曰：「楚左史倚相能讀《三墳》、《五典》、《八索》、《九
丘》。」讀書之名始此。……此見上古有書，其來已遠。〈書序〉復
云：「孔子生於周末，覩史籍之煩文，懼覽者之不一，遂乃定《禮》
《樂》，明舊章，刪《詩》為三百篇，約史記而修《春秋》，讚
《易》道以黜《八索》，述《職方》以除《九丘》。討論墳典，斷自
唐、虞以下，訖於周。芟夷煩亂，翦截浮辭，舉其宏綱，撮其機要，
足以垂世立教。」「所以恢弘至道，示人主以軌範也。」此義實通羣

---

[184] 馬一浮：〈希言〉，《蠲戲齋雜著》，收入《馬一浮集》第1冊，頁840-841。

經言之，不獨《尚書》也。……《論語》記「子所雅言，《詩》、《書》、執禮」，「子不語怪、力、亂、神」，此可對勘。世間傳聞古事多屬怪、力、亂、神，如《楚辭‧天問》之類。故司馬遷謂「諸家言黃帝，其言不雅馴，薦紳先生難言之。」可知孔子刪《書》，所以斷自唐虞者，一切怪、力、亂、神之事，悉從刊落。……羣經以此類推，為其以義理為主也。故曰：「述而不作，信而好古，竊比於我老彭。」「我非生而知之者，好古，敏以求之者也。」此是孔子之讀書法。今人動言創作，動言疑古，豈其聖於孔子乎？[185]

此總示讀書法。馬一浮本著信經、信古的精神批判當時的疑古風氣。他以古人創作是有意而為，用以載道，一如前述，上古之書有許多荒誕不經，孔子一準之義理，述作六經。

　　以上二條「子不語」引文多有雷同。前者藉《春秋》大義為述史者立下榜樣，後者明孔子刪述經典的過程，必衡之義理。即無論經、史，皆重義理，此義理自是心性之學。於是，「經史同源」不是經等同於史，經的地位依舊高於史，而是同以義理為本源。故當馬一浮回應浙大史學系學生應讀何書，說道：「治史當先治經，從治經入，眼光自較高遠。」[186]又評一友人時，說：「論友人某先生云：可與論史，難與說經；可與料事，難與入理。以其觀變之深，利害計較太熟故也。」[187]其中「觀變」二字頗有深蘊。歷史本重事物變化，梁啟超在歷史進化前提下，說：「歷史者，敘述進化之現象也。現象者何，事物之變化也。」[188]後出的錢穆亦說：「其實歷史本身

---

[185] 馬一浮：〈讀書法〉，《復性書院講錄》，收入《馬一浮集》第 1 冊，頁 126-128。

[186] 王培德、劉錫嘏記錄，烏以風、丁敬涵編次：「史學篇」，〈馬一浮先生語錄類編〉，收入《馬一浮集》第 3 冊，頁 974。

[187] 王培德、劉錫嘏記錄，烏以風、丁敬涵編次：「史學篇」，〈馬一浮先生語錄類編〉，收入《馬一浮集》第 3 冊，頁 978。

[188] 梁啟超：〈史學之界說〉，《新史學》收入氏著：《中國歷史研究法（正補編、新史學合刊）》（臺北：里仁書局，2000 年 8 月），頁 10。

就是一個變，治史所以明變。」[189]但馬一浮重視的是「變中見常」，掌握義理之常，即能因事立義。

至此可說明兩點：一、馬一浮透過心性，串連經、史，治史必向經看齊。二、縱使史實、史料呈現出某一部分歷史事實，若無史義，大可毋記、毋論；反之，虛構或不確實記載卻能呈現史義者，不妨留下。這顯然與清儒實事求是，與梁啟超等人的新史學南轅北轍，故可說馬一浮追求的是「文化義下的歷史觀」。

（二）論歷史的發展規律

「因果」是歷史的發展規律，有因必有果，果必究於因，能啟動發展規律的終極動因，這是天啟或人為？馬一浮「文化義下的歷史觀」最重視史義，而歷史的真實與否反成充要條件。他否定以時空先後為序的歷史因果，提出新的因果觀，證得歷史另有一發展規律，這可從其對歷史事件的生發、如何突破時空限制等二點說明。

首先，馬一浮不贊同以歷史事件的因果作為討論歷史的發展規律，他批判道：

> 柳翼謀先生（名詒徵，1880-1956）謂史以明因果，其說信然。但云以明人類生存競爭之因果，則未為允當。生存競爭云云，全是西人口氣，春秋時代尚不爾，戰國較為近之。顧春秋已是亂世，豈足為法，聖人書之典冊，為撥亂反正計耳。又謂人造歷史，歷史造人，亦不及「英雄造時勢，時勢造英雄」尚說得通。歷史自然而成，豈猶人造？[190]

柳詒徵曾與馬一浮同受聘於浙江大學，抗戰時期在江西泰和教書，其著有《中國文化史》，該書起首便說：

---

[189] 錢穆：〈如何研究通史〉，《中國歷史研究法》（臺北：東大圖書公司，2007 年 5 月），頁 3。

[190] 王培德、劉錫嘏記錄，烏以風、丁敬涵編次：「師友篇」，〈馬一浮先生語錄類編〉，收入《馬一浮集》第 3 冊，頁 1087。

> 歷史之學，最重因果。人事不能有因而無果，亦不能有果而無因。治歷史者，職在綜合人類過去時代複雜之事實，推求其因果而為之解析，以詔示來茲，捨此無所謂史學也。……凡所標舉，函有二義：一以求人類演進之通則，一以明吾民獨造之真際。[191]

柳詒徵談的是歷史事實之因果，並標舉當時史學界主流的歷史進化觀，但馬一浮認為柳氏只在歷史的「果」打轉，「時代複雜之事實」皆是形下的果，但詮釋歷史不僅是討論人的行為結果、事件，因此，「人造歷史，歷史造人」與討論時勢無別。

至於何謂歷史的因？馬一浮闡釋道：

> 來教謂萬事皆前定，由因果律所支配，絕非偶然。又曰，天地萬物本來平等，豈有主之者哉，亦自生自滅，自力自主而已。既曰前定，則因果律失其權，熟為定之，誰為之前。若謂因即前，如是因如是果謂之定律，何以又言自生自滅，自力自主。自者，異他之稱。今日即因歷史，緣即環境，此定律者既以歷史為因，環境為緣，皆他而非自也。然則自生自滅，自力自主之義，又何以成。[192]

> 來教謂所持定命之說，從歷史環境人情事變觀察而得，實為真理。又舉明亡之局為例證。弟按兄所言者，勢也。勢者，猶今俗言動向。勢則不無因，勢成而謂之命定，謂之真理，則不可。……世間成敗廢興存亡之跡，皆有其本。本者心也，跡者事也。孟子曰，生於其心，見於其事。本是隱微，跡者形著。惟存於心之隱微者，理有得失；斯見於事之形著者，勢有安危。故理常在勢先，不可以勢為理也。得於理者

---

[191] 柳詒徵撰、蔡尚思導讀：〈敍論〉，《中國文化史》上冊（上海：上海古籍出版社，2001年10月），頁1。

[192] 馬一浮：〈曹赤霞〉第14封，收入《馬一浮集》第2冊，頁471-472。

謂之正命，失於理者謂之非正命。命常與理俱，不可以勢為命也。[193]

以上出自馬一浮回給曹赤霞（？）的信，內文談到「因果」與「定命」。先論因果，曹氏認為萬物皆平等而無主，自生自滅，自力自主，但在歷史過程中，似乎又受到某種「前定」的因果支配。而馬一浮提出兩點辨正：一、如有「前定」，那前定是誰？誰主導「因」的生發？二、如視歷史為因，環境為緣，設定此即「前定」，而因果不過是歷史事件的相繫連結，屬於「他」，非獨立超然的「自」。故「自」必另有源頭，不能遽斷於形下的歷史現象。

再談「定命」。馬一浮指此為「勢」，凡緣於歷史環境、人情事變而成的「果」，可稱為勢。然而，「命」與「定命」不同。「命」是形而上者，誠如孔子云：「五十而知天命。」[194]孟子云：「盡其心者，知其性也。知其性，則知天矣。」又說：「殀壽不貳，修身以俟之，所以立命也」[195]，馬一浮據此論說：

> 命以理言，數由心造。知命乃盡性之異詞，懸記特識緯之餘習，此不可同年而語也。原始要終，故不昧因果；見微知著，故遂知來物。此皆據理，不關住數。[196]

理在事先，心在數前，這才是「命」，故知命、盡性為同義異詞。但「定命」，或已成為果的「命定」，則是事勢的結果，萬不可倒因為果，以勢為命、因。所以他認為曹赤霞既混同勢命，又混言自生自滅，最後他只得應

---

[193] 馬一浮：〈曹赤霞〉第 14 封，收入《馬一浮集》第 2 冊，頁 472-473。

[194] 南宋・朱熹註：〈為政〉，《論語集註》，收入氏註：《四書章句集註》，頁 54。

[195] 以上二條引文，出自南宋・朱熹：〈盡心章句上〉，《孟子集註》，收入氏註：《四書章句集註》，頁 349。

[196] 馬一浮：〈曹赤霞〉第 13 封，收入《馬一浮集》第 2 冊，頁 468。

說：「弟實迷亂不能喻兄之旨。」[197]

　　其次，馬一浮更進一步突破時空概念有說：

> 肇公（僧肇，384-414）〈物不遷論〉云：「求向物於向，於向未嘗
> 無，責向物於今，於今未嘗有。於今未嘗有，以明物不來，於向未嘗
> 無，故知物不去。覆而求今，今亦不往。是謂昔物自在昔，不從今以
> 至昔；今物自在今，不從昔以至今。」又云：「今若至古，古應有今，
> 古若至今，今應有古。今而無古，以知不來；古而無今，以知不去。
> 事各性住於一世，有何物而可去來？」此可破盡歷史演變之說。[198]

僧肇〈物不遷論〉是將時間抽離於變遷外，即萬物在每個時間點都是靜止而
不動的，一則證明了時間虛妄，二則說明每個時間點上的萬物都是獨立的，
意味物無古無今。可是，人多見於當下流動的時間，卻不見動中有靜，變中
有常，所以人常固執於時變、因果，反不明歷史中有不變的本體。

　　最後，馬一浮總結出歷史演變在展現心性，有說：

> 歷史之演變，只是心理之表現。因為萬事皆根於心，其動幾往往始於
> 一二人，其後遂成為風俗，換言之，即成為社會一般意識。故一人之
> 謬誤，可以造成舉世之謬誤。反之，一人思想正確，亦可影響到羣眾
> 思想，使皆歸於正確。吾人觀察過去之事實，顯然是如此，所以要
> 「審其所知」，就是思想要正確，不可陷於謬誤。[199]

---

[197] 馬一浮云：「今兄以勢為命，而又云自生自滅，自力自主。既曰定命，為可知邪，為
　　不可知邪。既曰自生自滅，自力自主，則孰為定之，將定之亦由自矣。自主為是，則
　　定命為非。定命為是，則自主為非。二義相違。」參見氏著：〈曹赤霞〉第 14 封，
　　收入《馬一浮集》第 2 冊，頁 473。

[198] 馬一浮：〈希言〉，《蠲戲齋雜著》，收入《馬一浮集》第 1 冊，頁 847。

[199] 馬一浮：〈對畢業諸生演詞〉，《泰和宜山會語》，收入《馬一浮集》第 1 冊，頁
　　51。

馬一浮認為一切呈現的歷史事相都是起心動念的結果，此非西方心理學，乃是人的本體道德。於是，探討歷史發展的規律就是從過去歷史事實找出「思想正確」者，發掘本體良知良能，作為殷鑑，也是論歷史之目的。

（三）評議新史學與重史義的史觀

從「歷史的意義」到「歷史的發展規律」，足見馬一浮以心性作為解讀歷史因果的先在條件，也開展出一條先掌握本體，而後界定史學價值的路向，馬一浮也在評議新史學的基礎上，建構出他重史義而輕史實的歷史觀。

當時，梁啟超的新史學方興未艾，馬一浮在與「疑史」、「考史」兩相對立下提出：

> 頃經學衰絕，新考據家至以羣經但為古代社會史料，猶不得比於史，義理更所惡聞。[200]

> 某君博文強記，精於考據，一日見先生，先生曰：汝可謂多見多聞，但胸中是否還有疑殆在？曰：不免有疑殆。……若專事聞見之博，於義理了無體會，則聞見愈多，疑殆愈甚，疑殆愈多，迷惑愈甚，有何益耶？某君去，先生告以風曰：昔謝上蔡（1050-1103）見明道，舉史事無遺，明道謂之玩物喪志。上蔡聞言，汗流浹背。明道曰：「即此便是惻隱之心。」上蔡於此便悟去。此正是上蔡天資不可及處。若專以多聞為能事者，雖終日與之言，亦救他不得。[201]

以上引文有二個要義：一是論民初經學發展，二是「見聞之知」能否體證出義理，又以考據為工具，但考據後能得出什麼結果。一旦經、史只是史料，或專精於考據，又或廣博於專門學術，能否從中探求出義理精蘊？似有未逮。這關乎馬一浮如何解讀歷史的方法，以下分三層次解說：一是「『新史

---

[200] 馬一浮：〈糞登三〉，收入《馬一浮集》第 2 冊，頁 774。
[201] 烏以風輯錄：〈問學私記〉，收入《馬一浮集》第 3 冊，頁 1180-1181。

學』的特徵」，二是「評議新史學」，三是「建立歷史觀」。

1.「新史學」的特徵

近代新史學由梁啟超首開風氣，這可從新史學的緣起、論史特點與批判、擇取史料，史家的史德、新史學的危機與影響等五個細部方向論述。

首先，「新史學」起於梁氏 1902 年著《新史學》，採西方史學觀點援入中國歷史；又於 1922 年著《中國歷史研究法》，1926 年續寫《中國歷史研究法補編》，完成一系列史學方法的論著。緣於新史學著重「史界之革命」，故嘗云中國舊史有「四病源二蔽三惡果」。其中，「四病源」為：「知有朝廷而不知有國家」、「知有個人而不知有群體」、「知有陳迹而不知有今務」、「知有事實而不知有理想」。「二蔽」為：「能鋪敘而不能別裁」、「能因襲而不能創作」。結合四病源二蔽的結果，便是「三惡果」：「難讀」、「難擇別」、「無感觸」。[202]梁啟超除欲憑西方史學改良傳統史學的方法論，基本上，這是架構在民族主義的史學觀，欲使國家國民能更進步。

其次，今人汪榮祖云新史學特點是「經世尊民」。此既源於舊學，也受到西方近代自由主義影響，效果有二：一為進步思想，主張歷史進化論，以自由、平等為進境；二為民族思想，此深受歐洲近代民族主義與愛國心而然。至於梁啟超民族主義的史學觀，可見於他替人物立傳的寫作，梁氏既云：「善為史者，以人物為歷史之材料，不聞以歷史為人物之畫像；以人物為時代之代表，不聞以時代為人物之附屬。」[203]也批評傳統作傳是「動輒以立佳傳為其人之光寵，馴至連篇累牘臚列無關世運之人之言論行事。」故梁氏提出立傳重點在「所重在一輩也，非在一人也。」[204]欲能以群體相交

---

[202] 梁啟超：〈中國之舊史〉，《新史學》收入氏著：《中國歷史研究法（正補編、新史學合刊）》，頁 4-9。

[203] 梁啟超：〈中國之舊史〉，《新史學》收入氏著：《中國歷史研究法（正補編、新史學合刊）》，頁 5。

[204] 以上兩條引文，出自梁啟超：〈史學之界說〉，《新史學》收入氏著：《中國歷史研究法（正補編、新史學合刊）》，頁 13。

涉，充分展現經世的特質。[205]因此，汪榮祖評說：「梁氏之新史學乃經世之史學也，自由之史學也，民族之史學也。其影響所及，不啻吾國『史界之革命』也。」[206]

　　復次，歷史材料來源在「實事求是」、「科學驗證」證據下，有二條途徑：一是「文字紀錄以外者」，包括現存之實蹟、傳述之口碑、遺下之古物。二是「文字紀錄的史料」，即歷史文字的紀錄，可細分成以下七小類：舊史、關係史蹟之文件、史部以外之羣籍、類書及古逸書輯本、古逸書及古文件之再現、金石及其他鏤文、外國人著述等。[207]至於王國維的「二重證據法」也是從文字與出土文物相輔為證，更間接點出史料不只二十四史，還泛及文物、一切形諸文字的紀錄，因此，梁啟超說：

　　　　若作史料讀，則二十四史各有短長，略等夷耳。若作史讀，惟患其不
　　　　簡嚴；簡嚴乃能壹吾趨嚮，節吾精力。若作史料讀，惟患其不雜博；
　　　　雜博乃能擴吾範圍，恣吾別擇。[208]

　　　　以舊史作史讀，則現存數萬卷之史部書，皆可謂為非史；以舊史作史
　　　　料讀，則豈惟此數萬卷者皆史料，舉凡以文字形諸記錄者，蓋無一而

---

[205] 另如陳永霞云：「『新史學』界定了自己寫的主體及書寫內容，即要書寫民族－國家、國家－國民進化發展的歷史，也就確立了『新史學』要達到的功能及實現的任務，而史學功能與任務反過來確認了『新史學』的民族主義本質。」全文可詳參氏著：〈民族主義與 20 世紀初年的「新史學」〉，《史學月刊》2012 年第 5 期，頁110-122。

[206] 汪榮祖：〈梁啟超新史學試論〉，《中央研究院近代史研究所集刊》第 2 期，1971 年6 月，頁 227-230。

[207] 梁啟超：〈說史料〉，《中國歷史研究法》收入氏著：《中國歷史研究法（正補編、新史學合刊）》，頁 85-104。

[208] 梁啟超：〈說史料〉，《中國歷史研究法》收入氏著：《中國歷史研究法（正補編、新史學合刊）》，頁 92。

不可於此中得史料也。[209]

把整部二十四史作歷史讀，不足以涵蓋所有歷史；作史料讀，也不過是萬千史料之一，梁啟超言下之意，是要擴充史料範圍。故學者羅志田說新史學有著「不看二十四史」與「擴充史料」兩種傾向，這與疑古傾向、二重證據法有關，重新材料而輕舊材料，形成了從邊緣重寫歷史的方式。[210]

又次，連帶影響對史家情操——「史德」的定義，梁氏有云：

> 我以為史家第一件道德，莫過於忠實。如何纔算忠實？即「對於所敘述的史蹟，純採客觀的態度，不絲毫參以自己意見」便是。[211]

> 惟史亦然：從不肯為歷史而治歷史，而必彷懸一更高、更美之目的——如「明道」「經世」等；一切史蹟，則以供吾目的之芻狗而已。其結果必至強史就我，而史家之信用乃墜地。此惡習起自孔子，而二千年之史，無不播其毒。[212]

解釋歷史有無可能完全客觀？從後設觀點視之，詮釋任何文本，包括歷史在內，都不可避免主觀性[213]，能藉由史料說話，不參以己見，便是梁啟超認為的史德。詮釋歷史時，應避免誇大、附會、武斷，最終盼能「把自己的意

---

[209] 梁啟超：〈說史料〉，《中國歷史研究法》收入氏著：《中國歷史研究法（正補編、新史學合刊）》，頁 94。

[210] 羅志田：〈史料的盡量擴充與不看二十四史——民國新史學的一個詭論現象〉，《歷史研究》2000 年第 4 期，頁 151-167。

[211] 梁啟超：〈史家的四長〉，《中國歷史研究法補編》收入氏著：《中國歷史研究法（正補編、新史學合刊）》，頁 194。

[212] 梁啟超：〈史之改造〉，《中國歷史研究法》收入氏著：《中國歷史研究法（正補編、新史學合刊）》，頁 78。

[213] 汪榮祖：〈梁啟超新史學試論〉，《中央研究院近代史研究所集刊》第 2 期，頁 231-232。

見剷除淨盡。」[214]他論史德主要是針對中國傳統史家已先懸一理想道德旗幟，由此擇別、演繹出的歷史，只是證成預設的道德觀，而違背了忠實的基本原則，如孔子述《春秋》重微言大義，梁啟超便謂之：「別有目的，而所記史事，不過借作手段，此無可疑也。」[215]這明顯與馬一浮義理優先，在「明道」、「經世」意圖下的擇取史料，建立史觀，大異其趣。

最後，20 世紀的 20、30 年代，新史學成為史學界主流，既採以跨學科領域治史，也結合科學，並催生了唯物史觀在中國的發展[216]，呈現多途樣貌。[217]但新史學發展不是沒有問題，黃進興從一門學問的內在、外在雙重危機中，觀察到新史學有幾項危機：一是動搖傳統史學的權威，如：原本章學誠「六經皆史」本有一高亢之志，最後卻成「六經皆史料」，致使史學濃縮成史料學。二是引進新學科後，反暴露史學無法自主的弱點。三是新史學移植西學成功後，雖使中西史學得以與時俱進，卻在隨之起舞過程中，失去主體性，無所安頓。[218]

但在新史學蹈厲揚發之際，也有不認同此主流學術者，如馬一浮、熊十

---

214 梁啟超：〈史家的四長〉，《中國歷史研究法補編》收入氏著：《中國歷史研究法（正補編、新史學合刊）》，頁 194-197。

215 梁啟超：〈史之改造〉，《中國歷史研究法》收入氏著：《中國歷史研究法（正補編、新史學合刊）》，頁 78。

216 石瑩麗：〈論梁啟超新史學的方法論特徵及其對 20 世紀中國歷史學的影響〉，《山東大學學報（哲學社會科學版）》2011 年第 1 期，頁 133-139。

217 如葛兆光以 1929 年梁啟超的過世，觀察到在此前後歷史界的發展，有說：「我們看到一批歷史學家依然在『疑古』的旗幟下強調著歷史方法的科學取向、客觀眼光和中立立場，而另一批歷史學家卻在悄悄從『疑古』轉向重建，使科學的歷史學增添了一些新的中國式的內容，還有一批歷史學家在注意著民族歷史認同基礎的維護，他們激烈地批判西方歷史學界那些容易瓦解中國傳統的說法，只是批判中糝進了所謂『科學』的方法，同時，還有一些歷史學家則在西方理論資源中，另外尋找到了馬克思主義的解釋方法，開始重新理解和敘述中國歷史。」參見氏著：〈新史學之後——1929 年的中國歷史學界〉，《歷史研究》2003 年第 1 期，頁 82-97。

218 黃進興：〈中國近代史學的雙重危機：試論「新史學」的誕生及其所面臨的困境〉，《中國文化研究所學報》新第 6 期，1997 年，頁 263-284。

力、錢穆等人。誠如：作為當時歷史研究共相的「新」史學，錢穆延用此名，重點卻放在傳統精神與現在的通貫，截然不同於梁啟超的「革新派式史學」。[219]

2.評議新史學

不證自明的是，新史學與馬一浮論史觀點相悖。馬一浮從何謂歷史，到歷史的發展規律，企欲跳脫歷史因果，求心性之常，他既批判西方物質文明怎堪崇尚，又批判新史學無法證得六藝。

首先，馬一浮批評西方文明有說：

> 近世所謂文明，只務宮室車服之美、遊樂之娛而已。然上下凌夷、爭門劫奪，無所不為。不知此正是草昧，豈得謂之文明。自近世以此為文明，遂使人羣日陷於草昧而不自知，真可浩歎。文明一詞來自西方，譯自東土，國人沿用之，未加料簡，遂有此弊。何謂文，文者事之顯，參錯交互而不亂者也。明者性之德，虛靈不昧，無時或已者也。文就人倫言，明就心理說。人倫有序謂之文，心中不昧謂之明。文明與草昧相對，草者雜亂之謂，昧者昏迷之稱。近世人倫失常，昏迷顛倒，正是草昧。國人率皆以西方社會為文明，不知西方正是一部草昧史，豈得謂之文明。civilization 一字由 civie 演變而來，故言西方文明者，莫不推源於希臘。考希臘人民，兩種人居多，一武士，一海賈。武士善門，商賈尚利，故希臘風俗喜爭門、尚遊樂而已。此又何足貴耶？[220]

馬一浮認為文明不在於物質文化，也不是武力奪取、適者生存，真正的文明與他談《春秋》的「文質觀」相似。「文」為事物之顯者，如：禮樂之文；「明」、「質」為性德、心德的展現。真正的文明必須要文質彬彬，故說：

---

[219] 桑兵：〈近代中國的新史學及其流變〉，《史學月刊》2007 年第 11 期，頁 5-28。
[220] 烏以風輯錄：〈問學私記〉，收入《馬一浮集》第 3 冊，頁 1171-1172。

「人倫有序謂之文，心中不昧謂之明。」馬一浮用以觀察西方文明源流，批評西方文非文，明非明，重利與力，而輕視了本體心性與流出之禮文，而流於草昧。

文明之源的希臘已然若此，時人居然想效法西方，如梁啟超說：「歷史者何，敘人種之發達與其競爭而已。」[221]馬一浮認為此非正途，故他批評史學流失則說：「如今人開口便言『生存競爭』，其失不止於陋，直是謬矣。」[222]要先固守心性之德，後序人倫禮樂之文，才是真正的文明。

至若馬一浮的歷史預設是經在史前，既說：「不信六經，更信何書？不信孔子，更信何人？」[223]又說：「中土學術，必先求之六經，切己體究。真能得之於己，自然不惑，方可論量古今。」[224]他以此評議新史學：

> 今人治考古學者，往往依據新出土之古物，如殷墟甲骨、漢簡之類，矜為創獲，以推論古制。單文孤證，豈謂足徵？即令有當，何堪自詡？此又一蔽也。[225]

> 今世自名為史學者，每以亂世夷狄之俗妄測古事，淆亂是非，不唯厚誣古人，亦深為心術之害。如以周公佐武王（？-1043B.C.）伐殷，擬於侵略，謂周人待殷人至慘酷，周人為統治者，殷人則為被征服者，如此瞽說，不如不讀古書之為愈。[226]

---

[221] 梁啟超：〈歷史與人種之關係〉，《新史學》收入氏著：《中國歷史研究法（正補編、新史學合刊）》，頁16。

[222] 王培德、劉錫嘏記錄，烏以風、丁敬涵編次：「史學篇」，〈馬一浮先生語錄類編〉，收入《馬一浮集》第3冊，頁978。

[223] 馬一浮：〈讀書法〉，《復性書院講錄》，收入《馬一浮集》第1冊，頁128。

[224] 馬一浮：〈答許君〉，《爾雅臺答問》卷1，收入《馬一浮集》第1冊，頁535。

[225] 馬一浮：〈讀書法〉，《復性書院講錄》，收入《馬一浮集》第1冊，頁128。

[226] 王培德、劉錫嘏記錄，烏以風、丁敬涵編次：「史學篇」，〈馬一浮先生語錄類編〉，收入《馬一浮集》第3冊，頁975。

科學家可以語小，難與入微。哲學家可與析名，難與見性。獨有自號歷史派者，以誣詞為創見，以侮聖為奇功，嚮壁虛造，而自矜考據。此曹直是不可救藥，但當屏諸四夷，不與同中國，而乃猶欲詔以六藝之旨，責其炫亂之私，此何異執夏蟲以語冰，而斥盜跖（？）之吠堯也。[227]

上述共同特點是：一、考證能否溯及歷史與文化的精神。當透過考古，揭開歷史所謂的本源後，價值焉在？二、專科之學如：科學、哲學、歷史學，能否證得六藝義理？答案皆是：「不可能」。最終得回到他一再提及的要量之義理而說：

近人疑古者近於誣罔，信古者又過於拘泥，疑其所可信，信其所可疑，其失等也。若衡以義理，則凡前人之說，凡悖於理者必可疑，合於理者必可信。信是信其與理相應，疑是疑其與理相悖也。治古史者若不明義理，只在文字上計較尋求，未有不是非錯亂者。[228]

先生云：晚近考古學興，時有古物出土。然學者多溺於度數之間，而不知考之於理。古代鐘鼎之流，類皆祭器，圖案之精，製作之工，多非後世所及。蓋一本追遠之意，出以鄭重，故絲毫不肯苟且。風俗之淳厚，有由來矣。彼以唯物學者之經濟眼光，及宗教家之迷信觀念解釋古器者，何足以知此。[229]

將歷史考之於義理，即考於經術六藝，這是馬一浮思想中十分清楚的串連。他對於當時疑古、信古者均有批判，他認為疑古者，如：古史辨學派疑古、考古之風，又凡考古學、度數、制度、宗教、唯物論……等，皆無法直接

---

[227] 馬一浮：〈熊十力〉第5封，收入《馬一浮集》第2冊，頁525。
[228] 烏以風輯錄：〈問學私記〉，收入《馬一浮集》第3冊，頁1178。
[229] 烏以風輯錄：〈問學私記〉，收入《馬一浮集》第3冊，頁1198。

上承義理，形成形下知識無法上達形上義理的盲點。至於信古者，則指章太炎等人「六經皆史料」的觀點，關鍵在一「信」字，馬一浮說：「信古是信先聖所言義理，……蓋先聖義理之言，即吾心所固有……」[230] 可知此「信古」當是心性義理，不是信史料。馬一浮對當時疑古者、信古者都不可得歷史真蘊下，另闢史觀以達其「因事求義」的目的。

3.建立歷史觀

馬一浮歷史觀的特點是求通甚於求專，求善過於求真，這可從兩方面提出證明：一是欲效法的史家；二是論歷史知識的原則。

先論欲效法的史家，馬一浮甚讚顧炎武（1613-1682）：

> 清人治史學者二顧，而祖禹（1631-1692）不及亭林之大。可讀《日知錄》，看亭林讀史留心處，自己是否亦曾注意及之。[231]

對比顧祖禹考覈地理作《讀史方輿紀要》屬於專門之學，梁啟超嘗評曰：「蓋純然現代科學精神也。」[232] 馬一浮則推崇顧炎武，如潘耒（1646-1708）〈日知錄序〉對比通儒、俗儒之學云：

> 有通儒之學，有俗儒之學。學者，將以明體適用也。綜貫百家，上下千載，詳考其得失之故，而斷之於心，筆之於書，朝章國典，民風土俗，元元本本，無不洞悉，其術足以匡時，其言足以救世，是謂通儒之學。若夫雕琢辭章，綴輯故實，或高談而不根，或勦說而無當，淺深不同，同為俗學而已矣。自宋迄元，人尚實學。若鄭漁仲（名樵，1104-1162）、王伯厚（名應麟，1223-1296）、魏鶴山（名了翁，1178-1237）、馬貴與（名端臨，1254-1323）之流，著述具在，皆博

---

[230] 烏以風輯錄：〈問學私記〉，收入《馬一浮集》第 3 冊，頁 1183。

[231] 王培德、劉錫嘏記錄，烏以風、丁敬涵編次：「史學篇」，〈馬一浮先生語錄類編〉，收入《馬一浮集》第 3 冊，頁 974。

[232] 梁啟超：《清代學術概論》卷 8，頁 41。

極古今，通達治體，曷嘗有空疏無本之學哉。[233]

「明體適用」是二者的差異，「通者」，能夠詳考、綜貫歷史的得失、原因，以符合政治所需，通達治體；「俗者」，僅通專門之學，或高談闊論，而無法用於治者。馬一浮也分辨「通儒」與「專家」有云：

> 今日學者為學方法，可以為專家，不可以成通儒。此所言成就，乃欲個個使成聖賢。古人論學主通，今人論學貴別。若問：學是學個甚麼？答曰：伊川嘗試〈顏子所好何學論〉，便是解答此問題。……《論語》四科有文學，《宋史》列傳出道學，文則六藝之遺，道為義理所寄，實即學文、學道之倒言耳。……如今立科、哲，各從所好，權示區分。……知此則知今之所謂專家者，得之於別而不免失之於通，殆未足以盡學問之能事。[234]

馬一浮的觀點與潘耒甚似，只是將俗儒變成專家。馬一浮論治學目的在成為通儒，其〈顏子所好何學論〉起首便言：「學以至聖人之道」，內文又談到：「凡學之道，正其心，養其性而已。中正而誠，則聖矣。君子之學，必先明諸心，知所養，然後力行以求至，所謂自明而誠也。」又說：「不求諸己而求諸外，以博聞強記巧文麗辭為工，榮華其言，鮮有至於道者。」[235]學必有宗旨，以成為通儒，通貫本體之德與客觀知識為要。故馬一浮認為古代學道、文，實一體之事：道為義理，文為六藝；道寄於文，文彰於道。當他對比二顧治史地之學，凡未立志求通，逕鑽研於專家之學者，便不可為通儒。另馬一浮曾對史學家好友葉左文說：「猶願兄為漁仲、貴與，不願兄為

---

[233] 潘耒：〈原序〉，收入清·顧炎武著，黃汝成集釋：《日知錄集釋》上冊（上海：上海古籍出版社，2006年12月），頁1。

[234] 馬一浮：〈釋學問〉，《泰和宜山會語》，收入《馬一浮集》第1冊，頁60。

[235] 以上三條引文俱見程頤：〈顏子所好何學論〉，《二程集》，頁577-578。

竹汀（錢大昕，1728-1804）、甌北（趙翼，1727-1814）也。」[236]也是希望他不以專門史學為滿足。

其次，再論歷史知識的原則。馬一浮以求通貫本體與客體知識，在此基礎上論學、論歷史才有意義。他反對駁雜細瑣，而以史義、通達治體作為論歷史知識的原則，故說：

> 史傳之作，不必如西人之細大不捐，動成巨帙。但期扼要，亦可為覽者示途徑而省日力。《史記》列傳勝於《漢書》，班書諸志亦非《史記》所及。其中以〈食貨〉為上，〈刑法〉次之，《禮》《樂》又次之，皆網羅一代，言簡意賅，讀者自能瞭若指掌。史部向病繁蕪，馬遷立傳已嫌其多。[237]

> 先生以《朱子年譜》辨浙學一節示學者，因談：史學亦不可廢，但不可如後人之毛舉細數，如開賬簿。後世人多事繁，人人為之作傳，實覺不勝記載，故傳記體在所當廢。編年須簡，略法《春秋》經文，紀事本末則本傳文法度，如朱子《通鑑綱目》。綱法經，目法傳，則善矣。古者左史記事，右史記言，取其善可為法，惡可垂誡。太史公尚知此意，自敘《史記》，附於《春秋》。八書未能完成，半出後人所補。班史各志如〈禮樂〉〈食貨〉〈溝洫〉諸篇，皆有精彩，是應全讀。班氏經術雖不深，然其論禮樂，尤粗知其意，非後史家所能及也。……鄭漁仲為《通志》二十略綜古今，具見史識，惟傳記一略可

---

[236] 馬一浮：〈葉左文〉第 9 封，收入《馬一浮集》第 2 冊，頁 437。夫如梁啟超云：「清初諸師皆治史學，欲以為經世之用，……顧炎武治史，於典章制度風俗，多論列得失，然亦好為考證；乾嘉以還，考證學統一學界，其洪波自不得不及於史，則有趙翼之《廿二史劄記》……其職志皆在考證史蹟，訂譌正謬……」參見氏著：《清代學術概論》，頁 86-87。

[237] 王培德、劉錫嘏記錄，烏以風、丁敬涵編次：「史學篇」，〈馬一浮先生語錄類編〉，收入《馬一浮集》第 3 冊，頁 975。

省，其餘金石、文字、蟲魚之類，亦有博物之意。今日西人所為專門
史書，如經濟史、哲學史之流，頗與鄭之一略相當。總之，作史貴
簡，尤貴不漏。[238]

以上可綜合出馬一浮對中國傳統治史方向的評析：一是作「傳」求簡，後世
人多，無法勝載，紀傳體可廢。二是「編年」、「紀事本末」也應從簡，取
能效法即可。三是讚許傳統制度史、博物學之要，如：班固作「書」、鄭樵
作「志」，皆可網羅綜記一代之要。

　　第一、二點的態度與新史學適反。新史學著重纂述人物專史，重仔細搜
集資料，如梁啟超論人物說道：「歷史與旁的科學不同，是專門記載人類的
活動的。一個人或一輩人的偉大活動可以使歷史起很大的變化。」[239]又論
紀事本末體有云：「所以過去的記事本末體，其共同的毛病，就是範圍太
窄。我們所希望的記事本末體，要從新把每朝種種事實作為集團，搜集資
料，研究清楚。」[240]但馬一浮始終強調歷史示途徑即可，什麼途徑？以經
術義理為本的道德史觀，體知史義即可，不必事事錄記。

　　至於第三點，馬一浮雖肯定制度史、博物學，但與近代治專門史目的完
全不同。他重學能匡時治世，學貴求通，又治史要簡明扼要，故稱讚班固、
鄭樵學能網羅一代。反觀近代專門史愈作愈是精細，導向學術的專業分科
化，如梁啟超所說：「此刻學問分科，日趨精密，我們卻要分別部居，一門
一門的作法。」[241]總之，馬一浮論形而下的歷史知識，理念是勿為了知識
而作知識，恪守經術義理而後自然能簡別、取捨歷史知識，也不會有史實、

---

238 王培德、劉錫嘏記錄，烏以風、丁敬涵編次：「史學篇」，〈馬一浮先生語錄類
　　編〉，收入《馬一浮集》第 3 冊，頁 976-977。

239 梁啟超：〈五種專史概論〉，《中國歷史研究法補編》收入氏著：《中國歷史研究法
　　（正補編、新史學合刊）》，頁 211。

240 梁啟超：〈五種專史概論〉，《中國歷史研究法補編》收入氏著：《中國歷史研究法
　　（正補編、新史學合刊）》，頁 214。

241 梁啟超：〈五種專史概論〉，《中國歷史研究法補編》收入氏著：《中國歷史研究法
　　（正補編、新史學合刊）》，頁 216。

史料尾大不掉之弊，這呼應了形上義理如何貫串形下歷史知識的提問。

另舉一例，馬一浮論報紙的功能說：

> 夫史失然後報興，報也者，史家之流也。《傳》曰：「《詩》亡然後《春秋》作。」使巢林之為報，能本詩人之旨，秉《春秋》之訓，文遠而義章，明乎是否得失之故，自足以風動天下。[242]

> 夫今之有報紙，比綴國聞，傳以論議，日刊布以告邦之人，非皆自託於立言者耶。使其紀事核而有體，著論詳而能擇，明于是非得失之故，本乎學術，稽乎政事，準之于義理，介然不阿，好惡無所蔽，辨民志之所鄉，使姦回者憚而弗敢恣其私，君子者確乎知正義之不亡而有所恃，則《詩》、《春秋》之遺法而良史之材也，豈不信美哉。十年以來，從事于報者眾矣。大都譁然，用稗販，相標榜。義例則猶是猥雜，文辭則猶是蕪穢。……浮以為報者，實具編年記注之體而兼表志之職者也。其為論說，當有義類。若能本春秋之意，懲諸史之失；據所見之世，考之行事；正褒貶，章大義，刺譏必當于經；顯微闡幽，彰往察來，則可以備人倫之紀，示王道之歸。所謂屬辭比事推見至隱者，此物此志也，誠不宜汙損曲狹，自同于邸報，俯拾于野史。[243]

這兩段文字看來實在是過度理想，但辦報之風是近代中國知識轉型的新重要傳播媒介，這股風潮在 1895 年以後，因政治改革所推動，往後成長速度驚人，光是在 1919 年一年內，新創辦的報刊約有四百種之多。[244]馬一浮定位報紙是史家之流，並認為其性質宜「本詩人之旨，秉《春秋》之訓」，必宗於經，故在辦報——治史的理念上，要能秉《春秋》的「正褒貶，章大義，

---

[242] 馬一浮：〈洪允祥〉，收入《馬一浮集》第 2 冊，頁 416。

[243] 馬一浮：〈邵廉存〉，收入《馬一浮集》第 2 冊，頁 409-410。

[244] 張灝：〈中國近代思想史的轉型時代〉，《二十一世紀雙月刊》總第 52 期，1999 年 4 月，頁 29-30。

刺譏必當於經」，也要能「本乎學術，稽乎政事，準之于義理。」通體來說，馬一浮認為報紙作為歷史知識的一環，目的在治世，本源則要上溯至經術、義理。

在文學上，馬一浮主張「史」、「玄」雙運，有說：

> 大抵境則為史，智必詣玄，史以陳風俗，玄則極情性，原乎莊騷，極於李（李白，701-762）杜（杜甫，712-770）。建安史骨，陶（陶淵明，約 365-427）謝（謝靈運，385-443）玄宗，杜則史而未玄，李則玄而不聖，絜八代之長，盡三唐之變，咸不出此，兼之者上也。[245]

> 詩以道志，志之所至者，感也。自感為體，感人為用。故曰正得失，動天地，感鬼神，莫近於詩。言乎其感，有史有玄。得失之迹為史，感之所由興也；情性之本為玄，感之所由正也。史者，事之著；玄者，理之微。善於史者，未必窮於玄；游於玄者，未必博於史。兼之者，其聖乎！史以通諷諭，玄以極幽深。凡涉乎境者，皆謂之史。山川、草木、風土、氣候之應，皆達於政事而不滯於迹，斯謂能史矣。造乎智者，皆謂之玄。死生、變化、慘舒、哀樂之形，皆融乎空有而不流於誕，斯謂能玄矣！事有遠近，言有粗妙。是故雅鄭別、正變異，可以興、觀、羣、怨，必止於無邪！其稱名也小，其取類也大；其指遠，其辭文。故通乎《易》而後可與言博喻，為能極其深也；通乎《春秋》而後可與言美刺，為能洞其幾也；通乎《詩》而後可與行禮樂，為能盡其神也。有物我之見存，則暌矣！心與理一而後大，境與智冥而後妙。[246]

馬一浮以史、玄是論詩歌創作原則。「史」陳風俗，通諷諭，彰顯得失之

---

[245] 馬一浮：〈答虞逸夫〉，《爾雅臺答問補編》，收入《馬一浮集》第 1 冊，頁 741。

[246] 馬一浮：〈蠲戲齋詩自序〉，《蠲戲齋詩編年集・癸未》，收入《馬一浮集》第 3 冊，頁 180-181。

迹，為「事之著」；「玄」是感，感不止於情性，更要上推到情性之本，是「理之微」。史作為外境，舉凡山川、草木……皆是，但「能史」的條件要「達於政事」，非泛指一切之境；同樣的，情意感發能力來自玄，但必須合於「正」者，相擬於佛家之「智」，才是「能玄」。

結合來看，玄必通於史而顯於外，史必通於玄而得其正，詩歌創作貴「史玄雙運」，通貫形上形下，可謂之聖。此與馬一浮其他論史觀點一致，即抒情論事必以史義為基礎，史義本於經。第二條引文末，徵引諸經立為史玄之通的標準，實深有所指，一如所云：「須知理事不二，境智俱融，史非好惡，玄無隱顯。真俗雙忘而後史，凡聖情盡而後玄，可以神會，難以言傳。」[247]形上形下一徹，是為經、史、文相繫的終極標準。[248]

總之，馬一浮論歷史最大特點，是歷史不能獨立經術義理之外。他不取新史學而重「因事求義」，追求歷史的「善」更勝於「真」。又先決條件在「史義」，故重視歷史的文化精神，遠超過史實、史料。繼而論歷史知識講求先立志，而後才述史，如他揚讚顧炎武等人即是。[249]所以他探索形下歷史知識的目的是證成史義，夫云：「史不限於一國，作史者應本《春秋》廣

---

[247] 馬一浮：〈示張立民〉，《濠上雜著初集》，收入《馬一浮集》第 1 冊，頁 736。

[248] 關於馬一浮論史玄，誠如黃莘瑜有云：「並且由馬一浮所舉『能史』、『能玄』之例，可發現『史』與『景』、『玄』與『情』之相關與差異。相關處存乎其咸關注於心物現象，但言『史』、『玄』不用『景』、『情』，或可權說為：『史』是『景』而含寓『得失之跡』；『玄』是『情』而復歸其『本』。」又如陳望衡有云：「馬一浮重申中國古典詩學的『詩史』說，其真實含意可能還不是強調詩的記史功能，而是詩的諷諭功能，……那麼，這史重要的不是史實，而是史識了。」其意一致。
參見黃莘瑜：《馬一浮詩論研究》，頁 132-133、陳望衡：〈論馬一浮詩歌美學思想〉，收入吳光主編：《馬一浮思想新探——紀念馬一浮先生誕辰 125 周年暨國際學術研討會論文集》，頁 330。

[249] 如馬一浮說：「清初人如顧亭林、黃梨州、王船山所志向大，其後考據家失之小，而講微言大義如《公羊》學者又失之誕。降至今日，如顧詰剛之考據孟姜女，進而為《古史辨》，則既小且誕，兼而有之矣。」王培德、劉錫嘏記錄，烏以風、丁敬涵編次：「諸子篇」，〈馬一浮先生語錄類編〉，收入《馬一浮集》第 3 冊，頁 972-973。

魯於天下之義，是非不謬於聖人，方足以備後來之損益，此豈今人所及哉！」[250]其觀點確與新史學判分兩蹶。

第三節　小　結

　　綜觀本章，馬一浮反對章學誠「六經皆史」的學術史觀，並從自己對《春秋》是經而非史的定位，以及對現代新史學的批判，建構出對歷史觀的詮釋。

　　而章學誠「六經皆史」的學術史觀有以下四個特點：一是將六經視為周公政典，使經史同源，以此凸顯出史學的獨立性、可與經等觀的態度。二是認為古無私人著述，將一切學術繫於王官，故夷孔子成為一師儒的形象。三是未正視諸子學的獨立，斥諸子之說為空言。四是過分崇古，無法囊括後起學術的擴張，終有六藝不得不為四部分類取代之慨。其中最值得注意的，是他將形上理則，如：道體、心性等，悉落實於形下之器中，非懸於先驗層以概念性思維作源流的統括。

　　至於馬一浮看似反對學術史，實是反對六經皆史下的學術史觀，另起爐灶，他以「六藝論」為基礎，表明六藝是本於天生性分，故說「六藝統攝於一心」為統攝一切學術的基礎。此論點實拉升「何謂學術史」的複雜度，更涵括到經術、義理學、學術史匯流的可能性與如何匯流於一的方法，最終建構出獨創的「義理式的學術史觀」。

　　然而，在討論章學誠、馬一浮學術史觀差異的背後，透過經、史地位的升降，可觀察出近代中國思想轉型下的史學，如何從邊陲走到中央，到最後獨立成學之過程的一種型態。而本章由此聚焦在兩個重點的討論：一是《春秋》為經或為史，從而衍生出馬一浮如何藉公羊學的精神，建構自己的歷史觀；二是馬一浮對民國初年史學界主流，即對新史學的評議。

---

[250] 王培德、劉錫嘏記錄，烏以風、丁敬涵編次：「史學篇」，〈馬一浮先生語錄類編〉，收入《馬一浮集》第 3 冊，頁 976。

首先，馬一浮視《春秋》為經不為史，嚴分經、傳，經為聖人所著，傳是後人所為。當論及《春秋》大義時，則以《易》、《論》、《孟》為義理基礎，首重以仁為本的正心、正名，此實為一事，心正而事莫不正，由此可見義理、歷史錄記之先後次序。至於馬一浮論「春秋學」似是傾向公羊學，實是重公羊講微言大義的「精神」而已。故他極看重董仲舒、程伊川、胡安國依義不依例的詮釋精神，但未採納原公羊家最重要的義例、三科九旨、政治觀，馬一浮的目的只是想在儒學道統下，劃歸於一，形成重道德主體、良知的歷史觀。至於今古文之爭、歷史真實性不那麼重要，重要的是如何以身心性命之理通貫、詮釋歷史，夫如馬一浮言《春秋》大義——夷夏進退、文質損益、刑德貴賤、經權予奪等，旨亦僅在正名、正心即可。

其次，民國初年新史學影響甚劇，諸如：清代考據方法、歷史進化論、延入西方科學精神與實務，對歷史的考古、疑古，在在衝擊傳統史觀與經史間的定位。六經皆史流播於後，逐漸成為「六經皆史料」，使經不僅從政典夷為眾多上古史料之一，也從章太炎的信史，到古史辨學派的疑史、考史，這種以史學方法來治經，使史學走向中心，從而降低了經學的地位。

很顯然的，馬一浮的治史態度與當時主流觀點南轅北轍。他本著義理精神，強調治史得先治經，他談歷史因果非論事理脈絡先後，而是問心性之因如何影響歷史之果，重史義大過於史實、史料。馬一浮將經術義理置於歷史知識之先，認為歷史既不必事事釐清，也斷不能用考古、疑古否決文化義下的歷史精神。所以，要有選擇性而毋須細瑣、全面的討論歷史知識。

對此，作為現代新儒家一員，馬一浮的歷史觀與其他學者有不約而同的共識，如熊十力說：

> 歷史之學，《春秋經》之枝流餘裔也。治史必究大義，本天化以徵人事，鑒既往以策方來，其義宏遠。若專考瑣碎事件，何成史學？[251]

---

[251] 熊十力：《讀經示要》，收入《熊十力全集》第 3 卷（武漢：湖北教育出版社，2001年 8 月），頁 846。

錢穆也說：

> 所謂新史學之創建，此亦殊難一辭而盡。要言之，此當為一種極艱鉅
> 的工作，應扼要而簡單，應有一貫的系統，而自能照映我國家現代種
> 種複雜難解之問題。……要能發揮中國民族文化已往之真面目與真精
> 神，闡明其文化經歷之真過程，以期解釋現在，指示將來。……中國
> 新史學家之責任，首在能指出中國歷史以往之動態，即其民族文化精
> 神之表現。[252]

顯然錢穆的新史學亦與梁啟超大相逕庭，而熊、錢二氏紛紛申明治史重展現
「歷史精神」，態度則一。又第二代的牟宗三、唐君毅論「歷史哲學」，分
別有說：

> 轉而觀歷史，則心之全部活動轉而為「精神」表現之全部歷程。在純
> 哲學，吾可純邏輯地建立其系統。觀歷史，則必須就史實之發展觀其
> 縱貫之表現，在發展途程中完成此系統。……故歷史之精神表現即是
> 一部在發展途程中企求完成之哲學系統。[253]

> 論歷史之哲學，則民族生命、民族精神、歷史精神、普遍的精神生命
> 精神實體諸概念，為不可少。蓋論歷史哲學，乃總持而作，所論者非
> 個人，而為民族之集團或人類之集團。……一般歷史學之研究，亦向
> 分的個體事物之研究而趨，順人之自然的心習以外散。而歷史哲學之
> 論，欲歸於統貫之理，則必逆其道而行。其言分皆所以為合，其論散
> 皆所以成總。……歷史之學，只有向分散之個別之史事人物之考證而
> 趨。義益瑣而言益碎，道術乃為天下裂。而歷史哲學亦終無存在之可

---

[252] 錢穆：〈略論治史方法〉，收入氏著：《中國歷史研究法》，頁137。
[253] 牟宗三：《歷史哲學》（臺北：臺灣學生書局，2000年9月），頁4-5。

能。[254]

可知他們論歷史之共向是確立形上道德本體，存養本心，而後才能正確看待歷史的發展，知擇別去取；至於現象界歷史知識的紛呈也必先立本以梳理世事。無可避免，此舉必定會受到歷史學界對求真、求善孰先孰後的提問與挑戰。

---

[254] 唐君毅：〈中國歷史之哲學的省察〉，收入牟宗三：《歷史哲學》，附錄頁 11-12。

第四章　奠基「學術史」的六藝論

　　馬一浮的「六藝論」向來以難解著稱，一般多視此為經學、哲學，甚少從學術史的角度討論其六藝論。而馬一浮的學術史觀不僅後人未解，當時人亦難通曉，如葉聖陶說：

> 至其為教，則以「六藝」。重體驗，崇踐履，記誦知解雖非不重要，但視為手段而非目的。此義甚是，大家無不贊同。然謂「六藝」可以統攝一切學術，乃至異域新知與尚未發現之學藝亦可包羅無遺，則殊難令人置信。馬先生之言曰：「我不講經學，而在於講明經術」，然則意在養成「儒家」可知。今日之世是否需要「儒家」，大是疑問。故弟以為此種書院固不妨設立一所，以備一格，而欲以易天下，恐難成也。[1]

> 最難通者，謂此六藝可以統攝一切學藝，如文學、藝術統攝於《詩》、《樂》，自然科學統攝於《易》，法制、政治統攝於《禮》。其實此亦自大之病，仍是一切東西皆備於我，我皆早已有之之觀念。試問一切學藝被六藝統攝了，於進德修業、利用厚生又何裨益，恐馬先生亦無以對也。[2]

---

[1]　葉聖陶：〈致諸翁（4 月 5 日）〉，收入商金林編：《葉聖陶抗戰時文集》第 1 卷（北京：人民教育出版社，2005 年 4 月），頁 132。

[2]　葉聖陶：〈致王伯祥、范洗人、夏丏尊、章雪村、徐調孚、顧均正（5 月 9 日）〉，收入商金林編：《葉聖陶抗戰時文集》第 1 卷，頁 138。

葉聖陶對馬一浮六藝論提出二點疑義：一是現代學術體系不能等於儒家養成教育，對當前社會而言，儒家養成教育是否有其必要性，且存在理由為何；二是西方學術能否被六藝所統攝。針對第一點，葉氏認為馬一浮著重六藝的體驗、踐履之「儒家修養」本無問題，但不適宜將六藝之教當作現在學術體系之一環，也不能抱持此一理念便欲改革天下。針對第二點，葉聖陶將「學術統攝」視為是當時流行的「中體西用」，但他不知此係是奠基學術史的「辨章學術，考鏡源流。」而熊十力雖贊同馬一浮談六藝論，但他的六經、六藝觀點卻與馬一浮大相逕庭，亦非學術史式的觀點。[3]再如賀麟於 40 年代中，以「文化哲學」闡釋六藝論的價值。[4]他們對馬一浮學術的認知多偏向經學、哲學、理學，而未及學術史。直到後人詮釋六藝論也多根基於上述分類，雖然取得了許多重要的研究成果，卻未能擺脫如：六藝怎能統攝一切學術、西方學術的疑慮。

馬一浮主要討論六藝者，在《泰和宜山會語》的四篇文章，分別是：〈論六藝該攝一切學術〉、〈論六藝統攝於一心〉、〈論西來學術亦統於六藝〉、〈舉六藝明統類是始條理之事〉。第一、三篇從學術史角度，闡明六藝論統攝所有學術的方法，第二、四篇從義理學以統攝於一心本體，闡明六藝統攝眾學的所以然之理。其云：

> 所以說天下萬物，不能外於六藝，六藝之道，不能外於自心。黃梨洲有一句話說得最好，曰：「盈天地間皆心也。」由吾之說，亦可曰：「盈天地之間皆六藝也。」今日學子只知求知，以物為外，其結果為徇物忘己。聖賢之學乃以求道會物歸己，其結果為成己成物。[5]

此正證明馬一浮的學術史觀結合了心性之學，這種以六藝或六經作為學術本源，統攝一切學術的學術史理念，從清中葉章學誠開始，一直到晚清民初多

---

[3]　詳參本書第八章「馬一浮的『義理式的學術史觀』對比熊十力的『經學思想』。
[4]　賀麟：《當代中國哲學》，頁 17-18。
[5]　馬一浮：〈說忠信篤敬〉，《泰和宜山會語》，收入《馬一浮集》第 1 冊，頁 55。

有傳承，馬一浮絕非特例，最明顯如：四川學者劉咸炘早馬一浮十餘年，同樣提出「六藝可該學術之流變」的論點。[6]

馬一浮的學生烏以風曾錄記下一段相當重要的文字，有說：

> 先生意，非謂六藝幾部書可以統攝一切學術，而是說六種門類之學術思想皆從一心所發，最為精純，一切學術莫之能外。此是源頭處，其餘皆從發脈，因流支繁遠，故有得有失。但六藝之傳，只各有流失，為後世經學各派也。[7]

這正可解開對馬一浮學術定位的疑問。六藝非六經，也與後出十三經不同，在一心體證下，以六藝為學術門類名，與杜威（1859-1952）十分類法從000……900為圖書編目是一樣的道理。

不同的是，六藝有「辨章學術，考鏡源流」的學術史功能，有統有類，涵藏道德義理、教化精神，他稱為：「詩教」、「書教」、「禮教」、「樂教」、「易教」、「春秋教」[8]，將天下間學術思想由六藝統攝，非毫無意義的數字編排，也非單指六本經書。

然而，在否定「六經皆史」前提下，馬一浮如何建構新的六藝論理念以述明學術源流？本章先從「學術史」角度談六藝論，確立學術史規模，下章再從義理學角度，分析六藝統攝的所以然之理。

以下分四節討論，依序是：第一節「解釋基本概念」，從學術史的角度對專有名詞的界定。第二節「『學必繫於道』的學術史態度：通貫『說經』、『通儒』、『專家』為一」，從三個與學術史相關專有名詞，辨明馬

---

6 參見劉咸炘：〈認經論〉，收入黃曙輝編校：《劉咸炘學術論集·哲學編》上冊（桂林：廣西師範大學出版社，2010年6月），頁43-46。

7 烏以風：〈馬一浮先生學贊〉，收入夏宗禹編：《馬一浮遺墨》，頁215。

8 但凡馬一浮談到六藝經教時，是將學術統攝至六種經教之下，而非指六種經書，故不宜當成六本書來看，亦不宜以書名號，如：「《詩》教」作標記，而應為「詩教」，故後述引用、談及六藝經教時，均不用書名號標記，特此說明。

一浮與清儒論學的差異，並由此定位其六藝論與論「學」之間的關係。第三節「『序六藝為九種』的學術史核心理念」，說明在劉向、歆父子學術史理念下，馬一浮如何重整經傳、《四書》的學術史、義理學位分。第四節用一「小結」作結。

第一節　解釋基本概念

論及六藝論宜從相關名義作界定，可分成四組概念：一是「論經、經學、經術」；二是「經數必為『六』」；三是「區分『六藝論』諸名義」；四是「『義理』不等於『哲學』」。以下依次解釋。

一、論經、經學、經術

馬一浮視「經」、「經學」、「經術」為不同概念。「經」是書，也是常道；「經學」乃經的注釋之學；「經術」則是貫通義理、治術之鑰。

首先，何謂「經」，馬一浮說：

> 「經」字就字義言，是線裝書，佛經謂之修多羅 sutra，亦以貝葉為書，以線貫之，略如中土之竹簡韋編。就義理言，則是常道，所謂「人倫日用之間所當行」者也。如實而言，須知六經非是聖人撰造出來，而是人人自性所具之理，如非固有，聖人豈能取而與之？執言語、泥文字者每以典冊為經，不知宇宙間本來有這些道理，盈天地間莫非經也。寒暑晝夜，陰晴朝暮，乃至一人之身，語默呼吸，作息行止，何莫非《易》，不必限於六十四卦、三百八十四爻也。政事之得失，國家之治亂，人物之賢否，何莫非《書》，不必限於今古文若干篇也。一切吟詠語言，雖有精粗美惡淺深之不同，何莫非《詩》，不必限於三百篇也。即如孺子「滄浪之歌」，信口而出，聖人聞之，則聲入心通，發為「清斯濯纓，濁斯濯足」之義，豈非詩教？顧滄浪之歌又何嘗在三百篇之內耶？拘泥文字、尋行數墨流何嘗知六經之外別

有一部沒字真經耶？但此文為一般人言之，自必驚怖其說，以為茫無端涯。此是了義教，不可為初學說法，遽為說此，便束書不觀矣。[9]

上述有三個重點：其一，經是「書」，此就字義而論，論「經」時，不取本義。其二，經是「常道」，此就義理而論，常道為本性固有。其三，「書」、「常道」是一體兩面，書可載道，但道非限於書文，盈天地之間，皆為常道之流佈。而馬一浮所謂的「經」不限於書籍文字，他舉出《易》不限於卦爻辭，《書》不僅於今古文，《詩》不止於三百篇，判分出文字、常道之別。又以「經書」目的在陳道，馬一浮說：

有六經之迹，有六經之本。六經之本是天性，六經之迹是文字，然六經文字亦全是心性的流露，不是臆造出來。[10]

馬一浮以本、迹論六經，證明「經文」與「本性」、「義理」的主從序列。馬一浮將「經」提升至形上的本體，實際是把「常道」彙歸到一終極性的普遍原則，成為不變至理。

再者，何謂「經學」、「經術」，馬一浮說：

論經術、經學之別云：漢人言經術，通經可以為政，國有大疑大難，每以經義斷之；唐人專事注釋，便成經學；宋人以經義明理，見處遠過漢人，乃經術正宗。書院講習，亦此志也。[11]

古之所謂學者，學道而已。文者，道之所寓。……六經，文也。明其

9　王培德、劉錫嘏記錄，烏以風、丁敬涵編次：「六藝篇」，〈馬一浮先生語錄類編〉，收入《馬一浮集》第 3 冊，頁 938。

10　烏以風輯錄：〈問學私記〉，收入《馬一浮集》第 3 冊，頁 1158。

11　王培德、劉錫嘏記錄，烏以風、丁敬涵編次：「六藝篇」，〈馬一浮先生語錄類編〉，收入《馬一浮集》第 3 冊，頁 939。

> 道足以易天下如孟子者，方足以當經術，公孫弘（199B.C.-121B.C.）、
> 倪寬（？-103B.C.）、匡衡（？）、張禹（？-5B.C.）之徒不足言也。
> 學足以知聖守文而傳義如子夏（507B.C.-？）者，方足以當經學，博
> 士之學不足言也。故濂、洛、關、閩諸賢直接孔、孟，其經學即經術
> 也，其言即道也。道者，其所行所證者皆是也。此非執言語、泥文字
> 所能幾，安復有今古漢宋之別哉？[12]

第一條引文馬一浮歷數各代經學特色，以注釋之學為「經學」；能上探義
理，下行乎政治達用者為「經術」。他區隔漢、宋，強調「經義」斷政之
餘，更待「理」、「道」為基礎；反之，能存守「理」、「道」者，即可以
斷政，形成徹上徹下的通貫之理。

　　而「術」有方法、手段之意，「經術」則是呈現「經」之價值的實踐方
法。但經術是否只存在形上的層次？而經術能否納入制度與其他專門之學，
如：天文、水地、曆算……等種種豐富的經學知識？清儒以「實事求是」治
學態度在經學的專門之學分門別類上，逐步脫離經學，各自發展出獨立的知
識體系，皆是經術發展的一環，但馬一浮不取此途，只以根基心性之學而為
「經術」。那麼，他如何正視如此龐大經學知識的價值？又如何將專門之學
與經術繫屬，成為「辨章學術，考鏡源流」的學術史？待本章第二節續說分
明。

　　又者，馬一浮更提到「經術即是義理」，有云：

> 經術即是義理，離義理豈別有經術？若離經術而言義理，則為無根之
> 談；離義理而言經術，則為記問之學。若問敝院講學宗旨，乃是經術
> 與義理為一，不分今、古，不分漢、宋，不分朱、陸，然切勿以籠統

12　馬一浮：〈示張伯衡〉，王培德、劉錫嘏編《爾雅臺答問》卷 2，收入《馬一浮集》
　　第 1 冊，頁 604。

目之。[13]

經術即「義理之學」，義理又在「心性」，毋庸贅言。但「不分今、古，不分漢、宋」是怎麼一回事？這可從兩方面說明：一、經、傳分離，經廣包一切知識，故馬一浮認為今古、漢宋都是後人偏曲的詮釋，無關「經」的本然閫旨；二、這其中隱藏很深刻的學術史家關懷，學術史家的視域不是漢宋、今古文之爭，而是更寬廣地梳理三代以降的所有學術，與當時面臨到中西學衝擊下的學術統脈，企圖將所有學術分門別類，一一安頓。可知馬一浮以「常道」為經，而不侷限六經之文；又經學為注釋之學，不同於經術；至於經術欲通徹形上、形下，則必與義理相敵體對治，方為一體之學。

二、經數必為「六」

經數必為「六」是很重要的基本概念。當經數隨時代而產生變化，象徵著典範的轉移，又以十三經之說最為常見，但作為「序六藝為九種」的學術史係指六藝為六種學術門類，以及三種輔助門類，絕不能混同經、傳的關係，任意擴編。

關於「經數」，馬一浮云：「何以言六藝統四部？今經部立十三經、四書，而以小學附之，本為未允。」[14]這段文字有兩層涵義：一是經數為「六」不為「十三」，二是以「六藝論」為統攝一切學術的根本理論。本小點先論經數問題，下點再論六藝內涵。

當今人論經書的數字時，主要是「六」或「十三」，這是歷經各朝代不同發展後的結果。最早，經數為「六」的觀點始於《莊子》、《禮記·經解》，而秦火之後，《樂經》失傳，流為五經，漢武帝（157B.C.-87B.C.）時便僅列五經博士，但此時亦有補入《考工記》而稱為「六經」或「六藝」

13　馬一浮：〈答池君〉，王培德、劉錫嘏編《爾雅臺答問》卷 1，收入《馬一浮集》第 1 冊，頁 512。

14　馬一浮：〈論六藝該攝一切學術〉，《泰和宜山會語》，收入《馬一浮集》第 1 冊，頁 15。

者，至於將六經名為六藝則是出自於《史記》。此處須辨明此六藝非《周禮》「鄉三物」禮、樂、射、御、書、數之六藝，而是指六經。如〈滑稽列傳〉云：「孔子曰：『六藝於治一也。禮以節人，樂以發和，書以道事，師以達意，易以神化，春秋以道義。』」[15]治者，乃指六藝的性質在導民立政，為政教之用。

到了東漢始列七經：一說是無《樂經》而升格《論語》、《孝經》為經；一說是有《樂經》，另升《論語》為經。再到了劉向、歆父子、班固《漢書・藝文志》便將學術源流分成「序六藝為九種」，把《論語》、《孝經》、《爾雅》獨立於六藝之外。

此後，經數逐漸擴大，南朝有十經，唐代有九經、十二經之說，尤其是唐文宗（809-840）開成二年（837）的「開成石經」在九經基礎上，刻上《孝經》、《論語》、《爾雅》，成為十二經；及至晚唐到南宋這段漫漫時間裡，《孟子》從子部升格到經部的議題逐漸在政治界、學術界發酵，最終於宋徽宗（1082-1135）宣和年間（1119-1125），補刻完成的「石室十三經」正式宣告「十三經」說法的成立。[16]

但經數變化並未停止，仍持續進行著，如宋代史繩祖（1192-1274）《學齋佔畢》又提出「先時，嘗併《大戴記》于十三經末，稱十四經。」[17]清中業、晚清，段玉裁（1735-1815）、劉恭冕（1824-1883）則各自提出二十一經的說法。[18]

---

[15] 《史記》言六經為六藝處，還包括〈伯夷列傳〉、〈李斯列傳〉、〈儒林列傳〉、〈太史公自序〉等。

[16] 詳可參張壽安先生：〈從「六經」到「二十一經」：十九世紀經學的知識擴張與典範轉移〉，《學海》2011 年第 1 期，頁 146-150。

[17] 今傳本的《學齋佔畢》實未載此句，另於《四庫總目提要》有言：「史繩祖《學齋佔畢》言《大戴記》列之十四經中，其說今不可考。然先王舊制，時有徵焉，固亦禮經之羽翼」。相關考證，可參見張壽安先生：〈從「六經」到「二十一經」——十九世紀經學的知識擴張與典範轉移」〉，《學海》2011 年第 1 期，頁 146-163。

[18] 有關六經到二十一經的經數表列，可參見張壽安先生：〈從「六經」到「二十一經」——十九世紀經學的知識擴張與典範轉移」〉，《學海》2011 年第 1 期，頁 160-161。

在這些經數變化中，最廣為人知且為當前學界沿用的是十三經，尤其阮元在 1815 年刊刻《十三經注疏》後，更穩固了經數是十三的說法，至於其他經數增益則被冠以不普遍，或個人主張的評論。[19]如周予同站在傳統政治的立場提道：「隨著中國封建社會的發展和統治階級的需要，經的領域逐漸擴張，有五經、六經、七經、十三經之稱。」[20]僅管他認為十四經、二十一經為個人主張，影響不大，但他也提示經數可隨政治需要更易數目，意謂著經數變化可隨著知識擴張而增益。

而從六經開始的經數、經目變化非毫無意義，民初學者侯堮（約1902-？）便指出經數變化「此中均含有學術思想因時演化的殘痕與遺影。」[21]張壽安先生更清楚指出這是「經學知識」的擴充，換言之，作為形下「常道」的經可隨著時代須求，增益、更易經目[22]，這也說明了「典範的轉移」可無限增加，不須拘泥於數量。[23]張先生對比龔自珍論六藝、龔氏之外祖父段玉裁二十一經的觀點說道：

19　周予同：〈經的範圍及領域〉，《中國經學史講義》，收入朱維錚編：《周予同經學史論著選集（增訂版）》（上海：上海人民出版社，1996 年 7 月），頁 853。

20　周予同：〈經的定義〉，《中國經學史講義》，收入朱維錚編：《周予同經學史論著選集（增訂版）》，頁 844。其學生湯志鈞亦有相同觀點，參見氏著：〈經、「經學」、「經學史」〉，《經學史論集》（臺北：大安出版社，1995 年 6 月），頁 267。

21　侯堮說：「以上簡述十種經數之不同，（五經──十二經），自整套經數的開始，以至經書數目之達於最高度，皆有他的時代背景，劫特於後！如北宋九經，南宋七經，元明以四子書混入經典，都顯然表示『宋學』之風動！清人特重第十四經中之《大戴禮記》，又擴充至二十一經，更為鼓吹『漢學』或『考證學』之熱烈的態度！」參見氏著：〈論經數〉，《安徽大學季刊》第 1 卷第 1 期，1936 年，頁 61-62。

22　張壽安先生：〈龔自珍論「六經」與「六藝」：學術源流與知識分化的第一步〉，收入史學與史識：王爾敏教授八秩嵩壽榮慶學術論文集編輯委員會主編：《史學與史識：王爾敏教授八秩嵩壽榮慶學術論文集》，頁 36-37。

23　張壽安先生：〈從「六經」到「二十一經」──十九世紀經學的知識擴張與典範轉移」〉，《學海》2011 年第 1 期，頁 156-161。

段玉裁的二十一經，無論從實質或表面看來確實是擴大了學術典範的概念與內涵，必須被視為一種進步，尤其納入史學、算學等新的典範。但他最大的疏失，是未能把握住六經作為古代政教大本的地位。龔自珍則從「辨章學術，考鏡源流」的學術史大視角，肯定六經／六藝的源流關係，同時重新思考經、史、子、集的定位。……他把經當作治教之本，視其為一種整合性的學問。觀察其源，索驥其流，才能掌握學問的源出與流辨。所以，源與流是很清楚的被劃分的。學術史所謂「辨章學術，考鏡源流」，要點就在於此。[24]

段玉裁著眼於學術典範的擴張，龔自珍恪守「學術史」以經數、經目為「六」的學術之「本源」，其他學術則是六經／藝推衍出去的「流脈」。誠如上章已述及這股學術史研究傳統從汪中、章學誠一路而下，再到阮元、龔自珍，以至於梁啟超、劉師培[25]，以及民國初年，承繼相關理念者甚廣。除劉咸炘外，20 世紀的 20 年代以降，肯定經數為六者，還有龔向農（？）[26]、陳燕方（？）[27]、鍾泰[28]、徐敬修（？）[29]、錢基博（1887-1957）[30]、伍

---

[24] 張壽安先生：〈龔自珍論「六經」與「六藝」：學術源流與知識分化的第一步〉，收入史學與史識：王爾敏教授八秩嵩壽榮慶學術論文集編輯委員會主編：《史學與史識：王爾敏教授八秩嵩壽榮慶學術論文集》，頁 38-39。

[25] 張壽安先生：〈龔自珍論「六經」與「六藝」：學術源流與知識分化的第一步〉，收入史學與史識：王爾敏教授八秩嵩壽榮慶學術論文集編輯委員會主編：《史學與史識：王爾敏教授八秩嵩壽榮慶學術論文集》，頁 20。

[26] 龔向農云：「……要之，經之名止於六經之實止於五。其他諸子傳說之坿於經者耳。【說詳龔自珍〈六經正名論〉】《漢書‧藝文志》敘六藝為九種，以六經為主，而以《論語》、《孝經》、小學為經之副貳，斯為當矣。【朱子取《論語》、《孟子》，及《禮記》中〈大學〉、〈中庸〉二篇，謂之《四子書》而不云經，頗合古義。】」參見氏著：《經學通論》，據丁巳年（1917）成都鉛印本影印，收入林慶彰主編：《民國時期經學叢書》第 2 輯第 1 冊（臺中：文听閣圖書公司，2008 年 7 月），頁 12-13。

[27] 陳燕方云：「其實六經以外，都不能說是經；他們所說的七經，九經，十三經等許多名稱，都是很不準確的。因為《左氏》、《公羊》、《穀梁》三種，是傳不是經。《小戴禮》是記，《周官經》、《孝經》、《論說》三種是羣書，都不是經。《爾

憲子（1881-1959）[31]、劉異（1883-1943）[32]……等人。但贊同經數為十三者

雅》是釋經的書，更不是經。他們把這幾種書，都說是經，這是他們不知道六經正名
的緣故。」參見氏著：《經學源流淺說》（上海：文明書局，1922 年 3 月），收入林
慶彰主編：《民國時期經學叢書》第 1 輯第 6 冊（臺中：文听閣圖書公司，2008 年 7
月），頁 4-5。

28　鍾泰：「……當時弟子各有所記，夫子既卒，門人相與輯而論纂。故謂之《論語》。
《孝經》者，孔子為曾子陳孝道之作。《爾雅》則古訓之書也。此三者，實皆六藝之
門徑。而《論語》、《孝經》尤孔子之道之所託。子嘗曰：『吾志在《春秋》，行在
《孝經》。』則以此繫之六藝，未為過也。是故開成石經，三傳之後，並鐫《孝
經》、《論語》、《爾雅》。及宋時程、朱諸儒出，進《孟子》以配《論語》。元明
因之。而國子監刻經即並論《論語》《孝經》《爾雅》《孟子》同刻，於是有十三經
之名。……至龔定庵，謂六藝之名由來久遠，不可以肊曾益。後世以傳記為經，以子
為經，亂聖人之例，淆聖人之名實。……」參見氏著：《國學概論》（臺北：廣文書
局，1979 年 12 月），頁 92-93。

29　徐敬修云：「……若《左氏》，《公羊》，《穀梁》之傳，則咸為說經之書，《周
禮》原名《周官經》，（乃羣書非經書）《禮記》原名《小戴禮》，（乃記非經書）
皆與《禮經》相輔而行之書，《論語》，《孝經》，（乃羣書非經書）雖為孔門之緒
言，然亦與六經有別；至《爾雅》則為釋經之書，當列之「小學」之門，更不足以為
經。惟是流俗相沿，習而不察，遂至以傳為經，（如《左氏》，《公羊》，《穀梁》
是）以記為經，（如《小戴禮》是）以羣書為經，（如《周官經》，《孝經》，《論
語》是）以子為經，（如《孟子》是）以釋經之書為經，（如《爾雅》是）是皆不知
經書之源委，此龔自珍所以有〈六經正名〉篇之作也。」參見氏著：《經學常識》
（上海：大東書局，1933 年 9 月），收入林慶彰主編：《民國時期經學叢書》第 1 輯
第 4 冊，頁 6-7。

30　錢基博云：「善夫！劉氏之序六藝為九種也！有苦心焉！斟酌盡善焉！序六藝矣，七
十子以來，尊《論語》而譚《孝經》小學者；蓋《六經》之戶樞也。小學者，所以明
六經之訓詁。而《論語》述夫子之言行。《孝經》則再傳門人之所述，然夫子曰：
『吾……行在《孝經》。』故不敢以夷於記，夷於羣書也。然又非傳。於是以三種為
經之貳，而廁諸六藝之後。然序類有九而稱藝為六；雖為經之貳，而仍抑之不與經
齊。……後世以傳為經，以記為經，以羣書為經，以經之貳為經，猶以為未快意。或
以諸子為經；《孟子》是也。或以經解為經；《爾雅》是也。蓋經之書彌多，而經之
旨彌荒。」參見氏著：《經學通志》（上海：中華書局，1936 年 4 月），收入林慶彰
主編：《民國時期經學叢書》第 1 輯第 1 冊，頁 7-8。

31　伍憲子云：「孔子定六經，本無自名為經之說。……經之名既非孔子自定，後儒尊孔

也相當普及，江瑔（1888-1917）便直指「而十三經之名以立，歷元明清以迄於今，咸沿其稱，遂一定而不可易。」[33]周予同說：「經的領域逐漸擴大。現在依普遍的習慣，以十三經為限。」[34]蔣伯潛（1892-1956）、蔣祖怡（1913-1992）父子雖認為經數為六，且傳、記與經有別，有云：「這些書，只能目之為六經的附庸，而不應逕名為『經』。」[35]可是其所論的經學則兼及經、釋經，且特意強調十三經是一部彙集傳、記在內的「大叢書」[36]，是有關經之書籍的數目總和，已與學術史脫鉤。由此可見，經數問題在民初經學界仍有一番爭議。故直至20世紀30年代末，馬一浮提出的六藝論絕非特立獨行者，而他與前人最大的不同、創見，是將「政教大本」推至形而上的義理之學，並還經為經，還史為史，形成「義理式的學術史觀」。

子之意，而以經名之。以漸而尊及翼經之傳。……但執漢儒之說繩之，則十三經之名實濫。……則《公羊》、《穀梁》解《春秋》，既以傳名，不能稱經也。左氏不傳《春秋》，不能稱經也。《爾雅》為小學訓詁之書，更不能稱經也。《周官》，《小戴記》，《孟子》，不能稱經也。《論語》，《孝經》，亦不能稱經也。今宜糾正十三經名稱知謬誤。復六經之古說。」參見氏著：《經學通論》（上海：東方文化出版社，1936年9月），收入林慶彰主編：《民國時期經學叢書》第2輯第1冊，頁3-4。

32 劉異云：「若夫經之數目，尤多異同：初僅有四，繼益成六，《樂》七約之為五，緯出廣為十二，自漢以降，代有增坿，或七或九，乃至十三。義雖無牾於聖明，名實有乖於傳記。況《周官》初於魯壁，《禮記》傳於戴氏，《公羊》展轉口授，《左氏》初本別行，《穀梁》尤多殘略，《論語》為弟子所記，豈能盡符聖言，《孝經》係曾之傳，實亦無甚精義，《爾雅》釋《詩》《書》之故訓，幾同字林，《孟子》述仲尼而放言，不離辯士。凡此諸籍，皆一家言，特彝訓之支流，實聖典之羽翼。輔經而行，固可增日月之曜，襲經以稱，難免混河海之源。苟欲順言，必先名正。六藝為孔子所訂，允宜專經之名，九籍為後世所增，但可隨類而坿。」參見氏著：〈六藝通論上〉，《武漢大學文哲季刊》第7卷第1期，1940年，頁3-5。

33 江瑔：《新體經學講義》（上海：商務印書館，1921年4月），頁5-6。

34 周予同：〈經的範圍及領域〉，《中國經學史講義》，收入朱維錚編：《周予同經學史論著選集（增訂版）》，頁853。

35 蔣伯潛、蔣祖怡：《經與經學》（上海：世界書局，1941年12月），頁10。

36 蔣伯潛、蔣祖怡：《經與經學》，頁8、蔣伯潛：《經學纂要》（未載出版地：正中書局，1946年），頁4-5。

從經數衍生出學術史的另一要則，是劉向、歆父子《七略》、班固《漢書・藝文志》提到的「序六藝為九種」。[37]劉向、歆總羣書分類成《七略》，分作〈輯略〉、〈六藝略〉、〈諸子略〉、〈詩賦略〉、〈兵書略〉、〈術數略〉、〈方技略〉，用以類分古代所有自然、社會人文等知識譜系；及至清中葉章學誠提出學術史的分類，便轉化成純以「六藝」為一切學術之源，將自然、社會人文等知識完全納入六藝之中，不復用其他諸略。

但觀〈六藝略〉的「序六藝為九種」，實際數字為「九」，不為「六」，分別是：「易」、「書」、「詩」、「禮」、「樂」、「春秋」、「論語」、「孝經」、「小學」，這該如何解釋？首先，這如同生物學的層層分類，此處分成「略」、「種」二層，再各下轄不同的學術小門類。其次，學術史家以〈六藝略〉來辨章、考鏡學術源流，很清楚將九種劃為兩等分：一是「易」、「書」、「詩」、「禮」、「樂」、「春秋」為〈六藝略〉的主體；二是「論語」、「孝經」、「小學」為輔體。體系嚴明，不容混淆。馬一浮也嚴守經數，如上所言：「今經部立十三經、四書，而以小學附之，本為未允」，其意在此。

三、區分「六藝論」諸名義

以下分成「國學即六藝」、「藝與六藝」、「論六藝諸名義」，逐一說明。

(一) 國學即六藝

何謂「國學」的議題早在上個世紀 20 年代成為顯學，對於國學內涵爭議絮絮呶呶，多頭發展而無定論。在此學術氣氛下，馬一浮直指「國學者，六藝之學也。」[38]又說：「今人講國學者，以經學、史學、諸子學並列，而

37　東漢・班固撰、唐・顏師古注：〈藝文志〉第 10，《新校漢書集注》（臺北：世界書局，1978 年 11 月），頁 1723。

38　馬一浮：〈楷定國學名義〉，《泰和宜山會語》，收入《馬一浮集》第 1 冊，頁 8。

不知其皆統於六藝。」[39]不同於當時總合式序列國學，他直以六藝的學術史觀為眾學的統攝基礎。

馬一浮云：

> 今先楷定國學名義。舉此一名該攝諸學，唯六藝足以當之。六藝者，即是《詩》、《書》、《禮》、《樂》、《易》、《春秋》也。此是孔子之教，吾國二千餘年來普遍承認一切學術之源皆出於此，其餘都是六藝之支流。故六藝可以該攝諸學，諸學不能該攝六藝。今楷定國學者，即是六藝之學，用此代表一切固有學術，廣大精微，無所不備。[40]

此六藝作為孔子教化的根本，且為學術本源，而不單單指六本經書。他提出的「孔子之教」消極意義是否定了「六經皆史」的周孔並列，成就出的積極意義則在一「教」字。「教」即教化，此「教」非比章學誠人倫日用的「道」，而是形上的「道體」，將一切傳統學術架構在六藝教化依準下，分門部次，重立以孔子六藝為主體的「道統精神」，與走向知識專門化，又糾葛於內容、定位爭議的「國學」內涵不同。

（二）「藝」與「六藝」

「藝」有教化之義，以此言「六藝」，亦有教化義，非《周禮》鄉三物之六藝。

馬一浮言「藝」與「六藝」有云：

> 問「游於藝」，云：「藝」字本義是種植，《詩》所謂「我藝黍稷」者是，此與英文 culture 一字頗相當。鄉三物以禮居六藝之首。《荀子‧禮論》篇云：「禮者，養也。」「養」字之義正與培養黍稷之意

---

[39] 王培德、劉錫嘏記錄，烏以風、丁敬涵編次：「六藝篇」，〈馬一浮先生語錄類編〉，收入《馬一浮集》第 3 冊，頁 939。

[40] 馬一浮：〈楷定國學名義〉，《泰和宜山會語》，收入《馬一浮集》第 1 冊，頁 10。

為近。教育亦藝也，要亦貴能培養。但鄉三物所謂禮、樂，仍就事上
說，非其義也。居今日而言六藝，射御既皆不習，樂又早亡，其事雖
缺，貴在能通其義。能通其義，則言即是樂，行即是禮，真須臾不可
去身者也。[41]

《史記‧孔子世家》云：「及門之徒三千，身通六藝者七十有二
人。」舊以禮、樂、射、御、書、數當之，實誤。尋上文敘次孔子刪
《詩》《書》、定《禮》《樂》、贊《易》、修《春秋》，自必蒙上
而言，六藝即是六經無疑。與《周禮》鄉三物所言六藝有別，一是藝
能，一是道術。鄉三物所名禮，乃指儀容器數；所名樂，乃指鏗鏘節
奏：是習禮樂之事，而非明其本原也。唯「六德」：知、仁、聖、義、
中、和，實足以配六經，此當別講。今依《漢書‧藝文志》以六藝當
六經，經者，常也，以道言謂之經。藝猶樹藝，以教言謂之藝。[42]

「六藝」自漢代便有二說：一是《周禮》鄉三物的禮、樂、射、御、書、
數；[43] 一是指六經的《詩》、《書》、《禮》、《樂》、《易》、《春
秋》。馬一浮以「藝能」與「道術」區分有三層的意思。

　　其一，「藝」是教育、培養。要教育、培養的是「義」，而非「事」。
「義」是道術、義理，故說：「今欲治六藝，以義理為主。」[44]「事」便是

---

41 王培德、劉錫嘏記錄，烏以風、丁敬涵編次：「六藝篇」，〈馬一浮先生語錄類
　　編〉，收入《馬一浮集》第 3 冊，頁 951。
42 馬一浮：〈楷定國學名義〉，《泰和宜山會語》收入《馬一浮集》第 1 冊，頁 11-
　　12。
43 《周禮‧大司徒》：「以鄉三物教萬民而賓興之：一曰六德，知、仁、義、聖、忠、
　　和；二曰六行，孝、友、睦、姻、任、恤；三曰六藝，禮、樂、射、御、書、數。」
　　東漢‧鄭玄注、唐‧孔穎達疏：〈大司徒〉，《周禮注疏》，收入李學勤主編：《十
　　三經注疏》（北京：北京大學出版社，1999 年 12 月），頁 266。
44 馬一浮：〈理氣 形而上之意義〉，《泰和宜山會語》，收入《馬一浮集》第 1 冊，
　　頁 37。

後條引文中的「藝能」，為儀容器數，屬名物制度之學。直言之，六藝著重道術、義理，不主名物等學。其二，把「藝能」與「道術」作區隔，實際上是將藝能之學獨立成學。馬一浮特別強調鄉三物中的禮是「儀容器數」，樂是「鏗鏘節奏」，這都屬於技藝性質的知識。在馬一浮的六藝論中，技藝之學是不被列入六藝所攝者，此待後述。[45]其三，六經、六藝一體，同質異名。須注意此「經」不是指經典，而是指形上道體，說六藝得從教化而論。

（三）論「六藝」諸名義

馬一浮論六藝名義說法甚多，計有六藝之道、教、人、學、文、書、本、原（源），如說：

> 文所以顯道，事之見於書者，皆文也。故六藝之文，同謂之書。以常道言，則謂之經；以立教言，則謂之藝；以顯道言，則謂之文；以竹帛言，則謂之書。……羣經以此類推，為其以義理為主也。……不信六經，更信何書？不信孔子，更信何人？[46]

> 有六藝之教，斯有六藝之人。故孔子之言是以人說，莊子之言是以道說。《論語》曰：「人能弘道，非道弘人。」道即六藝之道，人即六藝之人。[47]

稍事整理上文，凡以六藝作為常道稱為「六藝之道」、「六經」；立於教化稱為「六藝之教」；能行六藝者稱「六藝之人」；顯於有形文字為「六藝之文」、「六藝之書」。

其他如學為六藝稱「六藝之學」，故云：「學者果能有志於六藝之學，

---

[45] 詳參本書第六章第一節，第一大點「統攝子部」。

[46] 馬一浮：〈讀書法〉，《復性書院講錄》第 1 卷，收入《馬一浮集》第 1 冊，頁 127-128。

[47] 馬一浮：〈楷定國學名義〉，《泰和宜山會語》，收入《馬一浮集》第 1 冊，頁 11。

當知此學即聖人之道，即君子之道。」。[48]申明六藝本源者則稱「六藝之本」、「六藝之原（源）」，如說：

> 某向來所講，謂一切學術皆統於六藝。六藝之本，即是吾人自心所具之義理。義理雖為人心所同具，不致思則不能得，故曰學原於思。[49]

> 《易》為六藝之原，《十翼》是孔子所作，一切義理之所從出，亦為一切義理之所宗歸。[50]

其中六藝之本，乃本心所具之義理；欲探義理，則須明《易》；義理雖為本具，仍須時時存守，思而致學，此為「六藝之學」，學以成聖人、君子。由上可知論六藝功能性、切入角度不同，說法各異。

在眾多「六藝」概念中，馬一浮透過「六藝之教」連結了「六藝之道」、「六藝之學」，即道德本體與認知學習之間的關連；又以「六藝之教」反思「六藝之書」、「六藝之文」，即經典、外在儀文間的關係。故以下將以「六藝之教」為核心，分二點詮解相關概念。

1.從六藝之教談「道」、「學」的關係

馬一浮說：「故六藝之教，總為德教。六藝之道，總為性道。」[51]可知六藝實為道德體證，「教」明六藝道德總會；「道」明道德本於心性本體。

首先，先論「六藝之道」，馬一浮說：「所以說天下萬事萬物，不能外於六藝，六藝之道，不能外於自心。」[52]又說「六藝之道，條理粲然。聖人

48　馬一浮：〈君子小人辨〉，《泰和宜山會語》，收入《馬一浮集》第1冊，頁36。
49　馬一浮：〈說忠信篤敬〉，《泰和宜山會語》，收入《馬一浮集》第1冊，頁54。
50　馬一浮：〈理氣　形而上之意義〉，《泰和宜山會語》，收入《馬一浮集》第1冊，頁38。
51　馬一浮：〈釋至德要道〉，《復性書院講錄》第3卷，收入《馬一浮集》第1冊，頁221。
52　馬一浮：〈說忠信篤敬〉，《泰和宜山會語》，收入《馬一浮集》第1冊，頁55。

之知行在是；天下之事理盡是；萬物之聚散，一心之體用，悉具於是。」[53]
總之，本心義理是六藝之所存，學術本源與統類也都收束在心性本體之內。
但如何收束？馬一浮強調六藝探究的是「事物當然之極則」，亦即生成一切
學術本源的所以然之理。

其次，取教化意義的「六藝之教」本為古文家學，指「不出官司典守，
國家政教」[54]，馬一浮扭轉其義，先指出「詩」、「書」、「禮」、「樂」
等四教乃「是知四教本周之舊制，孔子特加刪訂。」又說「易」、「春秋」
之二教是「孔子晚年始加贊述，於是合為六經，亦謂之六藝。」[55]故六藝經
由孔子刪訂，「教」由政教轉為義理教化，兼有實踐義，實踐前提是先天本
性自具，如其謂：「今人日常生活，只是汨沒在習氣中，不知自己性分內本
自具足一切義理。故六藝之教，不是聖人安排出來，實是性分中本具之
理。」[56]又馬一浮亦用「六藝之教」作為復性書院宗旨而說：

> 書院確立六藝之教，昌明聖學。始於讀書窮理，反身修德，終於窮神
> 知化，踐形盡性。其教學方法，體驗重於思索，涵養重於察識，踐履
> 重於知解，悟證重於講說。務令深造自得，不貴一偏一曲之知。[57]

六藝最終目的是道德體證，以此為根源，判分學術體系，使「道德價值」與
「知識的本源」鎔鑄為一。馬一浮既批駁當時重考古的風氣而言：「須知六
藝之教即是人類合理的正常生活，不是偏重考古，徒資言說而於實際生活相

---

[53] 馬一浮：〈羣經大義總說 判教與分科之別〉，《復性書院講錄》第 2 卷，收入《馬
一浮集》第 1 冊，頁 151。

[54] 清・章學誠著，葉瑛校注：〈原道中〉，《文史通義校注》，頁 132。

[55] 以上兩條引文參見馬一浮：〈楷定國學名義〉，《泰和宜山會語》，收入《馬一浮
集》第 1 冊，頁 11。

[56] 馬一浮：〈論六藝該攝一切學術〉，《泰和宜山會語》，收入《馬一浮集》第 1 冊，
頁 18。

[57] 馬一浮：〈復性書院簡章〉，《濠上雜著》二集，收入《馬一浮集》第 1 冊，頁
763。

遠的事。……」[58]又說學術必根源於六藝：

> 大凡學術有個根原，得其根原才可以得其條理；得其條理才可以得其
> 統類。然後原始要終，舉本該末，以一御萬，觀其會通，明其宗極，
> 昭然不惑，秩然不亂，六通四辟，小大精粗，其運無乎不備。孔子
> 曰：「吾道一以貫之。」《大學》所謂知本、知至，便是這個道理。[59]

當學術本源在六藝，但六藝如何能該攝一切形下紛呈的學術？他認為世間學
術不可能溯源到政典，唯有形而上的心性本體，方可作統類。

復次，從六藝之教連結到六藝之學，則可從兩點說明：一是為學目的，
即修習六藝論的目的；二是判分「知識」與「知識本源」。一就為學目的而
論，馬一浮云：

> 今治六藝之學為求仁也。欲為仁，須從行孝起；欲識仁，須從學
> 《詩》入。故今繼《孝經》後略明「詩教」。……六藝之教，莫先於
> 《詩》。於此感發興起，乃可識仁。……[60]

他認為學六藝目的是尋求「仁」，故論六藝從《孝經》、《詩》始入，目
的在識仁。二則是「知識」與「知識本源」不可等論。六藝論追求的是
「知識本源」，而不是「知識」，馬一浮欲上溯學術源頭，即將眾「學
統」彙歸至一形上「道統」，因此，客觀的知識並非他所著重者。然而，這
並不表示馬一浮否定了各種知識，而是他為學目的是經由六藝論回復人的本
性，如說：「夫人心之歧、學術之弊，皆由溺於所習而失之，復其性則同然

58　馬一浮：〈論六藝該攝一切學術〉，《泰和宜山會語》，收入《馬一浮集》第 1 冊，
　　頁 17-18。

59　馬一浮：〈說忠信篤敬〉，《泰和宜山會語》，收入《馬一浮集》第 1 冊，頁 55。

60　馬一浮：〈詩教緒論 序說〉，《復性書院講錄》第 4 卷，收入《馬一浮集》第 1 冊，
　　頁 268。

矣。」[61]又云：

> 竊惟國之根本，繫於人心，人心之存亡，繫於義理之明晦，義理之明
> 晦，繫於學術之盛衰。中土聖賢道要，盡在六經。唯六經可統攝一切
> 學術，一切學術莫能外之。故必確立六經為道本，而後中土學術之統
> 類可得而明，文化之原流可得而數，即近世異域新知，亦可範圍不
> 過。……六經者，聖人之權度。將以明倫察物，彰往知來。別是非，
> 辨義利，正人心，厚風俗，其必由斯。[62]

上文再次證明係以形上本體的「人心」到「義理」，再到「學術」，論六藝
可以統攝一切中西學術的因由，唯此處馬一浮以「六經」指代「六藝」係是
以六經經典內涵為「道本」，若從學術史角度觀之，則應以六藝統攝一切學
術，而非以六本經書統攝一切學術。

　　此外，尚可從馬一浮對「學」、「術」的定義為證，有謂：

> 故學必讀書窮理，書是名言，即是能詮，理是所詮，亦曰「格物致
> 知」。物是一切事物之理，知即思考之功。《易・繫辭傳》曰：「唯
> 深也，故能通天下之志。」換言之，即是於一切事物表裏洞然，更無
> 睽隔，說與他人，亦使各各互相曉了，如是乃可通天下之志，如是方
> 名為學。[63]

> 故莊立道術、方術二名。（非如後世言方術當方伎也。）是以道術為
> 該遍之稱，而方術則為一家之學。[64]

---

[61] 馬一浮：〈復性書院緣起敘〉，收入《馬一浮集》第 2 冊，頁 1172。

[62] 馬一浮：〈復性書院緣起敘〉，收入《馬一浮集》第 2 冊，頁 1171-1172。

[63] 馬一浮：〈楷定國學名義〉，《泰和宜山會語》，收入《馬一浮集》第 1 冊，頁 9。

[64] 馬一浮：〈論六藝該攝一切學術〉，《泰和宜山會語》，收入《馬一浮集》第 1 冊，
　　頁 14。

由學所格之物，非一切事物，而是格「所以然之理」，唯有此理方能通於天下之志，即一切學術；而所學之「術」稱為「道術」，是該遍一切學術的總稱，並與一家之學的方術相對。

至於「方術」、「方伎」亦為不同概念。「方術」是侷於一偏的學術，而「方伎」泛指醫學、占卜、星象……等「技藝之學」則不屬於學術的範疇。至於技藝之學能否列入學術的範疇，則攸關「學術／非學術」、「專家／技藝」、「諸子／百家」等不同概念的區分，此待後述。[65]

2.從六藝之教談「書」、「文」的關係

首先，馬一浮論六藝「六藝之教」與「六藝之書」的關係有說：

> 應知聖人言行可為法於天下，皆名為教，不獨被於當年，將以貽於後世，則不得不寄之文字簡策，於是有六藝之書，以為六藝之教。然書非即是教，教之所由寓也。佛氏謂此土以音聲為教體。準此而言，亦可以名言為教體。就六藝言之，《詩》之風、雅、頌，《書》之典、謨、訓、誥、誓、命皆言也；《禮》之喪、祭、射、鄉、冠、昏、朝、聘皆行也；《樂》之五音、十二律、六代之樂皆聲也；《春秋》二百四十年之行事皆事也；《易》之六十四卦、三百八十四爻皆象也。此亦教體也。然《詩》有志焉，《書》有政焉，《禮》《樂》有本焉，《春秋》有義焉。由前之說是其形體，由後之說乃其所以為體也。在《易》則曰「設卦觀象」，「立象以盡意」，「繫辭【焉】以盡【其】言。」若是，則舉《易》之教體固不離卦象，亦不即卦象，而言與意乃其所以為體，而意又言之體也。[66]

---

65 馬一浮論「諸子」範疇，與「九流」不同，也不同於四部分類之「子部」，獨取儒、墨、名、法、道等五家，其餘非六藝論所統攝。詳參本書第六章第一節，第一大點「統攝子部」。

66 馬一浮：〈觀象卮言 釋教大理大〉，《復性書院講錄》第 6 卷，收入《馬一浮集》第 1 冊，頁 458。

六藝之「書」不等同於「教」，書是教之寄寓，把「書」換個名稱，便是文字載體的「六經」，確認經、藝之別，實是討論六藝論前，最須被釐清的概念。馬一浮以佛教「教體」、「教體之體」佐證上述概念。「教體」指教法之體，欲使教法能宣說，令他人起正解者，各宗方法皆不同，但不外乎是聲、名、句、文等數類。[67]故馬一浮以「六藝之書」等同教體，並擬作「形體」，如：《詩》、《書》載「言」，《禮》載「行」，《樂》載「聲」，《春秋》載「事」，《易》載「象」。實際上，教體便是訴諸於有形文字的「制度」。然而，體證教體／形體之所以然本體的「六藝之教」才是核心，因此馬一浮對比道：《詩》有「志」，《書》有「政」，《禮》、《樂》有「本」，《春秋》有「義」，《易》則是觀象盡「意」，此方為論六藝要旨。

其次，僅管六藝之「書」、「文」皆以文字方式呈現六藝，但二者仍有不同。六藝之書等同於「經典的六經」而非「常道的六經」，至於六藝之文則被馬一浮賦予不同意義，其說：

> 須先知不是指文辭為文，亦不限以典籍為文，凡天地間一切事相皆文也，從一身推之家國天下皆事也。道外無事，亦即道外無文。……《詩》《禮》，文也；言、立，事也。六藝之文，即「冒天下之道」，實則天下之事，莫非六藝之文。明乎六藝之文者，斯可以應天下之事矣。……故凡言文者，不獨前言往行布在方策有文史可稽者為是。須知一身之動作威儀、行業力用，天下萬事萬物之粲然並陳者，莫非文也。[68]

> 子以四教：文、行、忠、信。文即六藝之文，行即六藝之道，忠、信則六藝之本也。忠、信是體，文、行是用。……雖聖人亦只是以忠、

---

[67] 慈怡主編：《佛光大辭典》（高雄：佛光出版社，1988 年 10 月），頁 4610。

[68] 馬一浮：〈復性書院學規〉，《復性書院講錄》第 1 卷，收入《馬一浮集》第 1 冊，頁 115-116。

信、好學自居，可見學必由忠、信做起，忠、信而能好學，斯可至於聖人。[69]

「文」是內在心性體證於外的行為表徵，馬一浮對舉「文、理」說：「在心則為理，見於事則為文；事有當然之則謂之理，行此當然之則謂之文。」[70] 以明天下之事盡在於文，而談六藝之文要從所以然之理看起，不只是表面的文或制度。故馬一浮以六藝之文說「子以四教」，則「忠」、「信」是本體，「文」、「行」是道德實踐之用，學者由本而末，由體而用，不為了知解，而是體證聖人之道，即以此實踐「六藝之道」。

歸總馬一浮論「六藝」有三項特質：一是「國學」即六藝之學。他撤除總和性的國學概念，而將之凝鍊於六藝中。二是「六藝」即性德總稱。因討論方向不同，有不同名義，但無論何者，本質皆歸宗性德，展現出以心性為核心的義理學面貌。三是兼具多重性。六藝既歸宗義理，等同於經術，又是辨章、考鏡的依據，終將使「經術」、「義理學」、「學術史」聚合為一。

最後，可引一段話說明馬一浮論學精神，可知曉其為學實為道德的「體證之知」，非「聞見之知」，誠如其云：「學者說為學三途徑：一是用博覽的方法搜集來的，二是用融化的方法攝取來的，三是由於深切的體究而從內心流露出來的。答云：前二是聞見之知，後一是德性之知。於此方法能知抉擇，可望入。[71]」正是如此。

四、「義理」不等於「哲學」

馬一浮論經術再到論六藝皆不脫「義理」，即理學家所言的心性之學。

---

[69] 馬一浮：〈會語之餘　說忠信篤敬篇〉，《蠲戲齋雜著》，收入《馬一浮集》第 1 冊，頁 850。

[70] 馬一浮：〈復性書院學規〉，《復性書院講錄》第 1 卷，收入《馬一浮集》第 1 冊，頁 116。

[71] 王培德、劉錫嘏記錄，烏以風、丁敬涵編次：「教學篇」，〈馬一浮先生語錄類編〉，收入《馬一浮集》第 3 冊，頁 1114。

此外，復性書院第一次考試試題直問：「何謂義理之學？何謂哲學？試言其意趣。」[72]義理不同於哲學甚明，此關乎是道德修養或專門之學的差別。故馬一浮判分義理、哲學有謂：

> 然書院所講習者，要在原本經術，發明自性本具之義理，與今之治哲學者未可同日而語。賢者之好尚在治哲學，若以今日治哲學者一般所持客觀態度，視此為過去時代之一種哲學思想而研究之，恐未必有深益。[73]

> 義理之學，須自己向內體究方有入處，若祇從文義上尋求，即是全盤講究明了，還是不相干。[74]

「義理」是源自本性的體證之學，「哲學」是以客觀角度研究古代哲學的專門之學。更深層來看，透過專門之學的哲學可否通達義理？這形成客觀知識如何體證形上本體的斷裂。所以馬一浮將義理、哲學區分為二。馬一浮說：

> 今謂欲言立國，先須立身，欲言致用，先須明體。體者何？自心本具之義理是也。義理由何明？求之六藝乃可明。六藝之道不是空言，須求實踐。……自己心體上將義理顯發出來，除去病痛，才可以為立身之根本；知道立身，才可以為立國之根本。一切學術以此為基，六藝之道即從此入。[75]

此處論及了六藝體用。從「體」來看，六藝即是本心義理，而本心義理又透

---

[72] 丁敬涵輯：〈試卷評語〉，收入《馬一浮集》第 1 冊，頁 931。

[73] 馬一浮：〈答許君〉，《爾雅臺答問》卷 1，收入《馬一浮集》第 1 冊，頁 527。

[74] 烏以風輯錄：〈問學私記〉，收入《馬一浮集》第 3 冊，頁 1132。

[75] 馬一浮：〈說忠信篤敬〉，《泰和宜山會語》，收入《馬一浮集》第 1 冊，頁 57-58。

過六藝呈現，二者實為一如。從「用」觀之，六藝目標在於立身而後能治國，達成心性之德為本的政治觀。

又馬一浮分辨「義理」、「非義理」之學而謂：

> 揚己矜眾，并心役物，此皆今日學者通病，其害於心術者甚大。諸生雖才質志趣並有可觀，其或狃於舊習而不自知，有一於此，必決而去之，然後於經術義理之學方能有入。[76]

> 吾平日提持向上，只為如今學子陷溺太深，不肯自拔於流俗。一味從人起倒，自心本具之義理，總被外境習氣奪完了，沒箇主宰處。是以遇威武則為威武所屈，遇夷狄則為夷敵所制，……三十年前初一梁啟超，驅人於俗，十餘年來繼出一胡適之，驅人於偷，國以是為政，學校以是為教，拾人之土苴以為寶，靡然成風，不待今日之被侵略，吾聖智之法已蕩然無存矣。[77]

習氣、陷溺、流俗，皆是針對不知義理之學的批判。如梁啟超、胡適是「援西入中」的先驅，對近代中國知識轉型與傳播有極大貢獻，但馬一浮認為他們無法守住本心義理，論學再專精都是枉然。至於體證義理必得「決而去之」，此非決去一切的學術，而是論學必須固守心性主宰，不能一味被外在知識的習氣所宰制。

然而，義理是否有流派之別，馬一浮說：

> 義理之學最忌講宗派、立門戶，所謂「同人於宗，吝道也。」先儒臨機施設，或有抑揚，皆是對治時人病痛，不可執藥成病。程、朱、陸、王，並皆見性，並為百世之師，不當取此捨彼。但其教人之法亦

---

[76] 馬一浮：〈復性書院開講日示諸生〉，《復性書院講錄》第 1 卷，收入《馬一浮集》第 1 冊，頁 105。

[77] 馬一浮：〈袁心燦〉，收入《馬一浮集》第 2 冊，頁 877-878。

有不同，此須善會，實下工夫。若能見地透澈，自然無疑矣。[78]

作為學術史家，這段話有兩個要點：一是「學術史」目的在梳理學術源流，可不辨漢宋、古今，馬一浮的「義理式的學術史觀」以心性義理、六藝分疏學術源流，本體是一，自不得有宗派、門戶之見。二是「確立道統」。當馬一浮云：「程、朱、陸、王，並皆見性，並為百世之師」時，實際是確立一條循自孔孟，再到宋明儒者的「道統」。首先，這似與他強調學術史不應分漢宋的觀點自相矛盾，卻非如此。馬一浮雖為學術史家，但不代表「義理」不能有所本。其次，他以宋明儒為道統統脈，建立學術史觀，至於程朱、陸王之分只是「教法」不同，而不礙於道統的一貫。

要之，馬一浮論義理、哲學為兩事。義理出自於心性本體、六藝之道為徹上徹下的學術道統，唯有體證為先，方能立學術史觀，故其義理還鎔鑄了經術、理學、學術史；哲學是專門之學，是客觀研究的一門知識，二者當然不同。

第二節　「學必繫於道」的學術史態度：通貫「說經」、「通儒」、「專家」為一

儘管馬一浮不分今古文經學、不辨理學流派，但他也不是一兼容並蓄的融合論者，而是以學術史辨章、考鏡學術源流，以成就「通儒」為目的。有意思的是，馬一浮對「通儒」的認知與清儒、民初走向專門化的學術相悖，並在清儒從「說經」開啟「專家」之學的基礎上，重新反省、定義說經的意義，進而辨明通儒、專家之學的異同。這依序形成三層思考：一是清儒如何從「說經」、「通儒」，開啟「專家」之學（亦可稱為「專門之學」），進而溯源各種學術的追流，而成為清學的重要成就；二是馬一浮如何辨明三者間的關係及其特點；三是如何證明馬一浮的觀點是學術史的，而

78　馬一浮：〈答池君〉，《爾雅臺答問》卷1，收入《馬一浮集》第1冊，頁512。

非純義理學的。以下依次論說。

第一，有關清儒如何從「說經」、「通儒」開啟了「專家／專門」之學，張壽安先生指出，清儒自戴震以降，便開啟了「說經」的傳統，如《四庫提要》語云：「劉勰有言：『意翻空而易奇，詞徵實而難巧，儒者說經論史，其理亦然。』故說經主於明義理，然不得其文字之訓詁，則義理何自而推？」[79]清楚言明說經的目的本在明義理，而義理的基礎則在文字訓詁。然而，清儒在訓詁的過程中，卻意外開啟了古學的豐富資源，這些原本只是說經時應具備的基本知識，諸如：天文、曆算、制度……等，反而逐步脫離了經學，「其後又因理論與實踐的高度發展令這些專門之學展演成獨立的專門學科，對經學宣告獨立。」[80]在基礎理論完備下，這些專門之學紛紛獨立，甚至連「說經」也獨立成為「經訓之學」。[81]其中，論專門之學最具代表者，有龔自珍論阮元學圈學術貢獻的十大類別，即十類專門之學；另如江藩《漢學師承記》所載的學人與專精的學門也是指標。[82]凡此種種，代表了清學的兩大重要成就：一是重建學統，一是發揚專門之學。然而，最初本欲透過修身治國平天下的通儒理念則被擺落，「終令通儒之學的理念成為一種

---

[79] 清·永瑢等撰：〈凡例〉，《四庫全書總目》，頁18。

[80] 張壽安先生：〈龔自珍論乾嘉學術：「說經」、「專門」、與「通儒之學」——鉤沉一條傳統學術分化的線索〉，收入《中國學術思想論叢——何佑森先生紀念論文集》，頁296。

[81] 誠如張先生云：「作者（崔適）儼然把『經解』視為一種專門之學，焦點集中在漢儒的『注經』『解經』，從方法、資料、到理論、目的都賦予清楚的界定，使之與其他鄰近之學區隔，不僅很少談到技藝之學、九數之學，也很少論及聖人之道、修身敦品，更遑論文章、性理之學了。」參見氏著：〈龔自珍論乾嘉學術：「說經」、「專門」、與「通儒之學」——鉤沉一條傳統學術分化的線索〉，收入《中國學術思想論叢——何佑森先生紀念論文集》，頁306。

[82] 張壽安先生：〈龔自珍論乾嘉學術：「說經」、「專門」、與「通儒之學」——鉤沉一條傳統學術分化的線索〉，收入《中國學術思想論叢——何佑森先生紀念論文集》，頁281-303。

『人文素養』。」[83]

　　到了 20 世紀初期，各專門之學紛紛進行學統重建，與重學科分類的西學導入，已成為學術界的主流，但馬一浮認為這些專門之學缺乏六藝道統作為學術的根源，而其「義理式的學術史觀」目的正是「再溯道統」，於學統上安回道統，故與清儒、時人的觀念不同。因此，他如何揉合「說經」、「通儒」、「專家」為一整體概念，將影響其學術史的發展。

　　第二，馬一浮如何論辨「說經」、「通儒」、「專家」三者的關係，馬一浮先言「說經」：

> 從來說經不出兩例。自為一家之學，無取參會異說，一例也。兼采眾說，而不專主一家，又一例也。……伊川《易傳》蓋取前例，朱子於《詩集傳》取後例，於《易本義》取前例，若其注《四書》，則兼用之。其於前人之說義苟有當，無敢或疑，若在所疑，必加料簡。故於《精義》之外，又草《或問》，以明其去取之所由。說經至此，乃無遺憾。[84]

以上是兩種說經方法，無關閎旨，又言：

> 宋以前說經者，多主荀子一派，其失處在不知學之大本。至濂、洛、關、閩，承孟子之後直指心源，學之本源始大白於天下。後人有以程、朱氏之學非六經之本來面目者，蓋未暇深究之過也。[85]

　　清儒猶以義理為空疏，好以漢學標榜。或張皇家法，輕詆異義，或惟

---

[83] 張壽安先生：〈龔自珍論乾嘉學術：「說經」、「專門」、與「通儒之學」——鉤沉一條傳統學術分化的線索〉，收入《中國學術思想論叢——何佑森先生紀念論文集》，頁307。

[84] 馬一浮：〈重刊周易繫辭精義序〉，收入《馬一浮集》第 2 冊，頁 47。

[85] 烏以風輯錄：〈問學私記〉，收入《馬一浮集》第 3 冊，頁 1159。

務該洽而迷其指歸,是由先有成見,遂闕精思。[86]

此正言明說經旨在「義理」,且以宋明理學為說經原則。馬一浮據此贊揚伊川、朱子說經能成一家之學,或能兼採眾說,也轉而批評清學的立家法別異義、重博通完備,反而卻迷失了義理指歸,由此可知馬一浮的「說經」不同清儒獨立出的「經訓之學」。故馬一浮評議「經訓之學」道:

> 故古之教人莫先於訓詁章句,若訓詁不通,章句迷昧,安望其能解義,亦不可名為讀書。今初學不知文字脈絡,囫圇讀過,欲使訓解不謬,安可得哉?[87]

> 治經若專講訓詁名物,誠有此失。今教以體驗,即是檢點其家珍,非徒守其記籍也。科學方法與此不類。[88]

他贊同訓詁章句是說經的先決條件,但不贊同為了訓詁而訓詁,為考證而考證,甚至把訓詁、考證當成為學目的,成為一專家之學。所以,馬一浮強調治經目的在體驗義理,自不同於西學傳入後的「科學方法」。

馬一浮再分辨「通儒」與「專家」,有道:

> 今日學者為學方法,可以為專家,不可以成通儒。此所言成就,乃欲個個使成聖賢。古人論學主通,今人論學貴別。若問:學是個甚麼?答曰:伊川嘗試〈顏子所好何學論〉,便是解答此問題。須知古無科學、哲學之稱,亦無經學、史學之目,近世以漢、宋分途,朱、陸異撰,用朝代姓氏為別,皆一孔之見。濂、洛、關、閩只是地名,考據、詞章同為工具。八儒三墨各自名家,入室操戈互相勝絀,此莊生

---

86 馬一浮:〈重刊周易繫辭精義序〉,收入《馬一浮集》第2冊,頁47-48。

87 馬一浮:〈蠲戲齋詩自序科解跋〉,收入《馬一浮集》第2冊,頁84。

88 馬一浮:〈答吳君〉,《爾雅臺答問》卷1,收入《馬一浮集》第1冊,頁509。

所謂「道術將為天下裂」也。學只是學，無假頭上安頭，必不得已，強名義理之學，如今立科、哲，各從所好，權示區分。……知此則知今之所謂專家者，得之於別而不免失之於通，殆未足以盡學問之能事。雖然，分河飲水，不無封執之私，互入交參，乃見道體之妙。既知統類，則不害差分，致曲通方，各就其列，隨順世間，語言亦復何礙？故百家眾說，不妨各有科題，但當觀其會通，不可是丹非素，執此議彼。苟能捨短取長，何莫非道？萬派朝宗，同歸海若，容光必照，所以貞明。小智、自私，乃存畛域，自智者觀之，等同一味，豈有以異乎哉？[89]

這段長文有三個重點：首先是分辨「通儒」與「專家」，而重學貴主「通」。以〈顏子所好何學論〉為例，馬一浮嘗釋其義，將該文主旨科要分為三：「一標宗趣【示學以至聖人之道。】二顯正學【明學聖之功。】三簡俗見【辨俗學之失。】」[90]前兩者毫無疑問，是成為通儒的方法，但「辨俗學之失」指的是什麼？他說：「不求諸己而求諸外，以博聞強記、巧文麗辭為工，榮華其言，鮮有至於道者。則今之學，與顏子所好異矣！」[91]正指專家之學的缺失。

其次是評價專家之學。馬一浮分別說明「道術將為天下裂」與「萬派朝宗」，前者是專家之學，重區分；後者學以義理為宗，與經術、六藝、心性同解。其中，「濂、洛、關、閩只是地名，考據、詞章同為工具」，言下之意，宋學分派是別；考據、詞章是解經工具，皆不可為通儒。要之，凡持守門戶便無法見得「道體」，唯有在通的基礎上，方能統攝眾學。

復次是專家失於通，但非不能通。馬一浮認為專家安於專門是自我設

---

[89] 馬一浮：〈釋學問〉，《泰和宜山會語》，收入《馬一浮集》第 1 冊，頁 60。

[90] 馬一浮：〈顏子所好何學論釋義〉，《泰和宜山會語》，收入《馬一浮集》第 1 冊，頁 64。

[91] 馬一浮：〈顏子所好何學論釋義〉，《泰和宜山會語》，收入《馬一浮集》第 1 冊，頁 71。

限，只要能放下執著、各自的畛域，自能通於他學。故由上述，可簡別出他身為學術史家的關懷。

第三，又該如何證明這是學術史理念，而非純義理學的學術門戶之爭？馬一浮說：「漢儒非不言義理，宋儒非不言訓詁，今文家、古文家末流並專錮而好攻伐，故言經學必不可存今古、漢宋之門戶。」[92] 必須注意此「經學」是涵蓋學術史理念的「經術」。馬一浮屢申明今古文、漢宋之爭可泯：

> 今古文之分，乃是說經家異義，於本經無與。……故必以經為主，而後今古文之見可泯也。……家法者，即〈漢志〉所謂「安其所習，毀所不見」，劉歆所謂「黨同門，妒道真」也，失在專錮。古文後出，不立學官，於是乃有經師之學。然今文家亦有精處，古文家亦有駁處，當觀其通，不可偏執。……清代經學家今古文各立門戶，多不免以勝心私見出之，著述雖多，往往乖於義理。……總之，六經皆因事顯義，治經當以義為主，求當於義而已，不必碔碔於今古文之別。[93]

此處提及經、傳二分的理念，今古文是「傳別」，而非「經別」，各家家法正是傳別的表徵。唯有回到經術本源的六藝義理，方是通儒之學。這種約化後的「當以義」解經模式，與宋明理學家解經概念與方法一致，但不能等觀而忘卻馬一浮新闢的學術史場域。

下述馬一浮談讀經，對如何在學術史的基礎上談義理說得更是清楚：

> 知以義理為主，則知分今古漢宋為陋矣！……〈天下篇〉言「古之道術有在於是者，某某聞其風而說之」，故道術裂為方術，斯有異家之稱。劉向敘九流，言九家者，皆六藝之支與流裔，禮失而求諸野，彼

---

[92] 王培德、劉錫嘏記錄，烏以風、丁敬涵編次：「諸子篇」，〈馬一浮先生語錄類編〉，收入《馬一浮集》第 3 冊，頁 969。

[93] 馬一浮：〈答池君〉，《爾雅臺答問》卷 1，收入《馬一浮集》第 1 冊，頁 511-512。

異家者，猶愈於野己，此最為持平之論。其實末流之爭，皆與其所從
出者了無干涉。推之儒佛之爭、佛老之爭，儒者排二氏為異端……其
實與佛、老子之道皆無涉也。儒家既分漢、宋，又分朱、陸，至於近
時，則又成東方文化與西方文化之爭、玄學與科學之爭、唯心與唯物
之爭，萬派千差，莫可究詰，皆局而不通之過也。[94]

上文有三個重點。首先，馬一浮援引《莊子・天下》的道術、方術，與劉向
論九家之源流，提出辨章、考鏡的學術史理念。其次，馬一浮從論漢宋、今
古，再到至儒佛道三家、中西古今主要的專家之學，他想討論的內容明顯超
越了經學史的範疇。復次，馬一浮認為欲能體證「義理」，不是純粹去梳理
某些哲學概念，或去劃歸哪些學術派別便可作到，這些都是局而不通的專家
之學。若想成為通儒，必須回歸生命來談義理，而不是從學術來談義理，所
以馬一浮說「欲除其病本，唯在於通」、「門庭雖別，一性無差」。[95]這與
從經學典籍中，抽撥其中的「思想」或「哲學」來解經，並從中分隔出各自
學術派別不同，馬一浮是架構在「義理式的學術史觀」來談義理，此亦為通
儒的說經之法。

　　接著，馬一浮再用「判教」、「分科」分辨何謂「通儒」、「專家」，
有言：

故有判教而無分科，若其有之，則成偏小，非六藝之道也。莊子以
「道術之裂為方術」，「天下多得一察焉以自好」，「各為其所欲
【焉】以自為方」，謂之「不該不遍」，「往而不反」，「不見天地
之純，古人之大體」。此正顯分科之失也。……分科者，一器一官之
事，故為局；判教則知本之事，故為通。如今人言科學自哲學分離而
獨立，比哲學於祧廟之主，此謂有類而無統。中土之學不如是，以統

---

[94] 馬一浮：〈讀書法〉，《泰和宜山會語》，收入《馬一浮集》第 1 冊，頁 131-132。
[95] 馬一浮：〈讀書法〉，《泰和宜山會語》，收入《馬一浮集》第 1 冊，頁 132。

類是一也。……儒者之學不如是，以始終條理也，今將為諸生明六藝
之教，必先瞭然於此而後可以無惑。[96]

「統類是一」、「始終條理」都是學術史家的工作。「判教」重「統」，上
統於六藝，為通儒之學；唯有分科重「分的結果」，為專家之學。馬一浮特
別指出「判教」為中土、儒學所特有，實是指明辨章、考鏡為中國傳統學術
史的特色，與西方分類、分科不同。至此可辨明馬一浮論「通儒」形象是學
術史兼具義理性質者，不能只看作純義理學的。

總觀上述，馬一浮與一般的學術史家也不相同。一般學術史家的目的是
分判學術的源、流而重「知識的分化」；馬一浮則是在學統上，安上了六藝
道統，形成別具特色的「義理式的學術史觀」。

第三節　「序六藝為九種」的學術史核心理念

當經數固定為「六」時，又該如何安頓《論語》、《孝經》、小學？除
了小學是說經的工具，馬一浮說：「六藝之旨，散在《論語》而總在《孝
經》。」[97]這說明還有更先於六藝的源頭，那麼，《論語》、《孝經》位階
為何？如何方能符合學術史的層屬，作出合理的安頓？

前已述明劉向、歆父子嘗以「序六藝為九種」定名為「六藝略」，將三
者排序於六藝之後，列為三種，到了晚清的龔自珍則以「經之貳」作為上述
三者的排序，龔氏云：

善夫，漢劉向之為《七略》也！班固仍之，造〈藝文志〉，序六藝為
九種，有經、有傳、有記、有羣書。傳則附于經，記則附于經，羣書

---

[96] 馬一浮：〈判教與分科之別〉，〈羣經大義總說〉，《復性書院講錄》第2卷，收入
《馬一浮集》第1冊，頁154-155。

[97] 馬一浮：〈論六藝該攝一切學術〉，《泰和宜山會語》，收入《馬一浮集》第1冊，
頁15。

頗闓經，則附于經。[98]

> 善夫劉子政氏之序六藝為九種也！……序六藝矣，七十子以來，尊
> 《論語》而譚《孝經》，小學者，又經之戶樞也；不敢以《論語》夷
> 于記，夷于羣書也；不以《孝經》還之記，還之羣書也；又非傳，於
> 是以三種為經之貳。雖為經之貳，而仍不敢悍然加以經之名。……後
> 世又以《論語》、《孝經》為經，假使《論語》、《孝經》可名經，
> 則向早名之；且日序八經，不日序六藝矣！……後世以傳為經，以記
> 為經，以羣書為經，以子為經，猶以為未快意，則以經之輿儓為經，
> 《爾雅》是也。《爾雅》者，釋詩書之書，所釋又詩書膚末，乃使之
> 與詩書抗，是尸祝輿儓之鬼，配食昊天上帝也。[99]

上文有兩個重點：一是釐清了「經」、「傳」、「記」、「羣書」之別。經
就是經，其他三者屬釋經之書，不可與經同論，否則便會淆亂經數，故說：
「漢世總古今文為經，當十有八，何止十三？如其可也，則後世名一家說經
之言甚眾，經當以百數。」[100]如果什麼都可以列入經，經數何止如此，更
可無限延伸。二是提出「經之貳」，此有以《論語》、《孝經》作為「輔
經」之意味。這兩本書地位特殊，既不可比降位同於其他的傳、記；也不可
混入六經之內，否則，何不序為八經，反而還要固守經數為六？可見得二者
不得為經。所以，龔自珍視二書為經之貳，旨在為輔助經書。至於小學，即
字書《爾雅》，功能是解釋經文，更不可為經，因此，龔自珍藉尸祝對比上
帝，突顯二者懸殊的地位。

至於馬一浮實是影接了龔自珍端正經、傳之名實，但觀點不同。下分三
點說明：一是「以『宗經論』、『釋經論』統攝經傳、《四書》」，此係馬

---

[98] 清・龔自珍：〈六經正名〉，《龔自珍全集》（上海：上海古籍出版社，2007 年 11
月），頁 37。

[99] 清・龔自珍：〈六經正名〉，《龔自珍全集》，頁 37-38。

[100] 清・龔自珍：〈六經正名〉，《龔自珍全集》，頁 37。

一浮以佛學辭彙部次經傳的原則。二是「六藝的入門：《論語》、《孝
經》」，此承接第一點而來，明作為六藝入門的《論語》、《孝經》之特殊
地位。三是「治《五經》的義理基礎在《四書》」：說明「《四書》、《五
經》」與「序六藝為九種」是完全不同的概念，前者是「義理學」的，後者
則是「學術史」的。

一、以「宗經論」、「釋經論」統攝經傳、《四書》

馬一浮以佛家的「宗經論」、「釋經論」統攝十三經經傳、《四書》。
尤其將《論語》、《孝經》，與《易傳》、《禮記》部分篇章等列為「宗經
論」，並以此貫串宋儒著作，形成以宋明理學為主的道統精神。

馬一浮以「六藝」部次傳統的「四部之學」，在經部一類提出以下的類
分：

> 何以言六藝統四部？今經部立十三經、四書，而以小學附之，本為未
> 允。六經唯《易》《春秋》是完書；《尚書》今文不完，古文是依
> 托；《儀禮》僅存士禮；《周禮》亦缺冬官；《樂》經本無其書；
> 《禮記》是傳，不當遺大戴（戴德，？）而獨取小戴（戴聖，？）；
> 《左氏》《公》《穀》三傳亦不得名經；《爾雅》是釋羣經名物；唯
> 《孝經》獨專經名，其文與《禮記》諸篇相類；《論語》出孔門弟子
> 所記；《孟子》本與《荀子》同列儒家，與二戴所採曾子、子思子
> （483B.C.-402B.C.）、公孫尼子（？）七十子後學之書同科，應在諸
> 子之列，但以其言最醇，故以配之《論語》。然曾子（505B.C.-
> 435B.C.）、子思子、公孫尼子之言亦醇，何以不得與《孟子》並？
> 【二戴所記曾子語獨多，後人曾輯為《曾子》十篇。《中庸》出子思子，《樂
> 記》出公孫尼子，並見《禮記正義》可信，然《禮記》所採七十子後學之書多
> 醇。《大學》不必定為曾子之遺書，必七十子後學所記則無疑也。二戴兼採秦、
> 漢博士之說，則不盡醇。此須料簡。】今定經部之書為宗經論、釋經論二
> 部，皆統於經，則秩然矣。【宗經、釋經區分，本義學家判佛書名目，然此

土與彼土著述大體實相通，此亦門庭設施，自然成此二例，非是強為差排，諸生勿疑為創見。孔子晚而繫《易》，〈十翼〉之文，便開此二例，〈彖〉〈象〉〈文言〉〈說卦〉是釋經；〈繫傳〉〈序卦〉〈雜卦〉是宗經，尋繹可見。】六藝之旨，散在《論語》總在《孝經》，是為宗經論。《孟子》及二戴所採曾子、子思子、公孫尼子諸篇同為宗經論。《儀禮・喪服傳》子夏所作，是為釋經論。《三傳》及《爾雅》亦同為釋經論。《禮記》不盡是傳，有宗有釋。《說文》附於《爾雅》，本保氏教國子以六書之遺，如是則經學、小學之名可不立也。[101]

《禮記》諸篇，鄭目錄每云：此於《禮經》屬通論，此於《禮經》屬制度等，是康成已用之矣。今以宗經當鄭目通論，以釋經當鄭目制度喪祭諸義，似屬可通。《禮經》如此，他經亦準之。定六藝為孔子之遺書，但有六經之目，無九經、十二經、十三經、十四經增益之濫。其本六經之旨而明其義趣者，分宗釋二門全可該收。……孔子繫《易》本名十翼，弟子記言則題《論語》。十翼實六藝之根原，而《論語》則六藝之總匯也。翼以輔翼為義，《論語》則示思學之宗。今若以《論語》屬傳記，則於義為不協矣。當時只稱《詩》《書》《禮》《樂》《易》《春秋》，亦不名經。以脩道言，宜謂之教，但後人以簡策為稱，故通名為經。治經者亦在明其道耳。傳記與論之名，同於珠之有櫝，又何爭哉。[102]

不厭其煩引出兩大段文字，實是意蘊深廣，可細分成五點說明：

其一，「六藝統四部」指四部只能作分類，而無法溯源，必須回到以六

---

[101] 馬一浮：〈論六藝該攝一切學術〉，《泰和宜山會語》，收入《馬一浮集》第 1 冊，頁 15-16。

[102] 馬一浮：〈葉左文〉第 10 封，收入《馬一浮集》第 2 冊，頁 441-442。

藝統攝四部，方能辨章與考鏡學術源流。[103]

　　其二，「經」與「藝」不同。馬一浮開宗明義言「今經部立十三經、四書，而以小學附之，本為未允」這是一個很重要的宣示，而後述內容是他檢討以經數為十三「本為未允」的理由。由於各經有完書、不完書、依託之書；另有為傳不為經之書，如：《禮記》、《春秋三傳》；還有釋經之書，如：《爾雅》釋名物等。凡此種種都指出若以十三經作為經目分類將造成的紊亂，又怎可以此部次羣書？只可以當作十三本經典，與六藝中的各藝是當作部次之名，不當混論。

　　其三，別「宗經」與「釋經」。第二條引文以《禮經》為例，凡「通論」者，可謂之宗經。舉《論語》、〈十翼〉為言，前者為「思學之宗」，後者為經之輔翼，皆是「通論」。大凡言制度、解釋經典者，則為「釋經」。因此，馬一浮認為經部諸書只能夠分成宗經論、釋經論二部。

　　其四，嚴分「經」、「論」。經數就是六，不可增益，「論」則可千萬數，但都必須統歸「宗經論」、「釋經論」之下，故「論」一詞別有深意，是學術史判分位屬層次的根據。

　　其五，以「經配」、「宗經論」、「釋經論」，分列經部眾書。「配」是配享、輔助之意，一般多重視「宗經」、「釋經」，卻忽略更重要的「論」，馬一浮清楚闡釋：

　　　「論」字從侖省，便有龢樂之義。傳者，傳也。「傳記」之名，不如

---

103 誠如劉國鈞有云：「總之，四庫類目之大弊在於原理不明，分類根據不確定。既存道統之觀念，復採義體之分別。循至凌亂雜沓，牽強附會。說理之書與詞章並列，記載之書與立說同部。謂其將以辨章學術則源流派別不分，謂其以體制類書，則體例相同者又多異部。謂其將以推崇聖道排斥異端，則釋道之書猶在文集之前，豈謂文章之於聖教尚不如異端乎？經史子集之大綱尚難釐然不紊，況其下者。如是而曰，明於類例，類例固若是乎。」參見氏著：〈四庫分類法之研究〉，《劉國鈞圖書館學論文選集》（北京：書目文獻出版社，1983年6月），頁30。

「宗經論」、「釋經論」為佳。[104]

「論」、「傳記」同樣是注釋經典，而「龢樂」有和睦歡樂之意；然「傳」是解說、注釋，而論與傳記有何不同？馬一浮云：「愚意以為傳記之名未能遠過於論。雖彼土以論屬三藏之一，與吾異撰，今之所判，唯統於經。……若用傳記名而加以宗、釋，亦無以異。但紹述則傳記所同，顯義則論名為勝。」[105]寬泛來看，二者無甚不同，但馬一浮自言受佛典影響，言「論」者，實為「經、律、論」三藏之「論」，但「今之所判，唯統於經」則表明「論」必然是依經詮釋；相反的，傳記未必如此，誠如章太炎《國故論衡·明解故上》云：「古之為傳異於章句，章句不離經而空發，傳則有異。」[106]顯然論的精準度遠高於傳記。

總之，馬一浮區分「宗經論」與「釋經論」確立了經部諸書在學術史的定位，其他經數增濫本不可取。倘若只著眼在「宗經」、「釋經」，反而會失去學術史部次經部的意義與價值。[107]

概念釐清後，再回歸第一條引文，「六藝統四部」就不難解釋了，十三經除了經，其他諸「論」如何歸於二論，如下所示：

1. 宗經論：《論語》、《孝經》、〈繫辭傳〉、〈序卦〉、〈雜卦〉、《禮記》部分篇章

    1.1 宗經論之「配」於《論語》者：

        《孟子》、曾子（包含：《大學》）、子思子（《中庸》）、

---

[104] 王培德、劉錫嘏記錄，烏以風、丁敬涵編次：「六藝篇」，〈馬一浮先生語錄類編〉，收入《馬一浮集》第 3 冊，頁 949-950。

[105] 馬一浮：〈葉左文〉第 10 封，收入《馬一浮集》第 2 冊，頁 441。

[106] 章太炎：〈明解故上〉，《國故論衡》（北京：商務印書館，2010 年 12 月），頁 101。

[107] 如：熊十力未辨別經、論而說「宗經」、「釋經」，最終視作漢宋之爭，抑漢尊宋，但學術史視域本不在辨別漢宋，而是梳理一切學術源流。詳參本書第八章第一節，第二大點第（二）小點「『宗經』與『釋經』的差異」。

公孫尼子（〈樂記〉）

2. 釋經論：〈象〉、〈象〉、〈文言〉、〈說卦〉、《儀禮‧喪服傳》、春秋三《傳》、《禮記》部分篇章、《爾雅》（附：《說文》）

特別的是「宗經論之配」。如馬一浮所述，《孟子》宜列為諸子，其他如：曾子或疑為七十子所著的《大學》、子思的《中庸》、公孫尼子的〈樂記〉，本該劃歸子部，因「義理之醇」而歸於經部，但又不該與《論語》齊平，亂了序列，只能再配於《論語》，成為「論下之配」。

「宗經論」續於後，便形成以宋明理學為主的「道統」，馬一浮云：

〈太極圖說〉及《通書》直接《易經》，《西銘》直接《孝經》，《二程遺書》直接《論語》。《外書》則時有精語，但多沒頭腦處。《朱子語類》收羅廣博，不及《二程遺書》之精。治朱子學者，於《四書集注》求之足矣。[108]

近看得《通書》《正蒙》皆宗《易》與《中庸》而作，《西銘》宗《孝經》而作，此儒家宗經論中之大者。《易》《中庸》為圓教，《孝經》亦為圓教。[109]

歸整如下：

1. 《易》：〈太極圖說〉、《通書》、《正蒙》（後二者又宗《中庸》）

2. 宗經論之「《孝經》」：《西銘》

---

[108] 王培德、劉錫嘏記錄，烏以風、丁敬涵編次：「六藝篇」，〈馬一浮先生語錄類編〉，收入《馬一浮集》第3冊，頁955。

[109] 馬一浮：〈曹赤霞〉第1封，收入《馬一浮集》第2冊，頁458。

    3. 宗經論之「《論語》」：《二程遺書》

    4. 宗經論之論：《朱子語類》

    5. 圓教者：《易》、《中庸》、《孝經》

馬一浮認為理學家之書大抵可歸本於《易》、宗經論；能調和諸經，不偏不倚者是「圓教」，計有《易》、《中庸》、《孝經》。[110]但「圓教」、「宗經論」又不相同，「圓教」是義理之圓，通於經、傳；[111]「宗經論」是學術史之分，亦不可雜論。馬一浮又說：

---

[110] 又馬一浮說：「《孝經》，聖人最後之言，是圓融門，故約歸一德。」參見氏著：「釋至德要道」，〈孝經大義〉，《復性書院講錄》第 3 卷，收入《馬一浮集》第 1 冊，頁 223。

[111] 《中庸》為圓教是馬一浮在義理上的定位。擴言之，如何定位《大學》、《中庸》義理特質，值得注意。馬一浮云：「《中庸》實以樂德為名，即中、和、祇、庸、孝、友六相之約義也。《大學》先後有序，是禮教義。《中庸》天人合言，是樂教義。然《樂》是終教，《易》亦是終教、圓教。《禮》《樂》並原於《易》，而《樂》尤近於《易》。故以《中庸》詮易教，亦可許如此說。」《大學》重秩序，與「禮教義」相配；《中庸》重天人之合，與「樂教義」相配。

但為何禮教、樂教源出於易教？又樂教與易教相近，且用《中庸》詮釋易教亦且可行？馬一浮又闡釋道：「《大學》明德、新民、止於至善，先後有序，是禮教義。依性說相，即性之相也。《中庸》大本、達道，一於至誠，天人合言，是樂教義。會相歸性，即相之性也。《大學》攝終，《中庸》兼頓，合即成圓。故先儒雙提二篇以顯聖道也。樂由天作，禮以地制。明於天地然後能興禮樂。」以上敘明「《大學》、《中庸》」和「禮教、樂教」，以及「漸教、頓教」兩兩相配的理由：《大學》重秩序，重別義，屬漸教；《中庸》直揭本體，重和化，屬頓教。故前者與禮教搭配，後者與樂教搭配，但漸、頓最終達成「圓教」，不能偏廢。欲能圓教，必通於「易教」；又由於「樂教」與《中庸》皆能天人合言，更近於「易教」，所以《中庸》既可為圓教，又可詮釋「易教」。

以學術史觀點視之，提升二書為「宗經論之配」，係因義理精純，足與《論語》、《孟子》匹敵，合為《四書》。但經配過程不得不有從屬之分，不能強以義理等同於學術史，混亂宗序，關於這點，馬一浮概念相當清楚。

以上分別參見馬一浮：〈示王紫東〉，《爾雅臺答問續編》卷 2，收入《馬一浮集》第 1 冊，頁 617。馬一浮：〈蔣再唐〉，收入《馬一浮集》第 2 冊，頁 504。

六藝之教分通治、別治二門，通治明羣經大義，別治可專主一經，先通後別。通治門以《孝經》《論語》為一類，孟、荀、董、鄭、周、張、朱、陸、王諸子附之。【……言為《論語》，行為《孝經》，聖心所寄，言行之至也。七十子後學，孟、荀為大。漢儒宗荀，宋儒宗孟。兩漢經師以董生為最醇，康成為最博，故獨取二家。濂、洛諸賢，直接孔、孟，決然無疑。極於陽明，遂無繼紹，故以十子列為儒宗。通治羣經當從此入。】[112]

以上是六藝之教的治經進程，可分成「通治」、「別治」兩門，學須先「通」而後「別」。通治即通論，《孝經》、《論語》為所宗，十子為儒宗，是儒家的道統傳承，自孟荀到陽明以後「遂無繼紹」，已然是道統血脈的終點。[113] 由此可見，馬一浮以理學為通治經術的基礎，目的在「聖心」，一來欲鞏固「孔孟」道統傳承，而非「周孔」；二來則排除了清儒接續道統的可能。

二、六藝的入門：《論語》、《孝經》

馬一浮曾謂：「《論語》，羣經之管鑰，觀於夫子之雅言，則知六藝之要也。」[114] 又說：「如《論語》統攝六藝，《孝經》總該性德。」[115] 顯見二書地位的特殊。然二書如何可為「宗經論」？這有兩層意義：一是學術史的，一是義理學的；又此一「宗」字是否有特殊意涵？以下先從學術史意義始論，目錄學家張舜徽（1911-1992）曾說：

---

[112] 馬一浮：〈復性書院簡章〉，《濠上雜著》二集，收入《馬一浮集》第 1 冊，頁762。

[113] 關於通治、別治的解說，詳參本書第六章第三節，第三大點「理想下的『統類合一』：六藝之教的『通治門』、『別治門』」。

[114] 馬一浮：〈讀書法〉，《復性書院講錄》第 1 卷，收入《馬一浮集》第 1 冊，頁135。

[115] 王培德、劉錫嘏記錄：「六藝篇」，〈馬一浮先生語錄類編〉，收入《馬一浮集》第 3 冊，頁944。

《漢書・藝文志》錄石渠《五經雜義》入《孝經》類，後世學者每譏
其舛，而不知此正有謂也。鄭玄（127-200）《六藝論》曰：「孔子以
六藝題目不同，指意殊別，恐道離散，後世莫知根原，故作《孝經》
以總會之。」（〈孝經序〉疏引）然則《孝經》為六藝之總會，猶後
世之羣經總義也。班氏取《五經雜義》置於其中，可謂恰當。此殆
向、歆《錄》、《略》之遺，義例至精，班氏因而未改耳。其後〈隋
志〉錄《五經異義》以下之書，改隸《論語》，亦以《論語》紀夫子
言行，史遷所謂「言六藝者折衷於夫子」之意也。漢世經學極盛，而
總論羣經之書不少概見，蓋其時傳經者專門授受，師承以外，罕肯旁
徵，故治此經者不兼治彼經，即一經之中，此師之訓故亦不通諸他師
之訓故，專而不雜，故得精通一家，以名其學。……後世作者不絕，
編簡日繁，不復能如〈漢志〉之併入《孝經》，〈隋志〉之附於《論
語》，故自《唐志》以來，即別闢門類，以相統攝，勢為之也。[116]

以上說明漢代因為有家法、師法，學者多通一家之學，也有兼治、通治羣經
者，如：《五經雜義》。通治者由於無法序列在六藝論中的任一藝，故劉
向、歆父子將之歸入「孝經類」，因為《孝經》有總會各經的特質。爾後，
〈隋志〉將此類型圖書歸入「論語類」，理由是《論語》錄記了孔子言行，
且如司馬遷所述：「六藝者折衷於夫子」是也。[117]所以，此二「種」目錄
部次的功能在於能通諸經，且皆與孔子有關。
　　馬一浮也說：

六經大旨散在《論語》，總在《孝經》。鄭玄《六藝論》云：「孔子
以六藝題目不同，指意殊別，恐道離散，後世莫知根原，故作《孝

---

[116] 張舜徽：《廣校讎略　漢書藝文志通釋》，收入《張舜徽集》（武漢：華中師範大學
　　出版社，2004 年 3 月），頁 57。
[117] 司馬遷：〈孔子世家〉總 47 卷，收入瀧川資言：《史記會注考證》（臺北：天工書
　　局，1993 年 9 月），頁 765。

經》以總會之。」《論語》記孔門問答之辭，實為後世語錄之祖。《詩》《書》《禮》《樂》並為雅言，《易》象、《春秋》務存大體。文章性道，一以貫之，故欲通六藝必先明《孝經》《論語》。[118]

他以「性道」、「性德」來定位，使《孝經》、《論語》成為六藝的義理根源，通六藝之前必須先明《孝經》、《論語》，此說實超越了學術史原本範域，融義理之學為一。

然而，《論語》為弟子記載孔子言行可無異議，至於《孝經》作者是誰，有否上承孔子本意？馬一浮說：

朱子亦嘗疑《孝經》，然康成則謂孔子恐道離散，乃作《孝經》以統之。此「作」字須活看。古人著書，往往歸諸其師，示有所本也。《孝經》雖非孔子所手著，但為七十子所記無疑，因亦是孔子之言，故曰孔子作。[119]

他認為不管《孝經》是否為孔子親著，但二書均傳達了孔子的義理，此無可爭論，因而具備總攝六藝義理的根據，如謂：「今欲通治羣經，須先明『微言大義』。求之《論語》，若不能得旨，並是微言；得其旨者，知為大義。」[120]又說：「故博說則有六藝，約說則有《孝經》……大哉！《孝經》之義，三代之英，大道之行，六藝之宗，無有過於此者。……自漢以來，皆與《論語》並稱。」[121]皆是如此。只是《論語》與《孝經》如何總

---

[118] 馬一浮：〈復性書院簡章〉，《濠上雜著》二集，收入《馬一浮集》第 1 冊，頁762。

[119] 烏以風輯錄：〈問學私記〉，收入《馬一浮集》第 3 冊，頁 1187。

[120] 馬一浮：「詩教」，〈論語大義〉，《復性書院講錄》第 2 卷，收入《馬一浮集》第 1 冊，頁 158。

[121] 馬一浮：〈孝經大義〉，《復性書院講錄》第 3 卷，收入《馬一浮集》第 1 冊，頁212。

攝？以下分三小點：「《論語》」、「《孝經》」、「從『經之貳』到六藝入門的『宗經論』」說明。

（一）《論語》

馬一浮以《論語》有三大問目：問仁、問政、問孝，成為孲治六藝的基礎，各藝皆能直通《論語》，形成一關係圖譜。

馬一浮言三大問目，有云：

> 《論語》有三大問目：一問仁，一問政，一問孝。凡答問仁者，皆詩教義也；答問政者，皆書教義也；答問孝者，皆禮樂義也。……言執禮不及樂者，禮主於行，重在執守，行而樂之即樂，以禮統樂也。言與《詩》不及《書》者，《書》以道事，即指政事，《詩》通於政，以《詩》統《書》也。《易》為禮樂之原，言禮樂，則《易》在其中，故曰：「明則有禮樂，幽則有鬼神也」。《春秋》為《詩》《書》之用，言《詩》《書》，則《春秋》在其中，故曰「《詩》亡然後《春秋》作」也。[122]

內謂「仁」、「政」、「孝」三大問目是論六藝前的義理根據，《復性書院講錄》特列〈論語大義〉一章，內有「詩教」、「書教」、「禮樂教」、「易教」、「春秋教」等小節，證成《論語》的通攝性。馬一浮以《論語》之「仁」為心德之本；心為道「政事」的基礎；「孝」為仁的實踐，自個人到團體，再到各種制度、政治實踐，由散見在《論語》各處的三大問目，合成六藝精要。如說：

> 《論語》首章「說」與「樂」是樂教，「不知不慍」是易教。君子是成德之名，不必在位（素位而行，夷狄患難莫非其位，不必定指爵

位）。「不見知」即「不見是」也，「不慍」即「無悶」也。第二章「不好犯上而好作亂」云云是春秋教。依此說去，《論語》章章皆六藝之教，可發前賢所未發。姑為筆札，將來作《六藝論》可作底稿。[123]

足以見得《論語》是六藝論的基礎。再回到第一條引文，從問仁、政、孝再到與六藝關係，圖解如下：

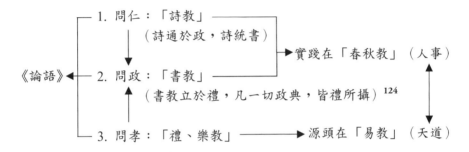

上圖說明《論語》三大問目與六藝各教的關聯。以下先分別證明各教如何通於《論語》義理；再綜總其說，說明上圖的關係。

一言「詩教」：

> 仁是心之全德……故聖人始教，以《詩》為先。《詩》以感為體，令人感發興起，必假言說，故一切言語之足以感人者皆詩也。此心之所以能感者便是仁，故詩教主仁。[125]

---

[123] 王培德、劉錫嘏記錄，烏以風、丁敬涵編次：「六藝篇」，〈馬一浮先生語錄類編〉，收入《馬一浮集》第3冊，頁948。

[124] 馬一浮云：「又復當知書教之旨，即是立於禮。孔子曰：『道之以德，齊之以禮。』凡一切政典，皆禮之所攝。」參見氏著：「書教」，〈論語大義〉，《復性書院講錄》第2卷，收入《馬一浮集》第1冊，頁167。

　　按：本圖原只點出問仁、問政的關係，未及問孝，但於〈論語大義〉內文補敘了書教、禮教的連續性，茲補入後，完成此一關係圖譜。

[125] 馬一浮：「詩教」，〈論語大義〉，《復性書院講錄》第2卷，收入《馬一浮集》第1冊，頁161。

「仁」為心之全德，又孔子主仁，《詩》又因人心之感為體，心之能感就是仁，因而，馬一浮說：「志於學，志於道，志於仁，一也。仁是性德，道是行仁，學是知仁。仁是盡性，道是率性，學是知性。學者第一事便要識仁，故孔門問『仁』者最多。」[126]大凡立志於學，便以仁為先，為學目的在知仁行仁，故詩教通於《論語》。

　　二言「書教」，馬一浮說：

> 何言乎答問政者皆書教義也？《書》以道政事，堯、舜、禹、湯、文、武、周公所以治天下之道在是焉。孔子「祖述堯舜，憲章文武」，夢見周公，告顏淵以四代之禮樂，答子張以殷周損益「百世可知」，皆明從本垂跡，由跡顯本之大端。政是其跡，心是其本，二帝三王，應迹不同，其心是一。[127]

書教重政事，以仁、禮樂治天下，《論語》達用在政治，故馬一浮說：「德是政之本，政是德之跡。」[128]且他尤其在乎心同而跡異，即本衷一如，矩度可應時而變，馬一浮又云：「後世言政事者，每規規於制度文為之末，舍本而言跡，非孔子書教之旨。」[129]可知書教重在闡述政德之本，文中舉「哀公問政」、「季康子問政」……皆是闡明此意[130]，故書教通於《論語》。

---

[126] 馬一浮：「詩教」，〈論語大義〉，《復性書院講錄》第 2 卷，收入《馬一浮集》第 1 冊，頁 161。

[127] 馬一浮：「書教」，〈論語大義〉，《復性書院講錄》第 2 卷，收入《馬一浮集》第 1 冊，頁 163。

[128] 馬一浮：「書教」，〈論語大義〉，《復性書院講錄》第 2 卷，收入《馬一浮集》第 1 冊，頁 164。

[129] 馬一浮：「書教」，〈論語大義〉，《復性書院講錄》第 2 卷，收入《馬一浮集》第 1 冊，頁 164。

[130] 馬一浮：「書教」，〈論語大義〉，《復性書院講錄》第 2 卷，收入《馬一浮集》第 1 冊，頁 165。

三言「禮樂教」，馬一浮道：

> 禮者，天地之序。樂者，天地之和。《易·序卦》曰：「有夫婦然後
> 有父子，有父子然後有君臣，有君臣然後有上下，有上下然後禮義有
> 所錯。」此自然之序也。……禮樂之義，孰有大於此者乎？而行之必
> 自孝弟始，故《孝經》一篇，實六藝之總歸，所以謂之至德要道，以
> 順天下也。……伊川作〈明道行狀〉云：「知盡性至命必本於孝弟，
> 窮神知化由通於禮樂。」此以孝弟與禮樂合言，性命與神化並舉。行
> 孝弟，則禮樂由此生，性命由此至，神化由此出；離孝弟，則禮樂無
> 所施，性命無所麗，神化無所行。故知孝弟則通禮樂矣，盡孝弟則盡
> 性命矣，盡性命則窮神化矣！[131]

一如論書教，馬一浮論禮、樂的重點也不在制度，而重論其本。[132]禮、樂
重行，行由孝弟始，故孝可通於禮樂。又「盡性至命」本天之所賦，則孝、
禮樂之本，又可歸本於形上本體，有言：「忠恕即禮樂之質也，禮樂即孝弟
之施也，神化即性命之符也」是也。[133]

　　馬一浮從《論語》延伸「禮樂教」的二項特質：一是由個人之孝，廣為
家國之忠，而云：「所謂治國在齊其家，平天下在治其國，皆以孝弟慈為
本。」[134]二是以喪祭之禮，溯明報本反始的重要，而云：「仁政之行，必

---

[131] 馬一浮：「禮樂教上」，〈論語大義〉，《復性書院講錄》第 2 卷，收入《馬一浮
集》第 1 冊，頁 169-170。

[132] 馬一浮說：「禮有本有文。【仁義乃是禮之本。禮者，所以行仁義也。】舉本而言，
禮實性德，不可單以用言。若曰禮書，則是文也。六藝皆禮書，與六藝皆政典何異？
明其本，則禮書可，政典亦可，否則皆陳迹耳。」參見氏著：〈釋張伯衡〉，《爾雅
臺答問續編》卷 2，收入《馬一浮集》第 1 冊，頁 589。

[133] 馬一浮：「禮樂教上」，〈論語大義〉，《復性書院講錄》第 2 卷，收入《馬一浮
集》第 1 冊，頁 172。

[134] 馬一浮：「禮樂教上」，〈論語大義〉，《復性書院講錄》第 2 卷，收入《馬一浮
集》第 1 冊，頁 173。

推致其極，然後可以充此心之量，盡禮樂之用也。」[135]因此，本點第一條引文云「明則有禮樂，幽則有鬼神也」，便串起易教作為禮樂教本源的理由。[136]故禮樂教通於《論語》。

四言「易教」，主論生死之常。馬一浮先提出〈孔子世家〉稱：「孔子晚而好《易》，讀《易》韋編三絕。」又說：「《十翼》是孔子所作，欲知學《易》之道，當求之《十翼》」，證明《易傳》與孔子的連結。其次，舉《論語》「何聞夕死」章，指明「欲明死生之故，必當求之於《易》。」又引「子在川上」章，顯見《易》之「遷流中見不遷，於變易中見不易也」之理。又舉「予欲無言」章，論證「以顯性體本寂而神用不窮。」最終認為《易》是最後之教，也是聖人最終之言。[137]故易教通於《論語》。

五言「春秋教」，此曾於第三章先行論述。[138]《春秋》大用在夷夏、進退、文質、損益、刑德、貴賤、經權、予奪，總其旨在《論語》「必也正名」，所以說：「《春秋》仁以愛人，義以正己，詳己而略人，大其國以容天下，在辨始察微而已。」[139]故春秋教通於《論語》。

於是，總《論語》三大問目——問仁、政、孝與六藝的關係圖譜可看出以下三條脈絡：一是「詩教」、「書教」由問仁而達政，並統歸、實踐在「春秋教」。二是「禮教」、「樂教」本仁而行孝。「孝」上溯於本體之德，源頭在「易教」；下達於政治達用，故說「書教立於禮」。三是「易教」與「春秋教」，前者是天道貫通於人事，後者是以人事反證於天道，因

---

135 馬一浮：「禮樂教下」，〈論語大義〉，《復性書院講錄》第 2 卷，收入《馬一浮集》第 1 冊，頁 178。

136 馬一浮說：「《禮》主別異，是行布；《樂》主和同，是圓融。《易》則兼統二門，故向以《易》統《禮》《樂》二教。」馬一浮：〈示王紫東〉，《爾雅臺答問續編》卷 2，收入《馬一浮集》第 1 冊，頁 916。

137 以上參見馬一浮：「易教上」、「易教下」，〈論語大義〉，《復性書院講錄》第 2 卷，收入《馬一浮集》第 1 冊，頁 182-190。

138 詳參本書第三章第二節，第一大點「《春秋》是經而非史」。

139 馬一浮：「春秋教下」，〈論語大義〉，《復性書院講錄》第 2 卷，收入《馬一浮集》第 1 冊，頁 209。

此有說：「《易》本隱以之顯，《春秋》推見至隱；《易》以天道下濟人事，《春秋》以人事反之天道：實則隱顯不二，天人一理。」[140]

縱上諸端，可知馬一浮欲證明二點：一、《論語》是掌治六藝的基礎，「《論語》散見」是處處闡發六藝義理。二、六藝論不是無條件涵蓋所有學術分類，必宗以義理性、政治性、道德實踐性。用此眼光看待整體學術發展，馬一浮自然而然地會取捨、簡別可納入六藝論與否的條件，也回應了「技藝之學」為何獨立於六藝論之外的理由，他說：「今人好言專門知識，以此為用，只是工師之事，焉能通達治體。」[141]同時，馬一浮又對現代教育發展方針提出建言：

> 吾意小學教本當用《論語》《孝經》，使了文義，能背誦、能默寫。義理不妨稍遲，及其記憶力之強而授之，可以終身不忘。此外則數與方名，擇要授之，使通珠算，足備日用。如是，則小學卒業，文理通順已過於今之大學矣。英文、幾何之類，本不必人人學習，徒耗腦力。有志於工程機械一類職業者，可入專校，各就所需選習之，則所學所用不至判然兩途矣。[142]

他認為學習者當以《論語》、《孝經》作為啟蒙，至於技藝之學則不必人人都學，或可由專門機構培訓，都證成了此一理念。

(二)《孝經》

《孝經》雖非孔子自著，但能見心性本體，故馬一浮認為可與《論語》並為「宗經論」，馬一浮以「仁」連結《論語》、《孝經》，並循前人用

---

[140] 馬一浮：「春秋教上」，〈論語大義〉，《復性書院講錄》第 2 卷，收入《馬一浮集》第 1 冊，頁 190。

[141] 馬一浮：〈示張德鈞〉，《爾雅臺答問續編》卷 2，收入《馬一浮集》第 1 冊，頁 578。

[142] 王培德、劉錫嘏記錄，烏以風、丁敬涵編次：「儒佛篇」，〈馬一浮先生語錄類編〉，收入《馬一浮集》第 3 冊，頁 1074-1075。

《孝經》會通諸經，另擬出一套別異於《論語》總會六藝的方法、關係譜系。

　　馬一浮闡述《孝經》特點有說：

> 漢人最重此經，特立博士。其文與《禮記》諸篇相類【如〈孔子燕居〉
> 〈仲尼燕居〉皆有某某侍之文】，必出於七十子後學所記無疑。其中大
> 義，孟子發揮最切。……今欲直指人心，令其見性，必重此經，方可
> 提持向上。人只是被習氣私欲纏縛，故天理不得流行。[143]

《孝經》雖為七十子後學所記，但能顯見心性本體，故地位高於一般傳記注疏，所以特別被彰顯。而自古忠、孝並談，反使得《孝經》在晚清民初產生兩極的評價，以下先從時代背景始論「孝」與《孝經》的關係，再討論馬一浮如何定位、評價《孝經》，且可與《論語》同為宗經論的理由。

　　綜觀晚清民初中西文化交流、衝擊，呂妙芬觀察到主流思想界有「多論孝，少論《孝經》」的現象。[144]如文化保守主義者回應新文化運動批判《孝經》有三個主要態度：一是非立於家庭本位，而是儒家「親親而仁民、仁民而愛物」的理念。二是強調孝是本乎道德天性使然，以回應父子間不平等、家庭壓抑個體的批判。三是基本上，他們贊同批判「以孝涵蓋眾德」、「忠孝合一」，進而重新定義孝只是眾德目之一，也不必移孝作忠。他們儘管仍致力於維護孝道，但「《孝經》不是論辨的焦點，孝才是核心議題」則成為彼此共識。縱使意見紛呈，有如熊十力、徐復觀斥《孝經》多受古代帝王的利用者；亦有如謝幼偉（1905-1976）、錢穆、唐君毅對《孝經》提倡孝道諸多維護者，但「反對歷史上與皇權緊密聯繫的《孝經》與孝治意識型

---

[143] 馬一浮：〈答張立民〉，《爾雅臺答問》卷 1，收入《馬一浮集》第 1 冊，頁 493-494。

[144] 呂妙芬：〈新世界秩序下的孝經論述〉，《孝治天下：孝經與近世中國的政治與文化》（臺北：中央研究院、聯經出版事業公司，2011 年 2 月），頁 291。

態而言，他們的態度是一致的。」[145]值得推敲這波時代氛圍下，馬一浮如何定位、評價「孝」、《孝經》，以及把《孝經》視為宗經論的因由。

　　先看馬一浮如何定位、評價「孝」、《孝經》。他的觀點與上述文化保守主義者態度的一、二點相同，如謂：「世俗每以《孝經》為順俗之談，不知為顯性之教。如：顯親揚名、長守富貴，保其祿位諸語，錯會其義，則醍醐變成毒藥。」[146]又說：「今人治社會學者，動言家族起源，由於掠奪，中土聖賢所名道德，悉為封建時代之思想；經籍所載，特古代之一種倫理說，可供研究歷史文化之材料而已，是無足異也。」[147]皆是提昇孝乃天性，具實踐性，非故紙堆。

　　但是，關於第三點，在學術史理念下，馬一浮既「以孝涵蓋眾德」，也主張「忠孝合一」。當論「忠孝合一」，有說：

> 「堯舜之道，孝弟而已矣」，「夫子之道，忠恕而已矣」，孝與忠，弟與恕，一也。……忠者自孝而推之，不獨親其親；恕者自弟而推之，不獨長其長。孝弟、忠恕亦仁而已矣，仁是總相，孝弟、忠恕是別相。[148]

馬一浮以仁為孝、忠之德行的總相、根本，但「忠」不是傳統帝王制度下的移孝作忠，而是由己及人展現性德，故說：「今人不知此義，妄以經籍中所舉爵名謂為封建時代統治階級之泛稱，如後世之上尊號，是為目論。」[149]

---

[145] 呂妙芬：〈新世界秩序下的孝經論述〉，《孝治天下：孝經與近世中國的政治與文化》，頁294-303。

[146] 馬一浮：「釋五孝」，《孝經大義》，《復性書院講錄》第3卷，收入《馬一浮集》第1冊，頁229。

[147] 馬一浮：「序說」，《孝經大義》，《復性書院講錄》第3卷，收入《馬一浮集》第1冊，頁210。

[148] 馬一浮：〈希言〉，《蠲戲齋雜著》，收入《馬一浮集》第1冊，頁833-834。

[149] 馬一浮：「釋五孝」，《孝經大義》，《復性書院講錄》第3卷，收入《馬一浮集》第1冊，頁230。

顯然，論性德之孝非為皇權，又云：「以今語釋之，則政治即是道德，道德外無別有所謂政治。」[150]即孝、忠為一體之先後，其旨昭然。

又「孝如何涵蓋眾德」？換言之，如何以《孝經》整合六藝，成為宗經論？大抵有二途。一是連結《孝經》與《論語》，證明皆有涵蓋眾德的理由；二是提出總會六藝的義理精神。

其一，以《孝經》連結《論語》的關鍵在「仁」，馬一浮說：

> 《孝經》之文甚約而義至大。一言而可該性德之全者曰仁，一言而可該行仁之道者曰孝。[151]

> 而行之必自孝弟始，故《孝經》一篇，實六藝之總歸。[152]

《論語》旨在仁，《孝經》以孝弟實踐仁的內涵，至如禮樂之施，制度之宜，皆本孝弟，有說：「故知性命不離當處，即在倫常日用中現前一念。孝弟之心，實萬化之根源，至道之歸極。」[153]如此視之，孝已非眾德之一，而是足以涵蓋眾德。

其二，馬一浮如何以《孝經》總會六藝。這必須從《孝經》總會經傳的歷史說起。此總會之法其來久遠。如上文所及，自鄭玄便言《孝經》總會六藝，但總會之論未定於一尊，歷來有諸多說法：有會通六藝經傳者；有以《春秋》、《孝經》相表裡者；有以《孝經》與二戴《禮》、《孟子》相發

---

[150] 馬一浮：「釋明堂」，《孝經大義》，《復性書院講錄》第 3 卷，收入《馬一浮集》第 1 冊，頁 257。

[151] 馬一浮：「略辨今古文疑義」，〈論語大義〉，《復性書院講錄》第 2 卷，收入《馬一浮集》第 1 冊，頁 213。

[152] 馬一浮：「禮樂教上」，〈論語大義〉，《復性書院講錄》第 2 卷，收入《馬一浮集》第 1 冊，頁 169。

[153] 馬一浮：「禮樂教上」，〈論語大義〉，《復性書院講錄》第 2 卷，收入《馬一浮集》第 1 冊，頁 170。

明者，不勝枚舉。[154]故馬一浮言總會確有根據，但如何將《孝經》成為「宗經論」？馬一浮說：

> 六藝皆以明性道，陳德行，而《孝經》實為之總會。德性是內證，屬知；行道是踐履，屬行。知為行之質，行是知之驗。……故可以行攝知，以道攝德，以約攝博。如耳目口體並是心攝，視聽言貌並是思攝，制度文為並是禮攝，家國天下並是身攝。……《孝經》之義，三代之英，大道之行，六藝之宗，無有過於此者。故曰：「聖人之德，又何以加於孝乎？」自漢以來，皆與《論語》並稱。[155]

以上從性道、德行、知行，申明《孝經》堪為總會的理由。性德為端，自心攝、思攝，到身攝，由己而家國天下，莫非孝、《孝經》的總會，故可與《論語》並稱。但「並稱」是自漢以來的後設觀點，非本然定位。不過，馬一浮以「先儒謂孔子制作者，此猶佛經皆由結集而同為佛說」、「以其義特尊，故題以經名而別行，不與七十子後學記述他篇並。」[156]表明《孝經》雖非孔子自著，仍可視為其著述，確立了與《論語》等高的定位。

　　而對「總會」的法則，馬一浮有言：

> 今唯略說，已知六藝為博，《孝經》為約。亦當略判教相，舉要而言，至德，《詩》《樂》之實也；要道，《書》《禮》之實也；三才，《大易》之旨也；五孝，《春秋》之義也。言「其教不肅而成」，是《詩》《樂》之會也【始於《詩》而終於《樂》。】；言「其政不嚴而治」，是

---

[154] 陳鐵凡：〈孝經與羣籍〉，《孝經學源流》（臺北：國立編譯館，1986 年 7 月），頁 77-99。

[155] 馬一浮：「序說」，〈孝經大義〉，《復性書院講錄》第 3 卷，收入《馬一浮集》第 1 冊，頁 212。

[156] 馬一浮：「略辨今古文疑義」，〈論語大義〉，《復性書院講錄》第 2 卷，收入《馬一浮集》第 1 冊，頁 214。

《書》《禮》之會也【《禮》為體而《書》為用】；又政教皆《禮》之
施也；「不肅而成，不嚴而治」，則《樂》之效也。《樂》主德而
《禮》主行，《易》顯性而《春秋》顯道。父子天性，準乎《易》
也；君臣之義，準乎《春秋》也。明堂四學，則樂正四教所由制也；
配天饗帝，則聖人盛德之極致也。言德，則是《易》之盡性也；言
刑，則是《春秋》之正名也。由是推之，交參互入，重重無盡。[157]

上文總結了〈孝經大義〉各節統攝六藝的理由、方法。這得從瞭解該文章
節、《孝經》總會的方法始論，除「序說」、「略辨今古文疑義」，依次
是：「釋至德要道」、「釋五孝」、「釋三才」、「釋明堂」、「原刑」諸
節，以後五節闡釋與六藝的關係。以上可歸納成兩組要義：一是「《孝經》
與各教的關係」，二是「各教之德的展現」。先述前者，圖示如下：

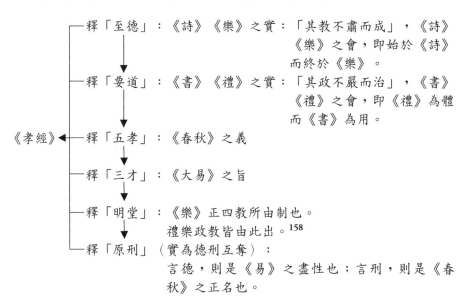

———釋「至德」：《詩》《樂》之實：「其教不肅而成」，《詩》
　　　　　　　　　《樂》之會，即始於《詩》
　　　　　　　　　而終於《樂》。
———釋「要道」：《書》《禮》之實：「其政不嚴而治」，《書》
　　　　　　　　　《禮》之會，即《禮》為體
　　　　　　　　　而《書》為用。
《孝經》◄——釋「五孝」：《春秋》之義
———釋「三才」：《大易》之旨
———釋「明堂」：《樂》正四教所由制也。
　　　　　　　　　禮樂政教皆由此出。[158]
———釋「原刑」（實為德刑互奪）：
　　　　　　　　　言德，則是《易》之盡性也；言刑，則是《春
　　　　　　　　　秋》之正名也。

[157] 馬一浮：「原刑」，〈孝經大義〉，《復性書院講錄》第3卷，收入《馬一浮集》第
　　1冊，頁263。
[158] 馬一浮：「釋明堂」，〈孝經大義〉，《復性書院講錄》第3卷，收入《馬一浮集》
　　第1冊，頁249。

上述的先後序列，與《孝經》十八章互配而成，歸整如後述：

序次	篇章	搭配六藝	內蘊	搭配《孝經》各章[159]	釋體用相[160]
1	〈至德要道〉	1 至德：《詩》、《樂》2.要道：《書》、《禮》	明宗。	〈開宗明義章〉第一	顯示自性體用之大，極配於天。
2	〈五孝〉	《春秋》	辨用[161]，述其行相，此乃「理一分殊」。	以〈孝治章〉第八總攝前五章：〈天子章〉第二、〈諸侯章〉第三、〈卿大夫章〉第四、〈士章〉第五、〈庶人章〉第六。顯此即體之用大。	
3	〈三才〉	《大易》	攝用歸體，天、地、人為一體，為「分殊中見理一」。[162]	1.以〈聖治章〉第九復攝〈三才章〉第七，顯此即體之相大。2.〈三才章〉為總說，〈聖治章〉、〈孝治章〉為別說。	

[159] 馬一浮：「釋明堂」、「原刑」，〈孝經大義〉，《復性書院講錄》第 3 卷，收入《馬一浮集》第 1 冊，頁 247、257。唐·李隆基注、宋·邢昺疏：《孝經注疏》（北京：北京大學出版社，1999 年 12 月），共 61 頁。

[160] 馬一浮：「原刑」，〈孝經大義〉，《復性書院講錄》第 3 卷，收入《馬一浮集》第 1 冊，頁 257。

[161] 馬一浮云：「故說『至德要道』是明宗，次說五孝是辨用。」參見氏著：「釋五孝」，〈孝經大義〉，《復性書院講錄》第 3 卷，收入《馬一浮集》第 1 冊，頁 229。

[162] 馬一浮云：「五孝是述其行相，以辨其力用。次說三才，復攝用歸體，明天、地、人總為一體。與五孝相望，則前是於理一中見分殊，此是於分殊中見理一。」參見氏著：「釋三才」，〈孝經大義〉，《復性書院講錄》第 3 卷，收入《馬一浮集》第 1 冊，頁 238。

| 4 | 〈明堂〉 | 《樂》《禮》 | 禮制根源。 | 〈聖治章〉第九 | |
| 5 | 〈德刑〉 | 德：《易》刑：《春秋》 | | 俱是廣明行相：〈紀孝行章〉第十、〈五刑章〉第十一、〈廣要道章〉第十二、〈廣至德章〉第十三、〈廣揚名章〉第十四、〈諫爭章〉第十五、〈感應章〉第十六、〈事君章〉第十七、〈喪親章〉第十八 | 向下經文九章具是廣明行相。若約義說，並屬禮、樂教。 |

總結上述，一是「至德要道」，用以明宗。六藝既為修德、學道之事，重在踐履，便是由內而外的實踐，故釋「德」、「道」有云：「德是自性所具之實理，道即人倫日用所當行。德是人人本有之良知，道即人人共由之大路，人自不知不行耳。」[163]重在以德攝行。二是「五孝」，五指天子、諸侯、卿大夫、士、庶人，各位等行孝之實有別，但本於孝是一，為理一分殊。三是「三才」，指天、地、人，欲明三才為一體，天人一性，乃分殊中見理一。四是「明堂」，以展現禮制，故說：「此顯天法即寓於德法，人道不離於天道，明堂之所由立也。明堂是聖人根本大法，即德教之根本大義，一切禮制，無不統攝於此。」[164]五是「原刑」。因為悖德，須以刑輔教，以「攝刑歸德，因德制刑，施刑為德，是以刑德得並存也。」[165]

再配於各教之德，表列如下：

---

[163] 馬一浮：「釋至德要道」，〈孝經大義〉，《復性書院講錄》第 3 卷，收入《馬一浮集》第 1 冊，頁 220。

[164] 馬一浮：「釋明堂」，〈孝經大義〉，《復性書院講錄》第 3 卷，收入《馬一浮集》第 1 冊，頁 250。

[165] 馬一浮：「原刑」，〈孝經大義〉，《復性書院講錄》第 3 卷，收入《馬一浮集》第 1 冊，頁 260。

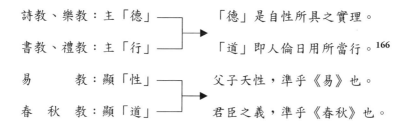

以上分兩類：一是「詩教」、「樂教」主孝為內在性德，「書教」、「禮教」主實踐孝行，形成「體用知行」關係。二是「易教」上探於天性之本然，「春秋教」下廣於政治之達用，則是「體用本末」關係。馬一浮又說：

> 《尚書》敘堯德首「親九族」，舜「克諧以孝」。《詩教》之旨在「事君事父」。《易》顯天地人之道，有父子然後有君臣上下，禮義有所錯。《春秋》經世大法在誅亂臣賊子。至禮樂之實，孟子之言最為直抉根源，本此以求禮意，無不貫洽。故鄭氏以《孝經》為六藝總會之說，實為得之。[167]

上述是六藝以《孝經》總會後的「舉本該末」，又是「會其宗趣，皆攝歸於孝也」的表徵，指出各教皆本於《孝經》的理由。[168]

綜觀上述，再對比「忠孝合一」、「以孝涵蓋眾德」的概念，馬一浮認為《孝經》總會了六藝，並與孝互為表裡，可目為宗經論。若再與《論語》三大問目──仁、政、孝並觀，可彙歸成以下的關係譜：

---

[166] 德、行之解說出自馬一浮：「釋至德要道」，〈孝經大義〉，《復性書院講錄》第 3 卷，收入《馬一浮集》第 1 冊，頁 220。

[167] 馬一浮：「略辨今古文疑義」，〈孝經大義〉，《復性書院講錄》第 2 卷，收入《馬一浮集》第 1 冊，頁 213。

[168] 馬一浮：「略辨今古文疑義」，〈孝經大義〉，《復性書院講錄》第 2 卷，收入《馬一浮集》第 1 冊，頁 213。

詩教：「問仁」，主德。（內在性德）──┐
書教：「問政」，主行。（實踐孝行）──┘→　春秋教：「問仁」、「問政」，顯道。（實踐於正名）

禮教：「問孝」，主行。（實踐孝行）──┐
樂教：「問孝」，主德。（內在性德）──┘→　易教：「問孝」，顯性。（本於天性）

總言之，以《論語》、《孝經》為「宗經論」，即六藝的入門，不僅是六藝義理的總攝，更是「序六藝為九種」的目錄部次原則，是很重要的學術史脈絡。

（三）從「經之貳」到六藝入門的「宗經論」

　　相比於龔自珍把《論語》、《孝經》當作輔經的「經之貳」，馬一浮則將《論語》、《孝經》視作是「六藝的入門」，成為進入六藝之前的通論，二者的差異可由「周孔」、「經子」、「史學與義理」等三點進行比對。

　　第一，龔自珍在「周孔」並稱前提下，將《論語》、《孝經》視作高於傳記，具有特殊性質的「輔經」，故曰：「仲尼未生，已有六經，仲尼之生，不作一經。」[169]又龔氏評論《孝經》是「曾子以後，支流苗裔之書，平易汎濫，無大疵，無閎意妙旨。」[170]會倍受推崇乃是漢朝尚孝，非劉向、歆父子與班固的本意。但馬一浮重視的是「孔孟」之間心性義理的傳承。

　　第二，龔自珍分隔經、子有說：

　　　或曰：胡不以《老子》配《易》，以《孟子》、《郳子》配《論語》？應之曰：「經自經，子自子，傳記可配經，子不可配經。雖使曾子、漆雕子（漆雕開，540B.C.-489B.C.）、子思子之書具在，亦不以配《論語》。」[171]

---

169 龔自珍：〈六經正名答問一〉，《龔自珍全集》，頁39。
170 以上兩條引文，同見於龔自珍：〈六經正名〉，《龔自珍全集》，頁38。
171 龔自珍：〈六經正名答問五〉，《龔自珍全集》，頁41。

上文指出經、子各有自己的傳承，也就宣告了「子學的獨立」。龔自珍更將諸子視為史源之一，而謂「五經者，周史之大宗也……諸子也者，周史之小宗也。」[172]因此，五經、諸子不過是大宗、小宗的關係，諸子百家各有其傳承與初祖，且皆備於周代史官所職掌，故龔自珍形容道：「劉向云：道家及術數家出於史，不云餘家出於史。此知五緯、二十八宿異度，而不知其皆繫於天也；知江河異味，而不知皆麗於地也。故曰：諸子也者，周史之支孽小宗也。」[173]暗指一切學術皆繫於古史——「諸子皆史」，這包括技藝之學在內，誠如張壽安先生說：「這種近乎文化考古的觀點，意在指出古史非典制所能囿，古史之源，只能訴諸無盡無止的『鉤沉』。故欲明三代之治道，諸子之學與技藝之學皆為其階，重要性不遜於六經。」[174]

但馬一浮則是將宗經論視為六藝的「義理入門」，以出自孔子為由，使宗經不再是「宗於經」的貳經，而是學習六藝前的入門。而後則以「六藝論該攝一切學術」，以六藝統攝諸子、四部之學，使這些學術不是單純的古史、史料，既與經藝相繫屬，又被賦予了道德意蘊。但凡未及道德者如：技藝之學，便直接排除在其六藝的統攝之外，這儼然成為另一種「技藝之學」的獨立。[175]

第三，若龔自珍在「六經皆史」啟示下，重視知識化的六藝論，看出清學貢獻在「古史鉤沉」；而馬一浮的宗經論便是先前一再點明的「義理式的學術史觀」，即義理化的六藝論，以經術為根柢，學術史為綱，義理學為內涵，融合三門傳統學術統攝古今、中西，與當時中國哲學流行以西學新詮中學不同。可是這種被他稱為「判教」的會通精神，卻在現代學術分科訴求專

---

[172] 龔自珍：〈古史鉤沉論二〉，《龔自珍全集》，頁21。

[173] 龔自珍：〈古史鉤沉論二〉，《龔自珍全集》，頁22。

[174] 以上觀點酌參張壽安先生：〈六經皆史？且聽經學家怎麼說——龔自珍、章學誠「論學術流辨」之異同〉，收入《文化與歷史的追索——余英時教授八秩壽慶論文集》，頁305-306。

[175] 詳參本書第六章第一節，第一大點「統攝子部」。

業化過程中，悄然消逝。[176]

　　要之，馬一浮以「宗經論」、「釋經論」重新劃歸六經經傳，並從宗經論下開出一條宋明理學的道統觀。「釋經論」毫無疑問是詮釋經典的傳記之學；至於「宗經論」，儘管其位屬依舊是「論」，但既非輔翼的經之貳，又不能下同於釋經論，更不能越位為經，而特別位列為通曉六藝前的入門、通論。

三、治《五經》的義理基礎在《四書》

　　在馬一浮的觀念中，義理學不等於學術史；《五經》也不等於六藝；宗經論與宗經論之配所下轄之書，包括《論語》、《孟子》、《大學》、《中庸》也不能逕自等同於《四書》。因此，必須把以上拆分成兩組概念來看：一是義理學概念下的「經、《四書》、《五經》」；二是學術史概念下的「藝、《論語》《孝經》、六藝」。馬一浮分之甚詳，不能混論。

　　首先，當馬一浮將《論語》、《孟子》，《大學》、《中庸》分列在「宗經論」、「宗經論之配」時，這是學術史考量；一旦將此四本書合為《四書》，其重要性便是義理性的，而非學術史的，馬一浮云：

> 為學必先治經，治經必先《四書》，讀《四書》必以朱子《章句》《集注》為主，而用《論孟精義》《中庸輯略》《或問》《語類》參互尋繹，然後知朱子下語精切，真字字稱量而出，確乎其不可易也。康成、仲達持籌土於瞽宗，何晏（？-249）、皇侃（488-545）亂淄澠於異學。比而觀之，則知略存古義之功，不敵濫入玄言之失。不有

---

[176] 誠如胡曉明、劉煒有云：「馬一浮之所以提出六藝論，據六藝判教、以六藝統攝一切學術，其目的便是為了在對中國傳統學術作分類整理時，堅守中國學術重博通重價值的傳統，應對近代中國的學術分科大勢。但是，當現代學術分科成為普天之勢，馬一浮的六藝論幾乎無人可信、無人能懂，對時人和後人的影響可謂微乎其微。」參見氏著：〈判教與分科：馬一浮的六藝論與近代中國的學術分科〉，《江西社會科學學報》，頁 71。

洛學導其先河，考亭揚其墜緒，則聖學之要曷由而明哉。趙岐（108-201）致力《孟子》，遠勝何晏，而於道性善之旨，不能有所發揮。蓋漢儒論性多出荀卿，魏晉以下涉入佛老，至濂洛繼興，始宗孟氏，洙泗之業，因以大明。故謂直接孔孟，信為不誣，特未聞道者難與共喻耳。近世若戴震、阮元、劉寶楠（1791-？）、焦循（1763-1820）之徒，所謂碎義逃難，便辭巧說，而毛奇齡（1623-1713）尤嫥事詆諆。類此，雖其書充棟，何益於學。大抵明人好汎濫，務懸解，近二氏之奢；清人矜家法，習嫥固，承博士之陋。或以經就己，或舍本求末，其於義寡富，均也。學者欲通《四書》，其或於《精義》、《輯略》、《或問》、《語類》不能備覽，苟得趙氏（名順孫，1215-1277）《纂疏》而詳究之，則於朱子之說，亦思過半矣。[177]

《五經》不易讀，初學當先讀《四書》。若《四書》裏字字句句體會透徹，都無疑惑了，再看《五經》，自然迎刃而解。若欲與《四書》並看，最好先看《禮記》。《禮記》中亦有漢人附益之處，然大部分是七十子之言，且切近日用倫常，學者讀之，容易受益。[178]

義理之學，當求之《四書》《五經》及濂洛關閩先儒之書，反躬體驗。人皆可以為聖賢，但患不肯用力，未有用力而患不能入者。[179]

第一條引文馬一浮強調唯有宋儒注解的《四書》，如朱熹《四書集注》等書才能通達孔孟心性義理。兩漢、魏晉、唐、明、清註解，或承荀學，或滲入玄學，或近二氏之奢，或矜家法，各有所失。又《四書》是通讀《五經》義理的基礎，上諸引文可串成一條脈索：欲通讀《五經》必以《四書》為先，讀《四書》之法在通熟義理，而義理又本於理學家的詮釋，蓋因理學家直承

---

[177] 馬一浮：〈四書纂疏札記跋〉，收入《馬一浮集》第2冊，頁73-74。
[178] 烏以風輯錄：〈問學私記〉，收入《馬一浮集》第3冊，頁1163。
[179] 馬一浮：〈徐啟祐〉，收入《馬一浮集》第2冊，頁945。

孔孟脈絡。

其次，為何必須分判「宗經論與宗經論之配」與《四書》的差異？因為這分屬「學術史」、「義理」兩條不同的路數，「宗經論與宗經論之配」是在學術史意義下，用以辨章、考鏡諸經傳源流；《四書》純指義理，無涉於學術史。以下可分兩點說明。一，馬一浮在宗經論、宗經論之配，已予《四書》特殊地位，即通曉諸經藝前的「通論」，還特別升格《孟子》可以不列入諸子之屬。但《四書》不能取代宗經論，這會違背「序六藝為九種」的學術史架構，也無法合理定位《孝經》。相反的，《四書》、《孝經》卻可經由理學家的義理詮釋，闡發心性之旨[180]，在不更動學術史的架構下，確立《四書》的位屬。二，六藝與《五經》不同。「六藝」是六種學術門類，《五經》指經書之文。所以，後兩條引文甚明，六藝之旨在宗經論的《論語》、《孝經》，至於讀《五經》的基礎則在《四書》。

總之，儘管馬一浮以心性義理貫串學術史，成為「義理式的學術史觀」，但必須釐清《四書》這「四本書」的集合卻是純粹義理性質的，而與學術史無關。

---

[180] 馬一浮主張讀《孝經》則宗明代黃道周（號石齋，1585-1646）的《孝經集傳》，有謂：「黃石齋作《集傳》，立五微義、十二著義之說，亦能見其大。其《孝經辨義》云：『本性立教，因心為治，令人知非孝無教，非性無道，為聖賢學問根本，一也。約教於禮，約禮於敬，令人知敬以敬中，孝以導和，為帝王致治淵源，二也。則天因地，常以地道自處，履順行讓，使天下銷其心，五刑、五兵無所施，貴德賤刑，為古今治亂之本，三也。反文尚質，以夏、商之道救周，四也。闢楊、墨之道，使不得亂常，五也。』其十二著義為郊、廟、明堂、釋奠、齒冑、養老、耕籍、冠、昏、朝聘、喪祭、鄉飲酒，皆禮之大端也。」又在〈通治羣經必讀諸書舉要〉一文中，特別強調「以黃氏為主。」簡言之，蓋以心性之學為詮釋根據。
以上參見氏著：〈答張立民〉，《爾雅臺答問》卷 1，收入《馬一浮集》第 1 冊，頁493、氏著：〈通治羣經必讀諸書舉要〉，《復性書院講錄》，收入《馬一浮集》第 1 冊，頁 137。

第四節　小　結

　　馬一浮的學術思想重視博通，融合性高，很難以現有的學術疆域作界分，若單指稱他為經學家，或理學家，或思想家，或哲學家，都無法全面概括其學術內涵。而本研究發現他另有一條很明顯以六藝論為基礎的學術史架構，且能鎔鑄上述各學術領域之內涵，故定名為「義理式的學術史觀」，以此重新定位馬一浮的學術思想。

　　而其「義理式的學術史觀」既有傳承之「經」，亦有創見之「變」。他承接「序六藝為九種」的基本原則，以此為「經」；又在成為「通儒」的前提下，著重道德判教，限定學術與非學術的範疇，非必得求學術之全，此之為「變」。具體總結其學術史特點有以下四點。

　　其一，馬一浮定調經術是義理之學。以成為通儒為目標，他指稱的義理即宋明心性之學，作為判教基礎。這與漢宋之爭無關，而是架構在義理學視域下，辨章、考鏡所有學術定位，因此，其背景仍是學術史的。

　　其二，馬一浮從「道術」、「方術」區隔「通儒」、「專家」，主張求道術之全，非求方術一隅，全則在六藝。馬一浮等觀通儒、說經的概念，欲為通儒必能體證「道術」、「道體」、「義理」之全，三者同出而異名，又同於「經術」一詞，皆為六藝之本。馬一浮約化了清儒認知下的經術，將原本經典「百科全書式」的內容，及清儒「說經」所開出的各色「專門知識」，概視為是局而未通的「方術」；至於更等而下之，與心性無涉的「技藝」，則根本不入列六藝。形成「道德判教（即通儒）」、「專業分科」、「技藝之學」之分判。

　　其三，經數上，確立數目為六，強調「經」與「傳記注疏」不同，否則會混同辨章學術的本源。他採行佛教名詞的「宗經論」、「釋經論」分判經部諸書，以《論語》、《孝經》，與《易傳》、《禮記》部分篇章為「宗經論」；又以〈彖〉、〈象〉、〈文言〉、〈說卦〉、《儀禮・喪服傳》、春秋三《傳》、《禮記》部分篇章、《爾雅》（附：《說文》）為「釋經論」。其中，馬一浮尤其著重是宗經論之《論語》的問仁、政、孝、《孝

經》彰明孝的行為實踐，並提升二書作為進入「六藝的入門」，以此達成二個目的：一是統攝各藝經旨，成為通曉六藝經術前的入門心法；二是向下接軌宋明理學家，作為宗經論的繼承者，完成心性之學為內涵的學術史觀。

其四，《四書》是義理概念，而非學術史的概念。從義理來看，欲通讀《五經》之「書」，必先讀《四書》。從學術史來看，則《四書》中，除了《論語》兼備義理、學術史特質，兼可作為六藝的入門外；其他三書則配入宗經論、宗經論之中，以此分殊作為學術史意義的「序六藝為九種」、義理意義的《四書》的分判。

第五章　歸本「義理學」的六藝論

　　繼上章以「學術史」論述六藝論，本章將繼續探明六藝論中的「義理學」，概念基礎在「六藝統攝於一心」。

　　一般學術史家重「知類」，偏重考學術之流變、遞衍，質分羣書與知識體系，對質分的「所以然理則」論述較少，甚至不須論述。如：章學誠以六藝出自王官學，他所謂的天人合一就在政典之內，不必溯及形上本體。相對來說，當先出政典無法統攝後出紛雜、多變的學術現象，就有不得不流於四部分類之慨。晚清受西學影響，學術品類愈形複雜，傳統學術史觀何以能統攝、分類中西學術？定然會受到受質疑。[1]

　　這牽涉兩層問題，也是兩種概念，即「統攝」、「分類」的不同，統攝是「學術史兼義理性」的，分類是「純學術史性」的。若僅以六藝之六大門類去「分類」中西學術，則難完整劃分學術種類；但若將六藝視為不同道德類目，以義理去「統攝」中西學術，便能解決爭議，所以馬一浮重統攝而輕分類。

　　馬一浮將「統」上溯自本體的一心，將六藝之源抬升到形上層，以此除卻形下知識層「後出學術」的紛擾，使「一心論」成為六藝論的核心，故言：「學者須知六藝本是吾人性分內所具的事，不是聖人旋安排出來。吾人性量本來廣大，性德本來具足，故六藝之道即是此性德中自然流出的，性外

---

[1]　如目錄學家昌彼得、潘美月說：「何況劉氏之後千餘年，學術的歧分變化更大，或興或衰，代有隆替。……到了近世，西學東漸，中西的學術，更錯綜複雜。……像那些內容複雜而無所專主的圖書，將如何取衷而論其學術的源流？」參見氏等著：《中國目錄學》（臺北：文史哲出版社，1991 年 10 月），頁 72。

無道也。」[2]由此可延伸出兩個提問：一是「何謂一心」？二是「如何可用一心統攝所有學術」？

第一個提問的「一心」是很重要的哲學命題，攸關此心何以能開出一系列知識體系，惜馬一浮未確切說明，後人據其思考脈絡，主要有偏陸王[3]、

---

[2] 馬一浮：〈論六藝統攝於一心〉，《泰和宜山會語》，收入《馬一浮集》第 1 冊，頁 18。

[3] 劉又銘早期承繼徐復觀、牟宗三的心學觀點，在心性論上，論述說：「他所講的心，實質上卻同於陸王一路……」「『性德』一詞在馬浮思想中的地位，就如同『良知』一詞在王陽明思想中的地位一樣。」在工夫論上，乃謂：「馬浮的工夫論便是以朱子的主敬涵養和格物致知為基礎，融會陸王一路和佛家之說，並加以擴充而成的。」但最終學術歸趣上，則說：「他的學術思想，調合程朱、陸王，而以陸王為歸宿（如釋『心統性情』與『窮理致知』。）」二十多年後，劉氏改變原論點，傾承接程朱一系。而滕復有相同論調，說：「他一面包融與調和程朱與陸王，另一方面又在思想的實質上傾向於陸王。陸王心學所代表的傳統的內省道德哲學，構成了馬浮哲學的基本框架。」只是後來轉向融合一系。

楊儒賓說：「馬浮的儒學事實上是以理學為宗，而他在理學家中雖兼融並蓄，於朱子時致敬意，但規模其實較切近王學。」、夏瑰琦肯定馬浮哲學為心本論，並說：「我以為馬一浮構築了一個承繼陸王心學的哲學體系，克服了陸王心學的空疏，然而他又失去了陸王心學的激情、創新、平等精神，成為溫和中庸的貴族式的儒家人物。」

言及心性問題時，如：馬鏡泉指出馬一浮「雖然反對說『心即理』，而要說『心具理』和『心統性情』，但就歸趣來說，他所講的心，實質上卻同於陸王一路。然而他的講法，又能避免王學末流以人欲為天理的弊病。這可說是融合程朱陸王兩派一個極成功的典範。」

蔡丹紅雖認為陽明與馬一浮論心略有不同，但人性論以物我一體，天人一性為出發點，則是孟子天人合一的發展，故「以天人合一於性來取代朱熹的『理』與王陽明的『心』，表現了馬一浮以宋明心學為宗，力圖融貫佛道諸家的思想特色。」柴文華則判定馬一浮是「心本論」，而言曰：「雖然馬一浮堅持了儒家天人合一的兩點論和聯繫論的思路，但天道與人道或天心與人心總有一個統一性的問題，這也是程朱與陸王的分野之一，馬一浮明確提出了心一元論的觀點。」

部分學位論文也以此為預設，如：姚禕以「心學思想」為題目，認為其心性論是承繼孟子而來，有說：「其以『心』統攝中國學術的觀點，以及『統而兼之』的儒學『簡易』方法論，為中國儒學的發展作出極大的貢獻。」

王黨輝雖談融合，但也說：「在心外無物的本體論基礎上，馬一浮對理學所討論的理、氣、性、心、情、才能問題進行了重新解釋」、「以心學為本體論，在此基礎上

程朱[4]、融合論[5]，共三種觀點。[6]但本文將擱置討論此「心」之歸向，並非

展開理學為形而上學，這就把二者統合在一個體系內了。」

以上依序參見劉又銘：《馬浮研究》，頁 85-103。滕復：〈馬浮儒學思想初探〉，《學習與探索》1990 年第 5 期，頁 27-33。楊儒賓：〈馬浮「六藝統於一心」思想析論〉，《鵝湖學誌》第 12 期，頁 42。夏瑰琦：〈略論陸王心學在馬一浮哲學中的地位〉，《孔子研究》，1994 年 3 月，頁 90-97。馬鏡泉：〈馬一浮理學思想淺析〉，《杭州師範學院學報》1993 年第 1 期，1993 年 1 月，頁 12-19。蔡丹紅：〈馬一浮人性觀初探〉，《求是學刊》1991 年第 4 期，頁 24-27。柴文華：〈舊瓶裝新酒——論馬一浮的哲學思想〉，《深圳大學學報（人文社會科學版）》第 20 卷第 2 期，2003 年 3 月，頁 40-45。姚褘：《馬一浮心學思想述評》（昆明：雲南師範大學中國哲學專業碩士論文，2006 年 6 月），34 頁。王黨輝：《馬一浮之心學理學融合論》（上海：復旦大學中國哲學專業博士論文，2006 年 4 月），113 頁。

4　林安梧指出馬一浮是「程朱學調適而上遂的發展，通過馬氏學來看朱子學，將可使朱子學有一較圓滿的系統。」從心性論來看，以「一心開二門」來解釋心統性情，使朱子能免除心性情三分，與理氣二分的種種問題。此外，窮理之「理」雖是物理，但物之理不在心之外，也避免了成為主客之間的認知，而是主體對主體之理的發現過程，所以是「以朱子為宗，並想以此來收攝陸王。」從工夫論來看，以涵養為察識之本，雖二者並重，卻恐陸王直指心性造成「執性廢修」的可能；而窮理致知依於主敬，此「理」與「知」乃是內在而非外在的。而「心外無物」乃是上遂朱子之處，朱子隱然有此觀點，馬一浮則揭露此一結構。所以，進一步的「博文立事」，也是由性德所流露，並通達於外王的文化哲學。

劉又銘原歸為陸王一系，後對朱子學、馬一浮有新理解，但對林安梧提出「程朱學調適而上遂的發展」則有異議。他認為朱子哲學已是成熟典範，只是表達不夠明朗、一致，而馬一浮作了修訂。再者，以孔、孟、荀所形成的儒學典範，到了宋、明、清以後，分別為朱子、王陽明、戴震承接，當代儒家也分別承接三系，馬一浮、錢穆、余英時、成中英是「孔學——朱學」一系；梁漱溟、熊十力、張君勱、唐君毅、牟宗三、劉述先、杜維明為「孟學——陽明」一系；胡適、張岱年、李澤厚乃「荀學——戴震」一系。

陸寶千論工夫論，從根源、進向、入門、外緣、起步、實行、最終之境界層層遞進。認為入門須由程朱始，外緣是讀書，至於工夫之實踐，則偏於涵養重於察識，察識正在涵養中，觀點偏向程朱。但又於文末提到：「蓋馬浮於心意、性、理之別，乃綰合程朱與陸王，而非融合二家所致。」綰者，繫結也。作者認為馬一浮在本體與心性論繫結二家之學，此乃實然之事，至於如何繫結？未有論及。

范兵是大陸較早將馬一浮學術歸於程朱者。他認為馬一浮倡導道德主體的同時，更多

地繼承了程朱「性即理」。

劉煒也認為「馬氏的功夫論絕非朱子學的複製和翻版，而是朱子學的發展、修正和創新。……可以說，馬的功夫論是在朱子學的基礎上，綜合了整個宋明儒學之後，所作出的獨特的創造。」

王寧亦說：「大體而言，馬一浮的理學功夫論是以朱熹為主幹，而不廢陸、王心學，實際上是取兩派在理論上的『最大公約數』。」

其他如鄧新文有說：「從馬一浮本人之自覺來看，他在學術傳承上是明確表示祖述程朱的。」

宋志明亦云：「他承繼程朱看重經典、讀書務博的學風，重視對儒家經典的研讀。他也承繼陸王發明本心的傳統，把心性視為六藝的根基。……馬一浮調和朱陸，但側重於道的普遍性和絕對性，實則傾向於朱，而不是陸。」

林安梧：〈馬一浮心性論的義理結構──從「理氣不一不二」到「心統性情」的核心性理解〉，《當代新儒家哲學史論》（臺北：明文書局，1996 年 1 月），頁 127-149。

以上依次參見劉又銘：〈馬浮哲學典範及其定位〉，收入吳光主編：《馬一浮思想新探──紀念馬一浮先生誕辰 125 周年暨國際學術研討會論文集》，頁 130-144。陸寶千：〈馬一浮之功夫論〉，收入李國祁主編：《郭廷以先生百歲冥誕紀念史學論文集》，頁 355-376。范兵：〈馬一浮與儒學文化體係的重建〉，《中國文化》第 9 期，1994 年 1 月，頁 134-138。劉煒：〈馬一浮功夫論初探〉，《寧波大學學報（人文科學版）》第 19 卷第 2 期，2006 年 3 月，頁 71-78。王寧：〈試論馬一浮理學功夫論的展開〉，收入吳光主編：《馬一浮思想新探──紀念馬一浮先生誕辰 125 周年暨國際學術研討會論文集》，頁 265-279。鄧新文：〈馬一浮之學及其定位問題〉，《學術界（雙月刊）》總第 119 期，2006 年 7 月，頁 251。宋志明：〈復性書院講錄述要〉，收入吳光主編《馬一浮研究》，頁 99。

5　陳來認為「如果說馬一浮的理氣論承繼了程朱派的理氣觀和華嚴宗體用論的理論思維，那麼，在心物論上，馬一浮則承繼了陸象山、王陽明唯心論和包括禪宗在內的整個佛教的『唯心』傳統。」

許寧說：「馬依據佛學義理的詮解，使張載的『心統性情』命題擺脫了理學與心學對峙相斥的思想格局，較全面地整合了宋明理學的心性學說。」

鄭大華說：「一是試圖在融會貫通的基礎上，超越宋明新儒學各派的分歧。如在本體論上，他和程、朱一樣，是理本論者，但同時又接受了氣本論者提出的某些觀點，主張理氣一元或理氣合一論。」「在認識論上，他繼承了王陽明的『知行合一』的思想，但他又和王陽明不同，反對以知代行，認為知行本為二事，彼此不能取代。……認識方法上，他力圖調和陸王的尊德性與程朱的道問學……」

滕復早期論述時，傾向偏陸王，後則主張調和，他認為就義理而言，朱王的道問學或

不重要，誠是研究角度的不同。

　　第二個提問才是以義理學結合學術史，辨章、考鏡學術源流。同時，心性之學的分系，主要是辨明馬一浮的義理思考脈絡，卻未必是「論」義理學的主軸，而他的「義理學」定然要結合「學術史」，才能展現其六藝論之「義理式的學術史觀」的特性。後人受「中國哲學史」學科特性的制約，多以「理學」詮釋其學術，如此一來，縱能得證其分系，卻難確切解釋「理學」與「六藝」的關聯，或只能從「經學」、「理學」兩種論域各自詮釋。

　　馬一浮論六藝的義理學自成體系，是其重要創見。因為一般論學術史者，不論心性義理；論心性義理者，不論學術史；論經學、經學思想者，心性義理、學術史觀亦非必要條件。獨馬一浮鎔鑄三學，提煉出特殊的「義理式的學術史觀」，既是空前也絕後。

　　以下分三節論述。第一節的「六藝一心論的義理體系」，說明馬一浮一心論的建構理念與原則。第二節的「六藝各經藝間的義理會通」，則是在一心論下，說明各經藝義理能互通而成為一整體的特性。末引一「小結」作結。

尊德性只有漸、頓之別，卻是殊途同歸的。其次，儒學的義理學本質上反對講宗派、立門戶，故云：「不過馬一浮在朱、陸的分歧上，並無偏向，而是提出調停之說，認為程、朱、陸、王各自的思想，在本質上是沒有不同的。」

何靜也認為其心性論乃是圓融、修正、發展程朱、陸王之本體工夫論的結果。

以上依次參見陳來：〈馬一浮哲學的體用論〉、〈馬一浮哲學的心物論〉，收入氏著：《哲學與傳統——現代儒家哲學與現代中國文化》，頁 57-75、77-107。許寧：〈現代新儒家視野中的「心統性情」——以馬一浮的詮釋為例〉，《江西教育學院學報（社會科學版）》第 27 卷第 5 期，2006 年 10 月，頁 38-40、49。鄭大華：〈馬一浮新儒學思想初探〉，《中國文化研究》2006 年冬之卷，頁 37-51。滕復：《一代儒宗——馬一浮傳》，頁 324。何靜：〈論馬一浮對程朱陸王心性論的整合〉，收入吳光主編：《馬一浮思想新探——紀念馬一浮先生誕辰 125 周年暨國際學術研討會論文集》，頁 280-290。

6　以上可互見本書第一章第三節，第二大點第（三）點之「間接相關研究」。

第一節　六藝一心論的義理體系

　　歸整馬一浮「六藝一心論」的義理體系，可分作四層說明。一是以「一心通貫萬有的理論基礎：理事、道器一如」。以理器、道事是一，說明其學術史觀可「以『統（理、道）』攝『類（器、事）』」的義理原則。二是「六藝判教的義理憑據：《禮記‧經解》、《莊子‧天下》」。追溯六藝判教的歷史、義理根源，也是統攝現代學術的根本原則。三是「六藝排序的三種義理原則：本迹、知行、內聖外王兼教化關係」。不同於古、今文學家的六藝，或以成書時代先後，或以教育內容深淺來排序，馬一浮另採行不同的標準，擬列出三種不同的排序，闡發六藝的義理內蘊。四是「歸本一心仁德的六藝義理分化」。透過一心仁德分化六藝為諸德目，並透過六藝的不同排序，搭配陰陽、四時、四方、五行……完成天人合一的六藝義理體系。

一、一心通貫萬有的理論基礎：理事、道器一如

　　馬一浮以理事、道器一如，作為義理統攝的基礎，將形下學統回歸於道統，並以道統統攝眾學，大反於章學誠「道不離器，即事言理」的著重形下政治實踐經驗，不可離器言道的觀念。[7]

　　首先，馬一浮以「理事」言「統類」，有說：

> 一者何？即是理也。物雖萬殊，事雖萬變，其理則一。……朱子云：「理在事中，事不在理外。」一物之中皆具一理，就那物中見得這個理，便是上達。兩件只是一件，所以下學上達不能打成兩橛。事物古今有變易，理則盡未來無變易，於事中見理，即是於變易中見不易。若捨理而言事，則是滯於偏曲，離事而言理，則是索之杳冥。須知一

7　張壽安先生：〈六經皆史？且聽經學家怎麼說──龔自珍、章學誠「論學術流辨」之異同〉，收入《文化與歷史的追索──余英時教授八秩壽慶論文集》，頁281-287。

> 理該貫萬事，變易元是不易，始是聖人一貫之學。[8]

馬一浮用「理一分殊」論理事關係，萬物皆具一理，各理又可上達為一。他強調本體之「理」不變，「事」則隨時空有變異，要從變中見不變，知理而後方能貫通萬事。六藝即是「理」，為統，可該攝、分殊學術類別，欲掌握學術本源，必先掌握「理」。進言之，此「理」是超越，也內在於一心的。

其次，再從「一心」論「理事」關係，馬一浮說：

> 今明心外無物，事外無理，事雖萬殊，不離一心。一心貫萬事，即一心具眾理。即事即理，即理即心。心外無理，亦即心外無事。理事雙融，一心所攝，然後知散之則為萬殊，約之唯是一理。[9]

心、理同質，現象界一切由心含攝，亦為六藝合攝，能體證此理此心，便可掌握天下間的學問、知識，故馬一浮云：「今人日常生活，只是汩沒在習氣中，不知自己性分內本自具足一切義理。故六藝之教，不是聖人安排出來，實是性分中本具之理。」[10]又說：「若不入思惟，所有知識都是從聞見外爍的，終不能與理相應，即或有相應時，亦是億中，不能與理為一。」[11]又言：「事外無理，故曰『即事之治』。全理即事，全事即理，理事交融，斯名為治。」[12]要之，心性本體本具此理，而六藝正展現此理，舉凡統有日常

---

[8] 馬一浮：〈舉六藝明統類是始條理之事〉，《泰和宜山會語》，收入《馬一浮集》第1冊，頁25-26。

[9] 馬一浮：〈復性書院學規〉，《復性書院講錄》第1卷，收入《馬一浮集》第1冊，頁111。

[10] 馬一浮：「乙、六藝統四部」，〈論六藝該攝一切學術〉，《泰合宜山會語》，收入《馬一浮集》第1冊，頁18。

[11] 馬一浮：〈舉六藝明統類是始條理之事〉，《泰和宜山會語》，收入《馬一浮集》第1冊，頁26。

[12] 馬一浮：「三 原治」，〈仲尼燕居釋義上〉，《復性書院講錄》第4卷，收入《馬一浮集》第1冊，頁313。

生活，如：知識、政治之徵象，莫非由本體流出，故要復守本體之理，畢竟，「事相繁多，要待學者自己去逐一理會。理則簡易，須是待人啟發，纔有入處，便可觸類旁通。」[13]誠然，若以知識面來看，馬一浮太過簡化形下知識的多元性，如何觸類以旁通也未詳述，然其論學本非客觀知識，而在學術之統。

復次，論「道器」、「理事」一如，馬一浮說：

> 故形而上之謂道，此理也；形而下之謂器，亦此理也。於氣中見理，則全氣皆理也；於器中見道，則離道無器也。[14]

道即是理，馬一浮又解釋云：「道即言乎理之常在者，器即言乎氣之凝成者也。」道、理為本質，器是氣所凝結出的形下物象，儘管見器、氣之時，道、理已行乎其中，但不能不有先後，故他引邵雍語以釋云：「就其流行之用而言謂之氣，就其所以為流行之體而言謂之理。」[15]那麼，道、理雖可全該，但氣稟不能無偏。人要復其性善，六藝正是透顯此道、理的依據。馬一浮貫串說道：「此理自然流出諸德，故亦名為天德。見諸行事，則為王道。六藝者，即此天德王道之所表顯。故一切道術皆統攝於六藝，而六藝實統攝於一心，即是一心之全體大用也。」[16]

最後，以此廣諸六藝論的「義理式的學術史觀」，馬一浮說：

> 先生曰：六藝者，道之全體，一切學術莫能外之。學術類別雖繁，推

---

[13] 馬一浮：〈舉六藝明統類是始條理之事〉，《泰和宜山會語》，收入《馬一浮集》第1冊，頁26。

[14] 馬一浮：「別釋五行」，〈洪範約義〉，《復性書院講錄》第5卷，收入《馬一浮集》第1冊，頁337。

[15] 以上兩條引文，參見馬一浮：〈理氣 形而上之意義〉，《泰和宜山會語》，收入《馬一浮集》第1冊，頁38、39。

[16] 馬一浮：〈論六藝統攝於一心〉，《泰和宜山會語》，收入《馬一浮集》第1冊，頁19-20。

求其本,皆六藝之與流裔也。今之學者,務求分疏,不知統類,莊生所謂往而不反。某以六藝統攝一切學術,蓋欲使人反其本源,觀其會通,從異中求同,別中求總,庶幾可見道之大全而不陷於偏曲。六藝為一切學術所從出,故可以統攝一切。[17]

六藝即是「道」,學術類別雖繁,只要能掌握同、總,就能見道體全貌。此六藝道體已不待而論,兼有義理、學術本源的雙重特性,否則只是純目錄部次。又,馬一浮以六經是載道文本,「六藝之道」才是本體、本源,因而他特別強調「書是形體,教是精神,如形體為精神之所寄。」「執言語、泥文字者,不能知教體。」[18]更說道:

須知六經非是聖人撰造出來,而是人人自性所具之理,如非固有,聖人豈能取而與之?執言語、泥文字者每以典冊為經,不知宇宙間本來有這些道理,盈天地間莫非經也。寒暑晝夜,陰晴朝暮,乃至一人之身,語默呼吸,作息行止,何莫非《易》,不必限於六十四卦、三百八十四爻也。政事之得失,國家之治亂,人物之賢否,何莫非《書》,不必限於今古文若干篇也。一切吟詠語言,雖有精粗美惡淺深之不同,何莫非《詩》,不必限於三百篇也。即如孺子「滄浪之歌」,信口而出,聖人聞之,則聲入心通,發為「清斯濯纓,濁斯濯足」之義,豈非詩教?顧滄浪之歌又何嘗在三百篇之內耶?拘泥文字、尋行數墨流何嘗知六經之外別有一部沒字真經耶?但此文為一般人言之,自必驚怖其說,以為茫無端涯。此是了義教,不可為初學說法,遽為說此,便束書不觀矣。[19]

---

[17] 烏以風輯錄:〈問學私記〉,收入《馬一浮集》第 3 冊,頁 1192。

[18] 馬一浮:「釋教大理大」,〈觀象卮言〉,《復性書院講錄》第 6 卷,收入《馬一浮集》第 1 冊,頁 462-463。

[19] 王培德、劉錫嘏記錄,烏以風、丁敬涵編次:「六藝篇」,〈馬一浮先生語錄類編〉,收入《馬一浮集》第 3 冊,頁 938。

他認為為學不可拘泥載道的經文，而要體證出道體：一可修明己德，二可統攝、辨別學術。所以，六藝非先王典章，也非官師、治教合一，馬一浮更以《禮記・學記》：「君之不臣於其臣者二：當其為尸，則弗臣也；當其為師，則弗臣也。」強調「此明官、師有別，師之所詔並非官之所守也。」[20]因此，「道器合一、理事不二」是將道統置立在學統之上，以形上道體統攝眾學，統宗於六藝。

二、六藝判教的義理憑據：《禮記・經解》、《莊子・天下》

馬一浮以六藝統攝一切學術，並建構在兩層基礎上：一是辨明統、類，即分別判教、分科的差異，並以判教統於分科之類。二是溯源判教的基礎，他以《禮記・經解》、《莊子・天下》作為後續統攝一切學術的歷史根據。

其一，馬一浮辨明統、類關係有言：

> 今舉六藝之道，即是拈出這個統類來。統是指一理之所該攝而言，類就是事物之種類而言。知天下事物種類雖多，皆此一理所該攝，然後可以相通而不致相礙。[21]

> 統是總相，類是別相。總不離別，別不離總，舉總以該別，由別以見總，知總別之不異者，乃可語言條理矣。……已知條理為聖智之事，非偏曲之業，於何證之？求之六藝而已。六藝之道，條理粲然。聖人之知行在是；天下之事理盡是；萬物之聚散，一心之體用，悉具於是。……今言判教者，就此條理之粲然者而思繹之，綜會之，其統類

---

20 馬一浮：「甲、六藝統諸子」，〈舉六藝該攝一切學術〉，《泰和宜山會語》，收入《馬一浮集》第 1 冊，頁 13。

21 馬一浮：〈舉六藝明統類是始條理之事〉，《泰和宜山會語》，收入《馬一浮集》第 1 冊，頁 25-26。

自見。[22]

兩條引文說得很清楚，「統」是一理的該攝，是「總相」；「類」是事物種類，是「別相」。在「總不離別，別不離總」下，若欲討論學術本源，必須根著於「統」，不能獨立言「類」，所以其統攝原則是「舉總以該別，由別以見總」。換言之，此即為「判教」，而非「分科」。因此，何以天下學術都能被六藝統攝？關鍵在「判教」，以六藝之六種具道德、義理屬性的門類攝盡天下一切學術，而非細瑣的分類、分科。所以，馬一浮評議「學術分科」，說道：

> 照一般時賢所講，或分為小學、文字學、經學、諸子學、史學等類，大致依四部立名。然四部之名本是一種目錄，猶今圖書館之分類法耳。能明學術源流者，惟《莊子‧天下篇》、《漢書‧藝文志》最有義類。[23]

此足證明其立場，馬一浮不贊同沒有辨章、考鏡源流，純部次的四部分類、西方目錄學。

如何以六藝來判教？馬一浮於〈判教與分科之別〉細數歷來判教者及其階段[24]，但最重要的依據在《禮記‧經解》、《莊子‧天下》，理由是「要

---

[22] 馬一浮：〈判教與分科之別〉，《復性書院講錄》第 2 卷，收入《馬一浮集》第 1 冊，頁 150-151。

[23] 馬一浮：〈楷定國學名義〉，《泰和宜山會語》，收入《馬一浮集》第 1 冊，頁 9。

[24] 形成六藝判教，可分成三階段：一、從《論語》、《孟子》開始，凡以六藝之任何一藝作為道德評價者，即判教根據。二、後有《荀子‧勸學》、〈儒效〉，《莊子‧天下》、《禮記‧經解》的並陳六藝，完整了判教體系；三、歷朝各代皆有不同說法，他列舉：《繁露‧玉杯》、《史記‧太史公自序》、《漢書‧藝文志》、《法言》等，又說「其餘不可殫舉。」證明六藝判教有歷史脈絡，不是偶然，僅管各人各書觀點有別，宗於六藝態度一如。參見氏著：〈判教與分科之別〉，《復性書院講錄》第 2 卷，收入《馬一浮集》第 1 冊，頁 152-154。

以〈經解〉為最精，莊、荀為最約」[25]、又說：「故判教之宏，莫如〈經解〉，得失並舉，人法雙彰。」[26]要之，所謂精、約、判教之宏，是著重當中傳達的義理特性。儘管前述引文提及《漢書・藝文志》也是參考依據，但馬一浮實際未採用〈藝文志〉，只是推崇班固論諸子學能考鏡於六藝。[27]

其二，欲追溯判教理論根據，《莊子・天下》、《禮記・經解》原文分別是：

> 《詩》以道志，《書》以道事，《禮》以道行，《樂》以道和，《易》以道陰陽，《春秋》以道名分。[28]

> 《禮記・經解》引孔子曰：「入其國，其教可知也。其為人也，溫柔敦厚，『詩教』也；疏通知遠，『書教』也；廣博易良，『樂教』也；絜靜精微，『易教』也；恭儉莊敬，『禮教』也；屬辭比事，『春秋教』也。故《詩》之失，愚；《書》之失，誣；《樂》之失，奢；《易》之失，賊；《禮》之失，煩；《春秋》之失，亂。其為人也，溫柔敦厚而不愚，則深於《詩》者也；疏通知遠而不誣，則深於《書》者也；廣博易良而不奢，則深於《樂》者也；絜靜精微而不

---

[25] 馬一浮：〈判教與分科之別〉，《復性書院講錄》第 2 卷，收入《馬一浮集》第 1 冊，頁 154。

[26] 馬一浮：〈讀書法〉，《復性書院講錄》第 1 卷，收入《馬一浮集》第 1 冊，頁 134。

[27] 馬一浮推崇〈藝文志〉論諸子，有言：「〈漢志〉敘九家，以為皆六藝之支與流裔，故推之一切學術，塗慮雖有萬殊，歸致原無二理。舉一該全，萬物悉備，得者得此，失者失此。」但也批評班固仍守著「諸子出於王官」的論點，而謂：「班氏〈藝文志〉以諸子為出於王官，實則應謂出於六藝。子部既各有所屬矣，此六藝之統攝九流也。」詳參氏著〈判教與分科之別〉，《復性書院講錄》第 2 卷，收入《馬一浮集》第 1 冊，頁 154、王培德、劉錫嘏記錄，烏以風、丁敬涵編次：「六藝篇」，〈馬一浮先生語錄類編〉，收入《馬一浮集》第 3 冊，頁 937。

[28] 清・郭慶藩輯：〈天下〉，《莊子集釋》（臺北：華正書局，1997 年 11 月），頁 1067。

賊，則深於《易》者也；恭儉莊敬而不煩，則深於《禮》者也；屬辭比事而不亂，則深於《春秋》者也。」此段文人法雙彰，得失並舉，顯然是判教的實證據。[29]

根據上述，馬一浮綰合二者，提出自己的六藝判教體系，有說：

> 此義云何？《詩》以道志而主言，在心為志，發言為詩。凡以達哀樂之感，類萬物之情，而出以至誠惻怛，不為膚泛偽飾之辭，皆《詩》之事也。《書》以道事。事之大者，經綸一國之政，推之天下。凡施於有政，本諸身，加諸庶民者，皆《書》之事也。《禮》以道行。凡人倫日用之間，履之不失其序，不違其節者，皆《禮》之事也。《樂》以道和。凡聲音相感，心志相通，足以盡懽忻鼓舞之用而不流於過者，皆《樂》之事也。《易》之道陰陽。凡萬象森羅，觀其消息盈虛變化流行之跡，皆《易》之事也。《春秋》以道名分。凡人羣之倫紀，大經大法至於一名一器，皆有分際，無相陵越，無相紊亂，各就其列，各嚴其序，各止其所，各得其正，皆《春秋》之事也。[30]

對比後，表列如下：

經教	《莊子·天下》	《禮記·經解》	馬一浮
詩教	道志	其為人也，溫柔敦厚，詩教也。	《詩》以道志而主言，在心為志，發言為詩。凡以達哀樂之感，類萬物之情，而出以至誠惻怛，不為膚泛偽飾之辭，皆《詩》之事也。

---

29 馬一浮：〈判教與分科之別〉，《復性書院講錄》第 2 卷，收入《馬一浮集》第 1 冊，頁 153。原出東漢·鄭玄注、唐·孔穎達疏：〈經解〉，《禮記正義》，收入李學勤主編：《十三經注疏》（北京：北京大學出版社，1999 年 12 月），頁 1368。

30 馬一浮：〈復性書院學規〉，《復性書院講錄》第 1 卷，收入《馬一浮集》第 1 冊，頁 116-117。

書教	道事	疏通知遠，「書教」也。	《書》以道事。事之大者，經綸一國之政，推之天下。凡施於有政，本諸身，加諸庶民者，皆《書》之事也。
禮教	道行	恭儉莊靜，「禮教」也。	《禮》以道行。凡人倫日用之間，履之不失其序，不違其節者，皆《禮》之事也。
樂教	道和	廣博易良，「樂教」也。	《樂》以道和。凡聲音相感，心志相通，足以盡懽忻鼓舞之用而不流於過者，皆《樂》之事也。
易教	道陰陽	絜靜精微，「易教」也。	《易》之道陰陽。凡萬象森羅，觀其消息盈虛變化流行之跡，皆《易》之事也。
春秋教	道名分	屬辭比事，「春秋教」也。	《春秋》以道名分。凡人羣之倫紀，大經大法至於一名一器，皆有分際，無相陵越，無相紊亂，各就其列，各嚴其序，各止其所，各得其正，皆《春秋》之事也。

　　其次，馬一浮再以《莊子・天下》為配，提出六藝各教「知要」的內涵，即「統類於一」之意，整理分述如下：[31]

　　1. 詩教：

　　(1)「思無邪」，《詩》之要也。

　　(2)「告諸往而知來者」，讀《詩》之要也。

　　(3)「好賢如〈緇衣〉，惡惡如〈巷伯〉」，「將順其美，匡救其惡」，此亦《詩》之要也。

　　(4)「〈天保〉以上治內，〈采薇〉以下治外」，「〈小雅〉盡廢則四夷交侵，中國微矣」，《詩》通於政之要也。

31　馬一浮：〈讀書法〉，《復性書院講錄》第 1 卷，收入《馬一浮集》第 1 冊，頁 134-136。

(5)「清斯濯纓，濁斯濯足」，「未之思也，【夫】何遠之有」，
讀《詩》耳順之要也。

2. 書教：

「其或繼周者，雖百世可知也」，〈堯曰〉一篇，皆《書》之要
也。

3. 詩教與書教：

孟子尤長於《詩》《書》，觀孟子之道「性善」，言「王政」，則
知《詩》《書》之要也。

4. 禮教：

(1)「毋不敬」，《禮》之要也。

(2)「言忠信，行篤敬」，學《禮》之要也。

(3)「禮，與其奢也，寧儉；喪，與其易，寧戚」，此亦《禮》之
要也。

(4)「婚姻之禮廢則淫僻之罪多；鄉飲酒之禮廢則爭鬥之獄繁；喪
祭之禮廢則倍死忘生者眾；聘覲之禮廢則倍畔侵陵之敗起」，
「明乎郊社之禮，禘嘗之義，治（天下）【其國】如示諸掌」，
議禮之要也。

(5)〈鄉黨〉一篇，皆《禮》之要也。

5. 禮教與樂教：

「報本反始」，郊社之要也。「慎終追遠」，喪祭之要也。「尊尊
親親」，喪服之要也。「謹始」，冠昏之要也。「尊賢養老」，燕
饗之要也。「禮主別異，樂主和同；序為禮，和為樂；禮主減，樂
主盈；禮樂只在進反之間」，此總言禮樂之要也。

6. 易教：

(1)「懼以終始，其要无咎」，學《易》之要也。

(2)「逝者如斯夫」，「四時行，百物生」，讀《易》觀象之要
也。

(3)「智者觀其〈象辭〉，則思過半矣」，亦學《易》之要也。

(4)「雜物撰德，辨是與非，非其中爻不備」，則六位之要也。六
十四卦之大象，用《易》之要也。

7. 春秋教：

(1)「君君，臣臣，父父，子子」，《春秋》之要也。

(2)「齊一變至於魯，魯一變至於道」，《春秋》三世之要也。

馬一浮與《莊子》的說法頗為一致，再綜觀〈天下〉、〈經解〉對應現代學
術分科，各藝代表的知識屬性如下：

1. 詩教：表情感，文學屬之，也含攝政治。

2. 書教：道政治之事。

3. 禮教：言人倫、制度之序。

4. 樂教：音聲人倫之和，與藝術有關。

5. 易教：談一切變化之迹，與自然科學有關。

6. 春秋教：道社會名分，與社會、政治學有關。

上述是馬一浮檢視「何謂學術」的重要根據，仔細檢視這種統攝方法，過於
籠統，也不夠科學，譬如：詩教雖主文學，又可通於政治，與書教相連；論
政治者，不僅於書教，禮教、春秋教也涉及了政治。又如：易教雖與自然科
學有關，又非純自然科學，而是從宇宙、本體、現象界，觀得萬物變化理
則，更近於哲學，也與各教脫離不了關係。這主要是馬一浮論學術本不重分
科，而主道德判教，有說：「豈謂各不相通而獨名一事哉！」又引《莊子》
曰：「道術之裂為方術」者[32]，皆表明各教應相連、繫屬，層層交錯，形成
六藝整體，不可單論。

　　總之，〈天下〉、〈經解〉開啟了馬一浮「道德知識體系」的判教根

---

[32] 馬一浮：〈判教與分科之別〉，《復性書院講錄》第 2 卷，收入《馬一浮集》第 1
册，頁 154。

據，亦是歸整傳統、現代學術的基礎。

三、六藝排序的三種義理原則：
本迹、知行、內聖外王兼教化關係

經藝排序有不同意義，如：古文家以經典時代先後排序，今文家以教育內容之深淺來排序。馬一浮的觀點似是符應於今文家，實則不然，而是另外採行了不同的標準，擬列出三種不同的排序，以闡發六藝的義理內蘊。

馬一浮在〈論語大義〉的六藝序列，與今文家《詩》、《書》、《禮》、《樂》、《易》、《春秋》相同，也與《莊子‧天下》一致。他將「詩教」列於第一，理由如下：

> 學是知仁，道是行仁。今治六藝之學為求仁也。欲為仁，須從行孝起；欲識仁，須從學《詩》入。……六藝之教，莫先於《詩》。於此感發興起，乃可識仁。[33]

仁是眾德之首，且六藝之學始於「仁」，而《詩》主仁，故列於第一。至如今文家排序六藝的意義、特點，周予同說：

> 今文家認為孔子是政治家、哲學家、教育家，所以他們對於《六經》的排列，是含有教育家排列課程的意味。他們以《詩》、《書》、《禮》、《樂》是普通教育或初級教育的課程；《易》、《春秋》是孔子的哲學、孔子的政治學和社會學的思想所在，非高材不能領悟，所以列在最後，可以說是孔子的專門教育或高級教育的課程。又《詩》、《書》是符號（文字）的教育，《禮》、《樂》是實踐（道德）的陶冶；所以《詩》《書》列在先，《禮》、《樂》又列在其

---

33 馬一浮：「序說」，〈詩教緒論〉，《復性書院講錄》第 4 卷，收入《馬一浮集》第 1 冊，頁 268。

次。總之，一《詩》《書》，二《禮》、《樂》，三《易》《春秋》，它們的排列是完全依照程度的深淺而定。[34]

在認定孔子身分、教育進程的安排，馬一浮的排序觀念類似上述，但又不完全相同。當中除了以「詩教」為首，終於「易教」、「春秋教」的排序未變，馬一浮透過不同的序列，演變出三種關係模式：一是奠基於《論語》的「本迹關係」，二是根基於《孝經》的「知行關係」，三是以《詩經》為核心的「內聖外王兼教化關係」，據以闡明六藝的各種義理學內涵，以下依序說明。

（一）本迹關係

「本迹關係」將六藝分作二組：一是「詩教」、「書教」、「春秋教」；二是「禮教」、「樂教」、「易教」。並以「易教」、「春秋教」分別統攝，馬一浮有謂：

> 但《詩》《書》《春秋》多表事，為迹異；《易》《禮》《樂》多顯理，為本同。舉本而言，該理則盡。[35]

> 《春秋》實兼《詩》《書》二教，推見至隱，撥亂反正，因行事，加王心。自彼教言之，即是攝末歸本，破邪顯正，即俗明真，舉事成理也。……然此是迹異門。迹中有本，本同故可攝。唯以其迹，則不見有攝義也。若《易》與《禮》《樂》則是本同門，本中亦有迹，本同故迹泯。唯以其迹，故不見有不攝義也。[36]

> 《春秋》明人事，即性道之所流行。《詩》《書》並是文章，【……

---

34 周予同：〈經今古文異同示例〉，《經今古文學》，收入朱維錚編：《周予同經學史論著選集（增訂本）》，頁8。

35 馬一浮：〈蔣再唐〉，收入《馬一浮集》第2冊，頁503。

36 馬一浮：〈蔣再唐〉，收入《馬一浮集》第2冊，頁503。

此言文章乃是聖人之大業，勿誤作文辭解。】文章不離性道，故《易》統《禮》《樂》，《春秋》該《詩》《書》。[37]

此前講述《論語》已略言及此排序[38]，馬一浮早在 1918 年與蔣再唐論佛學時，已提出此排序概念。此排序理由有二：一是詩教、書教、春秋教皆通於政，是明仁本而後垂於政教之迹，即為表事，為迹異，但異中又能顯本，故以春秋教兼該之。二是禮教、樂教之行，乃由天地之序、天地之合的分判，其源頭是能明天道之「易教」，故能顯理，為本同，因其本同，而能泯除分殊。[39]

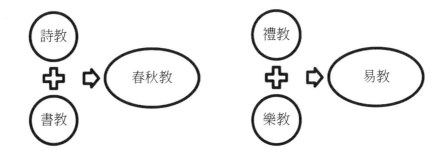

將兩組排序並論本迹，如下：

六藝對辨本迹，如《詩》《書》《禮》《樂》是跡，《易》《春秋》

---

[37] 馬一浮：〈論六藝統攝於一心〉，《泰和宜山會語》，收入《馬一浮集》第 1 冊，頁 20。

[38] 詳參本書第四章第三節，第二大點「六藝的入門：《論語》、《孝經》」。

[39] 另有以佛家「三大」配合「三易」，言易教、禮教、樂教關係者，有言：「禮樂合言是簡易，故曰『大樂必易，大禮必簡』。禮、樂是相大、用大，所以為禮、樂者方是體大，乃是此不易者行乎變易之中者也。」蓋以禮教、樂教為相大、用大，為「變易」；合於禮教、樂教為簡易；所以為禮教、樂教者為不易之體。此意亦同。參見馬一浮：〈示張立民〉，《爾雅臺答問續編》卷 4，收入《馬一浮集》第 1 冊，頁 561。

是本；《禮》《樂》是跡，《易》是本。[40]

即以「易教」、「春秋教」為本，其他四教為迹。

（二）知行關係

知行關係強調「總該性德」。此將六藝分作三組，依次是：「詩教」、「樂教」一組；「禮教」、「書教」一組；「易教」、「春秋教」一組；先前論《孝經》已略述及。[41]以下可分作三點闡述：一是以至德要道闡述知行關係；二是透過四事（四行）、四教（六教）、四德來解說知行、本迹關係的排序；三是以知行關係攝本迹關係，兼論《孝經》、《論語》可並稱的理由。

首先，馬一浮嘗以「至德」說《詩》、《樂》；以「要道」說《書》、《禮》。[42]以至德、要道闡述知行關係，有說：

> 其實在心為德，行之為道，內外一也。德是自性所具之實理，道即人倫日用所當行。德是人人本有之良知，道即人人共由之大路，人自不知不行耳。知德即是知性，由道即是率性，成德即是成性，行道即是由仁為仁。德即是性，故曰性德，亦曰德性。道即是性，故曰性道，亦曰天性，亦曰天道，亦曰天命。德、行對文，則德主內而行主外。道、德對文，則德為隱而道為顯。性、道對文，則性為體而道為用。……故六藝之教，總為德教。六藝之道，總為性道。[43]

德為「性德」，道為「性道」，故必知於德而行於道。以此配合六藝，則

40　馬一浮：〈希言〉，《蠲戲齋雜著》，收入《馬一浮集》第 1 冊，頁 833。

41　詳參本書第四章第三節，第二大點「六藝的入門：《論語》、《孝經》」。

42　馬一浮：「原刑」，〈孝經大義〉，《復性書院講錄》第 3 卷，收入《馬一浮集》第 1 冊，頁 263。

43　馬一浮：「釋至德要道」，〈孝經大義〉，《復性書院講錄》第 3 卷，收入《馬一浮集》第 1 冊，頁 220-221。

「詩教」、「樂教」為內在至德的涵養；「禮教」、「書教」是外在實踐的方法；能顯於性者為「易教」；能踐於道者，為「春秋教」。

另於〈復性書院簡章〉中，孳治六藝門類的「別治門」便據此分作三類：以抒發情感者為《詩》、《樂》；言政治制度者為《尚書》、《三禮》；正得失、通於本體者，是《春秋》、《易》。[44]表列如下：

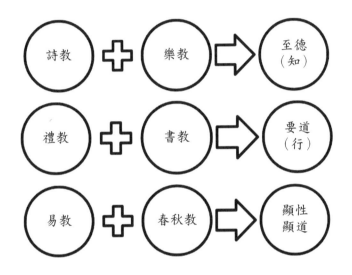

其次，馬一浮嘗以視、聽、言、動之「四事」（四行）、「四教」（六教）、「四德」（六德）解說知行、本迹關係的排序，而謂：

1. 《詩》統於《樂》，《書》統於《禮》。若以四事通六藝言之，當以聽與言為一類，《詩》、《樂》所攝；視與動為一類，《書》、《禮》所攝；思貫四事，則是《易》攝；辨其禮與非禮，則《春秋》攝。其實六藝並是一心所攝，亦猶思貫四事也。心之發用，不出四事。

44　馬一浮：〈復性書院簡章〉，《濠上雜著》二集，收入《馬一浮集》第 1 冊，頁762。

2. 視聽以收斂向內為用，言動以發揚於外為用。用之而應於理，在心則為智仁聖義中和之德，被於人則為《詩》、《書》、《禮》、《樂》之教。

3. 約之不過言行二端，故言行即禮樂也。四事皆統於行，四德皆統於仁；仁是心之全德，思是心所行處。視聽言動四者，皆行也，四者一於禮，則莫非天理之流行，而舉體即仁矣。六藝之教即從一理流出，舍四事無以為教，舍四事無以為學也。[45]

這段出自〈示徐賮陶〉的信件非常重要，但甚少被注意，也很費解。短短一段話融合前述兩種關係，如不梳整，易前後矛盾，故權拆成三小段方便解說，但須先釐清幾個主要概念——四事、四教、四德。

「四事」即「四行」，源出《論語・顏淵》的「克己復禮為仁」，顏淵問其目，則謂：「非禮勿視，非禮勿聽，非禮勿言，非禮勿動。」[46]馬一浮曾專文說明四事，分見於〈顏子所好何學論釋義〉[47]、〈說視聽言動〉。[48]

「四教」即「六教」，出自《史記・孔子世家》：「孔子以《詩》、《書》、《禮》、《樂》教。」又可上溯自《論語・述而》：「子所雅言，《詩》、《書》、執《禮》，皆雅言也。」[49]〈泰伯〉：「子曰：『興於《詩》，立於《禮》，成於《樂》』。」[50]馬一浮更據《史記》，而謂贊

---

[45] 馬一浮：〈示徐賮陶〉，《爾雅臺答問續編》卷 4，收入《馬一浮集》第 1 冊，頁 662-663。

[46] 南宋・朱熹註：〈顏淵〉，《論語集注》，收入氏註：《四書章句集註》，頁 131-132。

[47] 馬一浮：〈顏子所好何學論釋義〉，《泰和宜山會語》，收入《馬一浮集》第 1 冊，頁 67-68。

[48] 馬一浮：〈說視聽言動 續義理名相一〉，《泰和宜山會語》，收入《馬一浮集》第 1 冊，頁 71-75。

[49] 南宋・朱熹註：〈述而〉，《論語集注》，收入氏註：《四書章句集註》，頁 97。

[50] 南宋・朱熹註：〈泰伯〉，《論語集注》，收入氏註：《四書章句集註》，頁 104-105。

《易》、修《春秋》，是為「此明孔子之門益四教而為六藝。」[51]故四教衍為六藝，實為「六藝之教」。

「四德」即「六德」，智、仁、聖、義、中、和，出自《周禮》「鄉三物」。[52]馬一浮將四事（四行）、四教（六教）、四德（六德），鎔鑄出兩種六藝論的體系與排序，更清楚闡釋了上述兩種排序原則。

接著，將分兩個層次解說：一是論「四事、四教（六教），並通為六藝」；二是論「四行並通於四教、六德。」

第一層次，「論四事、四教（六教），並通為六藝」，此出自《孝經》的「知行關係」。圖示如下：

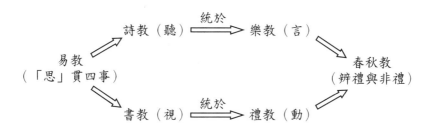

由易教的「思貫四事」分攝四教，這四教又兩兩成對，「聽」與「言」，即詩教與樂教一組；「視」與「動」，即書教與禮教一組，最後彙歸到能「辨禮與非禮」的春秋教。而馬一浮述及判分的理由，有說：

> 《論語》四事不言思，知其禮與非禮者即思也。〈洪範〉言貌而不言動，蓋動兼隱顯，行為行事，貌則見於威儀。行、動亦渾言不別。言行對文，言動亦對文。〈繫辭傳〉亦謂之云為。若言心行則動，念即已是行矣。總之思貫四事，視聽言動必與心俱，無心安能視聽言動，

---

[51] 馬一浮：「判教與分科」，〈羣經大義總說〉，《復性書院講錄》第 2 卷，收入《馬一浮集》第 1 冊，頁 152。

[52] 東漢・鄭玄注、唐・孔穎達疏：〈大司徒〉，《周禮注疏》，收入李學勤主編：《十三經注疏》，頁 266。

故舉言行可攝餘三。[53]

《易》每以言、行對舉，《論語》說視、聽、言、動，〈洪範〉說視、聽、言、貌、思。見於事者謂之行，現於身者謂之貌，發於心者為之動，而思為之本。「心不在焉，視而不見，聽而不聞」，視聽所以為學，「心之官則思」。「道也者，不可須臾離」，惟就視、聽、言、動上說來，乃見其不可離耳。「克己復禮」之「禮」，即是天理之「理」，道理之「理」，未至於此，私欲猶自未盡，猶未免於不仁也。[54]

專就〈示徐賡陶〉與上述兩條引文，可歸整出六藝知行關係的特性如下四點。

其一，知行關係核心在「禮教」，兼及「樂教」，即四事中的「言」（樂教）、「行」（禮教）。知此「四事」，目的在行動，所以說「四事皆統於行」。行必需要有依準，故上通於「思」的易教，下貫於「知其禮與非禮」的春秋教。

其二，知行關係統於「思」，即統於「一心」。思是心官所發，官能行為指導在於一心。至於行為是否合乎禮則、規範，則由「辨禮與非禮」的春秋教所握，但如何能「辨禮與非禮」？還是要本於一心之思。故「知」指的是從易教到春秋教的一貫性。

其三，知行關係核心在「禮」，又通於「理」。禮是「行」、「動」、「貌」、「為」，而為「思」所發，故此「禮」者，必通於「理」，為天理、道之理的「禮」，因此，「克己復禮為仁」者，係指禮是形上本體落實

---

53 馬一浮：「審言行」，〈觀象卮言〉，《復性書院講錄》第 6 卷，收入《馬一浮集》第 1 冊，頁 445。

54 王培德、劉錫嘏記錄，烏以風、丁敬涵編次：「六藝篇」，〈馬一浮先生語錄類編〉，收入《馬一浮集》第 3 冊，頁 945。

於行為表徵，最終要復其本體。[55]

　　其四，聽（詩教）、視（書教），分別統於言（樂教）、行動（禮教）。言、行動為對文，實則視、聽也是對文，故上述：「視聽所以為學。」馬一浮談易教時，嘗以八卦配「五事」（含「思」），提到：「視聽用〈坎〉、〈離〉……視極其明，聽極其聰，聲入而心通，物來而自照，此水火相逮之象也。」[56]又前述《孝經》曾提到：「言『其教不肅而成』，是《詩》《樂》之會也；【始於《詩》而終於《樂》】言『其政不言而治』，是《書》《禮》之會也；【《禮》為體而《書》為用。】」[57]以表明知行關係中，「行」兼具兩種功能：一是根於詩教與樂教的「教化」功能，二是根於書教、禮教的「政治」功能。

　　綜言之，知行關係是從「行動」的樂教（言）、禮教（行）反推於「知」，其核心在「禮」。視聽言動之四事皆屬「行」，但須知而後行。此知為良知、為性德，知既為本、也覈於末，既通貫行為之「禮」與「天理」，繼而由「易教」、「春秋教」的統攝，完成此一序列圖譜。

　　第二層，「四行並通於四教、六德。」這通於《論語》的「本迹關係」。圖示如下：

55　馬一浮說：「視聽言動皆氣也，四者一於禮，則全氣是理，更無差忒。一有非禮，則全真起妄，便是不仁。」參見氏著：〈顏子所好何學論釋義〉，《泰和宜山會語》，收入《馬一浮集》第 1 冊，頁 68。

　　又說：「……始為盡視聽言動之理，始為得耳目口體之用，是謂盡性，是為踐形。……故知視有不明，聽有不聰，則是未能踐其形，即未能盡其性。視聽言動皆行也，四者一於禮，則是仁是德也。人生所日用不離，最切近而最易體認者，孰有過於四事者乎？所以應萬事而根於心之所發者，捨此豈別有乎？故顏淵問仁，孔子告以『克己復禮為仁。』……到得四事全是禮，則全體是仁。」參見氏著：〈復性書院學規〉，《復性書院講錄》第 1 卷，收入《馬一浮集》第 1 冊，頁 123。

56　馬一浮：「審言行」，〈觀象卮言〉，《復性書院講錄》第 6 卷，收入《馬一浮集》第 1 冊，頁 443。

57　馬一浮：「原刑」，〈孝經大義〉，《復性書院講錄》第 3 卷，收入《馬一浮集》第 1 冊，頁 263。

詩教（聽）、書教（視）　　　⟹　以「收斂」向「內」為用
【屬仁】　　　【屬知】

禮教（動）、樂教（言）　　　⟹　以「發揚」於「外」為用
【屬義】　　　【屬聖】

※ 易　　教　、　春　秋　教
　　【屬中】　　　【屬和】

本、迹搭配《周禮》「六德」，形成另一種關係譜，馬一浮用內、外分隔，剋就上述，分五點解釋六藝本迹關係。

其一，六德配六藝，形成新六藝一心論。這已無法溯問何以六德配六藝？這是馬一浮建構六藝一心論的學術史觀的根本預設，一如歷來學者對六藝各有不同詮釋，然他仍有一推論進程，待本節第四大點「歸本一心仁德的六藝義理分化」再行說明。

其二，更易《周禮》六德，創發新「六德」。仔細對比馬一浮論六德，有兩處不同。一是將「仁」列為六德之首，其次是移「忠」作「中」，搭配今文學家的六藝次序，更易為「仁、智、聖、義、中、和」。以「仁」為首，搭配詩教，蓋以仁為眾學之本，不難理解，但將忠作為中，就不那麼簡單。

其三，移「忠」作「中」，「中」、「和」為本迹。在〈示徐貴陶〉一文，馬一浮只言四教，卻未言六德之中、和，如何能搭配？又何以牽拉出忠、中之別。先辨忠、中。原《周禮》六德之忠，《注》云：「言以中心」，《疏》則說：「……中心曰忠，中下從心，謂言出於心，皆有忠實也。」[58]指的是言語出自內心之誠而為「忠」。馬一浮釋「忠信」則謂：

義理是心之存主處，言行是用之發動處，亦自內而外也。所存者是忠

58　東漢・鄭玄注、唐・孔穎達疏：〈大司徒〉，《周禮注疏》，收入李學勤主編：《十三經注疏》，頁 266-267。

信，發出來為忠信之言，……誠中形外，體用不違。[59]

《周禮》重行為表徵，馬一浮則重本體，要誠於本心而形於外，但他以「易教」配中，已非論忠之體用，而是別有目的要移忠作中，有說：

> 以六藝配六德，則《易》可配中，《春秋》可配和，中者大本，和者達道。《易》為體，《春秋》為用，本可以相同也。[60]

> 以六德言之即為六藝，《易》配中，《春秋》配和，四德皆統於中和，故四教亦統於《易》《春秋》。《易》以天道下濟人事，《春秋》以人事反之天道，天人一也。[61]

> 天人一理中和，豈可截然各為一物？……《易》本隱以之顯，《春秋》推見至隱，明乎天人隱顯不二，乃可以通《易》《春秋》。[62]

歸總來說，「中」是大本，為體，屬「易教」；「和」是達道，為用，屬「春秋教」；又以「易教」為本，「春秋教」為迹，實欲通徹天人一貫之理。再回到〈示徐賥陶〉一文，其謂「在心則智仁聖義中和之德，被於人則為《詩》、《書》、《禮》、《樂》之教」，其意甚明，中、和用以貫串人事現象的一切。

其四，「詩教」（聽）與「書教」（視）以收斂向內為用。馬一浮曾在〈論語大義〉以詩教、書教通達政事，此處搭配聽、視而說：

---

[59] 馬一浮：〈說忠信篤敬〉，《泰和宜山會語》，收入《馬一浮集》第 1 冊，頁 58。

[60] 王培德、劉錫嘏記錄，烏以風、丁敬涵編次：「六藝篇」，〈馬一浮先生語錄類編〉，收入《馬一浮集》第 3 冊，頁 942。

[61] 馬一浮：「詩教」，〈論語大義〉，《復性書院講錄》第 2 卷，收入《馬一浮集》第 1 冊，頁 160。

[62] 馬一浮：〈答吳君〉，《爾雅臺答問》卷 1，收入《馬一浮集》第 1 冊，頁 510。

> 羣經中贊聖人之德者多言「聰明」。……蓋聰明是耳目之大用，睿智
> 是心之大用，此猶佛氏之言四智矣。[63]

> 學者當知人與物接，皆由視聽。見色聞聲，有外境現，心能攬鏡，鏡
> 不自生……常人只是逐色尋聲，將謂為物，而不知離此見聞，物於何
> 在……[64]

什麼是「聰明」？能通於性智者，即是聰明，故他解釋佛家四智特別提到：
「其言智者，即性也。其言識者，即情也。故謂『轉識成智』即是『性其
情』，亦即是『克己復禮』也。」[65]唯聖人之德屬之。反之，一般人重視外
在聲色追逐，不知守智。由此可知，通達於政，亦必要收斂於心性本體，由
迹溯本，故曰：「以收斂向內為用」。

其五，「禮教」（動）與「樂教」（言）的發揚於外為用。前述已及
〈論語大義〉以言論問孝，此處搭配言動、言行，而說：

> 羣經中表聖人之業者，多舉言行。……無言而無弗言也，無為而無弗
> 為也。此見德化之盛，妙應之神，有非言思擬議所能及者矣。……故
> 言極無言，行極無為，而後言行之理無弗得也。[66]

聖人言行分兩個層次：一是言行為民眾表率；一是聖人語默，無為而成。但
無論哪一種情況，禮教（行）、樂教（言）之目的，就是將聖人之德業由本

---

[63] 馬一浮：〈說視聽言動 續義理名相一〉，《泰和宜山會語》，收入《馬一浮集》第
    1冊，頁74。

[64] 馬一浮：〈說視聽言動 續義理名相一〉，《泰和宜山會語》，收入《馬一浮集》第
    1冊，頁75。

[65] 馬一浮：〈說視聽言動 續義理名相一〉，《泰和宜山會語》，收入《馬一浮集》第
    1冊，頁74。

[66] 馬一浮：〈說視聽言動 續義理名相一〉，《泰和宜山會語》，收入《馬一浮集》第
    1冊，頁74-75。

而迹的揚發於外。

所以，第二層的「本迹關係」以六藝搭配《周禮》六德——智、仁、聖、義、中、和。前四教重在存「仁」，馬一浮特易其順序，以仁為首，仁為「心之全德」，詩教透顯出了仁德，列為本迹關係之首。此外，以代表「中」之《易》、「和」之《春秋》為統，前者代表天，後者代表人，形成天人合一的本迹、體用關係。

最後，馬一浮以知行關係攝本迹關係，兼論《孝經》、《論語》可並稱的理由。其說：

> 六藝皆以明性道，陳德行，而《孝經》實為之總會。德性是內證，屬知；行道是踐履，屬行。知為行之質，行為知之驗。……故可以行攝知，以道攝德，以約攝博。如耳目口體並是心攝，視聽言貌並是思攝，制度文為並是禮攝，家國天下並是身攝。明此，則知《詩》《書》之用，《禮》《樂》之原，《易》《春秋》之旨，並為《孝經》所攝，義無可疑。故曰：「孝，德之本。」舉本而言，則攝一切德；「人之行，莫大於孝」，則攝一切行；「教之所由生」，則攝一切教；「其教不肅而成，其政不嚴而治」，則攝一切政；五等之孝，無患不及，則攝一切入；「通於神明，光於四海，無所不通」，則攝一切處。大哉！《孝經》之義，三代之英，大道之行，六藝之宗，無有過於此者。故曰：「聖人之德，又何以加於孝乎？」自漢以來，皆與《論語》並稱。[67]

這段話出自〈孝經大義〉，本書第四章第三節也略徵引過，放在此處有不同意蘊。值得注意的是，本於《孝經》者為知行關係，怎突然在〈孝經大義〉一文中跳出與《論語》相關的本迹關係之言？然細究這段文義，馬一浮是在

---

[67] 馬一浮：「序說」，〈孝經大義〉，《復性書院講錄》第3卷，收入《馬一浮集》第1冊，頁212。

證成《孝經》與《論語》間互通並稱的理由。因為知為內證，行為踐履；同時，知亦為本，行則為迹，故說：「知為行之質，行是知之驗。」尤其是提到「孝，德之本也」，而後攝一切德、行、教、政等，莫非是本迹關係的闡釋。如此則本迹關係亦可為《孝經》所攝，便也銜接起與《論語》並稱的理由。

　　要之，本迹、知行的排序原則係源自「宗經論」的《論語》、《孝經》。《論語》宗旨在「仁」，以一心之「仁」統攝六藝；《孝經》是「使學者知六藝之教約歸於行」[68]，以《孝經》揭櫫良知本性，總該性德。而《論語》之「仁」配以詩教，《孝經》的「行」配以禮、樂教[69]，形成了第三種關係模式。

（三）內聖外王兼教化關係

　　第三種關係落實於「詩教」、「禮樂教」的「內聖外王」，以「教化先後」排序，故具備兩種特質。

　　此主要見於《復性書院講錄》分論各章的排序，以〈詩教緒論〉為首，依序是〈禮教緒論〉（兼及「樂教」）、〈洪範約義〉（即「書教」）、〈觀象巵言〉（即易教），但未及論「春秋教」。顯然與「本迹」、「知行」有別，卻息息相關而常並言。

　　首先，馬一浮以「內聖外王」作詮釋，而說：

　　　　當以內聖外王合釋，二者互為其根。前至為聖，後至為王。如志至即內聖，詩至即外王；詩至即內聖，禮至即外王；禮至即內聖，樂至即外王；樂至即內聖，哀至即外王。此以禮樂並攝於詩，則詩是內聖，

---

[68] 馬一浮：「序說」，〈孝經大義〉，《復性書院講錄》第 3 卷，收入《馬一浮集》第 1 冊，頁 212。

[69] 馬一浮說：「《孝經》始揭父子天性……曷為反其本？由六藝之道，明乎自性而已矣。曷由而明之？求之《孝經》斯可明矣。性外無道，事外無理。六藝之道，即吾人自性本具之理，亦即倫常日用所當行之事也。」參見氏著：「序說」，〈孝經大義〉，《復性書院講錄》第 3 卷，收入《馬一浮集》第 1 冊，頁 211。

禮樂是外王。又原即是體為聖，達即是用為王。[70]

這出自馬一浮詮釋《禮記‧孔子閒居釋義》一文談何謂「五至」。他解釋「至」有三義，分別是：來義、達義、極義，通體來說，就是到達至極。「五至」，係指志、詩、禮、樂、哀，有說：「心之專直為志，言之精純為詩，行之節為禮，德之和為樂。……就其惻怛名哀。」[71]又指出「內聖」為源為體；「外王」為達為用，有先後之別。形成「五至」關係譜是：

志至（內聖）⟹　詩至（外王）
詩至（內聖）⟹　禮至（外王）
禮至（內聖）⟹　樂至（外王）
樂至（內聖）⟹　哀至（外王）
※　補說：詩為內聖，禮樂並攝於詩，禮是外王。

故「五至」是從心出發，到行為表徵之「德相」的展現過程。

其次，有併於《論語》的「本迹關係」，馬一浮說：

先生嘗有意選詩，學者請問義例，答云：或問王輔嗣《易》以何為體，答曰「以感為體」。余謂輔嗣此言未盡其蘊，感者《易》之用耳。以感為體者，其惟《詩》乎。在心為志，發言為詩，志即感也。感之淺者其言粗近，感之深者其言精至。情感所發為好惡，好惡得其正，即禮義也。故曰「發乎情，止乎禮義」，「惟仁者能好人，能惡人」，此孔子說《詩》之言也。詩教本仁，故主於溫柔敦厚。仁，人心也。仁為心之全德，禮樂為心之合德，禮樂由人心生，是以《詩》

70　馬一浮：「二、別示德相」，〈孔子閒居釋義〉，《復性書院講錄》第 4 卷，收入《馬一浮集》第 1 冊，頁 278。

71　馬一浮：「二、別示德相」，〈孔子閒居釋義〉，《復性書院講錄》第 4 卷，收入《馬一浮集》第 1 冊，頁 276。

之義通於禮樂。程子曰：「窮神知化，由通於禮樂。」故《易》為禮樂之源，而《詩》則禮樂之流，是以《詩》之義通於《易》。政事之得失寓焉，是以通於《書》。民志之向背見焉，是以通《春秋》。六藝之旨，《詩》該實之，詩教之義大矣哉！[72]

上文主要談一般選詩義例，也論及詩教大義。有三重點：一是論「詩」的特質，兼論《禮》、《樂》的關係；二是論《詩》與《易》；三是融合「教化」與「本迹」關係。

其一，「詩」重「感」，「詩教」本於「仁」。《詩》以感覺為體，本於心志之「情」，有好惡深淺之別，必須順於禮義，導正情感趨惡的可能。再者，當《詩》成為「詩教」，則本於「仁」，此非形下人情，而是形上至善的仁體，禮、樂便是仁體的具體表徵，故言：「禮樂由人心生」。這是兩個層次的問題。但馬一浮認為的「詩」，即選詩基礎通貫了兩個層次，「詩」係本於仁之情，而能通於禮樂。

其二，《詩》通於《易》，即「詩教」通於「易教」。馬一浮分辨「感」為《詩》體，而非《易》體，實為《易》用，先確立《易》不直貫於形下之「感」。後藉程子語曰：「故窮神知化，由通於禮樂」，以「本迹關係」將《易》定為禮、樂之源。《詩》亦為禮、樂的源流，但馬一浮所述：「而《詩》則禮樂之流」，不必然解釋為支流、分流，而是源、流的雙向意義。從「教化次序」視之，情感須受禮義導正；反之，詩本於仁，禮樂是仁的行為的實踐。復以禮、樂作為貫串基礎，故《詩》通於《易》，實是「詩教」通於「易教」，且始於「詩教」，終於「易教」。

其三，融合「教化」、「本迹」關係。前者本於「詩教」，後者是《論語》，核心皆在「仁」。馬一浮先談「詩教」與禮義、禮樂；後論「易教」與禮、樂；最後補述的「詩教」與「書教」，既是本迹，也是教化的關係；

---

72 王培德、劉錫嘏記錄，烏以風、丁敬涵編次：「詩學篇」，〈馬一浮先生語錄類編〉，收入《馬一浮集》第 3 冊，頁 1008-1009。

而春秋教與詩教同屬「迹異」一系，也是六藝體系的終點。

復次，馬一浮也有併於《孝經》來談「知行關係」的，而說：

> 六藝之教莫先於《詩》，莫急於《禮》。詩者，志也。禮者，履也。
> 在心為志，發言為詩；在心為德，行之為禮。故敦詩說禮，即是蹈德
> 履仁。君子以仁存心，以義制事。詩主於仁，感而後興；禮主於義，
> 以敬為本。〈坤‧文言〉曰：「敬以直內，義以方外，敬義立而德不
> 孤。」「思無邪」即是敬，「閑邪存其誠」。故詩以道志，亦即是「敬
> 以直內」也。「克己復禮為仁」，而後視聽言動皆順乎理。故禮以道
> 行，亦即是「義以方外」也。此謂「《詩》之所至，《禮》亦至焉。」
> 所行必與所志相應，亦即所行必與所言相應也。言而履之，禮也；行
> 其所言，然後其言信，而非妄行而樂之樂也。樂其所志，然後其行和
> 而中節，此謂「《禮》之所至，《樂》亦至焉。」故即《詩》即
> 《禮》，即《禮》即《樂》。……六藝之道亦復如是，故言《詩》則
> 攝《禮》，言《禮》則攝《樂》。《樂》亦《詩》攝，《書》亦《禮》
> 攝，《易》與《春秋》亦相互攝，如此總別不二，方名為通。[73]

馬一浮開宗明義指出內外關係重在「教化」，用以序列六藝。此段話一樣出
自「五至」。可分三個層次解說：一是「詩」與「禮」的內外關係；二是
「禮」與「樂」的行言關係；三是融合「內外」與「知行」關係。

其一，《詩》以言志，《禮》以履行，故《詩》而後有《禮》。以道德
概念視之，《詩》主仁，《禮》主義，而取《易‧坤卦》的「敬以直內，義
以方外」，形成詩、禮搭配仁、義間的內外關係。[74]

---

73 馬一浮：「序說」，〈禮教緒論〉，《復性書院講錄》第4卷，收入《馬一浮集》第
　　1冊，頁300-301。

74 《論語‧衛靈公》：「君子義以為質，禮以行之，孫以出之，信以成之。君子哉！」
　　義為禮之質，所存是義，行出來便是禮。又禮與義本是性德，就其斷制言之，則謂之
　　義，就其節文言之，則謂之禮。居敬持志乃所以存仁，靜專動直乃所以行義，故興詩

　　其二，延伸出「禮」、「樂」是「行」、「言」的關係。言以踐行，行能合於禮節，使《禮》、《樂》成了另一組內外關係。至此，從教化順序結合兩組序列，完成由《詩》而《禮》，由《禮》而《樂》的關係譜。

　　其三，提出「總別不二」、「通」的概念。此正合論了「詩教」為本的「內外關係」，與《孝經》為本的「知行關係」。而內外關係以「仁」為本；知行關係重在「禮」，和合後的結果，是回復到「詩」、「禮」關係。

　　最後，馬一浮結合三者，承接論「五至」有說：

> 　　更以六藝分釋，則《詩》是內聖，《書》是外王；《樂》是內聖，《禮》是外王；《易》是內聖，《春秋》是外王。《詩》既攝《書》，《禮》亦攝《樂》。合《禮》與《樂》是《易》，合《詩》與《書》是《春秋》。又《春秋》為禮義大宗，《春秋》即《禮》也；《詩》以「動天地、感鬼神」，《詩》即《易》也。交相融攝，不離一心，塞於天地，亙乎古今。易言之，則《詩》之所至，《書》亦至焉；《書》之所至，《禮》亦至焉；《禮》之所至，《樂》亦至焉；《樂》之所至，《易》亦至焉；《易》之所至，《春秋》亦至焉。五至之相，亦即六藝之所由興也。五至始於志，故六藝莫先於《詩》。言《禮》《樂》而不及《書》者，明原以知委，舉本以該跡。言《詩》而《書》在其中，言《禮》《樂》而《易》與《春秋》在其中也。[75]

若將此段文字直接搭配第一條論內聖外王，幾乎解釋不通，如：何以原本五至的詩教下接禮教，此處又轉為書教？仔細分疏，這一大段話可分作兩層。第一層是從「則《詩》是內聖……亙乎古今」，結合了「本迹」、「知行」

立禮皆性其情也。詩是元亨，禮是利貞。參見南宋・朱熹註：〈衛靈公〉，《論語集註》，收入氏註：《四書章句集註》，頁165。

[75] 馬一浮：「孔子閒居釋義」，〈詩教緒論〉，《復性書院講錄》第4卷，收入《馬一浮集》第1冊，頁278。

關係，圖示如下：

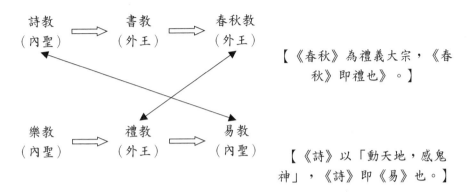

此圖可從縱向、橫向、縱橫向連結等三者觀之。以縱向來看，可繫歸《孝經》的「知行關係」，即詩教、樂教同屬「內聖」，為性德之知；書教、禮教則同屬「外王」，屬行為實踐。若是橫向，是繫歸《論語》的「本迹關係」，將「詩教」、「書教」、「春秋教」連成一組，表事、迹異；「樂教」、「禮教」、「易教」連為一組，顯理則，為本同。又次，縱橫向交叉的結果，由「詩教」串「易教」，理由是詩教的「動天地，感鬼神」，使內在、超越能天人合一。又「禮教」串「春秋教」，乃《禮》的落實即為《春秋》。

　　第二層是從「易言之……」到結束，這段話關鍵在「五至」，強調實踐進程。一開始，採行本迹關係的「詩教」以至於「春秋教」作結。接著，便解釋何以「五至」只言「詩教」、「禮教」「樂教」，卻未提「書教」、「易教」、「春秋教」。答案在：「舉本以該迹。」此處卻也衍生出兩個爭議點：一是禮教、樂教的先後問題。二是禮教、樂教與易教、春秋教的關係。

　　其一，馬一浮何以先言「《樂》是內聖，《禮》是外王」，卻又說「《禮》之所至，《樂》亦至焉。」這要拆開來看。若就本迹、內聖外王關係，樂教存於內心，禮教是行為，故先樂後禮。反之，詩教、樂教雖皆為內在，但終究有別，詩教本於仁體，有不可逆性，但樂教不同，其謂：

> 言而履之，禮也；行其所言，然後其言信，而非妄行而樂之樂也。樂其所志，然後其行和而中節，此謂「《禮》之所至，《樂》亦至焉。」[76]

> 禮樂同行，唯序故和，因和益序，本無先後。亦可言先後者，禮至則樂至也。[77]

禮樂基本是同行同層的。從實踐層面觀之，先有禮教之行為序，後攝樂教之調和中節。

其二，馬一浮透過「舉本該迹」，統和「五至」未曾提及的書教、禮教、樂教。本迹關係是詩教、書教、春秋教一組，何以反將春秋教劃歸到禮教、樂教之下？馬一浮曾云：「《詩》之用在樂，《春秋》之用在禮，征伐亦禮樂也」，又說：「故《春秋》，禮義之大宗也。」[78]由此可知，春秋教實與禮教、樂教有關。不僅如此，任一種排序最後都將終於「易教」、「春秋教」，因為：

> 《易》本隱以之顯，即是從體起用。《春秋》推見至隱，即是攝用歸體。故《易》是全體，《春秋》是大用。[79]

無論是「從體起用」，或是「攝用歸體」，「易教」、「春秋教」的總該性質甚明，足以含攝、統括前四教，包羅一切學術。

---

[76] 馬一浮：「序說」，〈禮教緒論〉，《復性書院講錄》第 4 卷，收入《馬一浮集》第 1 冊，頁 300。

[77] 馬一浮：〈示王紫東〉，《爾雅臺答問續編》卷 2，收入《馬一浮集》第 1 冊，頁 617。

[78] 馬一浮：〈重印宋本春秋胡氏傳序〉，收入《馬一浮集》第 2 冊，頁 39。

[79] 馬一浮：〈論六藝統攝於一心〉，《泰和宜山會語》，收入《馬一浮集》第 1 冊，頁 20。

所以，第三種「內聖外王兼教化關係」是架構在《論語》、《孝經》，並行而出的排序模式。既確立「宗經論」實為「六藝的入門」，非「輔次於經」，也表明詩教列為諸經教之先的理由，馬一浮有說：

> 今治六藝之學為求仁也。欲為仁，須從行孝起；欲識仁，須從學《詩》入。故今繼《孝經》後略明詩教。[80]

學詩目的在「識仁」，再將「識仁」、「行孝」、「學詩」串連為一，其旨昭然。再者，也說明了先詩教，後銜接禮教的理由：「然說《詩》必達於禮樂之原，說《禮》則約歸於言行之要。」[81]正是如此。[82]

總觀上述三種排序，馬一浮在不同論述中，常交錯使用，排序隱藏於六藝之內，後人讀來真是恍兮惚兮，惚兮恍兮，難以解釋，但確有脈絡可考。無論何種關係，共通點是三者都由形上本體落實到形下作為，目的是為六藝溯源，歸本於形上本體，非官方經典，亦非史材。

四、歸本一心仁德的六藝義理分化

「一心」如何產生六藝變化？馬一浮透過一德到六德，將六藝配入其中，又搭配四時、五常等，天人相應。以經藝配分自古已有，但未必皆有邏輯脈絡，馬一浮展現出的複雜配分亦是如此，唯可證明其最終旨意在「仁」。

若用哲學分疏馬一浮的六藝一心論，很難有一邏輯性，如：楊儒賓稱：

---

[80] 馬一浮：「序說」，〈詩教緒論〉，《復性書院講錄》第 4 卷，收入《馬一浮集》第 1 冊，頁 268。

[81] 馬一浮：「序說」，〈禮教緒論〉，《復性書院講錄》第 4 卷，收入《馬一浮集》第 1 冊，頁 301。

[82] 有關馬一浮以詩教為哲學主體的建構的觀點，另可參見李虎群：〈詩學在中國哲學建構中的回歸與復位——以馬一浮為中心的討論〉，《哲學研究》2022 年第 6 期，頁 78-86。

「馬浮這種解釋不是客觀的解析（explanation），而是加上了許多主觀的詮釋（interpretation）。」[83]成中英也從正反兩面，評論一心論，有說：「我們可以見其重整體的發揮，重心靈的體會，重統類的歸納，重德性的彰顯，重文化精神的傳承，此等著重乃馬氏學說精華之所在。但該學說缺乏分析的理解與本體體會的理解，缺乏對孔子『一貫之道』之疏解，缺乏對當代西方學術的深切認識，缺少詮釋學從注解到整體理論建立的解說，缺少深度思考西方哲學的論說，卻是不可否認的事實。」[84]但此一心到眾德的分化概念，卻是馬一浮論六藝最根源性的依據，這種以六藝搭配不同概念的判教理念，歷代又多有不同搭配，各成統系，至於馬一浮論六藝判教最大的特點，就是歸本於「一心仁德」。

以下可透過二個層次開展、證明此一系統性的論述：一是以「內在心性本體」搭配六藝。二是結合超越的「宇宙生成、變化之理」搭配六藝，使內在、超越心性則合而為一，天人一如。馬一浮云：「《詩》《書》多言『帝』『天』。《易》多言『性命』。說《禮》《樂》亦多言『性命』，多言『理』。六藝之旨約歸於此，會者自知。」[85]便是將帝、天、性命、理等概念作為六藝旨歸，證成六藝先天性、超越性，足以為文化根柢，統攝一切學術。

首先，論內在心性本體如何搭配六藝，馬一浮言：「治經仍是『窮理盡性至命』之學，儒者不明『性命』之理，決不能通六藝。」[86]又言：

　　　吾人性量本來廣大，性德本來具足。故六藝之道即是此性德中自然流

83　楊儒賓：〈馬浮「六藝統於一心」思想析論〉，《鵝湖學誌》第 12 期，頁 27。

84　成中英：〈馬一浮的「六藝心統說」與儒家經學的哲學意涵〉，收入吳光主編：《馬一浮思想新探——紀念馬一浮先生誕辰 125 周年暨國際學術研討會論文集》，頁 61。

85　馬一浮：〈觀象巵言 釋教大理大〉，《復性書院講錄》第 6 卷，收入《馬一浮集》第 1 冊，頁 465。

86　馬一浮：〈觀象巵言 釋教大理大〉，《復性書院講錄》第 6 卷，收入《馬一浮集》第 1 冊，頁 465。

出的，性外無道也。從來說性德者，舉一全該者則曰仁，開而為二則為仁知、為仁義，開而為三則為知、仁、勇，開而為四則為仁、義、禮、知，開而為五則加信而為五常，開而為六則並知、仁、聖、義、中、和而為六德。就其真實無妄言之，則曰「至誠」；就其理之至極言之，則曰「至善」。故一德可備萬行，萬行不離一德。知是仁中有分別者，勇是仁中有果決者，義是仁中有斷制者，禮是仁中有節文者，信即實在之謂，聖則通達之稱，中則不偏之體，和則順應之用，皆是吾人自心本具的。[87]

以一德言之，皆歸於仁；以二德言之，《詩》《樂》為陽是仁，《書》《禮》為陰是知，亦是義；以三德言之，則《易》是聖人之大仁，《詩》《書》《禮》《樂》並是聖人之大智，而《春秋》則是聖人之大勇；以四德言之，《詩》《書》《禮》《樂》即是仁、義、禮、知；【此以書配義，以樂配智也。】以五德言之，《易》明天道，《春秋》明人事，皆信也，皆實理也；以六德言之，《詩》主仁，《書》主知，《樂》主聖，《禮》主義，《易》明大本是中，《春秋》明達道是和。[88]

心之全德謂之仁，見於行事謂之義，施於政事謂之禮樂。義者仁之見於分際，禮者仁之見於節文，智者仁之見於分辨者也。[89]

---

[87] 馬一浮：〈論六藝統攝於一心〉，《泰和宜山會語》，收入《馬一浮集》第 1 冊，頁 18-19。

[88] 馬一浮：〈論六藝統攝於一心〉，《泰和宜山會語》，收入《馬一浮集》第 1 冊，頁 20。

[89] 王培德、劉錫嘏記錄，烏以風、丁敬涵編次：「儒佛篇」，〈馬一浮先生語錄類編〉，收入《馬一浮集》第 3 冊，頁 1050。

仁禮為中，義智為正，本之則為性命之理，行之則曰仁義之道。[90]

將上述表列如下，並將不符原文排序者，以括號註記原排序：

六藝\眾德	詩教	書教	禮教	樂教	易教	春秋教
一德《孔子》	仁					
二德《孔子》	仁	義或知	義或知	仁		
三德《中庸》	仁 (2)	知 (1)				勇 (3)
四德《孟子》	仁	義	禮	智		
五德（漢儒）	仁	義	禮	智	信	
六德《周禮》	仁 (2)	知 (1)	義 (4)	聖 (3)	中 (5)	和 (6)
各概念的意涵	「仁」：心之全德為「仁」。　　　　　　　　　（屬「中」） 「知」（智）：是仁中有分別、分辨者。　　　（屬「正」） 「勇」：是仁中有果決者。 「義」：是仁中有斷制、分際者，見諸行事。　（屬「正」） 「禮」：是仁中有節文者，施於政事。　　　　（屬「中」） 「信」：即實在之謂。 「聖」：則通達之稱。 「中」：則不偏之體。 「和」：則順應之用。					

馬一浮以義理概念與六藝結合，佐證六藝出於心性本體，但他未曾仔細明言開合原則，只用「仁」的分化，由一德到六德作解釋，這造成六藝分化時的矛盾，舉例而言：何以書教於四德、五德搭配義，六德時又改配知，將義配

90　馬一浮：「釋人大業大時大義大」，〈觀象卮言〉，《復性書院講錄》第6卷，收入《馬一浮集》第1冊，頁478。

於禮？配對產生的疑點甚多，不一一舉列。但可從二個角度闡釋其觀點：一是「一心」與一德到六德的關連；二是「一心論」的合理性問題。

一、無論分殊哪些概念，馬一浮最終原則係「皆是吾人自心本具的」。再者，馬一浮的一德到六德皆有所本，如表所示，「一德」的仁與「二德」的仁知、仁義出自孔子；「三德」知、仁、勇出自《中庸》；[91]「四德」乃是孟子四端之心；[92]「五德」出自漢代，董仲舒便謂：「夫仁、義、禮、智、信五常之道，王者所當修飭也。」；[93]「六德」的知、仁、聖、義、中、和，則出自《周禮》。正表明先秦、兩漢學術道統的傳承與一貫性。那麼，關鍵在「一心」何以能統攝諸德？其歷史淵源為何？就心之概念發展歷史視之，馬一浮主張的「心統性情」是宋明理學家的命題。從學術史角度視之，是透過「一心論」接榫宋明理學、上古儒學，由先秦，兩漢再到宋明，道統一貫相連，又更進一步以理學主導辨章學術，考鏡源流的核心。

二、既然難用邏輯解釋「一心論」的合理性，如何界定其價值？這是馬一浮從儒家義理提出六藝「判教」方法。誠可反思的是歷代各有不同的六藝論，是否都能找出理則？抑且是強為配置而配置的結果？至關重要的是他如何自證其理，以及預期觀點的效果、目的為何。因此，表列的「三德」、「六德」，馬一浮未全然接受《中庸》、《周禮》排序，必主「仁」為眾德之首。再者，諸藝與各義理概念間也非獨立不相通，他說：

> 一德亦攝眾德，一經亦包羣經，互入交參，豈有隔礙？體用一源，顯微無間。天人一理中和，豈可截然各為一物？但言不只一端，各有所

---

[91]　《中庸》：「知、仁、勇三者，天下之達德也，所以行知者一也。」參見南宋・朱熹註：《中庸章句》第20章，收入氏註：《四書章句集註》，頁28-29。

[92]　《孟子》：「惻隱之心，仁之端也；羞惡之心，義之端也；辭讓之心，禮之端也；是非之心，智之端也。」參見南宋・朱熹註：〈公孫丑上〉，《孟子集注》，收入氏註：《四書章句集註》，頁238。

[93]　董仲舒〈賢良策一〉：「夫仁誼禮知信五常之道，王者所當修飭也。」參見東漢・班固撰、唐・顏師古注：〈董仲舒傳〉第26，《新校漢書集注》，頁2505。

顯耳。[94]

各藝僅表現出不同偏向，實際是以「仁」兼該羣德。引文中的「天人、一理、中和」指超然與內在本體的一貫，一心與宇宙本體為一，且仁體雖涵括一切，卻不得不有分殊，就學術史來說，「偏向」是劃分學術的依據，不能只混合為一。

其次，六藝如何連結內在心性與超越性的天理？這不妨回到馬一浮論「五德」，實是漢儒的「五常」。而《漢書・藝文志》引《七略》已有五常搭配五行的六藝論觀點，又宋儒邵雍有以六藝搭配四時者。對於這些分配方法，民初學者劉咸炘、劉異都直指此或為歷來學者的各自表述，勉強配置而然，未必可信。[95]馬一浮的觀點是立於信古立場，肯定、強調四時五常的搭

---

[94] 馬一浮：〈答吳君〉，《爾雅臺答問》卷1，收入《馬一浮集》第1冊，頁510。

[95] 1925年，四川學者劉咸炘撰〈六藝舊說表〉，他歷時性的對比六藝之配，分作二脈：一是西漢之前，計有：《莊子・天下》、《董子》首篇、〈太史公書〉、《漢書・藝文志》、《七略・輯略》（兼採《管子》、《荀子》、《法言》、《文心雕龍》說法佐證）；二是西漢以後，計有：《七略・輯略》、《白虎通義》、邵雍《皇極經世書》與《觀物內篇》、曾豐《六經論》。二者併以《七略・輯略》為對照組。其云：「古之說六藝者有二脈，西漢以上，止言其本體，小異而大同；西漢以降，乃有配合象數之說，小同而大異。觀異同之多寡而是非見矣！」劉咸炘認為西漢以前著重在「本體」，即指義理概念，往往大同小異；西漢之後，有以象數、四時、五常、五行為配，各自表述，大異小同。他論斷此分配結果與今文家有關，故云：「而以六藝配五常，始開始分配之端，蓋兼取今文家說者。」
1940年，曾受教於王闓運，時任武漢大學的劉異撰〈六藝通論〉，亦云：「〈經解〉明教之功，具論德性。漆園言道之用，略詮化道。孫卿謂道之歸，揚子推辯之大，史公兼明其長，淮南並權所失。言雖不同，義無大繆。唯班固配以五行，邵雍隸以四時，或限三年通一藝，或列三等次羣經，斯骨曲說，不為典要。」劉異認為六經本是「王教之典籍，先聖之成法」，後經孔子刪訂而為六藝，所以，此言經教不專主政教，還是德性之教。他列舉諸家，證明德性俱於六藝，除上述〈經解〉、《莊子》、《荀子》、揚雄、司馬遷外，更添入《淮南子》、班固、邵雍。他與劉咸炘皆肯定西漢以前種種說法，唯闡述角度不同；但二人都不贊同以四時、五行配對六藝，或三年通一藝、列三等次羣經之說。
以上引文依次參見劉咸炘：〈六藝舊說表〉，《左書》卷5，黃曙輝編校《劉咸炘學

配是「尤為古義」，說：

> 《漢志・六藝略》以五常配六義，邵堯夫以四經配四時，而〈鄉飲酒〉以智仁聖義配四學，尤為古義，此非獨得。若夫融會，是在當人。[96]

> 漢儒以性情配四時六方者，董生以此說《春秋》，翼奉此說《詩》，皆原於五行。其說比是為詳洽。此段甚有理會處，但說來尚覺費力。[97]

他闡釋配分之法，而謂：

1. 《春秋》以道名分，名陽而分陰，若言屬辭比事，則辭陽而事陰，故名分亦陰陽也。不易是常，變易是變，《易》長於變，以變顯常，不知常者，其失則賊。《春秋》撥亂反正，亂者是變，正者是常，正名定分是常，亂名改作是變，不知正者，其失則亂。《樂》為陽，《禮》為陰，《詩》為陽，《書》為陰，《樂》以配聖，《詩》以配仁，《禮》以配義，《書》以配智。故〈鄉飲酒義〉曰：「天子之立：左聖，鄉仁；右義，偝智。」「東方者春，春之為言蠢也。產萬物者，聖也。南方者夏，夏之為言假也。養之長之假之，仁也。西方者秋，秋之為言揫也。揫之以時察，守義者也。北方者冬，冬之為言終也。終者，藏也。」

2. 故四教配四德，四德配四方，四方配四時，莫非《易》也，莫非《春秋》也。以六德言之即為六藝，《易》配中，《春秋》配和，

術論集——哲學編（上）》，頁 289-290。劉異：〈六藝通論上〉，《武漢大學文哲季刊》第 7 卷第 1 期，1940 年，頁 4-7。

[96] 馬一浮：〈答吳君〉，《爾雅臺答問》卷 1，收入《馬一浮集》第 1 冊，頁 510。

[97] 馬一浮：〈示張伯衡〉，《爾雅臺答問續編》卷 2，收入《馬一浮集》第 1 冊，頁 601。

四德皆統於中和，故四教亦統於《易》《春秋》。《易》以天道下濟人事，《春秋》以人事反之天道，天人一也。道外無事，事外無道，一貫之旨也。又四時為天道，四方為地道，四德為人道，人生於天地之中，法天象地，兼天地之道者也。故曰：「大人者，與天地合其德，與日月合其明，與四時合其序，與鬼神合其吉凶。」「天大地大人亦大。」此之謂大義也。

3. 又〈鄉飲酒義〉曰：「天地嚴凝之氣，始於西南而盛於西北，此天地之尊嚴氣也，此天地之義氣也；天地溫厚之氣，始於東北而盛於東南，此天地之聖德氣也，此天地之仁氣也。」此以卦位言之，即配四隅，卦左而右陰也。故曰：「易有太極，是生兩儀，兩儀生四象，四象生八卦，八卦定吉凶。」曰極者，至極之名。曰儀、曰象、曰卦者，皆表顯之相。其實皆此性德之流行，一理之著見而已。明乎此，則知六藝不是聖人安排出來，得之則為六德，失之則為六失。【愚、誣、煩、奢、賊、亂。】[98]

這本是一長文，為方便解析，而分成三小點細說。文中很清楚從陰陽、到四教配四德、四方、四時；再到天人、六德關係的搭配。

一、將「陰陽兩儀」、「六德」（四德）、「四方」與「六藝之教」為配。《易》、《春秋》是為六藝之源、終，故各成一陰陽，各成一常變[99]，由此總攝其他四教。其次將四教配分陰陽、六德中的前四德，形成兩組概念，如下：

---

[98] 馬一浮：「詩教」，〈論語大義〉，《復性書院講錄》第 1 卷，收入《馬一浮集》第 1 冊，頁 159-160。

[99] 如馬一浮釋「兩儀」，而說：「儀者，匹也。董生云：『自內出者，非匹不行；自外入者，無主不止。』從體起用謂之『自內出』，會相歸性謂之『自外入』。太極為主，兩儀為匹，兩儀所以行太極。出入、內外皆是假名，不可執凝。」參見氏著：「約旨 卦始 本象」，〈觀象卮言〉，《復性書院講錄》第 6 卷，收入《馬一浮集》第 1 冊，頁 426。

「詩教」（陽）　⟹　「書教」（陰）
　【仁】　　　　　　　　【智】

「樂教」（陽）　⟹　「禮教」（陰）
　【聖】　　　　　　　　【義】

此一搭配模式從陽陽、陰陰同屬性來看，為「知行關係」；搭配陰陽，是「本迹關係」；且又搭配六德中的前四德，完成第一步的融合。再將「前四德」，與四方位、四時為配。馬一浮援引《禮記・鄉飲酒義》，將東方是春，配聖，即樂教；南方是夏，配仁，即詩教；西方是秋，配義，即禮教；北方是冬，配知，即書教。[100]，馬一浮為了證明六藝間的互攝，而以「四時」搭配「六藝」，曰：

> 六藝可以互相統攝。邵康節以四時配《詩》《書》《禮》《春秋》，謂四時有春之春，春之夏，春之秋，春之冬，其餘三季準此。實則《詩》亦有《詩》之《易》，《詩》之《詩》，《詩》之《書》，《詩》之《禮》，《詩》之《樂》，《詩》之《春秋》，其餘各經準此可知。[101]

馬一浮雖然肯定了邵雍四時配六藝的觀點，但卻更易了其內容，他將「樂教」配入四時，「春秋教」則同於「易教」，用以總攝其他四教。上文最主要的目的，是闡釋六藝同為一體，相互統攝之理。

---

[100] 〈鄉飲酒義〉對冬的說明，只有談到「藏」，馬一浮另言：「詩教本仁，書教本知。古者教《詩》於南學，教《書》於北學，即表仁知也。〈鄉飲酒義〉曰：『向仁』『背藏』，『左聖』『右義』。藏即是知。【『知以藏往』，故知是藏義】教《樂》於東學，表聖；教《禮》於西學，表義。故知、仁、聖、義，即是《詩》《書》《禮》《樂》四教也。」以說明書教為北學，配知。但文末四德、四教排序理應為仁、知、聖、義，而非知、仁、聖、義。參見氏著：〈論六藝該攝一切學術〉，《泰和宜山會語》，收入《馬一浮集》第 1 冊，17。

[101] 王培德、劉錫嘏記錄，烏以風、丁敬涵編次：「六藝篇」，〈馬一浮先生語錄類編〉，收入《馬一浮集》第 3 冊，頁 939。

二、以「易教」、「春秋教」為統合、體用。首先，點出易教是天道貫通人事，春秋教為人事上達天道。其次，將四時配天道，四方配地道，以人生於天、地之間，將天、地、人拉與為一。最後，將易教、春秋教配與「中德」、「和德」，由體而用，通貫一如，故曰：「以六藝配六德，則《易》可配中，《春秋》可以配和，中者大本，和者達道。《易》為體，《春秋》為用，本可相通也。」[102]

三、最後將六藝與「八卦」結合，以易之兩儀、四象、八卦，作為觀象的基礎。有云：

> 「聖人設卦觀象，繫辭焉而明吉凶」，皆憂患後世不得已而垂言。《易》者，象也。象也者，像也。卦固象也，亦言象也，故曰「聖人立象已盡意」，「繫辭焉以盡其言」，所以設卦為觀象也，繫之以辭為明吉凶也。[103]

因此，《易》之兩儀、四象、八卦，都用來表現天道、事理。總歸來看，馬一浮明六藝與陰陽、四時、八卦的搭配，欲證明六藝非人為造作，而是宇宙天地的自然而然，天人合序所致，故云：「其實皆此性德之流行，一理之著見而已。明乎此，則知六藝不是聖人安排出來」[104]

此外，馬一浮另對比了〈漢志〉、朱子以經教配四時的觀點，但他並未採納二者，而是自行建構出一套搭配的組合模式。其一，他對比〈漢志〉有言：

> 〈漢志〉本賈生（賈誼，200B.C.-168B.C.）說，以《樂》配仁，以

---

[102] 王培德、劉錫嘏記錄，烏以風、丁敬涵編次：「六藝篇」，〈馬一浮先生語錄類編〉，收入《馬一浮集》第3冊，頁942。

[103] 馬一浮：「序說」，〈觀象卮言〉，《復性書院講錄》第6卷，收入《馬一浮集》第1冊，頁422。

[104] 馬一浮：「詩教」，〈論語大義〉，《復性書院講錄》第6卷，收入《馬一浮集》第1冊，頁160。

《詩》配義，《禮》無訓，以《書》配智，以《春秋》配信，而《易》為之原。以《詩》配義，終覺未妥，不如〈鄉飲酒義〉為愜。蓋以四教言之，則《詩》《樂》為陽，《書》《禮》為陰。以四德言之，則仁禮為陽，義智為陰。朱子以仁攝禮，以義攝智，則當以《樂》攝《詩》，以《禮》攝《書》，方是用朱子義。以仁配春，以禮配夏，以義配秋，以智配冬。今以《樂》配夏，《禮》配冬，先儒無此說，更思之。[105]

這裡清楚指出〈漢志〉的搭配有問題[106]，於是他提出另一套不同於〈相飲酒義〉的「四時」、「五常／德」搭配理念，並以「四教」、「五德」為說。其中的「四教」，係指詩、書、禮、樂四教，但「五常／德」卻非《周禮》六德取其四，而是漢儒的仁、義、禮、智、信。到宋代朱子為搭配「四時」，「信德」漸被擺落[107]，回復到《孟子》四德的仁、義、禮、智。

　　其二，再對比朱子四時觀點。朱子曾云：「自陰陽上看下來，仁禮屬陽，義智屬陰。」「人只是此仁義禮智四種心。如春夏秋冬，千頭萬緒，只是此四種心發出來」、「禮者，仁之發；智者，義之藏。」[108]以明四德搭配四時，又上繫於陰、陽二氣。仁、禮二陽德，與詩教、禮教一組；義、智

---

[105] 馬一浮：〈示張伯衡〉，《爾雅臺答問續編》卷 2，收入《馬一浮集》第 1 冊，頁 597。

[106] 《漢書・藝文志》載：「六藝之文：《樂》以和神，仁之表也；《詩》以正言，義之用也；《禮》以明體，明者著見，故無訓也；《書》以廣德，知之術也；《春秋》以斷事，信之符也。」參見東漢・班固撰，唐・顏師古注：《新校漢書集注》，頁 1723。

[107] 陳來說：「朱子講五常，因為要與乾之四德對應，往往僅舉仁義禮智，而不及信。這不僅是要把人之四德與天之四德相對，也與朱子對信的定位及五常與五行對應的思想有關。朱子認為信如五行之土，信只是證實仁義禮智的實有，這個說法與先秦兩漢的思想是不同的。」參見氏著：〈朱子思想中的四德論〉，《哲學研究》2011 年第 1 期，頁 28-33、44。

[108] 南宋・黎靖德編：〈性理三 仁義理智等名義〉，《朱子語類》卷 6（長沙：岳麓書社，1997 年 11 月），頁 96、111。

二陰德，與書教、樂教一組。若以此對應〈鄉飲酒禮〉的「四教」陰陽搭配，朱子與之明顯不同。馬一浮試圖用〈鄉飲酒禮〉統合朱子。他先點出〈鄉飲酒禮〉的四教透過「本迹關係」論陰、陽，使仁、義一組，即詩教、書教同組；禮、智一組，即禮教、樂教同組。復以「知行關係」論統攝，則詩教、樂教一組；禮教、書教一組。於是，朱子仁、禮之陽陽配，義、智之陰陰配，就順理成章合理化轉為「當以《樂》攝《詩》，以《禮》攝《書》」的「知行關係」。

引文末舉用朱子的四時配分，只可當作是「聊備一說」。因為馬一浮採行的是《禮記・鄉飲酒禮》、〈王制〉：詩教、書教一組，禮教、樂教一組的「本迹關係」，也不同於朱子的配分。勉強有相同處，則是春夏、秋冬兩兩一組，春、夏為陽，秋、冬同屬陰而已，下表列之。

出處	德教	詩教	書教	禮教	樂教	關係
〈鄉飲酒禮〉	四時	夏	冬	秋	春	知行關係
	四德（陰陽）	仁（陽）	知（陰）	義（陰）	聖（陽）	本迹關係
朱子	四時	春	夏	秋	冬	本迹關係
	四德（陰陽）	仁（陽）	禮（陽）	義（陰）	智（陰）	

歸結上述各種搭配，馬一浮以「仁」為核心，從一德到六德，將六藝之教與之搭配，完成了六藝與心性之德的結合。最後，彙集陰陽、四時、四方、五行，與六藝、六德相互搭配，佐證六藝非人為，是天理貫串人事的徵象，提升六藝的義理根源。同時，他處理搭配問題也非毫無簡擇，如：以《禮記》的「六德」與六藝互搭，對董仲舒、《漢書・藝文志》、朱子提出異議；也對《禮記》以「知」為先，「仁」為次，作出修訂。此過程清楚浮出一條歸本《論語》，以「仁」為本的義理主線，值得關注。[109]

---

[109] 陳來說：「從一定的意義上來看，朱子的哲學思想體系可以從兩個基本方面來呈現：一個是理學，一個是仁學。……如果說理氣是二元分疏的，則仁在廣義上是包括理氣

第二節　六藝各經藝間的義理會通

「互攝」是以六藝的某藝為核心，佐證各藝會通的特性，一如李國紅指出馬一浮：「他在講完六藝中每一教時皆具體說明其對其他諸教的統攝關係。」[110]馬一浮論各經藝會通有二個目的：一是釐定各經藝的本位，立為互通基礎；二是對應現代學術，證明學術互通的可能性。前述已從《莊子‧天下》的歸類中，略見各經教如何對應於現代學術分科，以下分別從「詩教會通，兼論禮樂教會通」、「書教會通」、「易教會通」、「春秋教會通」四大點進一步詳述。

一、詩教會通，兼論禮樂教會通

前已論述分明詩教、禮樂教的「內聖外王兼教化」關係，此著重詩教、禮樂教與其他諸教的互攝。馬一浮論詩教、禮教（兼樂教）是在對《禮記‧孔子閒居》、〈仲尼燕居〉二文的闡釋說：「二篇在《戴記》中本相次，鄭《目錄》並云『於《別錄》為通論』，實則一說《詩》，一說《禮》也。」[111]又說：「吾講觀象，刊落葉，直抉根源。如《論語》統攝六藝，《孝經》總該性德，《禮記》二篇，《詩》《禮》要義不外乎是，皆是提出一個大頭腦，直接本原之談。惜聽者等閒視之耳。」[112]易言之，馬一浮論詩教、禮教（兼樂教）是要直抉「根源」，即根源於六藝與心性，其餘則略而不談。

首先，馬一浮論「詩教」說：

的一元總體。在這一點上，說朱子學總體上是仁學，比說朱子學是理學的習慣說法，也許更能凸顯其儒學體系的整體面貌。」參見氏著：〈朱子思想中的四德論〉，《哲學研究》，頁44。

[110] 李國紅：《馬一浮思想研究──以性命與六藝為中心》，頁44-45。

[111] 馬一浮：「序說」，〈禮教緒論〉，《復性書院講錄》第4卷，收入《馬一浮集》第1冊，頁301。

[112] 王培德、劉錫嘏紀錄，烏以風、丁靜涵編次：「六藝篇」，〈馬一浮先生語錄類編〉，收入《馬一浮集》第3冊，頁944。

而〈孔子閒居〉一篇尤《詩》之大義所在。明乎禮樂之原，則通於
《禮》《樂》；敘三王之德，則通於《書》；言「天有四時」，「地
載神氣」，「莫非教也」，則通於《易》《春秋》。舉一《詩》而六
藝全攝，故謂欲明詩教之旨，當求之是篇。[113]

〈孔子閒居〉記錄了孔子與子夏間的對話，從子夏問《詩經》「豈弟君子，
民之父母」開始的討論。詩教主仁，蓋孔子云：「在心為志，發言為詩」，
馬一浮據此而說：「故一切言教皆攝於詩。」[114]言必能行，「行」即是禮
樂，故通於禮教、樂教。[115]其二，詩教言政治德教之事，馬一浮以漢代諸
儒，如：申公（219B.C.-135B.C.）、轅固生（194B.C.-104B.C.）、董仲舒等
人之事，而謂「知其達於政，乃真得詩教之旨也」[116]，故通於書教。其
三，詩教上可通於本體宇宙，下行於人事教化，故通於易教、春秋教。又
說：

昨說一切法界皆入於詩，恐學人難會此旨，實則盈天地何莫非詩？詩
通於政事，故可統《書》；以聲教感人，故可統《樂》；「邇之事
父，遠之事君」故可統《禮》，「天地感而萬物化生，聖人感人心而
天下和平」，詩之教也，故可統《易》。子夏〈詩序〉：「正得失，
動天地，感鬼神，莫近於《詩》。先王以是經夫婦，成孝敬，厚人
倫，美教化，移風俗。」太史公〈自序〉：「夫《春秋》，上明三王
之道，下明人事之記，別嫌疑，明是非，定猶豫，善善惡惡，賢賢賤

---

[113] 馬一浮：「孔子閒居釋義」，〈詩教緒論〉，《復性書院講錄》第4卷，收入《馬一浮集》第1冊，頁270。

[114] 馬一浮：「序說」，《復性書院講錄》第4卷，收入《馬一浮集》第1冊，頁269。

[115] 馬一浮：「序說」，〈禮教緒論〉，《復性書院講錄》第4卷，收入《馬一浮集》第1冊，頁300。

[116] 馬一浮：「序說」，〈詩教緒論〉，《復性書院講錄》第4卷，收入《馬一浮集》第1冊，頁275。

不肖，存亡國，繼絕世，補敝起廢，王道之大者也。」「撥亂世反之正，莫近於《春秋》。」二說不別，故可統《春秋》。「《詩》亡而後《春秋》作」，則知《春秋》之用即《詩》之用，撥亂反正之心即移風易俗之心也。如是廣說，不可終窮。比及證悟，則皆剩語也。[117]

何謂「盈天地何莫非詩？」實則是「盈天地何莫非『仁』」也，這段話更清楚說明了詩教與諸教間的關係，整理如下：

1. 詩教通於「政治」，可統「書教」。

2. 詩教通於「聲音」，可統「樂教」。

3. 詩教通於「禮制」，可統「禮教」。

4. 詩教通於「宇宙本體」，可統「易教」。

5. 詩教「上達王道，下明人事、教化」，可統「春秋教」。

其次，論禮教並及樂教。馬一浮以〈仲尼燕居〉的孔子與子張（504B.C.-？）、子貢、子游（506B.C.-443B.C.）三人論禮為禮教之說。而認為其中有四個旨意：「一曰禮周流無不遍也；二曰禮所以制中；三曰禮者即事之治也；四子張問政……明舍禮樂無以為政也。」[118]夫禮為道德實踐之履行，以下分述各旨。

其一，「周流無不遍」，指日用間的人際互動為禮，故說：「日用之間，莫非是禮。」[119]其二，「禮所以制中」，強調行為「文質彬彬」，不能過猶不及，而說：「正顯中義，理無不得之謂中。制者，以義裁之也。」[120]其三，「禮者即事之治也」，「治」是前兩者，顯遍、顯中的結合，故

---

[117] 王培德、劉錫嘏記錄，烏以風、丁敬涵編次：「詩學篇」，〈馬一浮先生語錄類編〉，收入《馬一浮集》第 3 冊，頁 1031-1032。

[118] 馬一浮：「序說」，〈禮教緒論〉，《復性書院講錄》第 4 卷，收入《馬一浮集》第 1 冊，頁 301。

[119] 馬一浮：「一、顯遍義」，〈仲尼燕居釋義上〉，《復性書院講錄》第 4 卷，收入《馬一浮集》第 1 冊，頁 309。

[120] 馬一浮：「二、顯中義」，〈仲尼燕居釋義上〉，《復性書院講錄》第 4 卷，收入《馬一浮集》第 1 冊，頁 310。

說：「事無不該之謂遍，理無不得之謂中，理事不二之謂治。【即事得其理，亦即事外無理。】」[121]其四，「子張問政」，則強調禮樂與政治的連動性，故說「舍禮樂無以為政。故政之實，禮樂是也；禮樂之實，言行是也。」[122]要之，禮教不外乎從心志落實在行為、政治達用，因此詩教而後是禮教。又云：

> 記曰：「見其禮而知其政，聞其樂而知其德。」是以《詩》《書》《禮》《樂》參互言之。政即《書》之實也，德即《詩》之實也。《詩》《樂》必與《書》《禮》通，故曰：「誦《詩》三百，授之以政，不達」，「雖多，亦奚以為？」〈大序〉曰：「治世之音安以樂，其政和；亂世之音怨以怒，其政乖；亡國之音哀以思，其民困。」〈樂記〉引此文同，而結之曰：「聲音之道與政通矣。」[123]

此文有二要點：一是透過「知行」、「本迹」論道德、政治達用。故以詩教、樂教為「知」，書教、禮教為「行」；亦可以是詩教通於書教，樂教通於禮教，下達春秋教，上及易教，而為本迹關係。二是論樂教、政治關係，凡人以音聲表達心志，聚眾人之音可知政，所以聲音可通於政，由此歸整出以禮教、樂教為核心的會通如下：

　　1.樂教本於「心志」，可通「詩教」。

　　2.樂教通於「政治」，可通「書教」。

　　3.樂教之「本源」，可通「易教」。

　　4.樂教通於「政治」，禮義之大宗在「春秋教」。

---

[121] 馬一浮：「三、原治」，〈仲尼燕居釋義上〉，《復性書院講錄》第 4 卷，收入《馬一浮集》第 1 冊，頁 314。

[122] 馬一浮：「五、原政」，〈仲尼燕居釋義下〉，《復性書院講錄》第 4 卷，收入《馬一浮集》第 1 冊，頁 323。

[123] 馬一浮：〈孔子閒居釋義〉，《復性書院講錄》第 4 卷，收入《馬一浮集》第 1 冊，頁 274。

二、書教會通

馬一浮以《尚書‧洪範》的「九疇」論書教，其功能等同六藝，故他說：

> 及孔子刪《書》，〈洪範〉始列於書教。然先聖後聖，其揆一也。六藝之旨，交參互入，周遍含容，故九疇之義亦徧攝六藝而無餘。[124]

《尚書‧洪範》是上古治國理政之書，內容廣涵各種治國應具備的知識、範疇，是治國的百科全書。這意味治經不應只章句訓詁，更要懂各類型專門知識，如同清戴震〈與是仲明論學書〉提到「至若經之難明，尚有若干事」，係指研究經學應具備的知識，舉凡天文、曆法、古音韻、名物、制度、地理、九數、樂律、古動植物知識皆然，所以經典是古代人類的歷史和生活，蘊含豐富的自然人文紀錄。易言之，明經要兼具各式「技藝性的實用知識。」[125]

「九疇」頗是異曲同工，強調治國須明經，明經在致用，致用在九疇。於今之世，亦多有以現代學術分類劃分九疇的政治理念，作為彙通古今的治國理政要目。[126]而馬一浮以九疇遍攝六藝，即是將此等同「六藝」，但九

---

[124] 馬一浮：「別釋五福六極」，〈洪範約義〉，《復性書院講錄》第 5 卷，收入《馬一浮集》第 1 冊，頁 412。

[125] 張壽安先生：〈龔自珍論乾嘉學術：「說經」、「專門」、與「通儒之學」──鈎沉一條傳統學術分化的線索〉，收入《中國學術思想論叢──何佑森先生紀念論文集》，頁 296-297。

[126] 以現代學術分類劃分《尚書‧洪範》治國理念者甚眾，茲舉數家說法如：李振興依九疇次序序分化出自然資源、品德修養、政府機關、氣象農政、作人用人、治理方法、民主民本、用才防災，最後歸結到人民的幸福與疾苦。魏元珪先生說：「九疇乃是盡性之書，初論五行、五事章天人相與之理，再論八政配合之道與農工商兵相通之要，舉凡內政、外交、商務、貿易、經濟、軍事莫不詳為論列。」又如黃玉順將九疇依次論列出元結構、修身結構、施政結構、農時結構，治國結構、行權結構、卜筮結構、氣象結構、生命結構等。張兵則說：「涉及了我國古代社會生活領域的方方面面，政

疇是否仍為純理政之書？還是另一種型式的學術史觀？如何界定二者的關係？

　　首先，馬一浮界定〈洪範〉要旨有言：

　　　　「天所賦為命，人所受為性」，二語須善會。天、人、性、命一也，從所言而異名，乃詮表之辭，不得不爾。程子曰：「天即人，人即天。以人合天，猶贅一合字。」此真了義。故言「天人感應」，當知不出一心。此〈洪範〉要旨。[127]

　　　　六經總為德教，而《尚書》道政事皆原本於德。堯、舜、禹、湯、文、武所以同人心而出治道者，修德盡性而已矣。離德教則政事無所施，故曰「為政以德」。此其義具於〈洪範〉。[128]

「天所賦為命，物所受為性」語自朱熹[129]，馬一浮係易「物」為「人」。其論〈洪範〉大旨在天人合一、道德心性，主張德教為理政事的根本大要。但縱使將〈洪範〉視為理政之書，馬一浮又有否據此強調、主張一系列「經

　　治、經濟、哲學、科學、天文、曆法，等等，無不囊括其中。」

　　以上依次參見李振興：〈尚書洪範篇大義探討〉，《孔孟學報》第 42 期，1981 年 9
　　月，頁 31-59。魏元珪先生：〈洪範九疇的政治哲學〉，《中國文化月刊》第 96、97
　　期，1987 年 10、11 月，頁 20-40、4-25。黃玉順：〈中西思維方式的比較──對尚
　　書・洪範和工具論・範疇篇的分析〉，《西南師範大學學報（人文社會科學版）》第
　　29 卷第 5 期，2003 年 9 月，頁 5-12。張兵：《洪範詮釋研究》（濟南：山東大學中
　　國古典文獻學專業博士論文，2005 年 4 月），頁 1。

[127]　馬一浮：〈示張伯衡〉，《爾雅臺答問續編》卷 2，收入《馬一浮集》第 1 冊，頁
　　　　595。

[128]　馬一浮：「序說」，〈洪範約義〉，《復性書院講錄》第 5 卷，收入《馬一浮集》第
　　　　1 冊，頁 328。

[129]　朱熹云：「天所賦為命，物所受為性。賦者命也，所賦者氣也；受性者也，所受者氣
　　　　也。」參見南宋・黎靖德編：〈性理二　性情心意等名義〉，《朱子語類》卷 2，頁
　　　　75。

學的知識內容」或現代學術分類下的治國綱領？考上述原文並非如此。吾等或可後設的以學術分科代為類分，但馬一浮是否確切提出相關學術理念？再仔細回顧第一條引文，不難發現所謂「六藝之旨，交參互入，周遍含容，故『九疇』之義亦徧攝六藝而無餘」的另一層涵義，即：九疇可替代六藝作為學術史範疇。

　　而「九疇」內容是：

> 初一曰五行，次二曰敬用五事，次三曰農用八政，次四曰協用五紀，次五曰建用皇極，次六曰乂用三德，次七曰明用稽疑，次八曰念用庶徵，次九曰嚮用五福，威用六極。[130]

馬一浮總釋道：

> 學者當知〈洪範·九疇〉亦可以總攝六藝。夫舜、禹之授受，箕、武之問答，皆道其所證之性分內事而已。舉而措之以為政，因而篤之以為教，皆不離乎是也，故曰〈洪範〉。洪範者，大法也。大者，莫能外也。法者，可軌持也。九疇之目，名以彝倫。彝之言常，倫之言理。常者，不可易也。理者，性所具也。當時固無六藝之名，亦無書教之別也。[131]

「洪範」是大法，廣包一切可持的法則；內容是「九疇」，其要是彝倫、常理，最後將法則等同本性。可見馬一浮關懷的是施政之本，而非政治的知識、技藝。所以九疇既可為政，也是教化，最後歸於內在心性，夫云：「政

---

[130] 屈萬里註譯：〈洪範〉，《尚書今註今譯》（臺北：臺灣商務印書館，1997 年 3月），頁 75。

[131] 馬一浮：〈洪範約義〉，《復性書院講錄》第 5 卷，收入《馬一浮集》第 1 冊，頁412。

是正己以正人，治是修己以治人，此乃政治真義。」是也。[132]再以本迹論政：「故曰『為政以德』即是從本垂跡，由跡顯本。離本無以為跡，離德無以為政。」[133]皆是從修養德性，作為施政之本。

最明顯如第三疇的「八政」。八政之目有：「一曰食，二曰貨，三曰祀，四曰司空，五約司徒，六曰司寇，七曰賓，八曰師。」當中含攝的知識範疇十分豐富，至少有民生、經濟、農用、祭祀、制度、禮儀等，但馬一浮統歸之後，界定八政是「不出教養二端，制之者禮，行之者仁，而後知王政之根原實為盡性之事，制度名物可變而其義不可易。」[134]重點在王政之本的盡性，推於其他各疇亦然。[135]

接著，馬一浮解釋九疇如何可攝六藝，他以「書教」統攝其他五藝道：

> 如五行出於陰陽，則攝《易》；五事貫於行履，則攝《禮》；八政統
> 於制度，亦是攝《禮》；五紀治歷明時，則攝《易》；曆必應乎律
> 數，則攝《樂》。三德、剛柔合德，見《詩》《樂》之化神也；稽
> 疑、會異歸同，見《禮》《樂》之用一也；庶徵則《易》吉凶失得之

---

[132] 馬一浮：「別釋三德」，〈洪範約義〉，《復性書院講錄》第 5 卷，收入《馬一浮集》第 1 冊，頁 381。

[133] 馬一浮：「別釋三德」，〈洪範約義〉，《復性書院講錄》第 5 卷，收入《馬一浮集》第 1 冊，頁 381。

[134] 馬一浮：「別釋八政」，〈洪範約義〉，《復性書院講錄》第 5 卷，收入《馬一浮集》第 1 冊，頁 356-357。

[135] 其釋五行，則說：「此盡物之性也。」釋五事則說：「此盡己之性也。」釋八政有說：「此盡人之性也。」釋五紀則云：「此上律天時，所以盡天地之性也。」釋皇極說：「此標心德之總名，示盡性之極則也。」釋三德則說：「此亦盡人之性也。」釋稽疑而謂：「此兼盡人物之性也。」釋庶徵則說：「此盡己之性以盡天地之性也。」最後別釋五福六極則說：「此盡人之性以盡己之性也。」
以上詳參氏著：〈洪範約義〉，《復性書院講錄》第 5 卷，收入《馬一浮集》第 1 冊，頁 336、344、352、359、369、376、384、395、404。
另，以上總有盡己、盡人、盡物之性，而後以通天地之性。馬一浮對此另有闡釋，可見同卷頁 357。

幾也；福極則《春秋》治亂之符也；而皇極總攝六藝之歸一於性德。
敬用則《禮》之本，農用則《禮》之施，協用則《樂》之效，乂用則
《詩》《樂》之移風易俗也，明用則《禮》《樂》之節民心、和民聲
也，念用則《易》之微顯闡幽也，嚮、威則《春秋》之善善惡惡也。
是八者，莫非皇極之大用。六藝之所由興，即皇極之所由建也。……
然後知〈洪範〉為盡性之書，六藝皆盡性之教。[136]

先表列後說明如下：

〈九疇〉	內容	搭配〈六藝〉
五行	陰陽	易教
五事	行履	禮教
八政	制度	禮教
五紀	治歷明時， 曆必應乎律數	易教、樂教
皇極	性德	總攝六藝
三德	剛柔合德	詩教、樂教
稽疑	會異歸同	禮教、樂教
庶徵	吉凶得失	易教
福極	治亂之福	春秋教

一是「五行」，為陰陽之氣的流行，故攝於「易教」。二是「五事」，乃五
行實踐、行履於人事，要恭敬於事，故攝於「禮教」，而稱為「敬用五
事」。[137]三是「八政」，為正德厚生之事，重建立制度，同攝於「禮

---

[136] 馬一浮：〈洪範約義〉，《復性書院講錄》第 5 卷，收入《馬一浮集》第 1 冊，頁
412-413。

[137] 另云：「前講〈洪範〉『敬用五事』，以五事為萬皇根本。五事皆盡其理，則萬事自
無失職。視、聽、言、貌、思，一有不敬，此心即放失，隨物而轉。故於義理若存若
亡，只緣未有主在，縱見處，亦是客感客塵也。物欲消盡，則自無此病。對治之
法，唯是用敬，不是道得一個『敬』字便休。」參見馬一浮：〈示章德鈞〉，《爾雅
臺答問續編》卷 1，收入《馬一浮集》第 1 冊，頁 583。

教」，而稱為「農用八政」。四是「五紀」，指歲時曆法律數，與天文有關，其用在和，故攝於「易教」、「樂教」，而稱「協用五紀」。五是「皇極」，皇極是天人合德，天地萬物總在一性，為六藝總攝一切之總說，故曰「建用皇極」。六是「三德」，指正直、剛克、柔克。指去氣質之性，而歸性德之正，故攝於「詩教」、「樂教」，而稱為「乂用三德」。七是「稽疑」，占卜斷人事以釋疑，故攝於「禮教」、「樂教」，而稱為「明用稽疑」。八是「庶徵」，論吉凶得失，故攝於「易教」，而稱為「念用庶徵」。九是「福極」，言福壽，為刑德之本，故攝於「春秋教」，稱為「嚮用五福，威用六極」。歸其旨要：「〈洪範〉要旨在明天地人物本是一性，換言之，即是共此一理，共此一氣也。」[138]概以心性本體作統攝。

所以，九疇有多重意蘊且環環相扣：一是本於心性本體作為教化之本，二是施政之本，三是與六藝結合，成為另一種以學術史統攝的方法。然而，〈洪範〉雖可略見各疇的現代屬性，實際卻未深入形塑出現代的政治學觀點，或真正指引出、開啟經學的專門知識，最終仍與其六藝論同為「義理式的學術史觀」。譬如馬一浮釋「八政」道：「如今人信自然科學而不信五行，亦是知二五而不知十。」[139]「古之理財以養民為義，民為邦本，故民為重；今之理財者以富國為義，民為國用，故國為重。」[140]這些零星論述縱有對應現代學術、政治的關懷，但焦點仍聚焦在為政之德。因此可知，以九疇等同六藝絕非涵括實質、客觀學理，更不會開出現代專門知識。

時人或以為馬一浮兼融並蓄，無所不包，又或以為他妄言統攝，但這正是馬一浮身處近代中國知識轉型過程中西學術交融下，欲以傳統學術史、目錄學式的六藝、九疇作判教、劃分學術類型，藉以評騭西方學術重分科，不

---

[138] 馬一浮：「別釋庶徵」，〈洪範約義〉，《復性書院講錄》第 5 卷，收入《馬一浮集》第 1 冊，頁 401。

[139] 馬一浮：「別釋五行」，〈洪範約義〉，《復性書院講錄》第 5 卷，收入《馬一浮集》第 1 冊，頁 343。

[140] 馬一浮：「別釋八政」，〈洪範約義〉，《復性書院講錄》第 5 卷，收入《馬一浮集》第 1 冊，頁 357。

重源流之弊，其言「六藝統攝一切學術」、「西來學術亦統於六藝」，也莫非如此。

　　然而，能否徑以九疇取代六藝？仍有礙難。一是馬一浮本未言及；二是九疇不類六藝專指古代的六種教化、學問，如：五紀、三德、稽疑，縱使表明義理互攝，卻非單純指出一條學術源流；又如：五事、八政皆屬禮教，五行、庶徵都是易教，如何劃分當中的差異，以清楚指引學術歸類？因此，九疇雖可總攝六藝，但多為義理性質的總攝會通，其學術史性質的總攝會通，反不如其六藝論可層層繫屬，條屢分明，這在他說明〈洪範〉性質是「皆道其所證之性分內事而已」實已說得很清楚。

三、易教會通

　　《漢書‧藝文志》「六藝略」的〈敘錄〉有言：「五者，蓋五常之道，相須而備，而《易》為之原。故曰：『《易》不可見，則乾坤或幾乎息矣』，言與天地為終始也。」[141]五常指六藝的其他五教，最終統歸於「易教」，而為眾藝之源，馬一浮有言：「宇宙便是一部《易》，人之一生亦是一部《易》」[142]，又解釋「太極」有云：「『心外無物』，故曰『陰陽一太極也』」[143]，使即超越性即內在的心性本體為一。[144]又說：

---

[141] 東漢‧班固撰，唐‧顏師古注：〈藝文志〉，《新校漢書集注》，頁1723。

[142] 王培德、劉錫嘏記錄，烏以風、丁敬涵編次：「六藝篇」，〈馬一浮先生語錄類編〉，收入《馬一浮集》第3冊，頁945。

[143] 馬一浮：「約旨 卦始 本象」，〈觀象卮言〉，《復性書院講錄》第6卷，收入《馬一浮集》第1冊，頁428。

[144] 馬一浮云：「《易》即是明此太極以下之理耳，非謂《易》之下有一太極。猶無極而太極，不是說太極之上更有一無極也。《易》與太極總是假名。一切名言施設皆不得已，執即成礙，故言『生』言『有』皆須活看。」按：前以心性為六藝統攝一切學術之本源，此以《易》為六藝之源，二者意同。《易》之書、文，係用以闡釋六藝之形上理則，而六藝本身就兼具超越性、內在性的意義，故馬一浮又云：「六藝者，即此天德天王之所表顯。故一切道術皆統攝於六藝，而六藝實統攝於一心，即是一心之全體大用也。《易》本隱以之顯，即是從體起用。」以上參見馬一浮：「約旨 卦始 本象」，〈觀象卮言〉，《復性書院講錄》第6卷，收入《馬一浮集》第1冊，頁

《易》為六藝之原，《十翼》是孔子所作，一切義理之所從出，亦為一切義理之所宗歸。今說義理名相，先求諸《易》。《易》有三義：一變易，二不易，三簡易。學者當知氣是變易，理是不易。全氣是理，全理是氣，即是簡易。[145]

天下之道統於六藝而已，六藝之教終於《易》而已。學《易》之要觀象而已，觀象之要求之十翼而已。[146]

上述先確立了「易教」是孔子作《十翼》，將卜筮之書賦予義理意義[147]，而理、氣兼形上、形下的本體與生化變化，都涵藏其中，欲得知義理之幾，得靠觀卦象闡釋。在義理之餘，易教為六藝之源，本是學術史的意涵，因此，馬一浮論易教統攝乃根據八卦卦象、言行之五事的互攝，尤重視天道本體落實於言行的實踐。以下逐一說明。

首先，馬一浮透過〈繫辭傳〉解釋易教能成為六藝之終始、原歸的理由：

〈繫辭傳〉曰：「夫《易》何為者也？夫《易》開物成務，冒天下之道，如斯而已者也。」《易》為六藝之原，亦為六藝之歸。「乾」「坤」開物，六子成務，六藝之道，效天法地，所以成身。「以通天

429、馬一浮：〈論六藝統攝於一心〉，《泰和宜山會語》，收入《馬一浮集》第 1 冊，頁 20。

[145] 馬一浮：〈理氣 形而上之意義〉，《泰和宜山會語》，收入《馬一浮集》第 1 冊，頁 38。

[146] 馬一浮：「序說」，〈觀象卮言〉，《復性書院講錄》第 6 卷，收入《馬一浮集》第 1 冊，頁 421。

[147] 馬一浮說：「今按《易》在孔子未作十翼以前，恐只是卜筮之書。卦辭爻辭本為占用，到孔子便說出許多道理來，亦是《易》之所包蘊，但聖人見之，他人自不見耳。」參見氏著：「辨小大」，〈觀象卮言〉，《復性書院講錄》第 6 卷，收入《馬一浮集》第 1 冊，頁 456。

下之志」，《詩》《書》是也；「以定天下之業」，《禮》《樂》是
也；「以斷天下之疑」，《易》《春秋》是也。冒者，覆也。如天之
無不覆幬，即攝無不盡之意。知《易》「冒天下之道」，即知六藝冒
天下之道，「無不從此法界流，無不還歸此法界。」故謂六藝之教終
於《易》也。[148]

「開物」是通曉萬物之理，亦是開天闢地，形成宇宙生化的原動力，故稱
「乾坤開物」。「成務」是成就事業，意在人為，「六子」由構成乾卦之
「陽爻」、坤卦之「陰爻」合成的震、巽、坎、離、艮、兌等六卦。因此，
「六子成務」指人事應以天道乾坤為法，六藝之道亦如斯，故言：「統之以
乾坤，而天地之德可通也；約之以六子，而萬物之情可類也。」統以乾坤，
即統於易教。[149]後以「通志」、「定業」、「斷疑」，以「本迹關係」兩
兩確認、劃分各藝屬性：「通志」是心志所發，表達意趣志向；「定業」乃
奠定國家基業在制度；「斷疑」則以易教、春秋教之通天道、貫人事，解決
疑惑。又以「易教」能通天覆地，無所不包，證為六藝之源。

其次，馬一浮又細分八卦與各藝間的關係：

> 蓋六子各得〈乾〉〈坤〉之一體，故欲體〈乾〉〈坤〉則必用六子。
> 五事並出性命之一源，故欲順性命則必敬五事。效〈乾〉〈坤〉之用
> 者莫大於〈坎〉〈離〉，順性命之理者莫要於言行，故上經終〈坎〉
> 〈離〉，下經首〈咸〉〈恆〉。聖人示人學〈易〉之要，所以「崇德
> 廣業」者，必以言行為重也。[150]

---

[148] 馬一浮：「序說」，〈觀象卮言〉，《復性書院講錄》第 6 卷，收入《馬一浮集》第
1 冊，頁 422-423。

[149] 馬一浮：「約旨 卦始 本象」，〈觀象卮言〉，《復性書院講錄》第 6 卷，收入《馬
一浮集》第 1 冊，頁 428。

[150] 馬一浮：「審言行」，〈觀象卮言〉，《復性書院講錄》第 6 卷，收入《馬一浮集》
第 1 冊，頁 441-442。

馬一浮以〈乾〉〈坤〉與六藝的雙向建構，說明「易教」與各藝間的體用關係。又說「五事」並出於性命，是將「視、聽、言、動、思」言行舉措之本抬與內在性命同級，亦是與超越性的天道同層。接著馬一浮提到：

> 教體之大，本通六藝言之。如正得失，動天地，感鬼神，「詩教」之大也。恢弘至德，以顯二帝、三王之治，「書教」之大也。樂與天地同和，禮與天地同節，《禮》《樂》之大也。善善惡惡，賢賢賤不肖，存亡國，繼絕世，補敝起廢，撥亂反正，《春秋》之大也。而《易》以〈乾〉〈坤〉統禮樂，以〈咸〉〈恆〉統言行。則《詩》《書》《禮》《樂》之旨在焉。「亦要存亡吉凶，【則】居可知矣」，則《春秋》之義在焉。故《詩》《書》《禮》《樂》《春秋》之教皆統於《易》，所以為六藝之原。以六藝別言之，則教體俱大；合言之，則所以為《詩》《書》《禮》《樂》《春秋》之教體者莫非《易》也。一攝一切，一切攝一。一入一切，一切入一。一中有一切，一切中有一。交參全遍，鎔融無礙。故以《詩》《書》《禮》《樂》《春秋》望《易》，則又以易教為至大也。[151]

這段長文可拆作三層次。一是論六藝各教的教體，與之前論各教特質無異，可略談；二是六藝與八卦的搭配；三是整合「一」與「一切」，總結易教統攝各教。其中重點在第二層次的「六藝與八卦的搭配」，以下分別透過「禮教、樂教為易教的實踐」、「詩教、書教如何會通於六藝」與八卦之間的關係二點細說分明。

其一，馬一浮以禮教、樂教為易教的實踐，其云：

> 禮樂合言是簡易義，故曰「大樂必易，大禮必簡」。禮、樂是相大、用

---

[151] 馬一浮：〈觀象卮言 釋教大理大〉，《復性書院講錄》第 6 卷，收入《馬一浮集》第 1 冊，頁 460-461。

大，所以為禮、樂者方是體大，乃是此不易者行乎變易之中者也。[152]

〈雜卦〉「雜」字是「雜物撰德」之「雜」，非雜亂無序之謂。卦爻雖極其變，莫不有序，即此是禮，亦即行佈。萬變不離其宗，乾坤陰陽，統攝一切，即此是樂，亦即圓融。故《易》為《禮》之原也。[153]

馬一浮以佛家語之「三大」說明禮、樂與易教的關係。「體」為本體，「相」、「用」是本體的作用、德相，「大」則指周遍於法界、宇宙天地之意。故馬一浮以易教為本體，「所以為」禮教、樂教之源。後取雜卦、卦爻變化為喻，在華嚴哲學中，行布門、圓融門敵體並立，前者重循序漸進，後者重頓而圓融，但不相悖，最終皆歸於「圓教」。所以，馬一浮用行布門形容禮教有序，又以圓融門形容樂教圓融，圓教則在易教，最後用「一心開二門」闡釋而說：「《易》則統兼二門，故向以《易》統《禮》《樂》二教。……《易》行乎其中，乃是圓融，即知能、德業、禮樂皆為一矣。」[154]「《禮》《樂》統於《易》，猶終、頓該於圓，《禮》《樂》以人道合天地之道，猶以一心開二門。」[155]再回到上述〈乾〉〈坤〉統禮樂者，係以明易教之所以為原的理由。

又以〈咸〉〈恆〉統言行，因為此二卦是《易經》下經的首二卦，馬一

---

[152] 馬一浮：〈示王星賢〉，《爾雅臺答問續編》卷1，收入《馬一浮集》第1冊，頁561。

[153] 王培德、劉錫嘏記錄：「六藝篇」，〈馬一浮先生語錄類編〉，收入《馬一浮集》第3冊，頁944。

[154] 馬一浮：〈示王紫東〉，《爾雅臺答問續編》卷2，收入《馬一浮集》第1冊，頁616。

[155] 另言：「如樂主和同，即是平等一心。禮主別異，即是差別萬行。萬行不出一心，一心不違萬行，故有禮不可無樂，有樂不可無禮。禮樂皆得，謂之有德，此即攝圓教義。樂由中出故靜，不動真常湛寂之本也。禮自外作故文，不壞功德業用之相也。樂者天地之和，禮者天地之序。和，故百物皆化，剎土塵毛，身悉充徧，所謂化也。序，故羣物皆別，行布圓融，重重無盡，所謂別也。此皆圓教義也。」其義亦同。參見馬一浮：〈蔣再唐〉，收入《馬一浮集》第2冊，頁503-504。

浮提出〈乾〉〈坤〉屬天道本體，〈咸〉〈恆〉則為人事應天道的觀點，故馬一浮說：

> 合〈艮〉〈兌〉而成〈咸〉。「聖人感人心而天下和平」，言之感以虛受也。合〈震〉〈巽〉而成〈恆〉，「（君子）【聖人】久於其道而天下化成」，行之久而不易也。下經首〈咸〉〈恆〉，明人道之應乎〈乾〉〈坤〉也。故曰「言行所以動天地」，觀其所感、觀其所恆而天地萬物之情可見矣。[156]

〈咸卦〉卦象是「艮下兌上」，〈象傳〉有言：「咸，感也。……天地感而萬物化生，聖人感人心而天下和平。觀其所感，而天地萬物之情可見矣。」[157]〈恆卦〉卦象是「巽下震上」，〈象傳〉有言：「恆，久也。……天地之道，恆久而不已也。利有攸往，終則有始也。日月得天而能久照，四時變化而能久成，聖人久於道而天下化成。觀其所恆，而天地萬物之情可見矣。」[158]馬一浮配以言、行，前者代表「樂教」，後者是「禮教」。由此可知〈咸〉〈恆〉是統言行的以然之理，與〈乾〉〈坤〉的所以然之理相並。

其二，詩教、書教如何會通於易教？此須搭配「五事」說明，馬一浮言：

> 天地之道，所以行變化、成萬物者，雷、風、水、山、澤是已；人之道，所以定吉凶、生大業者，視、聽、言、動、思是已；豈有別哉！

---

[156] 馬一浮：「審言行」，〈觀象卮言〉，《復性書院講錄》第 6 卷，收入《馬一浮集》第 1 冊，頁 443-444。

[157] 魏・王弼注、唐・孔穎達正義：《周易正義》，收入李學勤主編：《十三經注疏》，頁 139-140。

[158] 魏・王弼注、唐・孔穎達正義：《周易正義》，收入李學勤主編：《十三經注疏》，頁 143-144。

六子並統於「乾」「坤」而五事約攝於言行，故聖人重之。【視聽者，思之存；言行者，思之發。思貫五事而言行亦該餘三，就其見於外而能及人者言之也。】[159]

今以五事配八卦，明用《易》之道，當知思用〈乾〉〈坤〉，視聽用〈坎〉〈離〉，言用〈艮〉〈兌〉，行用〈震〉〈巽〉。【此先儒所未言，然求之卦象，實有合者，故稱理而談，俟之懸解耳。】何以言之？「順性命之理」者，必原於思。思通乎道，則天地定位之象也，亦乾坤藏之象也。【人受氣於天，受形於地。資乾以為知，資坤以為能。思也者，貫乎知能，即理之所由行也。……】視極其明，聽極其聰，聲入而心通，物來而自照，此水火相逮之象也。「或默或語」，〈艮〉〈兌〉之象也。【〈艮〉止，〈兌〉說。】「或出或處」，〈震〉〈巽〉之象也。【〈震〉起，〈巽〉伏。】「言出乎身，加乎民」，山澤通氣之象也。「行發乎邇，見乎遠」，雷風相薄之象也。【先儒以此為先天八卦，實則以顯用中之體也。】[160]

綜述這兩段話為下表：

六藝	禮	詩	書	樂	易
五事	行	聽	視	言	思
卦象	震、巽	離	坎	艮、兌	乾、坤
自然象徵	雷、風	火	水	山、澤	天、地

馬一浮清楚提到「先天八卦」搭配六藝是獨創，亦是以言行呈現本體的體用關係。上述六藝、五事、卦象、自然象徵的搭配有兩個特點：一是總人事一

---

[159] 馬一浮：「審言行」，〈觀象卮言〉，《復性書院講錄》第 6 卷，收入《馬一浮集》第 1 冊，頁 442。

[160] 馬一浮：「審言行」，〈觀象卮言〉，《復性書院講錄》第 6 卷，收入《馬一浮集》第 1 冊，頁 443。

切的春秋教未入列；二是辨別思、視聽、言行與六藝的搭配，並闡述了
〈咸〉〈恆〉代表的言行何以能代表四教的理由。

　　據馬一浮的排列，五事之「思」代表易教；「視」、「聽」代表書教、
詩教；「言」、「行」代表樂教、禮教。而「思」非一般思考、思想，而是
通同於本體的道德理則，透過人與生俱來的知能實踐在行為上。此知既能存
於典籍則為「思之存」的詩教、書教；又踐行於行動，則為「思之發」的禮
教、樂教，馬一浮更申明道：

> 就六藝言之，《詩》之風、雅、頌，《書》之典、謨、訓、誥、誓、
> 命皆言也；《禮》之喪、祭、射、鄉、冠、昏、朝、聘皆行也；
> 《樂》之五音、十二律、六代之樂皆聲也；《春秋》二百四十年之行
> 事皆事也；《易》之六十四卦、三百八十四爻皆象也。此亦教體也。
> 然《詩》有志焉，《書》有政焉，《禮》《樂》有本焉，《春秋》有
> 義焉。由前之說其形體，由後之說乃其所以為體也。[161]

可知詩教、書教所載並屬於「言」，言在五事中，屬「樂教」範疇，因此，
言行可通貫四教，夫唯春秋教論事，易教觀象以顯理，都是總述四教的結
果。大抵說來，其他相關說法與前述各教無別。

　　要言之，馬一浮論易教統攝著重天道本體、其他諸藝的互攝，以易教為
六藝之源，並透過八卦之象、五事，將宇宙本體與人串聯起來，證明天人一
如。

四、春秋教會通

　　馬一浮的《復性書院講錄》未及論述到「春秋教」，而將會通理念寫在
〈重印宋本春秋胡氏傳序〉中，有說：

---

161 馬一浮：「釋教大理大」，〈觀象卮言〉，《復性書院講錄》第 6 卷，收入《馬一浮
　　集》第 1 冊，頁 458。

孟子說《春秋》原於《詩》，董生說《春秋》原於《易》。《詩》好仁不惡，陳古刺今；《春秋》賢賢賤不肖，借事明義。故《詩》之志，《春秋》之志一也。《易》以憂患而作，設卦觀象，繫辭焉而明吉凶；《春秋》名倫等物，辨始察微，撥亂世之正。故《易》之所由作、《春秋》之所由作一也。《詩》之用在樂，《春秋》之用在禮，征伐亦禮樂也。上無天子，下無方伯，諸侯失禮，專征伐，為無道，四夷交侵，災害並至，然後《春秋》作焉。故《春秋》，禮義之大宗。或曰：左史記言，右史記事，言為《尚書》，事為《春秋》。若是，《春秋》特史官所掌，何謂《春秋》天子之事耶。刪《書》斷自唐虞而錄《秦誓》，為其近於王；《春秋》起隱、桓（731B.C.-694 B.C.）訖定、哀，為其降於伯。故《尚書》極其治而《春秋》極其亂。王伯治亂，皆由人興；中國、夷狄，別之以禮義：安在其為記事之書耶？故曰：「志在《春秋》」，「《詩》亡然後《春秋》作」，「《春秋》經世先王之志」。聖人之志，先王之志，詩人之志，皆存乎《春秋》。《春秋》統《詩》，《詩》亦統《春秋》也。「祖述堯舜，憲章文武」，謂《書》也。「上律天時，下襲水土」，謂《春秋》也。「文武之道，布在方策」，「文王既沒，文不在茲」，謂《禮》《樂》也。「盛德大業」，「極深研幾」，《易》之指也。惟深也，故能通天下之志，達於政事。而後可以言《詩》義也。唯幾也，故能成天下之務，明於禮樂，而後可以言《春秋》義也。故六藝之教，始於《詩》，終於《春秋》。禮樂之用神而乾坤之理得，聖人之能事畢矣。董生曰：「不明乎《易》，不能明《春秋》。」推是言之，不明乎《易》，亦不能明《詩》《書》《禮》《樂》，不明《詩》《書》《禮》《樂》，亦豈能明《春秋》哉！善說《春秋》者，宜莫若孟子，以孔子作《春秋》，繼六聖，比之禹抑洪水、周公兼夷狄。《三傳》之說能如是乎？[162]

---

[162] 馬一浮：〈重印宋本春秋胡氏傳序〉，收入《馬一浮集》第2冊，頁39-40。

上文論述《春秋》源於《詩》、《易》，串聯出整套六藝互攝的關係譜系。

一是論「詩教」與「春秋教」。《詩》言志，《春秋》借事明義，二者言「志」是一致的。其次，《春秋》之用在《禮》，其載魯隱公以降的亂世歷史，目的在維繫禮義，故言《春秋》為禮義之大宗。又次，馬一浮否定《春秋》、《尚書》為純「記事之史書」，而是載記先王精神的「經」。綜述之，《詩》言志，用在《樂》；《春秋》亦言志，用在《禮》；且《書》、《春秋》明聖人先王之志，不同的是：一記治世，一記亂世。最終形成從《詩》言志，到《春秋》之文彰顯志之脈絡。

二是論「易教」與「春秋教」。焦點在「極深研幾」四字，此出自《周易·繫辭上傳》[163]，馬一浮拆成兩組說明。一組是「深」與「通天下之志」：此能達於政事，實指書教，且上通於詩教。一組為「幾」與「能成天下之務」：由禮樂下貫到春秋教，形成以下關係譜：

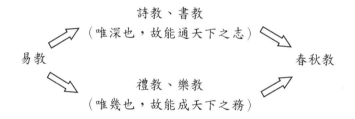

此係從本迹順序由易教到春秋教貫串六藝內涵，故他於文末提到明易教為源，才能貫通其他四教，若無四教也無法通於春秋教，其義在此。

馬一浮又引胡安國以《春秋》會通各經有云：

> 胡文定曰：「《春秋》公好惡則發乎《詩》之情，酌古今則貫乎《書》之事，興常典則體乎《禮》之經，本忠恕則導乎《樂》之和，著權制則盡乎《易》之變。百王之法度，萬世之準繩，皆在此書。故

---

[163] 有云：「夫易，聖人之所以極深而研幾也。唯深也，故能通天下之志。唯幾也，故能成天下之務。」參見魏·王弼注、唐·孔穎達疏：〈繫辭上傳〉，《周易正義》，收入李學勤主編：《十三經注疏》，頁285。

五經之有《春秋》，猶法律之有斷例也。」此言深為得之。所以言學《春秋》為窮理之要，不但不明《易》不能明《春秋》，不明《詩》《書》《禮》《樂》，又焉能明《春秋》？得其旨者，知《春秋》即《易》也，亦即《詩》《書》《禮》《樂》也。如不學法律，焉能斷案？故《易》與《春秋》並為聖人末後之教，然其義旨即可於《論語》見之，引伸觸類，不可勝窮。今特舉一端，以助尋繹而已。[164]

春秋為一切人事之制斷，舉凡《詩》之情，《書》之事，《禮》之經，《樂》之和，《易》之變，皆在其中，故為六藝終教。

最後，綜合上揭五點，可知六藝作為六種基礎門類的學問、知識，透過義理相繫，使各藝之間能相互會通。但必須注意，馬一浮始終未有開啟各種專門知識的意圖，而只是欲藉由六藝體證道德本體，以成就其理念下的「通儒」。因此，馬一浮的「義理式的學術史觀」既是學術之源，也是義理之源，透過「求統」、「判教」廣轄所有學術，他的作法與其他現代新儒家們極力思索本體之德如何轉化為客觀知識不同。

第三節 小　結

本章在學術史基礎上，「六藝一心論」的「義理」內涵是在學術史體系下的論述，故與一般哲學史欲釐清馬一浮歸宗宋明理學的哪一脈系不同。

第一節先闡述「六藝」與「一心論」的連結，共分四小點。首先言一心統攝萬有的基礎在理事、道器不二。此心之本體能兼該萬有，又六藝是人本心所具之理，能與超越理則相貫通，以此證明六藝即超越即內在的義理特性。

其次，在義理基礎上，馬一浮以「判教」取代「分科」，申明六藝目的

---

[164] 馬一浮：〈春秋教中〉，《復性書院講錄》第 2 卷，收入《馬一浮集》第 1 冊，頁 195-196。

在學術的「道德判教」，而非知識性、科學性的分科。馬一浮根據《禮記・經解》、《莊子・天下》，此二者皆用道德類目搭配六藝，這啟發了他以六藝各教判別不同的知識體系的開端。

復次，馬一浮以貫通形上形下的方式，排列六藝經序，與今、古文家，都不相同。根據分析，一共有「本迹」、「知行」、「內聖外王兼教化」等三種關係。而這三種排列模式又分別與「宗經論」的《論語》、《孝經》，以及教化之首的《詩經》如何統攝羣經的方法相一致，其苦心安排可見一斑。但無論何種排序，都是「一心」不同的分化模式。

最後，是論「一心」與諸德目間的關係。歷代多有將「六藝」搭配不同德目的觀點，除了〈經解〉、〈天下〉，後世又分衍出更多搭配方式，馬一浮亦用六藝搭配陰陽、五常、四時……之宇宙樞機，自成體系，並以一心之「仁德」貫串諸德。

第二節則論六藝各經藝間的互通。馬一浮認為分殊出的道德類目最終仍為「一心仁德」所統攝，那麼，六藝各藝間亦可相互會通融攝，從學術判教觀點來看，這正證明了學術間可互通的理由，亦為接下來的「統攝中西學術」提供理論基礎。

第六章　以「義理式的學術史觀」統攝中西學術

馬一浮義理式的學術史觀以一心本體論，架構出統攝傳統、現代學術的學術體系，他不同於晚清以降中體西用諸論調[1]，而是以六藝作為六大學術門類。馬一浮以「該攝」、「統攝」兩個同義詞統括所有學術，清楚區分「統」是「一理」總攝，以統為萬物本體、源頭，為本始開端，與其他學術史家專主「學術分類」不同。

馬一浮認為「類」本是依附「統」而衍生，目的在「別異」，故「類」不能獨立於統，即不能脫離六藝。他認為傳統目錄學只作學術分類，而不見更本質的形上統脈，故未能上臻不易之理；但相反的，若學者只知六藝義理，卻不知目錄的功用，亦是一弊。因此，馬一浮序六藝明統類為一，其「統」之界定連帶會影響到對「類」的認知、條件限定，從中亦可理解馬一浮為何批判目錄學是「籩豆之事」的理由。[2]如：馬一浮回答黃建中（1889-1959）問六藝如何統攝一切學術而指出：

> 學術類別雖繁，推求其本，皆六藝之枝與流裔也。今之學者，務求分

---

[1] 據王爾敏研究，到了晚清，「體用」成為士大夫們使用寬泛的辭彙，而「中學為體，西學為用」成為當時多數知識分子的共同觀念，並冀求一種對立下的調和，共有七種不同的意涵，分別是：一是道器的觀念；二是本末觀念；三是主輔觀念；四是內外觀念；五是存我觀念；六是會通觀念；七是歸返觀念。詳可參見王爾敏：〈清季知識分子的中體西用論〉，《大陸雜誌》第 26 卷第 10 期，1963 年 5 月，頁 14-20。

[2] 馬一浮：〈葉左文〉第 11 封，收入《馬一浮集》第 2 冊，頁 445。

> 疏，不知統類，莊生所謂往而不反。某以六藝統攝一切學術，蓋欲使
> 人返其本源，觀其會通，從異中求同，別中求總，庶幾可見道之大全
> 而不陷於偏曲。六藝為一切學術所從出，故可以統攝一切。[3]

上文有二個重點：一是論統、類；二是論學術類別。先論統、類。相近似的
文意在馬一浮的言語、著作中經常可見，研讀馬一浮的著作若未能區分他論
「統」、「類」之分而併為一事，就很難明白他時而論統，時而言類的原
因。舉例來說：當他在〈論六藝該攝一切學術〉、〈論六藝統攝於一心〉、
〈論西來學術亦統於一心〉、〈舉六藝明統類是始條理之事〉等文，皆著重
在「統」，強調以統攝類。至於在〈復性書院通治羣經必讀諸書舉要〉、
〈復性書院擬先刻諸書簡目〉等文，便著重於「類別差異」，再從類異上溯
於統。惜後人對他論統、類姿態各異，大感不解。如馬一浮言六藝、四部分
類而說：

> 今人講國學者，以經學、史學、諸子學並列，而不知其皆統於六藝。
> 吾以六藝統諸子，非欲徑廢諸子學之名也。[4]

> 六藝統諸子，理固如是，但流派既分，亦不必泯其差別相。必謂諸子
> 之名可以不立，似亦少過。[5]

是「立」或「廢」係因四部是類分而非統攝，故馬一浮認為可重新以六藝劃
定統宗；其中的「差別相」是指原本的類分，只要能對諸子、四部探源，亦
無妨保留，但前提是不能有類而無統。

---

[3] 烏以風輯錄：〈問學私記〉，收入《馬一浮集》第 3 冊，頁 1192。

[4] 王培德、劉錫嘏紀錄，烏以風、丁靜涵編次：「六藝篇」，〈馬一浮先生語錄類
編〉，收入《馬一浮集》第 3 冊，頁 939。

[5] 王培德、劉錫嘏紀錄，烏以風、丁靜涵編次：「六藝篇」，〈馬一浮先生語錄類
編〉，收入《馬一浮集》第 3 冊，頁 939。

　　其次，六藝統攝「一切學術」是否意謂廣羅天地間所有的學問、知識？不然。他說：「知類，斯可矣。蓋知類則通，通則無礙也。何言乎知類也？語曰：羣言淆亂，折衷於聖人，攝之以六藝，而其得失可知也。」又言：「是知古人讀書先須簡過，知其所從出，而後能之其所流極，抉擇無差，始為具眼。」[6]學術必折衷於聖人、六藝，才是應知之「類」，可為六藝之枝、流，所以，論「一切學術」目的在專門之學背後的道德價值，非深入直鈎專門知識。

　　綜觀之，馬一浮論「統、類」的關係有三項特點：一是欲突破傳統四部分類，並將類別劃歸至六藝之統下，如：他把四部分類法中的經部的十三經，分成「經」、「宗經論」、「釋經論」等三個層級正是如此。二是不滿足現有的學術分類。馬一浮本無意要滅類以求統，而是希望能從類異中以溯統。所以他既談類異，也談統宗，此即「分科」、「判教」之別。三是區別「通儒」、「專門／專家」、「技藝之學」。[7]馬一浮尤尚通儒，而不去究論專門／專家之學的內涵，乃是將專門／專家之學繫於六藝之統，申明通儒的定義範疇；至於技藝之學，馬一浮認為這些根本算不得學術，毋須統於六藝，六藝亦作不含攝。

　　總之，馬一浮的六藝論挑戰了既往目錄學以「類」統括一切學術，以及撰著目錄的意義，藉此突顯出通儒應俱備的道德修為與知識體系，在介乎義理學、學術史範域內，以「義理式的學術史觀」獨樹一格。而在其「以統攝類」的原則下，最終目標竟是「而諸子學之名可不立也」、「如是則經學、小學之名可不立也」、「而史學之名可不立也」、「而集部之名可不立也」[8]，似是想澈底打破傳統目錄學分類的意義，而他究竟想表達什麼樣的學術史理念？

6　以上皆參見馬一浮：〈讀書法〉，《復性書院講錄》第 1 卷，收入《馬一浮集》第 1 冊，頁 133。

7　詳參本書第四章「奠基『學術史』的六藝論」。

8　馬一浮：「乙、六藝統四部」，〈論六藝該攝一切學術〉，《泰和宜山會語》，收入《馬一浮集》第 1 冊，頁 15-17。

故本章將在前兩章基礎上，探討「義理式的學術史觀」論「經部」以外的其他傳統學術、西方學術，共分三節。第一節是「統攝傳統學術」，分成「子部」與「史部、集部」等兩點說明。第二節是「統攝西方知識體系」，分成統攝西方學術、西方哲學兩點說明。第三節是「以『統』攝『類』的客觀限制」，僅管馬一浮考辨學術重義理統攝，仍有客觀限制，若編書目只求「統」，會顯得含混不清，必分之以「類」，才能明歸致，但他也提出理想解套方法在六藝之教的「通治門」、「別治門」之中。復引一「小結」作結。

第一節　統攝傳統學術

在馬一浮〈六藝該攝一切學術〉一文中，有個極易忽略的註解，即「諸子依〈漢志〉，四部依〈隋志〉。」[9]這兩句話指出如果要替子學來溯源統脈，宜採行《漢書・藝文志》的分類方法；至於針對其他經、史、集三部的溯其統脈，則要根據《隋書・經籍志》。這說明馬一浮沒有一味承襲〈漢志〉或〈隋志〉，而是經由六藝統攝羣籍，再回過頭檢討傳統分類標準的問題，重新擬定以統攝類的方法。

再者，〈漢志〉、〈隋志〉標誌著兩種傳統目錄學的主要分類法。前者上承劉向、歆父子的《七略》，為七分法；清代的《四庫全書》則承用後者的四部分類法，成為當時官方編目的主流。此處馬一浮雖說是「四部依〈隋志〉」，但實際目的是藉由「四部分類法」檢討《四庫》分類的問題。

所以，以下將分二點說明馬一浮如何以六藝論統攝傳統學術：一是以六藝「統攝子部」，二是以六藝「統攝史部、集部」。

9　馬一浮：「甲、六藝統諸子」，〈論六藝該攝一切學術〉，《泰和宜山會語》，收入《馬一浮集》第 1 冊，頁 12。

一、統攝子部

馬一浮如何以六藝統攝「子部」？可從四個層次視之：一是先擇別何謂「諸子」。馬一浮先反省了《四庫》過度擴大子部範疇之弊；再分割出諸子、百家技藝之別；又縱使是「諸子」，亦有可論、可不論的差別。二是溯源諸子的起源。馬一浮認為諸子是在六藝一心論下，心性受後天習染流失的結果，與章學誠認為諸子無制作實權的「諸子空言」，龔自珍以六藝為大宗，諸子為小宗不同。三是實際統攝諸子的方法。馬一浮先述明以六藝統攝諸子之法，而後明諸子流衍出玄學、義學、禪學、理學之類中國義理學史／哲學史式的流變發展。四是反省晚清諸子獨立，再到民初胡適〈諸子不出於王官論〉平列諸子的意圖。馬一浮認為無論是章學誠的「出於王官」，或胡適「不出於王官」，都無法解釋諸子起源與發展，唯有歸宗六藝，以後人因為心習流失而只能各取六藝之一偏，但也因此而「思想自由」，此正是諸子興起實際原由。以下分別說明。

(一) 擇別諸子：判分「子部」與「諸子」之學

以下將對比《四庫總目》之子部、馬一浮論諸子之別。首先，根據《四庫總目》界定子部內涵是「自六經以外立說者，皆子書也。」[10]並將羣書分成四種十四類：

> 儒家尚矣，有文事者有武備，故次之以兵家，兵，刑類也。唐虞無皋陶（2220B.C.-2113B.C.），則寇賊姦宄無所禁，必不能風動時雍，故次以法家。民，國之本也；穀，民之本也；故次以農家。本草經方，技術之事也，而生死繫焉。神農、黃帝，以聖人為天子，尚親治之，故次以醫家。重民事者先授時，授時本測候，測候本積數，故次之以天文算法。以上六家，皆治世者所有事也。百家方技，或有益，或無益，而其說久行，理難竟廢，故次以術數。游藝亦學問之餘事，一技入神，器或寓道，故次以藝術。以上二家，皆小道之可觀者也。

---

[10]　清‧永瑢等撰：〈子部總敘〉，《四庫全書總目》，頁769。

《詩》取多識，《易》稱制器，博聞有取，利用攸資，故次以譜錄。羣言岐出，不名一類，總為薈萃，皆可採擷菁英，故次以雜家。隸事分類，亦雜言也，舊附於子部，今從其例，故次以類書。稗官所述，其事末矣，用廣見聞，愈於博奕，故次以小說家。以上四家，皆旁資參考者也。二氏，外學也，故次以釋家、道家終焉。[11]

《四庫總目》係以政治實務排列出子部各家的先後次序，依次是：一、治世者所用者：有儒家、兵家、法家、農家、醫家、天文算法等六家。二、小道可觀者：有術數、藝術等兩家。三、旁資參考者：有譜錄、雜家、類書、小說家。四、外學者：有釋家、道家。從《四庫總目》對比《七略》以諸子、兵書、術數、方伎各為一略，《四庫總目》的「子部」則承〈隋志〉的傳統，將此四略彙歸為一，其分類法亦與先秦的「九流十家」相差甚遠，劉咸炘形容這種湮沒了九流，而擴張了技藝之學的發展走向頗有「賓喧主奪」的意味。[12]

其次，馬一浮論子學流變則是對《四庫》子部收納過於泛濫的反思，而欲純化、回歸到「九流」。他根據六藝擇別可稱為諸子者，有：儒、道、法、名、墨、雜等六家，其〈諸子會歸總目并序例〉正顯示了擇別經過：

去陰陽，為其學微絕，後世有述者，怪僻不足存也；去縱橫，為《鬼谷》晚出，尤害義，不獎游食，不貴詐緩也。去農，為神農之說無徵，世傳農圃小書，無與於治也；去兵，為上戰不可為治，本金匱《六弢》之屬，多誕也；【《漢志・兵略》與諸子異簡，王儉（452-489）沿之，易為「軍言」，阮孝緒（479-536）初併為「子兵錄」，〈隋志〉以下沿之。然自孫武外，多謬託。】去天文歷算，為其術晚而彌精，不尚守曲也；【〈漢志〉天文歷譜皆在《數術略》，亦與諸子異簡。《九章》之屬疑當

---

[11]　清・永瑢等撰：〈子部總敘〉，《四庫全書總目》，頁769。

[12]　劉咸炘：〈四庫子部〉，《續校讎通義》，收入黃曙輝編：《劉咸炘學術論集──校讎學編》，頁83。

附小學。】去醫，為其屬於方伎也；去小說，為其末流之猥也。釋氏
非中土之學，不事兼收；方士所守與黃老異等；【《參同契》原出於
《易》，後世以為丹經之祖。〈隋志〉錄《抱朴子》，《內篇》在道家，《外
篇》在雜家。今按《外篇》言人事，大旨以黃老為宗，猶古道家言。《內篇》則
主神仙，不容分割，仍沿舊本。并錄存此二家，亦以見道家之流變。若《真誥》
《神仙傳》之屬，則弗錄。……】譜錄、類書、雜伎、曲藝，亦附諸子，
並乖於義類，其失已久，今併斥除，所以昭其謹。【今名術數，古亦統
言方伎……】為流有六，曰儒、曰道、曰法、曰名、曰墨、曰雜，其
志皆以範圍天下。五家者皆有所蔽短，儒亦醇駁互見。不測眾星無以
指北辰，不登泰岱不能小齊魯。羣流並陳，然後知儒為高，比而次
之，所以教其擇也。……使學者無博騖以寡要，無旁求而取足，所以
省其勞也。凡為纂集之總義如此，定名曰《諸子會歸》。[13]

將上文以「納取」、「捨棄」歸整於下二表，且並比《四庫總目》明其差異：

編次	納取類別	馬一浮納取理由	《四庫總目》類屬
1	儒家		儒家類
2	道家		外學類
3	法家	其志皆以範圍天下。	法家類
4	名家		雜家類
5	墨家		雜家類
6	雜家		雜家類

編次	捨棄類別	馬一浮捨棄理由	《四庫總目》類屬	重要註腳
1	陰陽家	為其學微絕，後世有述者，怪僻不足存也。	小道之可觀者（列入術數類）	

---

[13] 馬一浮：「諸子會歸總目并序例」，〈復性書院擬先刻諸書簡目〉，收入《馬一浮集》第 2 冊，頁 1210-1212。

2	縱橫家	為《鬼谷》晚出，尤害義，不講游食，不貴詐緩也。	旁資參考者	
3	農家	為神農之說無徵，世傳農圃小書，無與於治也。	治世者所有事也	
4	兵家	為上戰不可為治，本金匱《六弢》之屬，多誕也。	治世者所有事也	《漢志·兵略》與諸子異簡，王儉沿之，易為「軍言」，阮孝緒初併為「子兵錄」，〈隋志〉以下沿之。
5	天文曆算	為其術晚而彌精，不尚守曲也。	治世者所有事也	〈漢志〉天文曆譜皆在「數術略」，亦與諸子異簡。
6	醫家	為其屬於方伎也。	治世者所有事也	
7	小說	為其末流之猥也。	旁資參考者	
8	釋家	非中土之學，不事兼收。	外學也	
9	神仙家	方士所守與黃老異等。	外學也	〈隋志〉錄《抱朴子》，《內篇》在道家，《外篇》在雜家。今按《外篇》言人事，大旨以黃老為宗，猶古道家言。《內篇》則主神仙，不容分割，仍沿舊本。并錄存此二家，亦以見道家之流變。
10	譜錄		旁資參考者	
11	類書	亦附諸子，並乖於義類，其失已久，今併斥除，所以昭其謹。	旁資參考者	
12	雜技		小道之可觀者（列入術數類）	
13	曲藝		小道之可觀者	

			（《四庫》本無，應屬於「藝術類」）	
14	術數	古亦統言方伎。	小道之可觀者	

對比上述兩種分類方法，可歸納出四點差異：一是對「治」的觀點不同；二是對「技藝之學」的態度不同；三是對「雜家」的定義、涵括範圍不同；四是對佛、道二家態度不同。

其一，《四庫總目》重「治之用」，紀昀（1724-1805）以「國之大柄」、「民命之所關」，申明子部前六家乃「皆治世者所有事也」。[14]但馬一浮重「治之體」而不重治理工具，以「志」在董理天下者為子，汰除其他學術類別，將子部定於先秦五家。原有雜家而為六，唯馬一浮以雜家得於六藝是「得少失少」，故不足算。

其二，在治體、治用分別下，對「技藝之學」的態度亦有不同。《四庫總目》提升了技藝之學的科學價值，如：農、醫、天文曆算等[15]，馬一浮則以技藝之學無涉於治體，完全排除，或言：乖僻不足存，或言害於義，或言無與治也，或不尚守曲，或統於方技……不一而足。然而，馬一浮之語看似

---

[14] 清·紀昀云：「余校錄《四庫全書》子部凡分十四家，儒家第一，兵家第二，法家第三，所謂禮樂兵刑，國之大柄也。農家、醫家，舊史多退之於末簡，余獨以農家居四，而其五為醫家。農者，民命之所關；醫雖一技，亦民之所關，故升諸他藝術上也。」參見氏著：〈濟眾新編序〉，《紀文達公遺集》第八卷，收入清代詩文集彙編編纂委員會：《清代詩文集彙編》（上海：上海古籍出版社，2010 年 12 月），頁306。

[15] 司馬朝軍認為《總目》提高科學，如提升農家、醫家、天文算法等傳統科學的地位。又徐有富亦提出《總目》有重視農業；醫學；中西結合，天文學、數學發展很快；重道輕藝，鄙薄科學技術等特質。二者似對「科學」解讀背道而馳，實是名詞界定之別，徐氏且將方技、生產技術位列其中，故認為甚少重視、蒐羅技術性質的圖書。但他們都觀察到子部對科學的提升，並有一定獨立性。

詳參司馬朝軍：〈四庫全書總目與分類學〉，《四庫全書總目研究》，頁 159-161。
徐有富：〈四庫全書總目〉，《目錄學與學術史》（北京：中華書局，2009 年 4 月），頁 341-345。

鄙薄，實是想獨立出這些技藝之學，給予一獨立的定位，如言：兵家原入「子兵錄」，天文曆算原在「數術略」，又以醫家屬於「方伎」，使各有歸屬，不必滲入子學之中。[16]

其三，《四庫總目》擴大雜家為「雜類」，又細分有雜學、雜考、雜說、雜品、雜纂、雜編等小類，以無所不包為「雜」[17]，使雜家從「思想流派」之一，轉變為兼容並蓄的「龐雜」之部。[18]其中，《四庫總目》以名、墨二家流傳不多，後無所述，因為量少而列入雜學，但如此一來，便無法辨章名、墨二家學術源流，故目錄學家余嘉錫（1884-1955）批評道：「最誤者莫如合名墨縱橫於雜家，使〈漢志〉諸子九流十家頓亡其三，不獨不能辨章學術，且舉古人家法而淆之矣。」[19]而馬一浮則從〈漢志〉九流，使名、墨、縱橫、雜各自為家，並定位雜家是揉合各家而為雜。

其四，《四庫總目》視釋、道為外學，列於類末，頗有以儒學為核心，排斥外學之意。如在釋家類的〈小序〉便提到：「《舊唐書》以古無釋家，遂併佛書於道家，頗乖名實。然惟錄諸家之書為二氏作者，而不錄二氏之經典，則其義可從。今錄二氏於子部末，用阮孝緒例；不錄經典，用劉昫（888-947）例也。」[20]釋家尚可說是外傳宗教，但《四庫總目》卻是混道家、道教為一，悉納入「道家類」，此為另一失。馬一浮僅管表明佛家「非

---

¹⁶ 對此，章學誠亦云：「《七略》以兵書、方技、數術為三部，列於諸子之外者，諸子立言以明道，兵書、方技、數術皆守法以傳藝，處理實事，義不同科故也。至四部而皆列子類矣。」即言道、傳藝實為二事，於《七略》尤有分別，但四部便合併為一。參見清·章學誠撰，葉瑛校注：「右七之五」，〈校讎條理第七〉，《校讎通義校注》，頁985。

¹⁷ 清·永瑢等撰：〈子部總敘〉，《四庫全書總目》，頁769。

¹⁸ 詳可參王智勇：〈說子部〉，《圖書館學刊》，2002年增刊，頁125-126、劉春華：〈由「思想流派」之雜到「龐雜」之雜——論中國古代書目子部雜家著錄內容之演變〉，《淮北師範大學學報（哲學社會科學版）》第32卷第6期，2011年12月，頁38-42。

¹⁹ 余嘉錫：〈目錄學體制三 小序〉，《目錄學發微》，收入氏著：《余嘉錫說文獻學》（上海：上海古籍出版社，2001年3月），頁69-70。

²⁰ 清·永瑢等撰：〈子部·釋家類小序〉，《四庫全書總目》，頁1236。

中土之學，不事兼收」，但這不是貶抑，他給予佛學一特殊的學術定位，尤其是義理上能與儒家等立，更自成一學術體系，此待後述。[21]反觀神仙家強調「方士所守與黃老異等」，又以《抱朴子》是介於古道家之一的黃老、神仙家之學術流變，這說明了二點：一是辨別神仙家與道家不同，前者流變成「道教」，與道家異途。二是黃老同為道家一脈，為之後流於法家提供了理論基礎。[22]

歸總來看，馬一浮說：

> 又雜家、小說、縱橫之流，亦不足數。余嘗於民國初年為〈諸子彙歸序〉一文，但論儒、墨、道、法，將來亦祇須以判教方法分別論之。但此乃名家事，於自己分上頗少干涉，不過亦是窮理之一事耳。[23]

經由六藝判別諸子之統、類，強調總別不離的梳理原則，諸子在道德判教下為六藝所流出，即「《漢書‧藝文志》謂九流出於六藝，可信。然九流皆六藝之流裔」是也。[24]至於《四庫總目》子部廣包天下學術的分類，馬一浮認為無涉於判教者，大可獨立成為技藝之學，不必強納入子學之中。以此觀之，馬一浮的「六藝統攝一切學術」便不該當作為科學性、現代性統括天底下一切學術，而是經過道德擇別後六藝判教的結果。

（二）諸子的起源：心習流失

馬一浮論諸子的起源，對比章學誠的「諸子空言」、龔自珍的「子學獨立」均有不同，馬一浮是以心習流失論諸子起源。

最初，章學誠的「諸子空言」是架構在古代學術出於王官的論述，他以

21　詳請參見本書第七章第一節「『義理』相契，但『學術史源流』相異的『佛學』。」

22　有關釋、道二家的定位與對學術源流的影響，詳參本書第七章「以『義理式的學術史觀』定位佛、道思想」，此不贅述。

23　王培德、劉錫嘏紀錄，烏以風、丁靜涵編次：「四學篇」，〈馬一浮語錄類編〉，收入《馬一浮集》第3冊，頁958。

24　烏以風輯錄：〈問學私記〉，收入《馬一浮集》第3冊，頁1132。

守於王官者有制作之權，官師、治教合一，道在人倫日用間，而以六經為器，器以顯道，即道之顯必然得寄寓於器，理必然貫於事而能被彰顯，故看重作為形下載體的器、事。[25]諸子言論等而下之，是官學失守後，自取道體一端，敷以己志，流為諸家之論，故僅成一家言，既為「空言」，又可稱為「道病」。[26]

而後，龔自珍雖接受六經皆史，但他擴大了史的範圍，以古代論宗法之大宗、小宗確立六經、諸子關係，以此定義出經、子位屬，並將「史」從王官之學上推到泛指一切古史。這與章學誠守六經為政典，為上古唯一制作不同。龔氏認為在同為「史材」意義下，諸子的價值並不遜於六藝，進而肯定了諸子思想的自創性、獨立性。[27]

以上的兩種學術史觀分別形成「諸子空言」、「子學獨立」兩種論述基調，影響後世深遠。[28]

至於馬一浮在六藝統攝一心觀點下，他既不贊同「諸子空言」，也不可能同意「諸子獨立」，因為六藝之道為心性本體，且兼義理、學術之統，故

---

[25] 故云：「亦謂先聖先王之道不可見，六經即其器之可見者也。後人不見先王，當據可守之器而思不可見之道。」「故夫子述而不作，而表章六藝，以存周公舊典也，不敢舍器而言道也。」參見清・章學誠著、葉瑛校注：〈原道中〉，《文史通義校注》，頁132-133。

[26] 清・章學誠著、葉瑛校注：〈原道下〉，《文史通義校注》，頁138。

[27] 張壽安先生：〈六經皆史？且聽經學家怎麼說──龔自珍、章學誠「論學術流辨」之異同〉，收入《文化與歷史的追索──余英時教授八秩壽慶論文集》，頁303-307。

[28] 張壽安先生說：「我們試翻閱 20 世紀上半葉許多命名為學術思想史、或思想史的著作，其內容幾乎都是以先秦子學開卷，接續以魏晉玄學宋明理學，完全以『子家思想』為論述主軸。自立言、自為說的諸子學取代了經學，成為『思想史』的撰寫主線。這經、子地位的升降，甚至學術主軸的變置，應該和龔自珍有相當關係吧。……至於晚清子學地位的提昇，尤其是『思想創造力』的倍獲重視，甚至成為 20 世紀初期『中國學術思想史』或《中國思想史》一類著作的主要結構，這七、八十年間學術史論的發展線索，則有待進一步探討了。」參見氏著：〈六經皆史？且聽經學家怎麼說──龔自珍、章學誠「論學術流辨」之異同〉，收入《文化與歷史的追索──余英時教授八秩壽慶論文集》，頁309。

說：

> 竊謂羣經，皆統於六藝。舊分四部，自阮孝緒以下，承用至今，義實
> 未協。儒者以六藝為宗本。諸子亦原出六藝，各得其一端。太史公書
> 自附於《春秋》，〈漢志〉敘九家六藝之支與流裔，此為猶能識其
> 原。後乃別出子史，與經並列。集部愈益猥濫，其近正者，固皆出於
> 經。若夫畔道之言，又何得並經而四，故有六藝而無四部。[29]

以上總述馬一浮對等觀經史子集四部分類法的批判，他認為唯有以六藝統
攝，方能清楚辨章學術源流，故用六藝取代四部。而馬一浮對諸子出於六藝
的態度似與章學誠無別，實際上是另以「心習流失」取而代之，他指出：

> 欲知諸子出於六藝，須先明六藝流失。……學者須知，六藝本無流
> 失，「學焉而得其性之所近」，俱可適道。其有流失者，習也。心習
> 纔有所偏重，便一向往習熟一邊去，而於所不習者便有所遺，高者為
> 賢、知之過，下者為愚、不肖之不及，遂成流失。佛氏謂之邊見，莊
> 子謂之往而不反，此流失所從來。[30]

心性本體的展現在「六藝一心論」，全德為仁，開闔於六德、六藝之間。諸
子興起與王官無涉，而是人心受後天習染的偏向，因此，馬一浮常以「得
失」於六藝多寡判論諸子高下。[31]如此一來，「思想自由」不能沒有歸宗，
而馬一浮的作法是還經於經，還史於史，還子為子，並以六藝該攝一切為基
礎，與章、龔二氏不同。

29　馬一浮：「一、編訂門」，〈因社 Chinese-Renaissance Society 印書議〉，收入《馬一
　　浮集》第 2 冊，頁 1268。

30　馬一浮：「甲、六藝統諸子」，〈論六藝該攝一切學術〉，《泰和宜山會語》，收入
　　《馬一浮集》第 1 冊，頁 12。

31　馬一浮：「甲、六藝統諸子」，〈論六藝該攝一切學術〉，《泰和宜山會語》，收入
　　《馬一浮集》第 1 冊，頁 14。

又馬一浮的六藝義理精神源自宋明理學論心性本體、工夫論，可是宋明理學家論道器、理事，或論諸子之學並不從六藝出，所以，馬一浮以六藝論諸學，以學術史繫理學，誠為新見，若徑將其學術匯流於理學，而缺乏學術史的討論，將難以勾勒出馬一浮學術思想的全貌。

（三）統攝諸子的方法

至於馬一浮的六藝統攝諸子的方法可分作二個層次：一是「統攝諸子」，以六藝為統該，以一心得失列屬於各藝之內；二是「諸子濫觴」，透過未及完成的「四學考」隱然浮現一條義理學史觀，可視為哲學史的譜系、流變，以下分述之。

1.統攝諸子

確立諸子範疇後，馬一浮將六藝、諸子源流關係譜繫如下：

〈漢志〉：「諸子十家，其可觀者九家。」其實九家之中，舉其要者，不過五家，儒、墨、名、法、道是已。出於王官之說，不可依據，今所不用。不通六藝，不名為儒，此不待言。墨家統於《禮》，名、法亦統於《禮》，道家統於《易》，判其得失，分為四句：一，得多失多。二，得多失少。三，得少失多。四，得少失少。例如道家體大，觀變最深，故老子得《易》為多，而流為陰謀，其失亦多，「《易》之失賊」也。莊子《齊物》，好為無端崖之辭，以天下不可與莊語。得於《樂》之意為多，而不免流蕩，亦是得多失多，「《樂》之失奢」也。墨子雖非樂，而〈兼愛〉〈尚同〉實出於樂，〈節用〉〈尊天〉〈明鬼〉出於《禮》，而〈短喪〉又與《禮》悖，墨經難讀，又兼名家亦出於《禮》，如墨子出於《禮》《樂》，是得少失多也。法家往往兼道家，言如《管子》，〈漢志〉本在道家，韓非（281B.C.-233B.C.）亦有〈解老〉〈喻老〉，自託於道。其於《禮》與《易》，亦是得少失多。餘如惠施（約 370B.C.-310 B.C.）、公孫龍子（320B.C.-250B.C.）之流，雖極其辯，無益於道，可謂得少失少。其得多失少者，獨有荀卿（313B.C.-238B.C.），荀本

在儒家，身通六藝，而言「性惡」、「法後王」是其失也。若誣與亂之失，縱橫家兼而有之，然其談王伯皆游辭，實無所得，故不足判。雜家亦是得少失少。農家與陰陽家雖出於《禮》與《易》，末流益卑陋，無足判。觀五家之得失，可知其學皆統於六藝，而諸子學之名可不立也。[32]

上述長文，可劃歸「配分」、「無足配分」兩表：

諸子		六藝之配	配分因由	得失之判
儒家		六藝	不通六藝，不名為儒，此不待言。	
墨家		禮教（樂教）	墨子雖非樂，而〈兼愛〉〈尚同〉實出於樂，〈節用〉〈尊天〉〈明鬼〉出於《禮》，而〈短喪〉又與《禮》悖，墨經難讀。……如墨子出於《禮》《樂》，是得少失多也。	得少失多
道家	老子	易教	道家體大，觀變最深，故老子得《易》為多，而流為陰謀，其失亦多，「《易》之失賊」也。	得多失多
	莊子	樂教	莊子《齊物》，好為無端厓之辭，以天下不可與莊語。得於《樂》之意為多，而不免流蕩，亦是得多失多，「《樂》之失奢」也。	
名家		禮教	又兼名家亦出於《禮》……雖極其辯，無益於道。	得少失少
法家		禮教易教	法家往往兼道家，言如《管子》，〈漢志〉本在道家，韓非亦有〈解老〉〈喻老〉，自託於道。	得少失多
儒家之「荀子」		六藝	而言「性惡」、「法後王」是其失也。	得多失少

---

[32] 馬一浮：「甲、六藝統諸子」，〈論六藝該攝一切學術〉，《泰和宜山會語》，收入《馬一浮集》第 1 冊，頁 12-15。

諸子	六藝之配	無足配分之因由
雜家	六藝	得少失少
縱橫家		然其談王伯皆游辭，實無所得，故不足判。
農家	禮教	末流益卑陋，無足判。
陰陽家	易教[33]	

上述有二個重點：一是六藝與諸子源起；二是諸子如何搭配六藝。先論前者。

首先，馬一浮論及諸子源起，有說：

> 敍曰：大古有學，始於有名。生名蕃孳，人事散殊，然後書契作，思辨以起，示物之紀，使民不惑。天下之賾者，使可得而理也；天下之隱者，使可得而顯也。形而下者，其名易知，形而上者，其名難知。因而成之謂之見，推而致之謂之知，擬而形之謂之名，率而由之謂之道。其見知也塗慮殊，故其名道若違，自非聖人，孰能一之。[34]

馬一浮認為學起於有名，後有書契、思辨以顯物異，又因質性有抽象、實際之別，而分有形上、形下。唯孔聖人刪述六藝，故得其全，諸子所見所知不免殊別，思慮亦殊途，各偏一隅。至於上古學者如：荀子、呂不韋（290B.C.-235B.C.）、尸佼（390B.C.-330B.C.）……皆有評論諸子的異執、相絀；殆及劉向、歆劃分〈六藝略〉、〈諸子略〉，才真正區隔了經藝、諸子不與同爨。[35]但諸子並未獨立，而是在六藝之下的「思想自由」，成一家

---

[33] 如其曾云：「〈漢志〉敍陰陽五行、天文曆譜、蓍龜雜占、形法數術，大抵《易》之支與流裔。」參見馬一浮：〈王氏地理書序〉，收入《馬一浮集》第2冊，頁52。

[34] 馬一浮：「諸子彙歸序目」，〈復性書院擬先刻諸書簡目〉，收入《馬一浮集》第2冊，頁1212。

[35] 馬一浮云：「故孫卿之書曰：『老子有見於詘，無見於信；墨子有見於齊，無見於畸；宋子有見於少，無見於多。』呂不韋之書曰：『老聃貴柔，孔子貴仁；墨翟貴兼，關尹（？-477B.C.）貴清；子列子貴虛，陳駢（田駢，370B.C.-291B.C.）貴齊；楊朱（440B.C.-360B.C.）貴己，孫臏（382B.C.-316B.C.）貴勢；王廖（？）貴先，兒

學。[36]

　　其次，馬一浮將六家學術搭配六藝之易教、禮教、樂教，有兩點值得注意：其一，判分根據為何；其二，得者為何，失者為何。馬一浮在反對諸子出於王官前提下，以「知要」、「知類」來說明此兩點。「知要」前已述明，即眾學會歸六藝，且各有其長，如：易教明陰陽變化，禮教明人倫日用，樂教明音聲相感⋯⋯。「知類」乃是折衷六藝的判分，故云：「羣言淆亂，折衷於聖人，攝之以六藝，而其得失可知也。」[37]他進而納《禮記‧經解》、《論語》、《孟子》、《荀子‧解蔽》證明諸子的心習得失，而謂：

　　〈漢志〉敘九家，各有其長，亦各有其短。〈經解〉明六藝流失，曰愚、曰誣、曰煩、曰奢、【亦曰《禮》失則離，《樂》失則流。】曰賊、曰亂。《論語》「六言」「六蔽」，曰愚、曰蕩、曰賊、曰絞、曰亂、曰狂。《孟子》知言顯言之過為詖淫邪遁，知其心者為蔽陷離窮。皆從其類也。《荀子》曰：「墨子蔽於用而不知文，宋子（名銒，370B.C.-291B.C.）蔽於欲而不知得，慎子（名到，395B.C.-315B.C.）蔽於法而不知賢，申子（名不害，385B.C.-337B.C.）蔽於勢而不知知，惠子（名施，約 370B.C.-310B.C.）蔽於辭而不知實，莊子蔽於天而不知人。故由用謂之，道盡利矣。由欲謂之，道盡嗛矣；由法謂之，道盡數矣；由勢謂之，道盡便矣；由辭謂之，道盡論矣；由天謂之，道盡因矣。此數具者，皆道之一隅也。夫道者，體常而盡變，一隅不足以舉之。」荀子此語，亦判得最好。蔽於一隅即局

良（？）貴後。』尸佼之書曰：『墨子貴兼，孔子貴公，皇子貴衷，田子貴均，列子貴虛，料子貴別。』圉，斯其異執也，異執故相絀。彼皆以仲尼與諸子同稱。然漢以來知尊孔子，劉向始立諸子之目，示其言不得與聖人並。」詳參馬一浮：「諸子彙歸序目」，〈復性書院擬先刻諸書簡目〉，收入《馬一浮集》第 2 冊，頁 1212。

36　馬一浮：「甲、六藝統諸子」，〈論六藝該攝一切學術〉，《泰和宜山會語》，收入《馬一浮集》第 1 冊，頁 13-14。

37　馬一浮：〈讀書法〉，《復性書院講錄》第 1 卷，收入《馬一浮集》第 1 冊，頁 133。

也。[38]

以上可分作兩組：一是以《論語》、《孟子》證明心習有失，如朱子註六言、六蔽說：「六言皆言美德，然徒好之而不學以明其理，則各有所蔽。」[39]又註知言而說：「四者亦相因，則心之失也。人之有言，皆本於心。其心明乎正理而無蔽，然後其言平正通達而無病；苟為不然，則必有是四者之病矣。」[40]皆言明人心因習流失而有偏重，須知類、知要以明統宗。二是以〈經解〉、〈解蔽〉論諸子得失。故夫〈經解〉之「六失」即人學於諸教時，因心習偏向流有弊害，非本然之蔽；又馬一浮亦作〈釋荀子解蔽篇〉評騭諸子，歸整如下表：

《荀子·解蔽》	馬一浮註釋[41]
墨子蔽於用而不知文	《莊子》曰：「以繩墨自矯，而備世之急。」所謂用也，謂急於用世。其道太觳，故無文。
宋子蔽於欲而不知得【得當作德】	宋鈃以人我之養畢足而止，有近於今之唯物論，不知有五常之德也。
慎子蔽於法而不知賢	慎到尚刑名，不尚賢，有近於今之法制論者。
申子蔽於勢而不知知【下「知」當作智。勢者，權勢也。】	申不害尚勢，猶今言極權，而不知任智，適成其為愚也。
惠子蔽於辭而不知實	惠施好辯，自以為極，猶今之重邏輯辯證法，只成得一套理論，恆與事實相違。莊子曰：「惠施多方，其書五車，其

---

38 馬一浮：〈讀書法〉，《復性書院講錄》第 1 卷，收入《馬一浮集》第 1 冊，頁 133。

39 南宋·朱熹註：〈陽貨〉，《論語集註》，收入氏註：《四書章句集註》，頁 178。

40 南宋·朱熹註：〈公孫丑章句上〉，《孟子集註》，收入氏註：《四書章句集註》，頁 233。

41 馬一浮：〈釋荀子解蔽篇〉，《蠲戲齋雜著》，收入《馬一浮集》第 1 冊，頁 831-832。

	於天地，猶一蚉一蝱之勞者也。」
莊子蔽於天而不知人	莊子因任自然，不免遺棄人事。
故由用謂之道，盡利也	謂功利也。
由俗之謂道，盡嗛矣【俗當作欲。】	嗛，快也。言天下之道盡於快意，猶今言滿足欲望也。
由法謂之道，盡數矣	〈學記〉言及於數，鄭注以數為法象。〈勸學篇〉曰：「其數則始乎誦經，終乎讀《禮》。」楊注：「數猶術也。」猶今言條文、章制、計劃之類。
由勢謂之道，盡便矣	便謂取得所欲。
由辭謂之道，盡論矣；由天謂之道，盡因矣。	

另取馬一浮其他梳理諸子源流處有謂：

> 道家出於《易》，《易》長於語變，老子深知之。法家出於《禮》，故荀卿言《禮》，一傳而為李斯、韓非。道家之失，如莊子文字恣肆，其弊也奢；法家之失，其弊也儉。實則一為禮之失，一為樂之失。樂之失為奢，為流。奢病較小，流病便大。[42]

> 虛則文勝而無實，如法家辨等，威明上下，有近於禮，而專任刑罰，慘刻寡恩，流為不仁，是有禮而無詩也。道家清虛夷曠，近於樂，其流至任誕廢務，是有樂而無禮也。墨家兼愛，不識分殊，則倍於禮；儉而無節，其道太觳，則乖於樂。名家馳騁辯說，務以勝人，其言破析無當於詩，其道乖駮無當於禮。此皆不中不遍之過。舉此三過與前文不中禮之三失，以是推之，判六國時異說流失亦略盡矣。就本文三句言，則初句正判名、法二家，次句正判墨家，末句則判道家。道家

---

[42] 王培德、劉錫嘏紀錄，烏以風、丁靜涵編次：「四學篇」，〈馬一浮語錄類編〉，收入《馬一浮集》第 3 冊，頁 958。

　　　以禮為忠信之薄，乃矯文勝之弊而過之，遂欲去禮，是亦於禮虛也。[43]

以上用六藝判分諸子義理體系之原則，清楚點明其蔽即是「局」，亦為不中不遍的過與不及，故諸子各有其本，亦有其流失，所謂「出於某」即蔽、局於某。

　　　除儒者通六藝外：「道家」另得於易教，且與其他諸子、儒家荀子的學術得失流變，皆攸關禮教、樂教，馬一浮云：「四家者，皆短於禮樂，即非其人。」[44]又說：「實則道、墨、名、法四家之失，並由不知德教之本，有奪無存，以私智為可以易天下。」[45]可見流失關鍵在禮教、樂教。然而禮教、樂教核心價值為何？何以諸子多缺二者之教？缺乏會導致哪些影響？這可從禮樂基礎、禮樂關係、落實政治等三面分說。

　　　其一，禮樂基礎在《詩》。馬一浮闡釋說：「在心為志，發言為《詩》；在心為德，行之為禮。……《詩》主於仁，感而後興；禮主於義，以敬為本。」又禮、樂連綴，「故即《詩》即《禮》，即《禮》即《樂》。」[46]禮教、樂教基礎在詩教，此於討論「內聖外王兼教化」關係時已述明。[47]又詩教主「仁」，因此，此意謂諸子於仁有缺。

　　　其二，在禮樂關係上，馬一浮以「中」、「中而兼遍」、「不中不遍」三層次詮解《禮記‧仲尼燕居》。「中」是禮、樂能合乎內在之理、節度。馬一浮言「中而兼遍」者，則說：

---

[43]　馬一浮：「簡過」，〈仲尼燕居釋義下〉，《復性書院講錄》第4卷，收入《馬一浮集》第1冊，頁322。

[44]　馬一浮：「附語」，〈仲尼燕居釋義下〉，《復性書院講錄》第4卷，收入《馬一浮集》第1冊，頁326。

[45]　馬一浮：「原刑」，〈孝經大義〉，《復性書院講錄》第3卷，收入《馬一浮集》第1冊，頁261。

[46]　馬一浮：「序說」，〈禮教緒論〉，《復性書院講錄》第4卷，收入《馬一浮集》第1冊，頁300。

[47]　詳參本書第五章第一節，第三大點第（三）小點「內聖外王兼教化關係」。

禮樂互說，節是理之節，理是節之理。理本中，所以為中者，以其有
節也。君子無理不動，動即是中；無節不作，作必應節。是無往而非
禮樂，中而兼遍也。[48]

禮、樂互為其本、用，二者同行，缺一不可，唯先序而後和，略有先後，故
曰：「禮樂同行，唯序故和，因和益序，本無先後，亦可言先後者，禮至則
樂至也。」[49]得中又能周普於生活，此為「遍」。然而，不能達到中、遍是
「不中不遍」，故馬一浮援〈仲尼燕居〉：「不能《詩》，於禮繆；不能
樂，於禮素；薄於德，於禮虛……古之人也，達於禮而不達於樂，謂之素。
達於樂而不達於禮，謂之偏。」[50]他因此依序批駁了名家、法家繆於禮，墨
家禮過素，道家薄於德。又自該文言「不中禮」的三失——敬而不中禮謂之
野、恭而不中禮謂之給、勇而不中禮謂之逆，批評是「給奪慈仁」，巧辭亂
德而託言慈仁之意。[51]

　　以此反觀諸子們實是知禮知樂的，可惜缺乏以「仁」作為根本，踐行禮
樂時又有落差，最終流有多寡得失。所以，馬一浮以《論語・憲問》子路問
「成人」，答曰：「若臧武仲（？）之知，公綽（？）之不欲，卞莊子（？）
之勇，冉求（522B.C.-？）之藝，文之以禮樂；亦可以成為人矣！」為喻
[52]，而謂諸子四家是「智近名、法家，不欲近道家，勇與藝近墨家。……如

---

[48] 馬一浮：「簡過」，〈仲尼燕居釋義下〉，《復性書院講錄》第 4 卷，收入《馬一浮集》第 1 冊，頁 321。

[49] 馬一浮：〈示王紫東〉，《爾雅臺答問續編》卷 2，收入《馬一浮集》第 1 冊，頁617。

[50] 東漢・鄭玄注、唐・孔穎達疏：〈仲尼燕居〉，《禮記正義》，收入李學勤主編：《十三經注疏》，頁 1387。

[51] 馬一浮：「一、顯遍義」，〈仲尼燕居釋義上〉，《復性書院講錄》第 4 卷，收入《馬一浮集》第 1 冊，頁 309-310。

[52] 南宋・朱熹註：〈憲問〉，《論語集註》，收入氏註：《四書章句集註》，頁 151。

四子之才，文之以禮樂，乃為成人，此謂可以行禮樂之人也。」[53]足見諸子得失在禮樂。

其三，落實政治，禮是施政基礎。馬一浮將理事關係、為政在禮樂串如下述，先云：「事無不該之謂遍，理無不得之謂中，理事不二之謂治。【即事得其理，亦即事外無理。】理事相違之謂過，即事即理之謂政，【即理外無事。】事失其理之謂亂。」[54]又強調「舍禮樂無以為政。故政之實，禮樂是也；禮樂之實，言行是也。」[55]且說：「事理相望，則政為事而禮樂為理，禮樂為事而言行為理，言行為事而履與樂為理，履又為事而樂為理。」[56]歸總視之，理事不二方為理治之道；又理政基礎在禮樂，禮樂乃言行徵象。所以，諸子於禮樂有失，又上短於仁，而不得詩教；下短於禮樂，為政有缺，故不得書教、春秋教，馬一浮溯諸子源流昭然若此。

諸子之中，唯有道家能上溯於易教，但僅得其用，而非得於體。事實上，馬一浮頗貶抑道家，並視為權謀之術。他認為道家源於《易》之善觀變，卻站在高處，冷眼旁觀，任物自化[57]，遠不如孔孟之儒透澈人性本善，能「物我一體，乃是將萬物攝歸到自己性分內，成物即是成己。」[58]而後法家採行其術，更背離了六藝。

所以，「諸子學之名可不立也」、「子部附於羣經」意在六藝統攝諸子，但後者的子部非《四庫》的子部，而是遵循劉向、歆父子之諸子九流。

---

[53] 馬一浮：「附語」，〈仲尼燕居釋義下〉，《復性書院講錄》第 4 卷，收入《馬一浮集》第 1 冊，頁 326。

[54] 馬一浮：「附語」，〈仲尼燕居釋義上〉，《復性書院講錄》第 4 卷，收入《馬一浮集》第 1 冊，頁 314。

[55] 馬一浮：「原政」，〈仲尼燕居釋義下〉，《復性書院講錄》第 4 卷，收入《馬一浮集》第 1 冊，頁 323。

[56] 馬一浮：「原政」，〈仲尼燕居釋義下〉，《復性書院講錄》第 4 卷，收入《馬一浮集》第 1 冊，頁 324。

[57] 馬一浮：〈附錄：論老子流失〉，《泰和宜山會語》，收入《馬一浮集》第 1 冊，頁 44-48。

[58] 馬一浮：〈附錄：論老子流失〉，《泰和宜山會語》，收入《馬一浮集》第 1 冊，頁 47。

綜觀上述，馬一浮論諸子與六藝，既是「治教分離」下的新表述，又不允許子學獨立，這與章學誠「諸子空言」、龔自珍「子學獨立」本質上便已然不同。

首先，章、龔二氏皆認為六經諸子出於史、諸子出於王官；但馬一浮諸子是源出六藝，心習流失後的思想自由。

其次，章氏以有否政治制作實權，評判諸子私人著述是「空言」，有「道病」。龔氏則擴大「史」的範疇，上推一切文字典章紀錄皆為史，且更易「子學」為「子部」，以大宗、小宗的分野，肯定諸子為歷史「逸民」，抬昇諸子、技藝皆為歷史一部分，地位不亞於六經。[59]但馬一浮以志在治世，先從九流擇別五家為子學內容。接著，馬一浮二分諸子、技藝，並認為可從諸子反還散失的六藝，有謂「比之禮失則求諸野，彼異家者猶瘉於野己」是也；[60]但技藝之學因無涉六藝義理，可獨立成學，是他所不論，也無寓褒貶者。再進一步來看，這關係到如何定義「學」的問題，這是馬一浮面對西方學術專門化衝擊下，無可避免得作出回應，留待本章第二節再述。

最後，綜合上述馬一浮判諸子得失，羅列於文末：

1. 儒家：出於「六藝」
  ——孟子：長於《詩》，而性善、仁義出於《易》，得《易》之體。
  ——荀子：本通六藝，但言性惡，主法後王，後開「法家」之李斯、韓非，於六藝之《禮》是「得多失少」。
2. 墨家：「倍於禮又乖於樂」，出於「禮教」、「樂教」
  ——墨子：非《樂》卻出於《樂》；非《禮》卻出於《禮》，出於六藝之《禮》、《樂》是「得少失多」。
3. 道家：「有樂而無禮」，出於「易教」、「樂教」

---

[59] 張壽安先生：〈六經皆史？且聽經學家怎麼說——龔自珍、章學誠「論學術流辨」之異同〉，收入《文化與歷史的追索——余英時教授八秩壽慶論文集》，頁287-290、303-307。

[60] 馬一浮：「諸子彙歸序目」，〈復性書院擬先刻諸書簡目〉，收入《馬一浮集》第2冊，頁1212。

　　——老子：觀變最深，體《易》為多，得《易》之用，後流為陰謀，
　　　　於六藝之《易》是「得多失多」。

　　——莊子：因任自然，又好無端之辭，既得於《易》[61]，又出於六藝
　　　　之《樂》是「得多失多」。

4. 名家：「其言破析無當於詩，其道舛駮無當於禮」，出於「禮教」

　　——惠施、公孫龍子：好辯，無益於道，出於六藝之《禮》是「得少
　　　　失少」。

　　——宋鈃：宋鈃以人我之養畢足而止，有近於今之唯物論，不知有五
　　　　常之德也。

5. 法家：「有禮而無詩」，出於「禮教」、「易教」

　　——韓非：自託於道家，出於六藝之《易》、《禮》是「得少失多」。

　　——慎到：慎到尚刑名，不尚賢，有近於今之法制論者。

　　——申不害：申不害尚勢，猶今之言極權，而不知任智，適成其為愚
　　　　也。

2.諸子濫觴

　　馬一浮的「四學考」隱然浮現以六藝為源的義理史觀，並欲落實在復性
書院之中，設立相關講坐，延聘大師授學，但終未能成。[62]在先秦兩漢諸子
後，馬一浮謂：「玄、義、禪、理四學之起，皆與時代有關」[63]，這涵括三
個層次的論題：一、貞定哲學史與義理史觀之別；二、先秦諸子學術發展流
變；三、「四學」之源與流。

　　首先，馬一浮評論當時的「哲學史」之作有言：

61　馬一浮云：「老、莊皆有得於《易》。」參見王培德、劉錫嘏紀錄，烏以風、丁靜涵
　　編次：「四學篇」，〈馬一浮語錄類編〉，收入《馬一浮集》第 3 冊，頁 963。

62　馬一浮擬：「書院分設玄學、義學、禪學三講坐，由主講延聘精於三學大師，敷揚經
　　論旨要，以明性道。」收入氏著：〈書院之名稱旨趣及簡要辦法〉，收入《馬一浮
　　集》第 2 冊，頁 1169。

63　王培德、劉錫嘏紀錄，烏以風、丁靜涵編次：「四學篇」，〈馬一浮先生語錄類
　　編〉，收入《馬一浮集》第 3 冊，頁 960。

因言：歷來講學術源流者，多是作哲學史，注論各家思想而不及其見處。《易》曰：「天下同歸而殊塗，一致而百慮。」須是明其歸致，然後辨其塗慮。塗慮不辨，則失之籠侗；歸致不明，則忘其本原。[64]

「義理」是向內體究修身之學，「哲學」是研究古代哲學的專門之學，二者不同。順此脈絡，學術源流重統宗，哲學史僅是平列了諸子，此可溯自晚清諸子學興起後，諸子地位抬升，漸與儒家平起平坐。到了 20 世紀 20 年代，被視為具有開創意義、典範性質的胡適《中國哲學史大綱》，便以「截斷眾流，從老子、孔子講起」與「平等的眼光」看待、注論各家思想。[65]十餘年後馮友蘭纂寫《中國哲學史》亦循此途徑，時至今日，著述「中國哲學史」者多從之。因此，在中國哲學史家的論述下，作為「見處」、「本原（源）」，歸於一的六藝，便與哲學史脫了鉤，即斷裂了六藝、諸子的源流關係，經有經學史，子有哲學史，各自成為專門知識，涇渭分明。馬一浮之友，哲學史家鍾泰亦批評道：「今言中國哲學，而不本之於六藝，是無卵而

---

[64] 王培德、劉錫嘏紀錄，烏以風、丁靜涵編次：「四學篇」，〈馬一浮先生語錄類編〉，收入《馬一浮集》第 3 冊，頁 958。

[65] 如余英時提到：「……但是他的《中國哲學史大綱》所提供的並不是個別的觀點而是一整套關於國故整理的信仰、價值、和技術系統。換句話說，便是一個全新的『典範』。……『截斷眾流』和『平等的眼光』之所以要等到《中國哲學史大綱》的出現才發生『革命性的』影響正是由於它們已不再是個別的、孤立的觀點，而成為新典範的有機組成部分了。」

又如劉巍說：「由『諸子不出於王官論』引申出來的見解，在使經學從屬於子學、使諸子學成為中國哲學史（胡適本人後來更願意使用的、內容較廣的概念是『中國思想史』）的源頭的潮流中，胡適的論斷起了決定性的作用，這種見解大大改變了人們對中國文化格局的傳統看法，長期支配著後人在這個問題上的認知。」

參見以上分別參見余英時：〈中國哲學史大綱與史學革命〉，《中國近代思想史上的胡適》（臺北：聯經出版事業公司，1993 年 1 月），頁 88、劉巍：〈「諸子不出於王官論」的建立、影響與意義——胡適「但開風氣不為師」的範式創新一例〉，《近代史研究》2003 年第 1 期，頁 94。

有時夜，無父祖而有曾彌也。」[66]因此，馬一浮的「四學考」是學術史意義
下的「義理學史」，重歸致，疏通由源到流的變化，其云：「近人為學，重
在分析名相，不知返求本原，只見分殊而不見理一，見別異而不見和同，故
多為偏曲之見。」[67]誠可下一注腳。

其次，馬一浮論先秦諸子學術發展流變有謂：

> 今周秦諸子以類從，所以辨其方也。兩漢以下用世次，所以示其變
> 也。終於濂洛關閩之撰，所以正其趨也。宋後異論唯在儒，其書充
> 棟，要皆沿宋，故不統於儒者，其言枝以葳，不得比一家，故略而弗
> 備也。[68]

> 周秦之際學術所由分，前乎魏者其守樸、其辭文；後乎漢者其志惑、
> 其言肆。至宋而反于純，此其所從來遠哉。[69]

馬一浮認為上古周秦之際，諸子方向已然確立，根據世系相承的先後，流變
最後歸趨在宋明理學。而此流變歷程中，馬一浮以漢之後到宋代以前的學術
思想特點是「其志惑、其言肆」，然而志惑、言肆者何？似有曲折。

復次，這就推進到第三層的提問——「四學」之源與流的發展脈絡，即
魏晉到宋明時期義理學史的流衍。馬一浮說：

> 《四學考》玄學當以王輔嗣為祖，義學以肇公為祖，禪學以大鑒為
> 祖，理學以濂溪為祖。其後支派繁衍，得失互見，當各為立傳，加以

---

[66] 鍾泰：《中國哲學史》（北京：東方出版社，2008年1月），頁12。

[67] 烏以風：〈問學私記〉，收入《馬一浮集》第3冊，頁1180。

[68] 馬一浮：「諸子會歸總目并序例」，〈復性書院擬先刻諸書簡目〉，收入《馬一浮
集》第2冊，頁1210。

[69] 馬一浮：「諸子彙歸序目」，〈復性書院擬先刻諸書簡目〉，收入《馬一浮集》第2
冊，頁1212-1213。

判斷。[70]

按玄言實以莊子為宗。觀江左諸賢俱談莊義可知。其原出於《易》。王輔嗣深明《易》、《老》，實為開山，後世無以過之。賢於輔嗣者，其肇公乎。自肇公之後，攝玄學於義學，如兩鏡交輝，真百代之宗匠也。[71]

中土聖哲名言簡要，不欲說得太盡。然學者祇治理學，便易涉於籠統，故須兼治玄學、義學、禪學。但老莊之書，亦殊不易讀。義學分析入微，極有條理，隋唐間無人能抵得過。韓柳（柳宗元，773-819）一輩人，但能作文章而已，不能語微。然祇是分析精密，又落名言，故禪宗出而掃蕩一切，舉而空之。濂、洛、關、閩諸大師亦是生得其時，適承禪學之後，因將理學發揮而光大之。[72]

玄學弊在蹈虛，義學救之，剖析入微，而完全落於語言文字。禪學出而空之，掃蕩一切，而鹵莽承當者誤認人欲為天理，弊病更大。於是理學出，一切都是實理，誠識禪學之病也。惟禪學之為人剷除己見，乾乾淨淨，儒家視之，終覺有遜色耳。[73]

上述有三個重點：一是辨述了「四學」之「原（源）」、「宗」、「祖」、「衍」等意義之別；二是玄言、實理之辨；三是義學、禪學在中國義理學史

---

[70] 王培德、劉錫嘏紀錄，烏以風、丁靜涵編次：「四學篇」，〈馬一浮先生語錄類編〉，收入《馬一浮集》第 3 冊，頁 958-959。

[71] 馬一浮：〈賀昌羣〉，收入《馬一浮集》第 2 冊，頁 606。

[72] 王培德、劉錫嘏紀錄，烏以風、丁靜涵編次：「四學篇」，〈馬一浮先生語錄類編〉，收入《馬一浮集》第 3 冊，頁 959。

[73] 王培德、劉錫嘏紀錄，烏以風、丁靜涵編次：「四學篇」，〈馬一浮先生語錄類編〉，收入《馬一浮集》第 3 冊，頁 959。

的定位。

其一，周秦、兩漢諸子之後，依次有玄、義、禪、理四學。四學各有其「祖」，皆上「宗」於諸子，諸子又「原（源）」出於六藝，影響四學尤大者為儒、道二家，其譜系、說明如下：

玄學：祖於王弼（輔嗣），深明《易》《老》，又玄言出自《莊子》。

（肇公攝「玄學」於「義學」，玄學弊在蹈虛，義學救之。）

義學：祖於僧肇（肇公）

（義學剖析入微，而完全落於語言文字。禪學出而空之，掃蕩一切。）

禪學：祖於六祖惠能（大鑒）

（禪學鹵莽承當者誤認人欲為天理，弊病更大。於是理學出，一切都是實理，誠識禪學之病也。）

理學：祖於周敦頤（1017-1073）

（濂、洛、關、閩諸大師亦是生得其時，適承禪學之後，因將理學發揮而光大之。）

據於上述，「原（源）」、「宗」、「祖」、「衍」的意義各有不同：諸子以六藝為「原（源）」，眾學又上「宗」於諸子，後世各家各派皆有其學術開山之「祖」，再「流衍」於後。以道家玄言而言之，則道家上「原（源）」於易教、樂教；又玄學「宗」於《老》、《莊》與《易》而為「玄言」。

其二，實理與玄言不同。「實理」重內在立誠而篤行，使知行合一，孔孟始之，理學家因之；「玄言」是言無法驗行於事者，老莊從之。馬一浮對揚「名言」、「義理」而闡釋老莊有說：「名言是能詮，義理是所詮。詮表之用，在明其相狀，故曰名相。魏晉間人好談老莊，時稱為善名理，其實是談明相。因為所言之理只是理之相，若理之本體，即性，是要自證的，非言

說可到。」[74]以體用觀之，義理為體，名言為用，以名言表相者稱為「明相」，亦為用。蓋玄學談明理重用，而失卻了六藝本體之義理，故馬一浮批評道：「其有陳義，亦似微妙，務為高遠，令人無可持循，務資談說，以長傲遂非，自謂智過於人，此種言說，亦可名為玄言之失。」又說「但或舉本而遺末，捨近而求遠，非不綽見大體而不能切近人事，至其末流，則失之彌遠。」[75]以老莊未能直揭六藝義理為弊。

其三，玄學之後有義學、禪學。首先，馬一浮論諸子學不包括廣義佛學，其外於六藝，自成體系，他另作「義學門」必讀書目敘明源流。[76]其次，佛學確為玄學到理學的過渡，這不得不論，但在義理傳承過程中而產生流變。所以，自「玄學」道虛而後有「義學」，但又落於語言文字之名言；後出「禪學」救之，雖不立文字，鹵莽者又以人欲為天理；最後「理學」出而掃蕩一切，完成此四學脈絡。

最終，諸子濫觴至宋明便戛然而止，馬一浮以「宋後異論唯在儒，其書充棟，要皆沿宋」匆匆鉤勒而過，他是如何看待清學的？

實際上，馬一浮從未否定清儒「專門漢學」的價值[77]，在復性書院開講前的告示諸生，便提醒「體究義理之餘，宜留意訓詁，及說理論事之文

---

[74] 馬一浮：〈理氣 形而上之意義 義理明相一〉，《泰和宜山會語》，收入《馬一浮集》第 1 冊，頁 37。

[75] 以上兩條皆參見馬一浮：〈玄言與實理之別〉，《復性書院講錄》第 2 卷，收入《馬一浮集》第 1 冊，頁 157。

[76] 馬一浮：〈賀昌羣〉，收入《馬一浮集》第 2 冊，頁 606-609。

[77] 此處採用張壽安先生對清學的界定「專門之學」，而非考據學，張先生說道：「總之，用『考據學』稱呼清代學術是不精確的。考據不可被稱為學，考據是治學的基礎，先求其實證。唯進行考據之時，必須採用若干方法，才能得其實是。而這若干方法也不是學界之前所謂的歸納法或演繹法，而是各種工具性的知識，即戴震在〈與是仲明論學書〉所言的『若干事』，每一事都指一種古代知識，藉用這些工具性知識，才得以『說經』。而清儒就在致力開發這些工具性知識的同時，開展出各類專門之學。故此，我認為清代學術應稱為『專門之學』，和先秦子學、兩漢經學、魏晉玄學、隋唐佛學、宋明理學並列為『清代專門之學』。」參見氏著：〈清儒的「知識分化」與「專門之學」萌芽——從幾場論辯談起〉，《學海》2015 年第 2 期，頁 202。

字。」[78]又太虛大師（1890-1947）稱他是「承清代發皇小學考據經子之盛，馬君亦嘗含咀英華，擷拔芳萃，其取精用弘處，亦有非宋明儒之空腹空心、疏謬夸誕堪比者。」[79]以此觀之，馬一浮肯定考據是研讀經典的入門工具，但也批評「其後考據家失之小。」[80]要之，義理、考據不能偏廢，可是，義理學到宋明已然到達高峰，而他也頗推崇清儒善用考據工具來疏解經典，故在〈復性書院通治羣經必讀諸書舉要〉中，他大量徵用清儒注疏為必讀書目。再者，礙於馬一浮界定的學術不包括技藝之學，因而，自清儒「專門漢學」所衍生出諸如：制度、天文地理、名物度數……等專門之學多半只能算是技藝、技術，與義理無涉，既非六藝所統攝，也非養成通儒的條件，自然毌須論之。

（四）評議諸子「不出於王官論」

馬一浮除了對尊史抑經的史學界發難，另一重要背景視域，係對晚清諸子學興盛，到諸子獨立之說的回擊，更是對胡適「諸子不出於王官論」觀點的發難。這形成三層重要的意蘊：一是馬一浮不贊成出於王官論，是否等於同意了胡適的觀點？二是若不贊成胡適，又如何在「不出」與「出」於王官間，提出一創新觀點？三是他如何重新評定六藝與諸子關係？換言之，若按現代學術分科觀點，馬一浮的學術揉合了學術史、經學史、哲學史，但這也將面臨可否揉合，如何揉合之種種爭議，亦為今日經學史界、哲學史界所熱議又治絲益棼者。具體來說，以上可歸整出三個提問：一是諸子是否出於王官；二是對當時「儒」的界定；三是馬一浮如何回應諸子與王官、儒的觀點，及其意義。以下分別說明。

其一，「諸子不出於王官」是出自 1917 年胡適的〈諸子不出於王官論〉一文，當中提出四個觀點：一、劉歆以前之論周末諸子學派者，皆無此

---

[78] 馬一浮：〈開講前示諸生〉，收入《馬一浮集》第 2 冊，頁 1181。

[79] 太虛大師：〈論復性書院講錄〉，收入太虛大師全書編委會：《太虛大師全書》（香港：正覺蓮社、臺北：海潮音社，1956 年 2 月），頁 339。

[80] 王培德、劉錫嘏紀錄，烏以風、丁靜涵編次：「諸子篇」，〈馬一浮先生語錄類編〉，收入《馬一浮集》第 3 冊，頁 972。

說也。二、九流無出於王官之理也。三、〈藝文志〉所分九流乃為漢儒陋說，未得諸家派別之實也。四、章太炎先生之說，亦不能成立。總的來說，胡適認為王官說起自漢儒，非本有之，而信採《淮南子‧要略》視諸子之學皆為救世，應時興起。[81]胡適藉此回應了章太炎、劉師培，更上本於章學誠、汪中、龔自珍等人論諸子學出於王官的說法[82]，他主要的論據是劉歆之前如：《莊子‧天下》、《荀子‧非十二子》、司馬談（？-110B.C.）〈論六家要旨〉、《淮南子‧要略》皆未提及出於王官的觀點，又王官之說未必能含攝諸子思想，且如名家是否存在頗有疑慮，進而判別諸子出於王官是背離史實，而明「古者學在王官，是一事。諸子之學是否出於王官，又是一事。」[83]

　　此說頗得顧頡剛（1893-1980）激賞，顧氏尤要破除「一元偶像」，他舉列出四大欲破除者：一、帝系所代表的是種族的偶像；二、王制為政治的偶像；三、道統是倫理的偶像；四、經學是學術的偶像。他認為本作為官書、政治史料的經，後受戰國、漢儒修改，成為儒家專有的經典。實則，經非儒家獨所誦習，諸子是各有取用，故欲明經之價值，必先研究諸子背景，而後能明白儒家地位，方能治經，得歷史真貌。因此，晚清研究子學之風，到康有為《孔子改制考》，再到胡適之說，澈底打破道統一元的論調，顧氏云：「從此我不信有九流，更不信九流之出於王官，而承認諸子的興起各有

---

[81] 〈要略〉嘗細數儒家、墨家、管仲、晏嬰、縱衡家、申不害之刑名、商鞅之法家等諸子之學，皆應時代需求而起，參見陳廣忠：〈要略〉，《淮南子斠銓》（合肥：黃山書社，2008 年 6 月），頁 1193-1201。

[82] 張舜徽云：「清儒如章學誠、汪中、龔自珍，近代若章炳麟、劉師培，皆推闡劉《略》班〈志〉之意而引申說明之。以為古者學在官府，私門無著述文字。自官學既衰，散在四方，而後有諸子之學。」參見氏著：〈諸子與王官〉，《學林脞錄》（武漢：華中師範大學出版社，2005 年 12 月），頁 96。

[83] 胡適：〈諸子不出於王官論〉，《胡適文存》第壹卷，收入季羨林主編：《胡適全集》第 1 冊（合肥：安徽教育出版社，2003 年 9 月），頁 244-251。原載於《太平洋》第 1 卷第 7 號，1917 年 10 月 15 日。

其背景，其立說在各求其所需要。」[84]

　　而胡適觀點也有爭議，其引導式、片斷性取材亦為當時學者質疑。[85]但他「抑王官揚諸子」、「輕官學而尊私學」的傾向[86]，在其《中國哲學史大綱・卷上》蔓延發酵，影響深遠，直至今日。

　　其二，當諸子獨立觀點既出，儒的源起與意義勢必重整，一時間「說儒」風氣盛行。據王爾敏研究，自晚清以來，對儒家起源之講法各異，大致可歸整出以下四類：一是承劉歆說法，視為司徒之官，為一種職業，持此觀點者有：劉師培、章太炎、胡適、郭沫若（1892-1978）、錢穆、馮友蘭、楊向奎（1910-2000）、侯外廬（1903-1987）、李源澄（1909-1958）等人。二是不重史實，以思想立說者，贊同者有：熊十力、勞思光（1927-2012）、陸懋德（1888- ？）等人。三是自文字訓詁入手，重新連同史實思想一同解釋者，支持此說法者有：饒宗頤、戴君仁。四是延守出於王官的觀點，再解釋其來源者，贊成此說者有：孫德謙（1869-1935）、陳柱（1890-1944）、鍾泰、張壽鏞（1876-1945）、蔣伯潛等人。王爾敏強調當時人研究特點重「客觀的分離性」，大多是外於傳統、儒家視角，將儒家視為評判的客體，若對古學稍加信從，就變得不合潮流[87]，類如熊十力不重史，就不

84　顧頡剛：〈顧序〉，收入羅根澤選編：《古史辨》第 4 冊（臺北：明倫出版社，1970
　　年 3 月），頁 5-17。

85　如柳詒徵說到：「胡氏論學之大病，在誣古而武斷，一心以為儒家託古改制，舉古書
　　一概抹殺。故於《書》則斥為沒有信史的價值。」又說：「蓋合於胡氏之理想者，言
　　之津津，不合於其理想者，不痛詆之，則譁言之，此其著書立說之方法也。依此方
　　法，斷可定曰古無學術。古無學術，故王官無學術；王官無學術，故諸子之學不出於
　　王官。」又言：「按胡氏之病原，實由於不肯歸美於古代帝王官吏，一若稱述其事，
　　即等於歌功頌德的官書。」餘可詳參氏著：〈論近人講諸子之學者之失〉，收入柳曾
　　符、柳定生選編：《柳詒徵史學論文續集》（上海：上海古籍出版社，1991 年 12
　　月），頁 513-537。

86　劉巍：〈「諸子不出於王官論」的建立、影響與意義──胡適「但開風氣不為師」的
　　範式創新一例〉，《近代史研究》2003 年第 1 期，頁 50。

87　王爾敏：〈當代學者對於儒家起源之探討及其時代意義〉，《中國近代思想史論》
　　（臺北：華世出版社，1977 年 4 月），頁 481-502。

易被接受。[88]

　　反觀馬一浮堅守信古立場，他又如何說儒？如何根基於六藝言諸子？以及他如何回應當時蜂起之說？以下進入第三點。

　　其三，馬一浮信古態度有兩條很清楚證明，如下所示：

> 今人動言創作，動言疑古，豈其聖於孔子乎？不信六經，更信何書？不信孔子，更信何人？「夏禮，吾能言之，杞不足徵也；殷禮，吾能言之，宋不足徵也。文獻不足故也。足，則吾能徵之矣。」「吾猶及史之闕文也，今（無）【亡】矣夫！」此是考據謹嚴態度。……[89]

> 孟子曰：「盡信《書》，則不如無《書》。吾於〈武成〉，取二三策而已矣。」「以至仁伐至不仁，【而】何其血之流杵也？」孟子尤長於《詩》《書》，而其言若此，可見《書》之可信者當準之義理，不關考證也。孟子此言遠在伏生（268B.C.-178B.C.）以前，何有今古文之別？……至清儒考訂益精，於是偽孔之書幾全廢矣。今取《尚書大傳》為首，以其為伏生之遺也。孔《傳》不盡出依託，佚文賴之以存，但準之義理，可以無諍。[90]

以上分別以孔子徵引古禮、古史，孟子援引《詩》、《書》為證。引文可見他並不重視諸經是否可能攙偽和出處為何，而是直接採信了孔孟、六經，但

---

[88] 王爾敏言熊十力有言：「他的論儒家起源，謂自孔子起，承受上古沿襲之實用派與哲理派兩大思潮，會通而成儒學系統者。他的意見當然很不易被這個時代學人所接受，因為他所講的先哲，堯舜之有無尚未能證實，而伏羲則很明顯的只是傳說中的人物。」詳參氏著：〈當代學者對於儒家起源之探討及其時代意義〉，《中國近代思想史論》，頁 492。

[89] 馬一浮：〈讀書法〉，《復性書院講錄》第 1 卷，收入《馬一浮集》第 1 冊，頁 128。

[90] 馬一浮：〈通治羣經必讀書目舉要〉，《復性書院講錄》第 1 卷，收入《馬一浮集》第 1 冊，頁 138-139。

凡準之義理，能彰明心性，無悖離經旨，即可相信。因此，他回應許多欲來
復性書院求學者的書信，屢提及義理、作為專門學術之考據方法的差異，如
謂：

> 竊謂足下治學方法為之甚勤，而實於身心了無干涉，為新考據家則有
> 餘，欲以此批判先儒學術則不足。……中土學術，必先求之六經，切
> 己體究。真能得之於己，自然不惑，方可論量古今。[91]

> 足下既知考據辭章之外別有切己之事在，但隨分求得先儒之書讀之，
> 著實踐履，自能知其所擇，亦將有以拔乎流俗。若以義理為知解，將
> 謂可從人得，則與考據辭章之習又何以異乎？[92]

> 唯書院講習，不在記問考據之末，乃以窮理盡性為主。直湊單微，不
> 求旁騖。既與時人異趣，亦與晚清舊習不同。此事寂寥已久，不知者
> 或轉以心性為空疎，視義理為迂闊，不重踐履，唯務聞見，自不免有
> 扞格不入之病。[93]

馬一浮不是不重考據，而是要考於義理，而非考經典之真偽，故云：「是故
經未嘗不可疑，疑經始於孟子，而要當以義理斷之……講考據，則不必可靠
矣！」[94]又嘆云：「頃經學衰絕，新考據家至以羣經但為古代社會史料，猶
不得比於史，義理更所惡聞。僕衰老多病，從此亦將杜口。」[95]對馬一浮而
言，關鍵在考據、考古能否釐清義理？相對的，義理本身價值會否因考據、

---

[91] 馬一浮：〈答許君〉，《爾雅臺答問》卷1，收入《馬一浮集》第1冊，頁535。

[92] 馬一浮：〈答王君〉，《爾雅臺答問續編》卷5，收入《馬一浮集》第1冊，頁681。

[93] 馬一浮：〈許炳離〉，收入《馬一浮集》第2冊，頁997。

[94] 王培德、劉錫嘏紀錄，烏以風、丁靜涵編次：「六藝篇」，〈馬一浮先生語錄類
編〉，收入《馬一浮集》第3冊，頁954。

[95] 馬一浮：〈龔登三〉，收入《馬一浮集》第2冊，頁774。

考古而轉變？如否，他認為這些考論亦可省略。然而，這樣的觀點自然不能被當時主流的求真、求是之風所接受，也必然得面對如疑古學者，或重史料考證者對其論點的消解[96]，即六藝、六經作為典範崩潰的可能。

至於論孔子與六經／六藝關係，馬一浮說：

> 《論語》記「子所雅言，《詩》《書》執禮」，「興於《詩》，立於《禮》，成於《樂》。」〈王制〉：「樂正崇四術，立四教，順先王《詩》《書》《禮》《樂》以造士。春秋教以《禮》《樂》，冬夏教以《詩》《書》。」是知四教本周之舊制，孔子特加刪訂。《易》藏於太卜，《春秋》本魯史，孔子晚年始加贊述，於是合為六經，亦謂之六藝。[97]

此觀點取源於〈尚書序〉，馬一浮嘗以此作為讀書法[98]，他認為除了《春秋》為魯國歷史，西周六卿之一的太卜掌於《易》，其餘各經皆是「周之舊制」。至於王官確實掌握了許多知識，唯經過孔子刪訂、贊述，方完成六經，據為六藝之教，故馬一浮說：「六藝者，……此是孔子之教」[99]，「不通六藝，不名為儒。」[100]在此之後的六藝已非官守。接著，馬一浮繼續辨明「官」、「師」、「儒」之別，有說：

> 〈學記〉：「師嚴然後道尊，道尊然後民知敬學。是故君之所不臣於其臣者二：當其為尸，則弗臣也；當其為師，則弗臣也。大學之禮，

---

[96] 可詳參馬一浮：〈葉左文〉第 9-11 封，收入《馬一浮集》第 2 冊，頁 436-446。

[97] 馬一浮：〈楷定國學名義〉，《泰和宜山會語》，收入《馬一浮集》第 1 冊，頁 11。

[98] 馬一浮：〈讀書法〉，《復性書院講錄》第 1 卷，收入《馬一浮集》第 1 冊，頁 127。

[99] 馬一浮：〈楷定國學名義〉，《泰和宜山會語》，收入《馬一浮集》第 1 冊，頁 10。

[100] 馬一浮：「甲、六藝統諸子」，〈論六藝該攝一切學術〉，《泰和宜山會語》，收入《馬一浮集》第 1 冊，頁 14。

雖詔於天子，無北面，所以尊師也。」此明官、師有別，師之所詔並
非官之所守也。【《周禮》司徒之官有「師氏掌媺詔王」，「保氏掌諫王
惡」。凡「王舉則從，聽治亦如之。」師氏「使其屬率四夷之隸，各以其兵服守
王之門外，且蹕」。保氏「使其屬守王闈」。此如後世侍從之官。鄭注《冢宰》
「以九兩繫邦國之民」，「師以賢得民」，「儒以道得民」，乃以諸侯之師氏、
保氏當之，變保為儒，此實於義乖舛，不可從。】《論語》：「溫故而知
新，可以為師矣。」又語子夏：「汝為君子儒，毋為小人儒。」此所
言師、儒，豈可以官目之邪？《七略》舊文某家者流出某官，亦以其
言有關政治，換言之，猶曰某家者可以為某官。如「雍也，可使南
面」云爾，豈謂如書吏之抱檔案邪？如謂道家出於史官，今《老子》
五千，是否周之國史？墨家出於清廟之守，今墨書所言並非籩豆之
事，此最易明。[101]

首先，馬一浮取〈學記〉、《論語》之說，而捨《周禮》，主張官、師、儒
的不同。《周禮》有「師氏，掌以媺詔王。」告王以善道，並以三德三行教
於國子。[102]又有「保氏，掌諫王惡。」用禮義諫於王者，並以禮樂射御書
數之六藝教養於國子[103]，其中的師氏、保氏皆以官守的身分施教於王者。
他們既是老師，但在《周禮》的〈師氏〉、〈保氏〉二篇之末，又分別指出
二者職守是「使其屬帥四夷之隸，各以其兵符守王之門外，且蹕。」「使其
屬守王圍」，這使得他們的職守如同侍從一般。又〈大宰〉提出九種聯繫民
眾的政教措施提到師、儒有云：「……三曰師，以賢得民；四曰儒，以道得

---

101 馬一浮：「甲、六藝統諸子」，〈論六藝該攝一切學術〉，《泰和宜山會語》，收入
　　《馬一浮集》第 1 冊，頁 13。

102 東漢・鄭玄注、唐・賈公彥疏：〈師氏〉，《周禮注疏》卷 14，收入李學勤主編：
　　《十三經注疏》，頁 348。

103 東漢・鄭玄注、唐・賈公彥疏：〈保氏〉，《周禮注疏》卷 14，收入李學勤主編：
　　《十三經注疏》，頁 352。

民。……」[104]師即師氏，但鄭玄將儒解釋為保氏，而云：「儒，諸侯保氏，有六藝以教民者。」[105]綜合上述，則師氏、保氏都是古之官職，他們身兼老師、侍從之職。又保氏等於儒，則「儒」是否既是官，又是師，更是侍從呢？如此一來，師該如何存有獨立教化的身分，行教化之責？所以，馬一浮不認同《周禮》、鄭玄《注》的觀點，而贊同《禮記・學記》認定師的位分不等同官守。又《論語》也說明為師條件在能「溫故而知新」，且分儒為二，賢能識大可明道者為君子儒，反之，矜儒之名者為小人儒[106]，都與官守無涉。

其次，引文後半段引諸子為例，若諸子各出自某官，則其著述旨意應與官守一致，實際上卻多有歧出，則諸子不出於王官甚明。因此，馬一浮說：「《漢書・藝文志》謂九流出於六藝，可信。然九流皆六藝之流裔。」[107]又說：「且〈漢志〉出於王官之說，但指九家，其敘六藝，本無此言，實齋乃以六藝亦為王官所守，並非劉歆之意也。」[108]指出章學誠將六經當作先王政典的「六經皆史」不是劉歆的本意，劉歆只是指諸子出於王官。然而，無論劉、章二氏如何溯經、子源流，馬一浮均不認同。

總結而論，馬一浮肯定孔子有刪定、贊述六藝之功，又認為諸子不出於王官，其原因在於人的「思想自由」[109]，不會受到王官所箝制。但諸子的思想仍有所本，他們的思想源於六藝，卻在心習之下而有流失、形成各家不

---

[104] 東漢・鄭玄注、唐・賈公彥疏：〈大宰〉，《周禮注疏》卷 1，收入李學勤主編：《十三經注疏》，頁 40。

[105] 東漢・鄭玄注、唐・賈公彥疏：〈大宰〉，《周禮注疏》卷 1，收入李學勤主編：《十三經注疏》，頁 40。

[106] 馬一浮：〈示子游〉，《爾雅臺答問續編》卷四，收入《馬一浮集》第 1 冊，頁 666-667。

[107] 烏以風輯錄：〈問學私記〉，收入《馬一浮集》第 3 冊，頁 1132。

[108] 馬一浮：「甲、六藝統諸子」，〈論六藝該攝一切學術〉，《泰和宜山會語》，收入《馬一浮集》第 1 冊，頁 14。

[109] 馬一浮：「甲、六藝統諸子」，〈論六藝該攝一切學術〉，《泰和宜山會語》，收入《馬一浮集》第 1 冊，頁 13。

同的傳承與演變。要言之，馬一浮在尊經前提下論諸子，不同於從有無政治經驗談「諸子空言」與因救世併起的「諸子獨立」，而是統宗於六藝。

　　自學術分科來看，經、子從傳統過渡到現代學術過程中，判分為經學、哲學二科。馬一浮以學術史辨章、考鏡經、子源流，意在為學術溯源，與陳黻宸、其友謝无量、鍾泰以學術史角度撰寫《中國哲學史》態度一致，但當時人已受到胡適等人平列諸子影響，更重視學術的分科，使經、子脫鉤，故以學術史貫穿經、子的觀點已非主流觀點。

　　但有意思的是，百年後的今日，如何詮釋、整合經學、子學的關係，反而成為經學史家、哲學史學家的思索焦點。誠如：姜廣輝界定新思想史，有說：「以往的中國思想史（或哲學史）缺少『根』，即經學，而以往的中國經學史又缺少『魂』，即價值和意義，因此要想寫一部有『根』的中國思想史（或哲學史），須先寫一部有『魂』的中國經學思想史。」[110]蔡仁厚提到：「六經（詩、書、禮、樂、易、春秋）是中國文化思想的『源』，六經以下的諸子百家，則是中國文化思想的『流』。」[111]彼此不免恪守各自的學術本位，分別向哲學、經學尋找融合的可能。但如馬一浮等人，不獨專經學，也異於胡適、馮友蘭等人的西學詮釋中國哲學，而嘗試以學術史尋根以振葉，在「中國哲學」、「中國哲學史」學科成立之初，尋求一種整合經、子的方法，並啟發新的研究路向，有其時代特質。

二、統攝史部、集部

（一）史部

　　面對龐大的「史部」典籍，馬一浮欲透過「春秋教」、「書教」、「禮教」作為統攝方法，而史部細分出的諸小類，亦被總括於此三教中，其目的仍在於「以統攝類」。

　　當回首史學地位的獨立，從魏晉時期開始，便逐步脫離經學單獨成類，

---

[110] 姜廣輝：〈新思想史：整合經學與子學〉，《義理與考據——思想史研究中的價值關懷與實證方法》（北京：中華書局，2010 年 1 月），頁 300。
[111] 蔡仁厚：〈緒論〉，《中國哲學史》（臺北：臺灣學生書局，2009 年 7 月），頁 5。

從原本〈漢志〉列入「六藝略」的春秋家、子部儒家，因書籍逐漸繁多，到〈隋志〉完全獨立，成為四部分類之一[112]，故章學誠說：「史部日繁，不能悉隸以《春秋》家學，四部之不能返七略者一。」[113]直至《四庫總目》劃分史部羣書為四種十五類，而云：

> 今總括羣書，分十五類。首曰正史，大綱也；次曰編年，曰別史，曰雜史，曰詔令奏議，曰傳記，曰史鈔，曰載記，皆參考紀傳者也；曰時令，曰地理，曰職官，曰政書，曰目錄，皆參考諸志者也；曰史評，參考論贊者也。舊有譜牒一門，然自唐以後，譜學殆絕。玉牒既不頒於外，家乘亦不上於官，徒存虛目，故從刪焉。[114]

《四庫全書》以正史為綱，既而以紀傳、諸志、史評等圍繞正史而明區分，形成「正史中心觀」。[115]當中可劃分成三類：一是以人為主的「紀傳之門」；二是以典制為主的「諸志之門」；三是以史論考辨為主的「史評之門」。

而馬一浮同樣以正史之《史記》、《漢書》為綱，提出以六藝統攝史部羣籍，有說：

> 其次言史，司馬遷作《史記》，自附於《春秋》，《班志》因之。紀傳雖由史公所創，實兼用編年之法；多錄詔令奏議，則亦《尚書》之遺意。諸志特詳典制，則出於《禮》，如〈地理志〉祖〈禹貢〉；〈職官志〉祖《周官》，準此可推。紀事本末則左氏之遺則也。史學

---

[112] 詳細過程可參見逯耀東：〈從隋書經籍志史部的形成論魏晉史學轉變的歷程〉，《食貨月刊》第 10 卷第 4 期，1980 年 7 月，頁 121-142。

[113] 清・章學誠撰，葉瑛校注：〈宗劉〉，《校讎通義校注》，頁 956。

[114] 清・永瑢等撰：〈史部總敍〉，《四庫全書總目》（北京：中華書局，1995 年 4 月），頁 397。

[115] 司馬朝軍：《四庫全書總目研究》，頁 155。

鉅製，莫如《通典》、《通志》、《通考》，世稱「三通」，然當並
《通鑑》計之為《四通》。編年紀事出於《春秋》，多存論議出於
《尚書》，記典制者出於《禮》。判其失亦有三：曰誣、曰煩、曰
亂。知此，則知諸史悉統於《書》、《禮》、《春秋》，而史學之名
可不立也。[116]

這段話先評論傳統史書體例分類有兼該之失，後以六藝之書教、禮教、春秋
教作統攝，終謂：「史學之名可不立也」，馬一浮認為司馬遷作《史記》意
在續《春秋》，後有班固承繼。儘管《史記》是紀傳體之祖，但內容仍有踰
越，如：兼以編年為序。又如：〈八書〉記載典制，後《漢書》衍為〈十
志〉，同樣不符於紀傳的體例。於是，馬一浮重新以六藝統宗《史記》、
《漢書》體例：

1. 紀傳體（實兼編年體）：《春秋》（春秋教）
2. 詔令、奏議：《書》（書教）
3. 志（典制）：《禮》（禮教）
   （如：〈地理志〉祖《尚書・禹貢》、〈職官志〉祖《周官》）

實際上，〈禹貢〉出自《尚書》，則「志」宜兼有書教、禮教之遺。此正史
觀不僅適用《史記》、《漢書》，馬一浮更擴大到論史部體制：

1. 編年、紀傳、紀事本末體等，屬記敘體裁：春秋教（失之誣）
2. 詔令、奏議等，屬議論體裁：書教（失之煩）
3. 典制，屬說明體裁：禮教（失之亂）

---

[116] 馬一浮：「乙、六藝統四部」，〈論六藝該攝一切學術〉，《泰和宜山會語》，收入
《馬一浮集》第 1 冊，頁 16。

所以，正史對諸史的影響在已然編排出史部諸籍的體制，唯須留意六藝之「教」與經傳之別，如言：出於左氏、《周官》者，蓋指史書內容「祖」於某經之「傳」。然而，傳必源自於經，最終統於經教，不能出自某傳，否則將自亂經、藝次序。由此可知，所謂「史學之名可不立」是將史繫於六藝之「以統攝類」的一種表述。

（二）集部

馬一浮將文、集部諸書統攝於詩教、書教，表明文並非純文學，而是經術、義理之載體。又源於以經術為「統」，故馬一浮能簡練的將文、集統攝於二教，而不必延伸、擴張種類之目，同時也對文學諸多分「類」，強調定要繫於統、經術。

馬一浮很早就有六藝判別文學統宗的概念，1908 年〈文宗第目〉便言：「六藝崩碣，百家為蕪，往匠代興，必有攸宗。宗蔑文賊，至道乃息。故立宗尚焉。」[117] 又在 1918 年〈重印姚氏古文辭類纂王氏續古文辭類纂序〉云：

> 自書契以來，語其流變不可勝窮矣。然道之顯者，備在六藝。前乎此者，刪定之所從，後乎此者，雖應物多塗，取捨萬端，莫能外焉。夫性情所由宣，道術所由立，人倫之管籥，治世之樞機，固有不資於文者。[118]

紛紛提到文的流變是不可勝數的，必先求「統」，再明文學之「用」，舉凡性情、道術、人倫等治世之要，都可取資於文，故文之本在六藝。而後，馬一浮正式以六藝統攝集部諸書，有云：

> 其次言集部。文章體製流別雖繁，皆統於《詩》《書》。〈漢志〉尤

---

[117] 馬一浮：〈文宗第目〉，收入《馬一浮集》第 2 冊，頁 1144。

[118] 馬一浮：〈重印姚氏古文辭類纂王氏續古文辭類纂序〉，收入《馬一浮集》第 2 冊，頁 20。

知此意，故單出〈詩賦略〉便已攝盡。六朝以有韻為文，無韻為筆，後世復分駢散，並弇陋之見。「《詩》以道志，《書》以道事」，文章雖極其變，不出此二門。……今言文學，統於《詩》者為多。《詩・大序》曰：「治世之音安以樂，其政和；亂世之音怨以怒，其政乖；亡國之音哀以思，其民困。」三句便將一切文學判盡。《論語》曰：「誦《詩》三百，授之以政，不達」，「雖多，亦奚以為？」可見詩教通於政事。「《書》以道事」，書教即政事也，故知詩教通於書教。詩教本仁，書教本知。[119]

上文有兩個重點。其一，統攝集部是「論統不論別」，故馬一浮強調文章體製、流別雖繁多，悉統於詩教、書教，而不必細論文類、文體。其二，集部諸書統於詩教、書教。馬一浮引《漢書・藝文志》界定「詩賦略」，強調文章起於詩言志，又此志必與政事相合，夫「詩賦略」言：「古者諸侯卿大夫交接鄰國，以微言相感，當揖讓之時，必稱《詩》以諭其志，蓋以別賢不肖而觀盛衰焉。」[120]故可通於書教。

　　但上述有二個必須釐清的關鍵：一是馬一浮認為文與經術有關，則何謂文？如何學文？此係何以統能攝類的基礎。二是馬一浮除了言統，也談類分，他特別強調讀「總集」、「詩文評」的重要性，而他擇別原則是什麼？以下分述之。

　　首先，何謂「文」？馬一浮有說：

　　一曰文謂《詩》《書》六藝之文，一曰道之顯者謂之文。前義專指經籍；後義則廣攝一切事相，莫非道之所寓，皆謂之文。禮者，天理之節文，人事之儀則也。如「克己復禮」則言天理節文，「道之以禮」則云品節制度，亦用二義隨文釋之，其實二義不異。如「文」之後義

---

[119] 馬一浮：「乙、六藝統四部」，〈論六藝該攝一切學術〉，《泰和宜山會語》，收入《馬一浮集》第 1 冊，頁 16-17。

[120] 東漢・班固：「詩賦略」，〈藝文志〉，《漢書》卷 30，頁 1755-1756。

豈能外於六藝？禮之儀則亦即理之節文。[121]

這段文字出自詮釋《論語‧雍也》的「博學於文」章。「文」有廣狹二義：狹係單指六藝的書面紀錄；廣則舉凡道之顯者，如人事儀則，都是文的範疇。二者相同處是宗於六藝。如果把文擴大解釋成「文明」、「文化」便有道德倫序之意，如馬一浮言「文明」之意：

> 文者事之顯，參錯交互而不亂者也。明者性之德，虛靈不昧，無時或已者也。文就人倫言，明就心理說。人倫有序謂之文，心中不昧謂之明。[122]

又解釋「文化」有謂：

> 事物參錯交互，相對而成，如君臣、父子、兄弟、夫婦、朋友，謂之文。……又父慈、子孝、兄愛、弟敬，各止其當止，謂之化。[123]

「文」是形於外的人倫關係，能交錯且有條不紊者，上溯於內在本體，下彰顯於實質的人際關係，則天理節文是文，人事儀則也是文。

　　次問何以學文？馬一浮直指：「寢饋經術，熟於義理，自然能文，不必刻意為文人也。」[124]經術、義理是一體兩面，則文的內涵定然得是經術、義理之載記。馬一浮另云：

> 請學為文，先生云：文章當根本經術。漢人文字如董仲舒、劉向，非

---

[121] 馬一浮：〈答王白尹〉，《爾雅臺答問》卷1，收入《馬一浮集》第1冊，頁506。

[122] 烏以風：〈問學私記〉，收入《馬一浮集》第3冊，頁1172。

[123] 烏以風：〈問學私記〉，收入《馬一浮集》第3冊，頁1173。

[124] 王培德、劉錫嘏紀錄，烏以風、丁靜涵編次：「文藝篇」，〈馬一浮先生語錄類編〉，收入《馬一浮集》第3冊，頁1036。

後人所及，以其經術湛深也。鄭玄說經之文亦佳。韓退之文章技巧可謂到家，而經術尚疏，骨幹便缺，故〈原道〉一類文字說理多疏。後世如朱子之文，以技巧論，似有可省處，而說理則甚精。伊川《易傳》《四書集注》文字，兩漢以降鮮能及之，雖郭象注《莊》，輔嗣讚《易》，方之皆有遜色。《集注》尤字字精當，天地間之至文也。《禮記》，七十子後學所為，文章平實，為學文計，亦當熟讀，但讀《禮》殊不易耳。[125]

這段話可作為通曉經術、義理，以「自然能文」的最佳說明。馬一浮二分文章內容、技巧，內容骨幹即是「經術」，為通經論政的根據，並以義理為經術之上乘，當中既揚贊漢儒董仲舒、劉向、鄭玄的說經；又推崇宋儒朱子、伊川的言理；且言孔子七十子後學的文章平實可讀。反之，如：郭象、王弼、韓愈之遜色是疏於經術，非謂其為文技巧之疏。此外，馬一浮也提到要熟讀其他史、集諸書以助學文，有云：

欲作文字，當致力於經，言之乃能有物。參之《左》《國》《史》《漢》，方知文章體制，下字乃能不苟。如韓、柳文字非不著意求工，猶不免輕於經術，故有時說理或未當。《左氏》不可作經讀，說義遠不及《公》《穀》。《國語》文字較精練，陳義亦不苟，可與《禮記》相發。與《左傳》不必定出一人之手，然次序有法，斷制嚴謹，往往以一句結之，而全篇歸宿於是可見。漢人雖作小文字，如詔令尺牘，不必有意為文，而無一不佳。[126]

書院講義理，違俗好，相去太遠。吾嘗思之，捨義理而談詞章，亦可

---

[125] 王培德、劉錫嘏紀錄，烏以風、丁靜涵編次：「文藝篇」，〈馬一浮先生語錄類編〉，收入《馬一浮集》第 3 冊，頁 1037。

[126] 王培德、劉錫嘏紀錄，烏以風、丁靜涵編次：「文藝篇」，〈馬一浮先生語錄類編〉，收入《馬一浮集》第 3 冊，頁 1046。

以專明詩教。然詞章亦豈易治？先須熟讀古籍，經部必不可少，次則《國語》《老》《莊》《楚辭》《史記》、兩《漢書》《文選》，皆當熟。熟於兩漢文字者，可以明文章體制。[127]

何謂「文章體制」？《文心‧附會》有云：「夫才童學文，宜正體製，必以情志為神明，事義為骨髓，辭采為肌膚，宮商為聲氣」，體制是認清情志、事義、辭采、聲律在文章中的地位[128]，著重為文風格，而不是指文類、文體。據此論史，在馬一浮為數甚少的論史觀點中，實不能很完整看出他評價《左傳》、《國語》、「四史」體制的標準，唯隱然可折要出：他據經術為本，強調說義、陳義不苟、次序有法、斷制嚴謹等，以諸史決斷事理的為文風格。再觀其論《老》、《莊》、《楚辭》、《文選》，亦未確切指出如何從中明文章體制，僅能備其說。

　　由於馬一浮貫以經術論「文」、「為文」、「體制」，故能直接把集部諸書概統於詩教、書教。至於《漢書‧藝文志》之〈詩賦略〉對他的啟發，不是用來類分學術、文體，而是「以統攝類」；這不同於後世以〈詩賦略〉作為文體論的初祖，而欲完備文類、文體之流變，如：文筆類分、駢散類分，居下又各轄分數十類文體等。對此，馬一浮皆捨而不論，實是貫徹「求本不求末」、「求總不求別」的六藝精神，夫云：「但直抉根原，欲使諸生知其體要，咸統於《詩》《書》。如是則知一切文學皆詩教、書教之遺，而集部之名可不立也。」[129]又說：「文無駢散，但貴其安，安則必雅……經術深，義理熟，未有不能文者。」[130]正是此意。

---

[127] 王培德、劉錫嘏紀錄，烏以風、丁靜涵編次：「文藝篇」，〈馬一浮先生語錄類編〉，收入《馬一浮集》第 3 冊，頁 1077。

[128] 梁‧劉勰著，王更生注譯：〈附會〉，《文心雕龍讀本》（臺北：文史哲出版社，1997 年 10 月），頁 242、246。

[129] 馬一浮：「乙、六藝統四部」，〈論六藝該攝一切學術〉，《泰和宜山會語》，收入《馬一浮集》第 1 冊，頁 17。

[130] 馬一浮：〈示張伯衡〉，《爾雅臺答問續編》卷 2，收入《馬一浮集》第 1 冊，頁 604。

此外，馬一浮除了溯「統」，也辨「類」分，他推尊讀「總集」、「詩文評」，有說：

> 但舉總集之要者。集部之書，汗牛充棟，終身讀之不能盡。大抵唐以前別集無多，俱宜讀。唐、宋則擇讀大家。宜知流別，宜辨體製，宜多讀詩文評。文章不關經術者，不必深留意也。[131]

《四庫全書》將集部分成「楚辭類」、「別集類」、「總集類」、「詩文評類」、「詞曲類」。馬一浮在〈通治羣經必讀諸書舉要〉將《楚辭》列為詩文類之首[132]，但隻字未提「詞曲類」。[133]而是在恪尊「經術」之下，馬一浮認為宜讀「總集」；並擇讀性的讀「別集」，而以唐宋為界；又「詩文評」收錄了有關文學理論、批評之著，故欲知流別、體制者宜讀之。馬一浮又於〈國朝文匯序〉中說：

> 自道術既裂而文章以繁，然後總集興焉。〈漢志〉錄西京製述，各自名家，別出辭賦，多者數十篇而已。東京始有別集之目，建安之後，遂成風尚，篇帙滋廣。晉摯虞（250-300）苦覽者難盡，於是敘文章流別，以為要刪。後世述之，或獨標一體，或類次羣賢，或因地為別，或斷代示變。總集之中又各自為例，大抵取精者主於約，騖廣者

---

[131] 馬一浮：〈通治羣經必讀諸書舉要〉，《復性書院講錄》第 1 卷，收入《馬一浮集》第 1 冊，頁 146。

[132] 馬一浮：〈通治羣經必讀諸書舉要〉，《復性書院講錄》第 1 卷，收入《馬一浮集》第 1 冊，頁 145。

[133] 馬一浮未說明何以不取「詞曲類」的理由，或恐與「不關經術」有關。然詞曲亦是詩教的流變，早年寫於 1908 年的〈曲苑珠英序〉有云：「夫樂律聲詩之變，何在而非世運升降之機手。《韶》《武》既亡，《雅》、《頌》之音絕。屈宋以後之賦，漢魏以後之詩，其可傳者，猶有變風變雅之遺焉。下此乃有詞曲，詞曲興而民志之衰、國政之失可觀矣！」此可備為一說。參見氏著：〈曲苑珠英序〉，收入《馬一浮集》第 2 冊，頁 6。

疑於濫。雖其書有善有不善，後之考文者咸資焉。……則編類又豈易言哉。國朝文以康、雍、乾、嘉之際為極盛。其時樸學競出，文章多本經術，雖趣尚不同，要歸於有則，無前明標榜依附之習。道、咸以降，海內睽盱，不遑文藝之事。敝至於今日而憫然將有散亡之懼。然則總集之輯，曷可緩哉……中興四十餘年而文體復變，顧未有綜二百六十年之製，要其指歸，究其流派，薈之以為一書者，來學何以徵焉。[134]

上文開宗明義直指「總集類」是道術分裂的結果，《四庫總目提要·總集類小序》有謂：「文籍日興，散無統紀，於是總集作焉。一則網羅放佚，使零章殘什，並有所歸；一則刪汰繁蕪，使蕪稗咸除，菁華畢出。是固文章之衡鑒，著作之淵藪矣！」[135]點出總集類的兩大特點：一是網羅散失，二是刪汰雜蕪。然而，由於歷來編纂總集者的態度、體例各異，未必真能去蕪存菁，或可能收錄泛濫，而重要性能夠是理解一代文章大要，所以馬一浮在〈復性書院擬先刻諸書簡目〉的「文苑菁英類」提及「學者欲知流別，當先讀總集。」[136]悉選為刻書之首要。

　　總上所述，馬一浮論集部，主張既要明統，也要知其類。「統」在「詩教」、「書教」，是所有文學的根源，文學必統於經術、義理，未得獨立；「類」是透過各代文章演變，知文章流別、分化，但必本於經術，最終，類必繫於統，以統作為類的價值內蘊。

第二節　統攝西方知識體系

　　馬一浮的「西來學術亦統於六藝」之說，不論在當時或後來的分析討

---

[134] 馬一浮：〈國朝文匯序 代〉，收入《馬一浮集》第 2 冊，頁 58-59。

[135] 清·永瑢等撰：〈集部·總集類小序〉，《四庫全書總目》，頁 1685。

[136] 馬一浮：「文苑菁英擬先刻諸書簡目」，〈復性書院擬先刻諸書簡目〉，收入《馬一浮集》第 2 冊，頁 1203。

論，大多評價兩極。在學術史的視域下，此統攝觀念是受到晚近西學衝擊下，欲回歸傳統的六藝學術史觀以辨章、考鏡中西學術的方法。相較於時人多選擇以西方知識體系框架中國傳統四部之學，亟欲建構屬於中國新知識系統[137]，馬一浮反而是以六藝來統攝西學。他不是經由知識分類、目錄學立場類分各式學術，而是採行道統式的會通義理，最終歸至宇宙本體之極。易言之，六藝絕不可能預知、總攝後出的學術，但學術背後的所以然之理——道統則是古今、中西一如。

馬一浮對此辨之甚明，他回應西來學術的統、類之分，有說：

> 問：「西來學術亦統於六藝」，請易「統」為「類」何如？答云：類是別相，統是總相，總不離別，別不離總，總別亦是一相，非有勝劣之意在乎其間。必若以此為病，則是安於一曲而昧乎大方，是以求通而反礙也。[138]

> 中土聖賢之學，道理只是一貫，故體用一源，顯微無間，二之則不是。西方自希臘以來，其學無不以分析為能事，正是二體之學。[139]

馬一浮認為西方學術以類易統，實不可行，有三個理由：一、西學的學理研究屬大學、研究院之責，而非書院；二、六藝與西學是總、別關係，後者不得踰類為統；三、中學是體用一源，西學重分析，為體用二分。

於是，馬一浮以殊途同歸定調道：「全部人類之心靈，其所表現者不能

---

[137] 左玉河說：「20 世紀初，中國學者在對中西學術分類時，已經逐漸走出『四部』分類的框架，用西方近代知識分類標準來會通中西學術，嘗試建構中國自己之新知識系統。」參見氏著：《從四部之學到七科之學——學術分科與近代中國知識系統之創建》（上海：上海書店出版社，2004 年 10 月），頁 313。

[138] 王培德、劉錫嘏紀錄，烏以風、丁靜涵編次：「六藝篇」，〈馬一浮先生語錄類編〉，收入《馬一浮集》第 3 冊，頁 940。

[139] 烏以風輯錄：《問學私記》，收入《馬一浮集》第 3 冊，頁 1139。

離乎六藝也；全部人類之生活，其所演變不能外乎六藝也。」[140]又說：
「今時學者每以某種事物為研究之對象，好言『解決問題』、『探求真
理』，未嘗不用思力，然不知為性分內事，是以宇宙人生為外也。」[141]可
知其論中西學術宗旨在彰顯主體的內在價值，欲能「革新全人類習氣上的流
失，而復本然之善。」[142]這是以「義理式的學術史觀」論述中西學術一貫
的態度。誠如馬一浮屢批評晚清魏源的「師夷長技以制夷」說：

> 五峯（胡宏，1102-1161）云：「有夷行者，必有夷禍。」感應之理
> 實然。魏源師夷制夷之瞽說，至今不出此窠臼。既曰師夷，已淪為夷
> 矣，尚何制乎。孰不以五峯為迂闊，以魏源為識時；今日之禍，自魏
> 源已胎之矣。[143]

> 自清道光（1821-1850）間鴉片戰爭以後，魏源始作〈籌海篇〉，創
> 為「師夷制夷」之說。至今垂百年，從變法自強遞變為科學救國，為
> 革命抗戰，祇是魏源流派所衍，不能出其範圍。……自庸俗人觀之，
> 豈不以五峯為迂闊、魏源為識時哉。[144]

變法、科學能否救國？馬一浮認為軍事、經濟的圖強不能挽救人心，且西學
重類分，光是知類又何以能上溯於道德之統？唯有中土六藝之統方能駕馭於
類。

　　然而，用「義理式的學術史觀」統攝西學也涉及二層問題：一是被各藝

---

[140] 馬一浮：〈論西來學術亦統於六藝〉，《泰和宜山會語》，收入《馬一浮集》第 1
　　冊，頁 22。
[141] 馬一浮：〈復性書院學規〉，《復性書院講錄》第 1 卷，收入《馬一浮集》第 1 冊，
　　頁 114。
[142] 馬一浮：〈論西來學術亦統於六藝〉，《泰和宜山會語》，收入《馬一浮集》第 1
　　冊，頁 23。
[143] 馬一浮：〈張立民〉第 5 封，收入《馬一浮集》第 2 冊，頁 822。
[144] 馬一浮：〈袁心粲〉第 1 封，收入《馬一浮集》第 2 冊，頁 874。

統攝的狀況為何。西方知識學門、學科眾多，馬一浮根據哪些條件作簡擇，又代表什麼意義？二是如何由類見統。如：陸寶千曾指出：「處理關係界中事件之理，乃經驗之理。能明性理，何以亦遂能明經驗之理？」[145]從兩面說之，形上本體何以能萌發經驗界的學術分科？又經驗界的學術分科何以能會通形上本體？對此可分兩點說明：一是「統攝西方學術」，二是「統攝西方哲學」。

一、統攝西方學術

馬一浮透過「以統攝類」想用六藝統攝西方一切學術。因此，他將天下學術分成十類，但僅靠十類分類就想要廣括天下學術，實在過於籠統。實際上，馬一浮本無意談分類，其目的是在追求「學術之統」。換言之，他把學術區分成十大類的專門之學，係取其可由「別」見「通」，統歸於六藝，至於太過細瑣的學術小類都屬於等次而下的技藝之學，是無法進入六藝體系的，故可從而略之。

馬一浮論六藝統攝一切西來學術的觀點，如下：

> 舉起大概言之，如自然科學可統於《易》，社會科學【或人文科學】可統於《春秋》。因《易》明天道，凡研究自然界一切現象者皆屬之；《春秋》明人事，凡研究人類社會一切組織形態者皆屬之。董生言「不明乎《易》，不能明《春秋》」，如今治社會科學者，亦須明自然科學，其理一也。物生而後有象，象而後有滋，滋而後有數，今人以數學、物理為基本科學，是皆《易》之支與流裔，以其言皆源於象數而其用在於制器。《易傳》曰：「以制器者尚其象。」凡言象數者，不能外於《易》也。人類歷史過程皆有野而進於文，由亂而趨於治，其間盛衰興廢、分合存亡之跡，蕃變錯綜。欲識其因應之宜、正

---

[145] 陸寶千：〈馬浮之六藝論〉，《中央研究院近代史研究所集刊》第 22 期下冊，1993 年 6 月，頁 352-353。

變之理者，必比類以求之，是即《春秋》之比事也；說明其故，即《春秋》之屬辭也。屬辭以正名，比事以定分。社會科學之義，亦是以道名分為歸。凡言名分者，不能外於《春秋》也。文學藝術統於《詩》《樂》，政治、經濟、法律統於《書》《禮》，此最易知。宗教雖信仰不同，亦統於《禮》，所謂「亡於禮者之禮也」。[146]

《六藝論》當以六藝統攝一切學術。今世所謂文學屬於《詩》，政事、社會、經濟屬於《書》，人事、法制屬之《禮》，音樂、藝術屬之《樂》……[147]

上述內容紛呈，可整合成學術分類之總論的「學門」、分論的「學科」如下：

1. 總論學門：
   (1)自然科學：統於易教
   (2)社會科學／人文科學：統於春秋教
2. 分論諸學科：
   (1)數學、物理學：為《易》支流，源於象數，用在制器
   (2)文學、藝術學、音樂學：統於詩教、樂教
   (3)政治學、經濟學、法律學、社會學：統於書教、禮教
      ①政治學、經濟學、社會學：統於書教
      ②人事、法制：統於禮教
   (4)宗教：統於禮教

上述簡擇非無本，有兩個來源：一是六藝分類原則源自《莊子·天下》，強調學貴「知要」，分列各經藝之旨；二是對現代學科的梳理，此觀點疑是脫

---

[146] 馬一浮：〈論西來學術亦統於六藝〉，《泰和宜山會語》，收入《馬一浮集》第 1 冊，頁 21-22。

[147] 王培德、劉錫嘏紀錄，烏以風、丁靜涵編次：「六藝篇」，〈馬一浮先生語錄類編〉，收入《馬一浮集》第 3 冊，頁 936。

胎自古希臘哲學家亞里斯多德（384B.C.-322B.C.），亞氏學術的分類原則分成：理論、實用、藝術三大門，下轄八類學術：

1. 理論的：數學、物理、神學
2. 實用的：經濟、政治、法律
3. 藝術的：詩歌、美術[148]

對比來看，馬一浮將西方知識統於自然、社會／人文二門，並更易了亞氏分類法中的詩歌為「文學」、「音樂」，且又增加後起於十九世紀末的「社會學」而成十類。在天人概念下，以六藝統攝眾學門、學科，使西方學術分類與道德屬性相連結。

　　然而，隨著知識分化愈形縝密，近代以降的培根（1561-1626）、柯立之（S. T. Coleridge, 1772-1834）、孔德（1798-1857）、斯賓塞（1820-1903）……都建構出不同知識體系[149]，絕不少於八或十類，何以馬一浮未與時俱進？這自然會引發六藝何能統攝一切西來學術的質疑。

　　但這是兩條不同進路。必須注意馬一浮著重學術的「判教」，而學術門類多寡與判教是兩件事，更何況技藝之學還不列入六藝之中，自不必求類別齊全。而馬一浮的判教意圖在他評議各學術時可見端倪，以下分四組說明，依次是：一、「自然科學」，二、「人文／社會科學——文學、藝術」，三、「人文／社會科學——政治、法律、經濟」，四、「人文／社會科學——宗教」。

　　其一，凡「自然科學」皆統於「易教」，易教係論一切變化之幾，馬一浮說：

---

[148] 杜定友：〈科技圖書分類問題〉，收入錢亞新、白國應編：《杜定友圖書館學論文選集》（北京：書目文獻出版社，1988年10月），頁226-227。

[149] 杜定友：〈科技圖書分類問題〉，收入錢亞新、白國應編：《杜定友圖書館學論文選集》，頁227-234。

科學若不應理，則不成其為科學。彼發明家亦精思以得之，但是一偏一曲之知耳。科學本身安有過咎，製器尚象，若以利民，亦冬官之守也。今用以殺人，則成大惡，惡在用之不當耳。[150]

自近世歐洲人生物進化之說行，人乃自儕於禽獸，認猿猴為初祖。征服自然之說行，乃夷天地為物質，同生命於機械。於是聞天人性道、陰陽五行之名幾於掩耳，是謂「日用不知」，數典忘祖，盍亦反其本矣。[151]

馬一浮總論自然科學是「凡研究自然界一切現象者屬之」，又說科學須應「理」，又強調數學、物理本源在易教的「象數」。此理是天理、天道，而象數是明天理、天道的方法，其意在通科學之本，非客觀性理解。次舉進化論亦然，進化論著重生命自然的物理性演化，馬一浮則重精神生命，故譏評是數典忘祖。

其二，「人文／社會科學——文學、藝術」，出於「詩教」、「樂教」，馬一浮說：

考西方文藝，除讚頌詩歌外，不是怨怒，即為哀思。即以讚頌詩而論，又多稱頌一人之作，並不足當治世安樂之音。蓋言為心聲，皆發於志，如其志乖戾，則其所發之言未有不失和者，其間絲毫做作不得。凡人之志乖戾與否，又與當時之教化有關，故文亦可以觀政、可以觀風。[152]

---

[150] 王培德、劉錫嘏紀錄，烏以風、丁靜涵編次：「諸子篇」，〈馬一浮先生語錄類編〉，收入《馬一浮集》第 3 冊，頁 971。

[151] 馬一浮：「釋三才」，〈孝經大義〉，《復性書院講錄》第 3 卷，收入《馬一浮集》第 1 冊，頁 242。

[152] 烏以風輯錄：〈問學私記〉，收入《馬一浮集》第 3 冊，頁 1133。

> 談西洋文學云：浪漫主義失之淺，古典文學多有可觀。浪漫主義之在
> 中國，當於袁中郎（名宏道，1568-1610）、袁子才（名枚，1716-
> 1797）一輩人見之。西洋文學如莎士比亞之戲曲，輩推為至高之作。
> 其狀人情亦頗深刻，然超世出塵之境界則絕少。歌德之《浮士德》略
> 有此意，如元曲則數見不鮮矣。問：此是道家影響否？答云：來源不
> 一。老、莊自有影響，然如神仙之說，佛氏之道，亦均有關係。西人
> 少鑒別力，伏爾德（伏爾泰，1694-1778）譯《趙氏孤兒》為法文，
> 盛稱之，不知此在元曲中最為俚俗。[153]

馬一浮強調文以載道，但西方文學強調個人主義，雖然可表達個別情思、情
志，但頂多能藉文學一表當時政治、風俗。而「浪漫主義」正興起於 18 世
紀末，19 世紀初，以人為核心，強調人的主動性，在乎內心感覺的文學浪
潮[154]，但馬一浮認為這既不足立志聖賢之志，也不是「治世安樂之音。」
又論及藝術，談藝術則不離審美，馬一浮跟畫家黃賓鴻（1865-1955）說：

> 〈學記〉所謂「釋回增美」，實為教育根本，亦即藝術原則。
> 「釋」，捨也。「回」，訓邪，即指不善。美即是善。為學務在變化
> 氣質，畫家本領則在於變化景物，去其不善而存其善。會得此理，乃
> 可以言藝術、言教育矣。[155]

何謂美？美即是善，以善為美，此善重改變氣質，馬一浮以教育、藝術俱以
復本性良善為目的，由此來談藝術，馬一浮與豐子愷說：

---

153 王培德、劉錫嘏紀錄，烏以風、丁靜涵編次：「文藝篇」，〈馬一浮先生語錄類
編〉，收入《馬一浮集》第 3 冊，頁 1042。

154 酌參馮契、徐孝通主編：《外國哲學大辭典》（上海：上海辭書出版社，2000 年 7
月），頁 729。

155 王培德、劉錫嘏紀錄，烏以風、丁靜涵編次：「文藝篇」，〈馬一浮先生語錄類
編〉，收入《馬一浮集》第 3 冊，頁 1041。

豐子愷來謁，為論藝術云：辜鴻銘（1857-1928）譯「禮」為 Arts，
用字頗好。Arts 所包者甚廣。憶足下論藝術之文，有所謂「多數的統
一」者，善會此義，可以悟得禮樂。譬如吾人此時對坐山色，觀其層
巒疊嶂，宜若紊亂，而相看不厭者，以其自然有序，自然調和，即所
謂「多數的統一」是也。又如樂譜必合五音六律，抑揚往復而後成，
然合之有序，自然音節諧和，鏗鏘悅耳。序、和同時，無先後也。禮
樂不可斯須去身，平時如此，患難中亦復如此。因不失亨，而不失其
亨之道，在於貞。致命是貞，遂志是亨。見得義理端的，此心自然不
亂，便是禮。不憂不懼便是樂，縱使造次顛沛，槁餓以死，仍自不失
為樂也。顏子不改其樂，固是樂，樂必該禮。而所以能是者，則以
「其心三月不違仁。」故仁是全德，禮樂是合德。以其於體上以自會
得，故夫子於其問為邦，乃就用上告以四代之禮樂。會不得者，告之
亦無用。[156]

無論是景物、音聲，欲體認藝術的美感在「多數的統一」，方能從紛錯景象
中照觀出共向之美，這才是藝術。馬一浮以禮、樂闡釋，能得見「義理端
的」，使心不亂，即可臻及藝術的極致。自藝術再到論禮、樂，禮、樂為
外，仁為內；且詩教主仁，形成內聖外王也是教化先後的關係譜系。所以，
馬一浮論文學、藝術，既本於仁德，又重和合之美，故統於詩教、樂教。

　　其三，「人文／社會科學──政治、法律、經濟」統於「春秋教」，重
在論「名分」，名分亦統之於天道，故宇宙觀與人生論合一，天人一如。總
「人文／社會科學」之學門是統於春秋教的，但分論政治、法律、經濟等各
別學科的統攝時，則屬於「書教」、「禮教」。以下分述馬一浮論政治、法
律、經濟，甚至擴言到國家軍事、國際關係內涵，並敘明其可為書教、禮教
所攝知因由。

---

[156] 王培德、劉錫嘏紀錄，烏以風、丁靜涵編次：「文藝篇」，〈馬一浮先生語錄類
　　編〉，收入《馬一浮集》第 3 冊，頁 1038。

　　馬一浮界定政治有說：「政是正己以正人，治是修己以治人，此乃政治真義。今人好言政治，只知尚權力、計利害，與古義天地懸隔。」[157]又說：「此見政為教攝，以今語釋之，則政治即是道德，道德外無別有所謂政治。」[158]政治是修己之道的延伸，馬一浮曾強調從政「最要緊者，則君子小人之辨。」[159]又分辨中西學術最根本的差異在仁義、欲望之別，也藉此區分精神與物質的落差。

　　又馬一浮界定「法律」、「經濟」有言：

> 今之人或任刑法，或尚經濟，求以易天下。不知刑法、經濟皆建立在習氣上，是虛幻不實的。故以刑法、功利治天下者，雖能勉強把持於一時，不久即歸崩壞。孟子曰：「以力服人者，非心服也，力不贍也。」惟易簡之道方能久大。何謂易簡之道？曰：仁義而已矣。[160]

法律也好，經濟也罷，能易天下者，必歸仁義之心，馬一浮用簡易的道德原則化約了複雜的專門知識，更擴延到「國家軍事」、「國際關係」，有云：

> 王者之師，有征無戰，故兵宜備而不用。汲汲用兵，霸者以下事耳。今西洋各國競事工商以求富，因而不得不求資源，不得不爭市場，復為保護工商利益計，不得不養兵。然而工商業雖有所得，轉耗於兵，故國家愈富，適以愈成其貧。[161]

---

[157] 馬一浮：「附語」，〈洪範約義〉，《復性書院講錄》第 5 卷，收入《馬一浮集》第 1 冊，頁 381。

[158] 馬一浮：「釋明堂」，〈孝經大義〉，《復性書院講錄》第 3 卷，收入《馬一浮集》第 1 冊，頁 257。

[159] 烏以風輯錄，附王星賢記 17 條：〈問學私記〉，收入《馬一浮集》第 3 冊，頁 1199。

[160] 烏以風輯錄：〈問學私記〉，收入《馬一浮集》第 3 冊，頁 1151。

[161] 王培德、劉錫嘏紀錄，烏以風、丁靜涵編次：「六藝篇」，〈馬一浮先生語錄類編〉，收入《馬一浮集》第 3 冊，頁 951-952。

西洋人有所謂國家學者，其言國家成立之元素有三，曰土地、人民、統治權也。在今日當更益以經濟力量及軍事力量。無論民主國家、極權國家，其汲汲皇皇，與接為搆，日以心鬭，皆有僅焉不可終日之勢。有強權而無公理，有陰謀而無正義，國際間只有利益，無復道德可言。社會觀感無形中受此影響，於是人與人之間亦有利害之結合，苟為求生，無所不至。其所謂對於國家、社會之道德行為者，依於法律，出於利害，絕無禮樂之意行乎其間，以其無本可推也。[162]

由於西方論國家、經濟、軍事是霸道，未觸及人心本體，誠無可述，故馬一浮說：「一念之私，毒流天下，儒者謂之生心害政，佛氏謂之生心害政，佛氏謂之循業發見。國家、民族同為陷阱之名，物質、精神皆成陵暴之具。不知國土性空，物我一體。」[163]即是如此。所謂「物我一體」是傳統儒家的君臣觀，馬一浮有道：「孟子所說『民為貴』之義，與後世之民治主義不能牽合比附。『天生民而作之君，作之師』，君之與民，本屬一體，非判而為二，彼此對待者也。」[164]這不是追求制度復古，而是面對文化意義危機下的政治理想。因此，書教可主政治，禮教可論秩序，自能統攝政治、法律、經濟等「人文／社會學科」。

其四，「人文／社會科學——宗教」出於「禮教」，馬一浮云：

至於宗教之起源，即禮之起源。近人分宗教與禮為二，不知宗教即禮也。中國本無宗教之名，皆可以禮攝之。但須知禮可以攝宗教，而宗教不能攝禮，蓋禮之含義廣而宗教狹。此中道理，後當別論。西方如耶穌（約 3、4B.C.-30A.D.）及穆罕默德（571-632）之徒，各立教義，亦足以維繫一時一地之人心，可謂彼邦之治禮者。……中國之

---

[162] 馬一浮：〈希言〉，《蠲戲齋雜著》，收入《馬一浮集》第 1 冊，頁 843。

[163] 馬一浮：〈李笑春〉，收入《馬一浮集》第 2 冊，頁 842。

[164] 王培德、劉錫嘏紀錄，烏以風、丁靜涵編次：「六藝篇」，〈馬一浮先生語錄類編〉，收入《馬一浮集》第 3 冊，頁 952。

禮，只是一體底報本返始，故教義與西方迥別。如《禮記》，禮有三本，禮上事天、下事地、中事祖先而崇君師，西方宗教則全不知此義。[165]

宗教中人，在彼邦可云首出庶物。中土聖人甚多，故孔子「祖述堯舜，憲章文武」。佛說小乘亦本婆羅門教義，回教吾所不詳，耶穌崛起一隅，創為教義，遂以風行遐邇。但不免過中，是行仁義，非由仁義行，又似「煦煦為仁，孑孑為義」，未能無象，是為可惜。[166]

馬一浮以中國古無宗教之名，而西方宗教學可用禮教涵攝。他提出宗教即「禮」，將喪、祭之禮納入禮教範圍，強調慎終追遠的精神；宗教又可與孝道連結[167]，近尊祖先君師，遠尊於天地萬物，此是「報本反始」。他特舉〈郊特牲禮〉有云：「地載萬物天垂象，取財於地，取法於天，是以尊天而親地也。社所以報本反始也，『郊之祭也，大報本反始也。』」[168]又說：「所謂『報本』『追遠』，所謂『事天』、『事親』，所謂『愛人』『成身』，所謂『續莫大焉』、『厚莫重焉』，皆一理也。」[169]此為中土談禮、宗教的精神。相對於西方宗教，終是尊於人格神信仰，縱能維繫一時一地人心，卻不能歸本反始，有其然卻未盡所以然，故說「是行仁義，非由仁義」。因此，禮教可攝宗教甚明。

---

[165] 烏以風輯錄：〈問學私記〉，收入《馬一浮集》第 3 冊，頁 1133。

[166] 王培德、劉錫嘏紀錄，烏以風、丁靜涵編次：「諸子篇」，〈馬一浮先生語錄類編〉，收入《馬一浮集》第 3 冊，頁 973。

[167] 馬一浮說：「曾子親傳《孝經》，今二《戴記》凡言喪祭義者，多出曾子，無異為《孝經》作傳。」參見氏著：「禮樂教中」，〈論語大義〉，《復性書院講錄》第 2 卷，收入《馬一浮集》第 1 冊，頁 174。

[168] 馬一浮：「禮樂教中」，〈論語大義〉，《復性書院講錄》第 2 卷，收入《馬一浮集》第 1 冊，頁 175。

[169] 馬一浮：「禮樂教中」，〈論語大義〉，《復性書院講錄》第 2 卷，收入《馬一浮集》第 1 冊，頁 176。

　　綜觀上述，馬一浮的六藝論不必然要開出什麼確切的民主體制、科學觀、意識形態、藝術美學、宗教學。因為他本無意去理解、梳整專門之學的學理，僅僅是主觀式的追問西方學術能否上探各經藝之旨，以符合仁義精神。馬一浮緊扣此論而說：「近人為學，重在分析名相，不知返求本源，只見分殊而不見理一，見別異而不見和同，故多偏曲之見。須是從分殊見理一，從變易中見不易。」[170]而這也是異於其他現代新儒家之處。其他學者是立於道德本體，竭力「向下」，結合西方現代學術觀點，佐證本體之德何以能「坎陷」，熊十力如此[171]，梁漱溟亦然。他們反對五四以來科學主義當道，但不反對科學本身，更肯定傳統儒家思想為本的重要性，如張灝云：「新儒家反科學主義之源於西方的衝擊，就如同源自傳統的影響一般；而導使新儒家去肯定傳統的進路，緣於與西方思想的接觸和傳統哲學的鑽研。」[172]馬一浮則是抽剝了客觀知識，以事功、實用之學為末，上溯學科的道德本源，成為判教式的表述。[173]包括他與熊十力對復性書院的路向之爭[174]；又在一些片段言談中，不贊同梁漱溟論東西文化[175]、鄉村改革的觀點[176]，

---

[170] 烏以風輯錄：〈問學私記〉，收入《馬一浮集》第 3 冊，頁 1180。

[171] 廖崇斐說：「熊十力這種重視客觀知識的態度，本來就存在於古代的學問傳統之中，但是後來卻隱而不顯。西洋科學的傳入，反而成為我們重新審視古人『智周萬物，道濟天下之實』的契機。」參見氏著：《熊十力經學思想研究》（臺中：國立中興大學中國文學研究所博士論文，2009 年 1 月），頁 45。

[172] 張灝：〈新儒家與當代中國的思想危機〉，收入周陽山、楊肅獻主編：《近代中國思想人物論——保守主義》，頁 380。

[173] 如云：「義理是本，事功是迹，義理是體，事功是用。迹自本出，用由體發，未有無本之迹，亦未有無體之用。時人專尚事功，而不知講求義理，正是不揣其本而齊其末。」又云：「時人有以先生專講心性義理之學為空虛，謂書院宜養成實用人才。先生曰：『心性義理本是切實，而人以為空虛，事功本是虛幻，而人以為真實，正是顛倒見。』」詳參烏以風輯錄：〈問學私記〉，收入《馬一浮集》第 3 冊，頁 1181。

[174] 詳參本書第八章第一節，第一大點「創辦復性書院的學術歧見」。

[175] 如云：「梁漱溟先生以向前、向後、調和三種態度分別東西文化，不過安排形迹，非根本之談。」詳參烏以風輯錄：〈問學私記〉，收入《馬一浮集》第 3 冊，頁 1150。

[176] 烏以風錄記到：「一日謁先生，坐畢談及梁漱溟先生在山東創辦鄉村自治事。……惟其主持鄉村建設偏重功利，則未敢苟同。」詳參烏以風輯錄：〈問學私記〉，收入

都顯見出彼此學術觀點的差異。

二、統攝西方哲學

本大點將討論六藝如何統攝西方哲學。之前於第四章已述明馬一浮判分義理與哲學之別，義理為出自心性本體之學，哲學則是專門知識，涵括範疇、治學理念皆不同。[177]以下將從馬一浮對「哲學」、「思想」等詞彙的界定說起。

「哲學」本為愛智之學，是一切學問、知識之母，很容易與「思想」一詞混淆，馬一浮界定「哲學」有說：

> 但哲學譯自泰西，意云愛智，愛智即是執見，執見即是法執，應在破除之列，故其為名不妥。[178]

> ……今世所名哲學，未嘗不以明倫察物為事，卒之囿於其習，多歧而少實。言非不辯，特影響而已，於根本蓋闕如也。[179]

> 東土大哲之言，皆從性分流出。若歐洲哲學，不論古近，悉因習氣安排，故無一字道著。[180]

至於界定西洋的「思想」則說到：

> 客有談西洋思想者，先生云：思想，名詞不妥。依五蘊來說，「想」

《馬一浮集》第 3 冊，頁 1134。

[177] 詳參本書第四章第一節，第四大點「『義理』不等於『哲學』」。

[178] 王培德、劉錫嘏紀錄，烏以風、丁靜涵編次：「六藝篇」，〈馬一浮先生語錄類編〉，收入《馬一浮集》第 3 冊，頁 936。

[179] 馬一浮：〈為不黨書「淳齋」齋額說〉，收入《馬一浮集》第 2 冊，頁 121。

[180] 馬一浮：〈曹赤霞〉第 11 封，收入《馬一浮集》第 2 冊，頁 467。

以取相為義，猶是虛妄。今異說紛紜，各不相同，皆是虛妄，而非真知。真知無有不同，人人同具，無有增減，無有彼此多少。今但貪求知識，則有多有少，前日以為是者，今日更睹一說言之成理，便以為非，可見終不可靠。[181]

實理與今言思想不同。《大學》首言「明德」，是人性本具之實理，盡人皆同；思想則是安排撰造出來的，故因人而異。條理亦是自然的，組織則是人為的，此時人習用語，以之說經則不類。[182]

上述都是從義理角度闡釋哲學、西洋思想的意義，非欲辨明方法論的異同，馬一浮認為二者都是人為的分類，習氣所出，而非實理、真理，亦為氣性偏向所致。[183]當談到「智」、「知」時，至少會涉及定義、如何認知求智的基本問題，他應答某劉君有說：

知徒有知解，不足言學，是也。有德性之知，有聞見之知。聞見之知亦有淺深、小大、邪正不同。然俱不是真知，德性之知方是真知。學自是知行合一，即知即行，豈有分成兩橛之理？「政、法、兵、農」一段，愈見支離。但得本，莫愁末。道義陵夷，且當求之在己，斯可

---

[181] 王培德、劉錫嘏紀錄，烏以風、丁靜涵編次：「諸子篇」，〈馬一浮先生語錄類編〉，收入《馬一浮集》第 3 冊，頁 971。

[182] 王培德、劉錫嘏紀錄，烏以風、丁靜涵編次：「諸子篇」，〈馬一浮先生語錄類編〉，收入《馬一浮集》第 3 冊，頁 971。

[183] 上述兩條引文是就「西方思想」而論，非純釋思想一詞。馬一浮在著作中屢用思想一詞，有時是口語習慣，時而與哲學一詞互用，未必皆有貶意，如謂：「國家生命所係，實係於文化，而文化根本則在思想。從聞見得來的是知識，由自己體究，能將各種知識融會貫通，成立一個體系，名為思想。」此處的思想，便為德性之知，非聞見之知，自不含貶意。參見馬一浮：〈對畢業諸生演詞〉，《泰和宜山會語》，收入《馬一浮集》第 1 冊，頁 50。

矣。[184]

這段話融合了兩個討論：一是知、學的兩層屬性；二是論六藝與專門之學。其中，聞見之知正是「專門之學」，馬一浮強調此非真知，唯有本於德性，才是知行合一的真知。所以，當某劉君談「政、法、兵、農」，馬一浮以「但得本，莫愁末」應之，就是務使德性、聞見為一。然而，在習性趨使下，馬一浮認為西方既重「明倫察物」，又貪求知識本身，反忘卻義理價值，自不得以此來說經。

所以，馬一浮以六藝統攝西方知識體系的第二步在西方哲學，可分成「哲學概念」、「善、美、真」二類說明。

（一）哲學概念

馬一浮將西方哲學自本體論到人生觀分作七類，各配六藝之教，獨未配於詩教、書教。然其配分、統攝原則為何？他又照見西方哲學何等的缺失？馬一浮說：

> 哲學思想派別雖殊，淺深小大亦皆各有所見，大抵本體論近於《易》，認識論近於《樂》，經驗論近於《禮》；唯心者《樂》之遺。唯物者《禮》之失。凡言宇宙觀者皆有《易》之意。言人生觀者皆有《春秋》之意，但彼皆各有封執而不能觀其會通。莊子所謂「各得一察焉以自好」，「各為其所欲以自為方」者，由其習使然。若能進之以聖人之道，固皆六藝之材也。道一而已，因有得失，故有同異，同者得之，異者失之。[185]

將上文整理如下：

1. 本體論：近於易教

---

[184] 馬一浮：〈答劉君〉，《爾雅臺答問》卷1，收入《馬一浮集》第1冊，頁532。

[185] 馬一浮：〈論西來學術亦統於六藝〉，《泰和宜山會語》，收入《馬一浮集》第1冊，頁22。

2. 宇宙觀：有易教之意

3. 唯心論：樂教之遺

4. 唯物論：禮教之失

5. 認識論：近於樂教

6. 經驗論：近於禮教

7. 人生觀：皆有春秋教之意

此七類按六藝屬性可分成三組：一是本體論、宇宙論，為易教所攝，屬形上學。二是唯心論、認識論／唯物論、經驗論，為樂教、禮教所攝，明本體論與知識論的關係。三是人生觀，又稱人生論、人生哲學，為春秋教所攝，是人生哲學。這是基礎的劃分，西方哲學內部亦有派別分歧，馬一浮只作原則性的闡釋，不涉及內部學理。

首先，形上學、人生哲學較易分殊，馬一浮有說：

> 問西洋哲學宇宙論、人生論之分。答云：象山有言：「宇宙內事乃吾性分內事。」天即人，人即天，言有先後，不能同時出口。程子云：「說個人合天，猶覺剩了個『合』字。」天人本一故也。[186]

> 本體論、宇宙論屬之《易》，若夫《春秋》之義，以今人語言釋之，則所謂有正確之宇宙觀，乃有正確之人生觀，知宇宙自然法則，乃知人事當然之法則也。此六藝之統攝今世之學術也。[187]

馬一浮以「天人本一」詮解自本體論、宇宙論，再到人生觀的關係，這較易理解，由易教該攝形而上，而春秋教明人生一切極則。行為抉擇有直有罔，宜行正道棄罔道，才是正確人生觀，而正道本於「仁」，故言：「直道是

---

[186] 王培德、劉錫嘏紀錄，烏以風、丁靜涵編次：「諸子篇」，〈馬一浮先生語錄類編〉，收入《馬一浮集》第 3 冊，頁 970。

[187] 王培德、劉錫嘏紀錄，烏以風、丁靜涵編次：「六藝篇」，〈馬一浮先生語錄類編〉，收入《馬一浮集》第 3 冊，頁 936。

仁，罔道即不仁。……《春秋》之所以譏貶絕者，皆罔之生也。今人好言人生哲學，先須學《春秋》，辨直罔始得。」[188]同時，馬一浮也批評論人生哲學者不通傳統禮教、樂教薰陶，暴戾機詐，終導致人類苦痛無解。[189]由此可知，彙論人生法則者在春秋教，且人本於天，所以天人本一。

　　再者，「唯心論」與「認識論」與樂教有關；「唯物論」與「經驗論」與禮教有關。此須分別界定兩組辭彙，方能理解與禮樂教的關係。其一，認識論、經驗論，是說明個人感官如何與外在事物的接觸的兩種方法，亦即是理性主義、經驗主義的對揚，馬一浮云：「西方哲學，如經驗派只說到習，理性派只說到種子，若義理之性，則未見到。」[190]其以唯識宗的習氣、種子作解釋，二者異名同質，習氣是薰習於人心中的習慣、氣分、習性等之謂，在唯識宗乃現行薰習之氣分，具有產生思想、行為及一切有為法之能力；而種子則是一切色法（物質）、心法（精神）之種種現象產生的因種[191]，說明經驗、理性都是建立在外物的認知上，停留在氣質之性，未足證知義理之性。其二，馬一浮以唯識宗的「四分」解釋唯心、唯物，有說：

　　　　西方哲學如以唯識判之，則唯物論一邊是相分，唯心論一邊是見分。康德之評判哲學還是見分。至於自證分、證自證分，西方學者皆未曾悟到。唯識是以見分破相分，以自證分破見分，即是破見、相二分，明自證分、證自證分。換句話說，即是借有為法破有為法，明無為

---

[188] 馬一浮：「春秋教中」，〈羣經大義總說〉，《復性書院講錄》第 2 卷，收入《馬一浮集》第 1 冊，頁 198-199。

[189] 馬一浮說：「先儒謂樂亡而後樂教皆寓於詩。古人之詩皆可歌詠，披之管弦，即是樂教。故春秋之世，聘使往還，酬酢交際，皆有歌詩，後世酬唱即其遺風。盛世之民，日日薰陶於禮樂之中，故其暴戾之氣、機詐之心自然消失，周旋進退，見聞酬答，日用倫常之間莫不雍雍穆穆。此是何等氣象！今則不然，上下凌夷，進退乖方，肆其暴戾，逞其機詐，禮樂之教亡，而人類苦矣！近世所謂人生哲學全不知此，可嘆！」詳參烏以風輯錄：〈問學私記〉，收入《馬一浮集》第 3 冊，頁 1146。

[190] 詳參烏以風輯錄：〈問學私記〉，收入《馬一浮集》第 3 冊，頁 1150。

[191] 慈怡主編：《佛光大辭典》，頁 4771、5863。

法，然又不可執者無為法，轉成障礙。[192]

今言唯心、唯物者，詳其分齊，彼所言心皆是器攝。以唯是識心虛妄計度，又較佛氏相宗之言為粗也，故唯見器而不見道。[193]

「四分」自外而內依次為相分、見分、自證分、證自證分。前二者為外二分，後二者為內二分。馬一浮以「唯物」為相分，蓋取其被主體之心所認識之客體形象屬之。又以「唯心」、「康德哲學」為見分，指認識之主體有認識、照見相分之主體作用。[194]簡言之，唯物是被照見之客體端，唯心是能照見的主體端，有先後層次之別，但二者仍留在形下認知層，無法上達自體證知見分之作用的「自證分」，更無法達到證知自證分的「證自證分」。[195]此源於人自限於見器而不見道，故唯心、唯物是器攝，非道攝。

　　總觀上述，本體論、宇宙論近於易教，為之所攝，係是形而上者謂之道；自流而下，形成知識論的兩型觀點：一是萬物起源於心靈的「理性主義／認識論」，近於能展現心志之聲的樂教，遺為唯心論；二是源於經驗而非理性的「經驗主義／經驗論」，近於明秩序制度的禮教，失為唯物論。二者本於易教，統兼禮、樂二教之迹，屬「本迹關係」。

　　值得注意的是，馬一浮的六藝統攝西方哲學，獨缺書教、詩教。少了書教，恐是因為書教通於政治，上述哲學思想派別無關乎政治，故不列入。至於詩教本仁，但凡上述雖多有「近乎某教之意」或為「某教之遺／失」，卻非真正熨貼於各藝，即西方哲學學理與本體道德間的裂痕，更缺乏以「仁」為本體的精神，其不及詩教已昭然可知。

---

[192] 詳參烏以風輯錄：〈問學私記〉，收入《馬一浮集》第 3 冊，頁 1137。

[193] 馬一浮：〈觀象卮言〉，《復性書院講錄》第 6 卷，收入《馬一浮集》第 1 冊，頁 486。

[194] 慈怡主編：《佛光大辭典》，頁 6314。

[195] 慈怡主編：《佛光大辭典》，頁 6314。

（二）善、美、真

　　西方「真、善、美」的觀念廣泛應用在哲學、社會學、美學……等各領域，馬一浮從兩個角度詮釋：一是兼該禮樂，二是以六藝包含。他尤其看重以「善」為先的重要性，從而改變為「善、美、真」的排序。

　　先述前者。此出自替浙江大學撰寫的校歌，浙大校訓為「求是」，馬一浮以國立大學媲美古代「辟雍」，用禮樂教化於眾，而訓「求是」為「求真理」，但非科學真理，是本體真理，故言：「其實先儒所謂事物當然之則，即是真理。」馬一浮解釋道：「事物是現象，真理即本體。理散在萬事萬物，無乎不寓。所謂是者，是指分殊；所謂真者，即理一也。」[196]而能展現真理則在禮、樂，故說：「序是禮之本，和是樂之本，此真理也。」[197]馬一浮再用真、善、美解釋有云：

> 六經無真字，老、莊之書始有之。《易》多言「貞」，貞者，正也。以事言，則謂之正義；以理言，則謂之真理。或曰誠，或曰無妄，皆真義也。是字從「正」，亦貞義也。以西洋哲學真善美三義言之，禮是善，樂是美，兼善與美，斯真矣。《易》曰：「天下之動，貞夫一者也。」《華嚴》謂之一真法界，與《易》同旨。[198]

「真」即是「貞」，有正、誠、無妄之意。自形上而論，是本體的形容，為真理；落實到形下，則為正義。又以禮為善，樂是美，此係以禮為天地之序，樂為天地之和為之分[199]，上可歸本於易，形成本迹關係。

---

[196] 以上兩條，參見馬一浮：〈擬浙江大學校歌〉，《泰和宜山會語》，收入《馬一浮集》第 1 冊，頁 99。

[197] 馬一浮：〈擬浙江大學校歌〉，《泰和宜山會語》，收入《馬一浮集》第 1 冊，頁 99。

[198] 馬一浮：〈擬浙江大學校歌 附說明〉，《泰和宜山會語》，收入《馬一浮集》第 1 冊，頁 99。

[199] 馬一浮：「禮樂教上」，〈論語大義〉，《復性書院講錄》第 2 卷，收入《馬一浮集》第 1 冊，頁 169。

其次，馬一浮用六藝涵括真、善、美說道：

> 西方哲人所說的真、善、美，皆包含在六藝之中。《詩》《書》是至
> 善，《禮》《樂》是至美，《易》《春秋》是至真。詩教主仁，書教
> 主智，合仁與智，豈不是至善麼？《禮》是大序，《樂》是大和，合
> 序與和，豈不是至美麼？《易》窮知化，顯天道之常，《春秋》正名
> 撥亂，示人道之正，合正與常，豈不是至真麼？諸生若於六藝之道，
> 深造有得，真是左右逢源，萬事皆備。**200**

整理如下：

1. 至善：詩教主仁，書教主智，合「仁」與「智」為善。
2. 至美：禮教大序，樂教大和，合「序」與「和」為美。
3. 至真：易教窮神知化，顯天道之常；春秋教正名撥亂，示人道之正，
   合「正」與「常」為至真。

此可提出兩個提問：一是西方之真、善、美，是否為中土之善、美、真？二
是馬一浮的排序理念為何。先論前者。

在內涵上，馬一浮不認同西方真、善、美的觀點，其云：

> 《申報》載美國亞力山大教授 Prof. Hartley B. Alexander（1873-
> 1939）在浙大演講，略謂中國雖需要機械文明，而機械文明一事，實
> 不足以盡人生。西人之於人生，往往不見其全，中國人所漸遠超過歐
> 美，以其能求真、善、美之生活也。大抵單調雷同，便減殺生趣。各
> 民族各有其文化，應互相瞭解尊重，而不必強歸一律云云。先生云：
> 今日情形，真所謂單調雷同。亞力山大教授之言，不為無見。特彼所
> 謂真、善、美之生活，既當作一件事物，向外求取，便無從得。性

---

200 馬一浮：〈論西來學術亦統於六藝〉，《泰和宜山會語》，收入《馬一浮集》第 1
　　冊，頁 23-24。

者，真、善、美兼具者也。然而合下現成，不待外求之義，恐非所及
之耳。[201]

西方學者以滿足欲望為人生最高境界，故貪求物質享受而至於爭奪殘
殺。中土聖賢教人則以行仁由義為人生之最高境界，故不重視物質。
須知仁、義、禮、智不是外來的東西，是人人自性本具，聖凡所同，
返求諸己，個個圓滿，無虧無欠，用不著爭奪。中西先哲立教不同如
此，不可不知。[202]

上述旨在提問「何謂人生真諦？」馬一浮認為西方以滿足外在物質欲望為真
諦，中國則重天命之性。他曾指明：「西人不知有性，故無『性』字。」
[203]分判出中西文化有「性本」、「習本」之別，有說：「東方文化是率
性，西方文化是循習。西方不知有個天命之性，不知有個根本，所以他底文
化只是順隨習氣。」[204]二者內涵實不相謀。因此，馬一浮對某人談及人生
哲學，有說：「有杜某謁先生談人生哲學曰：『有益於人生者為善。』先生
曰：『合於善者始為生。』此人爽然若失。」[205]來者所謂的善，是後天形
下之善，但馬一浮認為善者才是人生之本。

　　論及排序時，西方是「真、善、美」，馬一浮則有意識以善為先，以六
藝的「本迹關係」組成「善、美、真」的序列，賦予新的內涵，以下依序說

---

201 王培德、劉錫嘏紀錄，烏以風、丁靜涵編次：「政事篇」，〈馬一浮先生語錄類
　　編〉，收入《馬一浮集》第 3 冊，頁 1069。

202 烏以風輯錄：〈問學私記〉，收入《馬一浮集》第 3 冊，頁 1134。

203 王培德、劉錫嘏紀錄，烏以風、丁靜涵編次：「諸子篇」，〈馬一浮先生語錄類
　　編〉，收入《馬一浮集》第 3 冊，頁 973。

204 詳參烏以風輯錄：〈問學私記〉，收入《馬一浮集》第 3 冊，頁 1150。

205 烏以風輯錄：〈問學私記〉，收入《馬一浮集》第 3 冊，頁 1139。另有類似記錄有
　　言：「有人謂凡有利於人生者始為善。先生曰：合於善者始為生。」參見：王培德、
　　劉錫嘏紀錄，烏以風、丁靜涵編次：「教學篇」，〈馬一浮先生語錄類編〉，收入
　　《馬一浮集》第 3 冊，頁 1127。

明。

其一，以詩教、書教為「至善」。則直接反證了西方哲學思想派別缺乏「善」的基礎，馬一浮說：「體用合言，仁即智之體，智即仁之用。全體作用，全用歸體，仁智俱是性德，但從其所言而異耳。故執滯名言總不免說成兩橛，若洞見本體則不如是。」[206]此前已明，仁為全德，智／知是仁中有分別者[207]，而成體用本迹的關係。

其二，以禮教、樂教為「至美」。馬一浮回應學生王紫東（？）提問「禮是樂之工夫，樂是禮之效驗」一語，說到二者序列，有云：「此不可以工夫、效驗言，為易二字較穩密。【按，改云：『禮是樂之由藉，樂是禮之化行。』】禮樂同行，唯序故和，因和益序，本無先後。亦可言先後者，禮至則樂至也。」[208]先有序後有和，禮前而樂至，前一小點論藝術、美學，亦以禮、樂教之序、和為「至美」。

其三，以易教、春秋教為「至真」。這裡不當以二者為末教，而是總前四教，易教以天道之常下濟人事，春秋教正之以人事，上反天道，序為天人一理。可知馬一浮藉彼之觀念賦予六藝本迹的「善、美、真」概念，證明西方哲學可被六藝所涵攝。

綜觀上述，馬一浮認為再細緻的哲學分類都是各執一偏，要本於「聖人之道」方可成六藝之材，而道即在六藝。因此，他認為西方哲學有二個不足：一是流於學術分科的偏狹；二是錮蔽於外習，不見本體之性，馬一浮說：「以習去習，終去不盡，惟有見性，然後習除。」[209]更寬泛來說，這仍是「義理式的學術史觀」對判教、分科的區隔。

所以，唯習的西方哲學又怎可詮釋中國的義理學？馬一浮嘗批判當時論

---

[206] 馬一浮：〈示楊碩井〉，《爾雅臺答問續編》第 2 卷，收入《馬一浮集》第 1 冊，頁641。

[207] 詳參本書第四章第一節，第四大點「歸本一心仁德的六藝義理分化」。

[208] 馬一浮：〈示王紫東〉，《爾雅臺答問續編》第 2 卷，收入《馬一浮集》第 1 冊，頁617。

[209] 烏以風輯錄：〈問學私記〉，收入《馬一浮集》第 3 冊，頁 1139-1140。

哲學者，說道：「世方盛談哲學，務求創造，先儒雅言，棄同土梗，食芹雖美，按劍方瞋。」[210]又如晚清嚴復介紹穆勒（1806-1873）的《穆勒名學》後，學者開始對「邏輯學」有深刻研究[211]，中國哲學史家也都強調邏輯、科學之於哲學研究法的重要性，如：馮友蘭說：「吾人雖承認直覺等之價值，而不承認其為哲學方法。科學方法，即是哲學方法……」、「故哲學乃理智之產物；哲學家欲成立道理，必以論證證明其所成立。」[212]但馬一浮批評說：

> 今人於古人修辭立誠之旨全未識得，獨善稱邏輯，以為治哲學者所必由。不知邏輯本身便是一種執，律以破相之旨，便在當破之列。[213]

> 或問：「今世之言哲學者必先邏輯，敢問義學亦用邏輯乎？」曰：「法，非法，是名法，亦邏輯也。汝言邏輯，即非邏輯，是名邏輯。子將謂此為邏輯乎？且吾聞邏輯之義，華言為思，言語道斷，心行路絕，擬心即差，動念即乖，雖有邏輯，其將安施？此謂以蹄涔之水測度如來大智慧海，汝謂其可得乎？」[214]

邏輯是執，是不正的動念，要破此執有，這也是將分科歸至義理學內的態度，誠如某君拿其論人生哲學之著作請他一覽，馬一浮回道：「奉勸賢者將此等哲學思想暫先屏卻，專讀中土聖賢經籍及濂、洛、關、閩諸儒遺書。不可著一毫成見，虛心涵泳，先將文義理會明白，著實真下一番涵養工夫，識

---

[210] 馬一浮：〈題識〉，《復性書院講錄》第 2 卷，收入《馬一浮集》第 1 冊，頁 148。

[211] 賀麟：〈西洋哲學的紹述與融會〉，《當代中國哲學》，頁 31、郭湛波：〈五十年來中國思想方法〉，《近五十年中國思想史》（上海：上海世紀出版集團，2010 年 8 月），頁 165-188。

[212] 以上兩條參見馮友蘭：〈緒論〉，《中國哲學史》上冊，頁 4-7。

[213] 王培德、劉錫嘏紀錄，烏以風、丁靜涵編次：「諸子篇」，〈馬一浮先生語錄類編〉，收入《馬一浮集》第 3 冊，頁 969。

[214] 馬一浮：〈希言〉，《蠲戲齋雜著》，收入《馬一浮集》第 1 冊，頁 847。

得自己心性義理端的，然後不被此等雜學惑亂，方可得其條理。」[215]即指出任何義理都必須出自心性，而不能以客觀態度去研究中國的義理學。

總言本大點，馬一浮著重體證知識背後的理則，當他以「義理式的學術史觀」詮解西方學術分科，再到西方哲學，無論當作學術史或哲學史的討論，都很難客觀的進行分殊，終在道德判教規模下，成為主觀式的體證。

先就學術史或現代目錄學而論，馬一浮的分類法極不穩固，比如：政治、社會、法律統於書教、禮教，何以又將政事、社會、經濟獨屬於書教，他處又以社會學列為春秋教一類；又美學、藝術是否同為一物，還是殊途二路？為何禮既為真善美之善，又如何轉為美？馬一浮都未作釐清。最直接的辨解是六藝主合不主分，各藝本可互通無礙。

再從哲學意義視之，哲學家得面對道德如何開出形下知識的問題，回歸陸寶千的提問，何以能明「經驗之理」？馬一浮認為毋須論甚或不必談，反正無關判教。馬一浮的論述亦不若其他現代新儒家欲建構出一套融合中西哲學的認識論、方法論，似乎很順理成章，恪守住六藝便能通貫西方學術。

最後，從學術發展角度的省視，馬一浮論西來學術歸於一心或六藝的觀點，無疑是內縮了學術的諸多面向，也設限了接軌西學的可能，這顯然與當時學術界欲將傳統知識轉型為現代學術頗相牴觸。但若從文化角度來看，馬一浮則提醒時人學習專門學術時，勿忘天人為本的初衷，如其言：「全部人類之心靈，其所表現者，不能離於六藝也。」又說：「學者當知，六藝之教，固是中國至高特殊之文化。唯其可以推行於全人類，放知四海皆準，所以至高。」終謂：「世界人類一切文化最後之歸宿必歸於六藝，而有資格為此文化之領導者，則中國也。」[216]證實了他想以文化貫串學術之意圖。

因此，賀麟以「文化哲學」點出馬一浮的思想脈絡，說：「一切文化，皆自心性中流出，甚至廣義講來，天地內萬事萬物，皆自心性中流出。只要

---

[215] 馬一浮：〈答許君〉，《爾雅臺答問》第 1 卷，收入《馬一浮集》第 1 冊，頁 528。

[216] 馬一浮：〈論西來學術亦統於六藝〉，《泰和宜山會語》，收入《馬一浮集》第 1 冊，頁 24。

人心不死，文化即不會滅絕。」[217]唐君毅亦看出章、馬二人的不同特質是：「清人章學誠著《文史通義》，更以詩、書、禮、樂、易、春秋之教，為中國學術之大原。近人馬一浮先生，則有《六藝論》之著，亦意在以六藝之文化與其精神，通天人之故。此亦中國文化哲學之流。」[218]從章學誠以學術史論傳統學術源流，到馬一浮將學術源流上遂廣衍到文化層，從心性本體照觀一切，誠如陳銳所講：「馬一浮更多地在其中賦予了一種普遍的道德、哲學和文化的意義，而且，他的六藝之教又與儒家的心性之學、華嚴宗、禪宗的神祕境界融為一體，他追求的普遍道德的載體，是圓融貫通的宇宙世界的體現。」[219]由此以完成其博古通今的「義理式的學術史觀」正是晚近代學術史的一種質變、創新。

第三節　以「統」攝「類」的客觀限制

　　馬一浮僅管重六藝之「統攝」，但若恪守六藝之統來面對實際的學術分類時，免不了會造成如某一經藝內兼有經史子集，又或者兼有各式現代學術分類的窘況，反而愈形紊亂。因此，他曾想編過的三種書目，便未採行六藝之「統」，竟專以「類」分。此外，馬一浮也試圖透過「通治門」、「別治門」的概念使統類合一，惜縱使規模已具，卻未能真正實踐。

　　馬一浮曾欲彙編的三種書目：一是 1938 年以前的〈因社印書議〉[220]，二是 1940 年前後的〈復性書院通治羣經必讀書目舉要〉，三是 1945 年的〈復性書院擬先刻書目〉。三者都是以六藝為核心，統攝傳統典籍的類分，其中一、三的分類近似，同為一類。此外，馬一浮又把六藝教育實踐在〈復

---

[217] 賀麟：《當代中國哲學》，頁 17。

[218] 唐君毅：《哲學概論》（臺北：臺灣學生書局，1982 年 9 月），頁 161。

[219] 陳銳：《馬一浮儒學思想研究》，頁 94。

[220] 該書目編纂時間未定，據考證結果應在 1938 年 5 月以前之作。詳參〈因社 Chinese-Renaissance Society 印書議〉註解 1，收入吳光主編：《馬一浮全集》第 4 冊，頁 324。

性書院簡章〉的通治、別治二門，兼該中西學術，以作為書院教育的科別分類。

然而，為何不乾脆徑統之於六藝，還要延伸出不同的「類」？事實上，早在章學誠便早有四部回不去六藝之慨；到了馬一浮身處的時代，還遇上西學大量移入的衝擊，徒用「統歸」學術已難清楚涵括，故不得不看清現實而「類分」學術。因此，馬一浮如何以統、類安頓傳統、西方學術？以下從不同書目類分，再到論六藝教育，分「〈因社印書議〉與〈復性書院擬先刻書目〉」、「〈復性書院通治羣經必讀諸書舉要〉」、「理想下的『統類合一』：六藝之教的『通治門』、『別治門』」等三點說明。

一、〈因社印書議〉與〈復性書院擬先刻書目〉[221]

何謂「因社」？馬一浮云：「因者，對革為言。由今之俗，蔽於革而不知因，為一類。蔽於不善因而不知革，復為一類。雖或革或因，等蔽也。今欲解蔽，乃在善因。」[222]蓋因、革對言。現代學術著重革變，卻不知因；又或者知因，卻錯找因，故以因社命名，而云：「明聖人之為教，非能取而與之，因其所故有而已。」[223]直以六藝之教作為因社命名由來。其印書章則之「編訂門」將學術依序分作「通、本、別、枝」四門，有道：

> 1. 通門：通以無礙為義。凡羣經傳注有關微言大義者屬之。六經皆稱
>   性之談，理絕偏小。若比釋教，唯是圓宗，不褗權乘。……
>   此門擬先編《四書統類 System of Chinese Classics, First Part
>   Volume For Four Books》繼出《羣經統類》。
> 2. 本門：本者宗極之稱。凡先儒論撰發揮性德研精義理者屬之。

---

[221] 以下分別簡稱為〈印書議〉、〈先刻書目〉。

[222] 馬一浮：〈因社 Chinese-Renaissance Society 印書議〉，收入《馬一浮集》第 2 冊，頁 1267。

[223] 馬一浮：〈因社 Chinese-Renaissance Society 印書議〉，收入《馬一浮集》第 2 冊，頁 1267-1268。

此門擬先編《儒林典要 The Chief Theories of Chinese Philosophers for Confucianism》。

宋史別出道學，遂啟儒術分裂之漸，不可依準。道學即儒也。儒不學道，何名為儒。故今一以儒林為目，絕諍簡濫，亦使學者知所宗歸。

3. 別門：別者旁出互明。凡道墨名法自唯一家之學而得六藝之一端者屬之。學者欲知類通達，宜遍覽諸書異議而折衷於聖人，然後可以無惑。

此門擬先編《諸子會歸 Conduct of Chinese Philosophical Works》。

4. 枝門：枝以輔翼成化。凡外國文字譯自此土經籍及此土轉譯外國著述其書有關學術者屬之。

此門擬先編《智海 Current of Wisdom》。[224]

此擬印的書目重經書、宋明儒學、諸子學、中西／西中翻譯等四門，而未及史、文一類的內容，從定名中，可見其論學術義理之旨。

首是通門，又分為二類：《四書統類》、《羣經統類》，以統、類命名，即統於義理，使類繫於統。《四書》為經之「義理入門」，列第一；《六經》是聖人經典，列為二。二者既有義理義，也是通門下轄之類的「類目」。次是「本門」的《儒林典要》，他清楚表明唯宋明儒能「發揮性德，精研義理」，而可闡述《四書》、六藝義理精蘊，是為「典要」。再是「別門」的《諸子會歸》，以諸子四家各得失於六藝，必須會歸方能見六藝大旨。末是「枝門」的《智海》，以中翻西，西翻中的當前書目為主。

然而，〈印書議〉只是粗擬方向，並無成稿，而後在〈復性書院簡章〉中，馬一浮提及：

---

[224] 馬一浮：〈因社 Chinese-Renaissance Society 印書議〉，收入《馬一浮集》第 2 冊，頁 1267-1270。

書院宜附設編纂館及印書部。編定《羣經統類》【先儒說經主要諸書】、《儒林典要》【漢、宋以來諸儒著述之精粹者】、《諸子會歸》【先秦、兩漢、六朝、唐、宋著述在子部者】，並得修訂通史，漸次印行，以明文化淵源、學術流別，使學者知要能擇。[225]

又告知弟子烏以風說：

> 吾曾有意編纂三書，一曰《羣經統類》，取六經大義可以為學術綱領者，如「禮儀三百，威儀三千」，一個敬字可以統攝之類；二曰《諸子會歸》，取諸子之言不悖經義者；三曰《儒林典要》，取先賢言語為學子所當知者。[226]

另在 1945 年底撰寫的〈復性書院修訂規制芻議〉也提到：

> 書院刻書以經術義理為主，故首輯《羣經統類》、《儒林典要》，益以《諸子會歸》，自先秦以迄近代，學術原流可得而識。亦欲旁及文、史，故擬輯《文苑菁英》，以弘詩教（本簡章一切文學皆統於詩之義）；輯《政典先河》，以翼《書》《禮》（本簡章一切政事皆統於《書》、一切制度皆統於《禮》之義）。就此五類，其書已踰千種。更欲輯《智海》，以收玄言義學；編《通史》，以該諸史；輯廣《意林》，以錄雜家，使博其趣，則《易》、《春秋》之流裔也。[227]

上述三篇理念比編〈印書議〉之時更加清楚，尤其〈芻議〉完整表達馬一浮

---

[225] 馬一浮：〈復性書院簡章〉，《濠上雜著》二集，收入《馬一浮集》第 1 冊，頁 765。

[226] 烏以風輯錄：《問學私記》，收入《馬一浮集》第 3 冊，頁 1172-1173。

[227] 馬一浮：〈復性書院修訂規制芻議〉，收入丁敬涵編：《馬一浮先生遺稿三編》（臺北：廣文書局，2002 年 2 月），頁 307。

編書目、刻書的恢宏志向。他以「經術義理」為刻書總綱，分成三大類：一是《羣經統類》、《儒林典要》、《諸子會歸》，兼及經學、理學、諸子，彙為學術源流。二是《文苑菁英》、《政典先河》，為旁出文學、史學書目，是詩教、書教、禮教的實踐。三是欲增編《智海》、《通史》、《意林》。其中，此之《智海》意義與此前因社的《智海》不同，早先是指對譯中西現代學術，此處則是指玄言義學，由於《諸子會歸》已涵括道家玄言，這裡疑指的是佛學諸書。[228]《通史》也與政典先河不同，政典先河主政事、制度，通史則指彰明學術、文化淵源流別的歷史。至於《意林》，唐代馬總（806-820）編有《意林》，《四庫總目》列為子部雜家類雜纂之屬，馬一浮或取其義；又馬一浮早年另有〈意林續鈔序〉一文，曾提及：「自古著書言治術者，莫盛於晚周。降乎漢魏之際，政乖俗敝，賢才之士退而論列時制之得失。或毗於儒家，或毗於法家。雖弛張異用，矯枉或過，要以推本經術，揆其國宜，存乎測怛，猶非後世所能及也。」[229]而想敘次其文。可知此《意林》尚與論治術有關。然時隔三十年，是否續接其義，或有更異，馬一浮終未再述，此僅權備一說。

　　最終，馬一浮彙編出的〈復性書院擬先刻諸書簡目〉完整落實前五大門類擬刻書單[230]，梳整如後：

　　　1.《羣經統類》：
　　　　細分易類、書類、詩類、禮類、春秋類、孝經類、四書類、樂類。共四十二種。
　　　2.《儒林典要》：

---

[228] 馬一浮最終雖未編成「智海」，但曾於 1938 年為賀昌羣開出一系列「玄學門」、「義學門」書目，其中「玄學門」書目部分收入後來〈復性書院擬先刻諸書簡目〉的「羣經統類」、「諸子會歸」中。詳參氏著：〈賀昌羣〉，收入《馬一浮集》第 2 冊，頁 605-609。

[229] 馬一浮：〈意林續鈔序〉，收入《馬一浮集》第 2 冊，頁 57。

[230] 以下簡稱〈諸書簡目〉。

(1)《周子全書》、《二程全書》、《張子全書》、《朱子大全集》、《朱子語類》、《朱子遺書》擬合為《宋五子書》別出，《象山》、《陽明全集》擬別出。其餘加總後共三十六種。

(2)《典要》外編：又明朱睦㮮（1518-1587）編《授經圖》、清萬斯同（1638-1702）編《儒林宗派》、宋朱子編《伊洛淵源錄》、明薛應旂（1500-1575）編《考亭淵源錄》、清諸星杓（？）編《二程年譜》、清王懋竑（1668-1741）編《朱子年譜》。以上六種俱為初學必讀之書，擬先將此六種彙刻為《典要》外編。以後凡傳記、年譜之類，擇其書之精要而有關係者，皆編入外編，以供學者參考。

3. 《文苑菁英》：

按集部之名始於〈隋志〉，〈漢志〉唯有詩賦一類，蓋以文學原出於詩也。總集以蕭選為不祧之宗；別集唐以前雖少而皆善，唐以後其書充棟，博而近蕪矣。學者欲知流別，當先讀總集。今特欲略出總集之要者，已苦卷帙繁重。約舉數種，可付影印，不復詳其卷數。共二十種。

4. 《政典先河》：

按〈漢志〉以議奏附於《尚書》，最得《書》以道政事之旨。《羣書至要》輯錄羣經諸子，實為政論之典型。今所錄不盡依舊目，如詔令、奏議、傳記之類皆附之，蓋本《書》教之遺意，不獨以《禮》書為政典也。共十六種。

5. 《諸子會歸》：（略）[231]

上與〈印書議〉略有差別，除《諸子彙歸》前已述明而從略，茲將各類特點說明如下。

　　一、《羣經統類》納入《四書統類》且不編於羣經之前，而是在羣經之

後，樂書之前。

二、《儒林典要》收錄宋明清關於理學之著，作者多為〈道學傳〉之屬。馬一浮不以道學為然，另纂一〈儒林典要序〉界定儒之為儒的條件是：「夫不明乎道，何名為儒。苟曰知性，何惡於禪。儒與禪皆從人名之，性道其實證也。六藝皆所以明性道，舍性道而言六藝，則其為六藝者，非孔子之道也。性者人所同具，何藉於二氏。二氏之言有合者，不可得而異也；其不合者，不可得而同也。」[232]又云：「濂洛關閩諸賢所以直接孔孟者，為其窮理盡性，不徒以六藝為教，敷說其義而止也。其兼綜條貫，為羣經傳注，有近於義學，視漢唐說經之軌範為進。」[233]所以，成為「儒者」的條件是兼以心性言六藝，又能以六藝明心性者，至於道學一詞易與佛、道二氏混淆，故不採用。

三、《文苑菁英》編纂目的是「知流別」，不在「辨體製」，但重總集，未納詩文評，這與前出的〈舉要〉收錄之書兼該體製、詩文評不同。

四、《政典先河》從史部，先河有前導之意，政典源自「書教」、「禮教」。凡典章制度之《會要》等類的「禮書」既為政典，又統於禮教；其他如：《漢書‧藝文志》將石渠《議奏》四十二篇附於「尚書類」；又唐代魏徵的《羣書治要》彙集經史諸子關於治者為一書，內容都與政典有關。故凡議論性質的詔令、奏議、政治言行錄一類的傳記，概由書教所攝。綜言之，此類型的書目特點係將各分類法宗於六藝。

二、〈復性書院通治羣經必讀諸書舉要〉[234]

〈諸書簡目〉有刻印的現實考量，而〈諸書舉要〉更能展現馬一浮治學理念，這是他為復性書院學生開列的基礎閱讀書單，以「通治」對揚「別治」，共分成十四類，依序是：四書類、孝經類、詩經類、書經類、三禮類、樂類、易類、春秋類、小學類、羣經總義類、子部儒家類、諸子異家

---

232 馬一浮：〈儒林典要序〉，收入《馬一浮集》第 2 冊，頁 30-31。
233 馬一浮：〈重刊肝壇直詮序〉，收入《馬一浮集》第 2 冊，頁 37。
234 以下簡稱〈諸書舉要〉。

類、史部諸子選讀、詩文類。而〈諸書舉要〉、〈諸書簡目〉編排明顯不同，以下將從如何界定「通治」，與判分二者異同作說明。

首先，通治與別治的差別是：「六藝之教分通治、別治二門，通治明羣經大義，別治可專主一經，先通後別。」[235]又說：「書院簡章『通治門』以《論語》、《孝經》為一類，孟、荀、董、鄭、周、二程、張、朱、陸、王十一子附之。若不讀羣經，亦不能通《論語》、《孝經》也；不讀十一子之書，亦不能通羣經大義也。」[236]這是六藝之教下對書目的劃分，冀能通治羣經，不只有宗經之論的《論語》、《孝經》與十一子的道統傳承，凡各類能通達羣經的基礎書目概須包羅，基礎穩固後，方能入「別治門」。

而羅列書目的意義在於判教，馬一浮說：「故既於〈復性書院通治羣經必讀諸書舉要〉每門之下，各綴數言，聊示塗轍，復為申說判教與分科之義趣不同如此。」[237]又云：「書院意在養成通儒，並非造成學究。時人名學，動言專門，欲騖該通，又成陵雜，此皆不知類之過。」[238]專門之學重分，以之求統無異緣木求魚，故書院培養通儒以知類為原則。馬一浮於〈諸書舉要〉之末判分傳統學術分類說：

> 姚姬傳（名鼐，1731-1815）以義理、考據、詞章並列為三，實不知類。辭章豈得倍於義理？義理又豈能不用考據？朱子每教人先看注疏，豈是束書不觀？明道斥上蔡玩物喪志，及其讀史，卻甚子細。象山每誡學者曰：「諸公莫謂某不讀書，某嘗中夜而起，自檢經籍，恐有遺忘。」故謂「未審皋、夔、稷、契，更讀何書」者，乃一時抑揚

---

[235] 馬一浮：〈復性書院簡章〉，《濠上雜著》二集，收入《馬一浮集》第 1 冊，頁 762。

[236] 馬一浮：〈通治羣經必讀諸書舉要〉，《復性書院講錄》第 1 卷，收入《馬一浮集》第 1 冊，頁 144。

[237] 馬一浮：「判教與分科之別」，〈羣經大義總說〉，《復性書院講錄》第 2 卷，收入《馬一浮集》第 1 冊，頁 155。

[238] 馬一浮：〈通治羣經必讀諸書舉要〉，《復性書院講錄》第 1 卷，收入《馬一浮集》第 1 冊，頁 147。

之語耳。俗人或詆義理為空疏，乃真坐不讀書。若不充實，義理何由
得明？徒炫多聞，不求蓄德，是真空疏也。推而上之，胡安定分經
義、治事，亦是打成兩橛，安有離經義之治事？亦無不諳治事之經
義，若其有之，二俱不是。再推而上之，則如宋明帝（439-472）之
分玄、儒、文、史四學。夫玄、儒異撰，猶或可言；文、史分途，斯
為已陋。儒不解玄，在儒則小。文即史之所由成，離文言史，未知其
史當為何等？此亦蔽也。王介甫（名安石，1021-1086）自矜新說，
罷黜諸家，久乃自悔曰：「本欲變學究為秀才，何期變秀才為學
究。」[239]

上述旨在論「通儒」、「知類」。通儒必能知類，且知類非安於類，而是必
須統類一如，統於六藝。馬一浮藉姚鼐，上溯胡安國、南朝宋明帝時的不同
學術分類，強調他們只守於專門，未能達通。尤以姚鼐的說法已然是論傳統
學術的基本架構，但被諷為「不知類」，誠是馬一浮認為辭章不能背棄義
理，又義理豈不考據之故。馬一浮非常強調以考據作為問學的基礎工具，故
說：「小學不精則遣詞不能安，經術不深則說理不能當。」[240]又在「小學
類」諸書之後有謂：「清儒最長於小學，此數家在所必讀，其餘可緩。」
[241]但其態度非入章句訓詁之專門，而是檢於經籍、注疏，重能契合義理。

　　至於胡安國論經義、治事，較易理解，必以經義為本，經義又以義理為
宗，因而治事定可上推至經義、義理。

　　南朝宋明帝劉彧立四學，玄指「玄學」，內容為玄言。馬一浮本以孔孟

[239] 馬一浮：〈通治羣經必讀諸書舉要〉，《復性書院講錄》第 1 卷，收入《馬一浮集》
　　第 1 冊，頁 146-147。
[240] 馬一浮：〈通治羣經必讀諸書舉要〉，《復性書院講錄》第 1 卷，收入《馬一浮集》
　　第 1 冊，頁 146。
[241] 馬一浮：〈通治羣經必讀諸書舉要〉，《復性書院講錄》第 1 卷，收入《馬一浮集》
　　第 1 冊，頁 143。

實理相對老莊玄言，但又說：「蓋真正玄言，亦是應理」[242]，故儒可解玄。馬一浮也強調後出的理學要兼治玄學，才不流於籠統。[243]所以，玄定可為儒、理學所括，儒、理學亦可解玄。且馬一浮論文敘史，文非獨立，須宗於經術義理，亦須參之「四史」，也不分途。

　　所以，馬一浮於十四類書目後，皆纂一小序說明源流、取類標準，在「義理判教」下，其標準係本於六藝，準以理學為主要核心，如：「書經類」提到「可見《書》之可信者當準之義理，不關考證也。」於「三禮類」說：「清儒多勤於名物而疏於義，約取而已。」在「易類」則說：「至宗歸義理，必以伊川為法也。」見「春秋類」有道：「胡文定《傳》義理最精……胡文定後，為東山趙氏為不苟。伊川欲作傳而未成。朱子一生遍至羣經，獨於《春秋》不敢輕說一字。」……作為通治基礎。

　　再者，將〈諸書簡目〉、〈諸書舉要〉以及四部分類法併比分類異同，如下表所示：

四部分類法	〈諸書簡目〉[244]	〈諸書舉要〉	備註
經部	1. 羣經統類 (1) 易類 (2) 書類 (3) 詩類 (4) 禮類 (5) 春秋類 (6) 孝經類 (7) 四書類 (8) 樂類	1. 四書類 2. 孝經類 3. 詩經類 4. 書經類 5. 三禮類 6. 樂類 7. 易類 8. 春秋類 9. 小學類 10. 羣經總義類	〈諸書舉要〉比〈諸書簡目〉多出「小學類」、「羣經總義類」

---

[242] 馬一浮：〈玄言與實理之別〉，《復性書院講錄》第 3 卷，收入《馬一浮集》第 1 冊，頁 157。

[243] 參見王培德、劉錫嘏紀錄，烏以風、丁靜涵編次：「四學篇」，〈馬一浮先生語錄類編〉，收入《馬一浮集》第 3 冊，頁 959。

[244] 下編序號為原本排序，後〈諸書舉要〉亦然。

史部	4. 政典先河	13.史部諸子選讀	政典先河為理政、制度之書；史部諸子選讀擇重通史。
子部儒家類	2. 儒林典要	11.子部儒家類	
子部	5. 諸子會歸	12.諸子異家類	
集部	3. 文苑菁英	14.詩文類	

以上可歸整出兩層思考：一是與〈諸書簡目〉的異同；二是為何不能徑以六藝統攝，必用其他分類法取代？

其一，對比〈諸書簡目〉、〈諸書舉要〉，二者理念一貫，多有繼承。但因為刻書、治學目的不同，所以其中的細類、書目也不盡一致。如：〈諸書舉要〉於經部多出「小學類」，舉列清儒的小學專著為問學基礎；又多出「羣經總義類」，盡採漢儒論辨今古文義理。如前述於集部有獨採總集，與兼採詩文評之別。或於史部有偏於政典、一般通史之別。

在序列上，尤以經部最特別。〈諸書簡目〉按時代先後為序，而以《樂經》亡佚，補上樂書、樂律，故置於末。〈諸書舉要〉則以學習先後為序，故以「四書類」、「孝經類」為首，次列諸經，末為解經工具的「小學類」、總今古之爭的「羣經總義類」。且〈諸書舉要〉順成了最早四部目錄「經、子、史、集」的排序，也與〈論六藝該攝一切學術〉同步。

其二，自〈印書議〉到〈先刻書目〉，再到〈諸書舉要〉，儘管舉類的方式不一，不變的是宗六藝之統該。類如章學誠嘆四部不能反《七略》，馬一浮的分類亦留有四部殘影，終使經歸經，史歸史，子歸子，集歸於集。然而，章氏的感嘆是因後出之書種類繁瑣，無法歸於前代的分類法則，而不得不成為四部之學；馬一浮則一心專主如何通上達本體義理。但恪守六藝義理的編排，將造成一經教之內，兼有經，又有史、子、集各部書目，會淆亂整齊劃一的類分，這反映出縱使義理可通貫統類，但若只以六藝論作為書目的目錄統類，將產生分類上的困難。

三、理想下的「統類合一」：
六藝之教的「通治門」、「別治門」

　　至於最能展現馬一浮以六藝統攝一切傳統、西方學術理念，又不受書目編排設限者，則在其〈復性書院簡章〉的「通治門」、「別治門」，如下所述：

1. 通治門以《孝經》《論語》為一類，孟、荀、董、鄭、周、程、張、朱、陸、王諸子附之。【六經大旨散在《論語》，總在《孝經》。鄭玄《六藝論》云：「孔子以六藝題目不同，指意殊別，恐道離散，後世莫知根原，故作《孝經》以總會之。」《論語》記孔門問答之辭，實為後世語錄之祖。《詩》《書》《禮》《樂》並為雅言，《易》象、《春秋》務存大體。文章性道，一以貫之，故欲通六藝必先明《孝經》《論語》。言為《論語》，行為《孝經》，聖心所寄，言行之至也。七十子後學，孟、荀為大。漢儒宗荀，宋儒宗孟。兩漢經師以董生為最醇，康成為最博，故獨取二家。濂、洛諸賢，直接孔、孟，決然無疑。極於陽明，遂無繼紹，故以十子列為儒宗。通治羣經當從此入。】

2. 別治門以《詩》《樂》為一類，《爾雅》《說文》附之。【辭賦、文筆皆統於《詩》，聲律、音韻皆統於《樂》。聲音、訓詁、字形之學必以《爾雅》《說文》為主，皆名言也。名言者，聲氣之發，《詩》《樂》為陽，故以附之。又《詩》為始教，故當以小學附於《詩》。今世所稱文學、藝術、美學、文字、語言諸學並宜屬此類。】

3. 《尚書》《三禮》為一類，名、法、墨三家之學附之。【三家並出於《禮》。一切政事皆統於《書》，一切制度皆統於《禮》，史書、諸志、通典、通考之屬亦附之。如《唐六典》可附於《周官》，《唐律疏義》可附於《戴記》。今世所稱政治、法律、經濟諸學並宜屬此類。】

4. 《易》《春秋》為一類，道家附之。【釋氏之學並通於《易》《春秋》。《易》以天道下濟人事，《春秋》以人事反之天道。《易》本隱以之

顯，《春秋》推見至隱。二氏之說皆於費中見隱，《易》《春秋》之支與流裔也。今凡欲研求自然界之法則，欲明宇宙之本體者，不能外於《易》；凡言人羣之事相，究其正變得失者，不能外於《春秋》。《春秋》經世大法，不可以史目之，不明乎《易》，不能明《春秋》，不明《春秋》，不能治史。後之治史者，核於事而絀於義，不明《春秋》之過也。《三傳》并《胡氏》為四，並取其長，《通鑑》《通志》之研究屬之。今世所稱哲學、形而上學、論理學、社會學、歷史學之屬並宜屬此類。】[245]

歸整如後：

1. 通治門
　　——《論語》、《孝經》為一類
　　——附：孟、荀、董、鄭、周、張、朱、陸、王等諸子
2. 別治門（1）
　　——《詩》、《樂》為一類
　　——統：文筆（統於《詩》），聲律、音韻（統於《樂》）
　　——附：《爾雅》、《說文》
　　——聲音、訓詁、字形主於《爾雅》、《說文》
　　——屬（西學）：文學、藝術學、美學、文字學、語言學
3. 別治門（2）
　　——《尚書》、《禮》為一類
　　——附1：名、法、墨家
　　——附2：史書、諸志、通典、通考（一切政事皆統於《書》，一切制度皆統於《禮》）
　　——屬（西學）：政治學、法律學、經濟學
4. 別治門（3）

---

[245] 馬一浮：〈復性書院簡章〉，《濠上雜著》二集，收入《馬一浮集》第1冊，頁762-763。

　　——《易》、《春秋》為一類

　　——附：道家

　　——通：釋家之學並通《易》、《春秋》

　　——屬（西學）：哲學、形而上學、論理學、社會學、歷史學

上述將六藝統攝一切學術作出了最完整的明統編類，自門而類，分為「通治」、「別治」二門。「通治門」以六藝之入門的《論語》、《孝經》為統，下轄十子為儒宗，成一道統譜系。「別治門」以詩教、樂教一類；書教、禮教一類；易教、春秋教一類，以「知行關係」序列呈現。在各類之下，有「附」、「屬」的主統攝，以及「統」、「通」的輔統攝。

　　主統攝的「附」打散了四部分類，將諸子、史、集等傳統學術附於六藝。「屬」則是併以西學，將專門之學列屬於別治門、傳統學術內。

　　輔統攝的「統」獨出於「別治門（1）」，是被統攝之意，意近於「附」。而「通」獨出於「別治門（3）」，專指佛學，地位特殊，與「附」不同，重點是馬一浮無意將佛學「附」於《易》、《春秋》。這「通」看似平行相通，又特別強調「二氏之說皆於費中見隱，《易》《春秋》之支與流裔也。」明明六藝論不納佛學，那麼，究竟是什麼定義下成為支、流裔，頗堪玩味。仔細考究其說，這是指佛、道二氏表述義理的方式往往以破顯正，或以反面言語表達正面之理，顧不如儒家直接顯性，因而為支、為流，並非學術史意義下論流失，須特別留意，這與馬一浮青眼相待佛學有關，待下章詳述。

　　總之，〈復性書院簡章〉總結了馬一浮六藝統攝的理念，其中有三個值得注意之處：一是〈簡章〉採行「知行序列」的意義；二是「通治、別治」是否與「判教、分科」是否有關；三是將西學屬於類、附之下的意義。

　　其一，知行關係序列源自重「性德」的《孝經》，以詩教、樂教主內在性德之知；書教、禮教明行為實踐；易教、春秋教以明性體、顯道用。論以陰陽二氣，則詩教、樂教主「陽」；書教、禮教主「陰」；易教、春秋教則各成一「陰陽」。對應附屬的中西學術體系，亦可見一由內而外，由近而遠的序列，即：「別治門（1）」的詩教、樂教著重人文科學；「別治門

（2）」的書教、禮教拓延至人際議題的社會科學；「別治門（3）」的易教、春秋教則偏重論學術之本的哲學、社會學、歷史學。

其二，馬一浮對通治、別治說得很清楚，以養成通儒為目的，教學方法重視「體驗重於思索，涵養重於察識，踐履重於知解，悟證重於講說。務令深造自得，不貴一偏一曲之知。」[246]無論通、別，非重視學理，亦非分科，而是理解各經教旨意後，將此道德判教融會、通用於附屬相繫的學術體系內。

因為通、別一如，就不須討論道德怎樣轉化為知識，而是再三申述六藝是「始於讀書窮理，反身修德，終於窮神知化，踐形盡性」之學即可[247]，這也連帶影響他論西學的態度。

其三，誠如先前所述，馬一浮論西方學術不重知識本身，而重背後的形上理則，且書院亦不等同於體制內的大學、研究院，不需孳治西方學術，所以，別治門「屬」以各西學的意義何在？按馬一浮論學脈絡，是「屬」西學於六藝之內，以六藝統攝明古今、中西一貫之理，而非欲推展西學中有關學理性質研究。

附帶一提，此處馬一浮對西學分類與〈論西來學術亦統於六藝〉分學術的三學門十分類、哲學思想的七類並不齊一。[248]這裡未列出三大學門；又學科分類則多出美學、文字學、語言學、哲學、論理學（邏輯學）、歷史學；卻又少了數學、物理學、音樂學、宗教學。哲學思想內有哲學、形而上學、論理學三類。但二者「分類原則」是一致的，有兩個特點：一是從傳統小學獨立出文字學、語言學；二是將「論理學」歸於易教、春秋教，意謂邏輯學必根於探天道人事之極則，不獨為純粹客觀論理。此外，當中亦有矛盾

---

[246] 馬一浮：〈復性書院簡章〉，《濠上雜著》二集，收入《馬一浮集》第 1 冊，頁 763。

[247] 馬一浮：〈復性書院簡章〉，《濠上雜著》二集，收入《馬一浮集》第 1 冊，頁 763。

[248] 詳參本章第二節「統攝西方知識體系」。

處，如：社會學何以既統於書教，又屬於易教、春秋教這一組之內？[249]這都呈現馬一浮的重統略別，儘管六藝經術的義理可互攝通達，若作為學術的分科、分類，架構就不穩固。

綜歸上述三種編目、通治別治的關係，可知「義理式的學術史觀」在不同需求下，衍生出不同統類體系。若欲兼得義理、學術史，必受到客觀條件制約，兩種書目編類與四部分類的牽繫，足以為證。又縱使通治門、別治門能彰明六藝之教，兼顧了義理、學術史，卻不易實踐，根據《泰和宜山會語》、《復性書院講錄》的內容，以及烏以風對復性書院的回憶，說到：

> 先生初訂書院學科，在六經以外，欲闡四學：（一）玄學，（二）義學，（三）禪學，（四）理學，并專設西方哲學一門。因大師不得其入，乃先講六經大義，獨自承當。六經大義開講之前，為學者講讀書法，選必讀圖書若干種供其參閱，使學者從先儒語言中體會義理，驗之身心，見諸躬行，與世人讀書專重知解不同。先生按六藝次第講「羣經大義」，先講〈詩教緒論〉、次〈禮教緒論〉、〈洪範約義〉、〈論語大義〉、〈易象卮言〉，〈春秋大義〉未及講論，即因先生頗不滿當道者之所為，乃毅然罷講。從此書院專事刻書。[250]

按上文所述，馬一浮當初教育理想在六藝之餘，另開設四學、西方哲學，卻因師資、學生程度、當道者理念不同，最終僅止於「羣經大義」，此或停留在「通治門」，更遑論是其他諸子、史、集、西方哲學。尤以後者，馬一浮回熊十力之諍，語曰：「且書院力不能購西方參考書，學生並未注重外國文字……且書院所講當自有先後輕重，並非拒西洋哲學不講，以西洋哲學學生當以餘力治之，亦非所亟也。」[251]更見此乃空中樓閣，未曾實現。直到

---

[249] 社會學於〈論西來學術亦統於六藝〉統於書教，但在此處別治門就屬於易教、春秋教。

[250] 烏以風：〈馬一浮先生學贊〉，收入夏宗禹編：《馬一浮遺墨》，頁214。

[251] 馬一浮：〈熊十力〉第17封，收入《馬一浮集》第2冊，頁545-546。

1945 年底，書院停課四年餘，他仍未忘若要恢復講習，得按通治、別治二門制訂修學規制，而謂：

> 為置教習，授以《孝經》、《小學》（朱子《小學》）、《四書》、
> 《五經》、《說文》、《爾雅》，令先明章句、訓詁，誦數以貫之，
> 或三年，或五年，得考入明道堂肄業。……為延講座分講專經，但須
> 使先明羣經大義，教以治經方法，聽其志願、治任何經。或三年，或
> 五年，試以經術實能通其義，又察其平日踐履無失者，可許以經明行
> 修，留院教習。[252]

這與〈復性書院簡章〉大同小異，相同的是就通治、別治而論，前三到五年為通治，而後依興趣、志願別治專經。不同處是先授《說文》、《爾雅》，令先明章句、訓詁，則是將「別治門（1）」之學納入通治門內。[253]究其旨，依舊是通「經術」，踐履於生活的道德之學，非成就專門知識，惜終成一未竟之志。

第四節　小　結

　　馬一浮在「六藝一心論」的命題下，統攝中西學術體系，而統攝關鍵在「統」與「類」的差別，「統」是指判教統攝，「類」則是指知識分類。

　　當馬一浮論「統」時，能被「統攝」的先決條件有兩個：一是得先劃分出何謂學術、非學術，且學術重在道德判教，非外在知識；二是以心性本體作為六藝道德判教的基礎，不管學術之「類」如何變化多端，心性本體則不分疆域、古今，中西人心皆同，在此求同前提下，自可把學術全收束於六藝

---

[252] 馬一浮：〈復性書院修訂規制芻議〉，收入丁敬涵編：《馬一浮先生遺稿三編》，頁305-306。

[253] 此處馬一浮未仔細講明。若按〈諸書舉要〉，《說文》、《爾雅》可入「小學類」，這也是「通治門」的基礎書目，那麼，二書似亦可入「通治門」。

道統之內。至於馬一浮談六藝論的目的本不在分科之類，若錯將其判教之統視為是分科之類，然後認為六藝論怎能統攝一切中西學術？實是混同了馬一浮對「統」與「類」的分別。

基本上，馬一浮泛將天下學問、知識分作三等第，並分隔出學術、非學術之別，此三等第由高至低依序是：「通儒之學」、「專門／專家之學」、「技藝之學」，前二者屬於學術範疇，末者則不屬於學術。首先，馬一浮認為為學要以達到「通儒之學」為最高目的。其次，學習「專門／專家之學」則不能止於外在的知識，更要探其背後賦予的仁德精神。最後，等而下之的技藝之學則講求專業技術，這種技藝技術不能稱作學術，也不是六藝論要涵攝的對象，顯而易見的證據如：馬一浮不談論古代百家之學；又只論西方的理論科學，而不論龐大實用科學的分類，均是明證。

因此，當馬一浮用學術之統想要區分中西學術之類時，面臨到最現實的問題就是「知識」得按「類」分，而不能按「道德」區分，否則就會造成分類的混亂，譬如：將具備同一道德屬性的經、史、子、集各類的知識或圖書，劃歸在同一道德經教之內，這就失去了分類的目的。馬一浮也深知此問題，所以在他編列過的一些書目也不得不暫時放下六藝論的理念，只能按照分門別類的方式作歸類，這是客觀條件的限制。至於最能展現統類合一者，則在馬一浮透過〈復性書院簡章〉中的「通治門」、「別治門」來談書院理想的「教學進程」，以門、類、附、屬四個層級排列中西學術的序列，但此一教學進程終與類分學術與圖書不同，而不足以取而代之，最終只能成為馬一浮理想下論中西學術體系的唯一途徑。

第七章 以「義理式的學術史觀」
定位佛、道義理

　　本章將估定馬一浮對佛、道義理在學術史上的定位，確立以儒為本的「義理式的學術史觀」之精神。

　　儒、佛、道三家是組成中華傳統文化主要的源流，而在《四庫總目》卻將佛、道二家列為子部之末的「外學類」，尤其是把道家、道教神仙家同流，愈加貶抑了道家的定位。但馬一浮對佛、道二家有特殊的安頓方式：一是六藝論不列佛家。二是道家地位的升降，早年馬一浮注《老子》的態度是「援佛入老，以老解佛」；[1]待其學術體系成熟後，在義理、學術史的判定上，對道家反多批評，如批評《老子》於易教的得多失多，《莊子》於樂教的得少失多，便是如此。

　　而在「義理式的學術史觀」脈絡下，則可分別從佛、道二家，與義理學、學術史間的關係提出三層提問：其一，若儒、佛義理可以會通，但可否相互含攝？佛學能否取代六藝，辨章、考鏡一切中西學術？其二，道家本是六藝的流失，但又為諸子之首，其不能與儒、佛二家敵體並立的理由是什麼？且馬一浮既言法家承繼了老子，另以魏晉玄言承繼老莊，但要如何分別老莊道家、黃老道家，以串連出各自的學術史脈絡？其三，馬一浮視道家、道教各有本源，後者屬宗教信仰，承上古「神仙家」而來，是其自行依託於道家，實應分列為二，而馬一浮又該如何正本清源？

1　李智平：〈援佛入老 以佛解老──試析馬一浮老子注義理體系的建構〉，收入方勇主編：《諸子學刊》第 4 輯，頁 437-458。

　　以下將分三節闡述其觀點。第一節的「『義理』相契，但『學術史源流』相異的『佛學』」，說明儒、佛間本體可相通，但各有學術源流，故馬一浮另立佛學的學術流變史，而不納入六藝體系之中。第二節是「諸子之首的『道家』與技藝之流的『道教』」，儒佛尚可會通義理，但道家是六藝流失，諸子之首，並影響法家、玄學甚劇。至於「道教」上承神仙家的技藝之學，馬一浮認為不能視作學術，也跟道家無關；不僅如此，佛學是學術而非宗教，自不與道教並列。第三節用一「小結」作結。

第一節　「義理」相契，
但「學術史源流」相異的「佛學」

　　馬一浮對待佛學與其他中西、傳統學術不同，有其特殊的定位，他主張儒、佛間本體可相通，但各有學術源流，故馬一浮另立佛學的學術流變史，而不納入六藝體系之中，以下分成「心性與佛性間的義理會通」、「另立中土佛學的學術史源流」二點說明。

一、心性與佛性間的義理會通

　　本點將說明馬一浮如何以儒家的心性會通佛家的佛性。回顧第二章已述明馬一浮由佛轉儒的經過[2]，而此一轉向無礙於他以佛學概念詮釋、格義六藝，但這種透過佛學的辭彙來解釋儒學，使後人對馬一浮有「以佛釋儒」或「以儒釋佛」的兩樣觀點，此乃切入詮釋的角度不同，而非截然對立的。但這會涉及當以「六藝論」作為義理的核心時，係本於儒學？還是歸宗佛學？也會影響六藝論的體系如何成立、被建構的過程。

　　自清末以降，佛學對當時學術影響甚劇，如梁啟超云：「晚清思想界有一伏流曰：佛學。」他認為晚清佛學發展有兩個因由：一是受西方哲學傳入，連帶影響對印度哲學產生研究興味；二是社會動亂，產生厭世思想，遁

---

[2]　詳參本書第二章第二節，第二大點「並治儒佛到歸宗六藝義理」。

於佛家之宗教信仰中。時人如：龔自珍、魏源、楊文會、譚嗣同（1865-1898）、康有為、梁啟超、章太炎等人都鑽研佛學。[3]而當時的佛學非比前代，是以儒家治國平天下的精神格義佛學，以應社會所須。[4]

同期稍晚的現代新儒家們亦吸收了佛學作為組成儒學體系的重要關鍵，但各代方法不同。首先，在儒、佛關係上，第一代現代新儒家是「由佛入儒、以佛構儒」，先徘徊在儒、佛之間，轉而由佛入儒；第二代現代新儒家則轉為「以儒為本，攝佛入儒」，他們在西方哲學思維訓練下，不再摸索猶豫，而是奠基於儒學，將佛學作為中國傳統文化的一部分。其次，在具體內容上，第一代現代新儒家多仰賴佛學的思維方法，透過佛學概念、邏輯方法闡述儒家思想，第二代現代新儒家則不再仰賴之。[5]

但當討論佛學在馬一浮學術史上的定位時，須先釐清兩點：一是生命情調、論學的差異。馬一浮生命情調始終貫穿佛、道精神，尤見於詩歌創作；但其論六藝之學根柢慎穩，二者不可同論。[6]二是「佛學」乃最寬泛、籠統的稱呼，馬一浮廣攝、融貫各家派，自成體系，如：陸寶千嘗歸整其取資眾佛學名相於儒學義理處，有云：「論本體與聖境，取資於一心二門十玄六相；論成聖根源，取資於三因佛性；論成聖關鍵，取資於轉識成智；論成聖

---

[3]　梁啟超：《清代學術概論》卷30，頁164-166。

[4]　徐嘉說道：「在中國近代佛學思想中，雖有繼承以往的佛學思想的一面，但更重要的，則是它有著不同於以往佛學思想的新的時代特徵。對於教外思想家而言，這些特徵，既有目睹時局艱難、憂心國事的仁人志士們從佛學思想中尋求救國救民之道的苦心探索，又有西學東漸影響於佛學的若干蹤影；對於教內學者而言，則基於緊迫的時代感，力圖賦予佛學思想以新意，以作為對現實社會的應答。」參見氏著：《現代新儒家與佛學》（北京：宗教文化出版社，2007年5月），頁17。

[5]　徐嘉：《現代新儒家與佛學》，頁278-280。

[6]　陳銳云：「在另一方面，儘管馬一浮的興趣開始轉向儒家的六經，也始終不等同於那種醇儒，在他的思想深處始終保留著那種佛道的超越圓融的意境，他對儒學的論證也大多是站在佛教的神祕主義的立場上。在這方面，他雖然和宋代的思想家一樣是由佛轉儒，兼有儒佛，但相對而言，也許比宋儒保留了更多的佛學的成分。」參見氏著：《馬一浮儒學思想研究》，頁34-35。

工夫，取資於止觀與禪；應世之道，取次於依正及本地垂跡。」[7]說明馬一浮以佛學論本體、工夫、應世之道等是各有所取又融為一爐，如：一心二門、十玄、六相、依正出於華嚴宗；三因佛性、止觀依於天台宗；轉識成智源出唯識宗；禪取自禪宗等。

以下將取徑義理學，判別馬一浮如何論儒、佛的學術史定位，並以二點分述：一是「對比儒、佛優劣」，反面闡述二者之失；二是「儒佛本體會通」，自道德本體正面闡述可會通的基礎。

（一）對比儒、佛優劣

馬一浮對儒、佛的批判不在於本源、本體，而是針對二家的修養工夫或傳承者、末流未能守本來面貌而然。其中又可由「佛優於儒」、「儒優於佛」各自說明。

首先，自「佛優於儒」而論，馬一浮指出儒者經常受到政治、外物的干擾，故不如佛而有謂：

> 向來儒者講學不及佛氏出人眾多者，原因有二：一、儒者不得位，不能行其道，故不能離仕宦。其仕也，每為小人所排抑。佛氏不預人家國，與政治絕緣，世之人王但為外護，有崇仰而無畏忌，故得終身自由。二、儒者有家室之累，不能不為生事計。其治生又別無他途，不免徇微祿，故每為生事所困。佛氏無此。叢林接待十方，粥飯不須自辦，故得專心求道，大德高僧安坐受供養。……今欲學者深入，縱不能令其出家，必須絕意仕宦，方可與議。[8]

> 佛氏得人為盛，吾儒方之每有愧色。所以然者，蓋在不能忘情政治，又有家室之累。雖程朱諸公，未嘗不婚，未嘗不宦。然自大賢以下，鮮不為所困者。……又，世故稍深，不免流於虛偽，事事自立於無過

7　陸寶千：〈述馬浮之以佛釋儒〉，《中央研究院近代史研究所集刊》第 23 期，1994年 6 月，頁 132。

8　馬一浮：〈張立民〉第 8 封，收入《馬一浮集》第 2 冊，頁 827。

之地，惟恐傷鋒犯手，至於漠不相關，遂趨於薄，亦是學者通病。[9]

以上從聽講學人數多寡，表明「儒不如佛」有二處：一是儒者未能忘情政治，二是儒者有家室之累，對物質生活不能不有依傍，因此道德精神亦不能獨立。於是，馬一浮讚美佛家能不受制於政治，不受限於私情與行為的虛偽不實，最明確的實踐，便是馬一浮主持的復性書院係仿佛教叢林制度而來。

　　然而，儒者本以兼善天下為職志，而不從政可乎？馬一浮說：

> 問：儒者是否從政？答云：君子未嘗不欲行其道，然有可有不可。或出或處，或默或語，無二致也。問：然則道終不得發揚光大，寧非失敗？答云：立言是不得已，行道亦是不得已。「天下有道，丘不與易也。」且道之不行，自其跡而觀之，可云失敗；自其本而觀之，則未嘗虧欠。即使世不常治，而聖賢愛人之心終無已也。[10]

馬一浮以孔子命子路問路於長沮（？）和桀溺（？）一事[11]，明儒者力行於政是天下道之不行，故以扶危為職志，立言、立功本是不得已而為。自迹而論，天下少有達治，儒者之行不通，可謂失敗；但自本而論，儒者的仁愛愛人之心始終未變，便不能以成敗論。

　　其次，再從「儒優於佛」而論，可細分出三個討論面向：一是教派上，馬一浮訶小乘不訶大乘；二是修養工夫不同；三是明佛、道二氏與儒家異同。

　　其一，訶小乘不訶大乘。馬一浮說：

9　王培德、劉錫嘏紀錄，烏以風、丁靜涵編次：「儒佛篇」，〈馬一浮先生語錄類編〉，收入《馬一浮集》第 3 冊，頁 1053。

10　王培德、劉錫嘏紀錄，烏以風、丁靜涵編次：「儒佛篇」，〈馬一浮先生語錄類編〉，收入《馬一浮集》第 3 冊，頁 1055。

11　南宋・朱熹註：〈微子〉，《論語集註》，收入氏註：《四書章句集註》，頁 184。

先儒所訶，多指小乘灰身滅智一類說，若大乘實無此弊。故不深究佛
乘，則不知先儒用處，不知而鬪之，無有是處。此其異同得失未易言
也。[12]

先儒鬪佛，祇就其小乘權教一邊說，如去人倫，怖生死，求福報，此
殊悖於聖人，自是偏小卑陋之說，不可以是為佛法。若其大乘實教圓
頓之義，豈復有別？先儒容有察之未精者，不可以耳為目也。[13]

小乘是大乘初教，為「權教」，是佛隨順眾生意，方便權謀所施設之教門，
與真實究竟之「實教」相對。[14]其根本差異是小乘重自救，大乘自救而後能
渡人。小乘諸如：去人倫、論生死、求善惡因果福報，乃至於「灰身滅智」
以焚燒肉身成灰，滅除心智，以達「無餘涅槃」之境，不過是追求個人解
脫，接引慧根不足者，馬一浮謂：「實則小乘之言用以接引下根，故希求福
報」[15]，此正是先儒訶論的小乘佛教，但大乘佛教則無此弊病。

其二，修養工夫不同。馬一浮有說：

問儒家不言出世。答云：出世之說，在佛家亦是權教說法，意在破人
執著。《壇經》三十六對，對執有者則說空，及其執著空無，則又為
之說有，總非究竟了義。說到究竟了義，惟是一真法界，無世間可
出，空即是有，有即是空也。世有視寂滅為可畏，而引為佛家詬病
者，皆由不解之故。寂滅並無可怖，孔子所謂「寂然不動」，《西

---

[12] 馬一浮：〈示楊霞峯〉，《爾雅臺答問續編》卷 3，收入《馬一浮集》第 1 冊，頁
645-646。

[13] 王培德、劉錫嘏紀錄，烏以風、丁靜涵編次：「儒佛篇」，〈馬一浮先生語錄類
編〉，收入《馬一浮集》第 3 冊，頁 1058。

[14] 慈怡主編：《佛光大辭典》，頁 6895。

[15] 王培德、劉錫嘏紀錄，烏以風、丁靜涵編次：「儒佛篇」，〈馬一浮先生語錄類
編〉，收入《馬一浮集》第 3 冊，頁 1052。

銘》所謂「歿吾寧也」，皆此境界。「寧」字下得好。[16]

佛性唯證能知，非泛泛閱覽教乘，依少分相似知解便可謂得諸宗。經
論浩博，亦須就善知識抉擇，方有入處。不如返而求之六經，儒家言
語簡要，易於持循，然先須立志始得。[17]

佛家權始偏小各教，蓋為破除當時外道之邪計，故如此說，全屬破相
一宗。至圓教、頓教，抉示根源，直顯真如法界，方是顯性之言，與中
土儒學相當。然儒家直顯實理，沒有許多絡索，故言語尤為簡要。[18]

以上分別從對出世的態度、言語的表現方法論修養工夫。首先，出世即去人
倫，破除人世的執著，而人不僅執於有，也執於無，但皆非真實究竟之義，
唯達有、無兩忘之「空即是有，有即是空也」，才是真正了義。對此，華嚴
宗稱作「一真法界」，以指稱本體，夫無二曰「一」，不妄為「真」，交徹
融攝則為「法界」，而「從本以來，不生不滅，非空非有，離名離相，無內
無外，惟一真實，不可思議」者[19]，便是一真法界。其次，「破相」對應了
「顯相」、「顯性」。佛家有「破邪顯正」的教義，破除執迷，以示正面道
理；顯相、顯性則是以正言表正行。佛家擅長以破立顯，而儒家則多直言直
示正面道理，故相較而論，儒家的言語易持易行，此係二家不同修養方式所
致。

其三，佛、道二氏與儒家的異同。馬一浮對比範圍甚廣，約有「理
氣」、「性命」、「倫常」、「經典用語」數項。

一，馬一浮以「理氣」對比儒、佛、道三者的關係說：

---

[16] 王培德、劉錫嘏紀錄，烏以風、丁靜涵編次：「儒佛篇」，〈馬一浮先生語錄類
編〉，收入《馬一浮集》第 3 冊，頁 1052-1053。

[17] 馬一浮：〈答劉君〉，《爾雅臺答問》卷 1，收入《馬一浮集》第 1 冊，頁 532。

[18] 烏以風輯錄：〈問學私記〉，收入《馬一浮集》第 3 冊，頁 1168-1169。

[19] 丁福保：《佛學大辭典》（北京：文物出版社，2002 年 9 月），頁 18。

儒者工夫只在《孟子》「養氣」章，用力精約，實入聖之階。佛氏入一三昧，則一切三昧悉皆具足，乃差近之。後世道家只了得氣邊事，未能到理氣合一田地，故不解。此常人為氣所拘蔽，亦只緣不識理耳。[20]

以上言如何入聖的工夫論。《孟子》談知言，善養浩然之氣，以配義於道[21]，馬一浮則以佛家「三昧」相擬。「三昧」有等持、定、正定、定意、調直定、正心行處等義，即指將心達到一種安定的狀態[22]，故可近於《孟子》的養氣，亦能上達理境。但獨後世道家不知理，僅得氣，所以不得與儒、佛並論。

　　二，馬一浮對比三家言「性命」的態度說到：

老子不言「性命」，而言「天道」，言「常」。莊子多言「性命」。佛氏多言「性」，少言「命」。[23]

老氏以自然為命，釋氏以業報為命，皆主遭命而言未及正命。然固未嘗以勢為命，亦未嘗以勢為理也。《易‧文言》曰，知進退存亡而不失其正者，其唯聖人乎。進退存亡是勢，不失其正是理。知此而不憂，是知命，此孔子之旨異於二氏，較然明白。[24]

治經仍是「窮理盡性至命」之學。儒者不明「性命」之理，決不能通

20　馬一浮：〈示王敬身〉，王培德、張立民編：《爾雅臺答問續編》卷 4，收入《馬一浮集》第 1 冊，頁 676。

21　南宋‧朱熹註：〈公孫丑上〉，《孟子集註》，收入氏註：《四書章句集註》，頁 230-232。

22　慈怡主編：《佛光大辭典》，頁 580。

23　馬一浮：「釋教大理大」，〈觀象卮言〉，《復性書院講錄》第 6 卷，收入《馬一浮集》第 1 冊，465。

24　馬一浮：〈曹赤霞〉第 14 封，收入《馬一浮集》第 2 冊，頁 473。

六藝。而二氏之徒乃盛談「性命」，末流滋失。於是治經者乃相戒不談「性命」，棄金擔麻，買櫝還珠，莊子所謂「倒置之民」也。[25]

性命即心性本體之學，馬一浮強調治經、通六藝必以「性命」為核心，故曰：「《詩》《書》多言『帝』『天』。《易》多言『性命』。說《禮》《樂》亦多言『性命』，多言『理』。六藝之旨約歸於此，會者自知。」[26] 此乃其學術史觀重要的義理根源。馬一浮以此對讀二氏之義理，以老子的天道、常係本於自然而然的反覆循環，故批評道：「他真是個純客觀、大客觀的哲學，自己常立在萬物之表」，相形於儒家就是「物我一體，乃是將萬物攝歸到自己性分內，成物即是成己。」[27]至於佛家則主善惡果報之業命。因此，二氏均未見得形上本體之命，僅見形下氣命。馬一浮又說：

夫不明乎道，何名為儒。苟曰知性，何惡於禪。儒與禪皆從人名之，性道其實證也。六藝皆所以明性道，舍性道而言六藝，則其為六藝者，非孔子之道也。性者人所同具，何藉於二氏。二氏之言而有合者，不可得而異也；其不合者，不可得而同也。……二家者俱盛於唐，及其末流，各私其宗以騰口說，惡得無辨。然其有發於心性之微者，不可誣也。故宋初諸儒皆出入二氏，歸而求之六經。固知二氏之說，其精者皆六藝之所攝也，其有失之者，由其倍乎六藝也。[28]

總言之，上文除了申明六藝本於心性，亦明心性本有，而不會因二氏有增有

---

25 馬一浮：「釋教大理大」，〈觀象卮言〉，《復性書院講錄》第 6 卷，收入《馬一浮集》第 1 冊，465-466。

26 馬一浮：「釋教大理大」，〈觀象卮言〉，《復性書院講錄》第 6 卷，收入《馬一浮集》第 1 冊，465。

27 以上兩條參見馬一浮：〈論老子流失〉，《泰和宜山會語》，收入《馬一浮集》第 1 冊，47。

28 馬一浮：〈儒林典要序〉，收入《馬一浮集》第 2 冊，頁 30-31。

減。所以，馬一浮雖肯定二氏有闡發心性之功，但不能無失，二氏精處為六藝所攝，失處是悖於六藝。

三，將性命之學落實於生活倫常，便是「孝弟」，馬一浮說：

> 然伊川簡二氏，自謂「窮神知化」而不足以「開物成務」，言為無不周遍而實遠於倫理。吾昔好玄言，深探義海，歸而求之，乃知踐形盡性在此而不在彼，故願賢輩亦無舍近而求遠也。[29]

> 故知性命不離當處，即在倫常日用中現前一念。孝弟之心，實萬化之根原，至道之歸極。故曰：「孝弟之至，通於神明，光於四海，無所不通。」自來料簡儒家與二氏之異者，精確無過此語，學者當知。[30]

第一段話語自伊川〈明道先生行狀〉，旨在強調教化必起於倫理，行在孝弟，故伊川言：「明於庶物，察於人倫，知盡性至命，必本於孝悌，窮神知化，由通於禮樂。辨異端似是之非，開百代未明之惑，秦、漢而下，未有臻斯理也。」[31]由於佛、道二氏之說難彰顯人倫之理，縱能窮神知化，卻不能開物成務，因此，伊川批評道：「自謂之窮神知化，而不足以開物成務。言為無不周徧，實則外於倫理；窮深極微，而不可以入堯、舜之道。」[32]因此，馬一浮舉此以明踐行盡性之方在於儒，而不在二氏。

可是，馬一浮卻又辨明佛家同樣有孝弟，可作為儒佛會通之憑藉，其云：

---

[29] 馬一浮：〈示王子游〉，王培德、張立民編：《爾雅臺答問續編》卷 4，收入《馬一浮集》第 1 冊，頁 664。

[30] 馬一浮：「禮樂教上」，〈論語大義〉，《復性書院講錄》第 2 卷，收入《馬一浮集》第 1 冊，170。

[31] 程頤：〈明道先生行狀〉，收入北宋·程顥、程頤：《二程集》，頁 638。

[32] 程頤：〈明道先生行狀〉，收入北宋·程顥、程頤：《二程集》，頁 638。

儒者無終食之間違仁，造次必於是，顛沛必於是，言行動天地，孝弟
通神明。自佛氏言之，皆普賢行也……人能行普賢之所志，行普賢之
所行，庶可以踐形盡性矣！……濂溪示人當智伊尹（約 1649B.C.-
1549B.C.）之所志，學顏子知所學。何謂也？夫伊尹一夫不獲，若己
推而納諸溝中，非普賢行願之旨乎。回也屢空，坐忘不改其樂，非文
殊妙智之力乎。知禹、稷、顏子易地皆然，則知普賢、文殊一體而非
異；知成己、成物為一事，則心、佛、眾生無差別。故曰：盡性至
命，必本於孝弟；窮神知化，由通於禮樂，如普賢、文殊者，乃可謂
孝弟、禮樂之人矣。夫豈於心外求之而可見哉。[33]

伊尹、顏回之事出自周敦頤論「志學」，其云：「聖希天，賢希聖，士希
賢。伊尹、顏淵，大賢也。伊尹恥其君不為堯、舜，一夫不得其所，若撻於
市。顏淵不遷怒，不貳過，三月不違仁。志伊尹之所志，學顏子之所學；過
則聖，及則賢，不及則亦不失於令名。」[34]周敦頤認為志學當以伊尹、顏淵
為範式。伊尹求賢達以為上用，為「成物」；顏回克己以修身，則是「成
己」。能及之、過之，可成聖賢；縱不及之，亦可博得好聲名。馬一浮則以
佛家「普賢」比之伊尹，「文殊」比之顏回。普賢顯理、定、行，重在踐
行；而文殊師利顯智、慧、證，重在智慧；二者共詮本尊如來理智、定慧、
行證之完備圓滿，便能成究竟圓滿大乘佛。[35]因此，盡性至命本於孝弟，在
佛家為「普賢」；窮神知化通於禮樂，則是「文殊」，如此一來，佛家亦有
言孝弟，便與道家有了區隔。

　　四，在「經典用語」上，佛、道二氏與儒家也有別，馬一浮說：

---

[33] 馬一浮：〈大方廣佛華嚴經普賢行願品寫本自拔〉，收入《馬一浮集》第 2 冊，頁
109。

[34] 北宋・周敦頤著，徐興洪導讀：《周子通書》（上海：上海古籍出版社，2000 年 12
月），頁35。

[35] 慈怡主編：《佛光大辭典》，頁 5000-5002。

> 又如後世玄言家或至任誕去禮，質勝則野也；義學家每務知解辯說，
> 文勝則史也。二氏之流失如此，亦以老子之惡文太甚，佛氏之言義過
> 奢有以致之。[36]

馬一浮嘗以文質損益彰明春秋教，以禮義大宗在春秋教，並援引董仲舒語
云：「志為質，物為文。文著於質，質文兩備，然後禮成，文質偏行，不得
有我爾之名。」[37]若不能兼得，寧有質無文，《春秋》即是如此，故「先質
而後文，右志而左物。」[38]推之於二氏，《老子》內文過簡、佛家典籍文字
過奢。二家開啟後學端緒，流於玄學是「質勝於文」，顯得鄙陋無禮；流於
義學是「文勝於質」，過於虛華，皆非文質彬彬。再從經典的詮釋態度來
看，馬一浮說：

> 凡說經義須會遮、表二詮。遮是遣非蕩執，如言不常、不斷、不一、
> 不異等。表乃顯德正名，如中正、仁義、賢聖等。二氏意存破相，多
> 用遮詮。六經唯是顯性，多用表詮，設卦觀象皆表詮也。中正所以表
> 剛柔之德，大人以表具此德之人。然學者莫向卦爻上覓，要識此德之
> 人，須向自己心性中求之，否則終不可得，只成虛說。又《易》言無
> 方、無體、無思、無為，亦是遮詮。[39]

上文出自論易教，與前述論破、顯相相同。「遮」、「表」是佛家兩種詮釋

36　馬一浮：「春秋教下」，〈論語大義〉，《復性書院講錄》第 2 卷，收入《馬一浮
　　集》第 1 冊，204。

37　西漢・董仲舒著、清・蘇輿義證，鍾哲點校：〈玉杯〉，《春秋繁露義證》，頁
　　27。馬一浮引文有缺，原文是：「……志為質，物為文。文著於質，質不居文，文安
　　施質？質文兩備，然後禮成，文質偏行，不得有我爾之名。」

38　馬一浮：「春秋教下」，〈論語大義〉，《復性書院講錄》第 2 卷，收入《馬一浮
　　集》第 1 冊，203。

39　馬一浮：「釋人大業大時大義大」，〈觀象卮言〉，《復性書院講錄》第 6 卷，收入
　　《馬一浮集》第 1 冊，481。

方法，遮詮從反面表述，排除對象不具有的屬性；表詮是正面表述，顯示事物自身屬性。[40]此與闡釋教義有關，二氏重破相，多遮詮；儒家雖兼有遮、表，因重顯性，主要是表詮。

綜觀上述，馬一浮論儒佛僅評其末流，未及於本源，而可歸整出以下三個重點。其一，儒家非本有失，而是後世儒者有未能忘情政治、家事之累。其二，佛家亦非本有失，是小乘未達究竟了義導致流失，馬一浮所訶如：出世去人倫、論生死、求因果福報、破相、未知性命、經典之用語等，皆屬小乘、末流之徒尋求人生解脫之權教，與大乘無關。其三，至於道家，在馬一浮的六藝論中，早淪為九流，本有流失，實不可與儒、佛等觀。

（二）儒、佛本體會通

如欲簡別儒佛，必得進一步論儒、佛本體能否通貫。馬一浮談儒、佛間的本體會通，以華嚴宗的「一真法界」與《大乘起信論》的「一心二門」作為「儒佛等是閒名」的基礎，以下依序說明。

首先，談「一真法界」。馬一浮以「一真法界」對比儒家義理而說：

> 一真即絕待之名，在儒者即言至誠至善。[41]

> 佛氏所謂法，當儒家所謂道，法界猶言道體耳。自佛氏言，世出、世間總謂之法。自儒者言，盡天地間莫非是道。[42]

馬一浮以至誠、至善分別出自《中庸》、《大學》[43]，皆指心德總名，盡性

---

[40] 慈怡主編：《佛光大辭典》，頁 6191。

[41] 馬一浮：「釋三才」，〈孝經大義〉，《復性書院講錄》第 2 卷，收入《馬一浮集》第 1 冊，頁 246。

[42] 馬一浮：「釋三才」，〈孝經大義〉，《復性書院講錄》第 2 卷，收入《馬一浮集》第 1 冊，頁 246。

[43] 馬一浮云：「在《大學》則曰『至善』，曰『絜矩之道』；在《中庸》則曰『至誠』、曰『大本達道』。」參見氏著：「別釋皇極」，〈洪範約義〉，《復性書院講錄》第 5 卷，收入《馬一浮集》第 1 冊，頁 369。

極則之別稱，總會其義，則是《尚書・洪範》的「皇極」，故馬一浮曰：「以佛義言之，則曰『真如』，曰『佛性』，曰『法身』，曰『一真法界』，曰『如來藏心』，曰『圓覺』，並是顯此一理。」[44]又認為世間種種即是習，修養工夫目的在去習以顯本性，凡自性未能明，而一心求出世、入世者，都是執著[45]，因此，要能知法，「法」通於一切，凡能道理其物者為法。[46]至於「法界」為法性、實相，皆指稱本體，於儒家便是指「道」，因此，一真法界等同儒家即內在即超越的本體之德。

接著，馬一浮再以「心性」、天地人之「三才」解釋一真法界，有云：

> 更無心外法能與心為緣，是故一切法皆心也。是心能出一切法，是心遍攝一切法，是心即是一切法。聖賢千言萬語只明此義。[47]

> 以佛義通之，天經是體大，地義是相大，民行是用大。「孝為德本」是法性，故謂天經；「教所由生」是緣起，故謂地義；「終於立身」是具足法、智二身，故謂民行。行，所證，故舉因以該果也。又民行是能證，天經地義即是所證。三才合言，總為一法界性也。若配四法界，則行是事法界，經是理法界，義是理事無礙法界，合而言之，則是事事無礙法界也。[48]

---

44 馬一浮：「別釋皇極」，〈洪範約義〉，《復性書院講錄》第 5 卷，收入《馬一浮集》第 1 冊，頁 369-370。

45 馬一浮說：「世人有出世間、入世間之說，不知既無一個世間可出，亦無一個世間可入。何謂世間？習即世間。學者工夫只在去習，錮蔽既除，本性顯露，雖居世間何害？若錮蔽未除，自性未明，雖求出世間，云何能出？須知刻意求出世、入世之心，皆是妄想執著。」參見烏以風輯錄：〈問學私記〉，收入《馬一浮集》第 3 冊，頁 1144。

46 丁福保：《佛學大辭典》，頁 690。

47 馬一浮：〈觀象卮言〉，《復性書院講錄》第 6 卷，收入《馬一浮集》第 1 冊，頁 488。

48 馬一浮：「釋三才」，〈孝經大義〉，《復性書院講錄》第 3 卷，收入《馬一浮集》第 1 冊，頁 240。

自佛氏言之，總該萬有，即是一心；自儒者言之，通貫三才，唯是一
性。彼言法界有二義：一是分義，一一差別有分齊，故即分殊也；一
是性義，無盡事法同一性，故即理一也。於一理中見分殊，於分殊中
見理一，則是一即一切，一切即一，如性融通，重重無盡。全事即
理，全人即天，斯德教之極則也。[49]

上述先以心攝一切法，再以三才對比華嚴宗的四法界，復以理一分殊明法界
的分別、性本二義。其一，一切法必本於心，心為萬法根源，這同於儒家以
性貫通天、地、人三才。其二，三才以天為「經」，以地為「義」，以人為
「行」，馬一浮有云：「經言乎其不易也，義言乎其變易也，行言乎其簡易
也。」[50]即以天顯常恆不變之德，為不易；地承天而時行，有流轉變化，為
變易；而人本仁義之實，踐諸禮樂之文，以行動為能證，天經地義則為其所
證，此是簡易。由此相應於四法界，則「人之行」為事法界，指差別的現象
界；「天之經」為理法界，為平等的本體界；「地之義」為溝通天人的理事
無礙法界，指現象、本體的一體非二；三者合起來便是事事無礙法界，表不
思議之境。其三，以「理一分殊」對比詮釋：一是分別義，萬物各有不同；
一是性同義，萬物本性皆同。萬物不離其本，分殊必見理一，天人合一。
　　又，馬一浮根據「一真法界」來判別佛家與其他宗教、道家的不同，而
說：

如印度外道計大自在天生萬物，基督教立造物主之說，皆由不知一理
一氣，萬物同出一源，求其故不得，因別立一個生者，依舊天是
天、人是人，終成兩個去，此皆儒者所不許。唯佛氏云「若人欲了

---

49 馬一浮：「釋三才」，〈孝經大義〉，《復性書院講錄》第 3 卷，收入《馬一浮集》
　　第 1 冊，頁 243。
50 馬一浮：「釋三才」，〈孝經大義〉，《復性書院講錄》第 3 卷，收入《馬一浮集》
　　第 1 冊，頁 239。

知，三世一切佛，當知法界性，一切唯心造」，此卻甚諦。[51]

朱子謂儒家本天，釋氏本心。本天者，謂理之所從出也；本心者，謂法之所由生也。知天為一真法界，則何異之有？如老氏尊道而卑天，莊子貴天而賤人，亦皆「本己情所求言之」，是則有偏真之失。[52]

問《語類》卷十七有云：「德既明，自能新民。然亦有一種人不如此，便是釋、老之學。」答云：朱子意是說佛老之學祇是自私。又下文云「佛說萬理俱空，吾儒說萬理俱實」，此便是指出他根本不是處。然須知彼教自有了義，不了義之辨。大凡儒家所斥，皆是不了義教，若了義所示，一真法界無一法非真，此與萬理俱實又何能異？若老氏所見又別，此條亦未及之。真不昧，便是萬理皆實，法法皆真矣。[53]

馬一浮認為印度、西方宗教是將宇宙本體別立於心性之外，天人兩隔；道家的老、莊亦若是，莊子的「貴天而賤人」，係以人為天地萬物之一，非為天地之心。至於老子言「尊道而卑天」，語自釋《老子・第 25 章》的「天法道，道法自然」，馬一浮說：「道是自然之徒，天是道之徒，把自然推得極高，天猶是他第三代末孫子。」[54]先毋論他的解釋是否曲解了自然、道、天的關係，但可以肯定的是，這與其早年（1920）注解《老子》的態度已有不同。

51　馬一浮：「附語」，〈洪範約義〉，《復性書院講錄》第 5 卷，收入《馬一浮集》第 1 冊，頁 401-402。

52　馬一浮：「釋三才」，〈孝經大義〉，《復性書院講錄》第 3 卷，收入《馬一浮集》第 1 冊，頁 242。

53　王培德、劉錫嘏紀錄，烏以風、丁靜涵編次：「儒佛篇」，〈馬一浮先生語錄類編〉，收入《馬一浮集》第 3 冊，頁 1049。

54　馬一浮：〈論老子流失〉，《泰和宜山會語》，收入《馬一浮集》第 1 冊，頁 45。

　　早年，馬一浮嘗以「三德三身」解釋《老子・第 25 章》的域中四大：
「故道大，天大，地大，王亦大」，他以「天」象法身德，即法性身；以
「地」象般若德，即受用身；以「王」為人中勝稱，象解脫德，及應化身。
總此三德、三身原為一德一身，即是「道大」，故說：「天地人即道，道即
天地人，非離道有天地人，亦非離天地人別有道。一大遍於三大，故舉一即
三；三大同攝一大，故在三恆一。」[55]馬一浮又解釋「人法地，地法天，天
法道，道法自然」有云：「法猶云象，謂其如而不異也。解脫不異般若，般
若不異法身，法身不異真如。自佛言之，總一法界；自老子言之，總一自
然。」[56]由此觀之，當時馬一浮論自然、道、天非以高下判定，更以佛之法
界等同於老子論自然，如今卻將自然、道、天判分為三等。故馬一浮總結
儒、釋、道關係有云：「老子判自然、道、天為三，故為佛家所貶駁。吾儒
則天即是理、性、命、道、教，初無二致。此乃一真法界，唯《華嚴》圓教
與之冥符，亦無執性廢修之失。」[57]足見儒、佛的本體一如，而道家不能與
之等類。

　　其次，馬一浮再以「一心開二門」闡釋儒、佛本體一如。一心為眾生
心，即如來藏心。二門指心的兩個面向：一是真如相，即真如門；一是心生
滅相，即生滅門。馬一浮準以《易》之〈乾〉〈坤〉，與張載的「心統性
情」，直指「要知《起信論》一心二門方是橫渠本旨。」[58]又指出：

　　　　先儒以〈乾〉為聖人之學，〈坤〉為賢人之學，即表頓漸、權實。以
　　　　佛法準之，於《易・乾》表真如門，〈坤〉表生滅門。所言學者，即

55　馬一浮：《老子注・第 25 章》，《蠲戲齋雜著》，收入《馬一浮集》第 1 冊，頁
　　797。

56　馬一浮：《老子注・第 25 章》，《蠲戲齋雜著》，收入《馬一浮集》第 1 冊，頁
　　797。

57　王培德、劉錫嘏紀錄，烏以風、丁靜涵編次：「四學篇」，〈馬一浮先生語錄類
　　編〉，收入《馬一浮集》第 3 冊，頁 963。

58　馬一浮：〈示張立民〉，《爾雅臺答問續編》卷 1，收入《馬一浮集》第 1 冊，頁
　　560。

生滅門中之覺義也。【《起信論》「一心二門」與橫渠「心統性情」之說相似。】《通書》曰：「誠無為，幾善惡。」誠即真如，幾即生滅，善惡者，即覺與不覺二相也。[59]

依《起信論》一心二門，性是心真如門，情是心生滅門，乃有覺與不覺二義。隨順真如，元無不覺，即是性其情；隨順無明，乃成不覺，即是情其性。真如離言說相，故明道云：「纔說性時便已不是性了。」從來說性，只是說個「繼之者善」，是即生滅門中覺義也。一體二相義與生滅門二義相應，然橫渠本義則是說「一心二門」也。【按原文云：「《易‧繫》謂『乾坤毀則無以見易，易不可見則乾坤或幾乎息矣。』乾如性，坤如情，易如心。離性，情則不足以見心，離心則性，情亦無可依。故心一體而二相，性、情之謂也。」又云：「情為變易，性為不易，心統性、情，則簡易也。」】三易義卻是說得是。體用相違，義不成因，相變體殊。如全水是波，全波是水，覺體相與不覺體相皆此一心所作。[60]

問心與性。先生曰：心兼理氣而言，性則純是理。發者曰心，已發者曰氣，所以發者曰性。性在氣中，指已發言；氣在性中，指未發言。心，兼已發未發而言也。《起信論》一心開二門，一真如門，二生滅門，與此義相通。[61]

通言之，「真如門」為性、頓教、實教、誠、不覺、理；「生滅門」是情、漸教、權教、幾、覺、氣。上述引文既論心性，又兼理氣。馬一浮先以《易》、三易對勘一心開二門，則《易》為一心；〈乾〉如性，為真如門，

---

[59] 馬一浮：〈涵養致知與止觀〉，《泰和宜山會語》，收入《馬一浮集》第 1 冊，頁 80-81。

[60] 馬一浮：〈示張立民〉，《爾雅臺答問續編》卷 1，收入《馬一浮集》第 1 冊，頁 571-572。

[61] 烏以風輯錄：〈問學私記〉，收入《馬一浮集》第 3 冊，頁 1143。

為不易；〈坤〉如情，為生滅門，為變易；心統性情是簡易。

接著，馬一浮又對勘張載論「心性」，以性分天地、氣質之性。天地之性為與生俱來至善無惡之性；氣質之性則因氣稟不同，有清有濁。論心知，則分德性之知、聞見之知。德行之知為道德體證，以識得本性；聞見之知則是向外，識得外物之知。《性理大全》記載張載「心統性情說」有謂：「張子曰：『心統性情者也。有形則有體，有性則有情。發於性則見於情，發於情則見於色，以類而應也。』」[62] 又張載說：「合性與知覺，有心之名。」[63] 可知性為天賦之本體，至善無惡；情為心念所發，有善有惡。心因為有知覺，故能上體於性，下發於情。因此，要刊落形下之情，復自性之至善。

最後，馬一浮再將心性與理氣並言，既性即是理，心為能發之官，氣則是已發，故一心二門可兼得理氣。

要言之，馬一浮從佛家的「一真法界」、「一心二門」證明了儒、佛本體的會通，所以，他常以「等是閒名」論儒佛，擇要舉列如下：

> 儒佛俱是閒名，自性本來具足。誠是本體，敬是功夫，「修證則不無，汙染即不得。」……習氣若盡，真心自顯，脫體現成，更無欠闕。孔門「克己復禮」，即釋氏「轉識成智」也。[64]

> 儒佛等是閒名，心性人所同具，古來達德，莫不始於知性，終於盡性。眾庶則囿於氣質，蔽於習俗，不能知性，故不能率性，謂之虛生浪死。[65]

---

[62] 明・胡廣等纂修：《性理大全》卷 33（濟南：山東友誼出版社，1989 年 7 月），頁 2170。

[63] 北宋・張載撰、清・王夫之注、湯勤福導讀：〈太和篇〉，《張子正蒙》（上海：上海古籍出版社，2000 年 12 月），頁 94。

[64] 馬一浮：〈答趙蕃叔〉，《爾雅臺答問》卷 1，收入《馬一浮集》第 1 冊，頁 530。

[65] 馬一浮：〈答吳希之〉，《濠上雜著》初集，收入《馬一浮集》第 1 冊，頁 743。

性具萬德，統之以仁，修德用敬，都攝諸根。顏曾所示，道義之門。性修不二，儒佛一真。同得同證，無我無人。

古佛垂教，有實有權，有小有大，有偏有圓。儒者所宗，則唯一焉，內外本末，始終後先，顯微無間，體用一源。

大用在儒，《詩》《書》《禮》《樂》。戒定慧三，佛根本學。《易》與《春秋》，究竟了義。法界一性，理事不二。此猶義解，門庭設施。[66]

佛儒老莊，等是閒名；生滅真常，俱為贅說。達本則一性無虧，語用則千差競起。隨處作主，豈假安排；遇緣即宗，不妨施設。若乃得之象外，自然應乎寰中。故見立則矯亂紛陳，法空則異同俱泯矣。[67]

儒佛禪道總是閒名，建化門頭，不妨抑揚。[68]

儒、佛會通猶可識之，但道家、禪宗豈可並是閒名？其一，無論任何家派到了本體源頭處，等是虛名，真如生滅也成贅說。道家為六藝流失，禪宗為佛家流衍，但其歸本之源不能變，也不可變，故最終等是閒名，可以俱泯。其二，儒、佛二家體證的本體相同，本體是一，儒家稱為心性，佛家則為佛性，東、西方聖人各有體會，故馬一浮言：「不悟儒佛等是閒名，自性元無欠少。非惟佛法西來，不能增得些字，即令中土諸聖未嘗出現於世，亦何曾虧卻纖毫。若論本分，各自圓成，不相假借。我行我法，豈假他求。」[69]又說：「若言佛性，不唯無東西，并無古今。佛經未東來，性上不減一分，佛教東來後，性上不增一分。」[70]就本體而論，上述頗有「雙立儒佛」的意

---

[66] 馬一浮：〈童蒙箴〉，《濠上雜著》初集，收入《馬一浮集》第1冊，頁723-724。

[67] 馬一浮：〈曹赤霞〉第12封，收入《馬一浮集》第2冊，頁468。

[68] 馬一浮：〈答任君〉，《爾雅臺答問》卷1，收入《馬一浮集》第1冊，頁542。

[69] 馬一浮：〈聖傳論序〉，收入《馬一浮集》第2冊，頁35。

[70] 烏以風輯錄：〈問學私記〉，收入《馬一浮集》第3冊，頁1158。

味，這是佛學不入六藝體系的理由，其他學術是宗於六藝的流失，獨佛家本體未曾流失，自不得納入其六藝學術史的體系中。

二、另立中土佛學的學術史源流

在「雙立儒佛」義理會通之下，馬一浮如何藉由六藝會通佛學，將確立佛學能否如同六藝作為考辨學術源流的基礎。這關係到兩個問題：一是佛學如何可以會通六藝；二是會通的最終目的為何，是義理性質的，抑是學術史性質的？而佛學必須如儒學兼得義理學、學術史的雙層特性，方足以作為所有學術辨章、考鏡之法。

但馬一浮始終沒有將佛學家派、義理悉數搭配於六藝，成為傳統或現代學術的本源，所以，儒、佛僅是「義理學」的會通。在義理的會通上，他提出《易》可通於《華嚴》；又以《法華》通於《詩》、《春秋》；其餘則未論。其中關鍵在「易教」，馬一浮以此作為詮釋、會通佛家的根本。

而站在學術史立場，佛學因為缺乏辨章、考鏡中西學術的能力，不能與六藝論等論；但佛學另有學術史場域，且兼融玄學，可別立出本源，位分十分特殊。以下依序從「以六藝會通佛學經典」、「《易》之三易會通佛理」、「佛學學術史源流」等三點敘說分明。

（一）以六藝會通佛學經典

馬一浮早在 1918 年雙立儒佛之際，已用六藝通於佛理；而後又以《易》通《華嚴》；《詩》、《春秋》通《法華》。這屬於義理性而非學術史式的會通，以下分別說明。

首先，馬一浮分別從「迹異門」、「本同門」闡述六藝大義如何能會通佛理，先述及「迹異門」，馬一浮有謂：

> 但標舉大義，亦可得而略言。如《詩》次〈風〉〈雅〉〈頌〉，正變得失各繫其德，自彼教言之，即是彰依正之勝劣也。《書》敘帝、王、霸、虞、夏、商、周各以其人，自彼教言之，即是示行位之分圓也。【如峻德為天子、九德為三公、六德為諸侯、三德為大夫；帝者天稱、王

者美稱之類。即是其義，漢師多明之。】《春秋》實兼《詩》《書》二教，推見至隱，撥亂反正，因行事，加王心，自彼教言之，即是攝末歸本，破邪顯正，即俗明真，舉事成理也。終、頓之義可略攝於此。然此是迹異門，迹中有本，本同故可攝，唯以其迹，則不見有攝義也。若《易》與《禮》《樂》則是本同門，本中亦有迹，本同故迹泯。唯以其本，故不見有不攝義也。[71]

以上從「本迹關係」、「終頓圓三教」會通六藝與佛家間的關係。在表事理的迹異門中，「詩教」以風、雅、頌言正變得失，正如同佛家以正報、依報言種善、惡之業，得善、惡之果。又「書教」位分統治者之德有多寡高下之判，一如佛家有「謂於事物或生變化之時分與地位」之分位，與相攝圓融的「圓位」之別。最終詩、書二教必得春秋教之兼該，以寓褒貶，撥亂反正，這等同法相宗五重唯識觀的「攝末歸本識」，將外界事物映現於心之影像的「相分」，與能識於外界事物之主體的「見分」，攝歸於「自體分」。

又從三教而言，攝終、頓者為「圓教」，馬一浮述及「本同門」有說：

> 若夫大乘，若《華嚴》所言，「行布」即是「禮主別異」，「圓融」即是「樂主和同」。「文殊表智」即是「惟深也，故能通天下之志」，「普賢表行」即是「惟幾也，故能成天下之務。」彼此印證，固無往而不合也。昔賢出入老、釋，未嘗諱言之。吾所以於聖賢語言尚能知得下落，並是從此得來，頗覺親切。比年頗少道及，亦所謂「返之於六經」。故嘗謂儒家唯是圓實，理絕偏小，故無小乘權宗之說，在佛氏唯大乘圓教乃可相應也。[72]

如樂主和同，即是平等一心。禮主別異，即是差別萬行。萬行不出一

71　馬一浮：〈蔣再唐〉，收入《馬一浮集》第 2 冊，頁 503。

72　王培德、劉錫嘏紀錄，烏以風、丁靜涵編次：「儒佛篇」，〈馬一浮先生語錄類編〉，收入《馬一浮集》第 3 冊，頁 1052。

心，一心不違萬行，故有禮不可無樂，有樂不可無禮。禮樂皆得，謂
之有德，此即攝圓教義。[73]

馬一浮舉出華嚴宗的行布門、圓融門，以及禪宗普賢行、文殊智二者，以對
言儒家的禮教、樂教。其中，「禮教」主別異，似循序漸進至佛果位的「行
布門」，也似重履行的「普賢行」。「樂教」主和同，類初發心時，便成正
覺之「圓融門」[74]，亦似掌管智慧的「文殊智」。二者皆出於一心，同是終
教、頓教該於圓教，故馬一浮透過「一心開二門」闡釋有說：「《禮》
《樂》統於《易》，猶終、頓該於圓。《禮》《樂》以人道合天地之道，猶
以一心開二門。」[75]即一心、圓教在於易教。

其次，馬一浮以《易》通《華嚴》，有謂：

又承幾研《易》義，《易》為之書，信六藝之原，大哉至矣。竊嘗誦
習，如仰蟬喙而飲溟渤。擬而後言，私以《華嚴》為稍近之，非圓宗
極證，末由可測。[76]

《華嚴》「法界」之名與《易》相準。[77]

程子曰：「看《華嚴》不如看一『艮卦』。」《華嚴》可通於《易》
之旨，程子已悟此理。[78]

上一小點著重儒佛之間的對比，這裡更準以《易》為六藝之源。其中第一條

---

[73] 馬一浮：〈蔣再唐〉，收入《馬一浮集》第 2 冊，頁 503。

[74] 慈怡主編：《佛光大辭典》，頁 5415。

[75] 馬一浮：〈蔣再唐〉，收入《馬一浮集》第 2 冊，頁 504。

[76] 馬一浮：〈葉左文〉第 6 封，收入《馬一浮集》第 2 冊，頁 434。

[77] 馬一浮：〈觀象卮言序說〉，收入《馬一浮集》第 1 冊，頁 423。

[78] 烏以風輯錄：〈問學私記〉，收入《馬一浮集》第 3 冊，頁 1193。

引文出自 1920 年，可見馬一浮會通儒佛義理的態度始終如一，凡一真法界、一心開二門皆是華嚴理論，他又舉二程明《華嚴》與〈艮卦〉相通，〈艮‧序卦〉云：「震者動也，物不可以終動，止之，故受之以艮，艮者止也。」程《傳》釋云：「動靜相因，動則有靜，靜則有動，物无常動之理，艮所以次震也。艮者止也，不曰旨者，艮山之象，有安重堅實之意，非止義可盡也。……艮止者，安止之意，止其所也。」[79] 〈艮〉有「止」意，既明動靜之理，也謂萬物各安其所。但馬一浮未講明何以援引程子明會通《易》之因由，僅由結果論可通之資。

　　復次，馬一浮以天台宗根本經典的《法華經》會通《春秋》、《詩》，有言：

> 先生嘗謂《華嚴》可以通《易》，《法華》可以通《詩》。苟能神會心解，得意忘言於文字之外，則義學、禪宗悟道之言，亦可以與諸儒經說大義相通。先生講六經常引釋典經論相印證，如理而說，恰到好處。[80]

> 惟《法華》可通於《春秋》，先儒未嘗如此說。《法華》為實施權，開權顯實，即一部《春秋》之旨。今不妨為指出一個端緒，若夫鈎深致遠，是在學者。[81]

《法華經》何以既能通於《詩》，又通於《春秋》？馬一浮實未詳說。但略見其會通之理：一是通《詩》，強調「得意忘言」，明佛家悟道同於儒家的經說大義，勿泥於儒佛之分，義理可互通證。二是通《春秋》，馬一浮透過天台宗判教法則的「為實施權，開權顯實」，這原指歸於真實而施設權便之

---

[79] 參見北宋‧程顥、程頤：《二程集》，頁 967-968。

[80] 王培德、劉錫嘏紀錄，烏以風、丁靜涵編次：「儒佛篇」，〈馬一浮先生語錄類編〉，收入《馬一浮集》第 3 冊，頁 1064。

[81] 烏以風輯錄：〈問學私記〉，收入《馬一浮集》第 3 冊，頁 1193。

法，開除權教執著，以顯示真實之義。[82]而後能「廢權立實」「廢三顯一」，廢捨權教之三乘——小乘之聲聞、緣覺，與大乘之菩薩乘，終歸一佛乘。[83]此又可稱為「本迹二門」，以實為本，以權為迹。[84]要之，馬一浮以《春秋》表事，視為迹異門，攝末以歸本，破邪以顯正，與《法華》最終目的皆在「顯實」相通。

總上諸論，實非學術史式的貫通，乃是奠基在語詞格義、義理精神會通下的「文本轉換」[85]，此方法多見於馬一浮以佛家各派語彙詮釋儒學，但僅限於義理上的文本轉換，卻未見其任何採用佛學辨章、考鏡中西學術的觀點。

（二）《易》之三易會通佛理

在經典的會通之外，馬一浮又以「三易」——變易、不易、簡易為「框架融合」[86]，證成宇宙本體生成、變化、心性本體有可通之幾。這樣的會通複雜多變，偶有矛盾難解之處，但必先掌握何謂三易，再觀其如何會通，才能逐一釐清馬一浮對比會通之旨。

首先，馬一浮解釋「三易」云：

> 易有三義：一變易，二不易，三簡易。學者當知氣是變易，理是不易。全氣是理，全理是氣，即是簡易。只明變易，易墮斷見；只明不易，易墮常見。須知變易元是不易，不易即在變易，雙離斷常二見，名為正見，此即簡易也。[87]

---

[82] 慈怡主編：《佛光大辭典》，頁 5146。

[83] 慈怡主編：《佛光大辭典》，頁 59。

[84] 慈怡主編：《佛光大辭典》，頁 204。

[85] 許寧：〈馬一浮佛學解釋學芻議〉，《普門學報》第 37 期，頁 160-161。

[86] 「框架融合」語採自許寧：〈馬一浮佛學解釋學芻議〉，《普門學報》第 37 期，頁 159-160。

[87] 馬一浮：〈理氣 形而上之意義 義理名相一〉，《泰和宜山會語》，收入《馬一浮集》第 1 冊，頁 38。

此用「理」、「氣」詮釋三易。「理」有互長不變之義，為「不易」；「氣」是天地終始，順時而動，變動不居的變化，為「變易」；知理、氣不能偏廢，全氣是理，全理是氣，能捨斷見、常見者，則是「簡易」。馬一浮又提到：

> 近人著書有以變易為本體者。先生曰：此說在哲學上可以自成一家言，然非究竟了義。變易即是不易，於變易中見不易。換言之，於遷流中見不遷流，於生滅中見不生滅，方是究竟之談。……若以變易為體，正是顛倒見，其過非小。[88]

變易為流轉，不可以當作本體，必以不易為本體。且唯有「變易中見不易」，又能「於遷流中見不遷流」、「於生滅中見不生滅」者，方能體證本體的運動變化規律，此在「簡易」。

其次，馬一浮撰有〈三易略義〉表[89]，以三易來會通儒、佛各個不同的義理概念：

不易	變易	簡易	出處[90]
體大	相大	用大	三大
涅槃德	解脫德	般若德	三德
法身	應身	報身	三身
天命之謂性	修道之謂教	率性之謂道	《中庸》
不生不滅	生滅	不變隨緣，隨緣不變	生滅之理
位（理）	氣	德	《易緯·乾鑿度》
誠	萬物資始，乾道變化	誠之源，誠斯立	《通書》
（太極）無極而太極	動而生陽，靜而生陰	陰陽一太極，太極本無極	〈太極圖說〉

---

88 烏以風輯錄：〈問學私記〉，收入《馬一浮集》第 3 冊，頁 1145。
89 馬一浮〈三易略義〉，《蠲戲齋雜著》，收入《馬一浮集》第 1 冊，頁 817。
90 出處為撰者補充說明。

上表會通了三大、三德、三身、《中庸》、生滅、《易緯‧乾鑿度》、《通書》、〈太極圖說〉，但會通理由、方法為何？馬一浮沒有作出闡述，只是屢屢在各個著作中，解釋會通的可能性，以下分別從馬一浮提過的兩組概念：一是「以三易會通『三大』、『生滅之理』」；二是「以三易會通『法界緣起』、『一真法界』、『太極』」作說明。

其一，以三易會通「三大」、「生滅之理」，馬一浮說：

> 《前鑿度》云：「易者，其德也；變易者，其氣也；不易者，其位也。」「位」字若改作「理」字，其義尤顯。自佛氏言之，則曰：變易者，其相也；不易者，其性也。故易教實攝佛氏圓頓教義。三易之義，亦即體、相、用三大：不易是體大，變易是相大，簡易是用大也。……學者當知佛氏所言生滅即變易義；言「不生不滅」者，即不易義；若「不變隨緣，隨緣不變」即簡易義。[91]

以上先解釋《前鑿度》中的三易，再以此對照佛家的三大、生滅之理，並闡明三易可攝佛家的圓、頓教義。可分成四點闡述。

一、馬一浮略提及《乾鑿度》的類分，原文是：「變易也者，其氣也。天地不變，不能通氣，五行迭終，四時更廢，君臣取象，變節相和，能消者息，必專者敗……不易也者，其位也。天在上，地在下；君南面，臣北面。父坐子伏，此其不易也。故易者，天地之道也，乾坤之德，萬物之寶，至哉！易一元以為元紀。」[92]馬一浮以理代位，清楚以理、氣概念詮釋「三易」：[93]即不易為「理」，變易為「氣」，總此為簡易，即是「德」。

---

[91] 馬一浮：〈易教下〉，《復性書院講錄》第2卷，收入《馬一浮集》第1冊，頁188-189。

[92] 東漢‧鄭玄注撰：《周易乾鑿度》卷上，收入嚴靈峰主編：《無求備齋易經集成》第157冊（臺北：成文出版社，1976年），頁4。

[93] 又劉樂恒認為理、位的意義明顯不同，是先儒未說，馬一浮自我領會下的新體證。有說：「實際上，在馬一浮，『位』與『理』是有別的：『理』即本源性德本體，而

二、會通「三大」。「三大」指一心之本體、相狀、作用的無限廣大。[94]其中，「體大」指真如平等之法常恆不變，一切法不增不減，遍其體性；「相大」是真如之相狀具足大智慧光明等无量功德，依如來藏之義，功德之相如恆沙无量，故稱相大；「用大」是真如之作用能生一切世間、出世間善之因果。[95]馬一浮釋曰：「不易，故大是顯其理之常也。真常絕待，故非『斷』，即當於佛氏之言『體大』。變易，故大是顯其氣之變也。緣起無礙，故非『常』，即當於佛氏之言『相大』。簡易，故大是顯其用之神也。於不易中示變易，於變易中示不易。」[96]即不易是體大、是理，變易是表相之狀、是氣，展現一切作用者是簡易。

三、是會通生滅之理。佛法以生為妄，以遮詮的方法言生滅之理，與易教以表詮論三易不同。[97]據《般若心經》提到，此世一切之存在有無實體的特性，故稱為不生亦不滅，並常用來形容涅槃之境[98]，可會通「不易」。相對的是因緣和合而生，與緣滅而散，仗緣託境而無自體性的生滅義，此通於

『位』即本體所顯發為變易大用（即『氣』）之後的秩然有序之狀態，故謂『未見氣，即是理』、並謂『天地設位』、『乾坤成列』，『皆氣見以後之事』。這樣就揭明了《乾鑿度》及鄭玄雖有『不易』義，但其義旨未甚明朗，且其所謂『不易』實即變易的其中一種本真狀態，而並未能通達到本源的性德本體（理）上去。……但因為其於本體不易義未甚明晰，故亦未能深刻地揭示出全理是氣、全氣是理、變易與不易相涵相攝的根源性簡易境域。」參見氏著：《馬一浮六藝論析論》，頁 190。

[94] 慈怡主編：《佛光大辭典》，頁 525。

[95] 慈怡主編：《佛光大辭典》，頁 525。

[96] 馬一浮：「釋小大」，〈觀象卮言〉，《復性書院講錄》第 6 卷，收入《馬一浮集》第 1 冊，頁 451-452。

[97] 馬一浮云：「佛氏言諸法不自生、不他生、不共生、不無因生，是故說緣生。緣生之法，生則有滅。生唯緣生，滅唯緣滅，故彼之言生乃仗緣託境，無自體性。《易》之言生則唯是實理，故不可以生為幻。此與佛氏顯然不同。然不常、不斷義則甚諦，故不得遣之。漢儒說性者生之質，只見得氣質之性，若改作生之理則是也。佛氏實能見性，然其說生多是遮詮，故不可盡用。易教唯用表詮，不用遮詮。學者當知遮則以生為過咎，表則顯其唯是一真也。」參見氏著：「釋德大位大」，〈觀象卮言〉，《復性書院講錄》第 6 卷，收入《馬一浮集》第 1 冊，頁 475-476。

[98] 慈怡主編：《佛光大辭典》，頁 965。

「變易」。而總不變、隨緣之理，便是「簡易」。

　　四、馬一浮認為三易可攝「圓頓」教義，即攝諸法圓滿、圓融的究極之旨。但必須釐清此易教所攝乃是義理之攝，非學術史性質的該攝，二者有別，更不能視為易教該攝了佛家。

　　其二，以三易會通「法界緣起」、「一真法界」、「太極」諸概念，馬一浮說：

> 學者須知此實理者無乎不在，不是離心而別有，所謂總該萬有，不出一心。在華嚴以法界緣起不思議為宗，恰與此相應。太極即法界，陰陽即緣起，生陰生陽，乃顯現義，生生為易，故非斷非常。……又法界有四種義：一、事法界，界是分義，一一差別有分齊故。二、理法界，界是性義，無盡事法同一性故。三、理事無礙法界，具性分義，性分無礙故。四、事事無礙法界，一切分齊事法，一一如性融通，重重無盡故。易教所顯如此，〈太極圖說〉所示正屬後二義也。[99]

> 唐釋杜順（557-640）作《華嚴法界觀門》，實與三易之旨冥符。真空觀當不易義，理事無礙觀當變易義，周遍含容觀當簡易義。易即一真法界。[100]

以上將宇宙本體納入一心，以一心總該萬有。先前已闡明過華嚴法界觀與儒家、三才之天地人的關係，此外再更以《易》、三易會通。又杜順的《法界觀門》是悟入華嚴本經所說法界真理的觀法[101]，與四法界的關係是前者為能觀之體，後者為所觀之境。最終，他總結出「《易》即一真法界」，以

---

[99] 馬一浮：《濠上雜著》初集，收入《馬一浮集》第 1 集，頁 713。

[100] 馬一浮：「約旨 卦始 本象」，〈觀象卮言〉，《復性書院講錄》第 6 卷，收入《馬一浮集》第 1 冊，頁 427。

[101] 慈怡主編：《佛光大辭典》，頁 3372。

《易》能即性即理，可通於一真法界通達有無兩忘之究竟了義[102]，並以三法界觀、四法界會通三易。

　　除去事法界指的是世間現象，不與三觀搭配之外，一、「理法界」即是「真空觀」。「真」指無虛妄之念慮，「空」指無形質妨礙色相，「觀」指能觀之心，合言之，即能觀色即是空，空即是色，免去一切情塵束縛，達空色無礙之境[103]，此為「不易」。二、「理事無礙法界」即是「理事無礙觀」。「理」指一真法界之性，又「事」指一切世間之相，亦即同時觀平等之理性、差別之事法，若執著一隅，便會有所漏，必得並觀，才能圓融無礙[104]，故可通為「變易」。三、「事事無礙法界」即是「周遍含容觀」，即諸法體用各自緣起，各首其性，但又能事事相望，互應成為一緣，相互並存而無礙[105]，可通「簡易」。

　　再以三易通〈太極圖說〉。〈繫辭傳〉提到太極生兩儀，兩儀生四象，四象生八卦，馬一浮則說：「太極者，一理至極之名；兩儀者，二氣初分之號。一理不可見，於二氣見之。」[106]進而自八卦之象，體認到「聖人觀於此變易之象，而知其為不易之理，又有以得其簡易之用。」[107]那麼，總一切之法界是太極，為「不易」之體；事物緣起變化即陰陽二氣之流轉，為「變易」；通變、不變者，正是「簡易」。所以，〈太極圖說〉諭示的宇宙

---

[102] 馬一浮說：「聖人作《易》，乃是稱性稱理，非假安排。〈繫辭傳〉曰：『《易》有太極，是生兩儀。兩儀生四象，四象生八卦，八卦定吉凶，吉凶生大業。』當知言『有』者，謂法爾如然，非是執有；言『生』者，謂依法性起相，非是沈空。從緣顯現故謂生，乃不生而生。遍與諸法為體故謂有，乃不有而有。」參見氏著：「約旨 卦始 本象」，〈觀象卮言〉，《復性書院講錄》第 6 卷，收入《馬一浮集》第 1 冊，頁 425。

[103] 慈怡主編：《佛光大辭典》，頁 4215。

[104] 慈怡主編：《佛光大辭典》，頁 4718、3369。

[105] 慈怡主編：《佛光大辭典》，頁 3041。

[106] 馬一浮：「約旨 卦始 本象」，〈觀象卮言〉，《復性書院講錄》第 6 卷，收入《馬一浮集》第 1 冊，頁 425-426。

[107] 馬一浮：「約旨 卦始 本象」，〈觀象卮言〉，《復性書院講錄》第 6 卷，收入《馬一浮集》第 1 冊，頁 427。

生成變化，即基奠於不易之本體上的理事無礙法界、事事無礙法界。

　　總上觀之，馬一浮論三易，最重視本體「不易」的特質，「簡易」總該一切的變化，而「變易」是氣，不可為本的態度甚是清楚。[108]

　　馬一浮善於以會通方式梳理、闡明不同旨意，且在不同義理概念下，衍生出種種變化，複雜多變。在他看來，「此理是活鱍鱍的，見性則橫說豎說，無往而不是，不見性則縱有道著處，亦是億則屢中，不離情識知解也。」[109]而三易的靈活會通正是如此。他大量運用三易說解宇宙、心性本體，工夫論，甚至是生活現象的詮釋[110]，這看似容易，卻仍讓後人難懂，且難用一理疏通眾理，一言以蔽之之處。[111]而上述層層比對，最重要的是

---

[108] 有關馬一浮如何詮釋「三易」，兼及與理學分派的關係，可參見劉樂恒：〈第二章六藝論之義理根據：簡易〉，《馬一浮六藝論析論》，頁184-307。

[109] 王培德、劉錫嘏紀錄，烏以風、丁靜涵編次：「四學篇」，〈馬一浮語錄類編〉，收入《馬一浮集》第3冊，頁966。

[110] 詳可參見李永亮：〈略論馬一浮視野中的三易之義〉，《周易研究》2012年第1期，頁9-14。

[111] 這點仍有許多研究空間待考，譬如在未標明年分的〈大學玄疏殘稿〉中，以明、親、止，與明明德、親民、止於至善，搭配十重佛法的會通，如以三大有言：「止是體大，明是相大，親是用大。」又疏以三德說：「明是般若德，親是解脫德，止是法身德。」若按〈三易略義〉的會通，則相大應配解脫德，用大配般若德，頗有矛盾。又如〈語錄類編〉中談「雪峯禪三句」一大段，也與〈三易略義〉、〈大學玄疏殘稿〉相有矛盾，如言：「……『惟深也，故能通天下之志』是般若德，『惟幾也，故能成天下之務』是解脫德，『惟神也，故不疾而速，不行而至』是法身德。『誠精故明』是法身德，『神應故妙』是般若德，『幾微故幽』是解脫德，亦是此三句。三德亦可說為三大：法身是體大，般若是相大，解脫是用大。」這是以〈繫辭傳〉會通三德、三大、周子《通書》。歸整其序，以〈繫辭傳〉之「惟神也，故不疾而速，不行而至」、「誠精故明」為法身德，為體大，是不易。又以「惟幾也，故能成天下之務」、「幾微故幽」為解脫德，為用大，是變易。再以「惟深也，故能通天下之志」、「神應故妙」為般若德，為相大，是簡易。然對比〈三易略義〉，亦明顯矛盾，般若德應為用大，解脫德應為「相大」，未完整符契。
參見馬一浮：〈大學玄疏殘稿〉，《蠲戲齋雜著》，收入《馬一浮集》第1冊，頁814-816、王培德、劉錫嘏紀錄，烏以風、丁靜涵編次：「四學篇」，〈馬一浮語錄類編〉，收入《馬一浮集》第3冊，頁965-966。

揭櫫《易》、易教可會通佛理的種種面向，但此處終究只證明了儒、佛在義理學之本體可互為框架，卻未提出任何關於學術史的框架。

（三）佛學學術史源流

經由上述，可知佛家的本體沒有流失，故與諸子不同，不能納入六藝體系之中。佛學只在義理上與儒學六藝會通，而不能取代六藝作為學術史根基。至於佛學雖然作為外來學術，但與其他西方學術不同，西方學術亦為六藝流衍，並存得失；而佛學本非六藝流衍，故不能被排在西方學術之中。因此，馬一浮在中西學術史框架之外，別立佛學的學術源流。

馬一浮言佛學源流有說：

> 佛法入中國，自姚秦鳩摩羅什（334-413）廣譯諸大乘經，始有可觀。什公四大弟子並善玄言，支遁（314-366）、慧遠（344-416），南方之秀弗如也。至隋而有天台智顗（538-597）判藏、通、別、圓四教，於是義學之名始立。其後有嘉祥、慈恩二宗，而華嚴宗特後出，法藏（643712）、澄觀（738-839）判小、始、終、頓、圓五教，益臻完密。故唐一代義學最盛，自後寖衰矣。達摩（?-535）直指一派六傳至大鑑（惠能，638-713），下開南嶽、青原二支，衍為五宗。在五代及北宋，臨濟兒孫遍天下，名為教外別傳。其真切為人，非義學家所能及。然法久弊生，其後承虛接響，唯逞機鋒。北宋士大夫鮮有不好禪者，故為先儒所闢。此事亦闃絕已久。此佛教在中土源流之略也。……三教同源之說，始於明季閩人林三教（名兆恩，1517-1598），不可據依，其人實於三教教義初未夢見。近世祖述此說者，益見支離。[112]

> 達磨一宗，祇是指歸自性，別無他法。自大鑑下，有南岳、青原兩派，下開五宗，源流具在《燈錄》，五宗不可優劣。唯大機大用，自

---

[112] 馬一浮：〈答劉君〉，《爾雅臺答問》卷1，收入《馬一浮集》第1冊，頁533-534。

推臨濟；為仰間以境語接人；曹洞、法眼頗近義路；雲門亦直下巉

絕。若論門庭設施，各有長處，學者得其一言半句，皆可悟入。[113]

表列如下：

1. 魏晉南北朝：譯經時期

北方：鳩摩羅什 ⟶ 道生、僧肇、道融（355-434）、僧睿（？）

　　　　　　　　　【四大弟子】

南方：支遁、慧遠

2. 起興於隋唐的「義學」脈系：

(1)先有天台宗：智顗，判四教。

(2)再有嘉祥宗（三論宗）、慈恩宗（唯識宗、法相宗）。

(3)後出華嚴宗：法藏、澄觀判五教，益臻完密。

3. 起於魏晉南北朝，興於北宋的「禪宗」脈系：

(1)魏晉南北朝：達摩

(2)六傳至大鑑（六祖惠能），下開「二支五宗」：

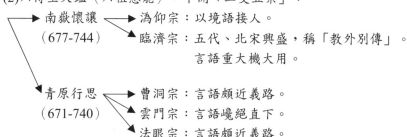

南嶽懷讓 ⟶ 為仰宗：以境語接人。

（677-744）　⟶ 臨濟宗：五代、北宋興盛，稱「教外別傳」。

　　　　　　　　　　　　言語重大機大用。

青原行思 ⟶ 曹洞宗：言語頗近義路。

（671-740）　⟶ 雲門宗：言語巉絕直下。

　　　　　　⟶ 法眼宗：言語頗近義路。

上述將中土佛學流辨分成兩大系：一是義學體系[114]，一是禪宗體系。義學以僧肇為初祖，流行於唐；禪宗在惠能之後開枝散葉，盛行於宋。兩個體系各有傳承，且義學經論剖析入微，禪學不重經論文字，重在機語，二者義理

---

[113] 馬一浮：〈答任君〉，《爾雅臺答問》卷1，收入《馬一浮集》第1冊，頁541。

[114] 馬一浮言「義學」有狹、廣二義。狹義則專指隋唐時期的中土大乘佛學。廣義則泛指佛學，如他曾為賀昌羣開玄學門、義學門書單，此義學門除了狹義，更涵括禪宗（宗門）、密宗、淨土宗、《小乘經論》等。參見馬一浮：〈賀昌羣〉，收入《馬一浮集》第2冊，頁606-609。

精神亦殊。在「四學考」中，義學、禪學上承玄學，下開理學，在中國義理學史上有重要地位。

綜觀前述，佛學若要會通，甚至舉代儒學六藝的「義理式的學術史觀」必須符合二項必要條件：一是義理的會通，二是學術史的會通。自義理觀之，儒、佛僅在心性本源處會通，化儀方式卻有「表詮」、「遮詮」差異，馬一浮更重儒家直接了當的表詮。自學術史觀之，佛學最終未能展現六藝各藝的教化精神，也無法如六藝能博通傳統學問、現代知識體系，辨章、考鏡學術源流。如此說來，便無舉代的可能。此外，儒佛間的「會通」也非平行間的相互取代，依然有義理的主從性，可以用六藝之某藝會通佛學，但不能以佛學為本，會通儒學，這在六藝論體系中，是非常清楚的。有趣的是，當馬一浮評儒者未忘情政治、家室之累，這既是佛學缺乏的向度，卻又恰好是六藝教化下，能開展出學術多元的條件之一，如他論〈洪範〉的「九疇」正是如此。[115]

第二節　諸子之首的「道家」與技藝之流的「道教」

述及「道家」、「道教」，馬一浮很明顯指出二者殊途，「道家」為諸子之一，而「道教」則入技藝之流，其本源不同，故不與同籬。其中道家學術自老子之後，開展出兩條流變脈絡：一是從老、莊再到魏晉玄言；二是老子流於陰謀，開法家端緒而成黃老治術。故以下將分成「考鏡道家源流」、「考鏡玄言與法家本源」、「考鏡道教源流」等三點依次說明。

一、考鏡道家源流

不同於儒、佛本體會通，道家本是六藝的流失；但又可作為法家學術流變的源頭之一，這說明了六藝之下，道家別有辨章、考鏡的功能。再者，《四庫總目》將道家、道教同籬，到了馬一浮則排除道教，認為是其自託於

---

[115] 詳參本書第五章第二節，第二大點「書教會通」。

道家，二分了諸子學術、宗教，更明確展現六藝統攝學術，與排除非學術領域的一貫態度。

而馬一浮體認道家的義理有前、後期的轉折，最具代表性的著作，分別是《老子注》、〈論老子流失〉。《老子注》撰於 1920 年，馬一浮注解了前 32 章，旨在運用義學、禪學作「印合」[116]，也申明「維老氏之旨未必如斯。」[117]這是別有心裁的新詮，倘無可會通之義理基底，亦不可如此印合。到了 1938 年作〈論老子流失〉，以「流失」設論，開宗明義便指陳：「周秦諸子以道家為最高；道家之中又以《老子》為最高，而其流失亦以《老子》為最大。」[118]可見論諸子中，道家最是關鍵，又以《老子》為首要，其義理多究及宇宙本體，如：道、自然，堪足與儒、佛較論。相較於其他諸子：墨子未見性，只得習氣邊事；名家甚少可談；法家託於道家等，都已是等而下之者。至於道家主要是傳承於易教，故以下從「對易教的傳承與流變」、「本體論、宇宙論的流失」二點，述明馬一浮論道家在學術史的定位。

（一）對易教的傳承與流變

馬一浮論道家與易教關係有兩個重點：一是老莊為易教所攝；二是道家傳承易教之後，因善於觀變，未能守住本體而流有得失，後開法家之端。

首先，馬一浮論易教攝道家老莊有說：

> 嘗謂二氏之學實能於費中見隱，故當為易教所攝。彼其言有失之者，則私小之惑猶存耳。然此是微細所知愚未盡，亦非凡夫粗執所能夢見。若夫善言大者，老、莊亦不易幾也。老子之言道也，曰「吾強為之名曰大」，【寂兮寥兮，獨立（而）不改。】是顯「體大」也；「大曰

---

116 馬一浮說：「以老子義印合般若、方等，於禪則與洞山為近，觸言玄會，亦似通途寥廓，無有塞礙。」參見氏著：《老子注》，《蠲戲齋雜著》，收入《馬一浮集》第 1 冊，頁 769。
117 馬一浮：《老子注》，《蠲戲齋雜著》，收入《馬一浮集》第 1 冊，頁 769。
118 馬一浮：〈論老子流失〉，《泰和宜山會語》，收入《馬一浮集》第 1 冊，頁 44。

逝，逝曰遠」，【周行而不殆。】是顯「相大」也；「遠曰反」，【歸根復命。】是顯「用大」也。又言「大音希聲，大象無形」，「大道甚夷，而民好徑」，是皆有德於易簡者。莊生之言，浩瀚有盡於奢而實善言大，文多不煩具引，但舉其一語曰「不同同之之謂大」，【〈天地篇〉】豈非《華嚴》同異一相之旨乎？大抵老、莊皆深於《易》，而不能無失。「潔靜精微」，則佛氏圓頓之教實有之，非必其出於《易》之書也。若謂此非「易教」所攝，是《易》道有所遺而不備矣。[119]

上述有兩個旨意：一以易教攝佛學；二論老子、莊子如何深於《易》，兼會通佛理，並可為易教所攝的理由。前者指的是義理之統攝，段末說得很仔細，如《禮記・經解》云：「潔淨精微，易教也」，孔穎達釋曰：「《易》之於人，正則獲吉，邪則獲凶，不為淫濫，是潔靜。窮理盡性，言入秋毫，是精微。」[120]以外顯行為、內在修養兩層工夫會通佛家論究極之教或修行的「圓頓」。馬一浮很矜慎的提到非必出於「《易》之書」，是因為佛學自有體系，東土之書不必然得提及，但易教確實有等同圓頓之教的終極關懷，不因毋論而被損及。重要的是，「易教所攝」有兩層指涉：一是義理之能攝，非學術史的該攝；二是佛理可會通於儒、易教，但不能取代，甚是清楚。

後者則證明了老、莊皆出自易教，又能會通佛理。馬一浮以《老子・第25章》描述道體，並及會通佛理論一心之「三大」：一以「吾強為之名曰大」、「獨立不改」之道體的絕對性、永存性為「體大」；二以「大曰逝，逝曰遠」、「周行而不殆」之道體周流不息的運動性為「相大」；三以「遠曰反」、「歸根復命」之道體返本特性為「用大」，此無異於三易的不易、

---

[119] 馬一浮：「辨小大」，〈觀象卮言〉，《復性書院講錄》第6卷，收入《馬一浮集》第1冊，452。

[120] 東漢・鄭玄注、唐・孔穎達疏：〈經解〉，《禮記正義》，收入李學勤主編：《十三經注疏》，頁1369。

變易、簡易之屬。又《莊子·天地》云：「不同同之之謂大」，說明萬物有各自的獨立性，儘管性情各異，都能為道體覆蓋，這就是「大」。[121]此既同於易教之能攝、所攝，又能會通華嚴的異、同之相，蓋「異相」即一切諸法各有相異狀態；「同相」則是諸法相異，終能合為一同而不相違。

　　但佛、道終究有別，道家老莊不能無失，其得失皆繫於易教，這既是學術史，也是義理的；而與儒、佛之間僅義理的會通，而各有其學術流脈不同。

　　其次，馬一浮就道家老子傳承易教得失有說：

　　　　邵堯夫云：「孟子得《易》之體，老子得《易》之用。」其言允當。
　　　　老子蓋長於語變，觀變甚深者也。其所說有無，可當於般若宗之空
　　　　有，但說來猶不如《中論》「八不」、《華嚴》「六相」剖析之詳
　　　　耳。[122]

邵雍原話是「老子得《易》之體，孟子得《易》之用」[123]，此處曲改成孟子得體，老子得用，亦是儒、道間的對比，另馬一浮云：「晚周哲匠，孔、老為尊。孔唯顯性，老則破相。邵堯夫謂孟子得《易》之體，老子得《易》之用，斯言良然。顯性故道中庸，破相故非仁義。語體則日用不知，談用則深密難識」[124]，道理相同。更確切的說，老子義理有二個特點：一是善觀變；二是重破相。差別是儒家先立不易之體，以觀變易，重顯性，體用一

---

[121] 西晉·郭象注云：「萬物萬形，各止其分，不引彼以同我，乃成大耳。」又唐·成玄英疏云：「夫刻彫眾形，而性情各異，率其素分，僉合自然，任而不割，故謂之大也。」參見清·郭慶藩輯：〈天地〉，《莊子集釋》，頁408。

[122] 王培德、劉錫嘏紀錄，烏以風、丁靜涵編次：「四學篇」，〈馬一浮先生語錄類編〉，收入《馬一浮集》第3冊，頁964。

[123] 南宋·朱熹：〈邵子之書〉卷100，收入黎靖德編：《朱子語類》，頁2288。

[124] 馬一浮：〈熊十力〉第5封，收入《馬一浮集》第2冊，頁526。

如；道家則是執破相，直顯變易，以用為體。[125]

因此，老子之「有無」看似佛家言「空有」、儒家言「微顯」，以「不二」為宗趣[126]，實際上，卻近似闡揚空、無相、諸法性空之理的「般若宗」，儘管欲達不二之境，卻不如《中觀》「八不」言不生、不滅、不常、不斷、不一、不異、不來、不出，離生滅而顯中道來得「曲暢旁通」；亦不如《華嚴》能以總別、同異、成壞諸相，以示平等與差別二門間的圓融，更能「該攝無餘」。[127]此亦道家不及儒、佛的理由之一。

而如何得證老子義理源自易教？馬一浮說：

> 吾謂老子出於《易》，何以言之？因為《易》以道陰陽，故長於變。愛惡相攻而吉凶生，遠近相取而悔吝生，情偽相感而利害生。這個道理老子觀之最熟，故常欲以靜制動，以弱勝強。其言曰：「重為輕根，靜為躁君。」「反者道之動，弱者道之用。」此其宗旨在退處無為，自立於無過之地，以徐待物之自變，絕不肯傷鋒犯手，真是全身遠害第一法門。任何運動，他決不參加，然汝任何伎倆，他無不明白。[128]

---

[125] 馬一浮說：「孔子所說之事皆是理，所說之用皆是體；老子反是，其言理也，皆是事，其言體也，皆是用，此孔老之別也。孔子言『為政以德』，『修己以敬』，『出門如見大賓，使民如承大祭』，所言皆是事，而無一非說理，皆是用，而無一非說體。『四時行，百物生』，是從用上說，而『天何言哉』，則泯然無跡，其言平實。老子處處講用，其語多險，流弊遂多，後世陰謀家蓋由是啟之。」參見王培德、劉錫嘏紀錄，烏以風、丁靜涵編次：「六藝篇」，〈馬一浮先生語錄類編〉，收入《馬一浮集》第 3 冊，頁 953。

[126] 馬一浮云：「老氏言有無，釋氏言空有，儒家言微顯，皆以不二為宗趣。」參見氏著：〈熊十力〉第 5 封，收入《馬一浮集》第 2 冊，頁 526。

[127] 馬一浮云：「老氏之恉，頗與般若冥符。但其言簡約，未及《中觀》八不義之曲暢旁通，華嚴六相義之該攝無餘耳。」參見氏著：〈熊十力〉第 5 封，收入《馬一浮集》第 2 冊，頁 526。

[128] 馬一浮：〈論老子流失〉，《泰和宜山會語》，收入《馬一浮集》第 1 冊，頁 44-45。

善遵《易》之陰陽變化，可趨吉避凶，使「吉事有祥；象事知器，占事知來。」[129] 馬一浮認為老子吸收了《易》觀常變的論點，體證出一套「以靜制動，以弱勝強」的運動法則，旨在「退處無為，自立於無過之地。」即老子論宇宙本體，雖超然於萬物之表，卻未內化於心性，又常站在高處，以全能視角冷覷，任萬物自然變化，使道、天人二分。且馬一浮詮釋道、天的關係，有云：

> 凡言天道、人道，皆當用依主、持業二釋，即天之道，天即是道也。
> 【老子言：「域中有四大，而王居一焉」，「道大、天大、地大、王亦大。」
> 「人法地，地法天，天法道，道法自然。」此與《易》言天道義異。以其道別為
> 一位，不可以依主、持業二釋通之。此《老》《易》不同處。】[130]

「依主釋」、「持業釋」屬「六合釋」中的兩種，是解釋梵語複合詞的六種方法。「依主釋」以複合前詞為主詞，後詞為前詞的所有格，如：「山寺」即「山之寺」。「持業釋」則用前詞修飾後詞者，如：「高山」即「很高的山」。[131] 馬一浮以此詮釋「道」、「天」，據依主釋則天道為天之道；據持業釋，則即天是道。要言之，正是道、天一體。但《老子》第 25 章以道、天為二，道之為本體，與天、地、人不同，斷裂了道與天人的關係。這證明老子雖出於易教，但體證出的本體不同：儒家、易教以仁義為體，天人合一合德；老子以道法自然為體，天人二分，善觀物變而不插手。

　　緣此之故，「觀變」最早出於易教，被老子吸收後，竟以變為本體，才會流為陰謀，故馬一浮說：

---

[129] 〈繫辭下傳〉第 12 章，收入黃壽祺、張善文：《周易譯註》（臺北：頂淵文化事業公司，2000 年 5 月），頁 605。

[130] 馬一浮：「釋三才」，〈孝經大義〉，《復性書院講錄》第 3 卷，收入《馬一浮集》第 1 冊，頁 239。

[131] 慈怡主編：《佛光大辭典》，頁 1255。

> 老氏善觀變，蓋深於《易》者。至後來流為陰謀，非老氏原旨。〈答
> 曹子起書〉有「老子祇具一隻眼」之說，學者因問「何以老子祇具一
> 隻眼」，先生默然不答。[132]

此原係曹子起來信中提及：「兄前書斥黃老而貴墨氏，弟意殊不謂然。老氏
見性，然只具一隻眼。墨氏未見性，故老墨不可同日而語。墨子種種主義，
莊子繩墨自矯一言判盡。既意存於矯，即安排造作，全是習氣增上……以孟
子見性，實有把柄。」[133]馬一浮指出當時社會欲起變革，無論哲學、社會
經濟……，都停留外在的「習」，未及心性。[134]墨子出於禮教，還勝過西
方學術，但不見性；[135]至於老子雖能見性，卻未能達到「物我合一」，此
為其失。因未能先掌握心性本體，故流為陰謀。

　　綜言之，易教為道家老莊本源，道家雖能體悟超越本體，卻不見內在心
性之至善，最明顯的證明在「以靜制動」、「弱之勝強」的觀變態度，使本
體超絕物外，任物變化而不干預，終流為陰謀之變，開法家端緒。

---

[132] 王培德、劉錫嘏紀錄，烏以風、丁靜涵編次：「諸子篇」，〈馬一浮先生語錄類
編〉，收入《馬一浮集》第3冊，頁973。

[133] 馬一浮：〈曹子起〉第11封，收入《馬一浮集》第2冊，頁466。

[134] 馬一浮說：「世人所以膠膠擾擾虛受一切身心大苦者，皆由隨順習氣，不識自性。若
不將根本拔出，只在習氣上轉換，終是出一窠窟，入一窠窟，頭出頭沒，無有了期，
只是在虛妄裏翻筋斗。近時談哲學、談社會經濟，各派議論皆墮此弊。以其所依者
習，習即是妄，所謂不誠無物也。」參見氏著：〈曹子起〉第11封，收入《馬一浮
集》第2冊，頁466。

[135] 馬一浮說：「墨子雖劣，其言猶出於禮。但不知禮樂之本而失之。……社會無定型，
只是循業發現。業幻至賾，故人事亦至紛。凡言改造社會，救國救人，皆是習氣語。
社會何嘗由汝改造，人須自救，何能救國。」蓋禮、樂之本在仁義，夫馬一浮云：
「仁義是性，不可屬氣質」，又王子游提問：「墨子兼愛，行仁而過；楊子為我，行
義而過。是否？」馬一浮回應道：「仁義豈有過？……楊、墨之過，正在不識仁義。
彼將以為仁而不知其陷於不仁也，將以為義而不知其陷於不義也。」故云墨子不識仁
義，故不見性。以上分別參見氏著：〈曹子起〉第11封，收入《馬一浮集》第2冊，
頁466-467、〈示王子游〉，《爾雅臺答問續編》第4卷，收入《馬一浮集》第1冊，
頁666。

（二）本體論、宇宙論的流失

馬一浮嘗總結〈論老子流失〉，有說：

> 今講老子流失，是要學者知道心術發源處，合下便當有擇。若趨向外物一邊，直饒汝聰明睿知到老子地位，其流弊不可勝言。何況如今代唯物史觀一流之理論，其淺薄去老子簡直不能以霄壤為喻，而持彼論者往往自矜，以為天下莫能過，豈不哀哉！[136]

這段流失述評著在重心、物之間的對比，又批評後世的唯物史觀無法照關心性，以表明心述發源的重要，馬一浮以儒家對勘老子言本體之德的流失，闡明道家趨向外物，未能證得心性之失。以下依序由「儒道二家如何闡釋道德」，「人情物情」，「老子論『弱者道之用』、『反者道之動』」等三者說明馬一浮的觀點。

首先，有關儒道二家如何闡釋道德，馬一浮以老子論「德」別於孔孟，而說：「積德字出老子，老子所謂德，與孔、孟異義。」[137]又談及莊子而說道：

> 以佛語判之，便是有智而無悲，儒者便謂之不仁。他說：「失道而後德，失德而後仁，失仁而後義。」把仁義看得甚低。[138]

> 朱子謂儒家本天，釋氏本心。本天者，謂理之所從出也；本心者，謂法之所由生也。知天為一真法界，則何異之有？如老氏尊道而卑天，

---

[136] 馬一浮：〈論老子流失〉，《泰和宜山會語》，收入《馬一浮集》第 1 冊，頁 48。

[137] 馬一浮：〈示楊霞峯〉，《爾雅臺答問續編》第 3 卷，收入《馬一浮集》第 1 冊，頁 647。

[138] 馬一浮：〈論老子流失〉，《泰和宜山會語》，收入《馬一浮集》第 1 冊，頁 45。

　　　　莊生貴天而賤人，亦皆「本己情所求言之」，是則有偏真之失。[139]

　　上述諸引文主要是判分「道」、「德」、「天」三者在儒、道的不同地位。「道」是超越性的本體，「德」是人的內在德性與外顯德行，「天」有超越性，亦有內在性，故馬一浮以佛家的本心、一真法界與儒家論天互詮，表明儒家之言道、德、天一如，心性本體即天理，其云：「性即心之體，知性方見心之本體，然後能盡其用。天命即此本體，故曰性外無天，知性則知天矣。」[140]誠是如此。

　　但道家不同。馬一浮透過《老子》「故失道而後德，失德而後仁，失仁而後義」[141]、「天法道，道法自然」等語[142]，將道、德、天序列成等第落差，僅管德分上、下，但位分始終低於道。再者，「道法自然」一般多以道之本質為自然而然，道即自然[143]，但馬一浮則認為道家把「自然」放在最高處，「道」次之，「天」又次之，這使得自然高過了仁義之德，超越之本體不必將心性之德內化，故道家以此觀萬物，這就是不仁。[144]

　　又馬一浮以《莊子》論「天」多等同於道，在天人關係上，是先有天而後有人為，故《莊子》云：「有天道，有人道。無為而尊者，天道也；有為而累者，人道也。」[145]馬一浮則評其義理有說：「莊子亦是有激而言，終

---

[139] 馬一浮：「釋三才」，〈孝經大義〉，《復性書院講錄》第 3 卷，收入《馬一浮集》第 1 冊，頁 242。

[140] 馬一浮：〈示王子游〉，《爾雅臺答問續編》第 4 卷，收入《馬一浮集》第 1 冊，頁 667。

[141] 陳鼓應註譯：〈第 38 章〉，《老子今註今譯及評介》（臺北：臺灣商務印書館，2004 年 5 月），頁 190。

[142] 陳鼓應註譯：〈第 25 章〉，《老子今註今譯及評介》，頁 145。

[143] 陳鼓應註譯：〈第 25 章〉，《老子今註今譯及評介》，頁 149。

[144] 又如馬一浮說：「孟子引孔子之言曰：『道二，仁與不仁而已矣。』直指人心，最為親切。仁與不仁之別，實即迷悟之別。務外求名，皆是心術之害，皆不仁也。」參見王培德、劉錫嘏紀錄，烏以風、丁靜涵編次：「六藝篇」，〈馬一浮語錄類編〉，收入《馬一浮集》第 3 冊，頁 953。

[145] 清・郭慶藩輯：〈在宥〉，《莊子集釋》，頁 401。

有外物而自全意在，但其計較高人一等耳。」[146]此處亦是天人二分。

其次，以「情」以觀，馬一浮認為儒家的「人情」、道家的「物情」歸本也不同，其云：

> 若孔子之道則不然，物我一體，乃是將萬物折歸到自己性分內，成物即是成己。故某常說：「聖人之道，己外無物。」其視萬物猶自身也。肇法師云：「聖人無私，靡所不己。」此言深為得之。老子則言：聖人「無私，故能成其私。」明明說「成其私」，是己與物終成對待，此其所以失之也。再舉一例，更易明瞭，如老子之言曰：「萬物並作，吾以觀（其）復。夫物芸芸，各復歸其根。」孔子則曰：「聖人感人心而天下和平，觀其所感而天地萬物之情可見矣。」「聖人久於其道而天下化成，觀其所恆而天地萬物之情可見矣。」作、復是以物言，恆、感是以心言。老子連下兩「其」字，是在物一邊看。孔子亦連下兩「其」字，是在自己身上看。其言「天地萬物之情」可見，是即在自己恆、感之理上見的，不是離了自心恆、感之外，別有一個天地萬物。老子說吾以觀其作、復，是萬物作、復之外別有一個能觀之我，這不是明明不同麼？[147]

上文關鍵在能否將萬物之情收歸到己之性分內。如：孔子是己身猶彼身，物我一體，故感於萬物、恆於天地之情皆源自本心；但老子的觀作、觀復，卻是以自然而然的客觀本體，離心觀物。當物我未能合一不二，便是在本體處，別立出一個超越的有我，將萬物上下對立為二，既為私，亦為道家之「失」。緣於仁德未能內在於道體，故馬一浮視這一切乃道家造物者，也是老子的「陰謀」，其自喜為大智慧，旁觀萬物生殺而不動。

---

[146] 王培德、劉錫嘏紀錄，烏以風、丁靜涵編次：「四學篇」，〈馬一浮先生語錄類編〉，收入《馬一浮集》第 3 冊，頁 964。

[147] 馬一浮：〈論老子流失〉，《泰和宜山會語》，收入《馬一浮集》第 1 冊，頁 47-48。

最後，馬一浮大力抨擊老子「弱者道之用」、「反者道之動」的宇宙觀。他批評「弱者道之用」有說：

> 然他卻極端收斂，自處卑下，故曰：「上善若水。水善利萬物而不爭，處眾人之所惡。」「吾有三寶：曰慈，曰儉，曰不敢為天下先。慈故能勇，儉故能廣，不敢為天下先故能成器長。」【老子所謂慈，與仁慈之慈不同。他是取其不怒之意。故又曰：「善為士者，不武；善戰者，不怒。」所謂儉，與「治人事天莫若嗇」之嗇意同，是收斂藏密之意，亦不是言儉約也。「不敢為天下先」，即是「欲上民者，必以言下之；欲先民，必以身後之」之意。「後起身而身先，外其身而身存。」他只是一味下人，而人莫能上之；只是一味後人，而人莫能先之。言「器長」者，為器之長，必非是器，「樸散則為器」，「樸雖小，天下莫能臣」也，故謂之長。「天下神器，不可為也。為者敗之，執者失之」，唯其下物，乃可長物。老子所言樸者，絕於形名，其義深秘。故又曰：「侯王若能守之，萬物將自賓。」樸字最難下註腳。王輔嗣以「無心無名」釋之，愚謂不若以佛氏實相、無相之義當之為差近。惟無相，故不測，一切法無相，即是諸法實相。佛言一切法，猶老子所謂器；言實相，猶老子所謂樸。「為者敗之，執者失之」，猶生心取相也。相即無相，故曰神器。諸法實相，故名樸也。】此皆言「弱者道之用」也。[148]

老子哲學甚推崇水的卑下，但馬一浮以缺乏仁德為本，所以此之卑下便非謙卑，而被視為操控萬物的陰謀。馬一浮舉「三寶」為例，「慈」是不怒，非仁慈；「儉」是收斂藏密，非儉約；「不敢為天下先」，似是下民，卻立於萬物之上。這為政三寶合成出一神祕的造物者形象，其狀不怒，又收斂不形於外，且高居萬物之巔，故能為「器長」。

但「器長」不可視作器中之長，而是萬物的本體。馬一浮用《老子‧第

---

[148] 馬一浮：〈論老子流失〉，《泰和宜山會語》，收入《馬一浮集》第 1 冊，頁 45-46。

28 章》「樸散則為器」為佐證，「器」是萬物、一切法；「樸」形容道體，也借指道體，是「器長」。他又以佛家的實相、無相對譯這句話，關鍵在「一切法無相，即是諸法實相」，即以無相為實相，此是取破相為本體，把破相當作實相。又「神器」等同於「器」，泛指天下，馬一浮認為若道家欲掌控天下，絕不會採行「生心取相」之普羅眾生的有我、我執態度作把持；[149]唯有卑下、守柔，似是不爭不為，方能長於物，在人之上，這就是「弱者道之用」的精神。

馬一浮又指出「反者道之動」有說：

又曰：「曲則全，枉則直，窪則盈，敝則新。」「明道若昧，進道若退，夷道若纇。」此皆言「反者道之動」也。此於《易‧象》「消息盈虛」、「無平不陂，無往不復」之理所得甚深。然亦為一切權謀術數之所從出。故曰：「古之善為道者，非以明民，將以愚之。」「取天下常以無事，及其有事，不足以取天下。」「將欲歙之，必固張之。將欲取之，必固與之。」但彼較後世權謀家為深遠者，一則以任術用智自喜，所以淺薄；老子則深知智術之卑，然其所持之術，不期而與之近。彼固曰「以智治國，國之賊；不以智治國，國之福」，「知（其）【此】兩者亦稽式。」常知稽式，是謂玄德。玄德深矣遠矣，與物反矣，然後乃至大順。惟其與物反，所以大順亦是一眼覷定。「反者道之動」，君向瀟湘我向秦，你要向東，他便西，「俗人昭昭，我獨昏昏」，「俗人察察，我獨悶悶」，「眾人皆有以，而我獨頑似鄙。」他總與你反一調，到臨了你總得走上他的路。因為你若認定一條路走，他便知你決定走不通。故他取的路與你自別。他亦不作主張，只因你要東，他便西，及至你要西時，他又東了。他總比你高一著，你不能出他掌心。其為術之巧妙如此。然他之高處，惟其不

---

[149] 《金剛經》：「何以故？是諸眾生，若心取相，則為著我人眾生壽者；若取法相，即著我人眾生壽者。」參見徐興無注譯：《新譯金剛經》（臺北：三民書局，2004 年 5 月），頁 36。

用術，不任智，所以能如此。世間好弄智數、用權謀者，往往失敗，你不及他深遠。若要學他，決定上當。他看眾人太低了，故不甚愛惜。[150]

「反」有二層意義：一是對立轉化的規律，指一切萬物都在相反對立狀態下形成；二是循環運動的規律，即返本復初之意。[151]馬一浮未區隔二者，僅僅是將一切復反原則視作權謀術數的根本，架構在政治實踐，舉凡使民純樸的「愚之」，治理者的「無事取天下」，對立轉化的取予之道，都成了權謀，這就是「反者道之動」。至於老子與一般權謀者最大的差異是能先自處卑下。當其他權謀者善於用智、權術時，老子更懂得復反之理，不迎向正面鋒頭，而是在相反處守候，這便是「玄德」。

綜言之，馬一浮認為老子最大錯失是未能根源於心性。首先，老子以自然為本體，既使得「道」、「德」二分，更貶抑了「天」的地位，無視於仁、義、禮的價值，流於任物自化的「不仁」，二分物、我，不若儒家的物我一體。其次，道家體於易教後而有流失，以破相論本體，實取於道用，非見諸道體，並將弱、反作為掌控萬物的手段，用卑下、守柔為裝飾，實是統治萬物的陰謀。

二、考鏡玄言與法家本源

在老子流失之後，開出了莊子、法家的流變。莊子流為魏晉南北朝時，四學考的「玄言」；而法家則直承老子而來，故馬一浮說：「法家往往兼道家言」[152]，在六藝的義理式學術史觀下，別立一源，以下分二小點「玄言

---

[150] 馬一浮：〈論老子流失〉，《泰和宜山會語》，收入《馬一浮集》第 1 冊，頁 46-47。

[151] 陳鼓應：〈老子哲學系統的形成和開展〉，收入氏著：《老子今註今譯及評介》，頁 6-12。

[152] 馬一浮：「甲、六藝統諸子」，〈論六藝該攝一切學術〉，《泰和宜山會語》，收入《馬一浮集》第 1 冊，頁 14。

的本源」、「法家的本源」論述各自源流。

（一）玄言的本源

馬一浮以魏晉玄言出自老莊，老莊又是易教、詩教、樂教之流失，此玄言、孔孟的實理相對。

馬一浮先分辨老子、孟子、莊子對六藝的傳承，提到：

> 老子觀變甚深，出於《易》。孟子長於《詩》，而其說性善、言仁義，實本於《易》。其所為書，語不及《易》，善《易》者不言《易》耳。邵堯夫言「孟子得《易》之體，老子得《易》之用」，深為得之。……莊子文辭華美，出於《詩》，其義汪洋自恣而無端厓，實出於《樂》。樂主和同，為說太過則有此失。[153]

他認為老子善觀變而得《易》之用；孟子善說人性本善、仁義之道，出於詩教，故言：「故詩教主仁」是也。[154]縱孟子語未及《易》，而易教亦以仁為本，所以馬一浮認為孟子能得知《易》之體。至於莊子亦有得於易教、詩教、樂教者。莊子上承老子而得易教；詩教主文學，故說其「文辭華美」，是出自詩教；又莊子為文，內容貫通宇宙天地，汪洋自恣，又樂者，本言天地之和[155]，故有得於樂教。

但莊子縱使得於諸教，卻不能無失。首先，老莊本於自然，後仁義，故儘管歸於易教、詩教，仍多流失；其次，莊子言語不免流蕩，近於奢，則得之於樂教，亦失之於樂教[156]，此既有承於老子，亦有所別。

---

[153] 王培德、劉錫嘏紀錄，烏以風、丁靜涵編次：「六藝篇」，〈馬一浮語錄類編〉，收入《馬一浮集》第 3 冊，頁 936-937。

[154] 馬一浮：「詩教」，〈論語大義〉，《復性書院講錄》第 2 卷，收入《馬一浮集》第 1 冊，頁 161。

[155] 馬一浮：「禮樂教上」，〈論語大義〉，《復性書院講錄》第 2 卷，收入《馬一浮集》第 1 冊，頁 169。

[156] 馬一浮云：「莊子《齊物》，好為無端厓之辭，以天下不可與莊語。得於《樂》之意為多，而不免流蕩，亦是得多失多，『《樂》之失奢』也。」參見氏著：「甲、六藝

故馬一浮論「四學考」說：「按玄言實以莊子為宗。觀江左諸賢俱談莊義可知。其原出於《易》」[157]，又說：

> 《老子》明云「失道而後德」，則其所謂上德，亦下於道一等。此與孔子言道德各不相謀，一為玄言，一為實理，不可比而同之。[158]

上文正牽起一條出自易教，由老子到莊子的脈絡，實理、玄言之言行的符應與否也正區隔儒、道異同。何謂實理，馬一浮說：

> 古人垂語，皆本其所自得。見得端的，行得純熟，自然從胸襟流出，不假安排，以其皆實理也。〈乾・文言〉曰：「修辭立其誠，所以居業也。」誠者，真實无妄之理。業即是行。居者，止其所而不遷之謂。言君子修治其言辭，與實理相應。此理確立，然後日用之間不更走作也。……故行業者，不獨指事為之顯著者而言，凡心所行處，皆行業也。人之舉心動念，即已為行。〈繫辭〉每以德、業對舉，業即是行，此亦顯微無間。……誠立，則所言者莫非實理。既言與理應，斯為誠諦之言，言之必可行也。行與理應，斯為篤實之行。……言忠信是「立誠」，行篤敬是「居業」……不誠即妄，不與此實理相應皆妄也。……故學者當知修辭之要貴在立誠，而亦即是篤行之事，進德即在其中，言行相應，德業不二，始終只是此個實理。[159]

統諸子」，〈論六藝該攝一切學術〉，《泰和宜山會語》，收入《馬一浮集》第 1 冊，頁 14。

[157] 馬一浮：〈賀昌羣〉，收入《馬一浮集》第 2 冊，頁 606。

[158] 馬一浮：「釋至德要道」，〈孝經大義〉，《復性書院講錄》第 3 卷，收入《馬一浮集》第 1 冊，頁 222-223。

[159] 馬一浮：〈玄言與實理之別〉，《復性書院講錄》第 2 卷，收入《馬一浮集》第 1 冊，頁 155-156。

馬一浮以〈乾・文言〉詮釋「實理」，聚焦在內心之「誠」與顯於外的「居業」。馬一浮認為儒者必先立其誠，舉心動念符合誠旨，已然是行之端，夫誠以立，便能德業不二，此係由內而外的言行合一，便是實理。

又云「玄言」而說：

> 若有言者，未必有德……於此實理，未嘗有得，而驗之行事，了不相干，言則甚美而行實反之，此為依似亂德之言。其有陳義，亦似微妙，務為高遠，令人無可持循，務資談說，以長傲遂非，自謂智過於人，此種言說，亦可名為玄言之失。蓋真正玄言，亦是應理。但或舉本而遺末，捨近而求遠，非不綽見大體而不能切近人事，至其末流，則失之彌遠，此學者不可不知也。……《孟子》開篇便言義利之辨，其直指人心處，可令人當下悟入。讀《莊子》雖覺其文之美，可好說理為無端厓，令人流蕩失據。此玄言與實理之別也。以佛氏之言判之，則知老、莊為破相教，孔、孟為顯性教。一於破相，則性亦相也；一於顯性，則相亦性也。……試觀孔、孟之言，有似於此者乎？橫渠曰：「大易不言有無，言有無者，諸子之陋耳。」故在佛氏則必悟一真法界，而後知空宗之為權說；在儒者則必至至誠無息，而後知文章不離性道。[160]

玄言與實理最大的不同，是玄言話語高妙而動人，「智」雖過人，卻難踐行。對比《孟子》、《莊子》，一如上述有得、不得仁義之別，真正的玄言該與實理相應，但老莊未能「切近人事」、「直指人心」，最終留有流失。即儒家言語直指人心幽微，道家言語飄渺無垠，以佛家語判，就是顯性、破相的不同，破者受制於有無而未達「不二」之境，故有失。再以此詮釋道家談「道德」，則可知道家將道、德二分，天人兩隔，自不如儒家的至誠無

---

[160] 馬一浮：〈玄言與實理之別〉，《復性書院講錄》第 2 卷，收入《馬一浮集》第 1 冊，頁 157-158。

息，通於上下、內外的實理。此為老子到莊子，再到魏晉玄言一脈的發展。

（二）法家的本源

馬一浮論法家傳承六藝於易教、禮教是得少失多，與傳承自老子有關。易教本不待論，然而於禮教傳承，可分兩層說明：一是法家不明道德，二是論禮、法根源。

先明法家不明道德，馬一浮道：

> 老氏清虛，亦能識要，但謂「失道而後德」，與聖言迥殊，未為知德。法家自託於道而務為煩苛，失道愈遠，不唯不知德，亦不知要也。[161]

上述出自馬一浮闡釋何謂「至德要道」。「德」是自性所具之實理，「道」是人倫日用所當行，故言「德是人人本有之良知，道即人人共由之大路。」[162] 又釋「至」、「要」有言：「至者，究極之稱。要者，簡約之謂。向上更無可說，名曰至。推之不可勝用，明曰要。」[163] 合而言之，心德流露為「道」，推之化育於眾為「教」，進而垂跡於「治」，如此方能使道德、政教合一。反觀老子能以清虛推於用，此為「識要」，但老子竟言「失道而後德」，意指德居於本體之道之後，使得天人二分，故馬一浮批評他不知德。又老子已然不知德，法家又自託於後，便離本體之道更遠，不但是不知德，更是不知要以行道。

既然法家不知至德要道，而其言禮、法之根據為何？又有何得失，馬一浮有說：

---

161 馬一浮：〈釋至德要道〉，《復性書院講錄》第 3 卷，收入《馬一浮集》第 1 冊，頁 222。

162 馬一浮：〈釋至德要道〉，《復性書院講錄》第 3 卷，收入《馬一浮集》第 1 冊，頁 220。

163 馬一浮：〈釋至德要道〉，《復性書院講錄》第 3 卷，收入《馬一浮集》第 1 冊，頁 221。

荀子本通六藝，而言性惡則是其失。其言禮，主法後王，故開法家，
其後學出一李斯，便亂天下。[164]

老氏說禮，近於今之言法制，故流為法家。儒家說禮，乃天理之節
文。此乃根本不同。[165]

「天地不仁，以萬物為芻狗。聖人不仁，以百姓為芻狗。」芻狗者，
縛芻為狗，不是真狗，極言其無知而可賤也。「知我者希，則我者
貴」，他雖常下人，常後人，而實自貴而賤人，但人不覺耳。法家如
商鞅、韓非、李斯之流，竊取其意，擅出一個法來壓倒羣眾，想用法
來樹立一個至高無上的權威，使人人皆入他彀中，盡法不管無民。其
實他所謂法，明明是他私意撰造出來的，不同儒家之天秩、天討。而
彼自託於道，亦以眾人太愚而可欺了，故至慘刻寡恩，絲毫沒有惻
隱。……法家之不仁，不能不說老子有以啟之。合陰謀家與法家之弊
觀之，不是「其失也賊」麼？[166]

馬一浮認為法家承儒、道二家言禮。首先，儒家的禮出於本體之德，是天理
節文展現於人事，為天人合一的表徵。但法家論禮非承自孔孟，而是荀子性
惡、法後王，未能窮透心性本善之旨，故有流失。其次，道家以自然為體，
人與萬物齊一，皆為「芻狗」，其禮出自宇宙待萬物之「不仁」，非心性至
善，因而近於法制，流於法家。自法而觀，法家立法，樹立出至高無上的權
威，不是真正的悟得本體，而是私意虛擬，不同於儒家源自天道而論禮法制
度、討伐。故如老子的自私在「有我」，與善用卑下之智術，而不為人知；

---

[164] 王培德、劉錫嘏紀錄，烏以風、丁靜涵編次：「六藝篇」，〈馬一浮語錄類編〉，收
　　入《馬一浮集》第 3 冊，頁 936-937。

[165] 馬一浮：〈示陳兆平〉，《爾雅臺答問續編》卷 3，收入《馬一浮集》第 1 冊，頁
　　652。

[166] 馬一浮：〈論老子流失〉，《泰和宜山會語》，收入《馬一浮集》第 1 冊，頁 47。

到了法家就更刻薄寡恩，無惻隱之心。[167]由此可知，無論是自託，或確切源起，法家皆是上承道家、老子而來。

如此一來，便能清楚釐清法家的譜系。即六藝統該一切學術，道、法諸子自納收其中，馬一浮論法家得於易教、禮教是得少失多，係道家已是易教之失，後影響法家，問題更甚。因為法家據守道家的「不仁」，私意用智倡言禮法，而不歸本天理人情，於六藝是得少失多，此為老子流變另一脈絡的展現。

三、考鏡道教源流

馬一浮很明顯分隔佛家、道家，與道教之別，有云：

> 但俗學傅會丹經、希求福報者，乃是緇羽末流之失，亦彼法所訶，非佛老本旨，須有料簡。……此為純粹學術的研究，異於一般信仰也。[168]

「佛家」、「道家」是學術；而傅會丹經、福報之「道教」則自有源流，本不列入六藝的統攝。三教合流是後世刻意所為，必須區隔，馬一浮屢有分辨，這可從「從神仙家到道教的流變」、「三教會通後起說」細說分明。

首先，馬一浮明陰陽之說，以及神仙家、道教的源流有說：

> 陰陽之說甚古，道家講陰陽，儒家亦講陰陽。老子說「萬物負陰而抱陽，沖氣以為和」，司馬談（約 169B.C.-110B.C.）說道家「因陰陽之大順」，《易》言「一陰一陽之謂道」，莊子說「易以道陰陽」。

---

[167] 又如馬一浮云：「老氏之自私，其相深細。法家酷烈，又不止用於智而已。明道此言（案，指《定性書》：「人之情各有所蔽，故不能適道，大率患於自私而用智。」）未遽說道、法二家之失，祇說不能適道之因，因此蔽耳。」參見王培德、劉錫嘏紀錄，烏以風、丁靜涵編次：「四學篇」，〈馬一浮語錄類編〉，收入《馬一浮集》第3冊，頁 963-964。

[168] 馬一浮：〈張立民〉，收入《馬一浮集》第2冊，頁 831。

神仙家起於方士，秦皇（259B.C.-210B.C.）、漢武志求長生，徐市（？）、文成（少翁，前 2 世紀-117B.C.）之徒應風而起。淮南（劉安，179B.C.-122B.C.）好客，招來八公《鴻烈》之書，亦間有神仙家言。然淮南應屬道家，不能作神仙家看。神仙家稱首之書，當推魏伯陽（？）之《參同契》，其中談《易》、講陰陽，不及道家一字。至《抱朴子》始合神仙與道家、陰陽為一編，然其書以神仙黃白之術為內篇，以道家為外篇。漢後道家流為道教，如張道陵（34-156）之流，但託始黃、老以資號召，實與道家無干。至寇謙之（365-448）而道教又有革新一派，如馬丁路德（1483-1546）之於天主教矣。[169]

以上可分四點說明。其一，辨明陰陽之說。此陰陽非彼「陰陽家」，陰陽之說甚古，儒、道二家皆取資論宇宙本體；又神仙家、道教雖講陰陽，但不可證明同為一源。至於六藝本不含陰陽家，因陰陽家、農家同是「末流益卑陋，無足判。」[170]

　　其二，溯神仙家本源。《漢書‧藝文志》列「神僊家」於「方技略」，非入「諸子略」。〈漢志〉釋云：「神僊者，所以保性命之真，而游求於其外者也。聊以盪意平心，同死生之域，而無怵惕於胸中……」[171]其學出於方士，旨在求長生不老之術。到了《四庫總目》，便收入了子部的「道家類」，並指出：「後世神怪之迹，多附於道家。道家亦自矜其異，如《神仙傳》、《道教靈驗記》是也。要其本始，則主於清淨自持，而濟以堅忍之力，以柔制剛，以退為進。……其後長生之說與神仙家合為一，而服餌導引入之。房中一家，近於神仙者亦入之。鴻寶有書，燒煉入之。張魯（？-215

---

[169] 王培德、劉錫嘏紀錄，烏以風、丁靜涵編次：「四學篇」，〈馬一浮先生語錄類編〉，收入《馬一浮集》第 3 冊，頁 963。

[170] 馬一浮：「甲、六藝統諸子」，〈論六藝該攝一切學術〉，《泰和宜山會語》，收入《馬一浮集》第 1 冊，頁 15。

[171] 東漢‧班固：「方伎略」，〈藝文志〉，《漢書》卷 30，頁 1780。

或 245）立教，符籙入之。北魏寇謙之等，又以齋醮章呪入之……」[172]在「清淨自持」的共通理由下，《四庫》將道家、道教混為一爐，而未辨諸子學術、方技之別異。

　　其三，神仙流於道教。以著述而論，馬一浮認為劉安等人編著的《淮南子》始兼採神仙家、道家，但不能逕作為流變至道教的證據，仍該視為道家者流。到了東漢魏伯陽著《參同契》才是道教先驅，該書內容有談《易》、陰陽，但未言及道家，足見道家、道教本源不同。直至東晉葛洪（284-364）撰《抱朴子》，上承《參同契》的煉丹理論，才真正揉合了神仙家、道家、陰陽家，且以方術為內篇，道家義理為外篇，已然是以方術為本而有承繼。

　　其四，道教依託黃老。東漢光武帝（6B.C.-57）時的張道陵有志於黃老，立「五斗米道」，開創了道教，這本與道家無關。北魏時，寇謙之少時承五斗米道，後稱受天意革新道教，主張「清整道教，除去三張偽法，租米錢稅，及男女合氣之術。大道清虛，豈有斯事。專以禮度為首，而加之以服食閉練。」[173]他實為道教革新者，故馬一浮將他擬作馬丁路德。

　　據上述四點，道家、道教源流分別已清楚。馬一浮又分別從義理、學術源流敘明道家、道教之別異。先就義理殊異說道：

> 或謂秦漢以後神仙家自托於道家，亦是窮理盡性、了悟性命之學。先生曰：道家與神仙家絕不可混為一談，而神仙家所謂性命，與孔、孟、老、莊所說，更是風馬牛不相及。道家要外身，要遺物。如老子云：「是以聖人後其身而身先，外其身而身存。」……神仙家首先有身，不離身見，於是百方修煉，以求不死，此真與道家背道而馳，豈得謂之同科？蓋神仙家所希求者，雖非財貨，然出於利心，則與好財貨者同。至彼所謂性命，乃是一種東西，把性、命看成一個物，故設

---

[172] 清‧永瑢等撰：〈子部‧道家類小序〉，《四庫全書總目》，頁 1241。
[173] 北齊‧魏收：〈釋老志〉，《魏書》（臺北：鼎文書局，1980 年 6 月），頁 3051。

法修鍊，以期變化而求長生。此與儒家以義理為性、命，道家以虛無
自然為性、命，相去何啻霄壤耶？[174]

神仙家辟穀鍊丹，祇是想把自己這個肉團身體鍛鍊，使它長生不死。
在儒家看來，此正是妄想。道教修鍊可以延年益壽，但不能盡性窮
理。[175]

以上從性命分說。儒家言性命能內在於心，道家老莊以自然為性命，縱使外
於本體之德，仍能守住性命超越的一面。相對的，神仙家、道教追求長生不
死、延年益壽的形軀性命，心念等同是愛好財貨，未放棄追求名利，不能外
身、遺物，實與道家不同，更遑論是儒家。

次言道教學術源流與道家無關，有言：

道家以老、莊為宗。後世神仙家之說本出於方士，與道家異撰，而自
託於道。魏、晉間玄言家不及丹經一字，魏伯陽《參同契》為丹經之
祖，亦無一語及老、莊，此其顯證也。葛洪撰《抱朴子》，始欲合而
一之，然猶以言方術者為內篇，言清淨之理者為外篇。至北魏寇謙
之、梁陶弘景（456-536）之流，始撰道經流布。今《道藏》諸經稍
古者，皆出寇謙之以後所依託也。自呂洞賓（796- ？）、張伯端
（987-1082）出，得《參同契》之法而又旁涉禪教，始言心性。邱長
春（名處機，1148-1227）創全真之號，所立祠觀，全仿佛氏叢林
制，於是天下始言道教矣。若唐玄宗（685-762）、宋徽宗（1082-
1135）所崇之道，則文成五利之流也。性命雙修之說，宋以後道流始
有之，其書益陋，視魏、葛、呂、張遠矣。此道教源流之略也。[176]

---

[174] 烏以風輯錄：〈問學私記〉，收入《馬一浮集》第3冊，頁1141-1142。

[175] 王培德、劉錫嘏紀錄，烏以風、丁靜涵編次：「六藝篇」，〈馬一浮語錄類編〉，收
入《馬一浮集》第3冊，頁973。

[176] 馬一浮：〈答劉君〉，《爾雅臺答問》卷1，收入《馬一浮集》第1冊，頁533。

這段長文特別提到全真派的呂洞賓、張伯端、邱處機的貢獻，他們出生年代從中晚唐至元代，特點是能結合禪教論心性、叢林寺院等制度，匯流釋道。但馬一浮也批評唐玄宗、宋徽宗崇尚的不過是方士，至於重心性、性命雙修之術，這些已晚出宋代之後。

　　最後，茲歸整老莊、法家、道教等不同源流如下表：

　　1. 莊子源流
　　　　出於六藝的「易教」、「詩教」、「樂教」：
　　　　老子 ⟶ 莊子 ⟶ 魏晉「玄言」
　　2. 法家源流
　　　　出於六藝的「易教」、「禮教」：

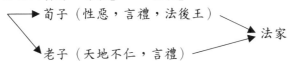

　　3. 道教源流
　　　　上古「神僊家」⟶ 魏伯陽《參同契》（為丹經之祖）⟶ 葛洪《抱朴子》（欲結合道方術、清淨之理）⟶ 北魏寇謙之、梁陶弘景（始撰道經）⟶ 呂洞賓、張伯端（得《參同契》之法，又旁涉禪教，始言心性）⟶ 邱長春（創全真教，仿佛教叢林制，天下始言道教。）

　　此外，後人有「三教同源」之說，馬一浮評曰：「始於明季閩人林三教（名兆恩，1517-1598），不可據依，其人實於三教教義初未夢見。近世祖述此說者，益見支離。」又說三教：「各有門庭，不相掍濫，非大用現前，不存軌則者，不可錯下名言，亂人眼目。教相須還他教相，義理亦極有分齊。」[177] 此同源說晚出於晚明的林兆恩，其《三教正宗統論》一書創立了儒、釋、道歸一的思想，卻未能真正分別各家、教派的學術、宗教源流。馬一浮由此也正提示了能會通三家學術的條件，誠如他與學生張立民說道：

---

[177] 以上兩條參見馬一浮：〈答劉君〉，《爾雅臺答問》卷 1，收入《馬一浮集》第 1 冊，頁 534。

先儒多出入二氏，歸而求之六經。佛老於窮理盡性之功，實資助發。自俗儒不明先儒機用，屏而不講，遂使聖道之大，若有所遺。墨守之徒，不能觀其會通，漸趨隘陋而儒學益衰。[178]

論宇宙本體的「窮理盡性」是自本體而論，不妨礙會通，但不能直接當作學術史的串流，因為學術史重分，義理求通、統，前述儒、釋義理會通正是如此，此論三家亦然。易言之，就義理之本而論，各家工夫修養方法雖殊途，卻同指歸宇宙本體，自可會通；在學術史，僅管本於六藝，但流變不同，於諸藝得失多寡各異，必得正本清源。

綜言之，作為中華文化主宰的儒、佛、道三家之學，在馬一浮「義理式的學術史觀」各有不同定位。首先，自義理學的本源來看，儒、佛是中西一體二源，皆及於心性本體，沒有別異；道家雖重視超越性的理則，但於心性本體有缺，故於六藝之下流有得失，或為老莊玄言一脈，或成黃老法家一脈，不得與儒、佛並立。但佛、道二家所論的形而上學，對已失去先儒義理精神的後儒，如：宋明理學家，頗有闡發助緣之功。其次，從學術史觀之，儒、佛各有場域，佛學自成體系，而不納入六藝體系，但也不能比之於道教，視作一般宗教對待；道家因有論及本體宇宙，位列諸子之首；至於道教則為方技之學，出於古神仙家，後流為宗教，其既不入諸子，更非六藝所攝。總之，在「義理式的學術史觀」下，儒家六藝論無可取代，特別論佛、道二家時，馬一浮很清楚體現出尊經、尊儒的精神。

第三節　小　結

佛家義理可說是馬一浮的別愛，他除了批判佛家末流、化儀之工夫論傾向「遮詮」外，從未批評佛家的本體觀，進而認為儒家心性與佛性可以會通，故在義理上，他的態度是雙立儒佛。

---

[178] 馬一浮：〈張立民〉，收入《馬一浮集》第 2 冊，頁 830。

　　但佛理雖可會通六藝論，六藝論卻不涉及佛家，佛家是自有其學術源流，自成體系。因此，佛家縱使本體無失，但始終不能取代六藝論的地位，最清楚的兩個明證：一是佛學只展現在與六藝之間的義理會通，卻無辨章、考鏡中西學術的能力。二是可本於六藝會通佛學，卻不能本於佛學會通六藝。

　　此外，在馬一浮學術思想體系中，儒、佛、道地位並不平等，儒佛至少本體可會通，道家則等而次之，為六藝的流失，故道家主要受易教統攝，並裂分出老莊、黃老兩條脈系。至於「道教」則是假託道家，實為古代神仙家之流衍，而不可進入六藝體系。

第八章　馬一浮的「義理式的學術史觀」對比熊十力的「經學思想」

　　作為後人口中「現代新儒家三聖」之一的熊十力，是馬一浮學術交流往返最為深刻者。早在 1930 年代初，馬一浮便舉薦熊十力到北京大學教書，又曾為其著作撰寫序文[1]，在在顯示雙方學術交誼的深厚。到了 1939 年，馬一浮創辦復性書院，力邀熊十力來講「義學」，熊氏幾番推卻仍不敵馬一浮拳拳盛意，但到書院不過兩個多月，雙方旋因歧見，熊十力選擇離去。

　　關於熊十力離開的理由眾說紛紜：或因學術觀點分歧，或因教育理念的差異，或對書院體制觀點不同，或為權力糾葛等等[2]，馬一浮對此亦多感慨。然而，何以本來因學術觀點相近，結為好友，卻又因此分道揚鑣？而上述諸點是否已足夠說明彼此的意見分歧？

　　回歸學術本身，根據我的觀察，雙方看似相近的觀點，實際是兩條不同

---

[1] 馬一浮為熊十力撰有〈新唯識論序〉、〈熊氏叢書弁言〉，詳參：《馬一浮集》第 2 冊，頁 27-29、61。

[2] 有關熊十力為何要離開復性書院，以及他與馬一浮的學友關係，學界對此多有討論，前輩學者如：錢穆、牟宗三、余英時多有提及，後來研究者也都研究過兩人為何分道揚鑣的理由。對馬、熊學術、關係分歧的討論大致如上諸點，不再逐一列出；至於本研究將在上述基礎上，提出新的觀察。以上可參見：錢穆：《八十憶雙親師友雜憶合刊》，收入錢賓四先生全集編輯委員會編：《錢賓四先生全集》（臺北：聯經出版事業公司，1994 年 9 月），頁 245-247、牟宗三：《五十自述》（臺北：鵝湖出版社，2000 年 9 月），頁 98-100、余英時：《猶記風吹水上鱗──錢穆與現代中國學術》（臺北：聯經出版事業公司，1995 年 3 月），頁 63-65。有關後來學者之研究，詳參本書第一章第三節，第二大點第（二）小點「直接相關研究」。

學術路徑的對話，這與兩人學思背景不同有關。馬一浮的「義理式的學術史觀」目的是為中西學術溯源；而熊十力僅管也是為中西學術溯源，但他緊扣的是經學思想之源[3]，而非學術史之源。且比起馬一浮「重溯源」，熊十力更重視為傳統學術「開流」，他試圖牽合「六經經傳」與現代學術的關係，為經學尋謀現代化的出路。所以，馬、熊二人一重收束，一重擴延，學術方向迥別。

　　以下分三節說明。第一節「不同的學術路數」，從創辦復性書院前後的書信、開講時的演說，明雙方理念的差異；其次透過對經、藝與經數，宗經釋經與統括羣經的《大學》、〈儒行〉，經序排列等三點，證明二人學術理念不同。第二節「熊十力以『經學思想』判分學術源流」，研析熊十力如何經由六經經傳，梳理傳統學術、西方學術，從而確立與馬一浮理念之別。第三節用一「小結」作結，以判定馬、熊二氏學術理念差異。

第一節　不同的學術路數

　　1939 年秋，馬一浮創辦復性書院，力請熊十力講學。在籌辦階段，兩人常魚雁往返，針對書院體制、授課內容常有交鋒。因為自體制面言之，採行何種體制將直接影響授課內容，以及培養出何等人才；從學術面來看，也呈現出兩人治學理念之別。最終熊十力雖應允邀請，但二人理念差距仍舊存在，尤其在開講之日，各自提出的〈復性書院開講示諸生〉將爭議推向極致。其中，馬一浮求統、明判教；熊十力重別、明分科，理念截然不同。故以下將從「創辦復性書院的學術歧見」，再到「基本概念的詮釋差異」等兩大點，釐清二者理念上的差別。

3　熊十力於〈讀經示要自序〉有言：「夫不悟常道，則萬物何由始，人極何由立，萬事何由貞，皆其智之所不及也。……第二講言治經態度。……故讀經希聖，非可專固自封也。今當融貫中西，平章漢、宋。上下數千年學術源流得失，略加論定，由是尋晚周之遺軌，闢當代之弘基，定將來之趨向，庶幾經術可明，而大道其昌矣。」收入《熊十力全集》第 3 卷，頁 556。

一、創辦復性書院的學術歧見

（一）體制上的歧見：是傳統書院，還是學術團體？

自體制來看，早在 1938 年秋，馬一浮倡議籌辦書院，邀請熊十力為創議人，並將草擬辦法、簡章寄給熊氏，信中提及書院規制欲效法禪宗的「叢林制度」而言：

> 叢林制度，實可取法。古德分化一方，學者一任徧參，故禪林尤勝講寺。今雖衰歇，視儒生之徬徨靡託，猶或過之。妄意欲以此法寓之於書院。其初規制不妨簡陋，學子寧少毋濫，必須真為道器，方堪負荷。此類機會在今實未易得。【書院無出路，且不許參加政治運動，流俗必望而卻步，尤違反青年心理。】[4]

基本上，馬一浮欲徵選能一心修己養性的學生，故以不多求生員，也不安排出路，不參與政治活動為先決條件，但熊十力不同意。兩周後，馬一浮再次去信，有道：

> 弟妄意欲以書院比叢林，實太理想，遠於事實。以今人無此魄力也。自真諦言之，又何加損。性自常存，願自無盡，不在湧現樓閣，廣聚人天也。……望兄加入，損益盡善。[5]

此時馬一浮仍堅持己見，不願改變。直到 1939 年中，馬一浮再度去信，回應學生津貼、徵聘教授二事，有說：

> 書院既在現行學制系統之外，亦不能援大學文科研究院為例。弟意學生若為出路來，則不是為學問而學問，乃與一般學校無別，仍是利祿

---

[4]　馬一浮：〈熊十力〉第 9 封，收入《馬一浮集》第 2 冊，頁 531。
[5]　馬一浮：〈熊十力〉第 10 封，收入《馬一浮集》第 2 冊，頁 533。

之途，何必有此書院。……必如兄言，則弟前此主張，一概用不著，
無異全盤推翻矣。[6]

自昭才自可愛，然彼於西洋哲學，已自名家，且身任教授，在大學地
位已優，書院淡泊，或非所好，……且書院講習所重在經術義理，又
非西洋哲學也。兄意以為如何？[7]

馬一浮依舊主張書院本應為學問而立，不同於一般大學、研究所著重知識。
再者，對書院是否徵聘以西方哲學聞名的賀麟為講座一事，馬一浮以經術義
理與西洋哲學殊途，否決提議，這已不同於熊十力中西哲學合璧的治學理
念。由於熊十力曾與張東蓀（1886-1973）針對中西哲學是分治或合一作過
一番論戰，熊氏主張求修養、求知不必然背道相馳，故言：「吾儕若於中國
學問痛下一番工夫，方見得修養元不必屏除知識，知識亦並不離開修養。」
[8]所以，熊十力自不能同意馬一浮輕忽西學的重要性。

由於各持己見，緊接著馬一浮又去信說：「二十日教言之甚詳，非兄不
聞是言。令弟不善處變，頗違兄意，聞之亦為兄不怡。」[9]卻也不改其志，
強調「弟所以未能苟同者，一則不能自語相違，二則亦非今日書院地位所
許。」[10]斷然回絕應照看學生現實出路、延聘講座等事。[11]因為在馬一浮心

6　馬一浮：〈熊十力〉第 12 封，收入《馬一浮集》第 2 冊，頁 535。

7　馬一浮：〈熊十力〉第 12 封，收入《馬一浮集》第 2 冊，頁 535。

8　熊十力：〈答張東蓀〉，《十力論學語輯略》，收入《熊十力全集》第 2 卷，頁 307。

9　馬一浮：〈熊十力〉第 13 封，收入《馬一浮集》第 2 冊，頁 535。

10　馬一浮：〈熊十力〉第 13 封，收入《馬一浮集》第 2 冊，頁 537。

11　馬一浮云：「至關於學生出路一事，弟亦非有成見，必令其與世絕緣。但無論古制時
　　制，凡規定一種資格，比於銓選，此乃當官事，書院實無此權。若令有之，則必須政
　　府授與，如中正之以九品論人而後可，否則為侵越。……弟非欲教人作枯僧高士，但
　　欲使先立乎其大者。必須將利欲染污習氣淨除一番，方可還其廓然虛明之體。……兄
　　意固無他，只是愛人之過，世情太深。……弟亦未接正式聘書，故於延聘講座之舉，
　　亦倚閣未發。」參見氏著：〈熊十力〉第 13 封，收入《馬一浮集》第 2 冊，頁 536-
　　537。

中，「謀道」與「謀食」不能等論，若謀道沾染了謀食，初心志趣便已卑陋，無法真誠修己。[12]相反的，熊十力認為內聖必要外王，故欲把書院定位成一傳遞國學知識的「研究所」。[13]

同年 7 月初，熊十力游移在去西南聯大或復性書院之間，馬一浮接連三封信盼他能到復性書院，信中內文仍圍繞為學應「主內聖」或「主現實」而謂：

> 至關於講習之道，兄以弟偏重內向，將致遺棄事物，等同寺僧，謂雖聖人復生，亦不能不采現行學校制，因有資格出路之議，不如此將不足以得人。弟愚，所以未能盡同於兄者，良以本末始終，自有先後，不可陵節而施。……先立乎其大者，而其小者從之，精義入神，所以致用，未有義理不明，而可以言功業者。……必謂滌生賢於陽明，是或兄一時權說，非篤論也。……今欲對治時人病痛，亦在教其識仁，求仁、體仁而已。任何哲學、科學，任何事功，若不至於仁，只是無物，只是習氣。兄固日日言以見性為極，其所以詔來學者，固當提持向上，不可更令增上習氣，埋沒其本具之性也。[14]

> 即兄所舉儒曾滌生之影響及人，亦由彼於體上稍有合處，雖未能得其體，初非專言用也。世間事雖至賾，理實簡易，若必以隨順習氣為契機，偏曲之知為致用，則現時學校之教亦足矣，何必立書院講六藝邪。[15]

12　馬一浮云：「書院宗旨本為謀道，不為謀食，若必懸一出路以為之招，則其來時已志趣卑陋。」參見氏著：〈熊十力〉第 13 封，收入《馬一浮集》第 2 冊，頁 537。
13　熊十力云：「吾欲予學生以研究院同等資格者，庶幾可以聚天下之才耳。」參見氏著：〈與賀昌羣〉，《十力語要》，收入《熊十力全集》第 4 卷，頁 265。
14　馬一浮：〈熊十力〉第 14 封，收入《馬一浮集》第 2 冊，頁 539-540。
15　馬一浮：〈熊十力〉第 16 封，收入《馬一浮集》第 2 冊，頁 542。

內文皆述及熊十力忻慕曾國藩的事功之學，甚而認為賢過王陽明的重心性之學，但馬一浮不贊同這樣的觀點，以為是熊十力的權宜之說。至於熊十力的回信已不得見，但在熊十力寄給賀昌羣的信，嘗清楚對比王、曾異同而言：

> 陽明之才、之力、之智、之德，其大於曾滌生也，不甚懸遠乎。觀其接納羣賢，隨機施化，量宏而能攝，教亦多方，更非滌生所敢幾也。……陽明一生精神，畢竟理學家的意味過重，其所以自修而教人者，全副精神都只在立本，而不知本之不離末也……此其所以敝也。……若乃滌生〈三十二聖哲畫像記〉，以義理、考據、經濟、詞章四科並重，其為學規模，具見於此，其精神所注，亦具見於此。但雖主四科並重，而自己力之所及，終貴乎專。滌生於經濟，蓋用功尤勤，其詔諸子，恒以農桑、鹽鐵、水利或河工、海防、吏治、軍事、地理、歷史等等專門之業，諄諄然督之以博學。此皆屬社會科學的範圍，皆實用的知識，自其為諸生以至於京師，皆孜孜研討，並與其子弟以及朋友、學生互相淬勵。[16]

由此可見，熊十力的觀點顯然不是馬一浮認定的權說。熊十力認為陽明的內聖有超越性，但最終只是自修立本，未涉及到民生社稷。至於曾國藩的理學自我修持縱使不及陽明，卻更能關注現實生活、專業分科的重要性，將傳統四科之學實踐於社會，博學廣聞，這才是學以致用。而馬一浮則認為必先立乎大、明義理之後，自然功業可明，否則只是徒增習氣。

　　再者，上文也顯見「通學」、「專門之學」之別。馬一浮講判教，不講分科，論學貴收束，倡言專門之學的「所以然之理」。熊十力則直指分科，貴外擴，欲將內聖落實在外王，由體直貫於用。這些基本學術理念的差異早在創院之前，已種下往後分道殊途的因子。

　　此外，馬一浮也婉拒熊十力請周淦卿講英文，牟宗三為都講，多買西方

---

[16] 熊十力：〈與賀昌羣〉，《十力語要》，收入《熊十力全集》第 4 卷，頁 266-268。

參考書等意見，終謂「並非拒西洋哲學不講，以西洋哲學學生當以餘力治之，亦非所忘也。」[17]既完全否定熊氏提議，也清楚呈現彼此不同的治學理念。

（二）學理上的衝突：重復性修養，還是博文旁通？

熊十力在1939年8月抵達書院，9月開講以示諸生，撰寫一萬餘言之長文〈復性書院開講示諸生〉，表面上，他似是贊同馬一浮的理念，實際卻是各自表述。光是提及創立目的一項，馬一浮說「書院所講求者在經術義理，此乃是常」[18]，熊十力卻說「本為研究哲學與文史諸學之機關」[19]，已清楚劃分二者的差別。以下從「創辦目的」、「通治別治與通才專才」、「書院體制」等三個方向，說明其爭議。

首先，熊十力指出創辦書院目的，有云：

> 書院名稱雖仍往昔，然今之為此，既不隸屬現行學制系統之內，亦決不沿襲前世遺規。論其性質，自是研究高深學術的團體，易言之，即扼重在哲學思想與文史等方面之研究。……哲學畢竟是一切學問之歸墟，評判一切知識而復為一切知識之總匯。……若無哲學，則知不冥其極，理不究其至，學不由其統，奚其可哉？[20]

> 但研究的旨趣自當以本國學術思想為基本，而尤貴吸收西洋學術思想，以為自己改造與發揮之資。主講草定書院簡章，以六藝為宗主，

---

[17] 馬一浮：〈熊十力〉第16封，收入《馬一浮集》第2冊，頁545-546。

[18] 馬一浮：〈復性書院開講日示諸生〉，《復性書院講錄》第1卷，收入《馬一浮集》第1冊，頁103。

[19] 熊十力：〈復性書院開講示諸生〉，《十力語要》，收入《熊十力全集》第4卷，頁243。

[20] 熊十力：〈復性書院開講示諸生〉，《十力語要》，收入《熊十力全集》第4卷，頁241。

其於印度及西洋諸學亦任學者自由參究。[21]

熊十力以書院雖是採過往之名，但非循因故舊而「不沿襲前世遺規」，並認定書院為獨立體制外的學術研究機構，並清楚點明「至書院地位，則相當於各大學研究院。」[22]研究重點在哲學、文史，並以哲學為統，以其為一切學術的基礎、歸趨。[23]其次，在本國學術之餘，熊十力更希望借重西方學術思想，改造、發揮故有之學。

　　這真是貳於馬一浮立書院之目的。首先，馬一浮將書院定名為「復性」，即欲揭示復明心性本善的方法，非關知識的研究。但若考之於馬一浮〈復性書院緣起敘〉，也容易有以書院為研究機構之錯覺，如他提到：「故必確立六經為道本，而後中土學術之統類可得而明，文化之原流可得而數，即近世異域新知，亦可範圍不過。」[24]在〈書院之名稱旨趣及簡要辦法〉也

---

[21] 熊十力：〈復性書院開講示諸生〉，《十力語要》，收入《熊十力全集》第 4 卷，頁243。

[22] 熊十力：〈復性書院開講示諸生〉，《十力語要》，收入《熊十力全集》第 4 卷，頁243。

[23] 另如後來曾對張君勱言及書院、學校之別，有云：「聞主張書院制較學校為優。弟則謂兩者不容偏廢。凡自然科學之研究，需有宏大之規制與設備，自非有大學及研究院不可。若文哲、歷史、政治、社會諸學科，則儘可於大學文法諸學院之外，得由踐履篤實、學術深醇之儒別立書院，以補大學教育之不及。……吾謂書院之名，今或不必沿用，然其意義，則不外民間自由講學而已。今之私立學術機關如黃海化學工業研究社之類，亦與古者書院意義相近，未嘗無成績。」意義大致相同。

熊十力曾於 1946 年於四川樂山的黃海化學工業研究社附設哲學部主持講座，除有一〈中國哲學與西洋科學〉講詞外，另設有一〈研究部簡章〉，有三個教學宗旨：上追孔子內聖外王之規、遵守王陽明知行合一之教、遵守顧亭林行己有恥之訓。課程分主課、兼治。有三項主課：西洋哲學、印度哲學，最後收歸於中國哲學。三項兼治：社會科學、史學、文學。此蓋為熊氏理想的類書院規制。

以上分別參見熊十力：〈答張東蓀〉，《十力語要》，收入《熊十力全集》第 4 卷，頁 340-342、熊十力：〈中國哲學與西洋哲學──黃海化學工業研究社附設哲學研究部特輯〉，收入《熊十力全集》第 4 卷，頁 555-590。

[24] 馬一浮：〈復性書院緣起敘〉，收入《馬一浮集》第 2 冊，頁 1171-1172。

說：「書院分設玄學、義學、禪學三講坐，由主講延聘精於三學大師，敷論經論旨要，以明性道」、「書院為純粹研究學術團體，不涉任何政治意味」、「亦須置備外國文主要書籍，使學生得兼明外學，通知外事。」[25]上述確實易讓人誤以為書院就是一個研究機構。但同文亦提及：「而治六藝之學，必以義理為主。六藝該攝一切學術，不分立諸科，但可分通治、別治二門」、「外國語文、現代科學之研究，自有大學、研究院之屬主之，不在書院所治。書院之設，為專明吾國學術本原，使學者得自由研究，養成通儒，以深造自得為歸。」[26]如此一來，就區隔出設立書院之目的與研究機構之別，居中關鍵在如何詮釋「通治與別治」、「通儒與專才」二項，馬、熊二氏解讀各異。

其次，在第六章已言明馬一浮認為通治、別治乃一體之事[27]，六藝論旨在成就通儒，非為專門之學。又馬一浮很清楚區分專門、技藝之別，專門猶可溯及學術本源，而技藝為百工事，既不關六藝，也無涉於學術。但熊十力主張要先通治，後別治，並認為通儒是成就專才、技藝之端緒。熊十力以「器、識」明「能受而不匱之謂器，知本而不蔽之謂識」[28]，又援引《論語》解說道：

> 「志於道，據於德，依於仁，游於藝」者，器也，識也；【藝謂一切知識技藝之學。】七其道德與仁而唯藝之務者，非器也，無識也。「行有餘力則以學文者」，器也，識也；【此中「文」字，同上「藝」字解。】馳逞於文而不務力行者，非器也，無識也。……主講以義理為

25　馬一浮：〈書院之名稱旨趣及簡要辦法〉，收入《馬一浮集》第 2 冊，頁 1169。

26　馬一浮：〈書院之名稱旨趣及簡要辦法〉，收入《馬一浮集》第 2 冊，頁 1168-1169。

27　詳參本書第六章第三節，第三大點「理想下的『統類合一』：六藝之教的『通治門』、『別治門』」。

28　熊十力：〈復性書院開講示諸生〉，《十力語要》，收入《熊十力全集》第 4 卷，頁 245。

宗，吾夙同符。諸生必真志乎此學，始有以充其器識，器識充而大，則一切知識技能皆從德性發用。器識如模，知能如填彩；模不具，則彩不堪施。諸生顧可逐末而亡本乎？[29]

有關「藝」、「文」的詳細闡釋，留待後述。熊十力認為成為通儒的條件在於須上本於道，以擴充人的器識，使知識技藝、技能有所本，而不流於純工具之學。

以此對勘馬一浮論「知能」、「博文」卻從未涉及技藝。馬一浮云：

知是本於理性所現起之觀照，自覺自證境界，亦名為見地。能是隨其才質發見於事物之著者，屬行履邊事，亦名為行。故知能即是知行之異名，行是就其施於事者而言，能是據其根於才質而言。[30]

凡天地間一切事相皆文也，從一身推之家國天下皆事也。道外無事，亦即道外無文。《論語》朱注曰：「道之顯者謂之文。」今補之曰：「文之施於用者謂之事。」博者，通而不執之謂。立者，確乎不拔之情。易言之，亦可謂通經為致用之要也。……今學《詩》者……故言「博文」者，決不是徒誇記覽，徒騁辭說，以衒其多聞而不切於事遂可以當之，必其閎通淹貫，畜德多而謹於察物者也。……復次當知博文屬知，立事屬能。……此所以必先之以窮理致知，而後乃可語於博文立事也。[31]

---

29 熊十力：〈復性書院開講示諸生〉，《十力語要》，收入《熊十力全集》第 4 卷，頁 245-247。

30 馬一浮：〈知能 義理名相之二〉，《泰和宜山會語》，收入《馬一浮集》第 1 冊，42。

31 馬一浮：〈復性書院學規〉，《復性書院講錄》第 1 卷，收入《馬一浮集》第 1 冊，頁 115-119。

馬一浮以「知」為心性本具，「行」是個人才質顯見於萬事萬物，「文」是天地間一切的事物之相。欲博文、立事，必先蓄心知之德，照觀萬物。書院旨在立德修身，為學重主敬、窮理、博文、篤行，蓋曰：「主敬為涵養之要，窮理為致知之要，博文為立事之要，篤行為進德之要。四者內外交徹，體用全該，優入聖途，必從此始。」[32]此四端皆無關知識技能。易言之，「通儒」為學重義理德性，方能為專門之學判教、溯統。故由此可簡別出兩人不同的論學立場。

　　因此，熊十力據於「類」，重視「則其所應兼治之諸學，亦各視其所相與類通者以為衡」[33]，即觸類旁通的重要性。他以《易》為例，有說：

> 如吾治《易》而好象數，則於數理邏輯必加詳究；如吾治《易》而主明變，則凡哲學家之精於語變者，必加詳究；如吾治《易》而於生生不息真機特有神悟，則凡依據生物學而出發之哲學，必加詳究；如吾治《易》而注重明體及生活與實踐方面，則於佛家及宋明諸師，必加詳究。[34]

熊十力以通治經義之本後，便應詳究對應的傳統學術、西方專門之學，如：數理邏輯、哲學通變者、生物學、佛家與宋明理學可貫通於《易》，此即「觸類旁通」，而與馬一浮的守經藝務本，理念不同。

　　縱使熊十力講示諸生過程中，標舉了馬一浮的通治門、別治門的觀點，但雙方說法仍各異其趣。首先，熊十力不贊同以《論語》、《孝經》為通治門，故文中隻字未提；其次，熊十力將別治門等同於學術分科，有說：

32　馬一浮：〈復性書院學規〉，《復性書院講錄》第 1 卷，收入《馬一浮集》第 1 冊，頁 107。

33　熊十力：〈復性書院開講示諸生〉，《十力語要》，收入《熊十力全集》第 4 卷，頁 255。

34　熊十力：〈復性書院開講示諸生〉，《十力語要》，收入《熊十力全集》第 4 卷，頁 255-256。

> 其別治門，各專一藝而兼治其相與類通之諸學，則分系之意存
> 焉。……初學若未受科學知識的訓練，而欲侈談哲理與羣化治術等等
> 高深的學問，便如築室不曾拓基，從何建立？……務望於科學方法及
> 各科常識，尤其於生物學、心理學、名學及西洋哲學與社會政治諸
> 學，必博採譯述冊子，詳加研索。……諸生處今之世，為學務求慎思
> 明辨，毋愧宏通，其於邏輯，宜備根基，不可忽而不究也。[35]

熊十力在修德、學理兩不相礙前提下，要以「經學」義理為基礎，接著便要
擴充現代學術的能力，貫通中西。誠如他辨別通才、專才有說：「選任各種
專材而位之各當其所，此則通材所有事也。……通材者，恒是知行合一之人
物也。」[36]專才偏於專門技術之一隅，難以上達，但通才可識專才；同理可
證，通治為別治基礎，「通」是為了「別」充實德性基礎、作準備。

復次，熊十力更進一步質疑書院體制而謂：「簡章尚未立教授，以開創
伊始，規模尚狹故也。實則教授為正常負責之師，決不可無。至簡章有講
友，相當各大學名譽教授……」[37]又說：「本院徵選肄業生細則，不限定大
學卒業一途者，原欲廣造究耳，但其人若非具有天才而缺乏科學訓練，恐終
為進學之礙。今次徵選生徒辦法只可作一種試驗耳。」[38]前者論「教學者資
格」，後者是「擇才標準」。其理想教育規制就是「文史哲研究所」，與一
般研究所的差別是前者先通經義而後博於中西學術，後者是純粹研究學術。
一如熊十力自道：「中西學術，離之兩傷，通之兩美」是也。[39]

---

[35] 以上三條參見熊十力：〈復性書院開講示諸生〉，《十力語要》，收入蕭萐夫主編：
《熊十力全集》第4卷，頁256-258。

[36] 熊十力：〈復性書院開講示諸生〉，《十力語要》，收入蕭萐夫主編：《熊十力全
集》第4卷，頁254。

[37] 熊十力：〈復性書院開講示諸生〉，《十力語要》，收入《熊十力全集》第4卷，頁256。

[38] 熊十力：〈復性書院開講示諸生〉，《十力語要》，收入《熊十力全集》第4卷，頁
257-258。

[39] 熊十力：〈中國哲學與西洋科學──黃海化學工業研究社附設哲學研究部特輯〉，收
入《熊十力全集》第4卷，頁584。

由於理念上分歧，爭執實已難避免，熊十力與賀昌羣提及此事而說：

> 吾國諸子百氏之學，其源皆出於六藝，馬先生所見甚諦。今後如欲新
> 哲學及新文化之啟發，雖不得不吸收歐化，要當滋植固有根荄，方可
> 取精用物。吾與馬先生大端上無甚異同，唯書院應採何種辦法始堪達
> 到吾儕期願，恐馬先生猶將執古之道以御今之有，未得無礙耳。[40]

這段話隱藏了馬、熊二氏彼此學術認知的落差。是否僅僅因為外在書院的體
制、辦法導致不睦？恐不盡然。更深層來看，馬一浮的「論西來學術亦統於
六藝」與熊十力的「通之兩美」，非「大端上無甚異同」般簡單。因為馬一
浮的統攝是文化意義的判教，將西方學術該攝於「六大門類」下，熊十力卻
想實質的用「六經經傳」接榫中西學術思想，此意味一是「義理式的學術史
觀」，另一是「經學思想」的詮釋發展之別。

直至 1939 年 10 月，雙方歧見已是水火難容，馬一浮去信說：

> 書院既不能驟謀改革，兄言已盡，去就之道決於改革與否，此意難
> 迴。今只能維持現狀，弟亦無詞以留兄。……兄行似不須如是其亟
> 也。相見無詞，何貴僕僕造謁，虛作周旋，但望兄遲遲其行耳。[41]

牟宗三憶往也述及熊十力曾提及「又與馬一浮先生相處不諧，遂毅然辭
去。」[42]此後，雙方仍保持友誼，有書信、詩歌酬唱，但不再言及學術。[43]

---

[40] 熊十力：〈與賀昌羣〉，《十力語要》，收入《熊十力全集》第 4 卷，頁 269-270。

[41] 馬一浮：〈熊十力〉第 21 封，收入《馬一浮集》第 2 冊，頁 549。

[42] 牟宗三：《五十自述》，頁 99。

[43] 相關辦學往返的資料，可參見王汝華：《現代儒家三聖——梁漱溟、熊十力、馬一浮
的交誼紀實（上）》，頁 45-47。

二、基本概念的詮釋差異

馬、熊皆注重學術溯源，前者建構了「義理式的學術史觀」，後者則是論「經學思想」的發展。從學術史角度為學術溯源，馬一浮的學術史觀在「序六藝為九種」的原則下，有兩大特點：一是六藝非指六本經書，而是六大學術門類。至於《論語》、《孝經》、小學，則各有其分，《論語》、《孝經》被視為是進入「六藝的入門」，而把小學（《爾雅》）列入釋經論。二是學術史視域是欲梳理一切學術源流，畫分各種學術定位，而不在漢宋、今古文之爭。故馬一浮不談這些爭議，直以六藝義理為統攝基礎，上探學術本源，將中西學術統括在六藝之下。

但熊十力是從「經學思想」的發展，既為學術溯源，同時也開啟了經學發展的場域。相比於馬一浮的學術史觀，熊十力論學術源流有兩大特點：其一，未辨六藝為六大學術門類，亦不辨經數固定為六，而是並論經傳，最後又將六經宗趣歸於《大學》、〈儒行〉而鄙薄《孝經》。其二，嚴分漢宋、今古文，熊十力亟於梳理「經學思想」的源與流，重新考訂各經經傳的傳承。以下將分成「論經、藝、經數的差異」、「『宗經』與『釋經』的差異」、「經序排列的差異」等三點闡述其觀點。

（一）論經、藝、經數的差異

「經」、「藝」是不同的概念。馬一浮將「藝」解讀成道術、義理，為教化之用，賦予學術門類歸本道德的意蘊。縱偶用六經代六藝，但他很清楚提到：「經者，常也，以道言謂之經。」[44]經非指某本經書，而是常道。至於《周禮》鄉三物的「六藝」是「技藝之學」，並非學術史。

而熊十力儘管屢盛讚馬一浮六藝之學，他實際卻未解其旨。熊十力釋「經」亦為「不可不讀的常道」，但重點是「『經書』的常道」，而此常道必須透過傳、記的詮釋方能完整呈現，而非指六種義理性質的學術門類。其次，熊十力談「經」不談「藝」，並定調「藝」為鄉三物的禮、樂、射、御、書、數。其疏釋「藝」而說：

---

44 馬一浮：〈橫渠四句教〉，《泰和宜山會語》，收入《馬一浮集》第 1 冊，頁 12。

古言藝有二解：一者，如格物的知識與一切技術，通名為藝。二者，孔子六經亦名六藝。[45]

古言藝者，其旨甚寬泛，蓋含有知能或技術等義。六經亦名六藝，取知能義也。格物之學及一切機械創作，則取技術義。[46]

「藝」有兩種：一指知識技藝，又分兩小型，即「知能」、「技術」；二是以經等同藝，如孔子將六經稱為六藝。然而把六經稱作六藝時，只是作知能義，不能完全代表六經的價值，故熊十力言必稱六經，而將六藝視作《周禮》「鄉三物」之一。熊十力解釋道：

鄉三物者，六德六行六藝是也。六藝皆實用之學，其在今日，相當於科學知識。利用厚生必講求科學，而後可期。此固近代思想所專注，而經義實以包舉之。然經以六德六行居六藝之先，則仍以正德為本。[47]

唯儒家哲學則自孔子以六藝教學者，皆有關實用的知識。六藝者：一曰禮，凡修己治國與網維社會之大經大法皆具焉；二曰樂，製樂器，正音律，譜詩歌，於是而樂備，人心得其和樂，禮樂相輔而行，推禮樂之意，則通乎造化之奧妙，究乎萬有之本原，而使人暢其天性，其緒論猶略可考於《禮記》之書；三曰射，修弓矢而教人習射，所以講武事而禦外爭也；四曰御，車乘之用，平時則利交通，戰時則為軍備；五曰書，即語言文字之學；六曰數，即算學。孔門七十子後學於社會政治的理想尤多創發。下逮宋、明儒，注重格物窮理與實用及實測之學者，若程、朱諸子迄船山、習齋（顏元，1635-1704）、亭林諸儒，代有其人。設令即無歐化東來，即科學萌芽或將發於中土儒家

45　熊十力：《原儒》，收入《熊十力全集》第6卷，頁327。
46　熊十力：《原儒》，收入《熊十力全集》第6卷，頁334。
47　熊十力：《讀經示要》，收入《熊十力全集》第3卷，頁591。

之徒，亦未可知也。[48]

要之，熊十力認為六藝是科學的、實用的知識，其本於德，故居於鄉三物六德、六行之末，並為經義所統括。再將上述所言，匯整各藝所應對的專門知識如下：

　　禮：修己、治國與網維社會之法則
　　樂：制樂器，譜音律，與禮相合
　　射：武力軍事之學
　　御：交通、軍備之學
　　書：語言文字之學
　　數：算學

由此可知，熊十力論六藝的現代性，著重在社會、政治實踐的科學、實用知識，這很神似馬一浮統攝中西學術的作法，但迥然有別。其間有兩大差異：其一，馬一浮非實質性統攝西學，只是作道德判教，而為專門學術溯源道統。熊十力則想真正的以古御今談學術分科，甚至認為中土科學萌芽不待西方，儒家亦可為之。其二，馬一浮嚴格規定學術、非學術的範疇畛域，故僅羅列三大學門十學科。[49]至於熊十力的六藝兼有專家、百工技藝之學，則試圖開啟六藝與其他傳統、現代專門知識間的連結。但熊十力又不同於清儒戴震以降的說經傳統，真正開拓了許多「技藝性的實用知識」以備明經[50]，誠如謝幼偉所說：「此書雖以《讀經示要》名，有若唯言讀經，不及其他，實

48　熊十力：〈答馬格里尼〉，《十力語要》，收入《熊十力全集》第4卷，頁200。
49　詳參本書第六章第二節，第一大點「統攝西方學術」。
50　張壽安先生：〈龔自珍論乾嘉學術：「說經」、「專門」、與「通儒之學」──鉤沉一條傳統學術分化的線索〉，收入《中國學術思想論叢──何佑森先生紀念論文集》，頁294-299。

則全書所論，多為儒家哲學之闡明，故可作儒家哲學讀。」[51]誠然若此。

其次，經數是否為「六」，此乃鞏固學術史部次原則的大本，若經傳不分，會次序紊亂。馬一浮深知此點，經就是經，傳就是傳，所以他把一般慣用的十三經分配於「宗經論」、「釋經論」之下，一定不能亂了經數為「六」的框架。[52]但熊十力講六經則欲辨明各經傳的真偽、傳承，以作為經學思想的考辨，故經數自不只有六，譬如：他還自創「新禮經」，有云：

> 《禮經》舊稱三禮，曰《儀禮》、曰《周官》、曰《禮記》及《大戴禮》。余謂《儀禮》非孔子所定，蓋始制自周公，而兩周後王或稍有增改處，當無大更變。故求周公制禮之意者，當以《儀禮》為信據。若論孔子六經中之《禮經》，則《儀禮》自當別出為一書，不容淆亂六經。[53]

> 余謂《大》《小戴記》與荀書皆七十子後學述孔子之大義微言，而不無附益，當並稱《禮記》，並尊為經。[54]

熊十力認為《周官》、《禮記》、《荀子》或為孔子所定，或述於孔子微言大義，可當作是「新禮經」；至於《儀禮》是周公所定，後人略有增改，但非孔子手定，故不列入其中。

以熊氏的不分經傳對比馬一浮的學術史，至少會產生兩個問題：一、混淆統類。究竟是統於經？還是統於傳？經數固定為六，方能將學術本源收束至六大門類之下；但傳記注疏可千萬數，若統於傳，該如何劃分學術源流？二、不辨經藝。經是經書，藝為學術門類。「門類」當為類比式的統攝，相

51　謝幼偉：〈熊著讀經示要〉，收入《熊十力全集》附卷上，頁 711-712。

52　詳參本書第四章第三節，第一大點「以『宗經論』、『釋經論』統攝經傳、《四書》」。

53　熊十力：《原儒》，收入《熊十力全集》第 6 卷，頁 394-395。

54　熊十力：《論六經》，收入《熊十力全集》第 5 卷，頁 674。

關的學術、知識，配於該藝即可。但「經書」的統攝卻是將專門知識、技藝直接配於該經傳的實質內容，這會衍生經義如何轉出種種學術，甚至何以能開啟現代學術的質疑。緣此可知熊十力所論是義理式、哲學式的經配，而非學術史式的經配。

（二）「宗經」與「釋經」的差異

馬一浮以經數為「六」為前提，將經部諸經傳部次到「宗經論」、「釋經論」。但熊十力論「宗經」、「釋經」，指的卻是宋學、漢學，並以《大學》、〈儒行〉統括羣經，則非學術史意義下的論述。如熊十力解釋「宗經」、「釋經」有云：

> 宗經之儒，古有孟、孫諸賢，後世則宋學家亦其流類。夫漢學，但治文籍，而搜集其有關之材料己耳。清世所稱經學大師，其成績不過如此。[55]

> 釋經，如經師專治訓詁、名物、度數等，是但疏釋經文而已。宗經，若究心義理者，雖宗本六經要義，而非以注疏為務。[56]

> 有釋經之儒，以注解經學為業。如治訓詁名物等等者是。校勘亦屬之。此復為二：其嚴守家法者，曰專門。【歷算等學，方是專門。注解之業，而被以專門之名，畢竟不合，但行用已久，姑仍之。】其不主一師，兼資異說者，曰通學。【如鄭康成解經，揉雜今古。】有宗經之儒，雖宗依經旨，而實自有創發，自成一家之學。【即其思想自成一體系。】如韓非所舉八儒，孟、孫二子之書尚在。此皆各有創見，各自名家，但以六經為宗主而已。宗經之儒，在今日當謂之哲學家。發明經學，唯此

55　熊十力：《讀經示要》，收入《熊十力全集》第 3 卷，頁 812。
56　熊十力：《讀經示要》，收入《熊十力全集》第 3 卷，頁 724。

是賴。注疏之業，只為治經工具而已。不可以此名經學也。[57]

首先看「宗經」。熊十力界定「宗經之儒」是孟、荀以降，宋明儒所承繼、發明者，今日則可稱為「哲學家」。這說明了三點：一是經學、哲學是一體先後的關係。如哲學未能以經學為本，不過是馳騁知能思辨，故他說：「哲學家尚知能，馳思辨，未能返己而證物我同體，未能遣知而冥於無待，此哲學家之自畫也。儒者六經之道，方是哲學究極境地。」[58]二是「宗經之儒」是宗於六經之下，可各有創見，成一家體系。此外，諸子義理也歸宗儒家六經，夫言：「晚周六大學派，儒為正統，墨、道、名、農、法，同出於儒而各自成家，各闢天地，猗歟盛矣！」[59]是也。三是只有宋明儒者承繼了宗經道統。如熊十力有言：「可見宋、明儒治經，不陷瑣碎。雖於經書名物，不無失考，而其自所創獲，亦已多矣。夫所貴乎通經者，在能明其道，擴其所未及發也。若只限於經籍文字而為考覈，豈得為通經耶？」[60]他認為僅管宋明儒者有欠缺致用之弊，但他們善明心性本體，故仍能掌握六經旨要。

其次言「釋經」。熊十力以專治訓詁、名物、度數、校勘者為釋經，其中可細分成兩小類：嚴守家法者為「專門」，不主一師者為「通學」。僅管清儒標榜承繼漢儒，但仍有差別，熊十力嘗以四點區分漢儒、清儒的不同：

漢學非清儒所可貌襲也。西漢經師，其長略說以四：一、於義理雖無所發揮，而保存古義確屬不少。二、諸經儒之於古義也，非但為供訓說而已，而確見之身體力行，皆有敦厖樸重之風。三、通經致用為諸師一貫精神，朝廷政令及疑獄，多以經義折衷……四、經師有實行經說中天下為公之旨，於君權極盛時代，悍然據經義上書皇帝，請其退位。[61]

---

[57]　熊十力：《讀經示要》，收入《熊十力全集》第3卷，頁811。

[58]　熊十力：《讀經示要》，收入《熊十力全集》第3卷，頁710。

[59]　熊十力：《原儒》，收入《熊十力全集》第6卷，頁374。

[60]　熊十力：《讀經示要》，收入《熊十力全集》第3卷，頁567。

[61]　熊十力：〈答張君勱〉，《十力語要》，收入《熊十力全集》第4卷，頁340。

漢儒的四點長處，正是清儒缺乏者，一如熊氏批判道：「余與考據之學，絕不排斥，而所惡乎清代漢學者，為其斬晚明新宋學之緒，而單以考覈一技，倡為風氣，將率天下後世而同為無肝膽、無氣力、無高深理解，無實用本領之人。」[62] 要言之，他認為清儒學術有三個缺點：一是缺乏高深義理；二是缺乏晚明儒者尚實測、民族民治思想的精神；[63] 三是媚於清廷，屈服朝廷勢力。但釋經之儒也非全然無功，熊十力又道：

> 夫清儒治經，正音讀，通訓詁，攷制度，辨名物，其功已博矣！若其輯佚書，微考古義，精校勘，訂正偽誤，深究語言文字之學，而使之成為獨立之學科，其嘉惠後學固不淺。吾於清儒長處，何可否認？然而責以亡經學者，此必故矣。清儒所從事者，多為治經之工具，而非即此可云經學。音讀正、訓詁通，可以讀書。而書不盡言，言不盡意，夫子繫《易》，已自言之。……夫有清二百餘年之學術，不過拘束於偏枯之考據。於六經之全體大用，毫無所窺。其量既狹礙，其識不宏通。……嗚呼！自清儒講經而經亡。[64]

熊十力掌握了清學的兩個精髓：一、考據是治經工具。清儒本不以考據自居，而是將考據當是作為學問的基本態度、方法，不可為學。[65] 二、透過考據態度，清儒開啟了各種專門之學的研究，到最後脫離於經訓之學，成為獨

---

[62] 熊十力：《讀經示要》，收入《熊十力全集》第 3 卷，頁 854。

[63] 熊十力曾云晚明諸子為「宋學再變時期」，有五個優點：一、為學尚實測，堪為近世西洋科學方法輸入之強援。二、民族思想之啟發。三、民治思想之啟發。四、此期哲學，仍繼續程、朱以來之反佛教精神。五、考據學興，而大體歸求於實用。參見氏著：《讀經示要》，收入《熊十力全集》第 3 卷，頁 833-845。

[64] 熊十力：《讀經示要》，收入《熊十力全集》第 3 卷，頁 566-569。

[65] 張壽安先生：〈龔自珍論乾嘉學術：「說經」、「專門」、與「通儒之學」——鉤沉一條傳統學術分化的線索〉，收入《中國學術思想論叢——何佑森先生紀念論文集》，頁 294。

立的學科。[66]雖然熊十力能正視清儒的成就，但整體而言，他依然將清學定位在注疏的「治經工具」，而以未本於義理，不能修身以達社會、政治實用者，便非治經學的目的。

於是，熊十力據於上述基礎，評論學術史家泯除漢宋之別的觀點有說：

> 聞今人談學術史有欲泯漢、宋之界者，不知漢學僅為治經工具，【此等工具，為宋學家所必須留意不待言。】宋學纔是一種學術。【即是哲學】。實乃宗經特有創發。二者不容混視，何須深論。若一人為學，於漢、宋宜雙修兼備，此則另是一事。[67]

須知學術史目的是欲梳理所有學術的源流，本不分漢宋。但熊十力認為清儒的漢學是一種治學工具、態度，不能成為學術，怎可與宋明儒者的哲學等論？故言：「學者有志經學，當由宋學上追孔門，漢學家之書，可備讀經參考而已。」[68]換言之，熊十力把「宗經」、「釋經」視作是漢學、宋學的代稱，與馬一浮「經之論」不同。

再者，熊十力不用「宗經論」，而是取《大學》首章、《禮記·儒行》明六經之宗趣，理由是：

> 《大學》三綱八目，總括羣經。【三綱八目，範圍天地之化而不過，曲成萬物而不遺，此為常道不可易。】〈儒行〉十有五儒，歸本仁道。【行不一，而同於仁。仁，常道也。】經為常道，庶幾無疑。夫常道者，萬變所自出也。[69]

66　張壽安先生：〈龔自珍論乾嘉學術：「說經」、「專門」、與「通儒之學」——鉤沉一條傳統學術分化的線索〉，收入《中國學術思想論叢——何佑森先生紀念論文集》，頁303。

67　熊十力：《讀經示要》，收入《熊十力全集》第3卷，頁813。

68　熊十力：《讀經示要》，收入《熊十力全集》第3卷，頁856。

69　熊十力：《讀經示要》，收入《熊十力全集》第3卷，頁554-555。

> 取《大學》三綱八目為六經與儒學之總匯與要領，細思之，愈覺有
> 味，天人之故實備於斯，粗心淺解人自不悟耳！……結以〈儒行〉，
> 而經之為經，義無不備。總之，皆常道也，皆不可易也。[70]

熊十力在宋明儒學精神下，以《大學》統括羣經，繼之以〈儒行〉明仁道精
神，前者重內在本體的涵養，後者落實在行為實踐。以下先述明以《大學》
為六經宗趣，熊十力說：

> 六經之道，以盡性為極則。【性者，吾人與天地萬物所共有之本體。但就其
> 在人而言，則曰性。《大學》致知，即盡性之謂。……】其功固在反己，以
> 視西洋學術，根本自異。然經學並不主絕物反知，【老、莊確有絕物之
> 傾向，而主反知。儒者六經之旨，元不如此。】故《大學》總括六經旨要，
> 而注重格物。則雖以涵養本體為宗極，而於發展人類之理性或知識，
> 固未嘗忽視也。經學畢竟可以融攝科學，元不相忤。人類如只注重科
> 學知識，而不求盡性，則將喪其生命。[71]

> 不識六經面目，讀《大學》，可識其面目，不會六經精神，讀《大
> 學》，可會其精神。三綱領，八條目，漢、唐諸儒皆莫能解。程、朱
> 始發其覆。至陽明而闡其理要。[72]

熊十力認為《大學》以兩個面向統括了六經：一是本於三綱領的「明明
德」、「親民」、「止於至善」。以此盡性，而為道德涵養，屬超越知能的
哲學，八條目是據此三綱領的發揮。[73]二是並重八條目的「致知」、「格

---

[70] 熊十力：〈答謝幼偉〉，《十力語要初續》，收入《熊十力全集》第5卷，頁55。

[71] 熊十力：《讀經示要》，收入《熊十力全集》第3卷，頁673。

[72] 熊十力：《讀經示要》，收入《熊十力全集》第3卷，頁674。

[73] 熊十力：《讀經示要》，收入《熊十力全集》第3卷，頁646。

物」。熊十力取陽明的致良知與朱子的格知識外物為一體[74]，意指六經既歸本於「盡性」，又必須兼顧外在「知識」，這才可能產生科學方法。[75]他嘗疏通經學與科學的關係，有言：「經學於宇宙，明其本源。科學於宇宙，析其分殊。二者相互發明，萬殊原於一本，一本現為萬殊。豈有隔絕不通之理？」[76]若缺乏科學，「則尚德慧而輕知識，固不免以空疏無用貽譏。」[77]所以得並重科學，使經學確切落實於用。

　　熊十力重視經學、客觀知識的連結，不容偏廢，這與馬一浮不同。馬一浮以專事注疏者為「經學」，以明經義義理為「經術」，至於漢人應用通經而為政，則不是經術之究極。故馬一浮的作法是單純把經術與義理劃上等號。[78]

　　其次是以〈儒行〉為宗趣的理由。熊十力以此文能「奇節偉行之提倡」[79]，表彰十五位儒者彰顯仁道精神，而能作為道德實踐準的，故繫於《大學》後，同為六經宗趣，其云：「續述〈儒行〉，皆人生之至正至常，不可不力踐者。」[80]正是如此。

　　相反的，熊十力對作為學術史上有特殊定位的《論語》、《孝經》卻未曾另眼相待。一，熊十力認為《論語》雖可匯通諸經，如言：「余嘗以《易》與《論語》互證」[81]、「《論語》與《春秋》通，學者宜盡心焉」、「余以為《尚書》一經之骨髓，當求之《論語》，《孟子》亦須參證。」[82]

---

[74]　熊十力云：「余以為致知之說，陽明無可易。格物之義，宜酌採朱子。」參見氏著：《讀經示要》，收入《熊十力全集》第3卷，頁667。

[75]　熊十力云：「程、朱說理在物，故不能不向外尋理。由其道，將有產生科學方法之可能。」參見氏著：《讀經示要》，收入《熊十力全集》第3卷，頁666。

[76]　熊十力：《讀經示要》，收入《熊十力全集》第3卷，頁735。

[77]　熊十力：《讀經示要》，收入《熊十力全集》第3卷，頁736。

[78]　詳參本書第四章第一節，第一大點「論經、經學、經術」。

[79]　熊十力：《讀經示要》，收入《熊十力全集》第3卷，頁675。

[80]　熊十力：《讀經示要》，收入《熊十力全集》第3卷，頁691。

[81]　熊十力：《讀經示要》，收入《熊十力全集》第3卷，頁867。

[82]　以上兩條參見熊十力：《讀經示要》，收入《熊十力全集》第3卷，頁1094。

又云：「《論語》，六經之楷梯也。」[83]但他序列諸經時，卻從未給予《論語》特殊位分。

二，熊十力鄙薄《孝經》說道：

> 《孝經》思想，實行於漢。……余以為《孝經》當出於曾子、有子（518B.C.-458B.C.）之後學。……儒家重孝弟，此理不可易。但孝親與忠君，結合為一。甚至忠孝不兩全時，可以移孝作忠，如親老而可為君死難之類。因此，便視忠君為人道之極，更不敢於政治上考慮君權之問題。此等謬誤觀念，實自漢人啟之。《論語》記孔子言孝，皆恰到好處。皆令人於自家性情上加意培養。至《孝經》便不能無失。於是帝者利用之，居然以孝弟之教，為奴化斯民之良好政策矣。[84]

> 《戴記》中言孝道，亦多出於曾子，吾不知孝治之論果自曾子發之歟？抑其門人後學假託之歟？今無從考辨，姑承認曾子為孝治論之宗師。孟子言「堯、舜之道，孝弟而已矣。」【《孟子·告子》篇】又曰：「人人親其親，長其長，而天下平。」【《孟子·離婁》篇】其為曾子學派決無疑。漢人說經無往不是綱常大義貫注彌滿，其政策則以孝弟力田，風示羣眾。【獎孝弟，使文化歸本忠孝，不尚學術。獎力田，使生產專歸農業，排斥工商。其愚民政策，曲順人情，二千餘年帝者行之無改，雖收統治之效而中國自是無進步。】曾、孟之孝治論，本非出於孔子六經，而實曾門之說，不幸採用於漢，流弊久長，極可嘆也。[85]

熊十力以今日流傳的《孝經》應是曾子、有子、孟子流傳於後，為漢代人所重視；他又對比《論語》言孝，指出《孝經》中的「忠孝」是受制於帝制影響，欲使人移孝作忠，合孝親、忠君為一，不啻是替傳統綱常、帝制背書，

---

[83] 熊十力：《讀經示要》，收入《熊十力全集》第3卷，頁753。

[84] 熊十力：《讀經示要》，收入《熊十力全集》第3卷，頁766。

[85] 熊十力：《原儒》，收入《熊十力全集》第6卷，頁389-390。

使人服膺於政治權力，安於現狀，不能獨立出科學新知。因此，他認為可以重視孝弟，但《孝經》不能表達孔門孝道精神。

反觀馬一浮相當重視忠孝的概念，但不是為了忠君，而是將政治收束於性德之內，誠如陳美朱以「性德」、「性智」，判分馬一浮與熊十力對《孝經》的不同評價，馬氏重視《孝經》，並以德為性之本具，「孝弟」為性德之行，故性德與孝行一如，擴而充之，則內聖外王一貫；熊氏重性智，人以與生俱來的良知追求自由、民主，道德本質無可變異，道德規範與形式可因時而變，那麼，《孝經》不過是為帝王統治糟粕而不可恃。[86]

最後，《中庸》一書亦是關鍵，熊十力指出：「《大學》、《中庸》，為孔家哲學底總綱。蓋七十子後學所述。漢儒亦有攙雜。」[87]又說：「《大學》是六經之提要，《中庸》是《易》《春秋》之提要。」[88]然而，恐因熊十力以該書已在秦漢間被人竄改，今本的《中庸》是孟、荀後學所為，所以即便能通於內聖，但卻未能反對君主制度，於外王有缺，故熊十力甚少言及《中庸》。[89]

總言之，馬、熊二氏各自提出統合羣經之管鑰。馬一浮根於學術史，以《論語》問仁、問政、問孝，與《孝經》明性道、陳德行，作為通治羣經的基礎。[90]熊十力則以《大學》三綱目、致知格物，〈儒行〉闡釋、標舉儒者德行，明羣經旨趣，屬於哲學性質的統括。

（三）經序排列的差異

最初，今古文學家依教化先後、成書早晚，對六經作出不同排序。而馬一浮在「六藝統攝於一心」命題下，提出三種排序[91]，從不同視角闡述各藝

86　陳美朱：〈論熊十力與馬一浮對孝經的評價〉，《雲漢學刊》，頁 1-11。

87　熊十力：〈答李生〉，《十力論學語輯略》，收入《熊十力全集》第 2 卷，頁 225。

88　熊十力：〈王準記語〉，《十力語要》，收入《熊十力全集》第 4 卷，頁 448。

89　廖崇斐：《熊十力經學思想研究》，頁 142-146。

90　詳參本書第四章第三節，第二大點「六藝的入門：《論語》、《孝經》」。

91　詳參本書第五章第一節，第三大點「六藝排序的三種義理原則：本迹、知行、內聖外王兼教化關係」。

義理互通的理由。但熊十力從不談經序，而主要是以《易》、《春秋》為首，尤其著重二者的哲學特性，餘經皆用來輔翼二經。以下敘明其排序理由。

首先，熊十力以《易》為首，云：「大《易》本五經之原，《易》義不明，餘經更何可說？」[92]又序《春秋》與其他諸經，有說：

> 至孔子本此精神而演為學術，其廣大淵深微妙之蘊首在于《易》，次則《春秋》，又次則《詩》《書》《禮》《樂》諸經。【《樂經》未全亡，〈樂記〉即《樂經》也。】[93]

> 孔子之道，內聖外王，其說具在《易》、《春秋》二經。餘經【《詩經》、《書經》、《禮經》、《樂經》（即〈樂記〉）。】皆此二經之羽翼。《易經》備明內聖之道，而外王賅焉。《春秋》備明外王之道，而內聖賅焉。二經制作極特別，皆義在於言外。《易》假象以表意，惟王輔嗣能知之，而俗儒恒不悟也。《春秋》假事以明義，孔子已自言之。……必明於《公羊》借事明義之旨，方能解之。[94]

除了《易》、《春秋》，上述排序係順隨《莊子・天下》而來[95]，但熊十力的《讀經示要》、《論六經》、《原儒》等書皆未曾用此一脈絡。上述另闡釋了兩個重點：一是《易》、《春秋》為首，是因為能兼明內聖、外王之道。二是未分經傳。如：這裡的《易》多指《易傳》，熊十力有云：「孔子哲學之根本大典，首推《易傳》。」[96]而他又把《春秋經》寓於《公羊傳》

---

[92] 熊十力：《讀經示要》，收入《熊十力全集》第 3 卷，頁 996。

[93] 熊十力：《論六經》，收入《熊十力全集》第 5 卷，頁 664。

[94] 熊十力：《讀經示要》，收入《熊十力全集》第 3 卷，頁 1015。

[95] 熊十力：《論六經》，收入《熊十力全集》第 5 卷，頁 664。

[96] 熊十力：《讀經示要》，收入《熊十力全集》第 3 卷，頁 747。

之中。[97]《禮經》雖指《三禮》，但熊十力在《讀經示要》中，更詳示《儀禮》為周代舊典，取《荀子》、《大小戴記》並稱為「禮經」，另獨立談《周禮》。[98]《樂經》則以〈樂記〉取代等。

其次，熊十力嘗以「研究底程序」，以此二經為首，並分列其他經傳諸子，有云：

> 孔家經籍研究底程序，在哲學或元學思想方面，大《易》為根本鉅典。誠不宜忽。《論語》、《三禮》、《詩》、《書》、《孟子》，【〈學〉〈庸〉仍屬禮記。】俱當參互以求。老莊則《易》之別派，並宜搜討。至於社會政治倫理等等思想方面，《春秋》為根本鉅典。《論語》、《易》、《三禮》、《詩》、《書》、《孟子》均當參互以求。《莊子》、《荀卿》，皆《春秋》之支流，亦須並觀。[99]

上述實承內聖、外王的架構而來。以哲學、元學思想來看，必以《易》為內聖根本；以社會政治、倫理等思想層觀之，則以《春秋》為外王大本。至於當中轄屬、相互參求之經傳、諸子，差異不大，此可另撰文探索彼此牽繫的脈絡，此不多述。

至於「內聖外王」的根源，則在「元」、「一」，熊十力說道：

> 《春秋》與《大易》相表裏。《易》首建乾元，明萬化之原也。而《春秋》以元統天，與《易》同旨。【春秋托始隱公，而於其即位之始

---

[97] 另有云：「釋《春秋經》者，最古厥惟三《傳》。曰《公羊傳》，曰《穀梁傳》，曰《左氏傳》。三《傳》當以《公羊》為主。孔子大義微言，惟《公羊》能傳之。【太史公曰：《春秋》者，禮義之大宗也。其於當時行事得失，一斷以禮義。是謂大義。若三世義，則微言也。】《穀梁》，昔人以為小書，於大義頗有得，而不足發微言。《左氏》則記事於史耳。」參見氏著：《讀經示要》，收入《熊十力全集》第 3 卷，頁 1002-1003。

[98] 熊十力：《讀經示要》，收入《熊十力全集》第 3 卷，頁 1107-1109。

[99] 熊十力：《十力論學語輯略》，收入《熊十力全集》第 2 卷，頁 317。

年，首書元年春。春者，天時也。先言元而後言春，明乾元始萬物而統天之義，與《易・乾卦・象辭》合也。】何氏《解詁》於隱元年，發其義云：「變一為元。元者，氣也。無形以起，有形有分。造起天地，天地之始也。」余謂，氣者，太極之顯。譬如眾漚，為大海水之顯。故於氣，而識其本體。則亦可名以太極也。《易》謂之乾元也，天地萬物皆資始乎一元。一元者，太極顯為大用也。《春秋繁露・重政》云：「唯聖人能屬萬物於一而繫之元也。故不及本所從來而承之，不能遂其功。是以《春秋》變一謂之元，元猶原也。其義以隨天地終始也。故元者，為萬物之本，而人之元在焉。安在乎，乃在乎天地之前。」云云。詳此言，人之元，即是萬物之元，非有二元也。元者，絕待而自存，故曰在乎天地之前。夫天地乃形物之最大者，天地本資始乎元，則一切物莫非元之所為。天地萬物皆以元為其實體，而元更無所待，故云在天地之前也。[100]

《易・乾象》釋「元」有曰：「大哉乾元！萬物資始，乃統天。」[101]又《疏》釋此卦德云：「有純陽之性，自然能以陽氣始生萬物而得元始亨通……」[102]皆以元為始，為萬化之源。又《春秋經》始於「元年，春，王正月」，何休《公羊解詁》疏釋說：「變一為元，元者，氣也，無形以起，有形有分，造起天地，天地之始也」[103]，說法與《易》相同。熊十力總言二者，以「元」為氣，此氣為太極之顯，係天地萬物之始，乃在天地人之前，又可以此識本體，故《易》、《春秋》二經互為表裏。

---

[100] 熊十力：《讀經示要》，收入《熊十力全集》第 3 卷，頁 1019-1020。

[101] 魏・王弼注、唐・孔穎達正義：《周易正義》，收入李學勤主編：《十三經注疏》，頁 7。

[102] 魏・王弼注、唐・孔穎達正義：《周易正義》，收入李學勤主編：《十三經注疏》，頁 1。

[103] 西漢・公羊壽傳、何休解詁、唐・徐彥疏：《春秋公羊傳注疏》，收入李學勤主編：《十三經注疏》，頁 6。

接著，熊十力又把「元」釋為「仁」，有說：

> 《易》明萬化之宗，而建乾元。虞氏（虞翻，164-233）《易傳》
> 曰：「乾為仁。」此古義之僅存者，至可寶貴。《春秋》之元，即
> 《易》之乾元，其義一也。【《易》言乾元統天。《春秋》以元統天，即
> 《易》義。】……世儒治《論語》，知孔門之學在求仁。而不知六經一
> 貫之旨，皆在是也。……嗚呼！經學者，仁學也。其言治，仁術也。
> 吾故曰常道也。[104]

> 《春秋》始於元，與《大易》首乾元同旨。元者，仁也。《論語》言
> 仁處甚多，蓋夫子之學，在求仁而已。……孟子善《春秋》，與公羊
> 家傳授不異。[105]

> 三世之治，皆以仁為本。據亂世，所以內治其國者，仁道而已。升平
> 世，所以合諸夏而成治，抑夷狄之侵略者，亦仁道而已。太平世則仁
> 道益普，夷狄慕義，進於諸夏，治化至此而極盛，仁體於是顯現焉。[106]

《易》、《春秋》皆以「元」為始，元又可釋為「仁」，尤以虞氏《易傳》
點出「乾為仁」，甚是重要。至於孟子、公羊家皆傳承孔子言仁以說《春
秋》，故公羊家三世進化的據亂世、升平世、太平世，僅管各世面對的治理
對象不同，但不外乎以仁道為治之原則，漸進於治世。[107]最後，不僅此二

---

[104] 熊十力：《讀經示要》，收入《熊十力全集》第 3 卷，頁 625-626。

[105] 熊十力：《讀經示要》，收入《熊十力全集》第 3 卷，頁 1029-1030。

[106] 熊十力：《讀經示要》，收入《熊十力全集》第 3 卷，頁 1031。

[107] 故有言：「夫奉元以修化，本仁以為治者，必貴義而賤利。……《春秋》之治，仁治
也，【孟子傳《春秋》者也。綜七篇言政之旨，不外仁治。】德治也。【德與仁，異
名同實。】與言法治者異趣。」參見氏著：《讀經示要》，收入《熊十力全集》第 3
卷，頁 1032-1034。

經，孔門六經之旨也全都在仁。

由上可知，熊十力縱以《易》、《春秋》為首，實是經傳並提，這正是他不辨經傳的明證，至於他論及經、傳之間的連結往往是哲學式的；相較於馬一浮「義理式的學術史觀」恪守六藝的各種義理徵向，非守於六經經書，差異已很分明。

那麼，馬、熊二氏真的理解彼此差異嗎？從魚雁往返來看，恐不盡然。以下兩段熊十力稱許馬一浮之語，可作為旁證：

> 友人馬一浮講學國立浙江大學時，其講詞，以六經統諸子。世或議其無有義據，其實一浮所見甚是。[108]

> 獨有紹興馬一浮氏者，沉潛周孔六藝之場，貫穿華梵百家之奧，踐履敦實，義解圓融，庶幾扶持墜緒。然獨行無侶，孤調寡和，斯學向後無人問津，蓋可知己。[109]

上述引文有二處差異，可作為二人未能真正理解彼此學術理念之明證。其一，六藝、六經意義不同。熊十力的「六藝」係指鄉三物之「六藝」，他說馬一浮是「六經統諸子」，這是他不清楚馬一浮學術史觀的六藝、六經之別。其二，「孔孟」、「周孔」意義也不同。馬一浮明孔子六藝教化，繼有孟子傳承；若看作是「周孔」並比，則是說馬一浮將孔子視為承繼周公六藝之「述而不作，信而好古」的師儒。[110]自上諸端，誠可證明馬、熊二氏糾結處非經學內部差異，而是兩種學術路向之分。這也說明若只把馬一浮六藝論看成是經學，易侷限在經學詮釋方法的差異，反而忽略六藝論已具備學術史該有的種種條件。

---

[108] 熊十力：《讀經示要》，收入《熊十力全集》第 3 卷，頁 749。

[109] 熊十力：〈為哲學年會進一言〉，《十力論學語輯略》，收入《熊十力全集》第 2 卷，頁 299。

[110] 南宋・朱熹註：〈述而〉，《論語集註》，收入氏註：《四書章句集註》，頁 93。

第二節　熊十力以「經學思想」判分學術源流

第一節已述明清儒戴震揭示的說經傳統、馬一浮的六藝統攝一切學術，對比出熊十力論經學的特點。其一，清儒是在詮釋經義的過程中，逐步從經書內蘊的知識，獨立出專門之學；其二，馬一浮的「義理式的學術史觀」總以六藝義理，用目錄部次一切學術，重拈出學術之源；其三，熊十力則是在一「中學為體，西學為用」理念下，透過經學總括中西、傳統與現代學術。熊十力的作法有兩層目的：一是強調經學本可與西方思想相互發明；二是預設古代已存有今日的學術、制度，只是受到帝制、封建社會影響而被泯滅、遺失。

在時代意義上，熊十力欲藉由中體西用，救亡圖存，發揮中華文化的「性智」為「體」，這恰可彌補西方欠缺的「性智」。[111] 相對的，西方過度發展的「量智」之「用」也可彌補中國在「量智」的不足。[112] 雙方具有互補性。[113]

在學術意義上，熊十力梳理出以六經經傳對應現代學術分科的方法，僅

---

[111] 如熊十力對比中西哲學的不同有云：「西洋雖有形上學，而從思辨上著力，只是意想之境，實無當於本隱之顯，則謂之無形上學可也。形上學非證會不足言，舍大《易》將何求？西洋學術推顯則有之，猶未能推顯以至隱也。……中國自昔有本隱之顯之學，得西學而觀其會通，將來可發明者何限？是在吾人努力而已。」參見氏著：《中國哲學與西洋科學》，收入《熊十力全集》第 4 卷，頁 569。

[112] 以上參考翟志成：〈儒學資源的現代轉化──熊十力與胡適的分歧〉，《當代》第 184 期，2002 年 12 月，頁 81-82。

[113] 如熊十力云：「夫西洋科學、哲學，其知日馳。畢竟不得冥應真理。【此中真理，謂宇宙本體。冥應者，謂與真理為一。……】此方經學，由實踐而默視本原。【本原，係用為真理或本體之代語。……】即體神化不測之妙，於人倫日用之間，乃哲學最高之境。西學必歸宿於是，乃無支離之病。……科學研究宇宙之各部分，此等知識，正以小知間而擅長也。西洋哲學，唯心、唯物與非心非物諸論，各持偏端之見，亦是小知間。故以道眼觀，西學未免支離。以知識論，西學辨物析理，正以不憚支離而後精耳。中西之學，當互濟，而不可偏廢。」參見氏著：《讀經示要》，收入《熊十力全集》第 3 卷，頁 628-629。

管時而流於主觀臆測，缺乏根據，如：以墨家發明木鳶，看作晚近發明飛機的開端[114]，但他揭櫫經典蘊藏豐富的哲學、知識體系則功不可沒。可是，其觀點仍應與清儒專門之學區隔開來。清儒的專門之學是各自發展出不同的學術場面，但也刊落了儒者修身治平之目的；[115]而熊十力則力主通經、通義理，為學目的是成為一具有道德修養之「通儒」，於此立場下，他未曾真正走進，也不贊成無道德本根的專門之學，這是受到中國學術一貫重視博通的特性影響使然。

　　以下分三點說明熊十力如何透過其經學思想判分學術源流：一是「梳理『經學』相關名義」，清楚界定與經學相關又易混淆之詞彙。二是「兼容『六經經傳』與晚近『四科之學』，並對應『現代學術分科』」，熊十力曾云：「四科之繁，可以六經攝盡。」[116]即傳統四科之學──義理、經濟、考據、詞章可被六經經傳所攝，並串連、判分中西學術體系的源流，馬一浮對此有不同評價。三是「以『六經經傳』含攝『諸子』、『百家』之學」，把諸子、百家從義理之科獨立出的討論，熊十力以諸子為哲學，百家為科學，故將分別討論二者的源流。

一、梳理「經學」相關名義

　　論熊十力判分學術源流之前，須先界定他使用的一些意義相近的辭彙，計有：中學、義理、哲學、儒家／儒學等，儘管名稱不一，但皆指歸於經學，以下依序說明。

　　首先是「中學」與「經學」的對應。「中學」係指晚清張之洞主張「中學為體，西學為用」之「中學」。原意未定指經學，但熊十力認為一切傳統學術皆能被六經經傳所統攝，如言曾國藩的「四科之學，無一不原本六

---

[114] 熊十力：《原儒》，收入《熊十力全集》第6卷，頁347。

[115] 張壽安先生：〈龔自珍論乾嘉學術：「說經」、「專門」、與「通儒之學」──鈎沉一條傳統學術分化的線索〉，收入《中國學術思想論叢──何佑森先生紀念論文集》，頁303。

[116] 熊十力：《讀經示要》，收入《熊十力全集》第3卷，頁561。

經」，又說「印度傳來之佛學，雖不本於吾之六經，而實吾經學之所可含攝」。[117]因此，「中學為體」不是泛稱，而是以「經學為體」，故熊十力云：

> 前輩無有捨經而言學者，百家之說，必折衷於經。後儒之論，必根據於經。經之為言，常道也。南皮謂中學為體者，其中學一詞，即謂經學，決非空泛無所實主之詞。經所明者常道，故不可捨失也。南皮之意只如此。其曰西學為用者，亦謂吾人今日當吸收西學以自廣耳。[118]

熊十力認為要先有常道的「經」，而後才能分化為其他學術，若泛指傳統學術為中學，便無法具體對應西學，這關係到以經學解釋中學的因由，所以他認為張之洞立辭未妥，似中學有體而無用，西學有用而無體，熊十力又論曰：

> 蓋自其辭言之，則中學有體而無用，將何以解於中學亦自有經濟考據諸學耶？西學為有用而無體，將何以解於西人本其科學哲學文藝宗教之見地與信念亦自有其人生觀、宇宙觀？……且無用之體，與無體之用，兩相搭合，又如何可能耶？[119]

上述說明唯有經學可以涵括中學之體用，並對話西學，且採其所長。熊十力曾以九點說明羣經能為治，以明中學之體用，分別是：一、「以仁為體」，首以「仁」為天地之源、萬物本體，此亦是「治之體」。二、「格物為用」，格於知識之用。三、「誠恕均平為經」，落實於政治，宜守誠恕之

---

[117] 以上二條參見熊十力：《讀經示要》，收入《熊十力全集》第 3 卷，頁 560。
[118] 熊十力：《讀經示要》，收入《熊十力全集》第 3 卷，頁 562-563。
[119] 熊十力：《讀經示要》，收入《熊十力全集》第 3 卷，頁 562。

道；經濟則重均平，勿剝削。[120]四、「隨時更化為權」，經為不變至理，但世事變動不居，必須在守誠恕均平之大經的前提下，通權達變。[121]五、「利用厚生，本之正德」，利用、厚生本無可厚非，但必以正德為本，如鄉三物必以六德為六行、六藝之首，便是如此。六、「道政齊刑，歸於禮讓」，倡以禮治之精神，再參用法治組織。[122]七、「始乎以人治人」，以人治人，重德性，形於以禮為治，使人陶情復性，非本於以法治人。八、「極於萬物各得其所」，透過禮樂之用，能知性理情，使萬物各得其所。九、「終之以羣龍無首」，最終以達無界限，人人平等的大同之境。要之，以仁為體，將仁落實在政治、經濟、法治，皆是用。[123]

其次是「義理」、「哲學」與「經學」的對應。熊十力解釋「義理」、「哲學」有云：

> 義理者，窮萬化之源，究天人之故。其方法雖用思維，而是以體認為主，於日用踐履之間隨處體認，默識本源，所謂精義入神，至於窮神知化。……此其所治之學在今即所謂哲學思想是已。[124]

「義理」旨在明宇宙本體生成變化之理，以道德體證為實踐方法，古代稱為義理，到了今日則稱作哲學。然二者又如何與「經學」對應？熊十力云：

---

120 熊十力說：「總之，治道以均平為極則，而均平必由於恕道，恕道必出於誠。……夫政者正也，治者止亂也，必人人各自率由於誠恕均平之中。」參見氏著：《讀經示要》，收入《熊十力全集》第3卷，頁585。

121 熊十力說：「夫羣變屢遷，而誠恕均平之大經，則歷萬變而不可易。經者，常道。權者，趣時應變，無往而可離於經也。」參見氏著：《讀經示要》，收入《熊十力全集》第3卷，頁590。

122 熊十力說：「夫德禮為本，則政刑皆本德之義，以運用之。其精神與作用，自與專尚政刑者不同。故德禮中，自有政刑，非窮而後有之也。」參見氏著：《讀經示要》，收入《熊十力全集》第3卷，頁600。

123 熊十力：《讀經示要》，收入《熊十力全集》第3卷，頁581-624。

124 熊十力：〈答鄧子琴〉，《十力語要》，收入《熊十力全集》第4卷，頁282。

儒家關於哲理方面，固稱義理之學。而諸子學，亦合入義理一科。即佛學亦當屬此。……四科之學，無一不原本六經。……故四科之學，義理居宗，而義理又必以六經為宗。……綜上所言，吸收西學，在今日固為理勢之必然，而反之吾數千年來所奉為常道之六經。[125]

何不設一哲學研究所，遴選各大學哲學系卒業有志行者，令其尋玩經義，縱一時未得英才，積以年歲，必有成德之士出乎其間。[126]

經學是德慧的學問，何謂非哲學乎？須知，哲學固不以理智或知識為止境，必至德慧具足，而後為哲學極詣耳。[127]

哲學家尚知能，馳思辨，未能返己而證物我同體，未能遺知而冥於無待，此哲學家之自畫也。儒者六經之道，方是哲學究極境地。[128]

根據上述諸文可串連出幾條重要的線索：一、義理即哲學，哲學廣包一切傳統義理，包括：諸子、佛學皆是。二、儒家六經為義理之宗，亦是哲學之宗。三、哲學是「德慧的學問」，非純專門的「求知」之學。四、中國哲學吸收西學是理當所然的趨勢，而要以中西哲學合作為目的。由此可知，熊十力以經學為義理、哲學之宗，意義甚明。

而這也衍生出兩個對比性問題：一是為何馬一浮不贊同用哲學取代義理學，雙方論義理、哲學的態度有何差異？[129]二是當經學導向哲學化後，熊十力倡言專門之學的意義為何？

---

[125] 熊十力：《讀經示要》，收入《熊十力全集》第3卷，頁560-563。

[126] 熊十力：《讀經示要》，收入《熊十力全集》第3卷，頁739-740。

[127] 熊十力：《讀經示要》，收入《熊十力全集》第3卷，頁733。

[128] 熊十力：《讀經示要》，收入《熊十力全集》第3卷，頁710。

[129] 有關馬一浮論義理、哲學，詳參本書第四章第一節，第四大點「『義理』不等於『哲學』」。

先論馬、熊不同的觀點。馬一浮說：

> 熊先生新出《語要》，大體甚好。……其判哲學家領域當以本體論為主，亦可為近時言哲學者針劄一上。但以方便施設，故多用時人術語，不免擇焉未精。[130]

> 東土大哲之言，皆從性分流出。若歐洲哲學，不論古近，悉因習氣安排，故無一字道著。[131]

1947 年，熊十力撰成《十力語要》，內容是與時人論學的書信。其中，馬一浮贊成熊十力所述，言東土哲學當以本體論為主，但他卻不贊成熊十力用時人語彙來闡釋「義理」。在馬一浮的觀念中，東方哲人是根於心性論義理，但西方哲學是專門之學，屬於形下習氣。只有義理才是判教，哲學是學術分科，若強以哲學界定義理，未免牽強。但熊十力持相反態度而言：

> 哲學家談體者，大抵逞意想，搆畫萬端。雖條理茂密足以成說，而其去真理也則愈遠。徒以戲論度其生涯，而中藏貧乏，無可救藥。紹興馬浮一浮曰：「哲學家不自證體，而揣摩想像，滯著名言，有如《淮南》所謂遺腹子上壟，以禮哭泣，而無所歸心。」此言深中其病。[132]

> 我喜用西洋舊學宇宙論、本體論等論調來談東方古人身心性命切實受用之學，你自聲明不贊成。這不止你不贊成，歐陽師、一浮向來也不贊成。我所以獨喜用者，你們都不了解我的深心。在古哲現有的書中，確實沒有宇宙論的理論。孔門亡失了千萬數的經傳，是否有宇宙論，今無從考，也許有而亡掉。……我的作書，確是要以哲學的方式

---

130 馬一浮：〈張立民〉第 1 封，收入《馬一浮集》第 2 冊，頁 819。

131 馬一浮：〈曹赤霞〉第 11 封，收入《馬一浮集》第 2 冊，頁 467。

132 熊十力：《新唯識論》（文言文本），收入《熊十力全集》第 2 卷，頁 93-94。

建立一套宇宙論。這個建立起來，然後好談身心性命切實工夫。我這個意思，我想你一定認為不必要，一浮從前也認為不必要，但也不反對我之所為。……你或者不同此看法，一浮卻也注意及此。義理有分際，本體論、宇宙論，這些名詞我認為分得好。[133]

馬、熊二氏皆同意「本體」是真實存有，不應是被構想的，故義理學家、哲學家要能體證此本體。但如何體證？第二條引文在熊十力寫給梁漱溟的信中，他指明中國古經傳、哲學著作皆未有本體、宇宙論的理論，所以他想取法西方哲學建構出一套屬於中國哲學的本體論，當理論建構後，就能系統性的談論身心性命之學。但問題是：心性是道德修養的實踐與建構學術理論似是兩蹶，如何可相銜？對馬一浮來說，六藝論是判教而非知識體系；但熊十力主張學術分科並無礙於證得本體，而本體亦能開出認知心，格物以求知，故說：「理性亦云理智，此固未嘗非良知性體之功用。但如不自識良知性體，則理智亦只成為向外追尋之工具，而迷失其本，譬如下流之水，既離其源，便自成一種流，而與源異也。」[134]顯而易見，雙方論學目的不同：一為純道德修養；一為本於道德，必外擴於學術知識。在復性書院路向之爭，雙方歧見已是如此，此處論義理、哲學又是一證。

　　次論經學導向哲學化。當熊十力說「經學是德慧的學問，何謂非哲學乎」時，形成了「經學泛哲學化」的傾向，也涉及了經學能否等同中國哲學的問題。關於這點，熊十力已自我肯定，但他要如何開展出經學即哲學的命題？如：前述六經之為治的九大點原則中，至少涵括：內聖的「人生哲學」，以及外王的「政治哲學」、「歷史哲學」、「科技哲學」等面向。[135]此一「泛哲學化」很重要的意蘊是熊十力並無意深入專門之學的理論或技藝

---

[133] 熊十力：〈與梁漱溟〉，《熊十力論文書札》，收入《熊十力全集》第8卷，頁758-760。

[134] 熊十力：《讀經示要》，收入《熊十力全集》第3卷，頁673。

[135] 以上酌參轟民玉：〈熊十力答「經學」即中國哲學的「合法性」問題質疑與對策〉，《保定學院學報》第25卷第6期，2012年11月，頁34-38。

的研究，而只是想透過哲學的框架去溯源眾學背後的所以然之理。

最後是「儒家／儒學」與「經學」、「中學」、「義理／哲學」的對應。「儒家／儒學」是極廣大的概念，舉凡與儒家有關的人物、學術思想、制度、文化……皆可納入，熊十力常參用上述諸概念，如云：

> 中國哲學省稱中學，後皆倣此。言中學而不曰儒學者，儒家皆為正統派，諸子所從出。……則儒學精神之普及於百家，故不單舉儒。[136]

> 夫儒學之為正統也，不自漢定一尊而始然。儒學以孔子為宗師，孔子哲學之根本大典，首推《易傳》。而《易》則遠紹羲皇。《詩》《書》執禮，皆所雅言，《論語》識之……故其手定六經，悉因舊籍，而寓以一己之新意。名述而實創。是故儒學淵源，本遠自歷代聖明。而儒學完成，則又確始於孔子。但孔子既遠承歷代聖帝明王之精神遺產，則亦可於儒學而甄明中華民族之特性。[137]

> 蓋儒學，自孔子承古代聖帝明王展轉傳授之學脈，而發揮光大之。集結六經，永為寶典。諸子百家，俱從經出。而各有創獲。各立宗門，【宗者，主也。諸子各有專主，或各有宗旨。門者，類也。百家之學，如歷算等等，各分門類。】皆別異儒家，相與對抗。[138]

上述諸條的關鍵在「正統」二字。首先，熊十力以儒家是中華文化正統，超越其他諸子，故儒學可作為中學的代稱。其次，孔子上承堯、舜，乃至於周公之聖王賢德遺志，之後他「以述代作」了六經，而非固守周公舊典，實為儒家／儒學的完成者兼創發者。復次，六經因廣備宇宙間一切理則，有說：「復次六經廣大悉備，天道、人事、物理，賅而存焉。諸子之學，皆原本六

---

[136] 熊十力：《原儒》，收入《熊十力全集》第6卷，頁556。
[137] 熊十力：《讀經示要》，收入《熊十力全集》第3卷，頁747。
[138] 熊十力：《讀經示要》，收入《熊十力全集》第3卷，頁757-758。

經。」[139]因此，諸子學術係源出六經；又六經是孔子手定，又可說出自儒家，故熊十力說：「其最偉大者當推六家：曰儒，曰墨，曰道，曰名，曰農，曰法。儒家宗孔子，為正統派，自餘五家其源皆出於儒。」[140]只是諸子想要樹立一家之言，才會有一反、異於儒家處。[141]

歸整而論，熊十力以儒學為正統，而將此視為中國哲學，簡稱中學的代稱。儒學完成於孔子定六經，且六經具備宇宙一切理則，因而哲學、義理之本在六經；又諸子之學源溯自六經，即諸子係從儒家分化而出，於是，儒家／儒學又可與經學互代，串成一條關係譜系。

二、兼容「六經經傳」與晚近「四科之學」，並對應「現代學術分科」

近代四科之學——義理、經濟、考據、詞章源出「孔門四科」的說法，曾歷經很長一段時間的衍化，直到晚清道咸之際，已廣為清儒普遍認同。[142]熊十受此影響，以六經經傳為各科內涵，對應現代學術分科，張皇出中西學術體系的源流、分類。

同時，他也認知到晚近四科作為學術分類所產生的問題，而說：「此四者，蓋依學人治學之態度不同與因對象不同而異其方法之故，故別以四科，非謂類別學術可以此四者為典要也。」[143]這段話十分重要，說明近代四科即便逐漸走向學科化，其類目還是以「人」為主體，而非「學科」，而這樣的方式類分學術是有局限的，所以不能為典要。於是，熊十力將西方學科分類

---

[139] 熊十力：《讀經示要》，收入《熊十力全集》第3卷，頁748。

[140] 熊十力：《原儒》，收入《熊十力全集》第6卷，頁347。

[141] 熊十力有云：「儒家自孔子盛道堯舜禹湯文武周公之事，見於《論語》。其學術思想之淵源，在是也。諸子晚出，各求異於孔氏，而自樹一家之論，故不得不將孔學之所根據者，一切摧毀之。」參見氏著：《中國歷史講話》，收入《熊十力全集》第2卷，頁670。

[142] 左玉河：《從四部之學到七科之學——學術分科與近代中國知識系統之創見》，頁29-38。

[143] 熊十力：〈答鄧子琴〉，《十力語要》，收入《熊十力全集》第4卷，頁282。

繫屬在近代四科之下，試圖為中國傳統學術找尋能挽合現代學術的根據。[144]

以下先總論熊十力論四科之源；再分論各科與六經經傳、諸子、現代學術的源流與對應譜系；最後對比馬一浮的評議，明二者學理之異同。

首先，熊十力以此近代四科類比「孔門四科」有云：

> 四科標名雖由近代，其源實自孔門。義理則相當德行之科，經濟則通政事言語二科，【言語即外交辭令。】詞章即文學科。唯孔門考據不立別科。蓋諸科學者，無一不治六藝，即無一不有考據工夫故耳。後世別有考據之科，於是言考據者乃有不達義理及昧於經濟、短於詞章之弊。[145]

歸整如下表，並解說如後：

孔門四科	德行	政事、言語（外交辭令）	文學	×
近代四科	義理	經濟	詞章	考據

一、德行即義理，指中土言哲學必本於道德。二、政事、言語（外交辭令）即經濟，此非純指西方經濟學，而泛括政治、外交在內。三、文學即詞章，自不待言。四、孔門四科無考據。熊十力以考據是治經工具，故不獨立成科。擴言之，考據是實事求是的問學態度，凡欲治六藝、科學，乃至一切專門知識者，都應具備相關知識。若只為考據而考據，實已脫離實用目的，所以熊十力不認為晚近獨立而出的「經解」為專門之學，反視為弊。

---

[144] 如左玉河說：「當晚清之時人們接受西方分科觀念創建中國近代學術門類時，便用西方分科觀念，來反觀中國學術，力圖發掘中國之分科性學術。這種『發掘』，顯然是牽強附會的，其意是在說明近代意義西方之諸多學科中國自古有之，並力圖在中國傳統學術中尋找近代學科之依據。」參見氏著：《從四部之學到七科之學──學術分科與近代中國知識系統之創見》，頁28。

[145] 熊十力：〈答鄧子琴〉，《十力語要》，收入《熊十力全集》第4卷，頁285。

其次，熊十力又以四科類分「傳統學術」，有言：

> 儒家關於哲理方面，固稱義理之學。而諸子學，亦合入義理一科。即
> 佛學亦當屬此。經濟，則儒家之言，最深遠廣博，而諸子中，如法墨
> 道諸家，亦各有其經濟理論。【法家如商君等之農業政策，墨家之交相
> 利，是其經濟原則。道家崇儉，亦其經濟思想。】考據，則治語言文句、治
> 經、治子、治史、治集部者，其流甚廣，其分工最密，大抵出儒家。
> 詞章，則今所云文學也。其要旨原本風雅。四科之說，就吾國學術界
> 過去情形而言，不可謂之不當。[146]

歸整如下表：

四科之學	對應傳統學科
義理	儒家有關哲理者、諸子學、佛學、（史學）
經濟	儒家、法家（如商鞅的農業政策）、墨家（交相利）、道家（崇簡）
詞章	文學
考據	凡治語言文句、治經、治子、治史、治集部的基本態度，皆與考據有關。

上述以四部分類對比四科之學，經學「總四科之學」，子部歸於「義理
科」，文學歸於「詞章科」，獨獨未提及史學。實際上，史學可列入義理
科，熊十力云：「吾國古之治哲學者，必精史學。宣聖開千古哲學之宗，而
亦千古史家之大祖。」[147]宣聖指孔子，由此說明哲、史不分家。

　　復次，熊十力以四科之學併言「傳統學科」，又對應「西方學科」說
道：

---

[146] 熊十力：《讀經示要》，收入《熊十力全集》第 3 卷，頁 560。
[147] 熊十力：〈哲學與史學（悼張蔭麟先生）〉，收入《熊十力全集》第 8 卷，頁 168。

經學包羅萬象，學者傳習，已漸分為四科。義理之科，自兩宋以來，已吸收印度佛學。今日自當參究西洋哲學。經濟之科，自宋陸子靜兄弟及鄧牧（1247-1306），並有民治思想。迄晚明王船山、顧亭林、黃梨洲、顏習齋諸儒，則其持論恢宏。足以上追孔、孟，而下與西洋相接納矣。至於典章制度，民生利病之搜考，自杜佑（735-812）輩而後，迄晚明諸子，所究亦精博。然則西洋政治思想，社會科學，皆非與吾人腦袋扞格不相入者，當採西人之長，以收明辨篤行之效。誰復於斯而懷猶豫？考據之科，其操術本尚客觀，今所謂科學方法者近之。然僅限於文獻或故事等等之探討，則不足以成科學。……文學所以表現人生，貴能發揚時代精神，《三百篇》之所長在是也。《楚騷》以降，此風日以渺然。今若參究西洋文學，當可為發明《詩經》之助，而救晚世衰頹也。綜上所言，吸收西學，在今日故為理勢之必然，而反之吾數千年來所奉為常道之六經。[148]

歸整如下表：

四科之學	併言傳統學科	對應西方學科
義理	兩宋以來，已吸收印度佛學。	參究西洋哲學。
經濟	1. 南宋陸九淵兄弟、鄧牧，逮至晚明四大家皆有「民治思想」。此可上追於孔、孟。 2. 唐代杜佑，到晚明諸子，皆有「典章制度，民生利病」之搜考。	1. 民治思想可與西學相接納。 2. 可對應西洋政治思想、社會科學。
詞章	文學足以表現人生、時代精神，尤以《詩經》、《楚辭》為首。	參究西洋文學，發明《詩經》之助，而救晚世衰頹也。
考據	為方法論，若限於文獻或故事等探討，不足成科學。	科學方法論。

---

148 熊十力：《讀經示要》，收入《熊十力全集》第 3 卷，頁 563。

值得注意熊十力無意用經學作「統攝」，而是「參究」於西學。他以「中體西用」的原則，明中、西學各有體用，可相互參照、吸收，截長補短。這是純粹以西學、四科之學相對應，亦即是在中西學術各有本源的平行線上，梳理學理之間能相對應的理由，而非學術史式的統攝。這不同於馬一浮是先預設「六藝論」為中西學術共通的本源，咸歸本於仁義精神，以立為道德判教的基礎，並將西學納入六藝論之中。

　　以上總論四科之源、初步統攝中學、對應西學等三點，以下將分論四科之學與六經經傳之含攝，兼明對應的現代學術分科；並對比馬一浮對於相關分類的態度與觀點。

（一）義理之科（兼談「歷史」）

　　上述已略明「義理之科」含攝的對象，也已說明義理、哲學同為一義，且當參究西洋哲學，熊十力云：

> 然義理之科，特為主腦。義理一科，雖亦含攝諸子餘家，【餘家謂佛法。即今治西洋哲學者，亦可攝屬此科。】要以六經為歸。……諸子百家之學，一斷以六經之義理，其得失可知也。習六經之義理，而自得於躬行之際，則經濟諸科之學，乃有根依。[149]

> 印度傳來之佛學，雖不本於吾之六經，而實吾經學之所可含攝。其短長得失，亦當本經義以為折衷。如明乎〈大易〉變易與不易二義，則說真如只是無為，卻不悟無為而無不為。說心物諸行，只是生滅流行，卻不曾於流行洞識無為實體。是猶析體用為二，其由趣寂一念，差毫釐而謬千里，斷可識矣。夫至極之真，萬物之本，不待向外窮索，返求之於心而自識，《大學》所云：「明明德」是也。離身家國天下，心意知物，無所謂涅槃。即誠正格致，修齊治平，便是證涅槃。……故佛法須斷以經義也。則舉經學而足以含攝佛氏，非謷言

---

[149] 熊十力：《讀經示要》，收入《熊十力全集》第3卷，頁561-562。

已。[150]

熊十力認為除了「義理」為眾學之首，可含攝其他經濟、詞章、考據諸科外，尚有兩點必須注意：一是含攝「百家」之學。諸子學已不待言，然而「百家」不與諸子同類，百家屬鄉三物之「藝」學，即今日的科學，如熊十力言：「藝者，百家之學。古代百家甚盛，如天文、數學，唐虞已有專官。」[151]換言之，科學亦被含攝於義理之內，此待第三大點再論。二是含攝佛學。熊十力深研佛學，學術由佛家唯識學轉向儒學，此以六經經傳含攝、折衷佛學，形成先後高下之判，如：以真如本體只停留在「無為」，而非至高的「無為無不為」之境，即是如此。[152]

　　至於馬一浮在義理上，則主張雙立儒佛，儒家本體是心性，佛家則是佛性。又在學術史上，易教之三易雖可會通佛家義理，但無統攝之義。又佛學另有學術史脈絡，而不入六藝學術史的框架內。由此可簡別出雙方觀點之異。[153]

　　又，歷史學同樣可列入義理之科，熊十力云：

> 歷史之學，《春秋經》之枝流餘裔也。治史必究大義，本天化以徵人事，鑒既往以策方來，其義宏遠。若專考瑣碎事件，何成史學？[154]

> 治史必有哲學家作人之精神，經世之志願，而後可運用考據方法，搜集史料，以窮究民羣治亂並運會推遷之故，與一切制度、法紀、風習

[150] 熊十力：《讀經示要》，收入《熊十力全集》第3卷，頁560-561。

[151] 熊十力：《論六經》，收入《熊十力全集》第5卷，頁712。

[152] 另云：「若言道統，正朔當在尼山。佛氏究是偏統，能偏故顯獨至、顯奇蹟。不觀于佛，無以知儒；不歸于儒，終未免有捨入海而求性海之蔽。偏正互顯，儒佛相需，會而通之，王道平平。」參見氏著：〈新論平章儒佛諸大問題之申述〉，《十力語要初續》，收入《熊十力全集》第5卷，頁87。

[153] 詳參本書第七章第一節「『義理』相契，但『學術史源流』相異的『佛學』」。

[154] 熊十力：《讀經示要》，收入《熊十力全集》第3卷，頁846。

沿革之由，及個人對歷史上人物覺感所繫，在在運以精思，不可徒作
故事玩弄。……中國自漢以來，二三千年間長為夷狄與盜賊交相宰割
之局，……此事，漢以後之史家須負責任，民族、民主二種思想被歷
史家毀棄盡淨，完全失去《春秋》經旨。《春秋》三世義歸趣太平，
國家種界終於泯滅，人類一切平等，互相生養，猶如一體，無有相陵
奪相侵害者。[155]

二三千年間，有明聖間出焉，鄭所南（名思肖，1241-1318）《心
史》，則民族思想上繼《麟經》也；方公（名孝孺，1357-1402）
《正統論》，黜夷狄，民族思想也，黜盜賊，民主思想也；王洙
（？）《宋史質》，以明朝贈皇上承宋統，亦民族思想也；船山、亭
林之書，並富於民族、民主思想，皆《春秋經》之羽翼也。[156]

歷史學為《春秋經》的枝流，更確切的說，是歸本《公羊傳》的三世進化
觀。熊十力認為治史重深究其大義，通天人之際，考古今之變，不能純是考
據。而大義即在揚發民族、民主思想，終達《公羊》的太平世。在民族思想
方面，自漢代以後，由於受制於帝制，民智閉塞，故民族、民主思想無法彰
顯。到了明代，先有方孝孺、王洙等人述漢為正統；後受清人侵略，晚明諸
子繼起，致力改造學術思想，皆啟發了民族主義的思想，而「皆為尊人道，
賤獸行，伸正義，抑侵略，進和平，除暴亂。決非懷爭心而異種人為敵也。
此《春秋》之大義。」[157]在民治民主思想方面，則以民為主，君位君權為
虛。此與民風之進化有關，故如「亭林、船山同注重學風士習，此實民治根

---

[155] 熊仲光：《熊仲光記語之二》，《十力語要初續》，收入《熊十力全集》第 5 卷，頁
212。

[156] 熊仲光：《熊仲光記語之二》，《十力語要初續》，收入《熊十力全集》第 5 卷，頁
213。

[157] 熊十力：《讀經示要》，收入《熊十力全集》第 3 卷，頁 835。

源也。」[158]此皆受《春秋》影響，故歷史學可被義理之科含攝。

至於馬一浮與熊十力的恪守公羊學不同。馬一浮言「春秋教」不守義例，不主張政治義，不用三世觀，主要是想藉著公羊學的精神上承孔孟，下接心性之學，以此視作微言大義，著重發揮「史義」。[159]相形之下，熊十力則重視以史實闡發史義，將政治思想嵌合於歷史思想中，形成進化論式的道德史觀。[160]

（二）經濟之科

熊十力論經濟之科，可分兩層討論：一是「經濟」的溯源與範疇；二是經濟如何被六經經傳所含攝。先說前者，熊十力云：

> 夫經濟不本於義理，則流為功利，甚者習險詐，以凶於國，害於家。
> 【舊言經濟一詞，為經國濟民之義。雖今云經濟學，亦在所含之中，而義不止此。通常所謂社會科學與政治學，及政治家之本領等等，皆概括於經濟一詞之中。歷史上奸雄盜國柄者，非無些子本領，但不聞義理，卒為鳥獸之歸，以禍世者自禍也。可嘆也！】[161]

> 經濟者，為講求實用之學。古人「經濟」一詞，其涵義極寬，本經世濟民之義。今以計學而繡為經濟，則其義已狹，而與此中所云經濟殊不相當。又古人為經濟之學，亦有通識與專長之分。依據歷史與文集及其他專篇而博考典章、制度與軍事、邊務、【賅外交。】吏治、律例乃至河工、海防、農桑、鹽鐵、荒政等等，分門研究，以備當世之用，是謂專長。原本六經，旁及子史、下逮羣儒之籍，博考參稽，因以達天化而通羣變，古今之遷流，治亂之條貫，人倫之常紀，興革之

---

[158] 熊十力：《讀經示要》，收入《熊十力全集》第 3 卷，頁 838。

[159] 詳參本書第三章第二節，第一大點「《春秋》是經而非史」。

[160] 至於有關熊十力歷史哲學的評價，可參見郭齊勇：《熊十力思想研究》（天津：天津人民出版社，1993 年 6 月），頁 226-239。

[161] 熊十力：《讀經示要》，收入《熊十力全集》第 3 卷，頁 562。

體要，靡不瞭然於心中，是謂通識。……明季若王船山、顧亭林諸老先生，有其識而無可用。[162]

熊十力以經濟必本於「義理」，以德為本，是講求經世濟民、實用的學問，又可分成「通識」、「專長」兩種經濟類型。「通識者」能從典籍中，縱貫其理，總明治亂、人倫、興革，如王船山、顧亭林等人屬之。「專長者」是專精於一門經濟專業，以備於世用，若按現代學術分科細分，約可歸整、層遞如下：

1. 學門：社會科學學門
2. 學科：社會學、政治學（含政治家的本領）、經濟學、法律學
3. 專科：計學、典章、制度、軍事、邊務外交、吏治、律例、河工、海防、農桑、鹽鐵、荒政……

經濟之科屬於現代學術分科三大學門中的「社會科學學門」，內轄社會學、政治學、經濟學、法律學等「學科」，又可從中再細分出各專長的「專科」。

其次，熊十力以經濟主要被六經經傳中的《尚書》、《周官》，以及《大學》所含攝，又諸子之學也有兼談經濟，有云：

經濟一科，漢以來儒者，多依《尚書》，而為經制之研究。史志著作較精，皆有裨實用。關於土地問題，則有均田、限田等說，亦《周官》、《大學》之遺意。【《周官》與《大學》言經濟，皆以均平為原則。】道、墨二家，並反對剝削與侵略，深得六經之旨。法家則主裕民以益國，而官吏中飽，在所必禁。猶不違經也。[163]

六經含攝經濟有兩個方面：一是治國制度由《尚書》所攝，史志亦助於實

---

[162] 熊十力：〈答鄧子琴〉，《十力語要》，收入《熊十力全集》第 4 卷，頁 283-284。
[163] 熊十力：《讀經示要》，收入《熊十力全集》第 3 卷，頁 561。

用。至於儒者如何談治國制度，熊十力則未詳述，而他更重視《尚書》所傳的「二帝三王」，即堯、舜、禹、湯、文武傳授的道統、治統，故云：「古者書三千二百四十篇，孔子刪定，斷從〈帝典〉始，蓋以二帝三王，治起衰亂之中，闢草昧而進文明，其行事足為後世法。……以明道統治統之傳授，其極重要可知。」[164]這是後世儒者治理天下的根據。又諸帝王傳承心法在一「中」字，故熊氏有云：「心備萬理，其通感流行，皆自然有則而不過，故謂之中。」[165]執中即執心，以此心應萬物。

二是土地問題、均平原則乃是《周官》、《大學》遺意。熊十力甚重《周官》，並以《大易》、《春秋》稱為世界上三大寶物。[166]他認為整部《周官》重點就在一「均」字，嘗言：「《周禮》主張經濟組織，一以平均為原則，與《論語》言患不均及《大學》以理財歸之平天下同一意思。」[167]即以《周官》大部分思想皆談民主、經濟、土地等問題。[168]

附提一點，熊十力以《周禮》、《春秋》互通，有云：「《周禮》的思想，是為《春秋》由升平進太平的理想，故《周禮》與《春秋》相通。」[169]因而，《春秋》亦可與經濟之科相連屬，故說：「《春秋》本元以明始化，立三世義，明政制，經濟，乃至道德等等。」[170]

---

[164] 熊十力：《讀經示要》，收入《熊十力全集》第 3 卷，頁 1094-1095。

[165] 熊十力：《讀經示要》，收入《熊十力全集》第 3 卷，頁 1096。

[166] 熊十力云：「《周官》一經，包絡天地，經緯萬端，堪與《大易》、《春秋》並稱員輿上三大寶物。」參見氏著：《論六經》，收入《熊十力全集》第 5 卷，頁 669。

[167] 熊十力：〈研窮孔學宜注重春秋周禮三經〉，收入《熊十力全集》第 8 卷，頁 177。

[168] 有關論述，可詳參熊十力：《論六經》，收入《熊十力全集》第 5 卷，頁 681-712。亦可參見林慶彰：〈當代新儒家的周禮研究及時代意義〉，收入劉述先主編：《當代儒學論集：挑戰與回應》（臺北：中央研究院中國文哲研究所，1995 年 12 月），頁 113-116。

[169] 熊十力：〈研窮孔學宜注重易春秋周禮三經〉，收入《熊十力全集》第 8 卷，頁 177。

[170] 熊十力：〈研窮孔學宜注重易春秋周禮三經〉，收入《熊十力全集》第 8 卷，頁 174。

　　至於諸子，如：道家、墨家的反剝削、侵略；法家的裕民富國，皆涉及經濟，亦屬此科。

　　馬一浮雖亦將經濟之學統於「書教」、「禮教」、「春秋教」，但他只從本體作統攝；[171]熊十力更專注在六經經傳何以能含攝的學理、現實，企圖展現出外王精神。

（三）詞章之科

　　詞章之科指文學，為《詩經》所含攝。熊十力說：「詞章家者，其原出於《三百篇》。不離於經，又何待言。」[172]又說：「詞章不本於義理，則性情失其所養，神解無由啟發，何足表現人生？只習為雕蟲小技而已。」[173]蓋詞章亦由義理所出，著重文以載道之精神，以此展現人生。又說到：

> 詞章者，其源出於孔門文學之科。文學所以抒寫人生思想，內實則感真，感真故發之自然。自然故美也。孔子定《三百篇》為文學之宗，其論詩之辭，皆深妙絕倫，見於《論語》。《孟子》亦善言《詩》。……若夫小說、詞曲、戲劇，唐以下代有作者，其短長非此所及論。然核其流別，要屬詞章之科。蓋以廣義言詞章，本即文學，非僅以駢四儷六名詞章也。或曰：韓愈以後之古文非詞章歟？曰：此亦詞章家之枝流。人情不能無酬酢，稱情而抒懷，即事而紀實，誠亦有可貴者。惟傳、狀、銘、贊、書、序等品，恣為浮詞詔語，自壞心術。又或標題立論，而淺薄無據，空疏無理，猥以論名，果何所當？[174]

熊十力以廣義的詞章泛指一切文學，諸如：俗文學之小說、詞曲、戲劇；人情酬唱，歌功頌德；淺薄無確切證據的論說之作，雖不合於載道，但仍是詞章之科的枝流。他又在孔門四科中對應西洋文學，而主張中國傳統詞章之學

---

[171] 詳參本書第六章第二節，第一大點「統攝西方學術」。

[172] 熊十力：《讀經示要》，收入《熊十力全集》第 3 卷，頁 561。

[173] 熊十力：《讀經示要》，收入《熊十力全集》第 3 卷，頁 562。

[174] 熊十力：〈答鄧子琴〉，《十力語要》，收入《熊十力全集》第 4 卷，頁 284-285。

宜參究西洋文學，以作為《詩經》之輔助。

　　以此對比馬一浮論詞章之學，馬、熊二氏皆重視其中的載道精神，但馬一浮以「經術」論文學，嚴格界定「文」指六藝之文，非關經術不必留意，諸如：詞曲、小說之流，或輕於經術，說理未當者，皆不納入其中，故他將文統於「詩教」、「書教」，道志且通於政事。其次，馬一浮以西方文學著重個人情思，縱可見得一時政治風俗，但始終不及中國文學的載道精神。[175]由此可見二人對詞章之學的態度之別。

（四）考據之科

　　考據是治經、治學的基礎方法，故不成科，熊十力說：「考據，本儒生之業。名物度數之甄詳，貴乎實事求是。若其旁及經史小學以外者，皆為博聞之事。此本經生之緒餘，後來衍而益廣耳。」[176]實事求是是作學問的基本態度，而延伸出的專門之學，則屬博聞。

　　又熊十力以考據應本於義理，有云：「考據不本於義理，則唯務支離破碎，而絕無安心立命之地。甚者於有價值之問題，不知留心考索，其思想日益卑陋。」[177]然而考據旨在客觀求證，如何繫於義理？這與考據的目的有關。在熊十力看來，任何一門學問必先考據，再判斷然否，但問學不該止於此，義理、明道才是最終目的。此語頗針對清儒，故熊氏言：「程子所譏『玩物喪志』，正謂此輩。豈云格物可廢哉！經生之所為，誠無與於格物耳。」又言：「夫所貴乎通經者，在能明其道，擴其所未及發也。若只限於經籍文字而為考覈，豈得為通經耶？」[178]對於以考據作為問學目的一事，語多批評。

　　而熊十力本不反對專門之學，他亦讚許清儒以考據方法說經，開啟專門之學的場域，而況其論經濟之科、百家之藝皆屬專家之學，但他又何以否定清儒？熊十力以科學家精神不等於科學回應道：

---

[175] 詳參本書第六章第一節，第二大點「統攝史部、集部」。

[176] 熊十力：《讀經示要》，收入《熊十力全集》第 3 卷，頁 561。

[177] 熊十力：《讀經示要》，收入《熊十力全集》第 3 卷，頁 562。

[178] 以上兩條參見熊十力：《讀經示要》，收入《熊十力全集》第 3 卷，頁 567。

考據者，依古文籍而欲從事於某種之考覈，必博搜證據，而後下斷案。此其方面甚多，如名物度數等等，各畫範圍而專攻焉。其類別亦難悉舉。此等學者為學之態度，皆注重客觀事實，隱然有科學家精神。……吾國考據之學不能發展為科學者，以其但依古文籍所記錄之事物而彙詳之、博徵之，不知於親所經驗之自然界去觀察，此所以但成為考古學之一種，畢竟不能發展為科學也。又不知措意於社會、政治與文化等方面之大問題，而但為零碎事件之搜考。學者相習成風而成為無頭腦之人。前清漢學家以有此病，今則更成牢不可破之習矣。[179]

熊十力認為能發展為科學，有兩個條件：一是親自體驗、觀察。但考據是在故紙堆中打轉，或可成為某種考古學，但不會因考古而發展成為科學。二是宜關注社會、政治、文化等大議題，而考據只在零碎事件的搜考。換言之，科學方法能否應用於世，是成為科學的關鍵，純考據只是方法論，而不能成學。

　　馬、熊二氏對考據是工具而非學頗有共識。但在論統不論別的原則下，馬一浮的六藝論至多是統攝自然科學、人文／社會科學等學門，以及基礎的專門學科，如：經濟、社會、數學、物理……等，櫛比而下，過於細瑣的小學科，已入分科、技藝範疇，可毋論。

　　最後，總觀熊十力的「四科之學」對應「六經經傳」，簡示如下：

　　1. 義理之科：六經經傳皆有。

　　　1.1　歷史：《公羊》

　　2. 經濟之科：《尚書》、《周禮》、《大學》，另可互通《公羊》

　　3. 辭章之科：《詩經》

　　4. 考據之科：不成科。

（五）馬一浮評熊十力的四科之學

　　馬一浮本不贊同「孔門四科」，更遑論近代的「四科之學」，馬一浮以

---

[179] 熊十力：〈答鄧子琴〉，《十力語要》，收入《熊十力全集》第 4 卷，頁 282-283。

中土之學只有判教，無分科。他先評議「孔門四科」云：

> 分科之說，何自而起？起於誤解《論語》「從我在陳」一章。記者舉
> 此十人有德行、言語、政事、文學諸目，特就諸子才質所長言之，非
> 謂孔門設此四科也。十子者，皆身通六藝，並為大儒，豈於六藝之外
> 別有四科？蓋約人則品疏殊稱，約教則宗歸無異。德行、文學乃總相
> 之名，言語、政事特別相之目。總為六藝，別則《詩》《書》，豈謂
> 各不相通而獨名一事哉！故有判教而無分科。若其有之，則成偏小，
> 非六藝之道也。[180]

馬一浮認為孔子沒有專設四科，十哲散入四科只是個人才質的偏向。而此四
目又可分作「總相」、「別相」兩組，為六藝所統攝。由總相來看，「德
行」總言六藝之道，「文學」屬六藝之文，故為總。自別相以觀，「言語」
可通詩教，因為在心為志，發言為詩；「政事」則兼明詩教、書教，因為書
教本言政事，又詩教可通於政事。所以，只有六藝而無四科。

接著，馬一浮以此評斷熊十力分判近代四科之學，而說：

> 談熊先生所論四科云：孔子教人非是原有四科，但門人記述，就相從
> 陳蔡者各有所長而分之耳。離卻德行，豈有言語、政事、文學耶？義
> 理以當德行，自是允當。但以擬之西洋哲學，彼雖亦言真理，終是心
> 外有理，不知自性本具，非從性分中流出者。言語屬之外交詞令，殊
> 不盡然，外交詞令類縱橫家言，如今世所謂雄辯之學，古人無是也。
> 經濟自可當於政事。文學比詞章，其義殊小。《論語》云：「子以四
> 教，文、行、忠、信。」文者六藝之文，行者六藝之道，忠、信者六
> 藝之本也。游（506B.C.-443B.C.）、夏（507B.C.-400B.C.）以文學

---

180 馬一浮：「分科與判教之別」，〈羣經大義總說〉，《復性書院講錄》第 2 卷，收入
《馬一浮集》第 1 冊，頁 154。

稱，亦以誦習六藝之文為最熟耳。[181]

上述可分兩層評議。一是基本的態度，馬一浮以四科本不存在，一切盡是六藝義理所攝，故云離卻德行，豈有其他諸科？二是四科的內容，他勉強檢視四科，除雙方共同認定考據不成科外，雖可同意「義理」本於德行，但不能拿來相擬於西洋哲學，因為西洋哲學未能照見心性本體。其次是言語、政事可併入經濟，但言語不能視為外交辭令，此屬於縱橫家之言。又次則文學廣為詞章之學，但過於寬泛，許多文學作品只流露了情思，未真正本於經術，故馬一浮舉孔子四教彰明「文」、「文學」只在六藝之文。

綜觀馬、熊二人的判教、學術分科，馬一浮重判教，先區隔「學術」與「非學術」，再針對「學術」以統攝類，他羅列的幾種書目、通治別治門，正是此概念。[182]熊十力論學術分科則先援用近代四科之學類分，再以六經經傳溯源。兩人共同特點是皆想成就出「通儒」，所以言及人文／社會科學、自然科學時，都必須本於道德，未足成為真正談論學理的專門學科。不過，馬一浮的觀點是經由其六藝論以溯源形上道統；熊十力則在中西學體用原則下，以經濟之科等同社會科學，以義理之科下的百家之學指自然科學，此雖富有現代學術分科理想，但目的不是研究客觀學理，而是申明儒者應有的「博通精神」。最終，這定然將衍生出義理道德、現代學科之間的領域、方法不同，如何可以共治的問題。理所當然的是，熊十力是在論「通儒」的意義下，將學術分科歸本義理，展現若不能歸本形上本體，又何足開出現代科學的觀點。[183]

---

[181] 王培德、劉錫嘏紀錄，烏以風、丁靜涵編次：「師友篇」，〈馬一浮先生語錄類編〉，收入《馬一浮集》第3冊，頁1088。

[182] 詳參本書第六章第三節「以『統』攝『類』的客觀限制」。

[183] 如熊十力去信唐君毅，回覆玄學（實指中國哲學）與科學領域關係問題時，有云：「我常說，科學上安立了物，而玄學上雖一方面隨順科學，予他安立物界的基地，但其根本態度和方法卻要把一切物層層剝落，乃至剝落淨盡。才識得科學真理的基地之真相。談至此，科學之真理不得與玄學真理同為真理，當可豁如。」參見氏著：〈答唐君毅〉，《十力語要》，收入《熊十力集》第4卷，頁195。

三、以「六經經傳」含攝「諸子」、「百家」之學

被六經經傳含攝的「諸子」、「百家」是論義理之科很重要的部分，熊十力有云：「大哉儒學，諸子之王，百家之母也」、[184]「諸子百家之學，一斷以六經之義理，其得失可知也。」[185]皆以儒學、六經經傳為核心，以斷得失，熊十力解釋道：

> 晚周羣學爭鳴，有諸子百家之號。子與家蓋有分。子學者，今所云哲學。儒道名法墨農六宗，乃諸子學之最顯者。家則以專門之業得名，猶今云科學。如天文、算術、音律、藥物、醫術，【以上諸學，五帝之世已盛發明。】物理【周初已制指南針，可見古代已有物理學的知識。】、工程【秦時李冰（？）之水利工程，至今稱奇。必此學在古時已盛。】、機械【墨子作木鳶，為飛機之始。孟子稱公輸子（507B.C.-444B.C.）之巧，惜其創作失傳。】、地理【鄒衍（324B.C.-250B.C.）之學，猶可略考。】等學，皆百家之業也。今人皆謂中國自古無科學知識，尊西人為先進，此亦自薄太過。[186]

子學即哲學，在晚周九流之中[187]，熊十力推舉儒、道、名、法、墨、農六家為要。百家則是科學，熊十力共舉列九門科學，其中八門：天文、算術、音律、藥物、醫術、工程、機械、地理，皆非理論科學，而是實用科學。雖然「物理」屬理論科學，但指南針的技術是實用範疇；又熊十力提及「化

---

[184] 熊十力：《讀經示要》，收入《熊十力全集》第3卷，頁749。

[185] 熊十力：《讀經示要》，收入《熊十力全集》第3卷，頁562。

[186] 熊十力：《讀經示要》，收入《熊十力全集》第3卷，頁745。

[187] 熊十力以晚周舉代先秦，理由是秦統一天下以前，政統不在周不在秦，秦為七雄之一，故云：「今人談諸子百家者，輒曰先秦，此未妥。呂政未統一以前，秦與六國等夷耳，七雄時代，自宜總稱晚周。」參見氏著：《讀經示要》，收入《熊十力全集》第3卷，頁755。

學」，而云：「化學始于煉丹，漢世已有為之者，其源當出于戰國」；[188] 說到「微生物學」，則說：「周有壼涿氏，掌除水蟲。」[189]這都是將理論置於實用之中的討論。何以若此？乃與熊氏如何界定「科學」有關。

百家、科學古稱「藝學」，與「道學」相對。熊十力曾說：

> 總分道藝兩科，而藝科即百家之業，此從古時百家思想之盛行而推斷之，非臆測也。……道科之學，所以究萬化本源、人生真性，則涵養其民之德行者在是矣。藝科之學則教民以格物，而見於實用者在是矣。[190]

道學是古之義理學，今之哲學；藝學則是實用科學。《周禮》「鄉三物」的六「藝」兩層意涵中的「技術義」，即是科學，故熊十力釋曰：「格物之學及一切器械創作，則取技術義。」並舉《論語‧子罕》：「吾少也賤，故多能鄙事」，釋曰：「鄙猶俗也。格物的知識與器械的創製皆應實際生活之需要而發展，故謂之俗事。孔子自言少時微賤，故多能鄙俗之事。」[191]最後，熊十力進而總結道：

> 孔子不反知，極注重科學，此等精神蓋遠承堯、舜，堯曰：「天工人其代之。」《孟子》曰：「舜明于庶物，察於人倫。」其言必本於古之傳記。堯、舜精於格物可知。[192]

上述有兩個重點：一是溯源中國上古本有科學，而不必假於西方；二是定位科學為技術義，故「藝」者，指形下的術數、方技，非指科學原理。

---

[188] 熊十力：《論六經》，收入《熊十力全集》第5卷，頁713。

[189] 熊十力：《論六經》，收入《熊十力全集》第5卷，頁713。

[190] 熊十力：《論六經》，收入《熊十力全集》第5卷，頁713。

[191] 以上兩條皆參見熊十力：《原儒》，收入《熊十力全集》第6卷，頁334。

[192] 熊十力：《原儒》，收入《熊十力全集》第6卷，頁334-335。

　　反觀馬一浮的「六藝統攝一切西來學術」則是緊緊扣住了理論性的科學，不談與學術無關的技藝。這說明了兩點：一是馬一浮論統攝，非分專科統攝，而是追其所以然之理，採「道學義」；[193]二是熊十力僅管論分科，談實用科學，但目的也並非想要成就特定意義的專門之學，而是主張博通，將藝學歸本道學，從技藝歸之於義理，與西方學科式的分科大不相同。[194]以下可分從「含攝『諸子』／『哲學』」、「含攝『百家』／『科學』」兩點，說明熊十力如何以六經經傳作含攝。

（一）含攝「諸子」／「哲學」

　　馬一浮論諸子之要有五家，熊十力則多出「農家」。由於彼此關注重點、擇別的取向不同，致使被統攝、含攝之六藝、六經經傳也不一。主要有三點差異。

　　首先，馬一浮評騭諸子得失短長的標準，見於六藝的「知要」、「知類」。知各經藝之所長為「知要」，將諸子折衷於六藝則為「知類」，總其判分原則傾向「內聖」。[195]熊十力用「外王」為標準，以諸子應用於世的偏向，上溯六經經傳，以明其流失。

　　其次，馬一浮從「心習流失」論諸子為六藝枝流，以道術為天下裂，各成一家學言諸子。但熊十力以儒為正統，認為諸子各得儒家一偏，而成專門之學，其得之也專，失之也專，而言：「故每一家之學，即就其所見到處逐漸推廣求精求詳，然其推廣之領域終屬有限。易言之，凡成一家之學者，即是自闢一天地，而亦自囿於其天地之內。」[196]某個層次上，熊十力是改造諸子成為儒學之「偏統」、「庶子」。

---

[193] 詳參本書第六章第二節，第一大點「統攝西方學術」。

[194] 誠如左玉河說：「中國傳統知識系統不同於近代學科為骨幹之知識系統。中國僅管也有被近人稱為『哲學』及『科學』的思想，但近代意義上的哲學及科學並沒有發展為有特定研究對象的『專門之學』，而是與政治、教育、倫理糾纏在一起，體現出文史哲不分、自然科學與社會科學相混雜之『博通』特徵。」參見氏著：《從四部之學到七科之學──學術分科與近代中國知識系統之創見》，頁49。

[195] 詳參本書第六章第一節，第一大點第（三）小點之「1.統攝諸子」。

[196] 熊十力：《原儒》，收入《熊十力全集》第6卷，頁374。

復次，馬一浮不認同「諸子出於王官」，也不同意胡適、顧詰剛平列諸子而欲破除經學偶像，他只想證明諸子可被六藝統攝。熊十力論諸子是否出於王官的觀點與馬一浮相若，更企圖藉由諸子學術的不同趨向，構築自己的外王理想。他預設六經經傳、諸子在秦漢之際，受制於暴秦，與帝制郡縣制影響，最後「羣儒之學，竟與諸子百家同歸於盡。」[197]所以，後來的經傳詮釋都受制於政治，失去了思想活力，最終他定調說：「考〈藝文志〉，凡六藝，一百三家，三千一百二十三篇，實則六經皆被漢人改竄，而諸傳記又多出漢世老師或博士手。……故漢儒所弘宜之六藝經傳實非孔門真本。易言之，孔門真本漢廷必廢棄之，方可售其偽也。」[198]熊十力認為大凡〈藝文志〉著錄之書、內容，也受漢代統治者竄改，已非晚周原貌。所以，他從評議〈藝文志〉論諸子的過程中，開始重新建構、昌明晚周諸子的社會價值。以下依序從道、墨、名、農、法諸家，論其經傳之配。

1.道家

可分成兩個層次闡述道家：一是道家源流；二是為何道家源出《易》，又源出《春秋》，且為儒家旁枝別子，而不能為主流。以下分別說明。

首先，熊十力以道家源流可分為二枝，有云：

> 道家之學原本大《易》，孔子之枝流也。《莊子‧天下》篇，以關尹、老聃併為一派而評論之，可見二人並為道家之祖。……余按老氏之學分為二派，曰莊周，曰申、韓。莊周當受關尹影響，而其私淑于老子之遺教者必深。莊生猶是道家派下巨子。申、韓雖源出於老，而別闢途徑，則老氏之庶孽耳。[199]

道家有二枝，一是關尹、老莊，一是另闢蹊徑的申、韓，為老子別子，任法

---

[197] 熊十力：《讀經示要》，收入《熊十力全集》第3卷，頁758。

[198] 熊十力：《原儒》，收入《熊十力全集》第6卷，頁328-329。

[199] 熊十力：《原儒》，收入《熊十力全集》第6卷，頁348-356。

治術，熊十力視作「兵刑家」，此即黃老治術，而與管仲為主的法家有別。熊十力又及黃老於秦漢之際的發展有云：「漢初以黃、老並稱而不及關，老學遂獨傳。或者申、韓之術從老氏轉手，大顯於六國季世，韓非書且為呂政取法，老學遂藉申、韓以盛行，而關學乃式微歟。」[200] 而此處主要談的是老莊道家。其關係可圖示如下：

儒家《大易》───→（別子）關尹、老子 ───→ 莊子（老氏嫡傳）
　　　　　　　　　　　　　　　　　　　　↘ 申、韓（老氏別子）

又老莊道家為何以《易》為本，熊十力說：

> 道家者流，自《大易》出。《老子》言一生二，二生三，即本《易》之每卦三畫，而疏釋之也。《老》與《莊》皆言陰陽、變化，其同出於《易》甚明。《老》言常道，《莊》云若有真宰，而特不得其朕耳，此皆於變易而見不易。乃《易》之根本大義也。[201]

> 《老子》研幾而順化，其源出《大易》《春秋》，儒之別子也。清淨無為，惡夫以私智宰物，將任物之自正，此其所長也。然物類不齊，若無輔相裁成，而期物各自正，如何可能？且純持個人主義而缺乏集體生活，將使物各孤立而不相互助，終無以為治，此老氏所以見斥於吾儒也。莊生更申放任之旨，極於剖斗折衡，度制盡廢，其論近於無政府，又惡文而欲返之於野，將有激而然乎！[202]

《易》的重點在本體論、宇宙論。自本體論來看，《老子》「道體」與《莊子‧齊物論》的「真宰」都是指本體，即《易》之「不易」本體。自宇宙論觀之，《老》《莊》皆言陰陽、變化，如：《老子‧第42章》的「道生一，

---

[200] 熊十力：《原儒》，收入《熊十力全集》第 6 卷，頁 349。
[201] 熊十力：《讀經示要》，收入《熊十力全集》第 3 卷，頁 748-749。
[202] 熊十力：〈與陶君〉，《十力語要》，收入《熊十力全集》第 4 卷，頁 409。

一生二，二生三，三生萬物。萬物負陰而抱陽，沖氣以為和。」[203]明宇宙生成變化，陰陽和合，這都是出自於《易》，故《易》為老、莊本源。

然而又何以道家只能為「別子」，不能為正統主幹？這就必須道家的社會性而言之。當中需先釐清為何《春秋》可作為道家之源。在《讀經示要》的治道九義中，末以「羣龍無首」為終。此為《易》、《公羊》所寄意。熊氏闡釋云：「《大易·乾》之用九曰：『羣龍無首』。羣龍所以象眾陽也。陽之所象又極多，其於人也，則為君子之象。《春秋》太平世，人人有士君子之行，是為眾陽，是為羣龍。無首者，至治之隆，無種界，無國界，人各自由，人皆平等，無有操政柄以臨於眾庶之上者，故云無首。」[204]指當治道以達太平，人人皆以君子之行為終。

反觀老、莊主張「自然」，其任物變化，重個人主義，缺乏主動性，缺少集體、政府意識，故只能為枝，無法紹儒統。[205]再對比《易·乾》的「羣龍無首」，是能「萬物皆天命之顯，故一一物，各本性具足，亦復相望，互為主屬。……故物莫不互相屬，而無孤立之一物。」[206]即萬物各具天命之性，又此天命之性實為「理一」，萬物因而能互相聯屬，實踐在社會上，則能擁有個人自主，又可適於集體生活。[207]再反觀老、莊言本體的「清靜無為」，著實少了《大易》剛健積極的特質，此亦為流失，故熊十力言：「唯《易》明剛健創新，生生不息，似異二氏，而實相通。非虛寂不健，非虛極不生，故相通也。然不著於虛寂，而深體健動生化之妙，此則《易》道所以為大中至正，而立人極也。佛法有反人生之傾向。老氏之流至

---

203 陳鼓應註譯：〈第42章〉，《老子今註今譯及評介》，頁208。

204 熊十力：《讀經示要》，收入《熊十力全集》第3卷，頁618。

205 熊十力另有言：「道家之學，以守靜為極、放任為要，而無裁成天地、輔相萬物之功，故其學雖源出《大易》，而偏于崇無，雖誦法《春秋》，而無力反帝，【道家無裁輔功，無繕羣之新度制，故止空言反帝而已，不足言革命。】所以為儒氏之枝流，未足為繼述之肖子也。」參見氏著：《論六經》，收入《熊十力全集》第5卷，頁667-668。

206 熊十力：《讀經示要》，收入《熊十力全集》第4卷，頁567。

207 熊十力：《讀經示要》，收入《熊十力全集》第4卷，頁577-578。

於頹廢。中國二千餘年來，吾人極缺乏健動之力，佛老之流弊中於社會者甚深也。」[208]故以耽於虛極是佛、道二氏的共同流弊。[209]

2.墨家

墨家主要出自《春秋》、《尚書》、《詩經》。先論出於《春秋》、《尚書》，熊十力有言：

> 墨家者流，自《春秋》、《尚書》出。《墨子》尚賢，尚同，兼愛，兼利等思想，皆本《春秋》太平世義，而推演之。其〈天志〉等篇，則本《尚書》。古代帝王雖不必有宗教思想，而教化民眾，則不能不嚴敬天之禮，以引發其崇高無上之信仰。墨子有見於此，故崇〈天志〉。[210]

> 《墨子·經上》等篇，有數學、物理學等，曾創造翔空之木鳶與守城之雲梯，而木鳶即晚世飛機之始，科學天才固卓絕，亦未嘗不資於孔子藝教之啟發也。《墨子·大取》等篇，名學甚精，其源出於《春秋》尚可考也。……余以為墨子是科學天才，而不必長於哲學。兼愛兼利，未嘗不本於孔子之仁道。然言仁而不酌以義，則仁道不可通也。[211]

上述先從兩個角度明墨家通於《春秋》：一是以《墨子》本於孔子仁道精神，言尚賢、尚同、兼愛、兼利等思想，此源自《公羊》的太平世。另云：「兼愛兼利，亦自《春秋》太平大同，與《論語》泛愛眾之義而出。」[212]

---

[208] 熊十力：《中國哲學與西洋科學》，收入《熊十力全集》第4卷，頁579。

[209] 又儒佛道三家各自特質、異同、得失等，可言之者甚夥，已非本文主線，僅略舉一二說明道家出自《易》、《春秋》，其餘可另可撰文說明，此略。

[210] 熊十力：《讀經示要》，收入《熊十力全集》第3卷，頁748。

[211] 熊十力：《原儒》，收入《熊十力全集》第6卷，頁347-348。

[212] 熊十力：《讀經示要》，收入《熊十力全集》第3卷，頁560。

意思相同。「太平世」是教化至極之世，能泛愛、兼愛於眾，熊十力形容有云：「太平世則仁道益普，夷狄慕義，進於諸夏，治化至此而極盛，仁體於是顯現焉。」[213]這是與孔、孟至道相同處；唯一差別是孟子的闢墨，係針對其「倫理思想」。由於儒家特重孝弟天性，擴而充之，方能仁民愛物，自不等於《墨子》兼愛的一視同仁；至於《墨子》抵抗侵略、摩頂放踵為天下利，《孟子》亦有所取，而非一概闢之。[214]二個是以〈大取〉等篇善言名理，亦通於《春秋》。此於名家再述。

其次，以〈天志〉明敬天教化，本於《尚書》。又云：「《墨子·天志》，則從《詩》、《書》中敬天與昭事上帝之觀念而來。」[215]故又通於《詩經》。熊十力認為〈天志〉非指人格神，而是一道德本體，作為能兼愛、交相利的根據，同時也是政治社會思想的根據[216]，故能通於《尚書》、《詩經》。

復次，《墨子·經上》以數學、物理學原理，造木鳶、雲梯，可通百家藝學，昔其書已不傳。[217]

3.名家

名家出自《易》、《春秋》，有言：

> 名家之學，其源出於《易》、《春秋》。《易·繫辭傳》曰：「夫《易》彰往而察來，微顯而闡幽，開而當名辨物，正言斷辭，則備矣。」《春秋繁露》曰：「《春秋》辨物之理，以正其名。」《莊子·天下篇》曰：「春秋以道名分。」二經為名家大祖，其學脈分明可辨也。〈漢志〉，名家有鄧析（545-501B.C.）二篇。鄭人，與子產（？-522B.C.）並時。據《左傳·定公九年》，「駟顓（？）殺鄧

---

[213] 熊十力：《讀經示要》，收入《熊十力全集》第3卷，頁1031。

[214] 熊十力：〈談墨子〉，《十力語要》，收入《熊十力全集》第4卷，頁145-146。

[215] 熊十力：《讀經示要》，收入《熊十力全集》第3卷，頁560。

[216] 熊十力：《十力語要》，收入《熊十力全集》第4卷，頁147。

[217] 熊十力：《原儒》，收入《熊十力全集》第6卷，頁348。

析，而用其竹刑。」則鄧析是刑名家，固非《大易》所謂辨物、正言、斷辭，與《春秋》辨物之理以正其名之學。〈漢志〉列鄧析於名家殊不合。……儒家經傳亡失殆盡，名學之籍已不可考。今存《荀子》有〈正名篇〉，其言「心有徵知」「必待天官之當簿其類，然後可也。」此在名學自有不朽之價值在。其〈解蔽篇〉嫉名家之流於玩弄虛辭，而斥之曰：「由辭謂之，道盡論矣。」晚世治邏輯者，徒玩弄名詞為務，當以荀子之言為戒。[218]

諸子以名家著聞者，〈漢志〉僅七家，鄧析不當入名家已說如前。尹文（350B.C.-284B.C.）粗涉名理。毛公（？）、黃疵（？）、成公生（？）之徒，當非專攻名學者。七家之中惟惠施巍然巨子，其以天才之科學家，而精哲學，善言名理，誠曠代之孤雄。[219]

墨子亦名家大師。雖墨學為獨立之一大學派，而於名家不妨並見。……名家在晚周甚盛，今可略考者，儒有荀卿，墨子及其後學別墨名家大師也。而名家精於格物者，則有惠施。公孫龍本儒者，而其專長在究名學，故言名家者必舉公孫氏，〈天下篇〉亦以桓團（？）與公孫子並舉。[220]

正名，有辨別事物種類，端正名分，斷決吉凶之意，此所謂辨物、正言、斷辭者也。《易》、《春秋》兼備其理，故可為名家之本源。熊十力著重正名須本於心，非玩弄言辭，所以他二分「名」、「刑名」，不屬於同一類。

熊十力認為名家有三個特點：一是正名徵於心，非辨於辭。他舉《荀子・正名》的「心有徵知」而云：「言心能考驗萬物而知之也。」又說：「……心之於萬物也，必待天官各掌其類而簿記之，然後可據諸官簿，以徵

---

[218] 熊十力：《原儒》，收入《熊十力全集》第 6 卷，頁 365-366。
[219] 熊十力：《原儒》，收入《熊十力全集》第 6 卷，頁 366-367。
[220] 熊十力：《原儒》，收入《熊十力全集》第 6 卷，頁 369。

驗萬物而知之也。」[221]其旨與孔孟相合，只因偏重闡釋名分，故分儒而出。二是凡言於名分者，皆可納入名家，故可身兼於二。如：荀子有〈正名〉、〈解蔽〉倡言名分、修辭；又墨子後學因能「而倍譎不同」、「以堅白同異之辯相訾，以觭偶不仵之辭相應。」[222]以辯其所是而成其行，同樣是治名理，故墨子也算是名家大師。三、名家不等於刑名家，真正的名家只有惠施、公孫龍；其餘或為善析辨邏輯的刑名家，如鄧析；或略知、非專攻名學，如：尹文、毛公、黃疵、成公生等人。熊十力以惠施博於格物，認為他既是哲學家，又有科學家的熱誠、風度。尤其在《莊子·天下》記載黃繚（？）問惠施：「問天地所以不墜不陷，風雨雷霆之故。」惠施能不假思索回應，說而不止，足證他不是詭辯之徒。[223]至於公孫龍，則《莊子·秋水》記載公孫龍語魏牟（？），有云：「龍少學先王之道，長而明仁義之行；合同異，離堅白；然不然，可不可；困百家之知，窮眾口之辯；吾自以為至達已。」[224]顯見他學本於儒，後因名學聞於世，故為名學家。

4.農家

農家主要出於《詩經》，理由是：

> 農家者流，自《詩》出。《三百篇》諷刺社會與亂政之詩甚多，此農家革命思想所由興。向來言晚周學術者，鮮注意農家。其實農家極重要，漢以後，如多得許行（約 372B.C.-289B.C.）之徒，則帝制早革矣。[225]

---

[221] 以上兩條出自熊十力：《原儒》，收入《熊十力全集》第 6 卷，頁 366。

[222] 《莊子·天下》有言：「相里勤之弟子五侯之徒，南方之墨者苦獲、已齒、鄧陵子之屬，俱誦《墨經》，而倍譎不同，相謂別墨；以堅白同異之辯相訾，以觭偶不仵之辭相應；以巨子為聖人，皆願為之尸，冀得為其後世，至今不決。」參見清·郭慶藩輯：〈天下〉，《莊子集釋》，頁 1079。

[223] 清·郭慶藩輯：〈天下〉，《莊子集釋》，頁 1112。

[224] 清·郭慶藩輯：〈秋水〉，《莊子集釋》，頁 597。

[225] 熊十力：《讀經示要》，收入《熊十力全集》第 3 卷，頁 749。

農家之學，當出於《詩經》。《三百篇》自變雅以至列國之風，小民呻吟窮困，無以為生，其怨恨王侯卿大夫貪污侵剝之詩佔大多數。孔子刪定為經，以教三千七十之徒，傳播民間，此農家所由興也。晚周諸子創說皆假托古聖王以為重，故農家亦托神農。……〈漢志〉，農家有九，書百一十四篇，皆秦、漢間人擁護統制階級所為，與晚周農家思想無關。[226]

熊十力以農家思想體現出農民對當時社會現象的反應，《詩經》的國風、變雅，能顯見民不聊生的生活苦狀，故農家出於《詩經》。[227]又《詩》亡然後《春秋》作，農家思想也出自《春秋》，故說：「農家思想與《詩》、《春秋》二經皆相關，其書亡，亦言《春秋》者之深憾也。」[228]

然而，到了〈藝文志〉只說農家是「播百穀，勸耕桑，以足衣食，故八政一曰食，二曰貨。孔子曰『所重民食』，此其所長也。」[229]故熊十力認為當時所收之書只不過是農桑之事，而非真正的農家思想。

至於農家思想是什麼？在《原儒》中，農家思想被視社會主義的開端。熊十力以〈藝文志〉所收第一本農家之書──《神農》下疑為李悝（455B.C.-395B.C.）或商鞅的小注，有云：「六國時諸子，疾時怠於農業，道耕農事，託之神農。」認為該書已受商鞅改造，非《神農》原貌。而真正的《神農》應該是《孟子‧滕文公上》許行的形象，即熊氏所謂：「今玩其說，不許有勞心、勞力及治人、治於人之分，誠哉，社會主義之開山也。由此推想，農家所託為神農之書當非道耕農事者，而必是發揮其對於社會問題

---

[226] 熊十力：《原儒》，收入《熊十力全集》第 6 卷，頁 369-370。

[227] 另有云：「《三百篇》皆來自民間，今所謂大眾文學是也。民眾被侵剝於統治階層，其勞作之苦，飢餓之逼，情動于中而發為怨詩，此怨非私也，乃與天下貧苦眾庶同此怨也。」參見氏著熊十力：《論六經》，收入《熊十力全集》第 5 卷，頁 740。

[228] 熊十力：《原儒》，收入《熊十力全集》第 6 卷，頁 432。

[229] 東漢‧班固：「諸子略」，〈藝文志〉，《漢書》卷 30，頁 1743。

之最高理想。」[230]由此誠可知其重視農家的理由。

5.法家

　　法家出自《周官》、《公羊》，熊十力說：

> 法家者流，自《禮》與《春秋》出。《春秋》之升平世，即寓法治思
> 想於禮化之中，本不純恃法也。至太平世，則全人類大同，人各自
> 治，而必互相助也。人各自尊，而必互相輔也。則治道之極，升平世
> 不足言之，乃《春秋》最高之理想耳。《周官》一書，大抵明升平之
> 治。以德禮之精神，運法治之組織，《管子》書亦頗有此意。法家之
> 學，蓋通《春秋》升平，與《周官》之旨，將使人類離據亂之陋，而
> 相習於法治。凡據亂世之民，不知有法守。法家故特重法。其道雖異
> 乎儒者之言德與禮，而其思想實本之《禮》、《春秋》二經。[231]

法家論法，依於法治、禮化，而〈藝文志〉亦說法家「信賞必罰，以輔禮
制。」[232]熊十力認為《公羊》提到的「升平世」、《周官》之旨，俱能展
現法家精神。首先，「升平世」原則是「內諸夏而外夷狄。」諸夏指有高深
文化者，夷狄指蠻昧無知者。諸夏內無論國之小大，都要彼此尊重，對外要
擯斥夷狄暴行，如此就能履及升平之世，故以此時的政治主張是「皆謂諸文
明大國，能崇禮義，協和為治，以抑凶暴，是升平世之道也。」[233]其次，
熊十力論《周官》內容時，有提到兩點：「六曰《周禮》主張德治與禮治，
其餘普遍的人民，都要訓育以德與禮，非若西方偏講法治。……」「七曰
《周禮》的思想，是為《春秋》由升平進太平的理想，故《周禮》與《春
秋》相通。」[234]歸總來看，《周官》提供《公羊》前往太平世邁進的德、

---

[230] 熊十力：《原儒》，收入《熊十力全集》第 6 卷，頁 431。

[231] 熊十力：《讀經示要》，收入《熊十力全集》第 3 卷，頁 748。

[232] 東漢・班固：「諸子略」，〈藝文志〉，《漢書》卷 30，頁 1736。

[233] 以上參見熊十力：《讀經示要》，收入《熊十力全集》第 3 卷，頁 1027。

[234] 熊十力：〈研窮孔學宜注重易春秋周禮三經〉，收入《熊十力全集》第 8 卷，頁 177。

禮基礎，故為法家所本。

又，《管子》是理想的法家代表，但〈藝文志〉卻將之放入了道家。熊十力言《管子》是齊、魯儒生依託管仲所著，推其著作精神「則見其根本大義，不離孔子《六經》。」「隨處可見其未脫儒學骨髓，故知創作者必是七十子之徒，始變儒術而別立法家赤幟也。」故斷定法家思想出於儒生，要等到尸佼（約 390B.C.-330B.C.）、商鞅才一改德、禮，轉向極權[235]，此誠為《春秋》流失，故言：「法家狹小，乃欲偏尚法以為治，則不善學《春秋》之過。要其為說，未嘗不本於經。」[236]

此外，熊十力更欲分辨法家、兵刑家的差異，而說：「商鞅、申不害、韓非，〈漢志〉列法家，甚誤。或如汪大紳（名縉，1725-1792）說，以兵刑家位之較合。」[237]法家可承儒統之一隅，另以兵刑家安置專任刑法為治者。

末以一表，比較馬、熊二人六藝、六經經傳統攝諸子之異同：

諸子之學	馬一浮「六藝論」	熊十力「六經經傳」
儒家	通於六藝	通於六經經傳
墨家	禮教、樂教，得少失多	《春秋》、《尚書》、《詩經》
道家	老子：易教，得多失多	主要是《易》，也出自《春秋》
	莊子：易教、樂教，得多失多	
名家	禮教，得少失多	《易》、《春秋》
法家	禮教、易教，得少失多	《周官》、《公羊》
農家	（末流卑陋，無足判）	主要是《詩經》，也出自《春秋》

（二）含攝「百家」／「科學」

熊十力以百家之學為科學，在外王精神下，連結經學與科學，有云：「經學如不有科學為羽翼，則尚德慧而輕知識，固不免以空疏無用貽譏。科

---

[235] 以上參見熊十力：《原儒》，收入《熊十力全集》第 6 卷，頁 370-374。

[236] 熊十力：《讀經示要》，收入《熊十力全集》第 3 卷，頁 560。

[237] 熊十力：《原儒》，收入《熊十力全集》第 6 卷，頁 374。

學如不有經學為歸宿，則且有以知識而破碎大道之憾。」[238]其中則衍生出了兩層的問題：一是六經經傳如何含攝百家之學；二是經學、哲學，與科學領域異同之辨、融合方法。

首先，熊十力以《易》可以含攝科學，即百家之學，有說：

> 夫經學之於科學，本有可融攝，而不待強為湊合者。《大學》之教，注重格物，其源甚古。《易》之為書，名數為經，質力為緯。自然科學，靡不包通。而制器尚象，則工程技術，於是造端。窮變通久，裁成輔相，其道與《春秋》、《周官》、《尚書》諸經相表裏。通羣變之萬殊，而馭之有則。究治制之得失，而損益隨時。均平以定天下之計。公誠以開百代之治。大哉《易》也！政治社會之理想，宏富無匹。《春秋》改制，《周官》法度，皆自《易》出。治社會科學者，何不取則於斯。六經浩博，而大《易》尤為奇特。五經皆與《易》互相發明，《易傳》肇於孔子，本富於科學思想。而漢儒以陰陽家言亂之，全失〈十翼〉之旨。西洋科學輸入，而後聖人智周萬物，道濟天下之實，可得而窺。學問之事，先聖見其大，後賢造其微。【微有二義：一細微，如科學之分工細密是也。二精微義，如科學方法之謹嚴，結論之精審視是也。】孰謂經學、科學如柄鑿不相入哉？治經，而後見其為科學之導源。[239]

此處是指「廣義的科學」，包括社會科學、自然科學，皆可被《易》所含攝。而社會科學即是熊十力論「近代四科」中的「經濟之科」，故可與《春秋》、《周官》、《尚書》相表裡；自然科學亦以《易傳》含攝。熊十力另又解釋有云：

---

[238] 熊十力：《讀經示要》，收入《熊十力全集》第3卷，頁736。
[239] 熊十力：《讀經示要》，收入《熊十力全集》第3卷，頁726-727。

上來言中國科學當以固有儒家哲學即大《易》之道為其根荄而不可斬伐。其次，西洋學術與文化，應有中國哲學救其偏弊。姑言其略。科學無論若何進步，而其研究所及，終限於宇宙之表層，【即現象界。】……至於事物之根源或宇宙實相【實相猶云本體。】終非科學所能過問。中國哲學以大《易》為宗，其書綱領在雙闡不易、變易二義。不易而變易即體成用，於變易見不易是即用識體。科學只從變易方面設定為外在世界而研究之，而不易實體，則科學不可涉及。因科學方法以實測為基，必將研究之對象當作客觀獨存之物事。[240]

承接前一條引文，此處有兩個重點：一是中國哲學與西方學術、科學的關係；二是《易》，實指《易傳》能含攝科學的理由。先論其一，熊十力認為古聖先賢有許多科學發明，皆能見得中國本有科學，但在秦漢以後被刊落[241]，於今憑藉著西方科學的傳入，又能創建這些科學分工、方法論。但西方學術停留在現象界，只能見到「宇宙之表層」，故須以中國哲學救弊端。其二，《易傳》三易有「不易」為體，「變易」為用，科學膠柱鼓瑟於變易之用，無法見本；反之，若只有不易之本而不見用，也「是逆本體流行之妙用也。」[242]必以中國哲學之宗的《易》以為本，方能使天地萬物與我一體，否則人在宇宙中，不過滄海之一粟。[243]誠如熊十力說：「今後世界學術當本《易》學之隱，以融西學推顯之長，而益發揮本隱之顯之妙。依西學之顯，以求《易》學本隱之蘊，而益盡其推顯至隱之功，庶幾形下之學【科

---

[240] 熊十力：《中國哲學與西洋科學》，收入《熊十力全集》第 4 卷，頁 564-565。

[241] 熊十力云：「迄呂政混一四海，眾家之學，遂由衰而至於絕。漢興，沿秦郡縣之治，政體專制，地方閉塞，則學術思想，不得發展，固其勢也。然諸子百家之學，衰絕於呂政時代，不可復振於漢。」參見氏著：《讀經示要》，收入《熊十力全集》第 3 卷，頁 749。

[242] 熊十力：《中國哲學與西洋科學》，收入《熊十力全集》第 4 卷，頁 572。

[243] 熊十力云：「由科學之宇宙觀而說人生，即宇宙為客觀獨存。吾人在宇宙中之地位，渺如滄海一粟。由中國哲學證會之境地而說宇宙，則天地萬物本吾一體。」參見氏著：《中國哲學與西洋科學》，收入《熊十力全集》第 4 卷，頁 565。

學。】不滯於粗迹。【科學研究所及者，皆化迹也。】形上之學不遺於器理」是也。[244]

其次，哲學、科學畢竟是兩條方向，應離分還是融合？熊十力說：

> 我總覺得哲學應該離開科學，有他獨立的精神和面目。科學之為學，是知識的；哲學之為學，是超知識的。……他底領域限於本體論，故其領域不同科學。他底工具，全仗著他底明智與神悟，及所謂涵養等等工夫，故其方法不同科學。一般人都拿科學的眼光來看哲學，所以無法了解哲學。尤其對於東方的哲學，更可以不承認他是哲學。[245]

> 本體論即是學問的，非宗教的，而科學確不能奪取此一片領土，則哲學終當與科學對立，此又不待煩言而解。弟堅決主張劃分科哲領域。科學假定外界獨存，故理在外物，而窮理必用純客觀的方法，故是知識的學問。哲學通宇宙、生命、真理、知能，而為一，本無內外，故道在反躬，非實踐無由證見，故是修養的學問。[246]

這兩段話看似主張離分，因為哲學是本體論的，重涵養，是超知識，通於宇宙生命的；但科學卻是知識論的。一主形上，一主形下。若此一來，又何必溯源於《易》？事實上，上述重點在「學科性」、「方法論」的差別，但不能藉此來分隔中西學，以為各有專擅。實則是中西方皆有哲學、科學，「只是一方在知識上偏著重一點，就成功了科學，一方在修養上偏著重一點，就成功了哲學。」[247]擴言之，科學各部、學術分科，都只察於現象界之一

---

[244] 熊十力：《中國哲學與西洋科學》，收入《熊十力全集》第 4 卷，頁 584。

[245] 熊十力：〈答沈生〉，《十力論學語輯略》，收入《熊十力全集》第 2 卷，頁 292。

[246] 熊十力：〈與張東蓀〉，《十力論學語輯略》，收入《熊十力全集》第 2 卷，頁 315。

[247] 熊十力：〈與張東蓀〉，《十力論學語輯略》，收入《熊十力全集》第 2 卷，頁 310。

隅，不見本源，此為「執用迷體」；相反的，若是執本體而遺用，一如宗教求出世，亦非確諦。唯有體用不二，方能究極宇宙全貌。

第三節　小　結

　　經由層層比對，誠可確立馬、熊二人係本於經學、經術，但在不同學術基礎上進行對話，從對復性書院路向之爭，從體制、教學內容，到是否為學生尋謀出路等，均體現出雙方學理的差異。總其端約有以下五點。

　　一、「六藝的學術史觀」與「六經經傳的經學思想」。馬一浮的六藝不等於六經，六藝係指六種教化下的六種學術門類，是辨章學術，考鏡源流的學術史。熊十力則不辨經藝、不分經傳。「不辨經藝」即等同經、藝，以六藝是六經，故他言經不言藝。從而將藝視作《周官》「鄉三物」的禮、樂、射、御、書、數，用以對應現代學術，則屬於政治、社會科學。至於「不分經傳」，熊十力似言六經，實是混同經傳。

　　縱然馬、熊兩人皆有溯及學術源流的意圖，也都重視義理精蘊，但馬一浮嚴守經數為六的原則，新創出「義理式的學術史觀」；熊十力則是時而言經，時而談傳，目的是發揮經學思想。

　　二、「宗經論、釋經論」與「宗經、釋經」。馬一浮在學術史「序六藝為九種」前提下，以「宗經論」、「釋經論」安頓十三經、《四書》之原本只是四部之經部的分類；至於熊十力則單論「宗經」、「釋經」，以此作為宋學、漢學的代名詞。最直接的分別是馬一浮以《論語》、《孝經》為六藝的入門，又將小學放入釋經論，合理安頓六藝之外的「另三種」，而《四書》則屬於義理性的圓通，但不能取代《論語》、《孝經》在學術史上的地位；熊十力雖認為《論語》可匯通諸經，但他並未給予其特殊定位，此外，他又鄙薄《孝經》是專治政體下，倡言忠孝合一的束縛，而另以《大學》統括羣經義理，〈儒行〉闡揚、標舉儒者行為，這都是基於純哲學性質的統括。

　　三、「判教」與「分科」：通儒、專門／專家、技藝。馬、熊二人皆以「通儒」為目標，但二人對於何謂學術、如何成就學術的觀點不一。馬一浮

至始至終言「判教」，不談「分科」，甚至說有判教而無分科，其以六藝論統攝傳統、西方學術源流，都是義理判教。但道德屬性的判教何以能總該天下一切學術？因此，馬一浮定調「理論科學」為專門／專家之學，認為一切理論背後，都有求善、求真、求美的意圖，至於更細瑣的學術分科屬於純粹技藝，而不能列入六藝論學術範疇。比起馬一浮重「本源」，熊十力更關懷傳統經學如何開展出現代知識之「流」。他重視「分科」，以近代「四科之學」上溯「孔門四科」，又為六經經傳含攝，並以此對應西方學術。他強調中學自成體用，與西學體用相輝映，惜秦漢以後的政治專制，遺失許多社會、自然科學的技術，得藉由對應、參究西學，復其本貌。所以他認為身為通儒，須兼備道德身修的「內聖」，與開拓知識視野、建立事功的「外王學」，強調落實於「用」的重要性。

四、「義理」與「哲學」，中西學術的本源與對應。馬一浮講義理，不言哲學，而欲以中學義理統攝中西學術，視哲學是西方學術下的產物，由於西方哲學未見本體，故不能將哲學等同於義理。熊十力則強調義理即哲學，認為中國本有宇宙論、本體論，只是缺乏理論的建構，故須借西方哲學的方式，反身建構中國哲學的理論。

五、「諸子流失，毋論百家」與「諸子流衍，含攝百家」。馬一浮以心習流失論諸子，視諸子是六藝流衍，有得失多寡之別；至於百家則為技藝之學，非屬六藝範疇，故不待言。熊十力以本於經學的「義理之科」為眾學之母，除了說明經濟、詞章之科、古之藝學本有體用，將諸子視為儒家、六經經傳的衍派，因精進某方面專門之學，獨立成家，仍歸本於儒。所以，熊十力改造各家宗旨以牽合六經經傳，使諸子無法真正獨立；又真正能獨立者，反不會成為主流，如：以鄧析、尹文……等人為刑名家，以申韓為兵刑家。他進而形塑以儒家孔子為中心的諸子觀，就積極義而言，使儒家與諸子相輔相成，諸子的出現，正好專門化的展現儒家學術內涵。[248]至於百家之學，

---

[248] 酌參宋志明：《熊十力評傳》（南昌：百花洲文藝出版社，1996 年 12 月），頁 81-82。

即今之科學，熊十力認為無論是理論科學或實用科學，皆可被六經所含攝，但其目的亦非成就專門之學，而欲提示一條體用不二、兼重本體與專門之學的思考路向。

　　藉由以上五點，可辨析出馬、熊二人學術理念的差異。但熊十力論證主觀，與歷史事實不符，致使他的經學思想時常被詬病，如：梁漱溟撰〈讀熊著各書書後〉數萬言長文的前半部，正是評議其經學思想相關系列著作，詳細撮舉錯誤，尤其是輕忽史實，貿然對比古今、中西異同等。歸究其因，正是因為熊氏癖好哲學，以超知識凌駕了客觀知識。[249]徐復觀也說：「他的哲學思想，實歸結於政治思想之上，此乃中國文化傳統及所處時代使然。……他的政治思想，又鑲嵌於歷史之中，在歷史中求根據，並以此轉而批評歷史，形成他獨特的『史觀』。」又說：「他的政治思想，是民主政治與社會主義的結合。若僅以思想的形式表達出來，我感到是極為完善的。問題是他老人家一定要鑲嵌在歷史中講，便不能不引出若干糾葛。凡是講形而上學的人，皆不適於講歷史，此不僅熊師為然。」[250]要言之，熊十力的哲

---

[249] 梁漱溟說：「對於哲學，熊先生固自強調其有超知識不尚理論之一面，力斥知見卜度、臆想構畫、一切向外尋求之非；──這代表東方說話。但同時又肯定其有恃乎思辨，而且據說是極貴玄想。這意在吸收西方哲學之長，以建立其本體論、宇宙論等等。口口聲聲以『內證離言』『體神化不測於人倫日用之間』為哲學旨歸，而實則自己不事修證實踐，而癖好著思想把戲。其勢要把不尚理論者引向理論去，而後乃有把戲可玩，從《新唯識論》以至《原儒》、《體用論》、《明心論》、《乾坤衍》種種著作乃始有歸著處。不然的話，英雄將無用武之地。」又說：「從來空想空談不成學問；真學問總是產生在那些為了解決實際問題而有的實踐中，而又來指導其實踐的。在東方古書中被看作是哲學的那些說話，正是古人們從其反躬向內的一種實踐活動而來，要皆有其所指說的事實在，不是空話，不是捏造。你祇對著古書望文生義去講，並不能確知其所說究是些什麼。……」參見氏著：〈讀熊著各書書後〉，《勉仁齋讀書錄》，收入中國文化書院學術委員會編、梁漱溟著：《梁漱溟全集》第7卷（濟南：山東人民出版社，2005年5月），頁756-757。

[250] 徐復觀：〈按語：先世述要〉，收入黎漢基、李明輝編：《徐復觀雜文補編·思想文化卷上》第1冊（臺北：中央研究院中國文哲研究所籌備處，2001年12月），頁572-573。

學思想最終落在政治思想上，內涵則是近現代的民主政治、社會主義。但他偏偏又好將這些論題放在歷史脈絡中進行討論，而歷史的詮釋本就強調事件發生的因果順序，但熊十力往往採行後設性的詮釋，不辨時代順序，每多與史實不符。

　　那麼，熊十力經學思想價值何在？或許正如徐復觀所說：

> 然僅就中國文化意義上講，我認為熊先生的《十力語要》及《讀經示要》，較之《新唯識論》的意義更為重大。……熊先生則對古人緊要的言語，層層透入，由文字以直透入到古人之心；而其文字表現的天才，又能將其所到達者，完全表現出來。[251]

> 他由人格所發出的迫力，在《十力語要》的各短篇書札中，在《讀經示要》的各篇文章中，都可使讀者感受得到。[252]

無論是否客觀，合乎史實，面對當時近代知識體系的轉型，熊十力企圖建構一龐大，能博古通今的中西知識體系架構，其人格呈現出恢弘廣大的器識，正是其經學思想最大的價值所在。

---

[251] 徐復觀：〈悼念熊十力先生・二〉，收入《熊十力全集》附卷下，頁1405。
[252] 徐復觀：〈悼念熊十力先生・三〉，收入《熊十力全集》附卷下，頁1406。

第九章 結 論

　　本書是在「近代中國知識轉型與知識傳播，1600-1949」主議題下，研究民國初年，傳統經學如何過渡到現代中國哲學的過程，也就是「經學」、「子學」關係的變化，與為「中國哲學史」這門學科進行溯源。我特別關注的是在當時學術界已廣泛接受西方知識的氣氛下，一批堅持以傳統學術應對這龐大西潮衝擊的學者們的學術思想；並以後來被稱作是第一代現代新儒家的學者之一的馬一浮為研究對象，兼對比其學友熊十力的學術思想。從中觀察到民初正處於鴻蒙期的「中國哲學史」的學科建置過程中，並不是一開始就全盤接納西學，成為今日所見以西釋中，與脫離經學，直入諸子學的主流詮釋樣態；而是在面對子學能否脫離經學而獨立，又中國哲學的起源是什麼，曾有過一段短暫時間的掙扎與猶疑。以下分別從「各章總結與評議」、「馬一浮學術思想的貢獻與未能流傳之因由」、「從傳統經學分化出現代中國哲學之延伸議題」三點為全書作總結。

一、各章總結與評議

　　本書第一章的「緒論」，先就研究背景、方法、研究現況等，進行完整的闡述。至第二章則以馬一浮學術史觀的分期，討論其學術思想的轉變。早在 1907 年，馬一浮告知舅父何稚逸，自己欲編纂「儒宗」、「文宗」時，便已確立了學術史的研究志向。但接下來長達三十年的時間，馬一浮卻走入了學術的沉澱、思考期。這段期間，除了一些與他人書信往返、單篇文章的寫作，馬一浮鮮有學術著作，但也此時，他的學術思想完成了從儒佛共治到歸本於儒，逐步蓄積學術能量。殆及 1937 年日本侵華，他因避難，隨著浙江大學相繼遷移至江西泰和、廣西宜山，而後又於四川樂山創立復性書院，

邊講學邊著書，提出具有開創性的「義理式的學術史觀」。但到了 1949
年，政權更迭後，他的生命、學術終歸於平淡。

　　第三章則確立了馬一浮在章學誠主張的「六經皆史」的學術史觀之外，
另闢了一個新的學術史觀，我定名為「義理式的學術史觀」。馬一浮試圖扭
轉經史同源的觀點，而以經術六藝作為學術本源，以尊六藝取代尊史與後來
衍生出的「六經皆史料」之說。藉此亦延伸出對馬一浮歷史觀的研究。這又
包括兩個部分：一是馬一浮如何看待兼具經、史雙重特質的《春秋》。馬一
浮先還《春秋》為經，強調研究《春秋》本在於義而非史例，而其看重公羊
學也只因為公羊學重《春秋》的微言大義，而非公羊學所提出一系列的義
例。二是馬一浮如何回應當時風靡史學界的新史學。面對講求實事求是，講
求二重證據的新史學研究，馬一浮既不疑古，也不信古，而主張治史原則在
於能否返歸心性本體，同樣是重史義而大過於史實。

　　自第四章至七章為止，則完整闡述馬一浮以六藝論為核心的「義理式的
學術史觀」的內容。首先，第四章確立了「義理式的學術史觀」之內涵，從
界定名義，到溯源六藝論之源在歸本一心本體，進而論及各藝可互攝的理
由、方法。其次，往後三章則在前述「義理式的學術史觀」基礎下，依序梳
理了以下幾個問題，包括：一、如何展現「六藝統攝於一心」的義理學精
神；二、如何統攝傳統學術、西來學術；三、判定佛、道二家的學術思想的
定位等。最終，完成了馬一浮「義理式學術史觀」對傳統與現代、中西學術
的統攝的闡釋與評議。

　　第八章則對比熊十力的經學思想。一開始，先以復性書院規制之爭執為
端，考辨出馬、熊二人的學術分歧，實是研究路徑的殊途。而後我發現熊十
力本於「六經」經傳，採行一條近似學術史式辨章、考鏡學術源流的論述，
但他因為缺乏對學術史「序六藝為九種」的認知，時而言經，時而言傳，無
法確切掌握學術史目錄式分層繫屬之原則，導致他儘管同樣是為傳統與現
代、中西學術溯源，但最終成為一種類比式的「經學思想」。因此，馬、熊
二氏學術思想表面似是相近，內涵卻大相逕庭。

　　總言之，馬一浮本於六藝的「義理式的學術史觀」核心特點是「寓道統

於學統」之上，以一心兼該眾學，這既是他的學術特點，也是難劃分其學術類別的理由，這又可從「學術史」、「哲學（義理學）」分別說明。首先，自學術史而論，馬一浮不同於其他學術史家專事蒐羅、劃分中西學術源流，在統於義理的目的下，他嚴格區分「學術、非學術」，「義理、專門／專家、技藝」之別，並排除了技藝之學而不視為是學術的一部分，藉以單純化六藝論的內涵、統攝的範疇，這與學術史家欲蒐羅、統括一切學術的可能，與追求極精細的分類方法格格不入。其次，自哲學而論，當馬一浮將其六藝論融入義理學，即一般人所謂的哲學，這就很難解釋被視為「經」的六藝，為何能夠且必須滲入、交融於哲學之中，也超越了「以西釋中」觀點下中國哲學史的研究範疇。

二、馬一浮學術思想的貢獻與未能流傳之因由

馬一浮學術思想的貢獻並非「接著講」宋明理學，也未提出了什麼具有突破性論點；也不是提出更完備的學術史分類，在學術史研究長河中，他倏忽來去。

然而，馬一浮的「義理式的學術史觀」是在其渾厚傳統學術背景下，融合出的一種學術思想體系。而他也體現出當時有一群既有著傳統學養，又曾接受過西學洗禮下學者們的知識形態，他們淵博厚實的學養與知識既不受現代學術分科所囿，亦不能以某一個現代學術分科所完全涵蓋。誠如學術界一般對馬一浮的認知，往往是立足在某一現代學術分科下的既定印象，如：經學、哲學、理學……等。但這樣的區分真的能看出他的學術全貌嗎？

在晚清民初，這股新舊學術交接的過程中，此時的學者呈現出如梁啟超所言學術草創「啟蒙期」的特點，即「其條理未確立，其研究方法正在間錯試驗中，棄取未定；故此期之著作，恆駁而不純；但在殽亂粗糙之中，自有一種元氣淋漓之象。」[1]易言之，就是博而不專。若攤開時人學術論著，則可發現他們的研究經常橫跨諸多學科，馬一浮「義理式的學術史觀」便是其

---

[1] 梁啟超：《清代學術概論》卷1，頁4。

中一種選擇，而這樣的研究比比皆是。但當學術走向專業化，連帶使得專業知識形態、學術分科涇渭分明；原來「恆駁而不純」、「元氣淋漓之象」，可彰顯學者傳統學術修養者，反而被視為迂闊而駁雜，深度不足且不夠精純。

因此，馬一浮「義理式的學術史觀」雖然鞏固了以經學為本位的學術史觀，也在前人學術史基礎上，創新觀點，冀能更合理化梳理眾學源流，但在現代學術著重分科理念下，使得其學術路向很難被定位，亦難彰顯當中的現代性，終致其「義理式的學術史觀」未能流傳於後。更進一步來看，未能流傳有以下三個具體原因。

其一，傳統學術分類法沒落，開展出近代專門之學。早在章學誠便因後出之書龐雜，有六藝不得不流為四部之慨嘆，使學術史、圖書部次分為二途。延至晚清西學導入，圖書種類繁多，四部分類愈益不敷使用[2]，兩湖書院的江人度（？）曾上書張之洞，有謂：

> 然處今之世，書契益繁，異學日起，匪特《七略》不能復，即「四部」亦不能賅……且東西洋諸學子所著，愈出愈新，莫可究詰，尤非「四部」所能範圍，恐《四庫》之藩籬終將衝決也。蓋《七略》不能括，故以「四部」為宗；今則「四部」不能包，不知以何為當？[3]

江人度清楚指出受西學影響，固有圖書目錄無法涵括所有書目、學術的理由。伴隨現代圖書館興起，與 1909 年引進美國杜威的「十分類法」逐步流行，直到上個世紀 20、30 年代，接受該法而後提出修正者甚多[4]，這些事情皆早於馬一浮於泰和、宜山講學達數十年之久。又更早如劉咸炘也主張分論

---

[2] 李瑞良：〈第八章 過渡期：晚清〉，《中國目錄學史》（臺北：文津出版社，1993年7月），頁296-304。

[3] 江人度：〈上南皮張相國論目錄學書〉，《書目答問箋補》，轉引自姚名達：《中國目錄學史》，頁117-118。

[4] 姚名達：《中國目錄學史》，頁130-133。

中西學術，不全受六藝統攝[5]，故馬一浮的觀點實是一反當時潮流。

其二，學術史的任務已終結，繼以學術分科的興起。學術史是清儒整理傳統學術，部次條列，使學術分門別類，各歸其趨的方法。晚近因現代學術分科興起，取代了原本學術史的任務，學術史自此凋零。馬一浮正處於此一轉關時期的末端，他守著傳統，欲藉由義理以統攝類，甚至以統代類，縱有義理性的價值，但其學術史觀卻難以為繼。相形之下，熊十力以晚近的「四科之學」統攝中學，對應西學，他自知以此傳統分類並不能作為現代學術分科的典要，但無論成敗，他力圖發掘中國的分科性學術，以「義理之科」為眾學之首，是很重要的嘗試。殆及後來牟宗三的「良知坎陷說」，更是以哲學角度，思考良知良能如何轉為認知主體的可能性、方法論，欲以此開出民主、科學知識。[6]

其三，義理學性格更形鮮明，學術史理念相對隱晦。早在上個世紀 40年代，賀麟將他列入當代中國哲學家一員，後人對馬一浮義理學的認知、評價，不外乎經學家、理學家、哲學家、思想家、現代儒者、現代新儒家、文化保守主義者，其他學術特性已然超越學術史背景，這突顯了兩層意蘊：一是思想的複雜度，二是學術史的式微。

首先，思想的複雜度指他的「義理式的學術史觀」。作為學術史的研究，他的六藝論不能以「經學的理學化」或「經學哲學化」來釋讀，最直接證據是這些既有的研究範疇實無法完整解釋他的六藝論。若看作經學研究，

---

[5] 劉咸炘分論中西學術，他認為西學重「知實」，講究類分，擅長在「物質科學」、「應用技術」。中學著於人生價值，重視心靈感知，有言：「中之哲學本主人生，以心御物，以理御事，以縱貫為長。」又點出：「知莫切於心靈。」明中學長於「體用」、「知行」，重「求統」。僅管論及「心」，卻是「感於心」，非欲將六藝凝合於本體的一心。劉咸炘不主悉數統攝中西學術，而是各有特質，要相互參照，方能得事理之全，誠謂：「明乎此，則欲究事物，可以中、西學類相參而求之」是也。參見氏著：〈一事論〉，《中書》卷一，收入黃曙輝編校《劉咸炘學術論集——哲學編（上）》，頁 20-24。另可見周鼎：《劉咸炘學術思想研究》（成都：巴蜀書社，2008 年 1 月），頁93-94。

[6] 牟宗三：《現象與物自身》（臺北：臺灣學生書局，1975 年 8 月），頁 121-125。

則經學範疇明顯無法涵括其六藝論的所有內涵；若作為純粹理學的研究，則不必然要將心性之學與六藝併比討論；若視為純哲學的研究，他的哲學理路既不如其他哲學家邏輯分明，且又間雜了經學，難以分疏。最終，唯有以學術史觀點，方能綜觀六藝論全貌。

再者，有意思的是，在馬一浮與學生的對話、會語記錄中，也很難看到他花許多篇幅在闡釋其六藝論觀點，這是因為馬一浮認為必以「義理」為學術史的本源，所以與人論學時，他更重視以義理、修養心性為首務，這也間接導致他的學術史觀更顯邊緣化。連他的學生、時人都未必能理解其六藝論，又遑論流傳於後？或可說此係前人從未有過的新嘗試，馬一浮的六藝論鎔鑄了經學、哲學（義理學）、學術史為一爐，缺少任一背景都難完整與之對話。

綜觀馬一浮的學術思想，恰是代表著晚清民初西學影響下，一種從「讀書人」過渡到「知識人」的型態，如同成中英直指馬一浮重彰顯德性、文化傳承，卻缺乏西方哲學的論說，正是立基西方哲學的詮釋觀點，申明馬一浮與現代哲學家的格格不入。[7]又胡曉明、劉煒從馬一浮的「判教與分科」，照見此係近現代中國學術分科趨勢下，欲維護傳統博通的反思，且提及：「馬一浮的據六藝判教，其實質不在『治學』和『研究』，不在『為學術而學術』、『為知識而知識』，而在『教』，即『教化』。」[8]從六藝論的教化性質，思考傳統學問、近現代知識間的差異。因此，馬一浮的論學精神，實質體現出近代知識轉型過程中，「學問」（learning）與「知識」（knowledge）的差異，如左玉河論近代「讀書人」、「知識人」的不同說道：

> 知識人與讀書人最大區別，在於學術理念之差異。而從讀書人「修德

7　成中英：〈馬一浮的「六藝心統說」與儒家經學的哲學意涵：從「經典詮釋」到「本體詮釋」〉，《杭州師範大學學報（社會科學版）》2009 年第 2 期，頁 31。

8　胡曉明、劉煒：〈判教與分科：馬一浮的六藝論與近代中國的學術分科〉，《江西社會科學學報》2006 年第 4 期，頁 71。

明道」觀念向知識人之「求知」理念之轉變，實始於其知識結構之改
變。[9]

左氏並提到「這種差異集中體現在學術平等、學術獨立、求真、求知理念的
確立。」[10]有兩個根源：一是乾嘉專門漢學「求是」精神的影響；二是西方
科學精神的傳入之雙重影響所致。[11]這不同於傳統中國學術以道德貫串，重
博通，講求人文、自然必然通達為一[12]，而馬一浮正顯見傳統讀書人講求修
德明道，非追求客觀求知的形象，迴別於當時主流學風。

三、從傳統經學分化出現代中國哲學之延伸議題

　　最後，再就「近代中國知識轉型與知識傳播」主要議題下，關於傳統
經學分化出現代中國哲學的歷程來看，有以下四層意義、議題值得持續留
意。

　　其一，還原「中國哲學史學史」草創初期的歷史面貌。中國有無哲學已
毋須多論，但如何表述中國哲學、中國哲學史的寫作，一直是中國哲學界持
續且長期關注的焦點。自 1916 年第一本中國自著的《中國哲學史》出版至
今已逾百年，而後又以西方哲學詮釋中國哲學的方法論成為寫作「中國哲學
史」、詮釋「中國哲學」的主流，但若還原 20 世紀初期摸索階段的「中國
哲學史」寫作，顯然不只一種聲響，而是多頭馬車，百花齊放的。

　　而所謂「中國哲學史學史」是討論「中國哲學史」這門學科發生與流變
歷史的研究[13]，如何全面回顧、檢視這條歷史長河，還原史實原貌，其中至

---

[9]　左玉河：《中國近代學術體制之創見》（成都：四川人民出版社，2008 年 3 月），頁
　　83。

[10]　左玉河：《中國近代學術體制之創見》，頁 98。

[11]　左玉河：《中國近代學術體制之創見》，頁 84。

[12]　左玉河：《從四部之學到七科之學──學術分科與近代中國知識系統之創見》，頁
　　90-98。

[13]　如任軍界定「哲學史學史」有云：「主要是對哲學史這門學科作發生學的研究，對哲
　　學史研究中的問題、方法、目標、價值以及它們如何隨時代推移而發生轉變或發展的

少涵括兩個層次的問題：首先，是「中國哲學史」研究疆域是什麼？劉咸炘、馬一浮的六藝論，熊十力讀經諸作，又凡論及「諸子哲學（史）」、「諸子概論」者，都該納入「中國哲學史」的研究範疇，方能照見中國哲學史發展初期的樣貌。其次，是觀察中國哲學史學科的發展、變化。任何學科內起落間的變化，如：延續、創新、轉型、刊落，咸可透顯出時代、學術研究氛圍的轉變。

本論文關心傳統「學術史觀」對中國哲學史建構的影響，其他如：陳黻宸、謝无量、鍾泰等人的《中國哲學史》皆是此類型的代表作。又早如：章太炎、劉師培、劉咸炘……，晚至馬一浮等人，皆在經學學術史視域下講論諸子。他們梳理、安頓經子的方法：一來可展示個別著作的問題意識、方法、目標、價值；二來可闡釋學術史透顯出的義理、哲學內涵。對「哲學」這門學科傳進中國後，各方學者如何解讀與評議「經學」、「哲學」、「中國哲學」的關係，有更全面的認識。

其二，連結經學與哲學（諸子學）的研究。學術分科下的經學、哲學被判分為二，當胡適、馮友蘭平列諸子觀點成為研究中國哲學史的典範，經學反被夷為中國哲學史的結胎、前頁、啟蒙、草創，不再具備關鍵影響力。然而，學術分科是事實，經學、哲學在後人範圍界定下，也各有目標，一如許朝陽提到：

> 經學由於是透過政治力量而形成的一門學問，它的出現不免有著強烈的工具訴求。但哲學的出現是一「自由的科學，因為它只是為了它自身的緣故而存在的。」兩者極不相同。因此，當時空條件不再，經學失去其致用性而轉型成哲學，過去的部分致用傳統便必須被捨棄，其實也無法再存在了，它要成為新的知識型態，就必須嘗試成為一門

歷程進行研究。」參見氏著：〈哲學編史學與中國哲學史的寫作問題〉，《人文雜誌》2005 年第 6 期，頁 38。

　　　「不為任何實用目的之學。」[14]

經學本有強烈的政治、經世致用意圖，當轉型成哲學後，不必帶有任何實用目的性，成為自由的科學。經學地位如何旁落，失去主導性，以致於哲學反而成為核心，這在學術史的辨章、考鏡諸子源流過程中，尤其明顯。相形之下，平列諸子則是直接或間接棄守了經學，難「照著」傳統學術脈絡去講，易斷裂了經、子之間的關係。

　　再者，現代中國哲學界、經學界開始反省既存學科疆域的合理性與如何連結的問題，提出「重寫」呼聲，誠如鄭家棟說：「而與經學傳統相隔絕的『中國哲學』，本質上只能是外在於中國文化的。」[15]又如張立文說明經、子關係，有言：

　　　明諸子各家思想與「六經」的關係，而明地域文化、職業文化、傳統禮樂文化對諸子各家思想建構的孕育和形成的作用，便可進而探賾諸子各家為什麼以「六經」為依傍的詮釋文本，追究其與諸子學說內在的關聯，探索諸子學說之所以然的文本根據。[16]

誠如其述，六經（或六藝）是諸子思想的所以然之理，不容忽視。如言經學理學化、哲學化，莫非想以經學連結哲學，透過注經、解經方式闡發當中的哲學。[17]這都說明經學與哲學的關係密切，而20世紀初期，經學學術史的核心議題正是由經到子梳理統脈源流，誠可為來者重寫或定義中國哲學史，供

[14] 許朝陽：《橘枳之辨——中國哲學的名與實》（臺北：洪葉文化事業公司，2008年6月），頁93。
[15] 鄭家棟：〈「中國哲學史」寫作與中國思想傳統的現代困境〉，《中國人民大學學報》2004年第3期，頁10。
[16] 張立文：〈經典詮釋的內在根據——論先秦諸子與「六經」的關係〉，收入蔡方鹿主編：《經學與中國哲學》（上海：華東師範大學出版社，2009年6月），頁6。
[17] 蔡方鹿：〈經學理學化及其意義〉，收入氏主編：《經學與中國哲學》，頁270-286。

作參考。

　　其三，平章儒、佛、道三家之哲學與定位的研究。晚清以來，諸子學、佛學興起，大大提升佛、道二家在「中國哲學史」上的定位，而能與儒家平起平坐。譬如胡適的《中國哲學史》直接從老子講起；又太虛大師認為除了創辦有「孔孟之道修養研究院」性質的復性書院外，中央研究院還應成立「佛仙之道研修院」，建議更立「孔孟研究所」、「佛仙研究所」，這就不僅是論學術而已，更想等觀、平視宗教的地位。[18]當回顧晚清民初那段從傳統走向專業學科建制初期，不同的學者、家派如何安頓儒、佛、道三家的定位，又如何在各自學術立場上辨章、考鏡中國學術思想的源流，其中尚有許多可研究、考辨的細節。並可更宏觀的回顧那段時期，學術思想多元發展且充滿活力的學術史實。

　　四、開發現代新儒家的多元研究。現代新儒家發展至今已邁入第三、四代，主要研究焦點仍是哲學，這與第二代新儒家開啟的哲學研究路向有關。誠如景海峰論儒家詮釋學的當代發展，引熊十力的「經學即是哲學」觀點，觀察到這是傳統經學面對現代化的方式之一。自宋明理學找到本體論依據後，天人、性理成為經學本質，卻也使經學逐漸退場，逐向哲學概念發展。這直接影響唐君毅、牟宗三，儒學產生質變。故景海峰說：「這說明儒家經典詮釋的哲學轉向，已使得儒家思想的現代化解釋同傳統的經學徹底發生了剝離，現代新儒學已經不屬於經學的範疇。」亦云：「一方面使已呈裂散狀的傳統儒學之內核無可避免地進一步被稀釋了，另一方面也極大地擴充了當代儒家可資利用的思想資源，這同經學的解構和新儒家的體系建設是前後協和一致的。」[19]林安梧也在論述熊十力學術思想中，觀察到：

18　太虛大師：〈論復性書院講錄〉，收入太虛大師全書編委會：《太虛大師全書》，頁349-350。

19　景海峰：〈儒家詮釋學的當代發展〉，收入鄭宗義編：《香港中文大學的當代儒者──錢穆、唐君毅、牟宗三、徐復觀》（香港：香港中文大學新亞書院，2006 年 10 月），頁 117-136。

唐、牟諸先生，雖亦言孔老夫子是以殷之質而救周之文，是面對周文疲弊，而開啟新的哲理探討，但只偏在內聖學的探討，而未接上公羊學的隱匿性傳統，另開新外王。唐、牟、徐等大體強調如何由「舊內聖」再轉出「新外王」，所謂的「新外王」則是西方世界傳來的民主、科學，此與熊氏迥異。……或者我們可以說唐、牟、徐等第二代的當代新儒家重的是宋明以來的「四書傳統」，而熊十力重的卻是宋明以前的「六經傳統」。第一代的當代新儒家博厚，而第二代則轉向高明，其重在高明，但相較於第一代卻博厚不足。[20]

說明了第一代新儒家學術面向廣泛，不只有哲學。如同熊十力以經學視域的春秋公羊學開啟新外王，就不同於第二代以降新儒家吸收西方文化後，所開啟的外王理念，至於馬一浮「義理式的學術史觀」，更是鎔鑄多條傳統學術的新成果。再如馬、熊二人詮釋歷史皆重視發揮史義，其歷史觀對後代新儒家多有影響。又如：徐復觀的經學思想，現代新儒家的宗教觀、文學文論觀、美學觀、政治觀……等，都有極大的研究空間。

　　總結來看，當西學大量移植嫁接，自章學誠開始，一百餘年的學術史發展到馬一浮似是末路，但不是死水一灘。自道德精神層面以觀，馬一浮呈現出傳統讀書人過渡到知識人的一種典型；相對的，方今知識人擁有專門知識、技藝外，又該如何「修德明道」以立身處世？再從學術發展以觀，本研究已證明 20 世紀初，傳統經學轉型到現代中國哲學過程中，曾開展過的多樣面貌，其中尚有許多議題有待開發，以還原更多歷史真貌，咸可持續探究。

---

[20] 林安梧：《儒學革命：從「新儒學」到「後新儒學」》（北京：商務印書館，2011年4月），頁 138。

參考書目

一、古典文獻（依時代先後，再依姓名筆劃排列）

周・左丘明傳、晉・杜預注、唐・孔穎達正義：《春秋左傳正義》，收入李學勤主編：《十三經注疏》，北京：北京大學出版社，1999

西漢・司馬遷著、瀧川資言會注考證：《史記會注考證》，臺北：天工書局，1993

西漢・公羊壽傳、何休解詁、唐・徐彥疏：《春秋公羊傳注疏》，收入李學勤主編：《十三經注疏》，北京：北京大學出版社，1999

東漢・班固著、唐・顏師古注：《新校漢書集注》，臺北：世界書局，1978，3 版

東漢・鄭玄注撰：《周易乾鑿度》，收入嚴靈峰主編：《無求備齋易經集成》，臺北：成文出版社，1976

東漢・鄭玄注、唐・孔穎達疏：《禮記正義》，收入李學勤主編：《十三經注疏》，北京：北京大學出版社，1999

東漢・鄭玄注、唐・賈公彥疏：《周禮注疏》，收入李學勤主編：《十三經注疏》，北京：北京大學出版社，1999

魏・王弼注、唐・孔穎達正義：《周易正義》，收入李學勤主編：《十三經注疏》，北京：北京大學出版社，2004，2 版

梁・劉勰著，王更生注譯：《文心雕龍讀本》，臺北：文史哲出版社，1997，初版 6 刷

北齊・魏收：《魏書》，臺北：鼎文書局，1980

北宋・程顥、程頤：《二程集》，臺北：漢京文化事業有限公司，1983

北宋・張載撰、清・王夫之注、湯勤福導讀：《張子正蒙》，上海：上海古籍出版社，2000

南宋・朱熹著：《四書章句集注》，臺北：鵝湖出版社，2000，5 版

南宋・陸九淵著、鍾哲點校：《陸九淵集》，北京：中華書局，2008，初版 2 刷

南宋・黎靖德編：《朱子語類》，長沙：岳麓書社，1997

明・胡廣等纂修：《性理大全》，濟南：山東友誼出版社，1989

清・郭慶藩輯：《莊子集釋》，臺北：華正書局，1997

清・永瑢等撰：《四庫全書總目》，北京：中華書局，1995，初版 6 刷

清・江藩、方東樹著，徐洪興編校：《漢學師承記（外二種）》，香港：三聯書店，1998

清・紀昀：《紀文達公遺集》，收入清代詩文集彙編編纂委員會編：《清代詩文集彙編》第 354 冊，上海：上海古籍出版社，2010

清・章學誠：《章學誠遺書》，北京：文物出版社，1985

清・章學誠著、葉瑛校注：《文史通義校注 校讎通義校注》，臺北：頂淵文化事業公司，2002

清・黃宗羲原著、全祖望補修；陳金生、梁運華點校：《宋元學案》，北京：中華書局，2007，初版 3 刷

清・程樹德著：《論語集釋》，北京：中華書局，1997，初版 4 刷

清・劉師培著、朱維錚點校：《劉師培辛亥前文選》，北京：生活・讀書・新知 三聯書店，1998

清・蘇輿著、鍾哲點校：《春秋繁露義證》，北京：中華書局，2007，初版 4 刷

清・顧炎武著，黃汝成集釋：《日知錄集釋》，上海：上海古籍出版社，2006

清・龔自珍著、王佩諍校：《龔自珍全集》，上海：上海古籍出版社，2007，新 1 版 3 刷

屈萬里註譯：《尚書今註今譯》，臺北：臺灣商務印書館，1997，初版 14 刷

徐興無注譯：《新譯金剛經》，臺北：三民書局，2004，初版 4 刷

黃壽祺、張善文：《周易譯註》，臺北：頂淵文化事業公司，2000

陳鼓應註譯：《老子今註今譯及評介》，臺北：臺灣商務印書館，2004，3 次修訂版 4 刷

陳廣忠：《淮南子斠銓》，合肥：黃山書社，2008

二、現代專著（依姓名筆畫排列）

（一）馬一浮著作與彙編

丁敬涵編著：《馬一浮詩話》，北京：學林出版社，1999

丁敬涵編：《馬一浮先生遺稿三編》，臺北：廣文書局，2002

于文博整理、法・布樂德魯易著、馬一浮譯：《政治罪惡論》，《中國文化》第 41 期，2015 年春季號

吳光主編：《馬一浮全集》，杭州：浙江古籍出版社，2013

馬一浮：《復性書院講錄》，臺北：廣文書局，1964

馬一浮：《爾雅臺答問（附序篇）》，臺北：廣文書局，1973，2 版

馬一浮著、陸寶千整理：《馬一浮先生遺稿初編》，臺北：廣文書局，1992

馬一浮等著、陸寶千編：《馬一浮先生遺稿續編》，臺北：廣文書局，1998

夏宗禹編：《馬一浮遺墨》，北京：華夏出版社，1991

虞萬里等人點校：《馬一浮集》，杭州：浙江古籍出版社、浙江教育出版社，1996

（二）馬一浮相關研究專著

丁敬涵編著：《馬一浮交往錄》，杭州：浙江大學出版社，2013

于文博、吳光：《六藝該攝一切學術：馬一浮說儒》，貴陽：孔學堂書局，2018

中國文化復興運動總會、王壽南主編，張玉法、麻天祥等著：《章炳麟‧歐陽竟無‧梁
　　啟超‧馬一浮》，臺北：臺灣商務印書館，1999

王汝華：《現代新儒家三聖（上）——梁漱溟、熊十力、馬一浮的交往紀實》，臺北：
　　新銳文創，2012

王汝華：《現代新儒家三聖（下）——梁漱溟、熊十力、馬一浮論宋明儒學》，臺北：
　　新銳文創，2012

李國紅：《馬一浮思想研究》，北京：中國社會科學出版社，2012

高迎剛：《馬一浮詩學思想研究》，濟南：齊魯書社，2006

馬鏡泉、趙士華：《馬一浮評傳》，南昌：百花洲文藝出版社，1993

許寧：《六藝圓融——馬一浮文化哲學研究》，北京：中國社會科學出版社，2008

陳星：《隱士儒宗‧馬一浮》，濟南：山東畫報出版社，1996

陳銳：《馬一浮與現代中國》，北京：中國社會科學出版社，2007

陳銳：《馬一浮儒學思想研究》，上海：上海古籍出版社，2010

鄧新文：《馬一浮六藝一心論研究》，上海：上海古籍出版社，2008

滕復編：《默然不說聲如雷——馬一浮新儒學論著輯要》，北京：中國廣播電視出版
　　社，1995

滕復：《馬一浮思想研究》，北京：中華書局，2001

滕復：《一代儒宗——馬一浮傳》，杭州：杭州出版社，2005，初版 2 刷

劉夢溪：《馬一浮與國學》，北京：生活‧讀書‧新知　三聯書店，2018

劉煒：《六藝與詩——馬一浮思想論衡》，北京：中國社會科學出版社，2010

劉樂恆：《馬一浮六藝論新詮》，上海：上海古籍出版社，2015

（三）馬一浮、熊十力研究論文集（引用論文集內的論文不再列入「論文集論文」）

未著編者：《玄圃論學集——熊十力生平與學術》，北京：生活‧讀書‧新知　三聯書
　　店，1990

吳光主編：《馬一浮研究》，上海：上海古籍出版社，2008

吳光主編：《馬一浮思想新探——紀念馬一浮先生誕辰 125 周年暨國際學術研討會論文

集》，上海：上海古籍出版社，2010

吳光、徐立望主編：《海納江河 樹我邦國──馬一浮先生誕辰 130 周年紀念大會暨國學
　　研討會論文集》，杭州：浙江大學出版社，2013

武漢大學中國傳統文化研究中心編：《玄圃論學續集──熊十力與中國傳統文化國際學
　　術研討會論文集》，武漢：湖北教育出版社，2003

畢養賽主編：《中國當代理學大師馬一浮》，上海：上海人民出版社，1992

畢養賽、馬鏡泉主編：《馬一浮學術研究》，杭州：杭州師範學院馬一浮研究所，1995

（四）其他專著

丁為祥：《熊十力學術思想評傳》，北京：北京圖書館出版社，1999

丁福保：《佛學大辭典》，北京：文物出版社，2002

上海圖書館編：《中國近代期刊篇目彙編》，上海：上海人民出版社，1979

方克立、李錦全主編：《現代新儒學研究論集（一）》，北京：中國社會科學出版社，
　　1989

方克立、李錦全主編：《現代新儒家學案》，北京：中國社會科學出版社，1995

方克立：《現代新儒學與中國現代化》，長春：長春出版社，2008

太虛大師全書編委會編：《太虛大師全書》，香港：正覺蓮社、臺北：海潮音社，1956

中國文化書院學術委員會編、梁漱溟著：《梁漱溟全集》，濟南：山東人民出版社，
　　2005，2 版

中國蔡元培研究會編：《蔡元培全集》，杭州：浙江教育出版社，1997

王汎森：《章太炎的思想（1868-1919）及其對儒學傳統思想的衝擊》，臺北：時報文化
　　出版企業公司，1985

王桐蓀、胡邦彥等選注：《唐文治文選》，上海：上海交通大學出版社，2005

王雲五主編：《景印國粹學報舊刊全集》，臺北：臺灣商務印書館，1974

王爾敏：《中國近代思想史論》，臺北：華世出版社，1977

左玉河：《從四部之學到七科之學──學術分科與近代中國知識系統之創建》，上海：
　　上海書店出版社，2004

左玉河：《中國近代學術體制之創建》，成都：四川人民出版社，2008

司馬朝軍：《四庫全書總目研究》，北京：社會科學文獻出版社，2004

牟宗三：《現象與物自身》，臺北：臺灣學生書局，1975

牟宗三：《五十自述》，臺北：鵝湖出版社，2000，3 版

牟宗三：《歷史哲學》，臺北：臺灣學生書局，2000，增訂 9 版 8 刷

江瑔：《新體經學講義》，上海：商務印書館，1921

朱維錚編：《周予同經學史論著選集（增訂本）》，上海：上海人民出版社，1996，2版2刷

朱維錚：《走出中世紀二集》，上海：復旦大學出版社，2006，初版2刷

成中英：《合外內之道——儒家哲學論》，北京：中國社會科學出版社，2001

伍憲子：《經學通論》，上海：東方文化出版社，1936年，收入林慶彰主編：《民國時期經學叢書》第二輯第一冊，臺中：文听閣圖書公司，2008

艾愷（Guy S. Alitto）：《世界範圍內的反現代化思潮——論文化守成主義》，貴陽：貴州人民出版社，1991

李山、張重崗等著：《現代新儒家傳》，濟南：山東人民出版社，2002

李明輝：《當代儒學之自我轉化》，臺北：中央研究院中國文哲研究所，1994

李瑞良：《中國目錄學史》，臺北：文津出版社，1993

李慎之：《風雨蒼黃五十年——李慎之文選》，香港：明報出版社，2004

李霜青、江勇振、吳奇萍：《熊十力‧張君勱‧蔣中正》，臺北：臺灣商務印書館，1999，更新版

呂妙芬：《孝治天下：孝經與近世中國的政治與文化》，臺北：中央研究院、聯經出版事業公司，2011

何信全：《儒學與現代民主——當代新儒家政治哲學研究》，臺北：中央研究院中國文哲研究所籌備處，1996

宋志明：《熊十力評傳》，南昌：百花洲文藝出版社，1996

余英時：《中國近代思想史上的胡適》，臺北：聯經出版事業公司，1993，初版6刷

余英時：《猶記風吹水上鱗——錢穆與現代中國學術》，臺北：聯經出版事業公司，1995，2版

余英時：《論戴震與章學誠——清代中期學術思想史研究》，臺北：東大圖書有限公司，1996

余嘉錫：《余嘉錫說文獻學》，上海：上海古籍出版社，2001

林安梧：《當代新儒家哲學史論》，臺北：明文書局，1996

林安梧：《儒學革命——從「新儒學」到「後新儒學」》，北京：商務印書館，2011

林慶彰編：《中國經學史論文選集》，臺北：文史哲出版社，1993

林慶彰、蔣秋華主編：《通志堂經解研究論集》，臺北：中央研究院中國文哲研究所，2005

季羨林主編：《胡適全集》第1冊，合肥：安徽教育出版社，2003

周陽山、楊肅獻主編：《近代中國思想人物論——保守主義》，臺北：時報文化出版企業公司，1980

周鼎：《劉咸炘學術思想研究》，成都：巴蜀書社，2008

竺可楨：《竺可楨全集》，上海：上海科技教育出版社，2005

昌彼得、潘美月：《中國目錄學》，臺北：文史哲出版社，1991，初版 2 刷

柳曾符、柳定生選編：《柳詒徵史學論文續集》，上海：上海古籍出版社，1991

柳詒徵：《中國文化史》，上海：上海古籍出版社，2001

胡適：《胡適文選》，臺北：遠流出版事業公司，1986

胡適著、姚名達訂補：《清章實齋先生學誠年譜》，臺北：臺灣商務印書館，1987，2
    版

胡適：《胡適文存》，收入季羨林主編：《胡適全集》第一冊，合肥：安徽教育出版
    社，2003

胡適：《中國哲學史大綱（外一種）》，石家莊：河北教育出版社，2001

姜廣輝主編：《中國經學思想史·第一卷》，北京：中國社會科學出版社，2003

姜廣輝：《義理與考據——思想史研究中的價值關懷與實證方法》，北京：中華書局，
    2010

姚名達：《中國目錄學》，上海：上海古籍出版社，2005

耿雲志、聞黎明編：《現代學術史上的胡適》，北京：生活·讀書·新知 三聯書店，
    1993

徐有富：〈四庫全書總目〉，《目錄學與學術史》，北京：中華書局，2009

徐敬修：《經學常識》，上海：大東書局，1933 年 9 月，收入林慶彰主編：《民國時期
    經學叢書》第一輯第四冊，臺中：文听閣圖書公司，2008

徐復觀：《徐復觀論經學史二種》，上海：上海書店出版社，2006

徐嘉：《現代新儒家與佛學》，北京：宗教文化出版社，2007

柴文華：《現代新儒家文化觀研究》，北京：生活·讀書·新知 三聯書店，2004

桑兵、關曉紅主編：《先因後創與不破不立——近代中國學術流派研究》，北京：生
    活·讀書·新知 三聯書店，2007

桑兵、張凱等編：《國學的歷史》，北京：國家圖書館出版社，2010

孫敦恒編著：《清華國學研究院史話》，北京：清華大學出版社，2002

唐君毅：《哲學概論》，收入《唐君毅先生全集》卷 13，臺北：臺灣學生書局，1982，
    全集校訂版

梁啟超：《清代學術概論》，臺北：臺灣商務印書館，1994，臺 2 版

梁啟超：《中國近三百年學術史》，臺北：華正書局，1994

梁漱溟：《梁漱溟全集》，濟南：山東人民出版社，2005，2 版

郭齊勇：《熊十力與中國傳統文化》，臺北：遠流出版事業公司，1990

郭齊勇：《熊十力思想研究》，天津：天津人民出版社，1993

郭齊勇：《天地間一個讀書人——熊十力傳》，臺北：業強出版社，1994

郭湛波：《近五十年中國思想史》，上海：上海世紀出版集團，2010

許朝陽：《橘枳之辨——中國哲學的名與實》，臺北：洪葉文化事業公司，2008

許嘯天編著：《國故學討論集》，上海：上海書店，1991

章太炎：《章太炎全集》，上海：上海人民出版社，1984

章太炎：《諸子學略說》，桂林：廣西師範大學出版社，2010

莊吉發：《京師大學堂》，臺北：國立臺灣大學文學院，1970

商金林編：《葉聖陶抗戰時期文集》，北京：人民教育出版社，2005

馮友蘭：《中國哲學史》，臺北：臺灣商務印書館，1996，增訂臺 1 版 3 刷

馮友蘭：《三松堂全集》，開封：河南人民出版社，2001，2 版

馮契、徐孝通主編：《外國哲學大辭典》，上海：上海辭書出版社，2000

湯壽潛：《危言》，光緒 21 年（1895）本，收藏於臺北中央研究院近代史研究所郭廷以
　　圖書館

湯志鈞：《經學史論集》，臺北：大安出版社，1995

黃克劍：《百年新儒林——當代新儒學八大家論略》，北京：中國青年出版社，2000

黃曙輝編校：《劉咸炘學術論集——子學編》，桂林：廣西師範大學出版社，2007

黃曙輝編：《劉咸炘學術論集——校讎學編》，桂林：廣西師範大學出版社，2010

賀昌羣：《賀昌羣文集》，北京：商務印書館，2003

景海峰：《熊十力哲學研究》，北京：北京大學出版社，2010

張君勱等著：《科學與人生觀》，瀋陽：遼寧教育出版社，1998

張舜徽：《四庫提要敘講疏》，臺北：臺灣學生書局，2002

張舜徽：《中國文獻學》，武漢：華中師範大學出版社，2004

張舜徽：《廣校讎略 漢書藝文志通釋》，武漢：華中師範大學出版社，2004

張舜徽：《愛晚廬隨筆》，武漢：華中師範大學出版社，2005

張舜徽：《學林脞錄》，武漢：華中師範大學出版社，2005

程發軔主編：《六十年來之國學‧子學之部》，臺北：正中書局，1977

陳平原輯：《早期北大文學史講義三種》，北京：北京大學出版社，2005

陳平原：《假如沒有文學史……》，北京：生活‧讀書‧新知 三聯書店，2011

陳以愛：《中國現代學術研究機構的興起——以北大研究所國學門為中心的探討》，南
　　昌：江西教育出版社，2002

陳來：《哲學與傳統——現代儒家哲學與現代中國文化》，臺北：允晨文化實業公司，
　　1994

陳其泰、李廷勇：《中國學術通史・清代卷》，北京：人民出版社，2004

陳恩林、舒大剛等主編：《金景芳學案》，北京：線裝書局，2003

陳國球：《文學史書寫形態與文化政治》，北京：北京大學出版社，2004

陳鼎忠：《六藝後論》，南京：鍾山書局，1934

陳德和主編：《當代新儒學的關懷與超越》，臺北：文津出版社，1997

陳德溥編：《陳黻宸集》，北京：中華書局，1995

陳燕方：《經學源流淺說》，上海：文明書局，1922，收入林慶彰主編：《民國時期經
　　學叢書》第一輯第六冊，臺中：文听閣圖書公司，2008

陳鵬：《現代新儒學研究》，福州：福建人民出版社，2006

陳鐵凡：《孝經學源流》，臺北：國立編譯館，1986

賀麟：《當代中國哲學》，臺北：宗青圖書出版公司，1978

賈紅蓮：《重建中國哲學範式》，合肥：安徽人民出版社，2008

黎漢基、李明輝編：《徐復觀雜文補編・思想文化卷上》第 1 冊，臺北：中央研究院中
　　國文哲研究所籌備處，2001，初版 2 刷

趙伯雄：《春秋學史》，濟南：山東教育出版社，2004

慈怡主編：《佛光大辭典》，高雄：佛光出版社，1988

翟志成：《當代新儒學史論》，臺北：允晨文化實業公司，1993 初版 2 刷

蔣伯潛、蔣祖怡：《經與經學》，上海：世界書局，1941

蔣伯潛：《經學纂要》，未載出版地：正中書局，1946

蔣慶：《公羊學引論》，瀋陽：遼寧教育出版社，1995

鄭宗義編：《香港中文大學的當代儒者──錢穆、唐君毅、牟宗三、徐復觀》，香港：
　　香港中文大學新亞書院，2006

鄭家棟：《現代新儒家概論》，桂林：廣西人民出版社，1990

鄭師渠：《晚清國粹學派──文化思想研究》，北京：北京師範大學出版社，1993

蔡方鹿主編：《經學與中國哲學》，上海：華東師範大學出版社，2009

蔡仁厚：《中國哲學史》，臺北：臺灣學生書局，2009

蔡元培：《蔡元培文集》，臺北：錦繡出版社，1995

蔡尚思：《中國學術大綱》，上海：啟智書局，1932

蔡尚思主編、朱維錚等編：《中國現代思想史資料簡編》，杭州：浙江人民出版社，
　　1982

歐陽哲生編：《胡適文集》，北京：北京大學出版社，1998

劉仲華：《清代諸子學研究》，北京：中國人民大學出版社，2004

劉伯驥：《六藝通論》，臺北：臺灣中華書局，1956

劉述先：《現代新儒學之省察論集》，臺北：中央研究院中國文哲研究所，2005

劉國鈞：《劉國鈞圖書館學論文選集》，北京：書目文獻出版社，1983

劉夢溪：《中國現代學術要略》，北京：生活・讀書・新知 三聯書店，2008

劉夢溪：《論國學》，上海：上海人民出版社，2008

錢穆：《八十憶雙親師友雜憶合刊》，收入錢賓四先生全集編輯委員會編：《錢賓四先生全集》，臺北：聯經出版事業公司，1994

錢基博：《經學通志》，上海：中華書局，1936，收入林慶彰主編：《民國時期經學叢書》第 1 輯第 1 冊，臺中：文听閣圖書公司，2008

錢鍾書主編：《劉師培辛亥前文選》，北京：生活・讀書・新知 三聯書店，1998

錢亞新、白國應編：《杜定友圖書館學論文選集》，北京：書目文獻出版社，1988

謝无量：《中國哲學史》，臺北：臺灣中華書局，1967

戴君仁：《梅園論學集》，臺北：開明書店，1970

韓華：《民初孔教會與國教運動研究》，北京：北京圖書館出版社，2007

璩鑫圭、唐良炎編：《中國近代教育史資料匯編——學制演變》，上海：上海教育出版社，2007

鍾泰：《國學概論》，臺北：廣文書局，1979

鍾泰：《中國哲學史》，北京：東方出版社，2008

蕭萐夫主編：《熊十力全集》，武漢：湖北教育出版社，2001

顏炳罡：《當代新儒學引論》，北京：北京圖書館出版社，1998

釋印光著，張育英校注：《印光法詩文抄》，北京：宗教文化出版社，2000

嚴雲受編：《胡適學術代表作》，合肥：安徽教育出版社，2007

顧廷龍校閱：《藝風堂友朋書札》，上海：上海古籍出版社，1980

顧頡剛編著：《古史辨》，香港：太平書局，1962

龔向農：《經學通論》，據丁巳年（1917）成都鉛印本影印，收入林慶彰主編：《民國時期經學叢書》第 2 輯第 1 冊，臺中：文听閣圖書公司，2008

三、期刊論文（依姓名筆畫排列）

（一）馬一浮研究之期刊論文

文天行：〈叢林儒院之始與末——馬一浮與樂山復性書院〉，《國學》第 7 集，2019.05

王聰：〈馬一浮與西學〉，《孔子研究》，2022 年第 2 期

朱維錚：〈馬一浮在一九三九——葉聖陶所見復性書院創業史〉，《書城》2009 年 4 月號

成中英：〈馬一浮的「六藝心統說」與儒家經學的哲學意涵：從「經典詮釋」到「本體詮釋」〉，《杭州師範大學學報（社會科學版）》，2009 年第 2 期，2009.03

李永亮：〈略論馬一浮視野中的三易之義〉，《周易研究》2012 年第 1 期

李明友：〈馬一浮的「三教」圓融觀」〉，《大陸雜誌》第 88 卷第 2 期，1994.02

李明友：〈馬一浮的儒佛會通觀〉，《孔子研究》1995 第 3 期

李虎群：〈詩學在中國哲學建構中的回歸與復位──以馬一浮為中心的討論〉，《哲學研究》2022 年第 6 期

李杭春：〈講學與傳道：馬一浮與國立浙江大學〉，《浙江大學學報（人文社會科學版）》第 48 卷第 2 期，2018.03

李清良、許揚男：〈馬一浮對熊十力尊聞錄之異議及其影響〉，《北京大學學報（哲學社會科學版）》第 46 卷第 2 期，2009.03

李清良：〈馬一浮對熊十力新唯識論中明心章之影響〉，《湖南大學學報（社會科學版）》第 23 卷第 5 期，2009.09

李淑敏、程恭讓：〈論馬一浮文化保守主義的個性特徵〉，《哲學動態》2009 年第 5 期

李國紅：〈淺析馬一浮以禪釋儒〉，《蘭州學刊》2007 年第 2 期，2007.02

李國紅：〈略論馬一浮以禪宗自性觀念會通三教〉，《社科縱橫》第 22 卷第 3 期，2007.03

李智平：〈援佛入老 以佛解老──試析馬一浮老子注義理體系的建構〉，收入方勇主編：《諸子學刊》第 4 輯，上海：上海古籍出版社，2010

李新霖：〈對馬一浮復性書院儒學經典教育之省思〉，《哲學與文化》第 35 卷第 9 期，2008.09

吳銘能：〈君子和而不同──記熊十力與馬一浮的一次衝突〉，《中國文哲研究通訊》第 8 卷第 1 期，1998.03

林安梧：〈馬一浮心性論初探〉，《鵝湖》第 10 卷第 8 期，1985.02

范兵：〈馬一浮與儒學文化體係的重建〉，《中國文化》第 9 期，1994.01

馬鏡泉：〈馬一浮理學思想淺析〉，《杭州師範學院學報》1993 年第 1 期，1993.01

胡楚生：〈當代大儒馬湛翁〉，《孔孟月刊》第 18 卷第 4 期，1979.12

胡楚生：〈老子「三寶」釋義：兼論馬一浮對老子思想的批評〉，《中國文化月刊》第 139 期，1991.05

胡楚生：〈「經學即心學」──試析王陽明對馬一浮六經之觀點〉，《中國文化月刊》第 265 期，2002.04

胡曉明、劉煒：〈判教與分科：馬一浮的六藝論與近代中國的學術分科〉，《江西社會科學學報》2006 年第 4 期

高迎剛、高霞：〈馬一浮與「現代新儒學」的思想危機〉，《上海大學學報（社會科學版）》第 12 卷第 4 期，2005.07

夏瑰琦：〈略論陸王心學在馬一浮哲學中的地位〉，《孔子研究》，1994.03

柴文華：〈舊瓶裝新酒──論馬一浮的哲學思想〉，《深圳大學學報（人文社會科學版）》第 20 卷第 2 期，2003.03

陸寶千：〈馬浮之六藝論〉，《中央研究院近代史研究所集刊》第 22 期下冊，1993.06

陸寶千：〈述馬浮之以佛釋儒〉，《中央研究院近代史研究所集刊》第 23 期，1994.06

陸寶千：〈馬浮之易學──儒學新體系之基礎〉，《中央研究院近代史研究所集刊》第 24 期上冊，1995.06

許寧：〈馬一浮與文化判教論〉，《中國哲學史》2004 年第 4 期

許寧：〈文化抉擇的儒學省思──馬一浮文化哲學導論〉，《青島科技大學學報（社會科學版）》第 20 卷第 4 期，2004.12

許寧：〈現代新儒家視野中的「心統性情」──以馬一浮的詮釋為例〉，《江西教育學院學報（社會科學版）》第 27 卷第 5 期，2006.10

許寧：〈馬一浮佛學解釋學芻議〉，《普門學報》第 37 期，2007.01

許寧：〈文化自判教出──馬一浮文化判教論的再闡釋〉，《徐州師範大學學報（哲學社會科學版）》第 33 卷第 5 期，2007.09

陳永革：〈儒佛交涉的現代展開與人間佛教思潮──以太虛大師對現代新儒家的回應為中心〉，《玄奘佛學研究》第 4 期，2006.01

陳永革：〈馬一浮的般若會及其「知性佛學」取向〉，《杭州師範學院學報（社會科學版）》2007 年第 2 期，2007.03

陳美朱：〈論熊十力與馬一浮對孝經的評價〉，《雲漢學刊》第 4 期，1997.05

陳銳：〈二十世紀中國的隱士──馬一浮〉，《中國文化月刊》第 141 期，1991.07

陳銳：〈馬一浮國際學術討論會綜述〉，《哲學動態月刊》1993 年第 6 期，1993.06

陳銳：〈道術江湖並己忘 歸雲飛鳥各殊方──論馬一浮會通各家的思想特色〉，《鵝湖月刊》第 20 卷第 3 期，1994.09

陳衛平：〈春到花枝滿 斐然已成章──紀念馬一浮先生誕辰 125 周年暨國際學術研討會」會綜述〉，《中共寧波市委黨校學報》2009 年第 2 期，2009.03

張家成：〈千年國粹 一代儒宗──杭州首屆馬一浮國際學術研討會綜述〉，《鵝湖月刊》第 19 卷第 4 期，1993.10

楊淑瓊：〈馬一浮易學觀略論──以觀象卮言為核心之探討〉，《興大中文學報》第 22 期，2007.12

樓達人：〈馬一浮是儒家還是新儒家〉，《中國文化月刊》第 237 期，1999.12

樓達人：〈和馬一浮交往的前因后緣〉，《西湖》，2005.07

楊儒賓：〈馬浮「六藝統於一心」思想析論〉，《鵝湖學誌》第 12 期，1994.06

虞萬里：〈馬一浮與竺可楨〉，《中國文化》第 25、26 期，2007.07

鄧新文：〈馬一浮之學及其定位問題〉，《學術界（雙月刊）》總第 119 期，2006.07

劉夢溪：〈熊十力與馬一浮〉，《浙江學刊》2004 年第 3 期，2004.05

劉煒：〈馬一浮功夫論初探〉，《寧波大學學報（人文科學版）》第 19 卷第 2 期，
　　2006.03

劉煒：〈一代儒宗的輓歌：馬一浮自題墓辭說解〉，《鵝湖月刊》第 35 卷第 8 期，
　　2010.02

劉樂恒：〈馬一浮與現代新儒家〉，《浙江社會科學》2006 年第 3 期

劉樂恒：〈馬一浮論老子與道教〉，《當代儒學研究》第 5 期，2009.01

滕復：〈馬浮儒學思想初探〉，《學習與探索》1990 年第 5 期

滕復：〈馬浮的新儒學評述〉，《社會科學輯刊》1991 年第 4 期

滕復：〈馬一浮以儒融佛與調停朱陸之說評析〉，《杭州師範學院學報（社會科學
　　版）》2007 年第 1 期，2007.01

蔣年豐：〈從「興」的精神現象論春秋經傳的解釋學基礎〉，《清華學報》新 22 卷第 1
　　期，1990.12

蔣年豐：〈馬浮經學思想的解釋學基礎〉，《東海學報》第 33 卷，1992.06

蔣義斌：〈六藝身體思維的意旨〉，《宗教哲學》第 29 期，2003.09

蔡丹紅：〈馬一浮人性觀初探〉，《求是學刊》1991 年第 4 期

鄭大華：〈馬一浮新儒學思想研探〉，《中國文化研究》2006 年冬之卷，2006.11

鄭雪花：〈馬浮性德說與熊十力性智說之別異〉，《華醫學報》第 7 期，1997.07

戴璉璋：〈馬一浮六藝論的人文思想〉，《鵝湖月刊》第 407 期，2009.05

（二）其他期刊論文

王智勇：〈說子部〉，《圖書館學刊》，2002 增刊

王爾敏：〈清季知識分子的中體西用論〉，《大陸雜誌》第 26 卷第 10 期，1963.05

石瑩麗：〈論梁啟超新史學的方法論特徵及其對 20 世紀中國歷史學的影響〉，《山東大
　　學學報（哲學社會科學版）》2011 年第 1 期

左玉河：〈現代學科體系觀照下之經學定位〉，《江海學刊》，2007.03

牟宗三主講、楊祖漢整理：〈熊十力先生追念會講話〉，《鵝湖月刊》第 5 卷第 2 期，
　　1979.08

李立民：〈晚清國學導讀目錄的初興及其社會文化功用〉，《唐山師範學院學報》第 32

卷第 1 期，2010.01

李祥俊：〈儒家外王學體系的現代建構——熊十力讀經示要「羣經治道九義」闡微〉，《人文雜誌》2011 年第 2 期

李振興：〈尚書洪範篇大義探討〉，《孔孟學報》第 42 期，1981.09

何炳松：〈全國專家對於讀經問題的意見〉，《教育雜誌》第 25 卷第 5 號，上海：商務印書館，1937.05.10

吳宓：〈清華開辦研究院之旨趣及經過〉，《清華周刊》第 24 卷第 2 號（總 351 期），1925.09.18

汪榮祖：〈梁啟超新史學試論〉，《中央研究院近代史研究所集刊》第 2 期，1971.06

林慶彰：〈熊十力關係書目〉，《國立中央圖書館館刊》新 24 卷第 2 期，1991.12

侯堮：〈論經數〉，《安徽大學季刊》第 1 卷第 1 期，1936

胡逢祥：〈從北大國學門到清華國學研究院——對現代高校機構體制與功能的一項考察〉，《中國圖書評論》2006 年第 10 期

秦平：〈近 20 年熊十力哲學研究綜述〉，《哲學動態》2004 年第 12 期，2004.12

柴文華：〈論中國哲學史學科的創立及詮釋框架〉，《哲學研究》2008 年第 1 期

桑兵：〈近代中國的新史學及其流變〉，《史學月刊》2007 年第 11 期

桑兵：〈近代「中國哲學」發源〉，《學術研究》2010 年第 11 期

郭齊勇：〈論熊十力的中國文化觀——讀經示要、原儒讀後〉，《孔子研究》第 3 期，1987.09

許小青：〈從『國學研究會』到『國學院』——東南大學與 20 年代早期南北學術的地緣與派分〉，《江蘇社會科學》2006 年第 2 期

黃玉順：〈中西思維方式的比較——對尚書‧洪範和工具論‧範疇篇的分析〉，《西南師範大學學報（人文社會科學版）》第 29 卷第 5 期，2003.09

黃進興：〈中國近代史學的雙重危機：試論「新史學」的誕生及其所面臨的困境〉，《中國文化研究所學報》新第 6 期，1997

逯耀東：〈從隋書經籍志史部的形成論魏晉史學轉變的歷程〉，《食貨月刊》第 10 卷第 4 期，1980.07

賀昌盛：〈國學院體制與現中國學術的知識構成——現代學術的知識範型研究之一〉，《廈門大學學報（哲學社會科學版）》第 2006 年第 5 期

張昌沂：〈國難的病源二〉，《新民族》第二卷第二十期，收入徐麗華、李德龍主編：《中國少數民族舊期刊集成》第 95 冊，北京：中華書局，2006

張麥青：〈略論我國書院藏書與刻書〉，《鄂州大學學報》第 11 卷第 2 期，2004.04

張壽安先生：〈導言〉，《中央研究院近代史研究所集刊》第 52 期，2006.06

張壽安先生：〈打破道統・重建學統——清代學術思想史的一個新觀察〉，《中央研究院近代史研究所集刊》第 52 期，2006.06

張壽安先生：〈從「六經」到「二十一經」——十九世紀經學的知識擴張與典範轉移〉，《學海》2011 年第 1 期

張壽安先生：〈清儒的「知識分化」與「專門之學」萌芽——從幾場論辯談起〉，《學海》2015 年第 2 期

張灝：〈中國近代思想史的轉型時代〉，《二十一世紀雙月刊》總第 52 期，1999.04

程元敏、宋鼎宗等人主講，蔣秋華、楊晉龍等人整理：〈現行經學史及其相關問題〉，《中國文哲研究通訊》第 1 卷第 3 期，1991.09

陳永霞：〈民族主義與 20 世紀初年的「新史學」〉，《史學月刊》2012 年第 5 期

陳來：〈朱子思想中的四德論〉，《哲學研究》2011 年第 1 期

陳國球：〈文學史的名與實：林傳甲中國文學史考論〉，《江海學刊》2005 年第 4 期

葛兆光：〈新史學之後——1929 年的中國歷史學界〉，《歷史研究》2003 年第 1 期

廖崇斐：〈熊十力論哲學與經學——以讀經示要及十力語要為例〉，《興大中文學報》第 19 期，2006.06

翟志成：〈儒學資源的現代轉化——熊十力與胡適的分歧〉，《當代》第 184 期，2002.12

蔣國保：〈漢儒稱「六經」為「六藝」考〉，《中國哲學》2007 年第 4 期

蔡仁厚：〈「新加坡儒學會議」誌感〉，《鵝湖》第 14 卷第 3 期，1988.09

劉長榮、何興明：〈謝无量年譜〉，《百家春秋》，2001.03

劉春華：〈由「思想流派」之雜到「龐雜」之雜——論中國古代書目子部雜家著錄內容的演變〉，《淮北師範大學學報（哲學社會科學版）》第 32 卷第 6 期，2011.12

劉異：〈六藝通論上〉，《武漢大學文哲季刊》第 7 卷第 1 期，1940

劉夢溪：〈我的一次學術歷險〉，《讀書》2007 年第 6 期，2007.06

劉巍：〈「諸子不出於王官論」的建立、影響與意義——胡適「但開風氣不為師」的範式創新一例〉，《近代史研究》2003 年第 1 期

鄭大華：〈1949 年後留在大陸的現代新儒家與馬克思主義之關係初探〉，《當代中國史研究》第 15 卷第 6 期，2008.11

戴夢松：〈清華校史〉，《清華周刊》第 11 次增刊，1925.06.18

鍾少華：〈試論近代中國之「國學」研究〉，《學術研究》，1999.08

聶民玉：〈熊十力答「經學」即中國哲學的「合法性」問題質疑與對策〉，《保定學院學報》第 25 卷第 6 期，2012.11

蕭平：〈歐陽竟無的孔學論觀——以佛解儒的一個例證〉，《普門學報》第 18 期，2003.11

魏元珪先生：〈洪範九疇的政治哲學〉，《中國文化月刊》第 96、97 期，1987.10、11

羅志田：〈民國趨新學者區分國學與國故學的努力〉，《社會科學研究》2001 年第 4 期

羅志田：〈國學不是學：西方學術分類與民初國學定位的困惑〉，《社會科學研究》
　　　　2002 年第 1 期

羅志田：〈史料的盡量擴充與不看二十四史──民國新史學的一個詭論現象〉，《歷史
　　　　研究》2000 年第 4 期

羅志田：〈西方學術分類與民初國學的學科定位〉，《四川大學學報（哲學社會科學
　　　　版）》2001 年第 5 期

羅志田：〈難以區分的新舊：民初國學派別的異與同〉，《四川大學學報（哲學社會科
　　　　學版）》2001 年第 6 期

四、會議與論文集論文（依姓名筆畫排列）

（一）馬一浮研究之會議與論文集論文

胡楚生：〈讀馬湛翁先生「秦和宜山會語合刻」〉，《古籍探義》，臺北：華正書局，
　　　　1993

胡楚生：〈馬一浮論春秋要旨〉，收入淡江大學中文系、漢語文化暨文獻資源研究所主
　　　　編：《昌彼得教授八秩晉五壽慶論文集》，臺北：臺灣學生書局，2005

陸寶千：〈馬浮之春秋學〉，收入郝延平、魏秀梅主編：《近世中國之傳統與蛻變：劉
　　　　廣京院士七十五歲祝壽論文集》，臺北：中央研究院近代史研究所特刊，1998

陸寶千：〈馬一浮之功夫論〉，收入李國祁主編：《郭廷以先生百歲冥誕紀念史學論文
　　　　集》，臺北：臺灣商務印書館，2005

蔣年豐：〈孟學思想「興的精神現象學」之下的解釋學側面──從馬浮論詩教談起〉，
　　　　收入李明輝主編：《孟子思想的哲學探討》，臺北：中央研究院中國文哲研究所
　　　　籌備處，1995

（二）其他會議與論文集論文

史華慈著、林鎮國譯：〈論保守主義〉，收入傅樂詩等著：《近代中國思想人物論──
　　　　保守主義》，臺北：時報文化出版企業公司，1980

朱發建：〈「六經皆史料」：「六經皆史」論的近代詮釋及其意義〉，收入陳勇、謝維
　　　　揚主編：《中國傳統學術的近代轉型》，上海：上海人民出版社，2011

李顯裕：〈清華國學院（1925-1929）與中研院歷史語言研究所學術傳統建立之關係〉，
　　　　收入胡春惠、薛化元主編：《中國知識分子與近代社會變遷》，臺北、香港：國

立政治大學歷史系、香港珠海學院亞洲研究中心，2005

林慶彰：〈當代新儒家的周禮研究及其時代意義〉，收入劉述先主編：《當代儒學論集：挑戰與回應》，臺北：中央研究院中國文哲研究所籌備處，1995

林慶彰：〈熊十力對清代考據學之批評〉，收入黃俊傑、福田植主編：《東亞文化的探索——近代文化的動向》，臺北：正中書局，1996

林慶彰：〈熊十力論讀經應有之態度〉，收入鍾彩鈞主編：《傳承與創新——中央研究院中國文哲研究所十周年紀念論文集》，臺北：中央研究院中國文哲研究所籌備處，1999

林慶彰：〈熊十力的春秋學及其時代意義〉，收入袁行霈主編：《國學研究》第 7 卷，北京：北京大學出版社，2000

陸寶千：〈歐陽漸之新儒學〉，收入《近代中國歷史人物論文集》，臺北：中央研究院近代史研究所，1993

章清：〈「中體西用」論中西學術交流——略論「體用」之變的學科史意義〉，收入復旦大學歷史學系、中外現代化進程研究中心編：《中國現代學科的形成》，上海：上海古籍出版社，2007

景海峰：〈和而不同兩大師——熊、梁辯難所引發的問題與思考〉，收入陳德和主編：《當代新儒學的關懷與超越》，臺北：文津出版社，1997

張壽安先生：〈龔自珍論乾嘉學術：「說經」、「專門」、與「通儒之學」——鉤沉一條傳統學術分話的線索〉，收入何佑森先生紀念論文集編輯委員會編：《中國學術思想論叢——何佑森先生紀念論文集》，臺北：大安出版社，2009

張壽安先生：〈龔自珍論「六經」與「六藝」：學術源流與知識分化的第一步〉，收入史學與史識：王爾敏教授八秩嵩壽榮慶學術論文集編輯委員會：《史學與史識：王爾敏教授八秩嵩壽榮慶學術論文集》，臺北：廣文書局，2009

張壽安先生：〈六經皆史？且聽經學家怎麼說——龔自珍、章學誠「論學術流辨」之異同〉，收入田浩編：《文化與歷史的追索——余英時教授八秩壽慶論文集》，臺北：聯經出版事業公司，2009

張壽安先生：〈清儒段玉裁「二十一經」的學術史意義〉，收入林慶彰、蘇費翔主編：《正統與流派——歷代儒家經典之轉變》，臺北：萬卷樓圖書公司，2013

張灝著、林鎮國譯：〈新儒家與當代中國的思想危機〉，收入傅樂詩等著：《近代中國思想人物論——保守主義》，臺北：時報文化出版企業公司，1980

陳國球：〈「文學」立科與「中國文學史」——由京師大學堂章程到林傳甲《中國文學史》〉，收入東華大學中文系編：《文學研究的新進路——傳播與接受》，臺北：洪葉文化事業公司，2004

五、學位論文（依姓名筆畫排列）

（一）馬一浮研究之學位論文

王黨輝：《馬一浮之心學理學融合論》，上海：復旦大學中國哲學專業博士論文，2006

李淑敏：《馬一浮與中國近現代文化保守主義思潮研究》，北京：首都師範大學馬克思主義哲學專業碩士論文，2006

林鳳婷：《儒骨佛心──馬浮儒佛會通思想研究》，臺北：華梵大學東方人文思想研究所碩士論文，2011

姚禕：《馬一浮心學思想述評》，雲南：雲南師範大學中國哲學專業碩士論文，2006

黃莘瑜：《馬一浮詩論研究》，臺北：國立臺灣大學中國文學研究所碩士論文，2000

陳凱文：《馬浮經學思想研究》，臺北：國立政治大學中國文學研究所碩士論文，1998

鄭淑娟：《馬一浮經學思想及其學儒觀》，臺中：逢甲大學中國文學研究所博士論文，2010

劉又銘：《馬浮研究》，臺北：國立政治大學中國文學研究所碩士論文，1984。後收入林慶彰主編：《中國學術思想研究輯刊》第十八編第 14 冊，臺北：花木蘭文化出版社，2014

劉樂恒：《馬一浮六藝論析論》，香港：香港科技大學人文學部博士論文，2010

（二）其他學位論文

宋惠如：《晚清民初經學思想的轉變──以章太炎「春秋左傳學」為中心》，臺北：輔仁大學中國文學研究所博士論文，2009

汪嘉玲：《胡安國春秋傳研究》，臺北：東吳大學中國文學研究所碩士論文，1998

林世榮：《熊十力春秋外王學研究》，中壢：國立中央大學中國文學研究所博士論文，2000

林麗容：《民初讀經問題初探（1912-1937）》，臺北：國立臺灣師範大學歷史研究所碩士論文，1986

曹任遠：《熊十力周禮學研究》，臺北：臺北市立教育大學中國語文學研究所碩士論文，2011

張兵：《洪範詮釋研究》，濟南：山東大學中國古典文獻學專業博士論文，2005

陳美錦：《反孔廢經運動之興起（1894-1937）》，臺北：國立臺灣大學歷史研究所碩士論文，1991

楊一鳴：《走入民國的書院──書院復興與近代學術傳承》，臺北：東吳大學歷史研究所碩士論文，2006

廖崇斐：《熊十力經學思想研究》，臺中：國立中興大學中國文學研究所博士論文，
　　2009

劉龍心：《學術與制度：學科體制與現代中國史學的建立》，臺北：國立政治大學歷史
　　研究所博士論文，2000

劉繼青：《復性書院考論》，北京：北京師範大學教育學博士論文，2007

蕭友泰：《熊十力對中國文化的詮釋與重建》，臺北：淡江大學中國文學研究所碩士論
　　文，1994

六、其他（依姓名筆畫排列）

朱維錚：〈熊十力和馬一浮：新儒家與文化專制主義者〉，《東方早報》，2008 年 10 月
　　26 日

蔣國保：〈魔化‧神化‧聖化‧人化〉，未實體刊行，收入其「蔣國保的 blog」，2008
　　年 11 月 9 日，http://blog.sina.com.cn/jiangguobao

國家圖書館出版品預行編目資料

「第一代現代新儒家」馬一浮的「義理學」：
在傳統與轉型之間 —— 一個學術史的分析
李智平著. – 初版. – 臺北市：臺灣學生，2023.02
面；公分

1. 馬一浮 2. 學術思想 3. 新儒學

ISBN 978-957-15-1900-5 (平裝)

128.6　　　　　　　　　　　　　　　　111016042

「第一代現代新儒家」馬一浮的「義理學」：
在傳統與轉型之間 —— 一個學術史的分析

著　作　者　李智平
出　版　者　臺灣學生書局有限公司
發　行　人　楊雲龍
發　行　所　臺灣學生書局有限公司
地　　　址　臺北市和平東路一段 75 巷 11 號
劃　撥　帳　號　00024668
電　　　話　(02)23928185
傳　　　眞　(02)23928105
E‑m a i l　student.book@msa.hinet.net
網　　　址　www.studentbook.com.tw
登記證字號　行政院新聞局局版北市業字第玖捌壹號
定　　　價　新臺幣七五〇元
出版日期　二〇二三年二月初版
I　S　B　N　978-957-15-1900-5

12823